Grund- und Fachkenntnisse für Maler und Lackierer

von

Hans Jörg Fahrner
Edgar Brändle

Mit vielen Merksätzen, Aufgaben, Versuchen, Projekten und zahlreichen farbigen Abbildungen

4., durchgesehene Auflage

HANDWERK UND TECHNIK · HAMBURG

Lernfelder der Technologie und Fachtheorie

Übersicht

1 Ausbildung im Maler- und Lackiererhandwerk

2 Unfallgefahren – Unfallverhütung – Umweltschutz

3 Grundlagen

4 Die Bindemittel der Anstrichstoffe

5 Die Farbmittel der Anstrichstoffe

6 Lösemittel und Zusatzmittel

7 Werkzeuge und Verfahren

8 Untergrundvorbereitung

9 Beschichtungen

Farbtechnik

Gestaltung

10 Bearbeitung mineralischer Untergründe

11 Beschichtung der Metalluntergründe

12 Fahrzeuglackierung

13 Holzbeschichtung

14 Kunststoffbeschichtung

15 Glas – Verglasungsarbeiten

16 Tapeten, Wand-, Decken- und Bodenbeläge

17 Die Grundlagen der Gestaltung

18 Stil- und Schriftkunde

Inhaltsverzeichnis

1 Ausbildung im Maler- und Lackiererhandwerk

1.1 Ziel der Ausbildung

Maler und Lackierer ist ein sehr vielseitiger Beruf, der traditionelle handwerkliche Fertigkeiten mit modernen Methoden der Anstrichtechnik und Beschichtung verbindet. Hierfür ist kompetentes Handeln notwendig. So erfordert zum Beispiel die Gestaltung von Fassaden, Innenräumen und Bauteilen Kreativität und **Fachkompetenz** bei der Anwendung beruflicher Fachkenntnisse.
Beim Entfernen alter Anstriche, der Auswahl von Werkstoffen und Verarbeitungsverfahren oder bei der Reinigung von Werkzeugen müssen die Auswirkungen auf Gesundheit, Natur und Umwelt berücksichtigt werden. Durch verantwortliches Handeln zeigt der Maler und Lackierer seine **soziale Kompetenz**. Sie hilft ihm bei der Beratung von Kunden.

Zeit ist Geld! Von ihr sind Kosten und Auftragslage eines Betriebes abhängig. Sie lassen sich durch die Planung des Arbeitsablaufes, die Auswahl der Materialien und Verarbeitungsverfahren so gering wie möglich halten. Um die richtigen Entscheidungen treffen zu können, ist **Methodenkompetenz** erforderlich.

Bei der Gestaltung ist der Maler und Lackierer der Kritik ausgesetzt. Daher wird er besonders auf Genauigkeit, Sauberkeit und ansprechende Farbwahl achten. Er wird seine Arbeit hinterfragen und aus den gemachten Erfahrungen lernen. Dadurch erwirbt er **persönliche Kompetenz**.
Die Ausbildung im Maler- und Lackiererhandwerk setzt sich deshalb in jeder Ausbildungsstufe zum Ziel, diese Kompetenzen zu vermitteln:

- **Fachkompetenz**
- **soziale Kompetenz**
- **Methodenkompetenz**
- **persönliche Kompetenz**

Handwerkliches Geschick, Kreativität und Freude beim Umgang mit Formen und Farben sind dabei die notwendigen Grundlagen.
Die Ausbildung erfolgt im **dualen System**[1]. Dabei wird die praktische Ausbildung im Betrieb oder in einer überbetrieblichen Ausbildungsstätte durchgeführt, die theoretische Ausbildung findet in der Berufsschule statt.
Die berufliche Grundbildung kann an einer einjährigen Berufsfachschule oder im Berufsgrundbildungsjahr erfolgen.

[1] dual = zweiteilig

1.2 Das Berufsfeld Farbtechnik und Raumgestaltung

Der Beruf *Maler und Lackierer* gehört zum Berufsfeld **Farbtechnik und Raumgestaltung**.
Die Einteilung der Ausbildungsberufe in Berufsfelder dient der einheitlichen Grundausbildung in verwandten Berufen. Sie ermöglicht eine breite Grundbildung für eine weiterführende Fachbildung und eine flexible Berufswahl. Die fachlichen Kenntnisse und Fertigkeiten der Berufe werden in den beiden Fachstufen erworben.
Das Berufsfeld Farbtechnik und Raumgestaltung setzt sich aus neun Berufen zusammen:

- **Maler und Lackierer**
- **Lackierer**
- **Schilder- und Lichtreklamehersteller**
- **Schaufenster- und Schauwerbegestalter**
- **Raumausstatter**
- **Vergolder**
- **Polsterer**
- **Fahrzeugpolsterer**
- **Parkettleger**

1.3 Ausbildungsordnung

Für staatlich anerkannte Ausbildungsberufe gelten Ausbildungsordnungen, die das Berufsbild, den Ausbildungsrahmenplan, die Ausbildungsdauer und die Prüfungsanforderungen enthalten.
Im Berufsbild sind die notwendigen Kenntnisse und Fertigkeiten beschrieben.

Im Ausbildungsrahmenplan ist die zeitliche Gliederung der Ausbildungsinhalte festgelegt.
Diese Vorschriften sind im Berufsbildungsgesetz und in der Handwerksordnung festgelegt.

Die Handwerkskammern führen die Lehrlingsrolle, entscheiden über die Verkürzung oder Verlängerung der Lehrzeit, regeln und überwachen die Berufsausbildung, führen die Facharbeiterprüfung durch und stellen den Facharbeiterbrief aus.

An der Facharbeiterprüfung kann teilnehmen, wer die Ausbildungszeit erfüllt, an den vorgeschriebenen Zwischenprüfungen teilgenommen und die geforderten Ausbildungsnachweise erbracht hat. Mit dem Bestehen der Facharbeiterprüfung ist das Ausbildungsverhältnis zu Ende. Der Facharbeiter ist berechtigt, sich Geselle oder Facharbeiter zu nennen.

1.4 Arbeitsgebiete

Die vielseitigen Aufgabenfelder im Maler- und Lackiererhandwerk lassen sich in fünf Arbeitsgebiete zusammenfassen:

1.4.1 Schmuck und Verschönerung

Die Farbwahl kann Stimmung und Empfindung eines Menschen ausdrücken und beeinflussen. Eine ausgewogene Farbgebung trägt deshalb zum Wohlbefinden bei und kann Lebens- und Arbeitsfreude vermitteln helfen. Ebenso können abwechslungsreiche Flächengliederungen, die Hervorhebung architektonischer Merkmale und die Materialauswahl zum Schmuck und zur Verschönerung beitragen.

1.4.2 Schutz von Sachwerten

Die meisten Baustoffe, Untergründe und Beschichtungen unterliegen einem natürlichen Alterungsprozess, der durch Witterungseinflüsse, UV-Strahlen, tierische und pflanzliche Schädlinge beschleunigt wird. Veränderte Umweltbedingungen, wie saure Niederschläge und Abgase, führen zu verstärkter Korrosion und tragen zur Zerstörung ungeschützter Werkstoffe und Untergründe bei.
Durch Anstriche und Beschichtungen lassen sich die Lebensdauer der Sachwerte enorm verlängern. Nicht nachwachsende Rohstoffe können so erhalten und eingespart werden. Dies gilt insbesondere für die erzielbare Energieeinsparung durch Wärmedämmsysteme.

1.4.3 Kennzeichnung

Markierungen, Beschriftungen, Zeichen und Bilder dienen zur besseren Orientierung in Betrieben, Behörden und im Straßenverkehr. Genormte Sicherheitskennfarben und Symbole weisen auf Gefahren hin, bezeichnen Fluchtwege und warnen vor unbedachtem Gebrauch. Kennzeichnungen sind einfach und allgemein verständlich.

Verschönerung

Erhaltung von Sachwerten, Korrosionsschutzanstrich eines Brückengeländers

Orientierung durch Farbe. Markierung eines Fußgängerüberwegs

1.4.4 Gesundheitsschutz – Hygiene

Reinigung und Pflege dienen der Hygiene. Bevor eine neue Beschichtung auf einen Untergrund aufgetragen werden kann, muss dieser gründlich gereinigt werden. Die Reinigung trägt so zum Gesundheitsschutz bei. Beschichtungen selbst können durch Abrieb-, Wasch- und Chemikalienbeständigkeit sowie durch bakterien- und pilztötende Bestandteile dem Gesundheitsschutz dienen. Glatte und dichte Beschichtungen verschmutzen nicht so schnell und lassen sich besser reinigen und sauber halten. Die Erneuerung von Wand- und Fußbodenbelägen trägt ebenfalls zur Verbesserung der hygienischen Verhältnisse bei.

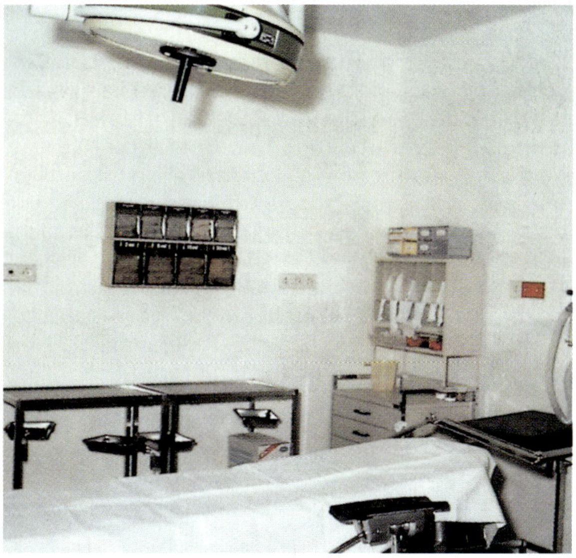

Im Dienst der Hygiene. Keimfreier Anstrich in einem Operationsraum

1.4.5 Werbung

Schrift, Form und Farbe sind die wichtigsten Gestaltungselemente der Werbung. In diesem Bereich eröffnet die Computertechnik neue Aufgabenfelder. Beim Entwerfen von Vorlagen und bei der gestalterischen Ausführung sind computerunterstützte Technologien nicht mehr wegzudenken. Digitalisierter Direktdruck von Bildern und Grafiken auf Folien, computergesteuerte Schneideanlagen zur Herstellung von Übertragungsfolien sowie leistungsfähige Siebdruckanlagen helfen, im Bereich der Werbung und Gestaltung neue Aufgabenfelder und Trends aufzunehmen.

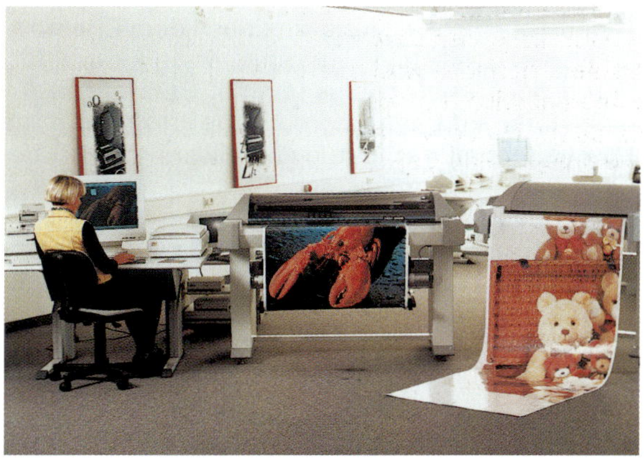

Werbung

1.5 Berufliche Qualifizierung, Fort- und Weiterbildung

Um die Leistungsfähigkeit der Betriebe zu stärken und neue Technologien und Aufgabengebiete aufzunehmen, werden innerbetrieblich oder überbetrieblich Schulungen und Kurse angeboten, die von Innungen, Handwerkskammern und Fachfirmen veranstaltet werden. Ein beruflicher Aufstieg erfordert ständiges Weiterlernen. Nur so ist eine Qualifizierung und Spezialisierung möglich. Zur Fort- und Weiterbildung stehen Meister-, Techniker-, Fachhochschulen oder Hochschulen zur Verfügung.

Beruflicher Aufstieg setzt aber auch die Bereitschaft voraus, sich einzusetzen und Verantwortung zu übernehmen.

Aufgaben

1. *Wozu benötigt der Maler und Lackierer soziale Kompetenz?*
2. *Durch welche Kompetenzen lassen sich die Kosten eines Betriebes verringern?*
3. *Welchen Vorteil hat die Ausbildung auf Berufsfeldebene?*
4. *Wie kann der Maler und Lackierer Sachwerte schützen?*
5. *Welche Technologie spielt heute in der Werbung eine große Rolle?*

2 Unfallgefahren – Unfallverhütung – Umweltschutz

2.1 Unfallgefahren

Unfälle, Gesundheitsgefährdungen und Umweltschäden lassen sich vermeiden. Hierzu ist notwendig, die Gefahren, die von Arbeitsstoffen, ihrer Lagerhaltung, Verarbeitung und Entsorgung ausgehen, ernst zu nehmen. Mit elektrischen Maschinen und Geräten muss sorgfältig umgegangen werden. Defekte Stecker, Kabel, Schalter und Maschinen dürfen nicht verwendet werden. Leitern und Gerüste dürfen nur entsprechend den technischen Richtlinien und Unfallverhütungsvorschriften (UVV) eingesetzt werden. Werden diese Grundsätze nicht befolgt, drohen Gefahren durch:

- gefährliche Arbeitsstoffe
- Arbeitsstelle und Lager
- elektrische Geräte und Maschinen
- Leitern oder Gerüste
- Schädigung der Umwelt

2.2 Gefährliche Arbeitsstoffe

Gefährliche Arbeitsstoffe sind nach dem Chemikaliengesetz Stoffe, die sehr giftig, ätzend, brandfördernd oder krebserzeugend sind. Gefährliche Arbeitsstoffe sind außerdem solche Stoffe, die die Beschaffenheit der Luft, des Wassers, des Erdbodens oder von Organismen (Pflanzen, Tiere, Menschen) nachteilig verändern.
Gefährliche Stoffe sind in der Stoffliste der Gefahrenstoffverordnung (GefStoffV) aufgeführt. Jeder Stoff ist durch ein Sicherheitsdatenblatt und Gefahrensymbole gekennzeichnet, sodass Anwender vor Schädigungen gewarnt sind und eine Beeinträchtigung der Umwelt vermieden wird.

2.2.1 Vorschriften für den Umgang mit gefährlichen Arbeitsstoffen

1. Information der Beschäftigten durch eine Betriebsanweisung des Arbeitgebers
- in verständlicher Sprache und Form
- über Gefahren für Mensch und Umwelt
- über Schutzmaßnahmen
- über Verhaltensregeln im Gefahrenfall
- über Erste-Hilfe-Maßnahmen
- über sachgerechte Entsorgung

2. Minimierungsgebot
- Arbeitsverfahren sind so zu gestalten, dass gefährliche Gase, Dämpfe oder Schwebstoffe nicht frei werden, soweit dies nach dem Stand der Technik möglich ist.

Gefahrensymbole – Übersicht

Symbol	Kennbuchstabe	Gefahrenbezeichnung	Merkmale
	F	leichtentzündlich	flüssige Stoffe mit Flammpunkt unter 21 °C
	F+	hochentzündlich	flüssige Stoffe mit Flammpunkt < 0 °C und Siedepunkt < 35 °C
	O	brandfördernd	können brennbare Stoffe entzünden und das Löschen erschweren
	E	explosionsgefährlich	Explosion unter bestimmten Bedingungen
	Xi	reizend	Reizwirkung auf Haut, Augen und Atemorgane
	C	ätzend	lebendes Gewebe wird angegriffen und zerstört
	Xn	mindergiftig	Bewirkung von Gesundheitsschäden geringeren Ausmaßes
	T	giftig	Bewirkung äußerst erheblicher Gesundheitsschäden oder Tod
	T+	sehr giftig	Bewirkung äußerst schwerer Gesundheitsschäden oder Tod
	N	umweltgefährlich	Schädigung von Wasser, Tier- und Pflanzenwelt

Gefahrensymbole dienen der Kennzeichnung, der Zubereitung und Verarbeitung von Stoffen. Sie weisen auf Unfallgefahren hin. Sie helfen die Gesundheit, das Leben und die Umwelt zu schützen.

Gefahrensymbole sind deshalb unbedingt zu beachten.

2.2.2 Arbeiten mit giftigen, ätzenden und gesundheitsschädlichen Stoffen

Viele Arbeitsmaterialien, die im Maler- und Lackiererhandwerk eingesetzt werden, sind ätzend, enthalten Gifte oder gesundheitsschädliche Stoffe. Die folgende Zusammenstellung soll dies verdeutlichen:

Säuren sind in säurehaltigen Reinigungsmitteln, in Fluaten zum Neutralisieren, in Härtern für Zweikomponentenlacke und in Phosphatierungsmitteln zum Korrosionsschutz enthalten.

Laugen bilden die Grundlage für alkalische Reinigungsmittel, Ablaugemittel, alkalische Beizen, für Untergründe und Bindemittel aus Kalk, Zement und Silikat.

Bleichmittel werden zum Aufhellen von Holz eingesetzt, z. B. Wasserstoffperoxid.

Säuren, Laugen und Bleichmittel sind stark ätzende Stoffe. Sie führen bei Haut und Augen zu verbrennungsartigen Gesundheitsschäden.

Schutzmaßnahmen: Schutzbrille, Schutzhandschuhe, Schutzcreme, Arbeitsschutzkleidung.

Lösemittel sind in Lacken, Verdünnungsmitteln, Klebemitteln und Abbeizfluiden enthalten. Sie verdunsten meist schnell und bilden explosive, giftige Lösemitteldämpfe.

Lösemittel gelangen über die Atmungsorgane in die Blutbahn, von wo aus sie in allen Organen des Körpers dauerhafte Schäden verursachen können. Erste Anzeichen einer Vergiftung äußern sich durch rote Flecken in Gesicht und Händen, trügerisches Wohlbefinden und rauschartigen Zustand. Lösemitteldämpfe können in geschlossenen Räumen ohne Luftzufuhr tödlich wirken.

Schutzmaßnahmen: Dämpfe nicht einatmen. Nicht rauchen. Für gute Durchlüftung sorgen. Bei giftigen Dämpfen Atemschutzmaske tragen.

Giftige Schwermetalle werden zum Teil noch als Pigmente eingesetzt. Besonders gesundheitsschädlich sind blei-, chrom- und cadmiumhaltige Pigmente, z. B. Bleimennige und Zinkchromat.

Staub und **Fasern** sind unterschiedlich feine Partikel. Das Einatmen von Staub und Fasern kann zu erheblichen Gesundheitsschäden und Allergien führen. Holzstaub und Asbest sind krebserzeugend. Beim Schleifen können je nach Untergrund giftige Bestandteile, z. B. Bleimennige oder Polyesterstaub eingeatmet werden oder in die Umwelt gelangen. Daher sollte hier nass geschliffen werden.

Schutzmaßnahmen:
Staubmaske, Schutzkleidung, Staubabsaugung

2.2.3 Reinigung und Pflege

Gesundheitsschädliche Stoffen gelangen neben dem Atemweg häufig über die Haut oder bei der Nahrungsaufnahme in den Körper. Mithilfe von Schutzcreme, Schutzhandschuhen, vor allem durch gründliches Waschen lässt sich dies verhindern. Hautschutz beginnt vor der Arbeit!

Die Reinigung der Hände mit Löse- und Verdünnungsmitteln verbietet sich von selbst.

Der Haut werden dadurch die natürlichen Fette entzogen, dies führt zu Entzündungen, Ekzemen und Hautausschlägen. Außerdem verschmutzt die Hautfläche immer schneller und wird unansehnlich. Mit Reinigungspaste, Seife, Wasser und Fettcreme lässt sich die Reinigung und Pflege problemloser erreichen.

Schutzbrille

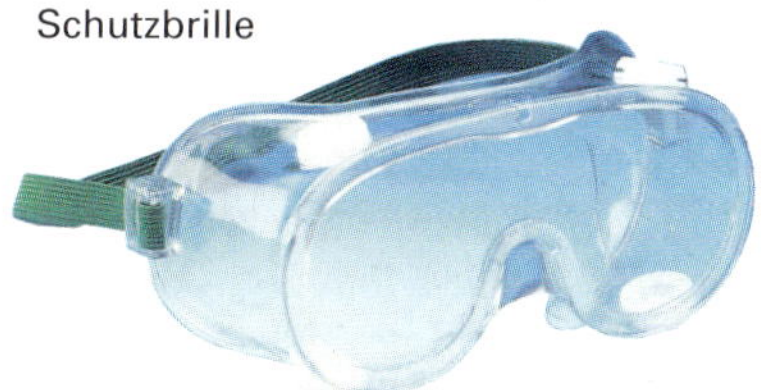

Augenschutz tragen

Schutzhandschuhe

Schutzhandschuhe tragen

Atemschutz tragen

Atemschutzmaske

Gegenstände, die dem persönlichen Schutz am Arbeitsplatz dienen, und die dazugehörigen Gebotszeichen

2.3 Arbeitsstelle und Lager

Die Gefährdung durch gefährliche Arbeitsstoffe ist von der Menge und Konzentration der Stoffe an der Arbeitsstelle abhängig. Besonders in geschlossenen Räumen steigt die Konzentration beim Arbeiten an, wenn nicht genügend gelüftet oder für Abluft gesorgt wird. Die TRGS 900 (**T**echnische **R**egeln **G**efahren**s**toffe) der GefStoffV sind hierbei unbedingt zu beachten. Danach gelten höchstzulässige Grenzwerte für die über die Luft in den Körper gelangenden Stoffe. Sie sind durch den MAK-Wert (**M**aximale **A**rbeitsplatz-**K**onzentration) und den TRK-Wert (**T**echnische **R**icht**k**onzentration) festgelegt. Die höchstzulässige Anreicherung gefährlicher Stoffe im Körper wird durch den BAT-Wert (**B**iologischer **A**rbeitsstoff-**T**oleranz-Wert) angegeben. Dieser wird im Rahmen spezieller ärztlicher Vorsorgeuntersuchungen zum Schutz der Gesundheit von Arbeitnehmern überprüft.

2.3.1 Der MAK-Wert

Der MAK-Wert ist die höchstzulässige Konzentration eines Gases, Dampfes oder Schwebstoffes in der Luft am Arbeitsplatz. Diese Konzentration beeinträchtigt nach dem derzeitigen Kenntnisstand im Allgemeinen die Gesundheit der Beschäftigten nicht und belästigt sie nicht unangemessen. Dabei wird in der Regel von einer täglich achtstündigen Einwirkung und einer wöchentlichen Arbeitszeit von 40 Stunden ausgegangen.

Zur Kennzeichnung der Gefährlichkeit der Arbeitsstoffe wird die MAK-Liste ergänzt durch folgende Buchstaben:

- **B** wahrscheinliches Risiko der Fruchtschädigung bei Schwangerschaft
- **C** Fruchtschädigung bei Einhaltung des MAK-Wertes ist nicht zu befürchten.
- **D** Fruchtschädigung noch nicht sicher beweisbar
- **H** Diese Stoffe können die Haut leicht durchdringen und zu starken Vergiftungen führen.
- **S** Diese Stoffe können allergische Reaktionen (Überempfindlichkeiten) auslösen.

Für krebserzeugende und erbgutverändernde Stoffe werden keine MAK-Werte angegeben, da bei solchen Stoffen der auslösende Wert nicht ermittelt werden kann. Die Angabe stellt die Technische Richtkonzentration (TRK-Wert) dar.
Krebserzeugende Stoffe werden nach Abschnitt III der MAK-Liste folgendermaßen eingeteilt:

- **A1** Stoffe, die beim Menschen erfahrungsgemäß bösartige Geschwülste zu verursachen vermögen
- **A2** Stoffe, die sich bislang nur im Tierversuch als eindeutig Krebs erzeugend erwiesen haben
- **B** Stoffe mit begründetem Verdacht, krebserzeugend zu sein.

Die MAK-Liste wird von der Deutschen Forschungsgemeinschaft erarbeitet und die Ergebnisse jährlich veröffentlicht.

Beispiele aus der MAK-Liste

Stoff	MAK-Wert	Gefährlichkeit
Aceton	1200 mg/m³	
Ammoniak	35 mg/m³	C
Asbest	$(2{,}5 \cdot 10^4)$ Fasern/m³	III A1
Benzol	(8) mg/m³	III A1
Blei	0,1 mg/m³	B
Cadmiumverbindungen	–	III A2
Essigsäure	25 mg/m³	
Ethanol	1900 mg/m³	
Formaldehyd	0,6 mg/m³	
Hexachlorcyclohexan	0,5 mg/m³	
Kohlenmonoxid	33 mg/m³	B
Lindan	0,5 mg/m³	
Methylalkohol	260 mg/m³	H, D
Ozon	0,2 mg/m³	
Pentachlorphenol	0,5 mg/m³	
Phenol	19 mg/m³	H
Quecksilberverbindungen	0,01 mg/m³	H, S
Salpetersäure	5 mg/m³	
Salzsäure	7 mg/m³	C
Schwefelsäure	1 mg/m³	
Terpentinöl	560 mg/m³	S
Toluol	750 mg/m³	
Xylol	440 mg/m³	

( ) TRK-Wert

Die MAK-Werte dienen dem Schutz der Beschäftigten, die gezielt Umgang mit Gefahrenstoffen haben.

Grundregel:
Je kleiner der MAK-Wert, umso gesundheitsschädlicher ist der Arbeitsstoff.

Neben mg/m³ sind für kleine Stoffkonzentrationen auch noch ppm, ppb und ppt gebräuchlich.

ppm *(parts per million)*
1 ppm = 1 Teil in einer Million Teile,
z. B. 1 mg/kg oder 1ml/m³

ppb *(parts per billion)*
1 ppb = 1 Teil in einer Milliarde Teile,
z. B. zur Konzentrationsangabe von polychlorierten Biphenylen (PCB) in der Luft

ppt *(parts per trillion)*
1 ppt = 1 Teil in einer Billion Teile,
z. B. zur Konzentrationsangabe von polychlorierten Dioxinen in der Luft

2.3.2 Lagerung von Arbeitsstoffen

Viele Verdünnungs- und Lösemittel sind leicht entzündlich und stellen eine erhöhte Brand- und Explosionsgefahr dar. Aggressive Stoffe wie Säuren und Laugen können Verätzungen und Umweltschäden verursachen. Gesundheitsschädliche Stoffe müssen so aufbewahrt werden, dass von ihnen keine Schädigung für Mensch und Umwelt ausgehen kann. Deshalb gelten für die Lagerung dieser Stoffe entsprechende gesetzliche Regelungen und Unfallverhütungsvorschriften.

Für die Lagerung und den Transport von Beschichtungsstoffen und Lösemitteln ist die Verordnung über den Verkehr mit brennbaren Flüssigkeiten (VbF) zu beachten. Danach werden diese Stoffe in **Gefahrengruppe A** und **B** unterschieden, wobei die Gefahrengruppe **A** in drei **Gefahrenklassen** eingeteilt ist.

Gefahrengruppe A:
Flüssigkeiten, die **nicht** in Wasser löslich sind und einen Flammpunkt unter 100 °C besitzen.

Gefahrenklasse I
Flammpunkt unter 21 °C

Gefahrenklasse II
Flammpunkt 21 °C bis 55 °C

Gefahrenklasse III
Flammpunkt 55 °C bis 100 °C

Gefahrengruppe B:
Flüssigkeiten, die bei 15 °C wasserlöslich sind und einen Flammpunkt unter 21 °C haben.

Bei einem Brand können Flüssigkeiten der Gefahrengruppe A nur mit Schaum gelöscht werden, da sie nicht in Wasser löslich sind.
Die Unfallverhütungsvorschriften gestatten in Lackierräumen und Werkstätten den Bedarf einer Tagschicht abzustellen. In Gängen, allgemein zugänglichen Fluren, Treppenhäusern, Aufenthaltsräumen usw. ist die Lagerung nicht zulässig. Auch entleerte Behälter dürfen hier nicht gelagert werden. Das Verbot ist streng zu beachten, da selbst kleine Restmengen eine Explosionsgefahr darstellen.
Nach den Technischen Regeln für brennbare Stoffe (TRbF) ist deren Lagerung von der Menge abhängig. Größere Mengen sind anzeige- oder genehmigungspflichtig. Kleine Mengen sind hiervon ausgenommen.
Lagerräume müssen von den übrigen Räumen des Betriebs feuerbeständig abgetrennt sein. Sie dürfen keine Bodenabläufe haben. Die elektrische Installation muss explosionsgeschützt ausgelegt sein.

2.3.3 Kennzeichnung von Behältern

Gefährliche Arbeitsstoffe dürfen nur in zulässigen, besonders gekennzeichneten Behältern aufbewahrt werden. Die Kennzeichnung muss folgende Hinweise enthalten:

a) Bezeichnung des Stoffes	z. B. Pinselreiniger enthält Xylol
b) Gefahrensymbol	 X_n
c) Gefahrenhinweis	Hautkontakt vermeiden, gesundheitsschädlich beim Einatmen
d) Sicherheitsratschläge	Von Zündquellen fernhalten Nicht in Kanalisation oder Erdreich gelangen lassen
e) Anschrift des Herstellers	XYZ-GmbH Düsseldorf

Regeln für den Gebrauch:
1. Behälter sind nach Gebrauch zu schließen.
2. Speisen und Getränke dürfen nicht zusammen mit gefährlichen Stoffen gelagert werden.
3. Das Umfüllen von gefährlichen Stoffen in Getränkeflaschen o. Ä. ist verboten.
4. Von Kindern und unbefugten Personen sind gefährliche Arbeitsstoffe fern zu halten.

2.3.4 Sicherheitskennzeichnung am Arbeitsplatz

Verbotszeichen

Rauchen verboten | Feuer, offenes Licht und Rauchen verboten | Mit Wasser löschen verboten | Berühren verboten

Warnzeichen

Warnung vor feuergefährlichen Stoffen | Warnung vor explosionsgefährlichen Stoffen | Warnung vor ätzenden Stoffen | Warnung vor giftigen Stoffen

Gebotszeichen

Augenschutz tragen | Schutzhelm tragen | Schutzhandschuhe tragen | Atemschutz tragen

Rettungszeichen

Erste Hilfe | Richtungsangabe für Rettung | Rettungsweg, links

2.3.5 Umgang mit elektrischen Geräten, Maschinen und Anlagen

Die Gefährlichkeit des elektrischen Stromes wird oft unterschätzt und führt deshalb zu vermeidbaren Unfällen, schlimmstenfalls mit Todesfolge. Die Gefahr geht vor allem von der vorhandenen Stromstärke und dem möglichen Stromfluss durch den Menschen aus. Je geringer der Widerstand durch Kleidung, Schuhwerk, Fußboden, Untergrund usw. ist, umso größer ist der Stromfluss und somit die Gefahr.
Der Stromfluss führt an den Ein- und Austrittsstellen des Körpers zu Verbrennungen. Durch den elektrischen Strom wird die Zellflüssigkeit zersetzt. Die Zellen – Grundbestandteile des Organismus – sterben ab. Es kommt zu Vergiftungserscheinungen. Fließt der Strom über das Herz, kann ein Wechselstrom mit einer Frequenz von üblicherweise 50 Hz den Herzmuskel aus seinem natürlichen Rhythmus bringen. Gegenüber ca. einmal pro Sekunde wird das Herz angeregt, hundertmal schneller zu schlagen. Dies führt zum Herzkammerflimmern und schließlich zum Herzstillstand.
Bei der Stromstärke werden Ströme mit 25 mA bereits als gefährlich angesehen.
Bei der Spannung wird nach den VDE[1]-Vorschriften (VDE 0100) davon ausgegangen, dass eine Spannung kleiner als 50 V für den Menschen keine tödliche Gefahr darstellt. Jedoch auch bei verringerter Spannung ist Vorsicht geboten.
Die übliche Wechselstromspannung für elektrische Geräte beträgt 220/380 Volt.

Steckverbindungen, Leitungen und Elektrogeräte müssen den VDE-Bestimmungen entsprechen und sollen das VDE-Zeichen tragen.

Zeichen	Benennung und erteilende Stelle	Bedeutung
	VDE-Zeichen Erteilung durch VDE-Prüfstelle	Gerät ist entsprechend den VDE-Bestimmungen gebaut.
	Zeichen für **Geprüfte Sicherheit** Erteilung durch eine vom Bundesarbeitsministerium benannte Prüfstelle, z. B. TÜV oder VDE	Das Gerät entspricht den sicherheitstechnischen Anforderungen des Gesetzes für technische Arbeitsmittel (GTA).
	Funkschutzzeichen Erteilung durch VDE-Prüfstelle	Gerät ist funkentstört: G Grob, N Normal, K Kleinstörgrad

Kennzeichen auf zugelassenen Elektrogeräten

[1] VDE = Verband der Elektrotechnik Elektronik Informationstechnik e.V.

Regeln
- Die Errichtung, Änderung und Reparatur von elektrischen Geräten und Anlagen darf nur von einer Elektrofachkraft ausgeführt werden.
- Schadhafte Leitungen, Steckverbindungen und Geräte sind sofort außer Betrieb zu setzen und sicherheitshalber zu kennzeichnen.
- Leitungen dürfen nicht geflickt oder verlängert werden, z. B. durch Zusammenwürgen oder Umwickeln mit Isolierband.
- Strom führende blanke Leitungen, z. B. Freiluftleitungen, müssen vor dem Arbeiten in deren Nähe vom Fachdienst des Strom liefernden Unternehmens mit einer Isolierhülle versehen werden.
- Nur zulässige Steckverbindungen verwenden.
- Nur Handleuchten mit Schutzglas und Schutzkorb benutzen, die schutzisoliert und strahlwassergeschützt sind.
- Nur in ausgeschaltetem Zustand Lampen auswechseln.
- Nur mit geeigneten Schleifmaschinen nass schleifen.
- Beim Tapezieren hinter Schaltern und Steckdosen Stromzufuhr durch Sicherung unterbrechen.

Elektrogeräte können unterschiedlich gesichert sein:

Schutzmaßnahme mit Schutzleiter
Schutzklasse I
Kennzeichen am Gerät:

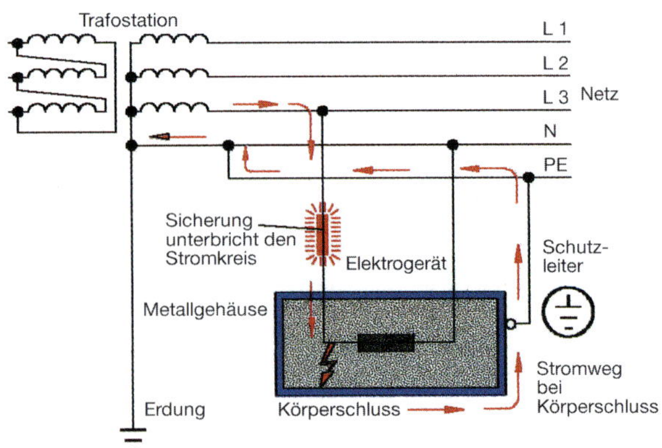

Schutzmaßnahme mit Schutzleiter

Bei Körperschluss bildet sich über den Schutzleiter neben dem Verbraucherstromkreis ein geschlossener Fehlerstromkreis, der die Sicherung anspricht und das Elektrogerät von der Stromzufuhr trennt.

Schutzisolierung
Schutzklasse II
Kennzeichnung am Gerät: ⧈

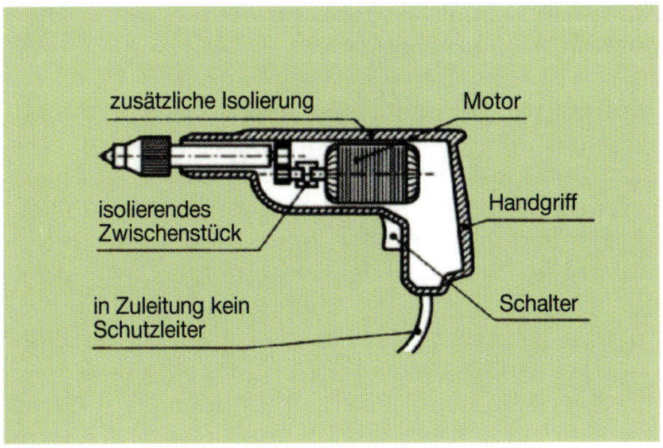

Alle Strom führenden Geräteteile sind so isoliert, dass im Fehlerfall kein Erdkontakt möglich ist. Zusätzlich besitzt das Gerät ein Gehäuse aus isolierendem Material.

Schutzkleinspannung
Schutzklasse III
Kennzeichen am Gerät: ⟨III⟩

Das Elektrogerät wird mit einer Niederspannung von maximal 50 V betrieben, die in einem Trenntransformator erzeugt wird. Mobile Trenntransformatoren sind schutzisoliert.

Zeichen auf Elektrogeräten – Schutzarten

Gefährliche elektrische Spannung	Tropfwassergeschützt	Schutzleiteranschluss
Schutzisoliert	Sprühwassergeschützt (regengeschützt)	Leuchte für Entladungslampen zur direkten Montage auf oder an normal oder leicht entflammbaren Baustoffen
Trenntransformator	Spritzwassergeschützt	
Staubgeschützt	Strahlwassergeschützt	Explosionsgeschützte, baumustergeprüfte Betriebsmittel
Staubdicht	Wasserdicht	V Volt (Spannung) A Ampere (Stromstärke) W Watt (Leistung)
für rauen Betrieb	– – m Druckwasserdicht (mit Angabe der maximalen Eintauchtiefe)	kW Kilowatt (Leistung) Hz Hertz (Frequenz) ~ Wechselstrom ⎓ Gleichstrom

2.3.6 Sicherheitsvorkehrungen bei Spritzarbeiten

Bei Spritzarbeiten bilden sich im Allgemeinen Spritznebel. Diese können Lösemitteldämpfe, Bindemittel- und Pigmentanteile sowie andere Materialbestandteile in gesundheitsgefährdender Konzentration enthalten. Daher sind folgende Grundsätze zu beachten:

- Spritzsysteme mit möglichst geringer Nebelbildung bevorzugen.
- Atemschutzmaske tragen und Filter nach der Gebrauchsanweisung rechtzeitig wechseln.
- Beschichtungsstoffe wählen, die keine gesundheitsschädlichen und umweltbelastenden Bestandteile enthalten.
- Absaugungs- bzw. Abscheidungsanlagen benutzen, die umweltbelastende Bestandteile weitgehend ausfiltern.
- Beim Reinigen der Spritzgeräte und Anlagen möglichst sparsam mit Löse- und Verdünnungsmitteln umgehen.
- Nicht länger als notwendig in Spritznebel und Löse- bzw. Verdünnungsmitteldämpfen aufhalten.

Spritznebel können hochexplosive Luftgemische darstellen. Daher ist zu beachten:

- Nur Elektrogeräte in der Nähe der Spritzstelle einsetzen, die explosionsgesichert sind.
- Prüfen, ob vorschriftsmäßige Feuerschutzeinrichtung (z. B. Feuerlöscher) zur Verfügung steht.
- Reinigungslappen u. Ä., die mit Löse- bzw. Verdünnungsmittel getränkt sind, nur in geschlossenen Metallbehältern aufbewahren.
- Entzündliche Dämpfe aus tiefer gelegten, schwer lüftbaren Räumen fern halten oder für baldige Entfernung sorgen.

Die Brandgefahren lassen sich durch folgende Maßnahmen vermeiden:

- Beschichtungsstoffe bevorzugen, die nicht brennbar oder nicht leicht entzündlich sind.
- Bei der Verwendung von entzündlichen Stoffen für gründliche Be- und Entlüftung sorgen.
- Nicht rauchen! Darauf achten, dass kein offenes Feuer, z. B. Gasflamme o. Ä., vorhanden ist.

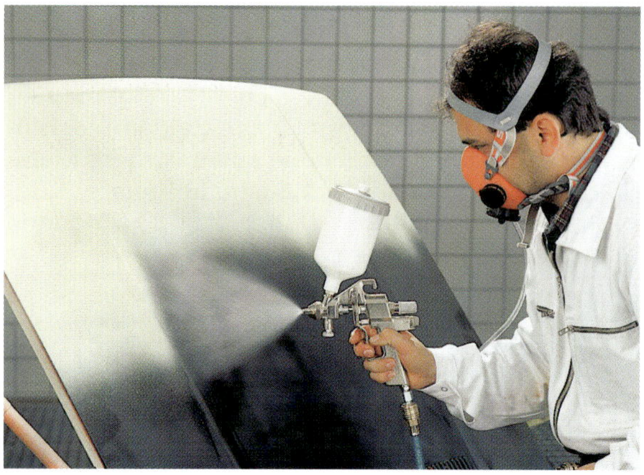

Belüftete Halbmaske

Beim Verarbeiten von Lacken besteht die Gefahr der Selbstentzündung, wenn wechselweise mit unterschiedlichen Werkstoffen gearbeitet wird.

Selbstentzündungsgefahr und damit Explosionsgefahr drohen, wenn
- Nitrocelluloselacke wechselweise mit Öllacken sowie mit ölkombinierten Alkydharz- oder Epoxidharzlacken verarbeitet werden,
  oder
- Polyester- und Polyurethanlacke wechselweise mit Öl- oder Nitrocelluloselacken verwendet werden.

Atemschutz

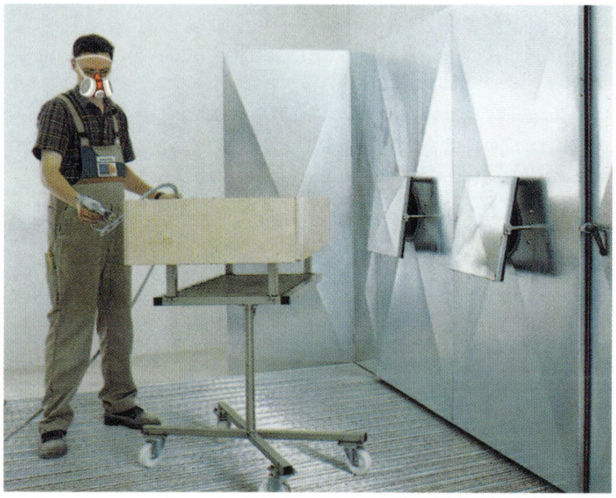

Spritzwand

Belüftete Halbmaske kombiniert mit Aktivkohlefiltereinheit zur Atemluftaufbereitung. Der Halbmaskenkörper besteht aus Naturgummi mit anatomisch geformtem Dichtrahmen. Durch den Anschluss an das Druckluftnetz lässt sich unter der Maske ein Überdruck erzeugen, sodass von außen keine belastete Luft eindringen kann.

Beim Atemschutz ist zwischen Filter- und Isoliergeräten zu unterscheiden.

Filtergeräte reinigen die Atemluft von Schadstoffen durch unterschiedliche Gas-, Partikel- oder Kombinationsfilter. An der Zusammensetzung der Luft ändern Filtergeräte ohne zusätzliche Gebläseunterstützung nichts. Bei geringem Sauerstoffgehalt (unter 17 Vol.-%) der umgebenden Luft dürfen deshalb Filtergeräte nicht eingesetzt werden.
Für die verschiedenen Partikel werden die Filter nach Partikelklassen P1, P2 und P3 eingeteilt.
Ihre Auswahl hängt vom vorhandenen MAK-Wert bzw. der Technischen Richtkonzentration (TRK) ab.
Für Gasfilter stehen je nach Gasart unterschiedliche Filtertypen zur Verfügung. Ein Aktivkohlefilter ist beispielsweise bei Kohlenmonoxid völlig wirkungslos.

Isoliergeräte sind von der umgebenden Luft unabhängig. Sie können deshalb bei jeder Schadstoffkonzentration und bei Sauerstoffmangel eingesetzt werden. Sie haben deshalb die höchste Schutzwirkung.

Aufgaben

1. *Nennen Sie Arbeitsmaterialien, die ätzende Wirkung haben.*
2. *Durch welche Schutzmaßnahmen beugen Sie Verätzungen vor?*
3. *Welche Pigmente sind besonders gesundheitsschädlich?*
4. *Warum ist die Reinigung der Hände mit Löse- bzw. Verdünnungsmittel nicht sinnvoll?*
5. *Erklären Sie die Bedeutung des MAK-Wertes am Arbeitsplatz.*
6. *Warum sind kleine MAK-Werte besonders gesundheitsschädlich?*
7. *Worin unterscheiden sich Lösemittel, die nach Gefahrengruppe A und B eingeteilt sind?*
8. *Warum kann elektrischer Strom tödliche Auswirkungen haben?*
9. *Nennen Sie sechs Verhaltensregeln, die beim Umgang mit elektrischem Strom zu beachten sind.*
10. *Worin unterscheidet sich eine Schutzisolation von einem Schutz mit einem Schutzleiter?*
11. *Durch welche Vorkehrungen lassen sich Unfälle mit Spritznebel verhindern?*
12. *Worin unterscheiden sich beim Atemschutz Atemschutzfilter von Isoliergeräten?*

2.4 Leitern und Gerüste

Wer Leitern und Gerüste benutzt, die in einem bedenklichen Zustand sind, handelt nicht mutig, er fordert den Unfall geradezu heraus!
Nur auf standsicheren Leitern und vorschriftsmäßig aufgebauten Gerüsten, die keine Mängel aufweisen, können die erwarteten Leistungen erbracht werden!

Die Richtlinien für den Bau und den Einsatz von Leitern und Gerüsten haben zwischenzeitlich europäischen Standard. So sind beispielsweise die Vorschriften für Leitern in der DIN EN[1] 131 geregelt. Leitern und Gerüste unterliegen dem Gerätesicherheitsgesetz.

Als Nachweis für die darin enthaltenen Sicherheitsanforderungen erteilt die im Gesetz vorgesehene Prüfstelle der Berufsgenossenschaft das Zeichen **GS-Geprüfte Sicherheit**.

2.4.1 Leiterarten

Im Malerhandwerk werden in der Regel folgende Leitern eingesetzt:

- Sprossenanlegeleitern
- Steck- und Schiebeleitern
- Sprossenstehleitern (Doppelleitern)
- Mehrzweckleitern
- Steigeleitern

Nach den Unfallverhütungsvorschriften (UVV) und den BG-Informationen (BGI) des Verbandes der Berufsgenossenschaften (VBG) gelten hierfür folgende Bestimmungen:

- Leitern müssen standsicher und sicher begehbar aufgestellt sein.
- Leitern müssen zusätzlich gegen Umstürzen gesichert sein, wenn die Art der auszuführenden Arbeiten dies erfordert.
- Leitern müssen ausreichend tragfähig und gegen übermäßiges Durchbiegen, starkes Schwanken und Verbiegen gesichert sein.
- Auf Leitern, die an oder auf Verkehrswegen aufgestellt sind, muss auffällig hingewiesen werden. Sie müssen gegen Umstoßen gesichert sein.

[1] DIN EN deutsche Fassung der Europäischen Norm
DIN Deutsches Institut für Normung e.V.
EN Europäische Norm herausgegeben vom
CEN Europäischen Komitee für Normung
(franz. Comité Européen de Normalisation)

Zusammengesetzte Leitern müssen mindestens die gleiche Festigkeit haben wie gleich lange Leitern mit durchgehenden Holmen oder Wangen.

Die **Standsicherheit** lässt sich durch Leiterfüße verbessern.

Gummigleitschuhe eignen sich für Betonböden, Pflaster usw. | Metallspitzen sind zweckmäßig bei lockerem, sandigem Boden. | Abgerundete Leiterfüße bieten auf glattem Boden den besten Halt.

Leiterfüße

Es ist darauf zu achten, dass Leiterfüße nicht auf ungeeignete Unterlagen, wie Kisten, Steinstapel, Steine, Tische und Ähnliches, oder lose Unterlagen, z. B. Teppiche, Kunststofffolien, gesetzt werden. Bei unebenen oder geneigten Standflächen kann die erforderliche Standsicherheit durch besonderes Leiterzubehör zum Niveauausgleich oder durch einen standsicheren waagerechten Unterbau erreicht werden.

Anlegeleitern können einteilig sein oder aus mehreren Teilen bestehen, wie z. B. Steck- und Schiebeleitern. Dabei muss stets die obere Leiter über die untere zu liegen kommen.
Bei freistehend verwendeten Anlegeleitern dürfen die obersten vier Sprossen nicht bestiegen werden. Die maximale Arbeitshöhe beträgt 7 m.

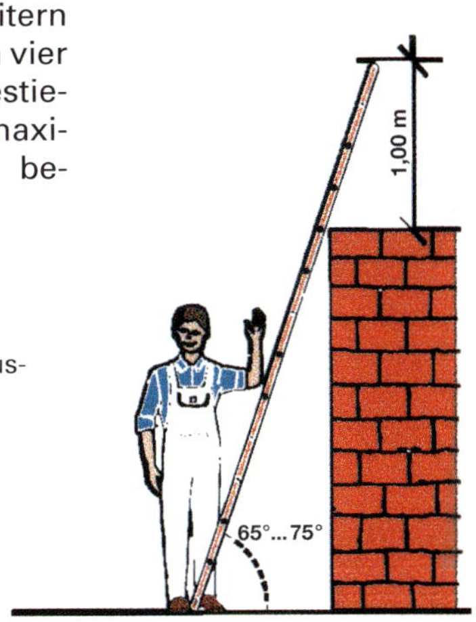

Die Anlegeleiter muss mindestens 1 m über die Austrittsstelle hinausragen, wenn nicht andere gleichwertige Möglichkeiten zum Festhalten vorhanden sind.

Richtig aufgestellte Anlegeleiter

Von Anlegeleitern aus dürfen nur Arbeiten geringeren Umfangs ausgeführt werden, bei denen z. B. wenig Material und Werkzeug (Gewicht max. 10 kg) benötigt wird. Neben der Dauer ist auch der Schwierigkeitsgrad einer Arbeit zu berücksichtigen. Der Leiterbenutzer muss sich mit einer Hand oder beiden Händen gegen Absturz sichern können.

Stehleitern müssen gegen Auseinandergleiten an beiden Seiten der Schenkel durch fest angebrachte Spreizsicherungen, z. B. Ketten, Gurte oder Gelenke, gesichert sein.
Die Spreizsicherungen müssen beim Aufstellen straff gespannt sein. Die Holmen müssen so gestaltet sein, dass sich an den Gelenken keine Widerlager bilden können. Unfälle durch Einklemmen werden so vermieden.

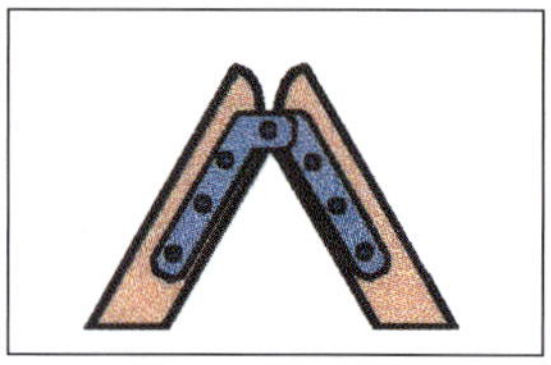

Kein Widerlager – richtig –

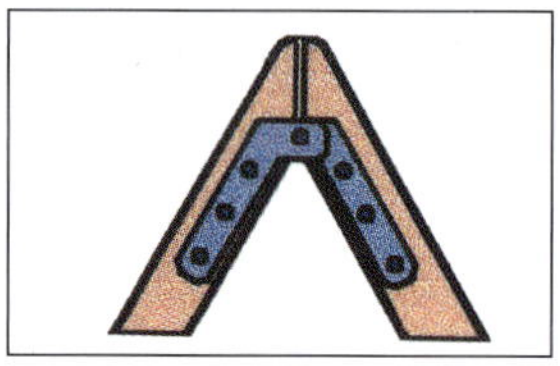

Widerlager – falsch –

Beim Arbeiten auf Stehleitern darf die oberste Sprosse nur bestiegen werden, wenn sie hierfür eingerichtet ist.
Stehleitern dürfen nicht als Anlegeleitern und zum Übersteigen auf höher gelegene Arbeitsplätze oder Einrichtungen benutzt werden.

Steigeleitern sind ortsfeste, senkrecht angebrachte Leitern, z. B. in fahrbaren Gerüsten. Sie müssen an ihrer Austrittsstelle eine Haltevorrichtung haben. Bei Höhen von mehr als 5 m müssen Steigeleitern so ausgerüstet sein, dass Personen gegen Absturz gesichert sind.

2.4.2 Reparaturen von Leitern

- Leitern, die nicht mehr reparaturfähig sind, sollten möglichst sofort vernichtet werden!
- Unsachgemäßes Instandsetzen durch Aufnageln von Ersatzsprossen oder durch Bandagieren gebrochener Holme ist verboten.
- Fehlende oder schadhafte Sprossen sind durch fehlerfreie Sprossen der gleichen Art zu ersetzen.
- Leitern und Gerüstteile aus Holz dürfen nur lasierend gestrichen werden, um Schäden rechtzeitig zu erkennen.

Aufgaben

1. *Nennen Sie vier Vorsichtsmaßnahmen, die beim Aufstellen von Leitern zu berücksichtigen sind.*
2. *Sie sollen eine Dachrinne in 9 m Höhe streichen. Beurteilen Sie, ob diese Arbeit von einer Anlegeleiter aus durchgeführt werden kann.*
3. *Wie müssen Stehleitern gesichert sein?*
4. *Warum dürfen Leitern nicht deckend gestrichen werden?*

2.4.3 Arbeiten auf Gerüsten

Schutzhelm tragen

Schutzschuhe tragen

Beim Auf- und Abbauen, gegen herabfallende Gegenstände u. a. sind an Gerüsten Schutzhelm und Schutzschuhe zu tragen.

Behelfsgerüste
Behelfsgerüste aus Stehleitern und Bohlen sind **ohne Seitenschutz** bis zu einer Standhöhe von 2,00 m zulässig. Bei höheren Behelfsgerüsten muss ein Seitenschutz angebracht und die Standsicherheit gewährleistet sein.

Die Bohlen müssen auf beiden Sprossen jeder Leiter aufliegen. Sie dürfen dabei nicht höher als auf die dritte Sprosse von oben eingelegt werden. Die maximale Stützweite ist von der Bohlendicke abhängig.

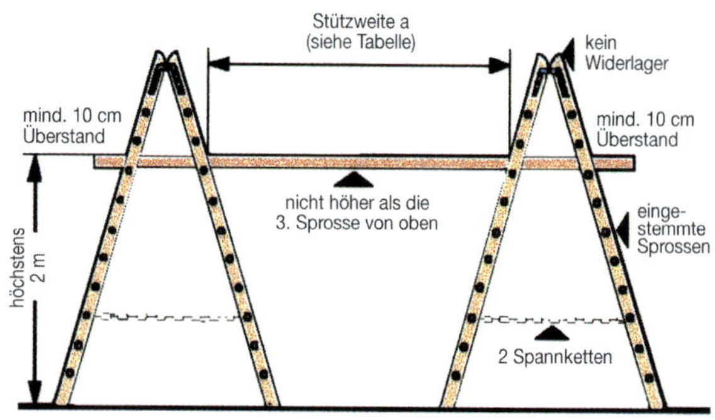

Gerüst aus Stehleitern (Behelfsgerüst)

Erforderliche Bohlendicke

Bohlenbreite in cm	Bohlendicke in cm		
	4	4,5	5
	zulässige Stützweite (*a*) in m		
≥ 28	2,75	3,00	3,50

2.4.4 Fahrbare Gerüste

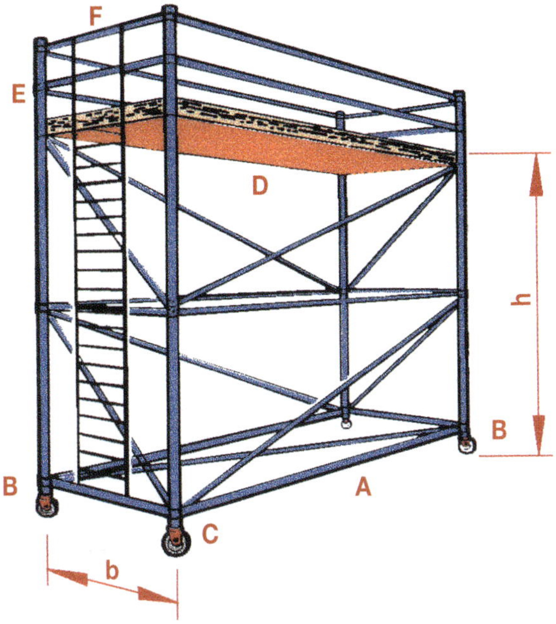

A Ebene Standfläche
B Ausreichende Standsicherheit ($h : b$)
C Feststellbare Räder
D Ausreichende Belagstärke u. -unterstützung
E Dreiteiliger Seitenschutz
F Sicherer Aufstieg

Fahrgerüst

Achtung!
Nur auf gesicherten Gerüsten arbeiten.
Bei fahrbaren Gerüsten sind zur Standsicherheit die Spindelteller auszufahren und alle Laufrollen festzustellen bzw. zu blockieren.

Konstruktive Anforderungen
Für die Standsicherheit von fahrbaren Gerüsten ist das Verhältnis von Schmalseite (Breite) zur Belagshöhe maßgebend.

Danach gelten fahrbare Gerüste als standsicher,
wenn im Innenraum $b : h = 1 : 4$
und für außen $b : h = 1 : 3$ beträgt.

Diagonale Verstrebungen sind zur Aussteifung der Flächen notwendig.
Die Laufrollen müssen feststellbar und gegen Verlieren oder Herausfallen gesichert sein.
Ein sicherer Aufstieg ist wegen der Kippgefahr am besten auf der Schmalseite durch fest mit dem Gerüst verbundene Leitergänge oder Steigeleitern möglich. Anlegeleitern sind nicht zulässig.
Der Gerüstbelag muss ausreichend unterstützt sein und ausreichende Stärke haben.
Nach allen vier Seiten ist ein Seitenschutz aus Geländerholm, Zwischenholm und Bordbrett erforderlich. (Rundumschutz)
Fahrbare Gerüste dürfen nur auf ebenen, festen Standflächen eingesetzt werden.

Verhaltensregeln für die Benutzung
- Beim Verfahren darf sich niemand auf dem Gerüst aufhalten.
- Fahrbare Gerüste nur langsam verfahren.
- Vor dem Verfahren lose Teile gegen Herabfallen sichern.
- Zum Verfahren Spindelteller so knapp wie möglich lüften.
- Nur in Längsrichtung oder über Eck verfahren.
- Jeglicher Anprall ist zu vermeiden.
- Beim Arbeiten nicht gegen Seitenschutz stemmen.
- Bei starkem Wind und bei Arbeitsende muss das Gerüst gegen Umstürzen gesichert werden.

2.4.5 Leitergerüste

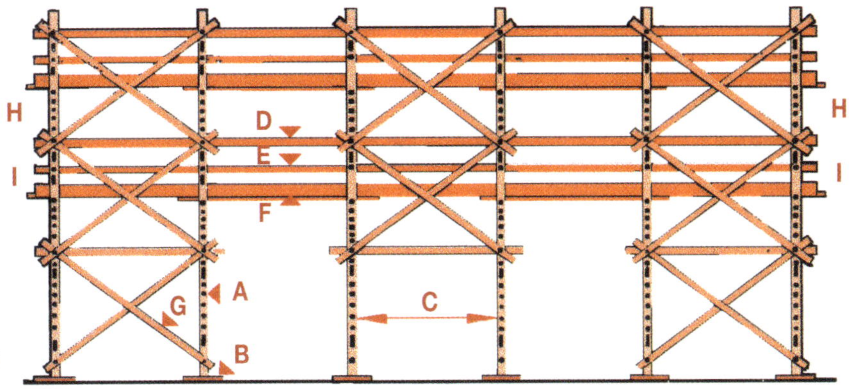

A Leiterholm
B Leiterschuh
C Leiterabstand
D Geländerholm
E Zwischenholm
F Bordbrett
G Längsverstrebung
H Zug- und druckfeste Verankerung
I Seitenschutz an den Stirnseiten

Leitergerüst (Fassadengerüst)

Leitergerüste, soweit sie nicht zwischenzeitlich abgelöst sind durch Steckrahmengerüste, dienen u.a. zum Einrüsten von Fassaden. Die hölzernen Gerüstleitern werden auf Leiterschuhe oder Unterlagen so aufgestellt, dass beide Holme den Druck gleichmäßig auf die Standfläche übertragen. Die **Fußpunkte** müssen stabile, unverrückbare Unterlagen sein, die nicht einsinken können, z. B. Bohlen oder Kanthölzer.

Der Abstand zum Bauwerk soll 30 cm betragen. Bei größerer Distanz ist ein Innenschutz erforderlich. Die **Gerüstfeldlänge** hängt von der Abmessung der Belagsdielen ab, sie darf 2,75 m nicht überschreiten. Bei Verlängerungen müssen sich die beiden Gerüstleitern mindestens 2,00 m überdecken. Sie müssen mit je zwei Leiterklammern oben und unten an der Überdeckung verschraubt werden. Die obere Leiter ist mit zwei Leiterhaken an den Stahlsprossen der unteren Leiter einzuhängen. Die **Verankerung** dient der Standsicherheit des Gerüstes. Die feste Verbindung zum Bauwerk wird mit zug- und druckfesten Dübelarmen oder Absteifern nach DIN 4420-2 mit Dübeln und Ringschrauben in Abständen von ca. 4 m hergestellt. Die Belagsdielen müssen mindestens 4 cm dick sein; sie sollen den Raum zwischen den Holmen voll ausfüllen und nicht mehr als 30 cm über die letzte Leiter hinausragen. Wie bei allen Gerüsten ist ab 2,00 m Standhöhe ein dreiteiliger **Seitenschutz** aus Geländerholm, Zwischenholm und Bordbrett vorgeschrieben. Der Geländerholm soll 1,00 m über dem Gerüstbelag befestigt werden und das Bordbrett 10 cm über dem Gerüstbelag abschließen. Der lichte Abstand von Bordbrett zum Zwischenholm darf 40 cm nicht unterschreiten.

Zur Stabilisierung müssen in jedem Gerüstfeld kreuzweise **Längsverstrebungen** über die gesamte Höhe angebracht und mit den Gerüstleitern verschraubt werden.

2.4.6 Steckrahmengerüste

Steckrahmengerüste sind Systemgerüste aus Stahl- oder Aluminiumrohr, die an den Verbindungsstellen ineinander gesteckt und mit Kupplungen, Stoßbolzen oder Keilverschlüssen verbunden werden. Die technisch ausgereiften und sicherheitsgeprüften Systeme (Zeichen GS-geprüfte Sicherheit) lassen sich schnell und einfach aufbauen. Sie sind deshalb heute die meistverwendeten Arbeits- und Sicherheitsgerüste.

Beim Aufbau müssen die Richtlinen der Hersteller und die Unfallverhütungsvorschriften eingehalten werden.

Steckrahmengerüste bestehen aus Vertikal-[1] und Horizontalrahmen[2]. Der Gerüstbelag ist meist mit dem Horizontalrahmen zu einem Gerüstboden verbunden. Für den sicheren Aufstieg innerhalb des Gerüsts stehen Horizontalrahmen mit Durchstiegen und eingebauten Leitergängen zur Verfügung.

Aufstellung von Steckrahmengerüsten

Das Gerüst darf nur auf ausreichend tragfähigem Untergrund aufgestellt werden. Sonst sind lastverteilende Unterbauten (z. B. Bohlen) vorzusehen. Der Aufbau beginnt am höchsten Punkt der Aufstellebene. Unter jedem Gerüststiel der Vertikalrahmen ist ein Spindelfuß oder Fußstück anzuordnen. Für Höhensprünge sind Ausgleichsständer oder Ausgleichsrahmen vorzusehen. Zur Montagehilfe wird bereits im ersten Gerüstfeld ein Schutzgeländer angelegt, das nach Montage der Diagonalen und dem Einlegen des Gerüstbodens wieder entfernt werden kann.

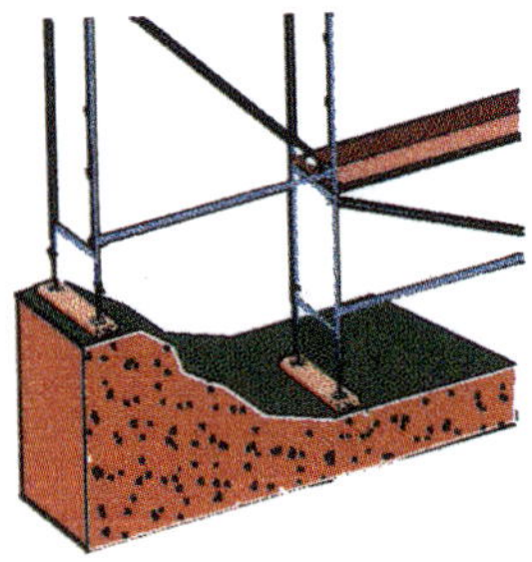

Die weiteren Gerüstfelder werden durch Höhenausgleich waagrecht in der gleichen Weise angefügt. Für fünf Gerüstfelder ist eine Diagonale einzubauen. In der zweiten Ebene werden zuerst zwei Vertikalrahmen mit Geländer- und Zwischenholm verbunden und danach weitere Vertikalrahmen gesetzt. Nachdem die Gerüstbeläge eingehängt und die Bordbretter befestigt sind, kann die nächste Etage errichtet werden. Die Verankerung im Bauwerk hängt von der Aufbauvariante, den Verankerungskräften und den Richtlinien im Zulassungsbescheid ab. Deshalb muss der Zulassungsbescheid auch stets an der Verwendungsstelle vorliegen.

Die Verankerung wird durch innen oder beidseitig am Vertikalrahmen befestigte Gerüsthalter mit Befestigungsschrauben von mindestens 12 mm Durchmesser und den entsprechenden Dübeln mit der Fassade verbunden.

[1] vertikal = senkrecht
[2] horizontal = waagerecht

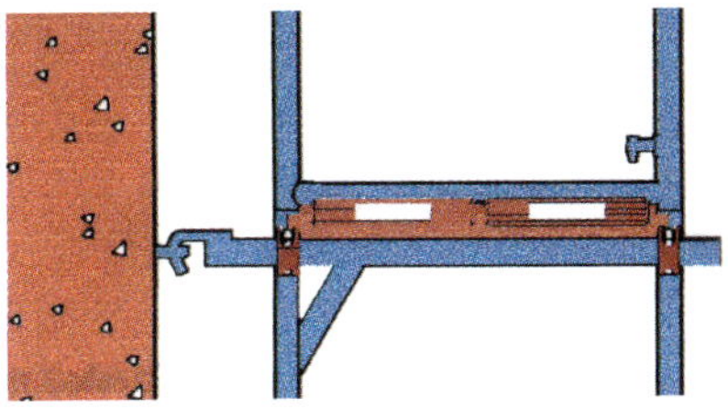

Verankerung mit Befestigungsschrauben

Die Längsverstrebungen müssen entsprechend dem Zulassungsbescheid über der gesamten Gerüstfläche angeordnet werden.

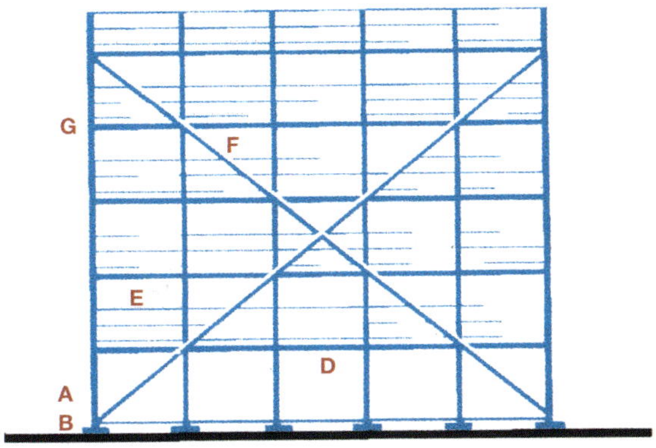

A Vertikalrahmen
B Fußplatte
C Vertikalrahmenabstand
D Horizontalrahmen
E Seitenschutz (dreiteilig), auch an den Stirnseiten
F Längsverstrebung
G Zug- und druckfeste Verankerung

Steckrahmengerüst (Fassadengerüst)

2.4.7 Hubarbeitsbühnen

Hubarbeitsbühnen werden zunehmend eingesetzt. Sie sind in wenigen Augenblicken betriebssicher aufgestellt. Die Arbeitszeit, die für den Auf- und Abbau von Gerüsten sonst notwendig wäre, entfällt. Die Standkosten von Hubarbeitsbühnen sind im Allgemeinen erheblich höher als von Gerüsten. Deshalb ist es eine Kostenfrage, ob eine Hubarbeitsbühne oder ein Gerüst wirtschaftlich sinnvoll ist. Außer diesen Kostenüberlegungen geben die vielseitigen Verwendungsmöglichkeiten immer öfter den Ausschlag für den Einsatz von Hubarbeitsbühnen. Mit ihnen lassen sich große Höhen mühelos überwinden. Vor allem ermöglichen sie den Einsatz über Hindernisse hinweg, ohne den fließenden Verkehr zu behindern. Ihre Verwendung bietet sich insbesondere bei Reinigungsarbeiten, Wartungs- und Beschichtungsarbeiten an Fassaden, Brücken, Masten, Dachrinnen usw. an, für die nur kurze Zeit an derselben Stelle gearbeitet werden muss.
Für Arbeiten mit schwerem Gerät oder hohem Materialaufwand eignen sich Hubarbeitsbühnen dagegen nicht.

Unfallverhütungsvorschriften

- Absperrung von Gefahrenbereichen unterhalb der Arbeitsbühne
- Bedienung nur durch eine sachkundige, verantwortliche, mindestens18 Jahre alte Person
- Maximale Korbzuladung beachten
- Arbeitsbühne nur bei ausgefahrener, standsicherer Verankerung benutzen
- Jährliche Überprüfung durch einen Sachverständigen

Je nach Tragfähigkeit und maximaler Ausfahrhöhe sind Hubarbeitsbühnen direkt mit dem Fahrzeug, meist LKW, verbunden oder als Anhängerarbeitsbühne ausgebildet. Sie unterteilen sich in drei Typen:

- Gelenk-Teleskop-Arbeitsbühnen
- Scherenarbeitsbühnen
- Arbeitsbühnen auf ausfahrbaren Masten

Arbeitsbühne

Aufgaben

1. *Worauf müssen Sie achten, wenn Sie den Standort eines fahrbaren Gerüstes wechseln wollen?*
2. *Wie wird ein vorschriftsmäßiger Seitenschutz bei Gerüsten gewährleistet?*
3. *Warum beginnt man beim Aufbau eines Steckrahmengerüstes stets am höchsten Punkt des Geländes?*
4. *Erklären Sie, wie die erste Etage eines Steckrahmengerüstes aufgebaut wird.*
5. *Nennen Sie vier Sicherheitsvorkehrungen, die beim Arbeiten mit Hubarbeitsbühnen zu treffen sind.*

2.5 Umweltschutz

Hochwasserkatastrophen, wachsendes Ozonloch, weltweite Klimaveränderungen, Verschmutzung der Meere, Belastung der Grundwasservorräte, Zunahme der Schadstoffe in der Luft..., die Schäden an den natürlichen Lebensgrundlagen für Mensch, Tier- und Pflanzenwelt sind unübersehbar, sodass die Notwendigkeit des Umweltschutzes außer jeder Frage steht.
Im Maler- und Lackiererhandwerk werden gesundheitsschädliche und umweltbelastende Stoffe verarbeitet. Diese lassen sich durch weniger belastende Werkstoffe ersetzen oder durch bewussten Verzicht reduzieren. Die hierfür geltenden gesetzlichen Regelungen sind deshalb einzuhalten. Vor allem durch überlegtes Handeln kann man der ökologischen Verantwortung gerecht werden.

Betrieblicher Umweltschutz zahlt sich aus
- **durch Einsparungen von**
  Energiekosten
  Wasser- und Abwassergebühren
  Reinigungsmitteln
  Materialverbrauch
  Abfallgebühren und Entsorgungskosten
- **durch ökologische Kompetenz**
  bei der Beratung der Kunden
  bei fachkundiger Ausführung umweltfreundlicher Beschichtungen
  bei Maßnahmen zur Einsparung von Energie
  als fortschrittlicher Betrieb mit umfassendem Umweltkonzept
- **durch einen guten Ruf**
  fachkompetenter Mitarbeiter, die in der Lage sind, umweltgerecht zu arbeiten.

Umweltschutz ist ein umfassender Begriff, der weit über die Möglichkeiten eines Betriebes hinausreicht, für den aber letztlich jeder Einzelne verantwortlich ist. In der Verantwortung eines Betriebes und seiner Mitarbeiter liegen vor allem die Schadstoffe, die von einem Betrieb in die Luft, den Boden oder in Gewässer gelangen können.

Schadstoffe, die von Anlagen oder technischen Vorgängen in die Atmosphäre gelangen, werden als **Emissionen**[1] bezeichnet.

Sie sind die Ursache für Luftverunreinigungen.

Einwirkungen auf Mensch, Tier- und Pflanzenwelt sowie auf Sachwerte, z. B. Untergründe und Anstriche, werden als **Immissionen**[2] bezeichnet.

[1] Emission (lat. emissio = das Entsenden)
[2] Immission (lat. immissio = das Hineinlassen)

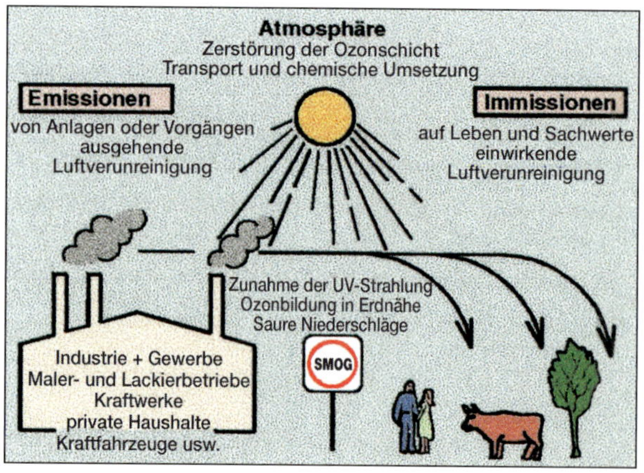

Verursacherprinzip

Wer Umweltbelastungen oder Umweltschäden verursacht, hat die Kosten für deren Vermeidung bzw. Beseitigung zu tragen.

Das Verursacherprinzip ist die Grundlage der Gesetze und Verordnungen zum Umweltschutz.

Nachhaltigkeit im Umweltschutz

Die Natur muss dauerhaft intakt gehalten werden. Zustand und Wert des Naturvermögens soll an die kommenden Generationen so übergeben werden, wie es von den Eltern übernommen wurde.

Nachhaltig ist beispielsweise die Herstellung von Wärmedämmstoffen, wenn der gesamte Energieaufwand von der Rohstoffgewinnung über den Transport bis zur Herstellung und Entsorgung geringer ist als die erzielte Energieeinsparung und keine ökologischen Schäden durch Entsorgung und Emissionen zu erwarten sind.
Nicht nachhaltig ist, wenn durch eine Absauganlage die Raumluft verbessert, dafür aber die Atmosphäre belastet wird.

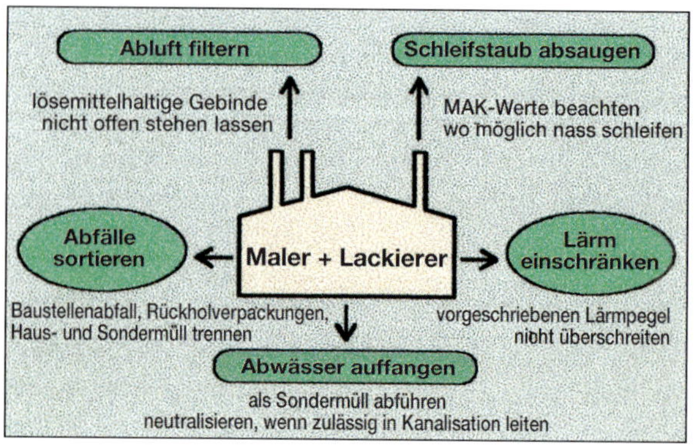

2.5.1 Maßnahmen zur Luftreinhaltung

- **Verringerung von Schadstoffen**
  durch lösemittelfreie oder Stoffe mit geringem Lösemittelanteil, z. B. High Solid-Lacke
  lösemittelhaltige Stoffe nicht offen stehen lassen
  Recycling[1] verschmutzter Lösemittel
  durch Spritzverfahren mit geringer Spritznebelbildung, z. B. durch HVLP[2]-Spritztechnik
- **Verringerung von flüssigen und festen Bestandteilen**
  Spritznebel durch Absaugfilter binden
  Schleifmaschinen mit Staubabsaugung
  wenn möglich, nass schleifen

2.5.2 Maßnahmen zur Wasserreinhaltung

- **Gewässerschutz**
  Säuren, Laugen, Reste von Beschichtungsstoffen, Löse- und Verdünnungsmittel, Abbeizmittel u. Ä. dürfen nicht ins Abwasser oder ins Grundwasser gelangen
  Sonderabfälle vorschriftsmäßig entsorgen
  Pinsel, Bürsten und Roller nicht an der Baustelle oder unter dem Wasserhahn auswaschen, sondern nur über dem Absetzbecken oder in der Reinigungsanlage
- **Verringerung des Wasserverbrauchs**
  Reinigungsanlagen mit Wasseraufbereitung, Farbschlämme ausfiltern
  Brauchwasser mehrmals zum Reinigen verwenden
  Hochdruckreinigen mit Wasserrückführung

2.5.3 Abfallvermeidung

- **Sammeln und Sortieren von Wertstoffen**
  Verpackungsmaterial aus Papier, Kunststofffolien, Styropor und Metall
  Behälter von Gebinde aus Kunststoff, Metall
- **Wiederverwendung**
  Abdeckfolien mehrfach verwenden
  Rückgabe von Farbeimern aus Kunststoff
  Verwertung durch den Hersteller
- **Verringerung von Abfällen**
  Verzicht auf unnötiges Abkleben
  Beschichtungsstoffe aufbrauchen
  Metallbehälter verpressen
  Farbreste eintrocknen lassen
  Vermeidung von Sonderabfall
- **Vom Abfall her denken**

[1] Recycling = Wiederverwertung
[2] HVLP = High Volume Low Pressure (Niedriger Druck bei hohem Volumen)

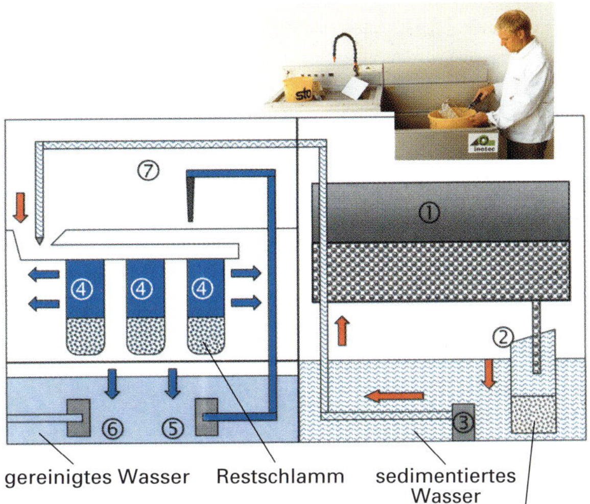

① Waschtisch
② Feststoff-abscheider
③ Zulaufpumpe
④ Filtersäcke
⑤ Spühlpumpe
⑥ Entleerungspumpe Kanalisation
⑦ Wasser-wiederverwender

Abwasserreinigungsanlage

2.5.4 Gesetzliche Bestimmungen

Luftreinhaltung	
BimSchG	Bundesimmissionschutzgesetz
TA-Luft	Technische Anleitung zur Reinhaltung der Luft
TA-Lärm	Technische Anleitung zum Schutz gegen Lärm
Gewässerschutz	
WHG	Wasserhaushaltsgesetz
AbwAG	Gesetz über Abgaben für das Einleiten von Abwasser in Gewässer (Abwasserabgabengesetz)
Boden	
AbfG	Gesetz über die Vermeidung und Entsorgung von Abfällen (Abfallgesetz)
VerpackV	Verpackungsverordnung
DSD	Duales System Deutschland (Einsammeln und Wiederverwerten von Wertstoffen)
TA-Abfall	Technische Anleitung zur Abfallentsorgung
Arbeitsplatz	
GefStoffV	Gefahrstoffverordnung
TRGS	Technische Regeln für Gefahrstoffe
VbF	Verordnung über brennbare Flüssigkeiten
StGB	Strafgesetzbuch Straftaten gegen die Umwelt

2.5.5 Der Maler und Lackierer im Dienst der Umwelt

Die meisten Untergründe lassen sich dauerhaft nur durch Beschichtungen erhalten. So würde beispielsweise eine Stahlbrücke ohne Korrosionsschutzanstriche in wenigen Jahren zusammenrosten und ihre Tragfähigkeit schnell verlieren. Ohne Beschichtungen halten Holzkonstruktionen der Witterung nur bedingt stand. Selbst Beton benötigt einen Schutzanstrich.
Die Erhaltung von Bauwerken, Fahrzeugen und anderen Sachwerten wäre ohne Beschichtungen nicht denkbar.

Ein weiterer Bereich dient dem Einsparen von Energie. In der Bundesrepublik wird noch immer der größte Anteil der Energie für Heizzwecke verbraucht. Durch sinnvolle Wärmedämmung kann der Bedarf an Heizenergie verringert und damit gleichzeitig die Luftbelastung und der CO_2-Gehalt reduziert werden. Ein vom Maler angebrachter Wärmedämmputz spart nicht nur wichtige, begrenzt vorhandene Rohstoffe, er hilft auch gegen den Treibhauseffekt, der durch die CO_2-Zunahme hervorgerufen wird.
Feuchte Wände leiten Wärme besser und führen zu unnötigem Wärmeverlust. Beschichtungen, die das Eindringen von Wasser oder Feuchtigkeit verhindern, tragen deshalb ebenfalls zum Schutz der Umwelt bei.

Beim Schutz von Sachwerten und der Einsparung von Heizenergie dient der Maler und Lackierer dem Schutz unserer Umwelt.

2.5.6 Umweltzeichen *Blauer Engel*

Ob ein Produkt umweltfreundlich ist, lässt sich bei der Vielzahl der Produkte, die sich auf dem Markt befinden, allenfalls vom Fachmann beurteilen. Um dem Verbraucher eine umweltfreundliche Kaufentscheidung zu ermöglichen, wurde das Umweltzeichen *Blauer Engel* eingeführt. Der *Blaue Engel* wird nach festgelegten Vergabekriterien vom RAL[1] unter Beteiligung des Umweltbundesamtes und des Bundeslandes, in dem der Hersteller seinen Sitz hat, vergeben. Der Grund für die Vergabe wird im Zeichen angegeben. Um als schadstoffarm zu gelten, dürfen wasserverdünnbare Dispersionslacke noch bis zu 10 Prozent Lösemittel, High Solid-Lacke bis zu 15 Prozent enthalten.

Ausgezeichnet werden nur Stoffe, die zur Umweltentlastung beitragen. Anstrichstoffe, die bisher keine Umweltbelastung dargestellt haben, wie beispielsweise Dispersionen, werden nicht mit dem *Blauen Engel* ausgezeichnet.

2.5.7 Das EU-Umweltzeichen

Das *E-Zeichen* wird für Erzeugnisse verliehen, die während ihrer gesamten Lebensdauer, von der Entwicklung und Herstellung über den Vertrieb bis zum Verbrauch geringere ökologische Auswirkungen haben als vergleichbare Produkte.
Gemessen wird dies am Abfallaufkommen, der Beeinträchtigung von Boden, Wasser und Luft sowie am Energieverbrauch und dem Verbrauch von natürlichen Rohstoffen. Das *E-Zeichen* wird national vergeben. In Deutschland ist die gleiche Jury zuständig wie für den *Blauen Engel*.

Projekt
Untersuchen Sie am Beispiel Ihres Betriebes die Anwendung von Umweltschutzmaßnahmen und stellen Sie fest, welche umweltschonenden Werkstoffe eingesetzt werden und wie die Kunden auf diese Vorkehrungen reagieren.

Aufgaben
1. *Welche Folgen hat das Verursacherprinzip im Umweltschutz?*
2. *Erklären Sie anhand von Beispielen, dass Umweltschutz nicht nur Geld kostet, sondern sich auch bezahlt macht.*
3. *Wie lassen sich in einem Betrieb die Schadstoffemissionen verringern?*
4. *Worauf ist beim Gewässerschutz besonders zu achten?*
5. *Sie erhalten den Auftrag, Abfälle möglichst zu vermeiden. Wie können Sie diesen Auftrag ausführen?*
6. *Wie lässt sich Nachhaltigkeit im Umweltschutz verwirklichen?*

[1] RAL = Deutsches Institut für Gütesicherung und Kennzeichnung (vormals Reichsausschuss für Lieferbedingungen)

3 Grundlagen

3.1 Farbe als Erscheinung

3.1.1 Nachts sind alle Katzen grau!

Die bunte Vielfalt, die uns tagsüber begleitet, geht mit der hereinbrechenden Nacht verloren. Mit dem Weichen des Sonnenlichts wandeln sich die Farben in unterschiedlich graue Flächen, von hellgrau bis dunkelgrau. Nur dadurch können wir die Körper auch nachts unterscheiden. Bei Tagesanbruch kehrt die Farbigkeit wieder. Aber auch tagsüber wandeln sich die Farben, wenn wir nur genau hinsehen. Sie verändern sich mit dem Stand der Sonne, sie verlieren ihre Leuchtkraft, wenn die Sonne von Wolken verdeckt wird oder eine Schlechtwetterlage alles grau in grau erscheinen lässt. Mit den Jahreszeiten ändert sich der Stand der Sonne und damit auch die Farben unserer Umgebung.

Die bunte Vielfalt der Farben, die uns tagsüber umgibt, hängt vom natürlichen Licht der Sonne, d. h. der Energie der Sonnenstrahlen ab.

Das mit elektrischer Energie erzeugte künstliche Licht beeinflusst die Farben ebenfalls sehr stark. So erscheinen Farben unter dem Licht einer Glühlampe anders als unter einer Neonröhre oder unter einem Halogenscheinwerfer. Besonders stark verändern sich die ursprünglichen Farben, wenn sie mit „farbigem Licht" angestrahlt werden.

Die Farben[1] sind von der Lichtquelle abhängig. Nimmt die Lichtquelle ab, erscheinen die Farben in unterschiedlichen Grautönen. Ist kein Licht vorhanden oder zu wenig, um von unseren Augen wahrgenommen zu werden, lassen sich die Farben nicht mehr voneinander unterscheiden, alle Gegenstände sehen gleich schwarz aus.
Die Ursache für die Farben ist das Licht.

3.1.2 Die Vielfalt der Farben

Bei strahlendem Sonnenschein sind wir von einer Vielfalt von Farben umgeben, obwohl das Sonnenlicht für alle Körper das Gleiche ist. Die Vielfalt der Farben lässt sich zunächst damit erklären, dass das auf der Oberfläche eines Körpers auftreffende nicht sichtbare Sonnenlicht von dieser reflektiert bzw. teilweise oder vollkommen absorbiert wird.

Bei vollkommener Reflexion sehen wir die Oberfläche weiß, bei teilweiser Reflexion farbig und bei vollkommener Absorption schwarz.

[1] Unter Farbe verstehen wir hier den Farbeindruck, den wir von Farben gewinnen, z. B. gelb, rot, blau usw. und nicht Farbmittel, z. B. Pigmente oder Farbstoffe.

Wie aber kommt es zu den unterschiedlich bunten Farben? Dies lässt sich verstehen, wenn wir die Zusammensetzung des Sonnenlichts und die Wirkung des Lichts allgemein besser kennen.

morgens

mittags

abends

Die Bilder zeigen die Veränderung der Farbigkeit und die Wirkung von Licht und Schatten an einem Gebäude im Laufe eines sonnigen Junitages.

3.1.3 Die Entstehung der Farben aus Licht

Licht ist eine spezielle Energieform, die auf elektromagnetische Strahlung zurückzuführen ist.
Die elektromagnetische Strahlung breitet sich in Wellen aus.
Alle glühenden Körper und Gasflammen senden Licht aus. Sie werden als Temperaturstrahler bezeichnet. Zu ihnen gehört auch die Sonne.
Daneben gibt es noch andere Lichtquellen, die bei niedriger Temperatur entstehen, z. B. Glimmlampen, Leuchtstoffröhren, fluoreszierende und phosphoreszierende Körper.
Mit unseren Augen können wir nur einen kleinen Teil der ausgesandten elektromagnetischen Wellen als sichtbares Licht wahrnehmen. Im Spektrum[1] der Sonnenstrahlung liegt der Bereich des sichtbaren Lichtes zwischen den ultravioletten Strahlen und den infraroten Wärmestrahlen.
Das gesamte Spektrum der Sonne reicht von Röntgenstrahlen mit einer Wellenlänge von 10^{-12} m bis zu langwelligen Rundfunkwellen von 10 km Länge.

Spektralbereich des sichtbaren Lichtes

Das menschliche Auge empfindet als	*Wellenlängen* in 10^{-9} m	*Frequenzen* in 10^{-12} Hz
Violett	400 – 420	750 – 715
Blau	420 – 490	715 – 610
Grün	490 – 575	610 – 520
Gelb	575 – 585	520 – 510
Orange	585 – 650	510 – 460
Rot	650 – 750	460 – 400

Mit einem Prisma lässt sich das sichtbare Licht (weiße Licht) in seine Spektralfarben zerlegen. Dies ist auf die unterschiedliche Ausbreitungsgeschwindigkeit der einzelnen Spektralfarben zurückzuführen, die beim Durchgang durch das Prisma unterschiedlich stark gebrochen werden.

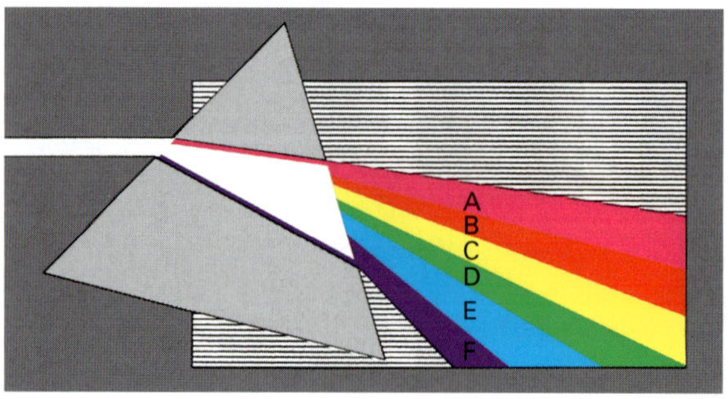

Zerlegung des Lichtes in seine Spektralfarben

[1] Spektrum = Bandbreite (lat. spectrum = Abbild)

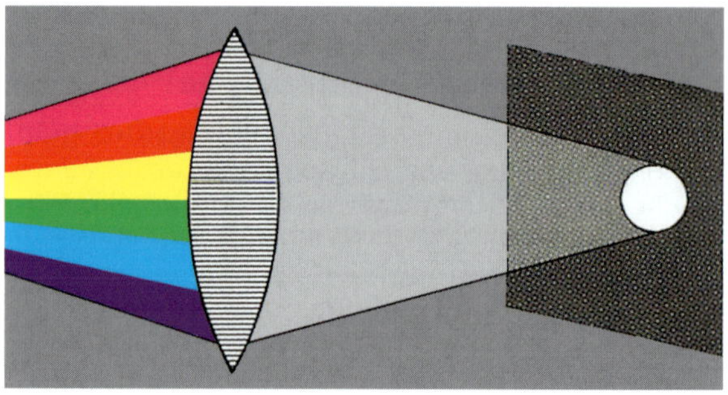

Wiedervereinigung des Lichts

Bringt man eine Sammellinse hinter das Glasprisma, werden die Spektralfarben wieder zu weißem Licht zusammengeführt.

Mit der Kenntnis der Spektralfarben können wir jetzt auch die Vielfalt der Farben erklären.

rote Rose

Aus dem weißen Licht der sechs Spektralfarben wird der Grünanteil absorbiert und die übrigen Farben reflektiert. Dadurch erhält die Rose ihre tief rote Farbe. Wichtig ist hierbei, dass nicht nur Rot reflektiert wird, sondern auch die im Spektrum benachbarten Farben, wenngleich in geringerer Menge.
Bei der Absorption[2] von Licht wird Energie aufgenommen und in Wärme umgewandelt. Daher erwärmen sich dunkle Flächen im Sonnenlicht. Bei schwarzen Flächen wird nahezu die gesamte Lichtenergie in Wärme umgewandelt. Diesen Effekt nutzt man z. B. bei Sonnenkollektoren zur Gewinnung von Warmwasser aus. Dunkle Farbanstriche sind aber auch großen Temperaturschwankungen ausgesetzt, die eine hohe Elastizität voraussetzen. Geht diese Elastizität mit der Zeit verloren, platzt der Anstrich ab.

[2] Absorption = Aufnahme (lat. absorbere = verschlucken)

3.1.4 Lichtbrechung und Reflexion

Lichtbrechung

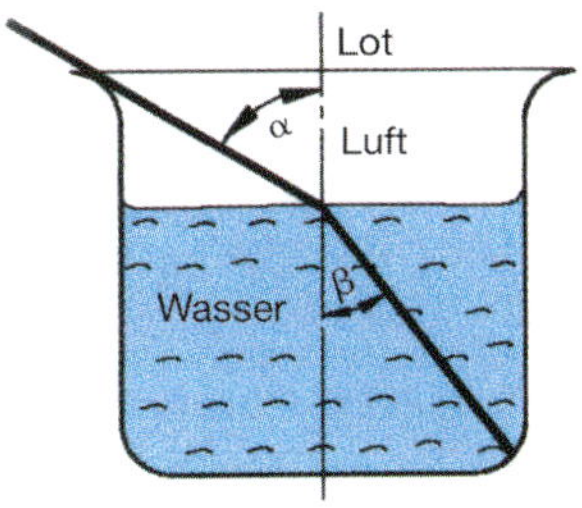

Lichtbrechung

Ein in Wasser eingetauchter Stab erscheint an der Wasseroberfläche abgeknickt. Außerhalb des Wassers ist der Stab gerade. Ebenso wird er wieder gerade, wenn er ganz in Wasser eingetaucht ist. Die Brechung hängt offensichtlich von den beiden Medien Luft und Wasser ab.

Die Ursache für die Lichtbrechung liegt in der unterschiedlichen Geschwindigkeit, mit der das Licht die verschiedenen Medien zu durchdringen vermag. Die Lichtgeschwindigkeit ist für jedes Medium anders. An der Trennfläche zwischen Luft und Wasser kommt es daher zur Brechung der Lichtstrahlen. Diese werden zum Lot hin vom optisch dünneren zum dichteren Stoff abgelenkt. Fällt der Lichtstrahl senkrecht ein, findet keine Brechung statt. Anhand der Brechungszahl lässt sich die Ablenkung bestimmen.

Beispiele:

Stoff	Brechungszahl
Luft	1
Wasser	1,33
Lacke und Öle	1,5
Kreide	1,52
Titandioxid	2,7

Für die Deckfähigkeit von Anstrichen ist die Brechungszahl von Bindemitteln und Pigmenten von Bedeutung.

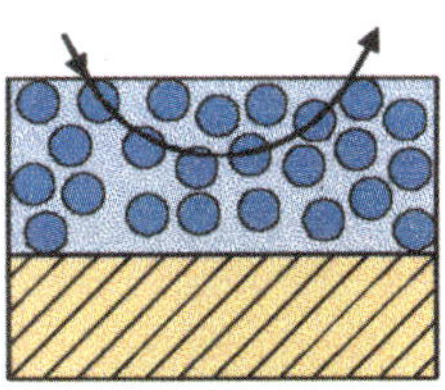

1 **Lichtbrechung bei deckendem Anstrich: Lichtstrahl wird vor Erreichen des Untergrundes abgelenkt**

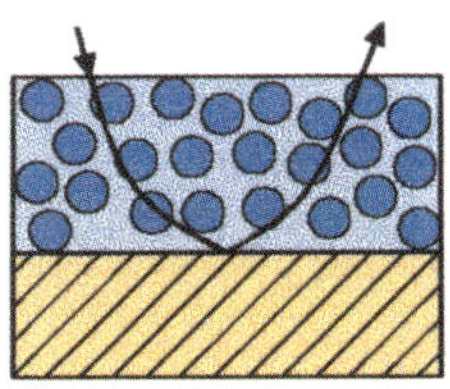

2 **Lichtbrechung bei lasierendem Anstrich: Lichtstrahl erreicht den Untergrund**

Je größer der Unterschied zwischen den Brechungszahlen von Pigment und Bindemittel ist, umso besser deckt der Anstrichstoff.

Kreide deckt in Öl schlecht. Der Anstrich wirkt lasierend. Titandioxid deckt in Öl oder Lack dagegen gut.

Gerichtete oder gestreute Reflexion

Anstrichstoffe können neben ihrer Farbe und ihrer Deckkraft eine matte oder glänzende Oberfläche haben (z. B. Mattlack, Hochglanzlack). Diese Eigenschaft ist von der Art und Weise abhängig, in der die Lichtstrahlen beim Auftreffen auf den bestimmten Stoff reflektiert werden. Bei glänzenden Flächen werden die auftreffenden Lichtstrahlen gleichgerichtet zurückgestrahlt. Es zeigt sich ein klares glänzendes Abbild der Oberfläche. Bei matten Flächen werden durch die unebene Oberfläche die Lichtstrahlen diffus, d. h. unbestimmt oder gestreut zurückgestrahlt. Es entsteht eine unscharfe, matt aussehende Oberfläche.

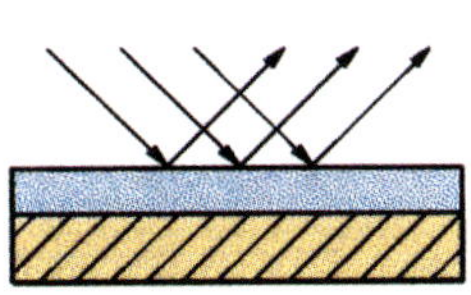

Gerichtete Reflexion
Glänzende Oberfläche
Die parallel einfallenden Lichtstrahlen werden in gleichem Winkel parallel, d. h. gerichtet, zurückgestrahlt.

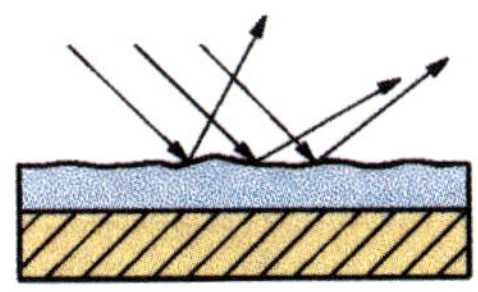

Gestreute Reflexion
Matte Oberfläche
Die parallel einfallenden Lichtstrahlen werden durch die unebene Fläche diffus, d. h. nicht gerichtet, zurückgestrahlt.

Reflexion

Aufgaben:

1. *Erklären Sie den Zusammenhang von Licht und Farbe.*
2. *Wodurch kommt es zu den unterschiedlich bunten Farben?*
3. *Nennen Sie die Spektralfarben des Sonnenlichts.*
4. *Erklären Sie am Beispiel eines roten Autos, warum dieses im Sonnenlicht rot erscheint.*
5. *Warum erwärmen sich dunkle Flächen im Sonnenlicht stärker als helle?*
6. *Welche nachteiligen Folgen können dunkle Anstriche im Außenbereich haben?*
7. *Sie haben zu wählen zwischen einem Öllack mit Kreide und einem mit Titandioxid. Welchen würden Sie verarbeiten? Begründen Sie Ihre Auswahl.*
8. *Eine Lackierung verliert durch Anschleifen ihren Glanz. Erklären Sie diesen Effekt!*

3.1.5 Farbmischung

Additive Farbmischung

Die durch Zerlegung des Lichts erhaltenen Farben werden auch als **Lichtfarben** bezeichnet. Durch Lichtfilter oder durch eine entsprechend farbige Beleuchtung erhalten wir „farbiges Licht“, das nur einige Bereiche des Lichtspektrums enthält.
Will man aus diesem „farbigen Licht“ wieder weißes Licht herstellen, ist es einleuchtend, dass die fehlenden Bereiche des Lichtspektrums hinzugefügt bzw. addiert werden müssen.

Strahlt man mit einer violetten, grünen und orangen Lichtquelle gleichzeitig auf einen Punkt, so entsteht wieder weißes Licht.

Durch Addition von jeweils zwei Lichtfarben erhalten wir farbiges Licht:

orangerot	+	grün	=	gelbes Licht
violett	+	orangerot	=	rotes Licht
violett	+	grün	=	blaues Licht

Dabei zeigt sich, dass die gemischten Lichtfarben stets heller sind als ihre Ausgangsfarben. Dies lässt sich aus der Energieform des Lichts erklären. Die Mischtöne werden durch ihre Mischung bzw. Addition energiereicher und ergänzen sich, bis das Spektrum des Lichts erreicht ist, d. h., sie werden immer heller, bis wieder weißes Licht entstanden ist.

Bei der additiven Farbmischung ist die Mischung stets heller als die Ausgangsfarbe. Die hellste Lichtfarbe ist das weiße Licht.

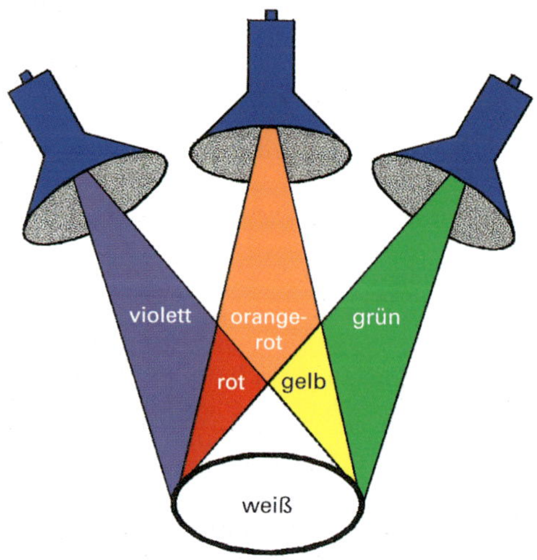

Additive Farbmischung

Subtraktive Farbmischung

Die vom Maler und Lackierer verarbeiteten Beschichtungen erhalten ihre Farbe in der Regel durch Pigmente. Pigmente sind kleine farbige Körper. Jedes Pigment erscheint durch den reflektierenden Anteil des Lichtes entsprechend farbig. Der nicht reflektierte Anteil wird absorbiert. Bei der Mischung der nicht weißen Pigmente erhöht sich der Anteil des absorbierten Lichtes.
Bei jedem Mischvorgang wird die Farbe immer dunkler, bis schließlich kein reflektierendes Licht mehr vorhanden ist, d. h. die Farbe Schwarz erscheint.

Grundfarben, auch Primärfarben[1] genannt, sind Körperfarben, die sich **nicht** durch subtraktive Farbmischung herstellen lassen. Als Grundfarben bezeichnet man die Farben Gelb, Rot und Blau.

Mischt man je zwei Grundfarben miteinander, entstehen die Sekundärfarben[2].

gelb	+	rot	=	orange
gelb	+	blau	=	grün
rot	+	blau	=	violett

Die Mischung von Körperfarben unter **einer** Lichtquelle nennt man subtraktive Farbmischung.

Dieses Bild entsteht beim Übereinanderdrucken von gelber, roter und blauer Lasurfarbe auf einem weißen Untergrund.

Subtraktive Farbmischung

[1] primär (lat. prima = die Erste)
[2] sekundär (lat. secunda = die Zweite)

3.1.6 Der Farbkreis

Im Farbkreis wird auf einfache Weise eine Systematik der Farben entwickelt. Wir nehmen dabei den zwölfteiligen Farbkreis von Johannes Itten (1888–1967) zum Vorbild. Ausgehend von den Grundfarben werden diese in einem gleichseitigen Dreieck mit gleichen Flächenanteilen dargestellt. Die Farbe Gelb wird in das obere Feld eingetragen, rot rechts und blau links. Auf jeder Seite des Dreiecks stoßen zwei Grundfarben aneinander. Ihre Mischung ergibt die jeweiligen Sekundärfarben. Diese füllen die Restflächen des Sechsecks aus, das mithilfe des Umkreises um das Dreieck konstruiert wurde. Durch den größeren Außenkreis wird der zwölfteilige Farbkreis vorbereitet. Nach der Einteilung werden zunächst die Grund- und Sekundärfarben in den zwölfteiligen Farbkreis übernommen. Diese bilden den sechsteiligen Farbkreis. Danach können die Zwischenbereiche durch die Mischung der benachbarten Farben ausgefüllt werden.

Zwölfteiliger Farbkreis

Komplementärfarben
Farben, die im Farbkreis einander gegenüber liegen, werden als Gegenfarben, Ergänzungsfarben oder als Komplementärfarben bezeichnet.

Als Farbenpaar gegeneinander gestellt, bilden die Komplementärfarben den stärksten möglichen Farbkontrast.
Mischt man sie miteinander, so ergänzen sie sich zu einem dunklen Grau- bzw. Braunton.

Tertiärfarben[1] sind Farbmischungen, die Bestandteile aller drei Grundfarben enthalten. Sie können beispielsweise aus einer Grundfarbe und der im Farbkreis gegenüberliegenden Sekundärfarbe gebildet werden.

Tertiärfarben sind im Farbkreis nicht enthalten, z. B. ocker, rotbraun, oliv, umbra.

Im Farbkreis wird nur die Mischung der „bunten" Farben dargestellt. Die Farbtöne der Natur und der Praxis besitzen aber zusätzlich einen „unbunten" Hell-Dunkel-Anteil aus schwarz und weiß.
Bunte Farben werden als **chromatische**[2], unbunte Farben als **achromatische Farben** bezeichnet. Farbtöne, die aus verschiedenen Buntanteilen bestehen, nennt man **polychrome**[3] **Farben.**

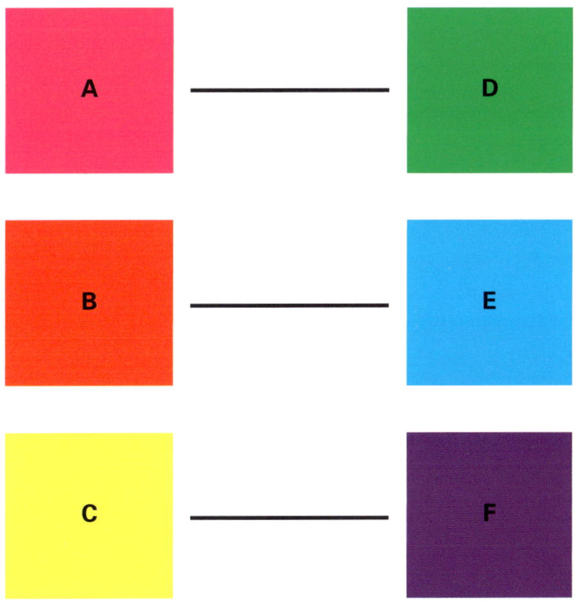

Die Gegenfarbpaare des sechsteiligen Farbkreises

Graureihe – Hellbezugswert

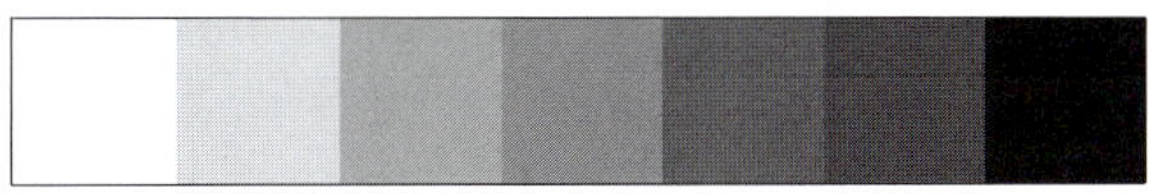

Gleichmäßig abgestufte Graureihe

Bunte Farben haben unterschiedliche Helligkeit. Im Vergleich mit einer Graureihe lässt sich deren Helligkeit und damit der **Hellbezugswert** feststellen.

[1] tertiär (lat. tertia = die Dritte)
[2] chromatisch (griech. chromos = Farbe)
[3] polychrom = vielfarbig (griech. polys = viel, viele)

3.1.7 Farbsysteme – Farbkörper

Übung

1. Wir geben in ein Schälchen etwas rote Dispersions- oder Temperafarbe; durch Zugabe von Weiß lässt sich das Rot aufhellen.
2. Geben wir dem Rot anstelle von Weiß etwas Schwarz bei, so wird es abgedunkelt.
3. Wählen wir als Zugabe eine andere bunte Farbe, verändert sich der Farbton ebenfalls.

Die Übung zeigt, dass wir jede Farbe in drei Richtungen verändern können.

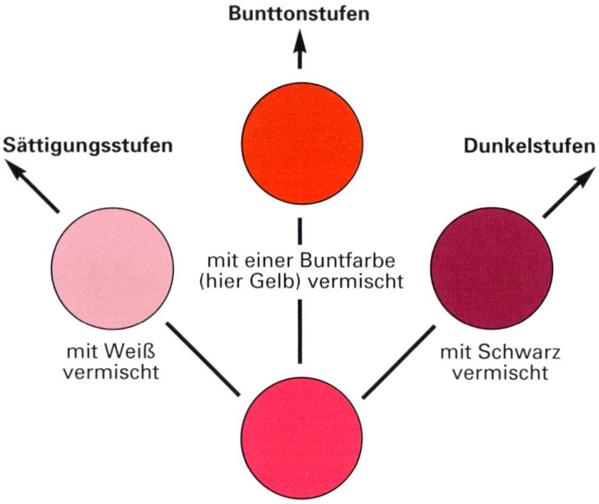

Möglichkeiten zur Veränderung einer Farbe

Will man die möglichen Zusammenhänge einer Farbe veranschaulichen, so eignet sich dafür am besten ein dreidimensionaler Raum. Dieser steht in der Abbildung eines Körpers zur Verfügung. Für die Darstellung von Farbsystemen eignen sich daher am besten Farbkörper.
Der Maler Philipp Otto Runge hat bereits 1810 mit seinem Farbglobus die wichtigste Vorarbeit für alle folgenden Farbsysteme geliefert.
Im Vergleich zur Erde bilden dabei die Pole die unbunten, der Äquator die reinen, bunten Farben.

Die Farben des Äquators nennt man **gesättigte Reihe**. Die Achse zwischen dem weißen Nordpol und dem schwarzen Südpol besteht aus Grautönen unterschiedlicher Helligkeit, vergleichbar der Graureihe. Diese Farbtöne werden **Schattenreihe** genannt.

Auf der Erdoberfläche werden die reinen Farben des Äquators nach oben mit Weiß aufgehellt oder nach unten mit Schwarz verdunkelt. Diese Farben bezeichnet man als **hellklare** bzw. **dunkelklare Reihe**.

Mischt man die Farben der Erdoberfläche mit der Schattenreihe, so erhält man im Innern die Farbtöne der **Verhüllungsreihe**.

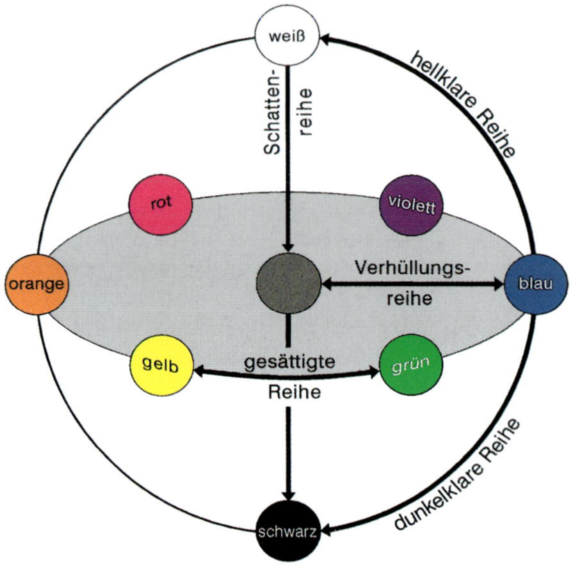

Farbglobus nach Ph. O. Runge

Eine Vielzahl weiterer Farbkörper bestimmte die Entwicklung von Farbsystemen. Hier nur eine kleine Auswahl:

Doppelkegel nach Ostwald (1853–1932)

Doppelkegel

Für Ostwald waren die Weiß- und Schwarzanteile wichtiger als Reinheit und Helligkeit. Der auf der Basis eines 24-teiligen Farbkreises geschaffene Doppelkegel enthält 650 Farben. Er ist Vorbild für viele technische Farbsysteme, u.a. für das heute vielfach angewendete **NCS[1]-System**.

Andere Farbsysteme bauen auf einem Würfel auf. Die bekanntesten Farbwürfel stammen von Benson (1868), Carpentier (1885) und Alfred Hickethier (1940).

Heinrich Küppers legt seiner *Logik der Farben* (1976) einen Rhomboeder zugrunde.

[1] NCS = **N**atural **C**olor **S**ystem

1000
Farbwürfel nach Alfred Hickethier

Aus dem Farbwürfel hat A. Hickethier ein Zahlensystem entwickelt, mit dem sich in der Praxis sehr gut arbeiten lässt. Indem er jede Ausdehnung des Würfels in zehn gleiche Abschnitte teilt, ergeben sich insgesamt 1000 Teilwürfel bzw. 1000 Farben, die er in Zahlen von 0 bis 999 ausdrückt. Alle Zahlen werden mit drei Ziffern geschrieben, die den Grundfarben zugeordnet sind:
die erste Ziffer immer dem Gelb,
die zweite Ziffer immer dem Rot
die dritte Ziffer immer dem Blau.

Die Zahl 000 bedeutet Weiß, 999 Schwarz.
Die Graureihe wird danach durch die Zahlen 000, 111, 222, 333 ... 999 ausgedrückt.
9 bedeutet volle Sättigung,
6 bedeutet 6 Teile Farbe + 3 Teile Weiß
3 bedeutet 3 Teile Farbe + 6 Teile Weiß

Nach diesem System setzt sich die Farbe 036 aus hellem Rot und mittlerem Blau zusammen.

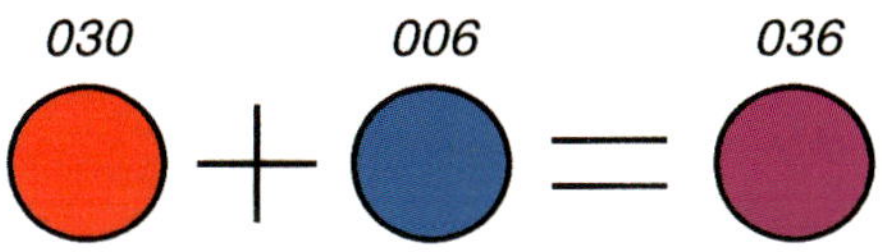

Mischen einer Farbe nach dem Zahlensystem von Hickethier

Sättigung

Enthält ein Farbton keinen Weiß- oder Schwarzanteil, dann ist er voll gesättigt. Durch einen Grauanteil nimmt die Sättigung ab.

Unter Sättigung versteht man den Reinheitsgrad einer Farbe.

Helligkeit

Auch bunte Farbtöne sind unterschiedlich hell. Ein gelber Farbton ist heller als ein roter oder blauer.

Der Hellbezugswert einer Farbe lässt sich durch den Vergleich mit einer Graureihe oder durch genaue Farbmessung bestimmen.

Unter Helligkeit versteht man die Gesamtmenge des Lichts, die von einem Farbton reflektiert wird.

DIN-Farbkarte

Das System der DIN-Farbkarte nach DIN 6164 wurde 1955 von Prof. Richter entwickelt. Ziel des Farbsystems war es, einen Farbkörper zu schaffen, in dem die Farbunterschiede empfindungsmäßig gleiche Abstände aufweisen.

Der Farbkörper (nach Prof. Richter), der den Normfarbtafeln zugrunde liegt

Der DIN-Farbkarte liegt ein 24-teiliger Farbkreis mit entsprechend 24 verschiedenen *Bunttönen* zugrunde. Für jeden **Buntton (T)** existiert ein eigenes numeriertes Blatt (Gelb z. B. hat die Tonzahl 1, Grün 21). Die dazugehörenden Abstufungen sind nach **Sättigungsstufen (S)** und **Dunkelstufen (D)** geordnet.

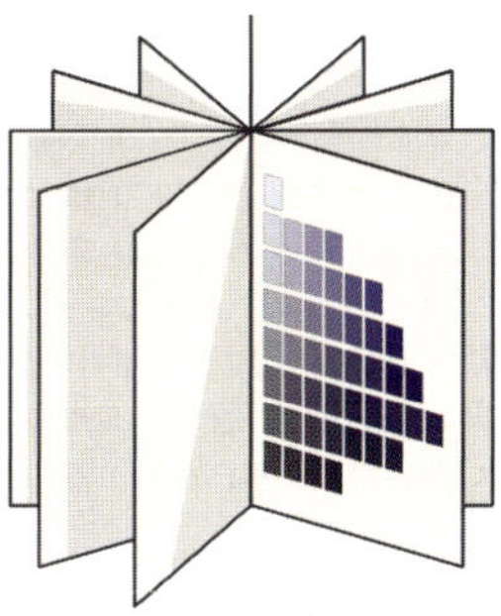

Die Normfarbtafel, bestehend aus 25 Einzelblättern (24 Buntblätter, 1 Unbuntblatt)

Zur exakten Benennung der Farbe ist aus den Farbmaßzahlen das ***Farbzeichen*** **(T:S:D)** zu bilden. Wählt man aus der Buntonkarte 21 die Sättigungsstufe 4 und die Dunkelstufe 2, so ergibt sich das Farbzeichen 21:4:2.

NCS-System
Im Hinblick auf den europäischen Binnenmarkt gewinnt das 1982 eingeführte NCS-System immer mehr an Bedeutung. Es ist dabei, die Farbmusterkollektion der DIN-Farbkarte zu verdrängen.

Bei diesem System wird ein 40-teiliger Farbkreis aus den vier „natürlichen Grundfarben" Gelb, Rot, Blau und Grün zugrunde gelegt. Seine Vorteile liegen in den ausgewogenen Farben und einer genauen Farbbezeichnung, die den prozentualen Anteil an Sättigung (z. B. c = 50) und Schwarz (z. B. s = 30) angibt. Die einzelnen Farbausschnitte sind für die Praxis in Farbtonkarten abgebildet.

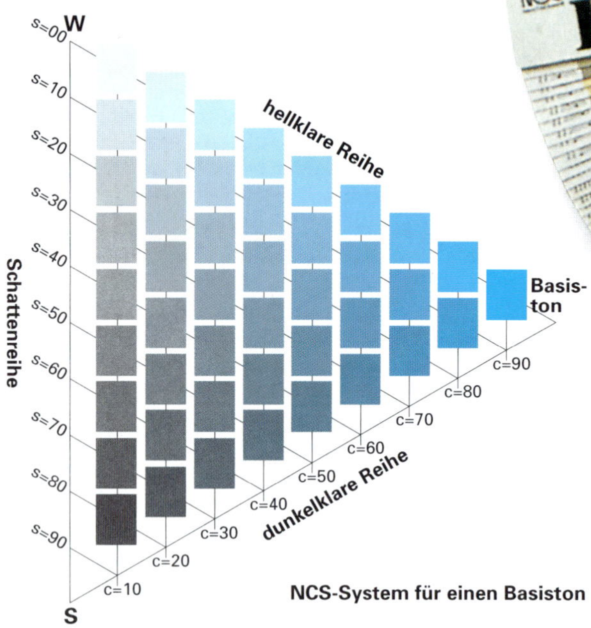

NCS-System für einen Basiston

Farbkartensystem nach NCS

Aufgaben

1. *Erklären Sie, warum zur Darstellung der Farben Farbkörper verwendet werden.*
2. *Ein entscheidendes Problem ist die systematische Benennung der Farben. Auf welche Weise hat dies Hickethier gelöst?*
3. *Eine Farbe erhält nach dem Zahlensystem von Hickethier die Nummer 309. Aus welchen Farbanteilen setzt sich dieser Farbton zusammen? Welche Farbe hat dieser Farbton?*
4. *Wie können Sie den Hellbezugswert von bunten Farbtönen auf einfache Weise feststellen?*
5. *Welcher Farbton kann als voll gesättigt bezeichnet werden?*

3.1.8 RAL[1]-Farben

Für viele Bereiche sind standardisierte Farbtöne notwendig, z. B. für Verkehrsschilder, Polizei und Feuerwehr. In den DIN-Normen für Sicherheitskennzeichnungen sind RAL-Farben vorgeschrieben. Das Farbregister RAL 840 HR[2] ist eine Sammlung dieser Farbtöne. Das Basisregister besteht aus 170 Farbtönen. Aus den wenigen Grundfarben können weitere 560 unverwechselbare Farbtöne ausgemischt werden.

[1] RAL Deutsches Institut für Gütesicherung und Kennzeichnung e.V.
[2] RAL 840 HR = Farben, die als Farbkarte im RAL-Farbhauptregister enthalten sind.

Das RAL-Farbregister ist in **neun Farbreihen** eingeteilt. Alle RAL-Farben sind durch vierstellige Zahlen gekennzeichnet.

Übersicht

Farbreihe	Farbtöne	Farbreihe	Farbtöne
1000er	gelbe	6000er	grüne
2000er	orange	7000er	graue
3000er	rote	8000er	braune
4000er	violette	9000er	weiße, schwarze Aluminiumfarbtöne
5000er	blaue		

RAL-Farben in DIN-Normen

Beispiele für DIN-Normen, die RAL-Farbtöne zur Kennzeichnung vorschreiben:

DIN-Norm	Kennzeichnung von:
• DIN 2403	Rohrleitungen
• DIN 2404	Heizungsrohrleitungen
• DIN 2405	Rohrleitungen in Kälteanlagen
• DIN 30710	Fahrzeugen und Geräten
• DIN EN 60446	Leitern durch Farben und numerische Zeichen
• DIN 4844	Sicherheitskennzeichnung – Begriffe, Grundsätze und Sicherheitszeichen

Kennzeichnungs- und Sicherheitsfarben Übersicht

Farbton	RAL-Nr.	Verwendung
Gelb	1004 1012	Allgemeine Warnfarbe (Vorsicht!) Rohrleitung für Gase
Orange	2000	Rohrleitung für Säuren
Rot	3000 3003	Allgemeiner Hinweis auf Gefahr (Halt!) Rohrleitungen für Dampf
Violett	4001	Rohrleitungen für Laugen
Blau	5010 5015	Untergrundfarbe für Hinweisschilder Rohrleitungen für Sauerstoff
Grün	6001 6018	Allgemeine Sicherheitsfarbe (Freie Fahrt!) Rohrleitungen für Wasser
Grau	7001	Rohrleitungen für Luft
Braun	8001	Rohrleitungen für Flüssigkeiten außer Säuren und Laugen
Weiß	9002	Kontrastfarbe zu roten, grünen und blauen Untergründen, Straßenmarkierungen
Schwarz	9005	Kontrastfarbe zu gelbem Untergrund (Symbol- und Schriftfarbe)

Übersicht, Ordnung und Sicherheit durch Farbe

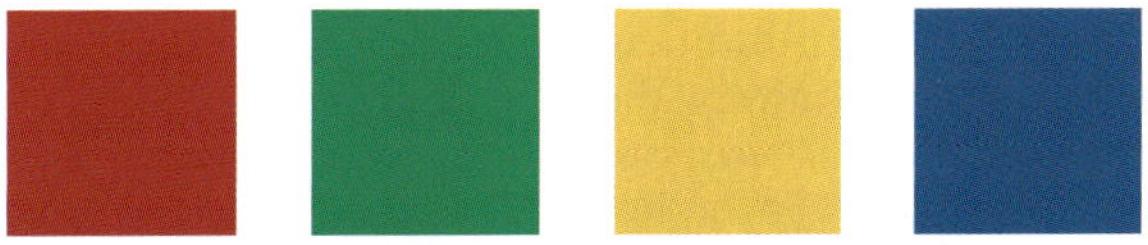

Rot, RAL 3000 | Grün, RAL 6001 | Gelb, RAL 1004 | Blau, RAL 5010

Die wichtigsten RAL-Farben Ordnungsfarben

Die dargestellten RAL-Farbtöne lassen sich gut unterscheiden. Sie sind sehr einprägsam. Ihre Farbsymbolik kann ein entsprechendes Verhalten, z. B. Rot = Halt, bewirken. Sie haben Signalwirkung.

Aufgaben

1. *Die Sicherheitskennzeichnungen werden heute allgemein durch DIN-Normen geregelt. Warum werden hierfür RAL-Farben vorgeschrieben?*
2. *Welche Signalwirkung geht von den RAL-Farbtönen Rot, Gelb und Grün aus?*
3. *Die Ordnungsfarbe Blau wird als Schrifthintergrund für Anordnungen, Hinweise und Informationen eingesetzt. Begründen Sie diese Farbwahl!*
4. *Nennen Sie die Sicherheitskennfarben, die bei Rohrleitungen für Säuren und Laugen verwendet werden.*
5. *Eine Farbe aus der DIN-Farbkarte wird mit dem Farbzeichen 16 : 3 : 5 angegeben. Erklären Sie den Zusammenhang dieser Verhältniszahlen.*

3.1.9 Messung und Mischung von Farben

Das CIE-System

Das Ausmischen der Farben nach Augenmaß ist in der handwerklichen Praxis notwendig und erfordert die entsprechende Erfahrung. Eine genaue Farbwiedergabe lässt sich damit jedoch nicht erreichen. In der Fahrzeuglackierung und Lackindustrie möchte man Farben nach Farbton, Helligkeit und Sättigung exakt messen, um sie genau nachmischen zu können. Hierzu dient das CIE[1]-System.
Dies baut auf der additiven Farbmischung auf. Dabei wird ermittelt, in welchem Verhältnis die drei Lichtfarben von der zu messenden Farbe angesprochen wurden. Die x-, y- und z-Werte geben den Grad der Rot-, Grün- und Blauanregung an. So wie die drei Lichtfarben in der Summe Weiß ergeben, ergänzen sich die x-, y- und z-Werte in der Summe zu 1. Man braucht daher nur zwei Werte zu kennen, um den dritten bestimmen zu können. Als weitere Größe wird der h-Wert gemessen, der die Helligkeitsstufe anzeigt.

Das CIELab-System

Das CIELab[2]-System ergänzt die Farbmessung nach dem CIE-System. Es wird deshalb in der Farbindustrie als Bewertungssystem für den Abstand zwischen Farbmustern eingesetzt. Dabei wird zunächst der Farbeindruck durch die CIE-Farbwerte x, y und z ermittelt. Die durch Lichtreflexion erhaltenen Werte ordnen der gemessenen Farbe zwar einen eindeutigen Ort im dreidimensionalen Farbraum zu, sie sind aber weder anschaulich noch nach menschlichem Empfinden gleichmäßig. Das CIELab-System ordnet die CIE-Farbwerte nach entsprechenden Lichtabständen L = Lightness und nach der Buntheit C = Chroma. Aus diesem Grund lassen sich die x-, y- und z-Werte in L-, a- und b-Werte umrechnen. Die Darstellung anhand dieser Koordinaten ergibt einen Farbraum, der dem menschlichen Empfinden wesentlich besser entspricht.

[2] CIELab-System = CIE-Farbabstandssystem
(L = Lightness; a, b = Koordinatenachsen)

Normfarbtafel nach DIN 5033 Teil 3

[1] CIE = **C**ommission **I**nternationale de l'**E**clairage (Internationale Beleuchtungskommission)

Farbmischanlagen

Um Farbtöne nach den Vorgaben von Farbtonkarten oder nach bestimmten Farbwerten genau nachmischen zu können, gibt es unterschiedliche Farbmischanlagen. Moderne Anlagen nutzen die Unterstützung durch einen Computer.

Farbmischanlagen arbeiten mit Basisfarben, die nach Gewichtsanteilen oder Volumen miteinander vermischt werden. Für Dispersionsfarben und Dispersionslacke werden häufig farbenstarke Pigmentpasten zum Mischen verwendet. Die Mischrezepte können nach den Werten der Farbmessung oder anhand von Karteien oder speziellen Farbtonkarten zusammengestellt und miteinander vermischt werden. Durch intensives Schütteln oder Mixen wird ein einheitlicher Farbton erzielt.

Neben dem Vorteil, den Farbton genau zu treffen, lassen sich auch die gewünschten Farbmengen problemlos herstellen. Mischverluste können so ausgeschlossen werden.

Bei der Fahrzeugreparaturlackierung muss der Reparaturlack mit den Farbwerten des Fahrzeugs sehr genau übereinstimmen. Daher werden hohe Anforderungen an die Lackmischanlage gestellt. Moderne Anlagen arbeiten computerunterstützt automatisch. Dabei wird zunächst nach Baujahr, Fahrzeugtyp und Farbton aus einem Mikrofilm oder der Datei eines Computerprogramms die entsprechende Nummer des Farbtons festgestellt und eingegeben. Der Computer berechnet die notwendigen Farbmengen und steuert die richtigen Entnahmen der Basistöne für die Mischung.

Aus ca. 40 Basistönen lassen sich so einige tausend Farbtöne nach Rezept herstellen. Die Gefäße mit den Basistönen werden über einen Spezialdeckel mit Dosierklappe an ein zeitweilig laufendes Rührwerk angeschlossen, um ein Absetzen bzw. Verhauten des Materials zu verhindern.

Nach dem Zusammenführen der Farbtöne übernimmt ein Schnellrührer das sorgfältige Mischen der Rezeptur.

Projekte

1. *Gestalten Sie nach dem Vorbild des NCS-Systems für einen Basiston die Farbtöne und unterscheiden Sie diese nach Helligkeit bzw. Schwarzanteil und nach Sättigung bzw. Farbtonanteil. Wählen Sie eine Anordnung entsprechend der vorliegenden Abbildung.*
2. *Betrachten Sie die Farbtonkarten in Ihrem Betrieb und finden Sie heraus, welches Farbsystem diesen zugrunde liegen könnte.*

Aufgaben

1. *Auf welche Weise werden die Farbwerte bei der Farbmessung nach dem CIE-System ermittelt?*
2. *Warum genügt es, bei der Farbmessung nach dem CIE-System zwei Farbbestandteile zu ermitteln?*
3. *Welcher Farbton liegt nach dem CIE-System vor, wenn die Summe der x-, y- und z-Werte 1 ergibt?*
4. *Nennen Sie Vorteile einer Mischanlage gegenüber dem Mischen von Hand.*
5. *In der Fahrzeuglackiererei ist für einen handelsüblichen PKW eine Reparaturlackierung vorzubereiten. Beschreiben Sie die Vorgehensweise bei Zusammenstellung des richtigen Farbtons.*

Moderne Farbmischanlage, computergesteuert

3.2 Physikalische Grundlagen

Physikalische Vorgänge im Berufsalltag

Im Maler- und Lackiererhandwerk haben wir es ständig mit physikalischen Vorgängen zu tun. Die folgenden Beispielen mögen dies verdeutlichen:

- Anstrichstoffe werden verarbeitet
- Anstriche haften an Untergründen
- Lösemittel verdunsten
- poröse Putzflächen saugen Wasser auf
- Kondenswasser beschlägt Fensterscheiben
- Boden und Wände übertragen Schall
- Wärme durchdringt Wände
- Gerüstbau
- Nutzung elektrischer Energie
- Farbe als optische Erscheinung

Wir verrichten Arbeit, zeigen Leistung, setzen Energie um. Physikalische Vorgänge begleiten unsere Arbeit auf Schritt und Tritt. Daher lohnt es sich, ihnen näher auf die Spur zu kommen und ihre **Gesetzmäßigkeiten** zu erfassen. Dabei müssen wir zunächst festhalten, was man unter einem physikalischen Vorgang versteht.

Ein physikalischer Vorgang ändert die **Lage**, den **Zustand** oder die **Form** eines Körpers.

Die Änderung wird in einer **physikalischen Größe** gemessen und das Ergebnis in einer **Einheit** dargestellt. Eine Ortsänderung wird beispielsweise in der Länge l = 10 m angegeben, die Zeit, die dafür benötigt wird, in t = 10 s, und die Arbeit, die verrichtet wurde, in W = 0,2 kWh.
Alle physikalischen Vorgänge lassen sich mithilfe von sieben **Basisgrößen** mit den entsprechenden **Basiseinheiten** ausdrücken. Sie sind international im SI[1]-Einheitensystem festgelegt.

Basisgröße	Formelzeichen	Basiseinheit	Einheitenzeichen
Länge	l, h, b, s, r	1 Meter	1 m
Zeit	t	1 Sekunde	1 s
Masse	m	1 Kilogramm	1 kg
elektrische Stromstärke	I	1 Ampere	1 A
Temperatur	T	1 Kelvin	1 A
Lichtstärke	I_L	1 Candela	1 cd
Stoffmenge	n	1 Mol	1 mol

Ohne Maßeinheit hat eine Größe keine Aussagekraft.

z. B. s = 10 falsch
s = 10 m richtig

Größe = Zahlenwert · Einheit

[1] SI = **S**ystème **I**nternational d'Unités

Abgeleitete Größen

Zur Bestimmung physikalischer Sachverhalte ist es nicht immer sinnvoll, diese in Basisgrößen auszudrücken. So wird das Volumen eines Körpers z. B. als V = 18 m³ angegeben und nicht in Länge · Länge · Länge = 18 m³. Das Volumen ist eine von der Länge abgeleitete Größe.

Die Darstellung physikalischer Sachverhalte wird durch abgeleitete Größen übersichtlicher und einfacher.

Wichtige abgeleitete Größen

abgeleitete Größe	Formelzeichen	abgeleitete Einheit
Fläche	A	m^2
Volumen	V	m^3
Dichte	ρ	$\frac{kg}{dm^3}$
Geschwindigkeit	v	$\frac{m}{s}$
Beschleunigung	a	$\frac{m}{s^2}$
Kraft	F	$\frac{kg \cdot m}{s^2}$ = N (Newton)
Arbeit, Energie	W	Nm; J (Joule); Ws
Leistung	P	W
Druck	p	$\frac{N}{m^2}$ = Pa (Pascal)
elektr. Spannung	U	V (Volt)
elektr. Widerstand	R	W (Ohm)
elektr. Ladung	Q	As
Frequenz	f	$\frac{1}{s}$

Aufgabengebiet der Physik

Physik[2] ist die Lehre von der unbelebten Natur. In der Physik werden Körper beobachtet, Veränderungen gemessen und Gesetzmäßigkeiten festgestellt. Der Stoff, aus dem der Körper besteht, ändert sich dabei nicht.

[2] Physik (griech. physis = Natur)

3.2.1 Kraft und Masse

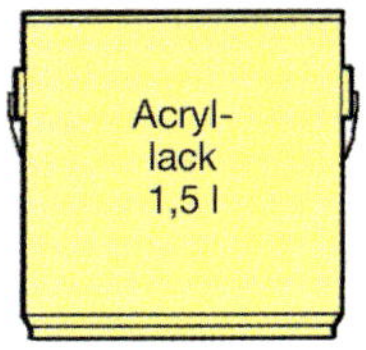

Masse
m = 2,25 kg

Zu unseren Grunderfahrungen gehört, dass jeder Stoff eine bestimmte Masse besitzt. Die von der Masse ausgehende Kraft bewirkt, dass wir die Anziehungskraft zur Erde als Gewichtskraft wahrnehmen.
Je größer die Masse ist, umso größer ist ihre Gewichtskraft und umso schwerer lässt sich eine Masse bewegen. Zur Überwindung dieser Trägheit muss eine bestimmte Kraft aufgewendet werden.

Gewichtskraft	$F = m \cdot g$
Kraft zur Überwindung der Trägheit	$F = m \cdot a$

Dichte eines Stoffes

Die Stoffe können unterschiedliche Massen besitzen. Um diese messen zu können, vergleichen wir Massen, die das gleiche Volumen einnehmen. Das Verhältnis der beiden Werte nennen wir Dichte.

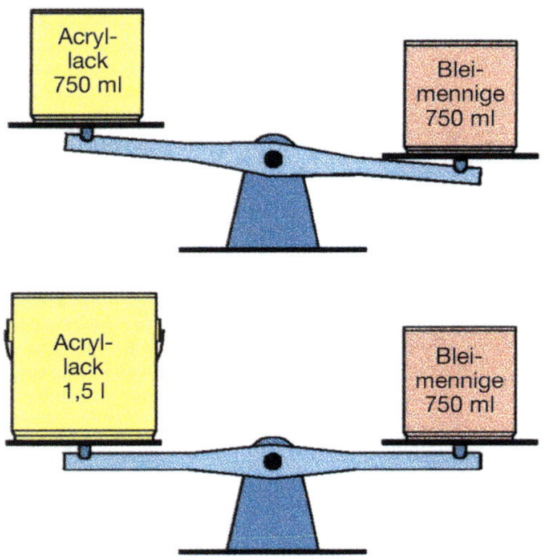

Körper unterschiedlicher Dichte

Rechnerisch besteht folgender Zusammenhang:

$$\text{Dichte} = \frac{\text{Masse}}{\text{Volumen}} \qquad \rho = \frac{m}{V}$$

$$\text{Einheit: } \frac{\text{kg}}{\text{dm}^3}$$

3.2.2 Zustandsformen

Körper können in drei Zustandsformen vorkommen:

1. fest
2. flüssig
3. gasförmig

Die Zustandsformen nennt man auch Aggregatzustände.

Erwärmt man einen festen Körper, so schmilzt er, sobald der **Schmelzpunkt** erreicht ist.

Der Körper ist nun flüssig. Führt man weiter Wärme zu, verdampft die Flüssigkeit, sobald der **Siedepunkt** erreicht ist.

Der Körper ist nun gasförmig. Entzieht man einem gasförmigen Stoff Wärme, wird er wieder flüssig, sobald der **Kondensationspunkt** erreicht wird.

Kühlt man den Körper weiter ab, wird er wieder fest, sobald der **Erstarrungspunkt** erreicht ist. Dieser Vorgang ist umkehrbar, d. h. reversibel.

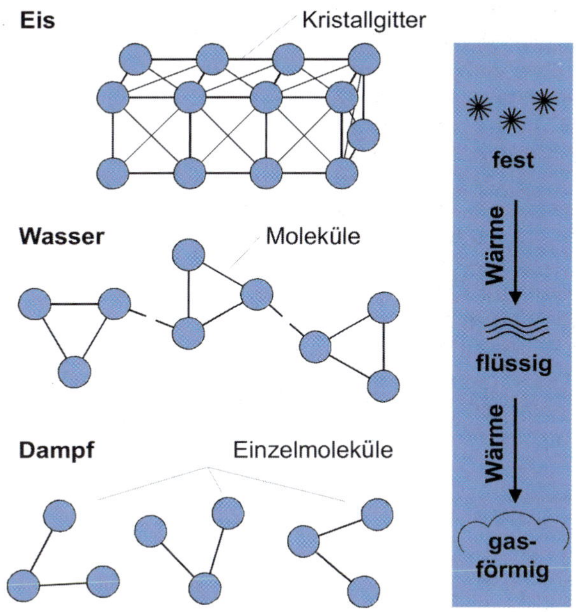

Zustandsformen des Wassers

Die Körper bestehen aus Molekülen und Atomen. Diese bilden im festen Zustand ein Kristallgitter.

Im flüssigen Zustand besitzen die Moleküle nur noch einen losen Zusammenhang.

Im gasförmigen Zustand löst sich der Molekülverband vollständig auf. Die Moleküle fliegen frei in dem zur Verfügung stehenden Raum umher.

3.2.3 Kohäsion und Adhäsion

Damit die einzelnen Atome und Moleküle einen festen Stoff bilden können, müssen zwischen ihnen Kräfte wirksam sein, die sie in ihrer gegenseitigen Lage festhalten. Nur so kann ein Kristallgitter zustande kommen und der Körper die entsprechende Festigkeit aufweisen.
In Flüssigkeiten nehmen diese Kräfte stark ab und in Gasen sind sie kaum noch vorhanden.

Molekülkräfte, die den Zusammenhang von Atomen und Molekülen des **gleichen** Körpers bewirken, nennt man **Kohäsionskräfte**[1].

Moleküle und Atome verschiedener Körper können sich aber ebenso anziehen.

Molekülkräfte, die zwischen **unterschiedlichen** Körpern wirken, nennt man **Adhäsionskräfte**[2].

Kohäsions- und Adkäsionskräfte haben im Bereich der Beschichtungen große Bedeutung.

Die Kohäsionskräfte bestimmen u. a.
- die Elastizität und Härte einer Beschichtung
- die Oberflächenspannung
- die Viskosität eines Anstrichstoffes
- die Tragfähigkeit eines Untergrundes
- die Widerstandsfähigkeit gegen Abrieb usw.
- die Festigkeit gegen Belastungen

Die Adhäsionskräfte bestimmen u. a.
- die Kapillarwirkung
- die Haftfähigkeit einer Beschichtung
- die Klebekraft
- die Staubbildung auf Lackierungen

Die Wirkung der Kohäsions- und Ahäsionskräfte lässt sich an einem Glasgefäß, gefüllt mit Wasser oder Quecksilber, beobachten:

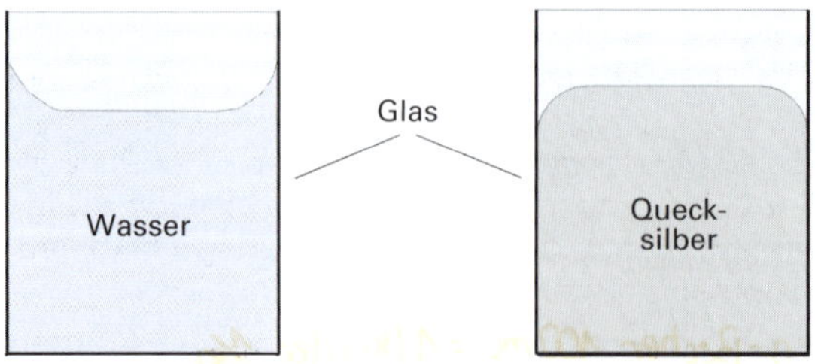

Glas zieht Wasser am Rand hoch **Quecksilber wird vom Rand weggezogen**

[1] Kohäsionskraft = Zusammenhangskraft (lat. cohaerere = zusammenhängen)
[2] Adhäsionskraft = Anhangskraft (lat. adhaerere = anhaften)

Wenn das Wasser am Glasrand hochgezogen wird und das Quecksilber sich umgekehrt verhält, müssen entsprechende Kräfte wirken. Die Erklärung ist einfach: Die Adhäsionskraft des Glases an das Wasser ist größer als die Kohäsionskraft des Wassers zu sich selbst. Bei Quecksilber ist die Adhäsionskraft des Glases zum Quecksilber kleiner als die Kohäsionskraft des Quecksilbers.

Die Kapillar- oder Haarröhrchenwirkung

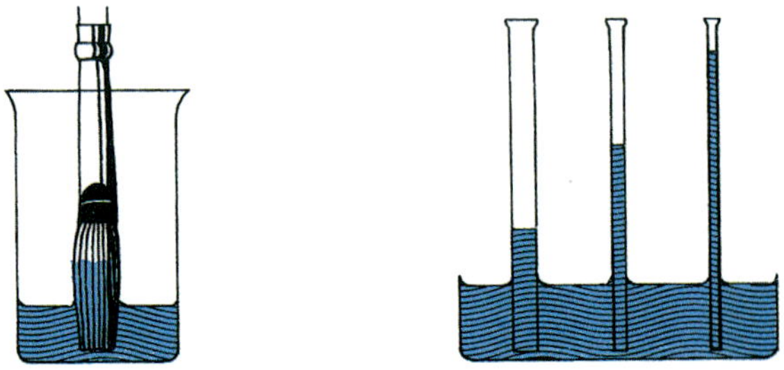

Wasser steigt im Pinsel

Wasser steigt je nach Durchmesser der Kapillarröhrchen verschieden hoch

Am Beispiel des Pinsels oder der Glasröhren zeigt sich, dass Wasser in engen Röhren (Haarröhrchen oder Kapillaren) entgegen der Schwerkraft zu steigen vermag. Auch an porösen Baustoffen können wir dies feststellen.

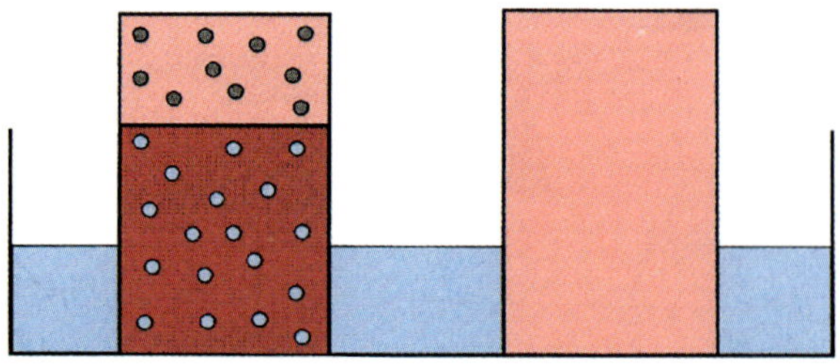

poröse – dichte Baustoffe

Je enger die Kapillaren sind, umso höher kann das Wasser steigen.

In der Natur ist die Kapillarwirkung lebensnotwendig. Sie versorgt u. a. Bäume und Pflanzen mit Wasser und Mineralien. Im Bauwesen kann dieser Vorgang zu Schäden führen. Feuchte Wände, abplatzende Anstriche bzw. Putzstellen, Holzfäule, Frostschäden usw. können die Folge sein. Daher sollten poröse Baustoffe, wie Putz oder Steine, vor der Beschichtung tiefengrundiert werden.

Imprägnierungen lassen Wasser abperlen und verhindern das Eindringen in den Untergrund. Risse sind mit elastischen Dichtstoffen oder Armierungssystemen zu beheben. Wasserabweisende Beschichtungen verhindern das Eindringen von Wasser und vermeiden so Schäden an Gebäuden und Bauteilen.

Poröse Baustoffe haben aber auch viele Vorzüge. Durch ihre Gasdurchlässigkeit können sie Wasserdampf aufnehmen und die Feuchtigkeit bei Bedarf wieder abgeben. Sie ermöglichen so ein angenehmes Raumklima.

In porösen Untergründen lassen sich Anstriche besser verankern als in glatten und dichten. Dabei ist darauf zu achten, dass das Grundiermittel auch tief in den Untergrund eindringen kann. Aus diesem Grund sollen Grundiermittel für poröse Untergründe dünnflüssig sein.

Oberflächenspannung

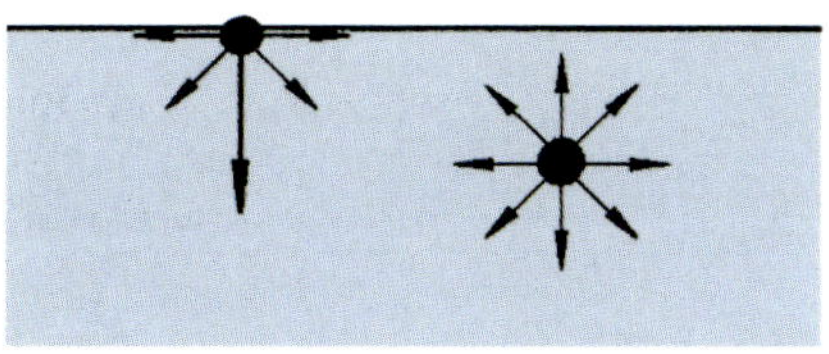

An der Grenzschicht zwischen Flüssigkeiten und Gasen, z. B. Wasser und Luft, können die zwischen den Molekülen bestehenden Kräfte (Van-der-Waals-Kräfte) nicht allseitig wirken. Sie erfahren eine nach innen gerichtete Kraft und bewirken so an der Grenzschicht der Flüssigkeit die Oberflächenspannung.

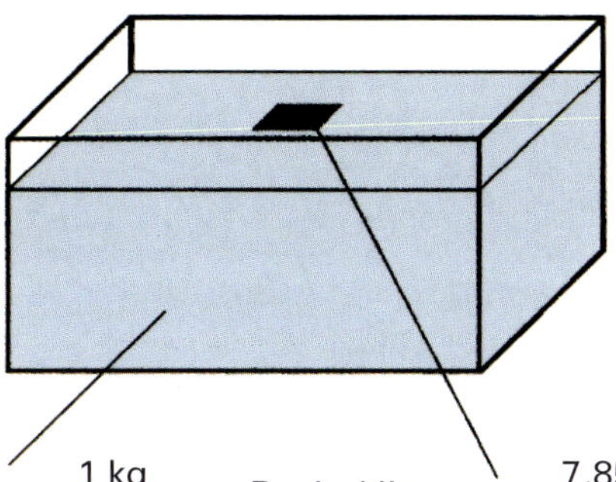

Wasser $\rho = \frac{1\ \text{kg}}{\text{dm}^3}$ Rasierklinge $\rho = \frac{7{,}85\ \text{kg}}{\text{dm}^3}$

Oberflächenspannung
Trotz höherer Dichte geht die Rasierklinge nicht unter.

In Beschichtungen wirkt sich die Oberflächenspannung an den Kanten aus.

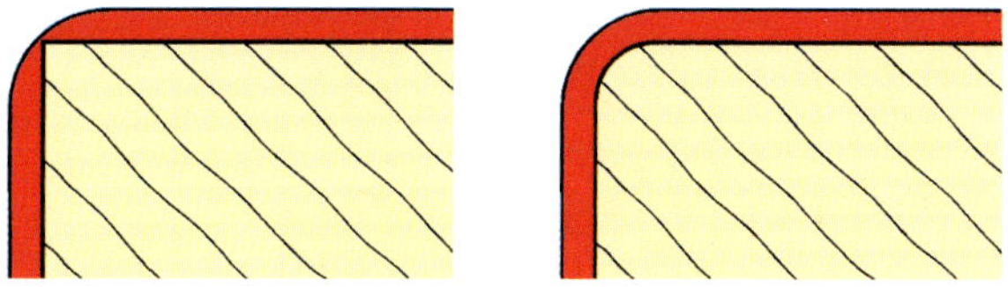

Kantenüberdeckung

Bei scharfen Kanten ist die Kantenüberdeckung gering. Besonders bei dünnen Anstrichfilmen kann dies zu einem unzureichenden Schutz führen. Deshalb sollten Kanten vor der Beschichtung abgerundet werden. Ist dies nicht möglich, muss mit einer weiteren Beschichtung für einen ausreichenden Kantenschutz gesorgt werden.

3.2.4 Viskosität

Schularbeit

Von den verschiedenen Anstrichstoffen wissen wir, dass sie dünnflüssig, zähflüssig oder dickflüssig sein können.

> Das Fließverhalten von Flüssigkeiten wird durch die Viskosität[1] ausgedrückt.

zähflüssig ⇒ hochviskos
dickflüssig ⇒ mittelviskos
dünnflüssig ⇒ niedrigviskos

Die Ursache für die Viskosität liegt in der inneren Reibung zwischen den Molekülen. Je zäher eine Flüssigkeit ist, umso stärker verkleben die Flüssigkeitsfäden. Beim Fließen müssen Scherkräfte überwunden werden, um eine entsprechende Fließgeschwindigkeit zu erreichen.
Technisch gibt es viele Möglichkeiten die Viskosität zu messen, z. B. durch Rotationsviskosimeter oder Kugelfallviskosimeter.
Im Maler- und Lackiererhandwerk werden in der Regel Auslaufbecher nach DIN EN ISO 2431 eingesetzt. Man bezeichnet die Auslaufbecher kurz als **DIN-Becher** oder **ISO-Becher**. Sie unterscheiden sich vor allem durch unterschiedliche Düsendurchmesser (3 mm, 4 mm, 5 mm, 6 mm).

Din-Becher 100 ml = 1/10 Liter 1/10

[1] Viskosität = Zähigkeit (lat. viscum = Mistel, Vogelleim)

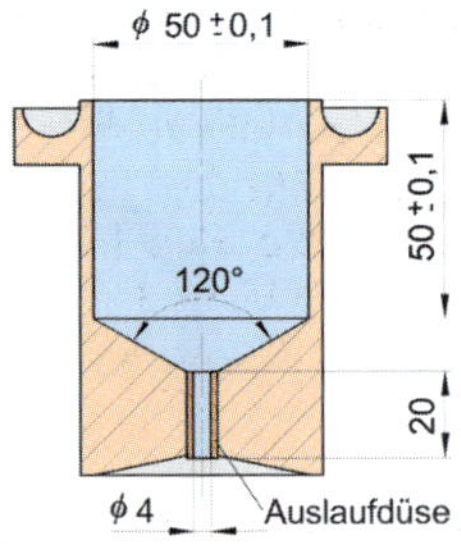

ISO-Becher
z. B. ISO 2431 Nr. **4** bedeutet
4 mm Düsendurchmesser

Viskositätsmessung

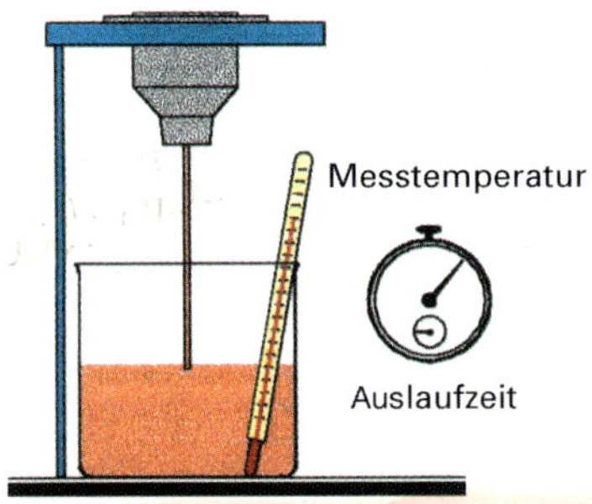

Messen der Viskosität mit dem ISO-Auslaufbecher (Viskosimeter)

Die Viskosität eines Anstrichstoffes ist stark temperaturabhängig. Daher kommt es bei der Messung mit dem ISO-Becher auf die Einhaltung der Temperatur des Anstrichstoffes während der Messung an. Die **Messtemperatur** von 23 °C ist vorgeschrieben. Davon kann abgewichen werden, wenn es sich um einen leicht entzündlichen Gefahrstoff handelt oder der Hersteller des Anstrichstoffes z. B. 20 °C vorschreibt.

Gemessen wird die **Auslaufzeit** der Flüssigkeit bei randvoll gefülltem Becher, bis der Auslauffaden das erste Mal abreißt. Die Auslaufzeit muss bis auf 0,5 s genau angegeben werden.

Einstellung der Viskosität

Die Viskosität von Anstrichmitteln lässt sich durch geeignete Löse- und Verdünnungsmittel so einstellen, dass sie für die entsprechende Verarbeitungstechnik die richtige Konsistenz[1] aufweisen. Zum Streichen, Spritzen, Tauchen oder Fluten sind jeweils andere Verarbeitungskonsistenzen notwendig. Auch der Untergrund muss dabei berücksichtigt werden. Bei porösem Untergrund werden in der Regel niedrigviskose Anstrichstoffe erforderlich, um eine möglichst tiefe Verankerung zu erreichen. Bei glatten, dichten Untergründen kann eine höhere Viskosität eingestellt werden.

Hochviskos eingestellt sind u. a. Standöl, Lacke und Dispersionen, **niedrigviskos** dagegen Leinölfirnis, Imprägnier- und Grundiermittel.

3.2.5 Thixotropie

Um das unangenehme Abtropfen beim Streichen niedrigviskoser Anstrichstoffe zu verhindern, werden diese puddingartig eingedickt. Beim Schütteln, Umrühren und Verstreichen wird der Anstrichstoff flüssig, sobald er ruht, nimmt er seinen gelartigen Zustand wieder ein.

Thixotropie[2] ist die vorübergehende Eindickung eines Anstrichstoffes, die während der Bewegung aufgehoben wird.

Die zwischenmolekularen Anziehungskräfte führen dazu, dass sich der Anstrichstoff zu wabenförmigen, netz- und gerüstartigen Gebilden zusammenlagert und dadurch das Gel bildet. Diese Kräfte sind aber nicht so groß, dass diese Gebilde beim Schütteln, Rühren oder Streichen erhalten bleiben. Der Zusammenschluss der Moleküle beginnt sofort wieder, wenn der Anstrich erfolgt ist. Die thixotrope Einstellung eines Anstrichstoffes wird bei der Herstellung u. a. durch Zusatz von Kieselsäurepräparaten oder Polyamiden erreicht. Aber auch Pigmente können thixotrope Wirkung haben.

Der Vorzug thixotroper Lacke liegt darin, dass sie an senkrechten Flächen nicht ablaufen. Dadurch lassen sich größere Schichtdicken auftragen. Außerdem neigen sie nicht zu Bodensatz.

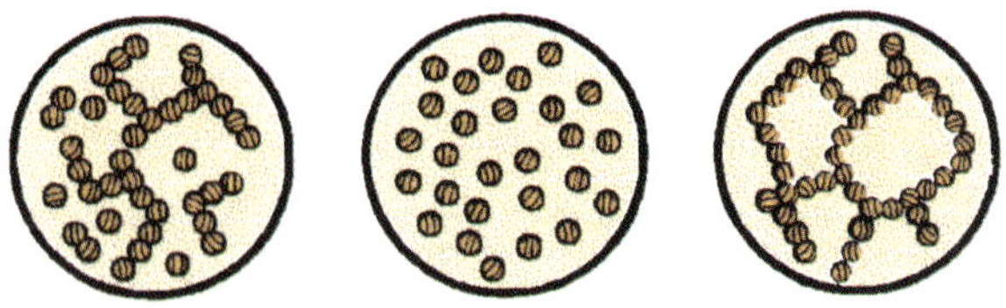

Thixotropes Anstrichmittel

[1] Konsistenz = Beschaffenheit eines Stoffes (lat. consistere = standhalten)

[2] Thixotropie (griech. thixis + trepein = Wechsel durch Berührung)

3.2.6 Diffusion und Osmose

Bekanntermaßen ist Wasserdampf in der Lage, poröse Beschichtungen oder Untergründe zu durchdringen. Weniger bekannt dagegen ist, dass die sehr kleinen Wassermoleküle auch in porenfreie Beschichtungen eindringen und diese durchwandern können. Nicht nur Wasser oder Wasserdampf, auch Gase durchdringen Beschichtungen und Untergründe.

Unter Diffusion[1] versteht man das gegenseitige Durchdringen oder Vermischen von Flüssigkeiten und Gasen.

Dieser Vorgang kann je nach Temperaturgefälle von innen nach außen oder umgekehrt verlaufen. Die Diffusion folgt dabei dem Wärmestrom oder bei entsprechender elektrischer Ladung dem vorhandenen Spannungsgefälle.
In eine vollkommen trockene Wand dringt Wasserdampf leichter ein als in eine durchnässte. Aus einer Wand wird Wasserdampf an die Umgebung nur abgegeben, wenn geringe Luftfeuchtigkeit vorherrscht. Die Diffusion hängt also vor allem von den Konzentrationsunterschieden ab. Ihre Richtung verläuft von der hohen Konzentration zur niederen, bis ein Ausgleich erzielt ist.

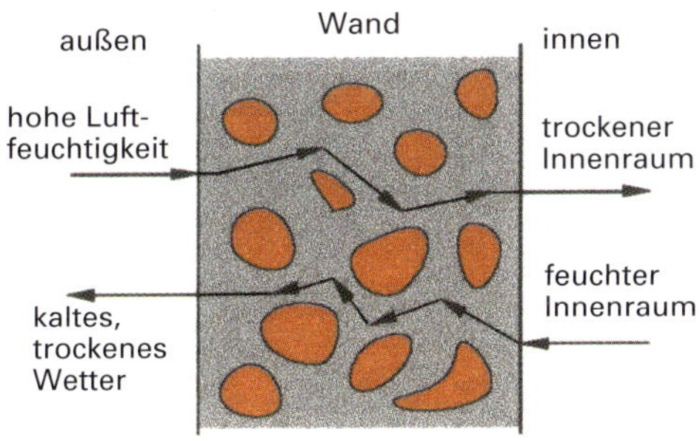

Wasserdampf-Diffusion

Die Diffusion von Flüssigkeiten und Gasen in Beschichtungen kann notwendig, aber auch sehr schädlich sein. So ist das Eindringen von Kohlendioxid (CO_2) in Kalkputz für dessen Erhärtung und Festigkeit verantwortlich, es sind aber auch die Abgase, die Beton schädigen. Baustoffe und Beschichtungen, die wasserdampfdiffusionsfähig sind, tragen zu einem gesunden Raumklima bei. Feuchte Wände verhindern einen Feuchtigkeitsaustausch, führen zu Holzfäule in Fenstern und Fachwerken, fördern innen die Bildung von Schimmelpilzen und belasten die Gesundheit. Salzausblühungen, Algenbildungen, Frost- und Witterungsschäden sind die Folgen außen.

[1] Diffusion = Durchdringung (lat. diffundere = durchdringen)

Auf Zinkblech können häufig abplatzende Anstriche beobachtet werden. Meist sind Zinksalze, die bei der Beschichtung nicht vollkommen entfernt wurden, die Ursache. Wie bei der Diffusion dringt Wasserdampf durch die Beschichtung ein, kondensiert und löst das Salz. Im Gegensatz zur Diffusion kann dieser Vorgang jedoch nur einseitig ablaufen.

Unter Osmose[2] versteht man ein einseitiges Durchdringen von Schichten.

Die flüssige Salzlösung kann die Beschichtung nicht durchdringen. Bei zunehmender Lösung der Salze entwickelt sich unter der Beschichtung ein steigender Druck, bis die Beschichtung aufplatzt und ihre Schutzwirkung verliert. Dieser Druck wird als **osmotischer Druck** bezeichnet.

Am gewählten Beispiel lässt sich aber auch erkennen, wie wichtig die Reinigung und Entfernung von schädlichen Salzen bei der Untergrundvorbereitung ist.

Aufgaben

1. *Nennen Sie vier physikalische Vorgänge aus dem Bereich des Maler- und Lackiererhandwerks.*
2. *Woran können wir einen physikalischen Vorgang erkennen?*
3. *Sie haben einen Eimer Dispersionsfarbe auf einen Gerüstboden zu schaffen. Erklären Sie an diesem Beispiel die Begriffe Masse und Gewichtskraft.*
4. *Worin unterscheiden sich die Zustandsformen eines Körpers?*
5. *Welche Beschichtungsstoffe werden als reversibel bezeichnet?*
6. *Welche Ursachen haben Kohäsion und Adhäsion?*
7. *Warum müssen aufgrund der Oberflächenspannung Kanten möglichst abgerundet werden?*
8. *Sie sollen einen hochviskosen Lack zum Spritzen auf die geforderte Viskosität von 50 DIN-Sekunden einstellen. Beschreiben Sie die Vorgehensweise.*
9. *Warum erhalten wir bei der Viskositätsmessung mit dem DIN-Becher andere Werte als beim ISO-Becher?*
10. *Welche Vorteile bieten thixotrope Anstrichstoffe?*
11. *Worin unterscheiden sich Vorgänge, die auf Diffusion und Osmose zurückzuführen sind?*

[2] Osmose (griech. osmos = stoßen, schieben)

3.2.7 Die Festigkeit der Stoffe

Werkstoffe besitzen unterschiedliche Festigkeit. Merkmale der Festigkeit sind u. a. ihre Härte und Elastizität.

Härte

Bei Blechen aus Kupfer und Messing stellen wir fest: Messing ist härter als reines Kupfer. Messing ist eine Legierung aus Kupfer und Zink. Da unlegiertes Zink ebenfalls weich ist, hängt die Härte von Messing offenbar von der Legierung ab.

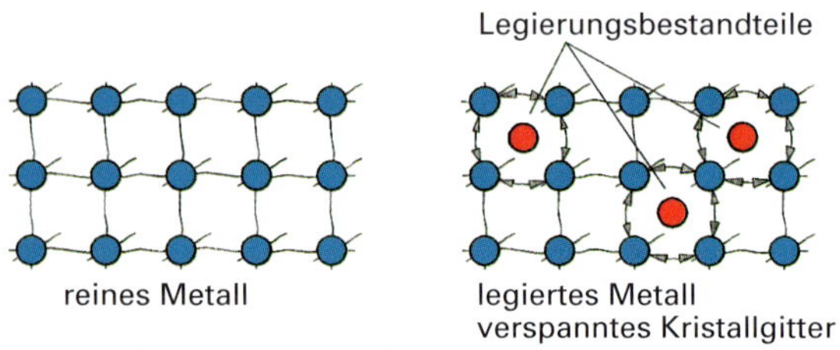

Kristallstrukturen von Metallen

Metalle haben nach dem Schmelzen eine Kristallgitterstruktur. Dabei lagern sich die Atome und Moleküle möglichst dicht aneinander, sodass hohe Anziehungskräfte wirken können. Werden wie bei Messing Legierungsbestandteile der Schmelze zugefügt, kommt es zu einem „verspannten Kristallgitter“. Das Metall wird dadurch härter.

Auch bei anderen Untergründen und Beschichtungen stellen wir unterschiedliche Härten fest. Auch hier gilt: Je dichter die Molekülstrukturen der einzelnen Stoffe sind und je stärker die molekularen Anziehungskräfte wirken können, umso härter ist der Werkstoff.

Die Härte eines Werkstoffes wird als Widerstand gemessen, der dem Eindringen in die oberste Schicht des Körpers entgegenwirkt.

In Beschichtungen bestimmt die Härte die Abrieb- und Kratzfestigkeit. Harte Beschichtungen sind meist spröde und wenig elastisch. Sie setzen deshalb mindestens ebenso harte Untergründe voraus. Beachtet man dies nicht, können harte Beschichtungen abplatzen.

Am einfachsten lässt sich die Härte mit einer **Kratzprobe** in Erfahrung bringen. Ein genaues Prüfverfahren ist diese natürlich nicht. Kugelfallrohr-, Pendelprüf- oder Eindruckhärtemessgeräte liefern messbare Ergebnisse.
Für die Beurteilung der Haftungsfestigkeit einer Beschichtung ist das **Gitterschnittverfahren** allgemein üblich.

Elastizität

Beschichtungen sind häufig Wärmedehnungen, Schwingungs- und Biegebelastungen ausgesetzt. Dehnen sich verschiedene Schichten unterschiedlich aus, treten zwischen diesen Scherspannungen auf. Besonders bei geringen Schichtdicken, wie z. B. bei Lackfilmen, werden hohe Anforderungen an die Elastizität der Beschichtung gestellt.

Unter Elastizität versteht man die Eigenschaft eines Körpers, nach einer formändernden Krafteinwirkung wieder in die ursprüngliche Form zurückzukehren.

Elastische Beschichtungen folgen beispielsweise beim Biegen eines Bleches der Formänderung, ohne Risse zu bekommen oder abzuplatzen.

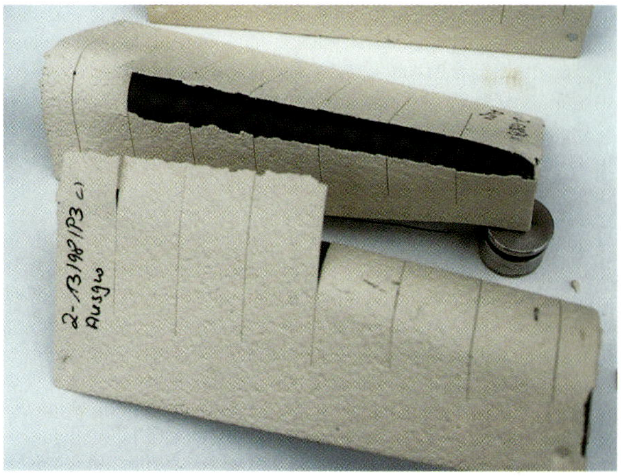

geringe Elastizität
Anstrich platzt ab

Hohe Elastizität
Anstrich folgt der Formänderung

Elastizität von Beschichtungen

Von der Elastizität ist auch die Dehnbarkeit eines Werkstoffes abhängig. Ältere Beschichtungen verlieren mit der Zeit ihre Elastizität; sie werden spröde, lösen sich bei einer Formänderung vom Untergrund und platzen ab. Um die Elastizität von Beschichtungen zu erhöhen, werden vom Hersteller häufig **Weichmacher** zugesetzt. Diese verbessern die Elastizität, neigen jedoch dazu, aus der Beschichtung zu entweichen. Dieser Vorgang wird auch als **Weichmacherflucht** bezeichnet.

Die Elastizität kann auf unterschiedliche Weise geprüft werden. Meist genügt ein Gitterschnitt, um die ausreichende Haftfestigkeit nachzuweisen.

Die Stoßelastizität lässt sich mit einem Kugelschlag-Prüfgerät, die Biegeelastizität mit einem Dornbiegegerät nach DIN EN ISO 1519 messen.

3.2.8 Die Leitfähigkeit der Stoffe

Stoffe können unterschiedlich gut Wärme und Elektrizität leiten. Bei der Untersuchung der Stoffe fällt auf, dass gute elektrische Leiter auch gute Wärmeleiter sind. So leiten Metalle Wärme und Elektrizität gut, Holz und Kunststoffe dagegen sehr schlecht.

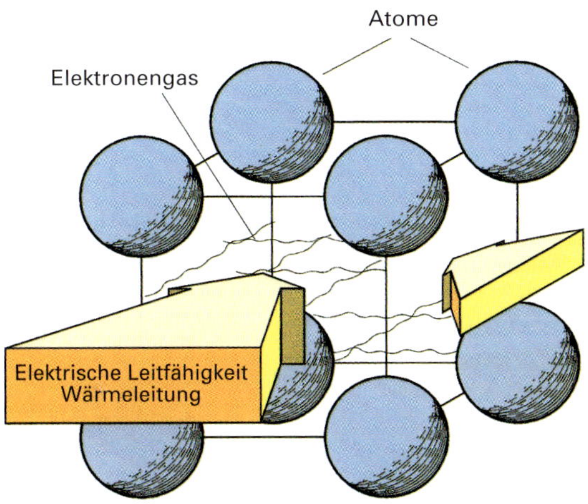

Leitfähigkeit der Metalle

Im festen Zustand liegen die Atome der Metalle dicht beieinander und nehmen in der Kristallstruktur feste Plätze ein. Durch die geringen Abstände verhalten sich die Elektronenhüllen der Atome gasartig. Die Elektronen sind frei beweglich. Fließt ein elektrischer Strom, wird die elektrische Energie der bewegten Elektronen impulsartig durch das „Elektronengas" weitergeleitet. Die frei beweglichen Elektronen eignen sich zur Wärmeleitung besonders gut. Die Energiezufuhr wird von den Elektronen aufgenommen und weitergeleitet. Gleichzeitig beginnt das Kristallgitter zu schwingen, das Metall erwärmt sich. Will man durch ein erwärmtes Metall Strom leiten, stellt man fest, dass dieses den Strom schlechter leitet. Das durch die Wärme schwingende Kristallgitter stellt für den freien Elektronenfluss einen Widerstand dar.
Auch das Kristallgitter selbst kann durch unregelmäßigen Aufbau oder durch Legierungsbestandteile den Stromfluss behindern. Dabei erwärmt sich das Metall und wird zum Widerstand. Die so in Wärme umgewandelte elektrische Energie wird in Glühlampen oder Heizplatten verbraucht.

Die Leitfähigkeit von Körpern ist vom Widerstand abhängig. Ist der Widerstand gering, leiten Körper Wärme und Elektrizität gut, ist er dagegen hoch, ist die Leitfähigkeit gering.

Wärmeübertragung

Wärme lässt sich auf unterschiedliche Weise übertragen:

1. Wärmeströmung (Konvektion)
2. Wärmeleitung
3. Wärmestrahlung

Bei der Wärmeströmung transportieren Gas- und Flüssigkeitsmoleküle die Wärme, z. B. Luft.
Die Wärmeleitung erfolgt im festen Stoff vom wärmeren zum kälteren Teil, z. B. Hauswand.
Bei der Wärmestrahlung transportieren elektromagnetische Wellen die Wärme, z. B. Sonne.

Wärmemenge

Wärme ist eine Form der Energie. Soll ein Stoff eine höhere Temperatur erhalten, muss Wärmeenergie zugeführt werden. Soll die Temperatur abnehmen, muss Wärmeenergie entzogen bzw. abgeführt werden.

Die Wärmemenge ist die Energie, die aufgrund eines Temperaturgefälles von einem Körper auf einen anderen übertragen wird. Sie wird in Joule gemessen. 1 J (Joule) = 1 Ws (Wattsekunde)

Die früher übliche Einheit Kilokalorien lässt sich durch folgendes Verhältnis umrechnen:

1 kcal = 4186,8 J

Die notwendige Wärmezufuhr, um einen Körper zu erwärmen, hängt von dessen Masse und dem zu erzielenden Temperaturunterschied ab. Da Stoffe Wärme unterschiedlich leiten, muss diese Stoffeigenschaft als spezifische Wärmekapazität ebenfalls berücksichtigt werden.

Wärmemenge: $Q = c \cdot m \cdot \Delta T$

Die spezifische Wärmekapazität von Stoffen wird mit dem Formelzeichen *c* ausgedrückt.

Spezifische Wärmekapazität

Die spezifische Wärmekapazität eines Stoffes ist die Wärmemenge, die zur Erwärmung oder Abkühlung einer Masse von 1 kg um 1 K (Kelvin) aufgenommen bzw. abgegeben wird.

spezifische Wärmekapazität: $c = \frac{Q}{m \cdot \Delta T}$

Einheit: $[c] = \frac{\text{J}}{\text{kg} \cdot \text{K}}$

Übersicht: Wärmekennwerte

Stoff	Dichte kg/dm³	Schmelz-temperatur K	Wärmeleit-zahl λ W/m · K	Spezifische Wärme-kapazität kJ/kg · K
Luft	0,00129	47	0,026	1
Wasser	1,00	273	0,06	4,18
Aluminium	2,70	932	204	0,94
Kupfer	8,96	1356	384	0,39
Messing	~ 8,50	~ 1250	105	0,35
Stahl	7,85	1733	55	0,49
Beton	~ 2,00	-	1,3	0,88
Holz	0,2 – 0,8	-	0,06 – 0,17	2,1 – 2,9
Glas	2,4 – 2,7	973	0,81	0,83

3.2.9 Wärmedämmung

Bei der Wärmedämmung wird vor allem die Verringerung der Wärmeleitung angestrebt.
Stoffe mit geringer Rohdichte eignen sich hierzu besonders. Am wirkungsvollsten haben sich Wärmeverbundsysteme aus Mineralfasern oder Polystyrol-Hartschaum erwiesen.

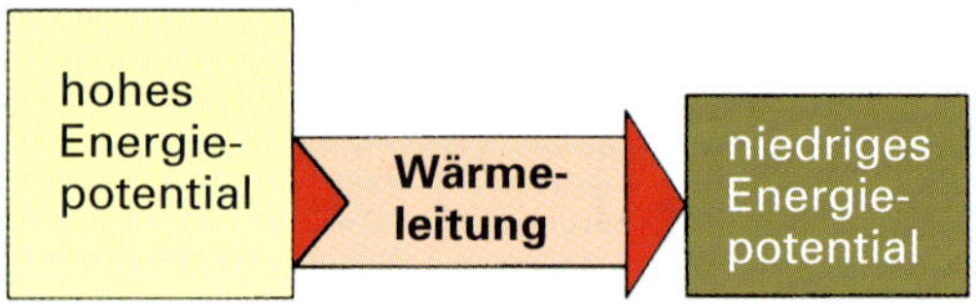

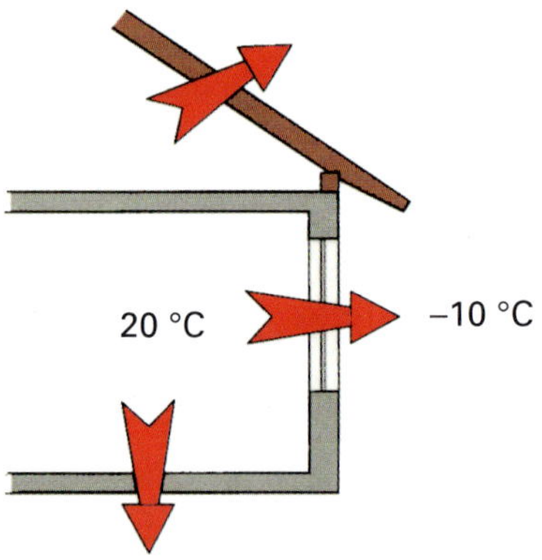

Wärmeverluste in Gebäuden

Die Wärmeleitung ist von den Materialeigenschaften der einzelnen Baustoffe abhängig. In der Übersichtstabelle der Wärmekennwerte wird die Wärmeleitfähigkeit der einzelnen Stoffe durch die Wärmeleitzahl ausgedrückt. Für den Wärmeverlust in Gebäuden sind meist mehrere Werkstoffe und Bauteile verantwortlich. Häufig sind sie miteinander verbunden.

Energieeinsparung durch Wärmedämmung

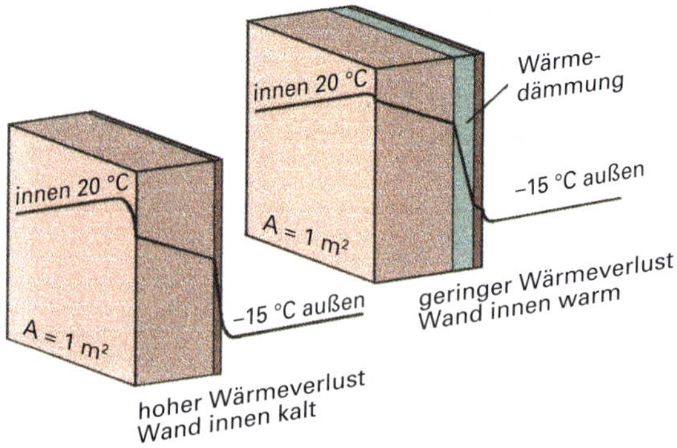

Wärmedämmung

Der **Wärmedurchgangskoeffizient** durch Baustoffe wird abgekürzt ***U*-Wert**[1] genannt. Zur Bestimmung des *U*-Wertes sind folgende Kennwerte erforderlich:

Wärmeleitzahl λ (λ = kleines griechisches Lambda)

Die Wärmeleitzahl gibt die Wärmemenge pro Sekunde an, die eine 1 m dicke Wand mit einer Fläche von 1 m² bei einer Temperaturdifferenz von 1 K durchströmt.

$$\lambda \qquad \frac{W}{m \cdot K}$$

Wärmedurchgangszahl Λ (Λ = gr. griech. Lambda)

Die Wärmedurchgangszahl gibt den Wärmedurchgang bezogen auf die Wandstärke an.

$$\Lambda = \frac{\lambda}{d} \qquad \frac{W}{m^2 \cdot K}$$

Wärmeübergangszahl α

Wärmemenge pro Sekunde, die zwischen 1 m² Oberfläche und der angrenzenden Luft bei einer Temperaturdifferenz von 1 K ausgetauscht wird.

$$\alpha \qquad \frac{W}{m^2 \cdot K}$$

Wärmeübergangswiderstand *R*

$$R = \frac{1}{\alpha} \qquad \frac{m^2 \cdot K}{W}$$

Berechnung des *U*-Wertes

$$\frac{1}{U} = R_i + \frac{1}{\Lambda_1} + \frac{1}{\Lambda_2} + \frac{1}{\Lambda_3} + \ldots R_a$$

R_i ⇒ Wärmeübergangswiderstand innen
R_a ⇒ Wärmeübergangswiderstand außen
$\Lambda_{1...3}$ ⇒ Wärmedurchgangszahlen

[1] bisher *k*-Wert

3.2.10 Luftfeuchtigkeit

Wasserdampfaufnahme der Luft

Vor einem Gewitter ist die Luft schwül und heiß, bei klirrendem Frost sprechen wir von trockener Kälte. Ursache ist die unterschiedliche Luftfeuchtigkeit, die sich als Wasserdampf in der Luft befindet. Die maximal aufnehmbare Menge Wasserdampf hängt von der Temperatur der Luft und dem Luftdruck ab.

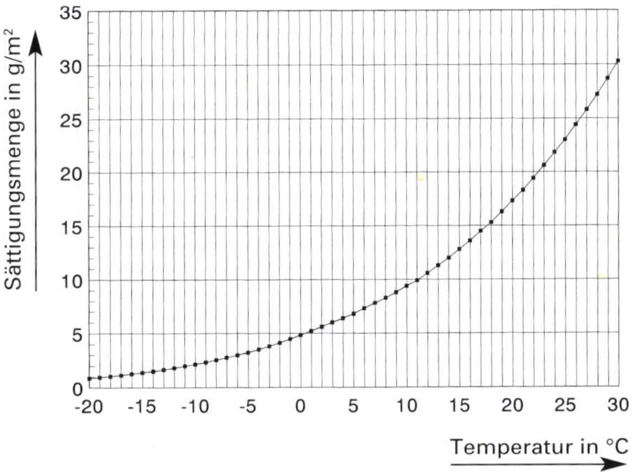

Maximale Wasserdampfaufnahme der Luft

Die Kurve zeigt, dass bei 0 °C maximal 5 g/m³, bei 30 °C bereits 30 g/m³ Wasserdampf von der Luft aufgenommen werden können.
Ist die Menge an Wasserdampf größer als dieser maximal mögliche Wert, kondensiert der überschüssige Dampf und schlägt sich als Kondens- oder Schwitzwasser nieder.

Taupunkt

Die Temperatur, bei der die Luft mit Wasserdampf gesättigt ist, wird als Taupunkt bezeichnet.

Sinkt die Temperatur der Luft bei gleich bleibendem Feuchtigkeitsgehalt unter den Taupunkt, bildet sich Kondenswasser. Liegt der Taupunkt innerhalb einer Wand, kondensiert der durch die Beschichtung hindurch diffundierte Dampf. Die Wand wird feucht. Verminderte Wärmedämmfähigkeit, Bauschäden und abplatzende Anstriche sind die Folgen. Besonders gefährdete Bauteile sind Holzfenster, Fachwerk-Außenwände und stark saugendes Mauerwerk. Auf geringem Querschnitt sind oft große Temperaturunterschiede zu verkraften, sodass eine Kondensbildung nicht ausbleiben kann. Damit die Feuchtigkeit nicht im Untergrund verharrt, muss die Beschichtung einen Feuchtigkeitsaustausch ermöglichen.

Relative Luftfeuchtigkeit

Normalerweise enthält Luft nur einen kleineren Anteil an Wasserdampf als maximal möglich.

Das Verhältnis der vorhandenen Luftfeuchtigkeit zur maximal möglichen Sättigungsmenge wird als relative Luftfeuchtigkeit bezeichnet.

Die relative Luftfeuchtigkeit wird in Prozent angegeben.

$$\text{relative Luftfeuchtigkeit} = \frac{\text{vorhandene Luftfeuchtigkeit}}{\text{Sättigungsmenge}} \cdot 100\,\%$$

Durch Fäulnis beschädigtes Fachwerk

Aufgaben

1. *Warum sind Metalllegierungen härter als die reinen Metalle der Legierungsbestandteile?*
2. *Weshalb sollen weiche Untergründe nicht mit harten und spröden Anstrichstoffen beschichtet werden?*
3. *Worin unterscheiden sich harte und elastische Anstrichstoffe?*
4. *Welche Folgen hat die Weichmacherflucht für eine Beschichtung?*
5. *Warum leiten Metalle Wärme und elektrischen Strom gut?*
6. *Wie kann Wärme übertragen werden?*
7. *Wie wirkt sich eine Wärmedämmung an einer Außenwand auf den Innenbereich aus?*
8. *Warum bildet sich an kalten Wänden oder Fenstern Kondenswasser?*
9. *Welche negativen Folgen kann es haben, wenn der Taupunkt innerhalb einer Wand oder eines Holzbalkens liegt?*

3.2.11 Schall – Schallschutz

Schularbeit

Die Belästigung durch Lärm wird zunehmend als Umweltproblem angesehen. Menschen fühlen sich durch Lärm gestört und belästigt. Auf das Wohlbefinden und die Gesundheit wirkt sich Lärm nachteilig aus. Das ständig steigende Verkehrsaufkommen führt zu einer Zunahme des Außenlärms, sodass die Menschen am Arbeitsplatz oder in ihrer Wohnung möglichst frei von Lärmbelästigung arbeiten und wohnen wollen. Lärm ist eine Form des Schalls. Daher kommt dem Schallschutz eine besondere Bedeutung zu.

Unter Schall verstehen wir Schwingungen und Wellen im Frequenzbereich zwischen 16 Hz und 20 kHz, die über das menschliche Ohr Ton-, Klang- oder Geräuschempfindungen hervorrufen.

Schall pflanzt sich in festen, flüssigen und gasförmigen Stoffen unterschiedlich fort. In den meisten Fällen breitet sich Schall in Luft oder in festen Körpern aus. Wir unterscheiden daher zwischen Luftschall und Körperschall.

Körperschall breitet sich in festen Stoffen in Form von mechanischen Schwingungen aus.
Luftschall breitet sich als Schallwelle durch Schwingung der Luftteilchen aus.
Trittschall ist der Form nach Körperschall, der beim Begehen oder ähnlichen Anregungen einer Decke entsteht und teilweise als Luftschall in den angrenzenden Raum abgestrahlt wird.

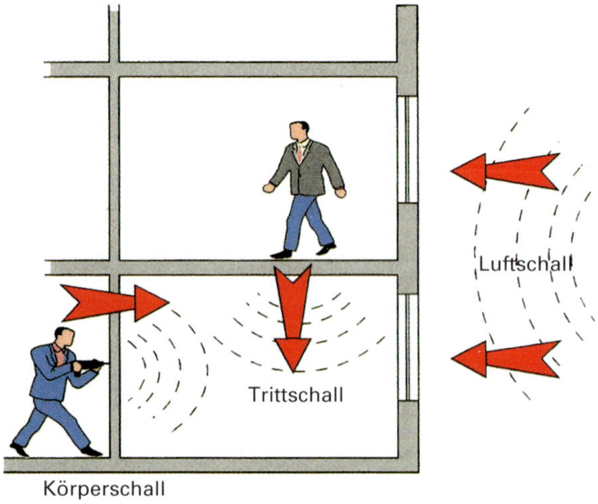

Schallbelästigung

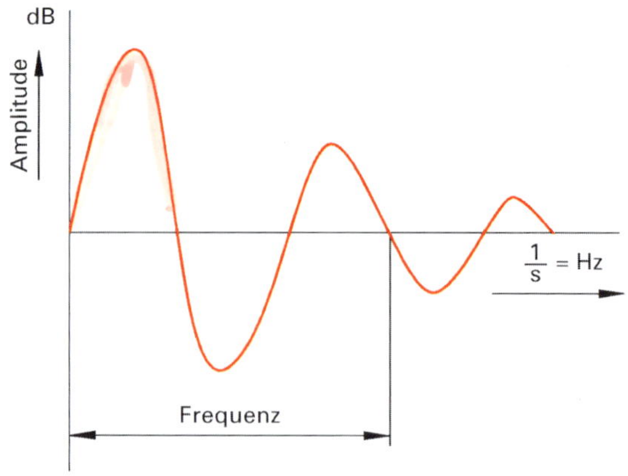

Tonhöhe – Lautstärke

Frequenz

Anzahl der Schwingungen pro Sekunde. Sie wird in Hertz (Hz) gemessen. Die Frequenz bestimmt die Höhe des Tones.

Amplitude

Ausschlag der Schwingung. Sie bestimmt die Lautstärke. Zu ihrer Messung wird der Schalldruck in dB (Dezibel) bestimmt.

Messung der Lautstärke in dB(A)

Die empfundene Lautstärke hängt nicht nur vom Schalldruck ab, sondern auch von dessen Frequenz. Tiefe und hohe Töne werden als nicht so laut empfunden wie mittlere Frequenzen. Dies wird in der A-Bewertungskurve berücksichtigt.
Die dB(A) Werte steigen logarithmisch an. So wird eine Steigerung von 65 dB(A) auf 68 dB(A) als eine Verdoppelung der Lautstärke empfunden und nicht 130 dB(A).
Nach der TA-Lärm sind für die bauliche Nutzung in Gewerbegebieten 65 dB(A), in reinen Wohngebieten 50 dB(A) zulässig.

Schalldämmung

In Gebäuden wird Schall nicht nur über Decken und Wände übertragen, auch Abwasserleitungen, Luftkanäle, Türen, Fenster und Treppenhäuser sind Schallquellen.
Bei der Schalldämmung kommt es darauf an, die Schallenergie in Wärme umzuwandeln. Hierfür eignen sich besonders poröse Baustoffe, Schallschluckbeschichtungen, schwimmende Estriche, Bauteile mit großer Masse, abgehängte Decken mit Hohlraumdämmung. Bei Anschlüssen ist darauf zu achten, dass keine Schallbrücken entstehen und Körperschall weitergeleitet werden kann.

Lisa Maria Wieser Lisa Maria Wieser

3.2.12 Elektrizität

Elektrizität begegnet uns auf vielfältige Weise.
Wir nutzen Sie als Energiequelle für
- elektrische Maschinen, Anlagen und Geräte,
- Lichtquellen,
- Akkugeräte.

Wir kennen ihre Wirkung bei
- elektrostatischer Aufladung,
- Korrosion.

Wir schätzen ihre Gefährlichkeit richtig ein, beim
- Umgang mit elektrischem Strom und Beachten der Unfallverhütungsvorschriften.

Elektrische Ladung *Q*

Es gehört zu unseren Grunderfahrungen, dass bestimmte Körper durch Reibung anziehend oder abstoßend wirken können. So ziehen Lack- oder Kunststoffoberflächen Staub erst richtig an, wenn wir sie mit einem trockenen Wolllappen zu reinigen versuchen. Die elektrostatische Aufladung wird spürbar bei einer plötzlichen Entladung, nachdem wir über Teppichböden aus Kunststoff gegangen sind oder Handläufe aus PVC benutzt haben. Beim elektrostatischen Spritzen erhält das Spritzgut eine andere elektrische Ladung als das zu beschichtende Teil. Schon im Altertum kannte man die Wirkung der elektrischen Ladung durch die Reibung von Bernstein. Die Griechen nannten diese Kraft Elektron[1].

Die unterschiedlichen elektrischen Ladungen werden als positive oder negative Ladung bezeichnet.

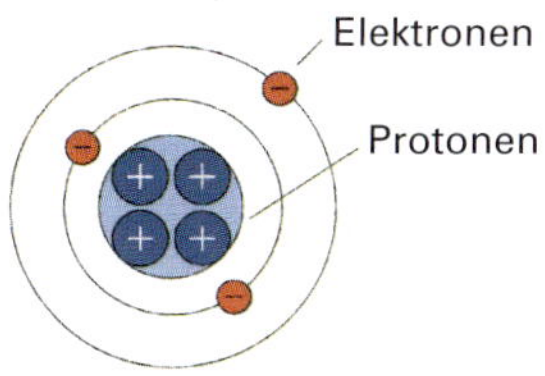

Elektrische Ladung

Atome, die nicht über die gleiche Anzahl an Protonen und Elektronen verfügen, heißen **Ionen**[2].

Elektronen können aufgenommen, bzw. abgegeben werden.

positive Ladung = Elektronenmangel
negative Ladung = Elektronenüberschuss

Elektrische Ladungen streben einen Ausgleich an. Deshalb gilt:

> Gleiche elektrische Ladungen stoßen sich ab.
> Ungleiche elektrische Ladungen ziehen sich an.

Elektrischer Strom

Werden elektrische Ladungen bewegt, fließt ein elektrischer Strom. Die Stromrichtung ist willkürlich nach der Bewegungsrichtung der positiven Ladungsträger festgelegt, also von Plus (+) nach Minus (–).

Leiter: z. B. Metalle und Elektrolyte[3]. In ihnen sind freie Ladungen gut beweglich.
Nichtleiter oder **Isolatoren**: z. B. Glas, Keramik. In ihnen sind keine freien Ladungen vorhanden.
Halbleiter: z. B. Silizium, Germanium. Die Leitfähigkeit hängt von der Temperatur und der im Halbleiterkristall freigesetzten Elektronen ab.

Stromstärke *I*

Die Stromstärke hängt davon ab, welche elektrische Ladung (Elektrizitätsmenge) in einer bestimmten Zeit bewegt wird.

Stromstärke: $$I = \frac{Q}{t} = \frac{\text{Ladung}}{\text{Zeit}}$$

Einheit: A (Ampere)

Elektrische Spannung *U*

Zwischen positiver und negativer Ladung besteht eine Spannung, die nach Ausgleich strebt. Eine Spannungsquelle sorgt dafür, dass dieser Spannungsunterschied erhalten bleibt. Ihre Aufgabe ist es, die elektrischen Ladungen zu trennen. Hierzu muss Energie zugeführt werden. Die bereitgehaltene Spannung steht u. a. im Stromnetz zur Verfügung.

Spannungsquellen

- Generatoren im Kraftwerk
- Batterien (galvanische Elemente)
- Akkumulatoren (abgekürzt Akku)
- Licht (Fotozelle)
- Druck (Piezoeffekt, z. B. Feuerzeug)
- Wärme (Thermoelement)

Gleichspannung (–)

Verlauf einer Gleichspannung

Bei der **Gleichspannung** ändern sich Höhe und Polarität der Spannung nicht (z. B. Batterie).

---

[1] Elektron (griech. elektron = Bernstein)
[2] Ionen = elektrisch geladene Teilchen
[3] Elektrolyte = elektrisch leitende Flüssigkeiten (verdünnte Säuren, Laugen und Salzlösungen)

Wechselspannung (~)

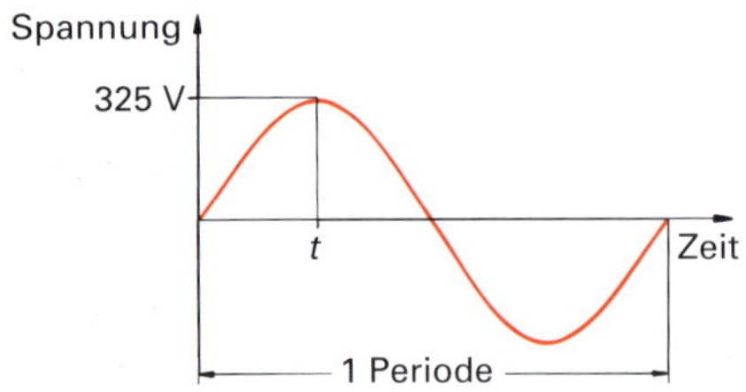

Verlauf der Wechselspannung

Die Wechselspannung ändert dauernd ihre Höhe und Richtung. Die von den Generatoren der Elektrizitätswerke erzeugte Wechselspannung hat einen sinusförmigen Verlauf und eine Frequenz von 50 Hz.

Im Zeitpunkt *t* erreicht die Wechselspannung ihren Höchstwert von 325 V. Durch den ständigen Wechsel entspricht dies einer effektiven Nennspannung von 230 V.

Drehspannung (3 ~)

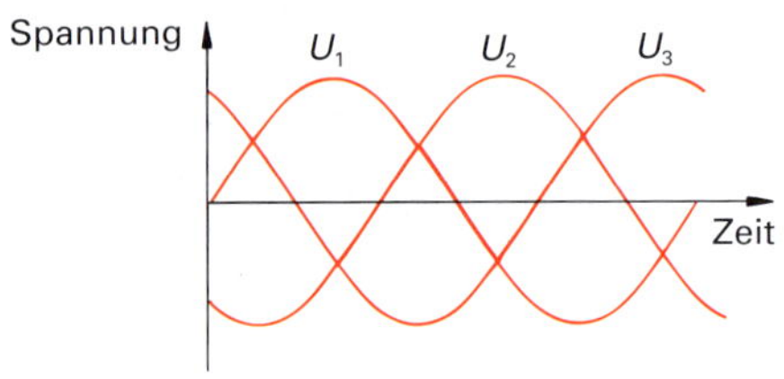

Verlauf der Drehspannung

Die Drehspannung stellt eine Wechselspannung dar, die in drei Phasen zeitversetzt zur Verfügung steht. Dadurch wird eine höhere elektrische Leistung bei größeren Maschinen und Anlagen erzielt. Ihre Nennspannung beträgt 400 V.

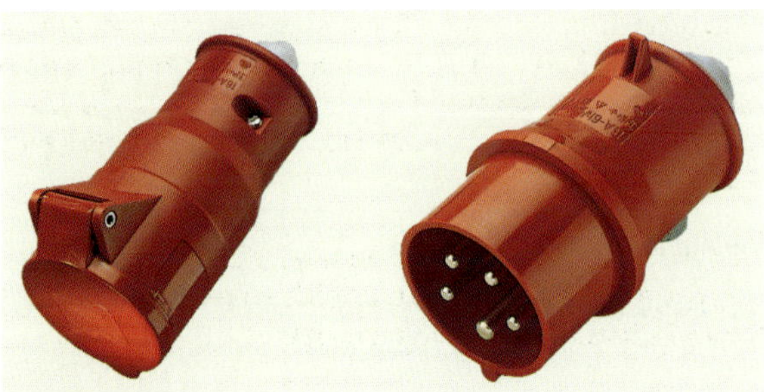

CEE-Rundsteckvorrichtung, Kupplungsdose und Stecker für Drehspannung

Elektrische Leistung *P*

Die elektrische Leistung ist von der Stromstärke *I* und der Spannung *U* abhängig. Durch die Phasenverschiebung der Drehspannung erhöht sich die Leistung. Deshalb gelten für Wechsel- und Drehspannung unterschiedliche Formeln:

Für Wechselspannung gilt: $P = U \cdot I$

Für Drehspannung gilt: $P = \sqrt{3} \cdot U \cdot I$

Für Drehstrommotoren gilt: $P = \sqrt{3} \cdot U \cdot I \cdot \cos \rho$

Einheit: Watt (Kilowatt)
Beispiel: (230 V · 15 A = 3450 W = 3,45 kW)

Stromkreis

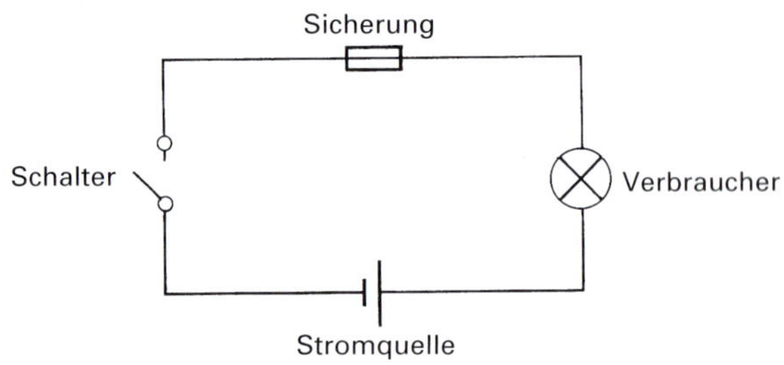

Stromkreis, geöffnet

Der Stromkreis ist geschlossen, wenn Strom fließt. Hierzu wird der Schalter geschlossen, der Verbraucher kann die elektrische Energie nutzen. Die Sicherung unterbricht den Stromkreis bei Kurzschluss oder Überlastung durch den Verbraucher.

Ohmsches Gesetz

Die Größe des elektrischen Stromes *I* hängt vom Verhältnis der Spannung *U* und dem gesamten Widerstand *R* des Stromkreises ab.

Ohmsches Gesetz $I = \frac{U}{R}$

Aufgaben

1. *Welcher Zusammenhang besteht zwischen elektrischem Strom und elektrischer Ladung?*
2. *Warum sind Metalle gute elektrische Leiter?*
3. *Warum unterbricht die Sicherung den Stromkreis, wenn viele Verbraucher gleichzeitig eingeschaltet werden?*
4. *Wofür wird Drehspannung benötigt?*
5. *Warum ist die Leistung bei Drehspannung höher als bei Wechselspannung?*

3.3 Chemische Grundlagen

Seit Menschen mit Farben umgehen, nutzen sie bewusst oder unbewusst Kenntnisse vom Aufbau und der Zusammensetzung der Stoffe. Nur so entstanden z. B. Höhlenmalereien, die mehr als 35 000 Jahre überdauern konnten. Wohl in keinem anderen Bereich war der Drang zum Experimentieren und Forschen so groß, wie bei der Herstellung geeigneter lichtechter Farbmittel und dauerhafter Beschichtungsstoffe. Der Forschergeist nach neuen Farben ist ungebrochen. Die heutige Farbchemie stellt dem Markt ca. 20 000 synthetisch hergestellte Pigmente zur Verfügung. Kunststoffe bilden die Grundlage der heutigen Beschichtungsmittel. Wasserverdünnbare Dispersionen und Lacke sind ohne chemische Grundlagen nicht denkbar.
Im Maler- und Lackiererhandwerk werden diese Stoffe fachgerecht eingesetzt. Damit dies möglich ist, gehören gute chemische Grundkenntnisse zum alltäglichen Handwerkszeug.

Aufgabengebiet der Chemie

Chemie[1] ist die Lehre von den Stoffen. Sie befasst sich mit dem Aufbau, der Zusammensetzung und den Eigenschaften der Stoffe und deren Umwandlung.

3.3.1 Chemische Vorgänge im Berufsalltag

Nicht nur die Herstellung unserer Farben und Beschichtungsmittel wird größtenteils von der Chemie bestimmt, auch der tägliche Umgang mit Untergründen und Beschichtungen wird durch chemische Prozesse und Vorgehensweisen beherrscht. Einige Beispiele mögen dies verdeutlichen:

- Erhärten von Kalk- und Silikatbeschichtungen
- Betonschutz und -sanierung
- Oxidative „Trocknung" von öligen Bindemitteln
- Reaktion bei Zweikomponentenlacken
- Korrosionsschutz
- Holzschutzmittel
- Brandschutzbeschichtungen
- Abbeizen
- Neutralisieren
- Fluatieren
- Einsetzen von Reinigungsmitteln

Häufig haben wir es mit gesundheitsschädlichen, giftigen und umweltgefährdenden Stoffen zu tun, die Kenntnisse und Verantwortung beim Umgang und Einsatz erfordern.

[1] Chemie (griech. chemeia = Umwandlung zu Flüssigkeit)

3.3.2 Elemente – Grundbaustoffe der Materie

Im beruflichen Alltag und unserer Umwelt sind wir von einer unendlichen Vielfalt von Stoffen umgeben. Alle Stoffe bestehen aus **Grundstoffen**, den Elementen.

Von 110 bekannten Elementen kommen 92 in der Natur vor, 18 wurden künstlich gewonnen.

Die künstlich hergestellten Elemente sind größtenteils nicht sehr beständig. Sie zerfallen in andere Elemente unter Abgabe von radioaktiver Strahlung.

Elemente sind Reinststoffe. Sie setzen sich aus Atomen zusammen. Alle Atome eines Elements haben die gleiche Zahl an Protonen.

Der Begriff Atom[2] wurde bereits im 5. Jahrhundert v. Chr. von den griechischen Philosophen Demokrit und Leukipp geprägt. Die Atome wurden danach als kleinste Teilchen der Elemente angesehen. Heute wissen wir, dass Atome aus Protonen, Elektronen und Neutronen bestehen.

Der Aufbau von Atomen lässt sich mit einem vereinfachten Schalenmodell verdeutlichen.

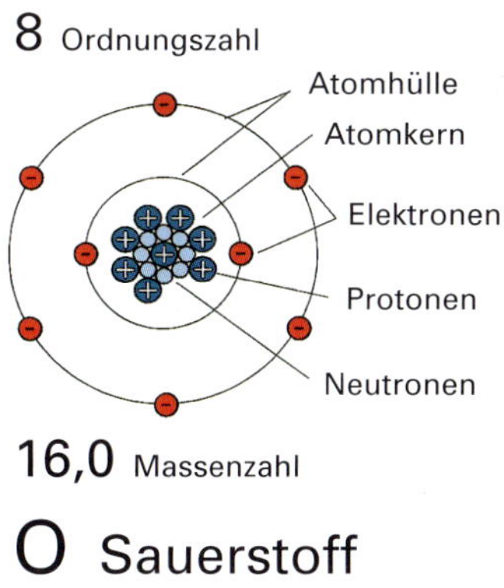

Schalenmodell von Atomen

Die Elektronen bewegen sich in der Atomhülle auf gedachten Schalen um den Atomkern. Elektronen verschiedener Schalen haben verschiedene Energie: Ein Elektron, das weiter vom Kern entfernt ist, besitzt mehr Energie als ein Elektron in Kernnähe. Die energieärmsten Plätze werden zuerst eingenommen. Genauere Untersuchungen zeigen, dass die Elektronen sich auf Unterschalen verteilen. Auf diesen bewegen sich die Elektronen in so genannten Orbitalen[3].

Elektronen haben eine negative Ladung.
Protonen besitzen eine positive Ladung.
Neutronen sind elektrisch neutral.

[2] Atom (griech. atomos = das Unteilbare)
[3] Orbital = Aufenthaltsraum für zwei Elektronen

Ordnung der Elemente

Die Elemente sind in einem Periodensystem nach ihren Ordnungszahlen in acht Haupt- und Nebengruppen und sieben Perioden geordnet. Die Ordnungszahl entspricht der Anzahl Protonen des jeweiligen Elements. In der vereinfachten Darstellung beschränken wir uns auf die Hauptgruppen der ersten drei Perioden.

	Hauptgruppen							
	I	II	III	IV	V	VI	VII	VIII
1. Periode	^{1}**H** 1,0							^{2}**He** 4,0
2. Periode	^{3}**Li** 6,9	^{4}**Be** 9,0	^{5}**B** 10,8	^{6}**C** 12,8	^{7}**N** 14,0	^{8}**O** 16,0	^{9}**F** 19,0	^{10}**Ne** 1,0
3. Periode	^{11}**Na** 23,0	^{12}**Mg** 24,3	^{13}**Al** 27,0	^{14}**Si** 28,1	^{15}**P** 31,0	^{16}**S** 32,1	^{17}**Cl** 35,5	^{18}**Ar** 39,9

Periodensystem der Elemente (Auszug)

Die Elemente lassen sich in Metalle und Nichtmetalle einteilen. Von den oben angegebenen Elementen sind:

Metalle:		**Nichtmetalle:**		**Edelgase:**	
Li	Litium	H	Wasserstoff	He	Helium
Be	Beryllium	B	Bor	Ne	Neon
Na	Natrium	C	Kohlenstoff	Ar	Argon
Mg	Magnesium	N	Stickstoff		
Al	Aluminium	O	Sauerstoff		
		F	Fluor		
		Si	Silizium		
		P	Phosphor		
		S	Schwefel		
		Cl	Chlor		

3.3.3 Chemische Verbindungen

- Ionenbindung
- Metallbindung
- Elektronenbindung

Die kleinsten Teilchen einer Verbindung nennt man Moleküle.

Nimmt ein Atom Elektronen auf, wird seine Ladung negativ. Gibt ein Atom Elektronen ab, wird seine Ladung positiv.

Atome mit positiver oder negativer Ladung nennt man **Ionen**.
Anion ⇒ Ion mit negativer Ladung
Kation ⇒ Ion mit positiver Ladung

Ionenbindung

Die Atome ungleichnamiger elektrischer Ladung ziehen sich an und verbinden sich.
Die Verbindung zwischen Metallen und Nichtmetallen zu Salzen stellt eine typische Ionenbindung dar.

Metallbindung

Metalle bilden im festen Zustand Kristallgitter. In diesem können sich die Elektronen der äußeren Schalen von den Metallatomen lösen und sich innerhalb des Gitters frei bewegen. Das Gittergerüst der Kristalle wird durch die positiv geladenen Atomrümpfe gebildet.

Elektronenpaarbindung

Atome, die ihre äußerste Schale gefüllt haben, sind besonders stabil.
Um einen stabilen Zustand zu erreichen, gehen Atome Elektronenpaarbindungen ein.
So fehlen beispielsweise dem Sauerstoff zwei Elektronen und dem Wasserstoff ein Elektron.
Die Elektronenpaarbindung zwischen diesen kommt dadurch zustande, dass sich ein Atom Sauerstoff mit zwei Atomen Wasserstoff zu einem stabilen Molekül H_2O = Wasser verbindet.

Wertigkeit

Wie wir bei Sauerstoff gesehen haben, kann dieser zwei Atome Wasserstoff an sich binden.

Die Wertigkeit gibt an, wie viele Elektronen ein Atom aufnehmen oder abgeben kann.

Sie bestimmt, in welchem Zahlenverhältnis die Elemente Verbindungen eingehen. Manche Elemente können mehrere Wertigkeiten besitzen.

einwertig:	H	Na	Cl	K
zweiwertig:	O	Zn	Pb	Fe
dreiwertig:	N	Al	Fe	P
vierwertig:	C	Si	Pb	S

3.3.4 Synthese und Analyse

Die Herstellung einer chemischen Verbindung nennt man Synthese[1].

z. B. Na + Cl → NaCl

Die Zerlegung einer chemischen Verbindung in ihre Elemente nennt man Analyse[2].

z. B. NaCl → Na + Cl

[1] Synthese (griech. synthesis = Zusammensetzung)
[2] Analyse (griech. analysis = Auflösung)

Eine Synthese oder Analyse bezeichnen wir als chemischen Vorgang.
Chemische Reaktionen lassen sich in Formeln anschaulich darstellen. Dabei sind zwei Schreibweisen allgemein üblich:

Strukturformel: Sie zeigt schematisch, wie die Elemente miteinander verbunden sind.

Beispiele

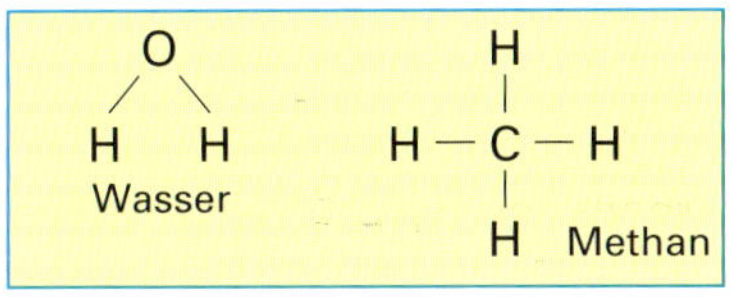

Summenformel: Sie zeigt das zahlenmäßige Verhältnis der einzelnen Stoffe einer Verbindung bzw. in einem Molekül an.

Beispiele

H_2O	CH_4

Bei einer chemischen Reaktion bleibt die Masse der beteiligten Stoffe erhalten. Die Masse der Ausgangsstoffe ist gleich der Masse der Endstoffe.

Ausgangsstoffe $\xrightarrow{\text{chemische Reaktion}}$ Endstoffe

$2\,H_2 + O_2 \longrightarrow 2\,H_2O$

In elementaren Gasen, wie Wasserstoff und Sauerstoff, sind je zwei Atome zu einem stabilen Molekül verbunden.

3.3.5 Verlauf chemischer Reaktionen

Bei der Reaktion von Polyesterspachtelmasse mit dem Härter stellen wir fest, dass sich die Spachtelmasse erwärmt. Dabei wird Energie in Wärme umgewandelt.

Andere Reaktionen kommen nur zustande, wenn Energie in Form von Wärme zugeführt wird, z. B. beim Brennen von Kalk oder der Herstellung von Wasserglas.

Bei einer chemischen Reaktion wird stets Energie umgewandelt.
Exothermer Vorgang ⇒ Wärme wird frei.
Endothermer Vorgang ⇒ Wärme wird zugeführt.

Beim Glühen reagiert die Stahlwolle mit dem Sauerstoff der Luft. Wärme wird frei. Die Masse der geglühten Stahlwolle nimmt zu. Ein neuer Stoff ist entstanden: Eisenoxid. Die Masse des beteiligten Eisens und des Sauerstoffs entspricht der Masse des Eisenoxids.

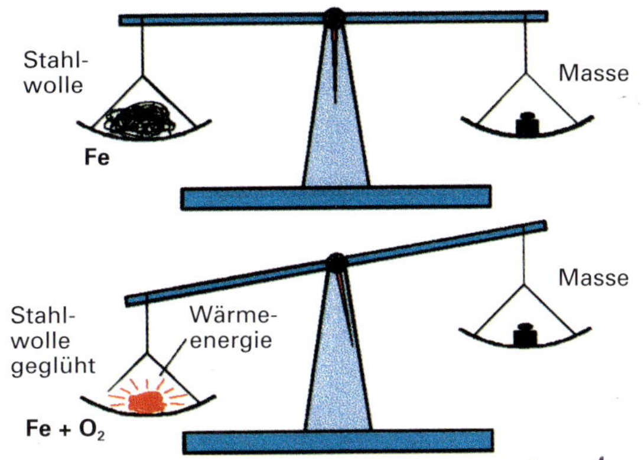

$2\,Fe + O_2 \rightarrow 2\,FeO$ + Wärme

Oxidation von Stahlwolle

3.3.6 Oxidation

Als Oxidation wurde früher nur ein chemischer Vorgang bezeichnet, bei dem sich ein Stoff mit Sauerstoff zu einem Oxid verbindet und dadurch Wärme abgibt.

Ein Öllack oder Alkydharzlack erhärtet durch Aufnahme von Sauerstoff. Man spricht daher von einer oxidativen Trocknung.
Durch die Beimengung von Sikkativen kann der Trocknungsprozess beschleunigt werden.

Stoffe, die eine chemische Reaktion beschleunigen, nennt man **Katalysatoren**.

Oxidationen können unterschiedlich schnell ablaufen. Verbrennungen oder Explosionen können die Folge sein.

Heute versteht man unter Oxidation jede Reaktion, bei der ein Stoff Elektronen abgibt.

3.3.7 Reduktion

Als Reduktion galt früher ein chemischer Prozess, bei dem der Sauerstoffanteil einer Verbindung durch Wärmezufuhr verringert oder entfernt wurde.

Heute bezeichnet Reduktion allgemein eine Elektronenaufnahme.

3.3.8 Oxide

Metalloberflächen verlieren unterschiedlich schnell ihren metallischen Glanz und werden matt. Sie neigen zur Oxidbildung.

Schularbeit

Bei unedlen Metallen findet eine schnelle Oxidbildung statt, bei edleren Metallen verläuft diese Reaktion langsam. Viele Metalluntergründe bilden daher Metalloxide, wenn sie nicht rechtzeitig durch Beschichtungen geschützt werden. Metalloxide können aber auch selbst einen Schutz darstellen, z. B. bei Kupferblechen oder bei Bauteilen aus Aluminium.

Viele Pigmente bestehen aus Metalloxiden.

Bezeichnung	chemische Formel	chemische Bezeichnung
Titanweiß	TiO_2	Titandioxid
Zinkweiß	ZnO	Zinkoxid
Bleiglätte	PbO	Bleioxid
Bleimennige	Pb_3O_4	Bleiorthoplumbat
Eisenoxidrot	Fe_2O_3	Eisenoxid
Chromoxidgrün	Cr_2O_3	Chromoxid
Grüne Erde	Fe_2SiO_3	Eisensilikat
Kobaltblau	$CoO \cdot Al_2O_3$	Kobaltaluminat

3.3.9 Säuren

Die Basis für viele Säuren sind Nichtmetalloxide. Ihre Reaktion mit Wasser führt zur Bildung von Säuren. Chemisch gesehen sind Säuren Stoffe, die H^+-Ionen abgeben können. Abgase bilden mit Regen und Nebel in der Luft Säuren. Saure Niederschläge verursachen Umweltschäden. Das Waldsterben und Übersäuern von Seen sind die Folge. Sie tragen aber auch zur Korrosion bei und schädigen Beschichtungen und Untergründe.

Nichtmetalloxid + Wasser → Säure

Beispiele

$CO_2 + H_2O \rightarrow H_2CO_3$	Kohlensäure
$SO_2 + H_2O \rightarrow H_2SO_3$	schwefelige Säure
$SO_3 + H_2O \rightarrow H_2SO_4$	Schwefelsäure
$P_4O_{10} + 6\,H_2O \rightarrow 4\,H_3PO_4$	Phosphorsäure

Säuren entstehen aber auch durch Reaktion von Fluor, Chlor, Brom und Jod, den so genannten Halogenen[1], mit Wasserstoff.

Halogen + Wasserstoff → Säure

Beispiele

$Cl_2 + H_2 \rightarrow 2\,HCl$	Salzsäure
$SiF_6 + H_2 \rightarrow H_2SiF_6$	Fluorsilikat = Fluat

Daneben werden viele organische Säuren eingesetzt, u. a. Fettsäure bei Öl- und Alkydharzlacken, Oxalsäure zum Neutralisieren nach dem Abbeizen, Gerbsäuren bei Rostumwandlern.

[1] Halogene = Salzbildner

3.3.10 Basen – Laugen

Der Begriff Basen stammt aus dem Mittelalter. Dabei bezeichnete man Metalloxide, die als Basis zur Herstellung von Salzen dienten, als Basen.
Heute sind Basen Stoffe, die sich alkalisch verhalten, d. h. H^+-Ionen aufnehmen. Chemisch gesehen sind die meisten Basen die Hydroxide der Alkali- und Erdalkalimetalle. Auch andere Stoffe können Basen bilden, wie das Beispiel Ammoniakwasser (Salmiakgeist) zeigt.

Laugen sind die wässrigen Lösungen der Basen.

Metalloxid + Wasser → Base/Lauge

Beispiele

$Na_2O + H_2O \rightarrow 2\,NaOH$	Natronlauge
$K_2O + H_2O \rightarrow 2\,KOH$	Kalilauge
$CaO + H_2O \rightarrow Ca(OH)_2$	gelöschter Kalk
$NH_3 + H_2O \rightarrow NH_4OH$	Salmiakgeist

Im Beruf werden Basen und Laugen als Anstrichmittel für Kalk- und Silikatfarben verwendet. In Putz, Mörtel und Beton stellen sie das Bindemittel. Sie dienen beim Ablaugen zum Entfernen ölhaltiger Beschichtungen. Mit Laugen können Holzoberflächen dunkel gebeizt werden.

3.3.11 Umgang mit Säuren und Laugen

Säuren und Laugen sind teilweise sehr **giftig** und entwickeln **gefährliche Dämpfe**.

Sie dürfen nur in geeigneten Behältern aufbewahrt werden. Niemals in Getränkeflaschen abfüllen. Verwechslungsgefahr!
Säuren und Laugen erkennt man am besten durch eine Bestimmung des pH-Werts.

Säuren ⇒ Indikatorpapier verfärbt sich rot.
Laugen ⇒ Indikatorpapier verfärbt sich blau.

Säuren werden mit Wasser verdünnt verarbeitet. Hierbei gilt folgende Regel:

„Erst das Wasser, dann die Säure, sonst geschieht das Ungeheure!"

Wird umgekehrt verfahren, kann es zu Unfällen mit Säurespritzern kommen.

3.3.12 pH-Wert

Der pH[1]-Wert gibt an, ob sich eine Lösung sauer, neutral oder alkalisch verhält.

Der pH-Wert 7 sagt aus, dass der betreffende Stoff neutral ist; liegt der pH-Wert unter 7, reagiert eine Lösung sauer; durch einen pH-Wert über 7 wird eine alkalische Lösung angezeigt.

Zur Messung werden elektrische pH-Meter, Indikatorflüssigkeiten, rotes und blaues Lackmuspapier oder einfaches Universalindikatorpapier verwendet. Es ist im Normalzustand gelb, bei Säure verfärbt es sich rot, bei Lauge blau und in einer neutralen Lösung olivgrün.

Bei Verdacht auf Alkalität des Untergrundes wird Universalindikatorpapier (pH 1 bis 14) mit Wasser angefeuchtet und auf den Untergrund gelegt. Ändert sich die Farbe des Indikatorpapiers, kann anhand der Farbskala der pH-Wert festgestellt werden. Werte über 8 weisen auf Alkalität hin.

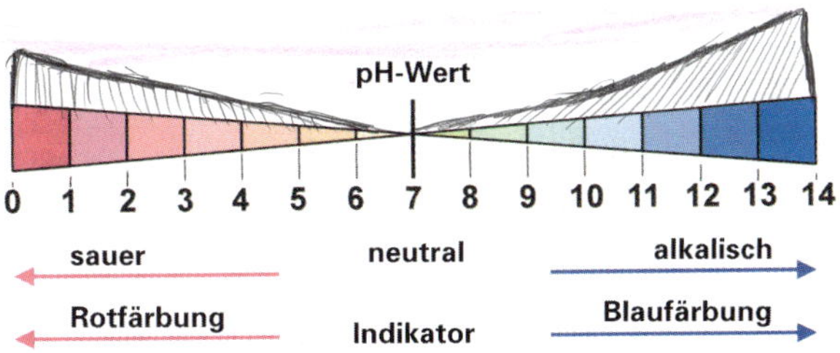

Der pH-Wert gibt die Stärke von Säuren und Laugen an

Die Bestimmung des pH-Werts ist eine wichtige Prüfmethode für die Behandlung alkalischer Untergründe. Auf alkalischen Untergründen müssen die Beschichtungsmittel und die darin enthaltenen Pigmente alkalibeständig sein. Betonoberflächen müssen einen hohen pH-Wert haben, sonst beginnen die Stahleinlagen zu rosten.

[1] pH = Potential Hydrogenium (negativer Zehnerlogarithmus der H_3O^+-Ionen-Konzentration)

3.3.13 Salze

Salze lassen sich mithilfe von Säuren und Basen auf zwei Arten herstellen:

1. Säure + Metall → Salz

Beispiel

$H_2SO_4 + Zn \rightarrow ZnSO_4 + H_2\uparrow$ Zinksulfat

durch Neutralisation

2. Säure + Lauge → Salz + Wasser

Beispiel

$HCl + NaOH \rightarrow NaCl + H_2O$ Kochsalz

Bei einer Neutralisation reagieren die Wasserstoff-Ionen (H^+) der Säuren und die Hydroxid-Ionen (OH^-) der Laugen so miteinander, dass sich neutrales Wasser bildet. Dabei wird Wärme frei.
Salze sind in Wasser unterschiedlich löslich. Lösliche Salze bilden mit Wasser eine Salzlösung, nicht oder schwer lösliche Salze setzen sich ab. Diesen Vorgang nennt man **Fällung**.
Viele mineralische Pigmente werden durch eine Fällung hergestellt, z. B. Bleiweiß, Chromgelb, Miloriblau und Lithopone.
Salzausblühungen entstehen durch Lösung von Salzen innerhalb einer Wand und durch ihre Kristallisation an der Oberfläche. Auch die Korrosion von Metallen ist ein wichtiges Beispiel für eine schädliche Salzbildung.

Aufgaben

1. *Zählen Sie chemische Reaktionen des Berufsalltags auf.*
2. *Beschreiben Sie den Aufbau eines Atoms mithilfe des Schalenmodells.*
3. *Woran lassen sich die Elemente eines Atoms erkennen?*
4. *Erklären Sie die Begriffe Synthese und Analyse.*
5. *Zeigen Sie an einem Beispiel, dass bei einer chemischen Reaktion die Gesamtmasse der beteiligten Stoffe erhalten bleibt.*
6. *Erklären Sie die Begriffe Oxidation, Reduktion und Katalysator an jeweils einem Beispiel.*
7. *Auf welche Weise bilden sich Säuren, Laugen und Salze?*
8. *Erklären Sie den Vorgang einer Neutralisation.*
9. *Auf welche Weise lassen sich Pigmente aus einer Salzlösung herstellen?*

3.3.14 Organische Verbindungen

Die Stoffe und ihre Verbindungen wurden früher der belebten oder unbelebten Natur zugeordnet. Organische Verbindungen entstammten der belebten Natur mit ihren Merkmalen wie Wachstum, Stoffwechsel und begrenzte Lebensdauer. Auch waren sie tierischer oder pflanzlicher Herkunft.
Anorganische Verbindungen wurden der unbelebten Natur zugerechnet; sie wurden aus Wasser, Luft und Erden gewonnen.
Spätestens seit der Herstellung der ersten Kunststoffe zeigte sich, dass diese Einteilung unzulänglich war.

Wir unterscheiden deshalb:

Die **organischen** Verbindungen bestehen vor allem aus komplexen Kohlenstoffverbindungen.

Hierzu gehören u. a. Seifen, Lösemittel, Öle, Leime, Lacke, Dispersionen und Kunststoffe.

Zur **anorganischen** Chemie zählen alle Elemente und Verbindungen außer den komplexen Kohlenstoffverbindungen.

Hierzu zählen u. a. die bisher behandelten chemischen Vorgänge, sowie Natursteine, mineralische Baustoffe und Pigmente, Putze, Kalk- und Wasserglasbeschichtungen.

3.3.15 Seifen

Seifen verwenden wir zum Waschen, aber auch als Reinigungs- und Ablaugemittel. Diese lassen sich mit Wasser abwaschen. Wir bezeichnen sie deshalb als **lösliche** Seifen. Im Gegensatz dazu stehen solche Seifen, die sich nicht mit Wasser lösen lassen. Diese werden als **unlösliche** Seifen bezeichnet.

Herstellung löslicher Seifen:

Fettsäure + Base → Seife

Bei den Reinigungsmitteln unterscheiden wir zwischen Kern- und Schmierseife.
Kernseife wird aus Natronlauge und Fettsäure hergestellt, Schmierseife aus Kalilauge und Fettsäure.

Herstellung unlöslicher Seifen:

Fettsäure + Metall → Seife

Unlösliche Seifen dienen vor allem dem Korrosionsschutz. Zink- und Bleipigmente bilden mit den Fettsäuren der Bindemittel wetterbeständige Metallseifen.

3.3.16 Kohlenwasserstoffe

Zwischen Kohlenstoff und Wasserstoff lassen sich eine Vielzahl von Verbindungen herstellen. Nach ihren Ausgangsstoffen nennt man sie Kohlenwasserstoffe.

Die Vielzahl der Verbindungen lässt sich durch den reaktionsfreudigen Wasserstoff und den vielseitig verbindungsfähigen Kohlenstoff erklären. Der einwertige Wasserstoff und der in der Regel vierwertige Kohlenstoff sind ideale Partner, Elektronenpaarbindungen zu bilden. Gleichzeitig ist der Kohlenstoff in der Lage, Doppel- und Dreifachbindungen einzugehen und Molekülketten zu erzeugen.

Die einfachste Kohlenwasserstoffverbindung ist

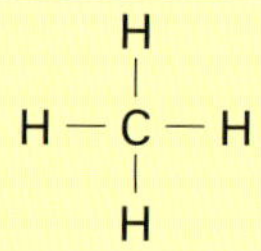

Methan

CH_4

Ersetzt man ein H-Atom durch ein weiteres C-Atom und ergänzt die freien Plätze mit H-Atomen, erhalten wir

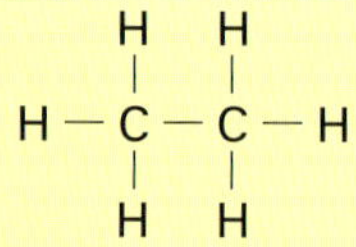

Ethan

C_2H_6

Fügen wir ein weiteres C-Atom an, erhalten wir

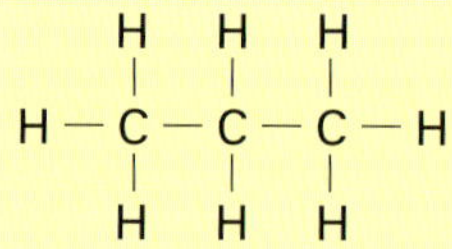

Propan

C_3H_8

Diese Reihe könnten wir fortsetzen und weitere CH-Verbindungen bilden. Ihr Aufbau folgt einer vorgegebenen Gesetzmäßigkeit. Die Moleküle dieser Reihe sind sehr stabil. Man bezeichnet die Verbindungen als **gesättigt**.

Auch ihre Namensgebung folgt bestimmten Regeln, wie der kleine Auszug zeigt:

Alkane	Alkene	Alkine
Methan	–	–
Ethan	Ethen	Ethin
Propan	Propen	Propin
Butan	Buten	Butin
Pentan	Penten	Pentin
Hexan	Hexen	Hexin

Die dargestellten Stoffe gehören zur Reihe der Alkane. Weitere Reihen sind die Alkene, Alkine, Alkadiene, Cycloalkane und Aromate.

Doppel- und Dreifachbindungen

Doppel- und Dreifachbindungen sind reaktionsfreudiger. Sie sind ungesättigt. Bei kettenförmiger Molekülstruktur spricht man von aliphatischen Verbindungen. Benzin, Petroleum und Testbenzin sind typische Beispiele.

Alkene

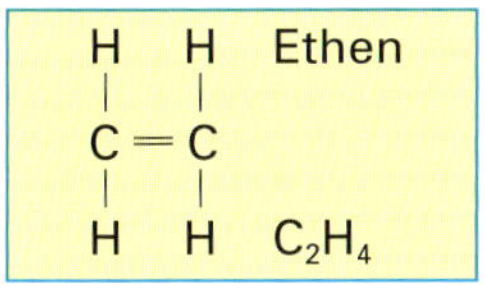

Alkine

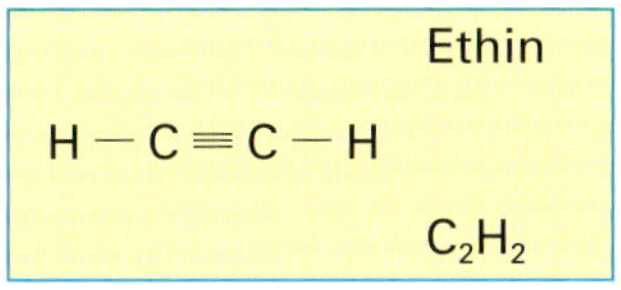

Ringförmige Kohlenwasserstoffe

Obwohl die Aromate Doppelbindungen enthalten, sind sie aufgrund der regelmäßigen Anordnung ihrer Doppelbindungen reaktionsträge. Beispiele sind: Benzol, Toluol, Xylol.

Cycloalkane	**Aromate**
gesättigte Verbindung	ungesättigte Verbindung

Cyclohexan C_6H_{12}

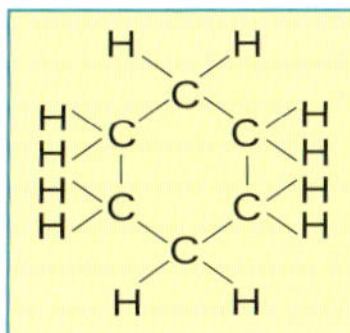

Benzol C_6H_6

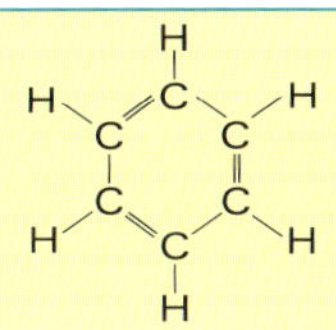

3.3.17 Abwandlungen der Kohlenwasserstoffe

Diese Grundstrukturen lassen sich verändern, indem einzelne Wasserstoffatome durch Nichtmetallatome wie Chlor (Cl), Fluor (F), Stickstoff (N), Schwefel (S) und Sauerstoff (O) oder andere Moleküle ersetzt werden. Jeder Austausch ändert die physikalischen und chemischen Eigenschaften des Grundstoffes in charakteristischer Weise. Die Veränderungen zur Ausgangsform werden daher als **funktionelle Gruppe** bezeichnet.

Alkohole entstehen, wenn jeweils ein H-Atom durch eine OH-Gruppe ersetzt wird. Bei primärem Alkohol ist das C-Atom, das die OH-Gruppe trägt, an höchstens ein weiteres C-Atom gebunden; bei sekundärem Alkohol an zwei weitere C-Atome und bei tertiärem an drei weitere C-Atome.
Alkohole sind Ausgangsstoff für viele chemische Prozesse. Methanol, Ethanol und Spiritus werden für Lösemittel und Reinigungsmittel verwendet, Glycerin u.a. in der Lackherstellung.

Aldehyde bilden sich, wenn einem primären Alkohol durch Dehydrierung[1] ein H-Atom entzogen wird.

[1] Dehydrierung = Oxidation von H-Atomen zu Wasser mithilfe eines Katalysators

Ein wichtiger Vertreter dieser Gruppe ist das Formaldehyd. Es wird zur Desinfektion und bei der Herstellung von Lacken und Kunststoffen verwendet.

Ketone entstehen durch Dehydrierung von sekundären Alkoholen. Ketone haben einen ätherischen Geruch, verdunsten leicht und besitzen eine starke Lösefähigkeit. Verwendet werden sie u. a. als Lösemittel für Nitrocellulose- und Chlorkautschuklacke. (Nitroverdünnung)

Carbonsäuren bilden sich durch eine Oxidation von Aldehyden.

Ester sind Verbindungen von Alkohol mit Säure.
Fettsäureester sind Verbindungen von Alkohol (Glycerin) mit Fettsäure, wie Leinöl, Holzöl, Rizinusöl u. a.
Alkydharze, mit ihrer großen Bedeutung als Lackbindemittel, sind ebenfalls Fettsäureester, die aus Glycerin und Phthalsäure entstanden sind. Auch *Wachse* gehören zur Gruppe der Fettsäureester.
Harzsäureester aus Glycerin und Harzsäure dienen als Lackrohstoff. Zu ihnen gehören auch die *Weichmacher*, die in Lacken und Kunststoffen die Elastizität verbessern helfen.
Verseifung ist die Umkehrung der Esterbildung, also die Aufspaltung von Ester in Säure und Alkohol mithilfe einer Lauge.

Ether sind Verbindungen, deren Moleküle durch eine Sauerstoffbrücke verbunden sind. Der wichtigste Vertreter ist Diethylether. Er ist leicht flüchtig. Seine Dämpfe sind leicht entzündlich und können Bewusstlosigkeit verursachen (Narkosemittel). Für Harze und Fette ist er ein ausgezeichnetes Lösemittel.

Alkohole	··· — C — OH	Methanol, Ethanol für Lösemittel
Aldehyde	··· — C = O	Formaldehyd für Bindemittel
Ketone	··· — C(=O) — ···	Aceton, Diethylketon für Lösemittel
Säuren	··· — C(=O)OH	Essigsäure für Lösemittel, Bindemittel
Ester	··· — C(=O)O — ···	Essigsäureethylester für Bindemittel
Ether	··· — C — O — C — ···	Diethylether für Lösemittel

Funktionelle Gruppen der CH-Verbindungen

3.3.18 Aufbau der Kunststoffe

Am Beispiel der Alkane haben wir gesehen, dass die Moleküle sich durch ihre Anzahl an C-Atomen und den mit ihnen verbundenen H-Atomen unterscheiden.

Methan (CH_4), Ethan (C_2H_6), Propan (C_3H_8) und Butan (C_4H_{10}) sind gasförmige CH-Verbindungen. Wird diese Reihe fortgesetzt, erhalten wir flüssige Stoffe, wie am Beispiel von Benzin (C_9H_{20}) deutlich wird. Mit der steigender Zahl an CH-Atomen nimmt die Masse des Moleküls ständig zu, sodass bei einer bestimmten Größe des Moleküls ein fester Stoff entsteht.

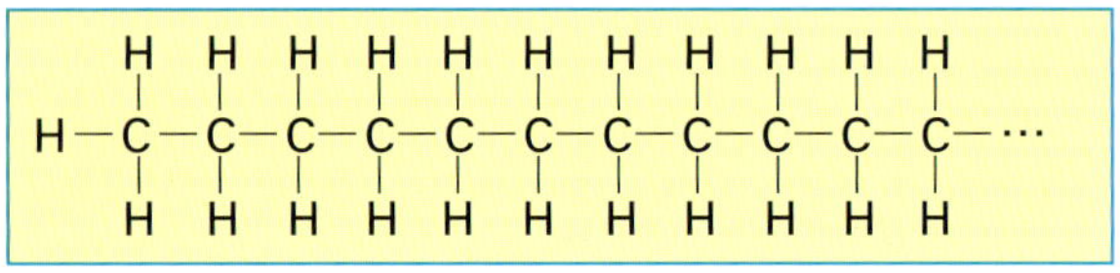

Kettenmolekül

Moleküle dieser Größe bezeichnet man als Ketten- oder Makromoleküle[1].

Kunststoffe bestehen aus Makromolekülen, d. h. aus Molekülen mit sehr hoher Molekülmasse.

Bei den meisten Kunststoffen werden die Makromoleküle synthetisch, also „künstlich" hergestellt. Daher der Name Kunststoff.

Erwärmen wir Kunststoffe, stellen wir bei einer bestimmten Art fest, dass sie ab einer gewissen Temperatur erweichen. Dabei sind sie weder flüssig noch fest. Daraus lässt sich schließen, dass diese Kunststoffe aus einem Gemisch unterschiedlich großer Makromoleküle bestehen. Erhitzt man die Kunststoffe weiter, so zersetzen sie sich. Aufgrund der Größe der Makromoleküle ist ein Verdampfen nicht möglich.

Kunststoffe, die beim Erwärmen erweichen, nennen wir Thermoplaste bzw. Plastomere.

Sie bestehen meist aus langen, kettenförmigen Molekülen, die sich nur schwer in ein Kristallgitter einordnen lassen. Nur stellenweise liegen die Molekülketten parallel zueinander. Wir bezeichnen diese Bereiche als kristallin. Beim Erwärmen bewegen sich die Moleküle verstärkt. Dabei lassen sich zunächst nur die ungeordneten Molekülfäden gegeneinander verschieben. Erhöht man die Temperatur weiter, sind auch die kristallinen Bereiche gegeneinander verschiebbar. Der Kunststoff wird verformbar und zähflüssig.

Beim Abkühlen tritt in umgekehrter Reihenfolge wieder eine Verfestigung ein. Zwischen die Molekülketten können bestimmte Lösemittel eingelagert werden, sodass diese gegeneinander verschiebbar bleiben und eine zähflüssigen Lösung entsteht, die als Bindemittel genutzt werden kann.

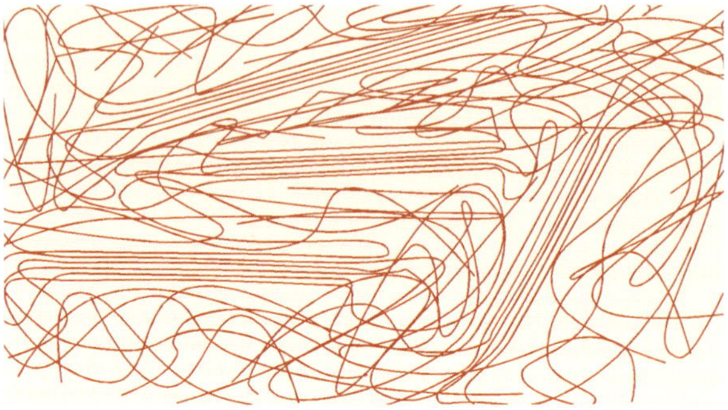

Thermoplastische Kettenstruktur

Andere Kunststoffe lassen sich durch Erwärmen nicht verformen. Bei weiterem Erhitzen zersetzt sich der Kunststoff.

Kunststoffe, die sich durch Erwärmen **nicht** erweichen lassen, nennen wir Duroplaste bzw. Duromere.

Dieses Verhalten ist auf die Vernetzung der Molekülketten zurückzuführen.

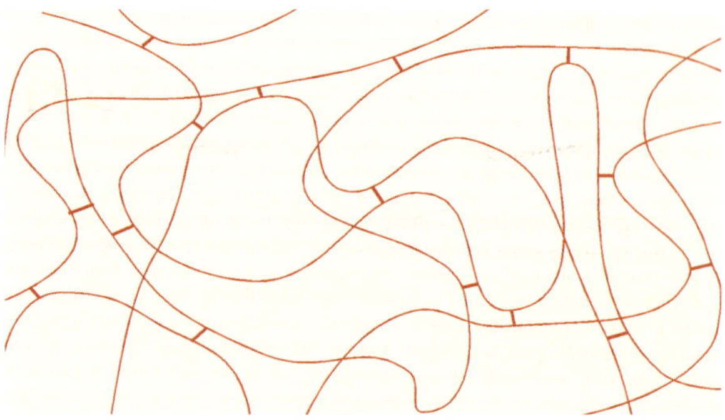

Vernetzte Molekülketten – Duroplast

Die Vernetzungen stellen chemische Bindungen dar, die die Molekülketten dreidimensional miteinander verbinden. Je enger die Vernetzung ist, umso fester wird die Molekülstruktur und umso härter der Kunststoff. Weitmaschige vernetzte Kunststoffe sind dauerelastisch und dehnbar. Durch die chemische Verbindung an den Vernetzungsstellen ist ein Erweichen auch bei höheren Temperaturen nicht mehr möglich.

[1] Makromoleküle (griech. makros = groß)

3.3.19 Herstellung der Kunststoffe

Für die Herstellung der Kunststoffe ist die Bildung von Makromolekülen ausschlaggebend. Sie lassen sich aus Einzelmolekülen, den Monomeren[1], durch folgende Verfahren herstellen:

- Polymerisation[2]
- Polykondensation
- Polyaddition

Polymerisation

Bei einer Polymerisation bilden ungesättigte Einzelmoleküle, die eine oder mehrere Doppelbindungen besitzen, Makromoleküle.

Polymerisationen können unterschiedlich ablaufen. Am häufigsten ist die Polymerisation durch so genannte Radikale, das sind Stoffe, die ungepaarte Elektronen besitzen. Am Beispiel des Ethen, auch bekannt unter dem Namen Ethylen, lässt sich eine Polymerisation aufzeigen. Stößt ein Radikal mit einem Ethenmolekül zusammen, bricht dessen Doppelbindung auf, das Ethen verbindet sich mit dem Radikal und erhält dadurch selbst ein ungepaartes Elektron. Trifft diese Verbindung auf ein weiteres Ethen, wiederholt sich der Vorgang; es kommt zu einer Kettenbildung. Diese Kettenreaktion ist erst dann beendet, wenn zwei Radikale aufeinander stoßen. Es hat sich Polyethylen (PE) gebildet.

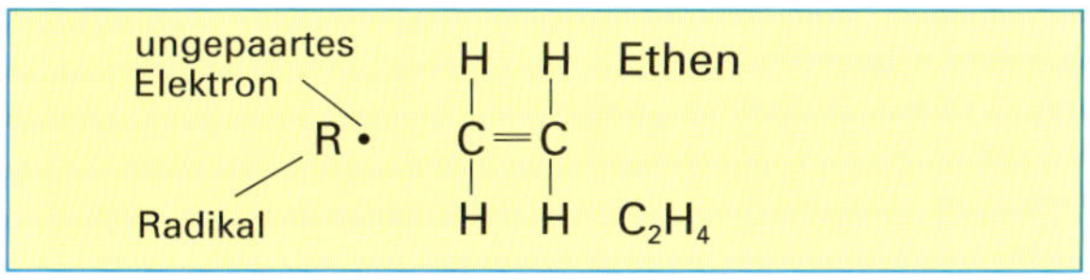

Die Makromolekülbildung verläuft in zwei Stufen:

1. Aufspaltung der Doppelbindung und Reaktion mit dem Radikal

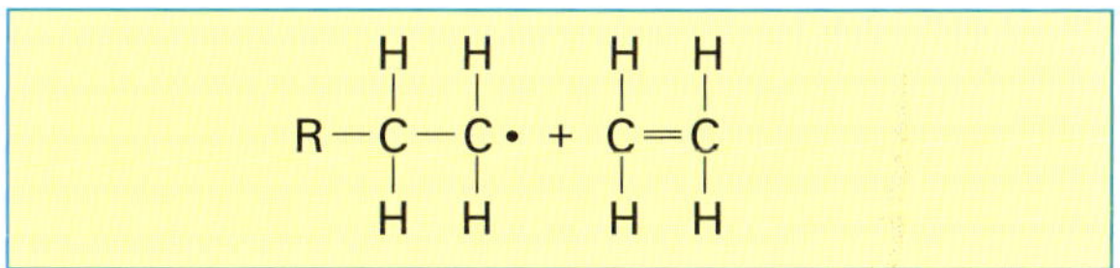

2. Makromolekülbildung

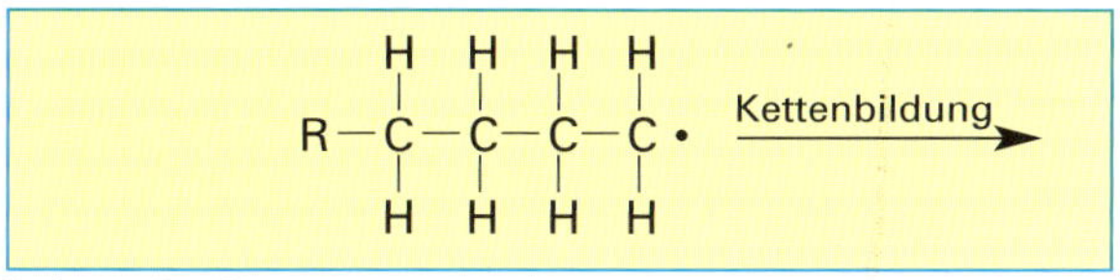

Polymerisation

[1] Monomere (griech. monos = allein + meros = Teil)
[2] Polymere (griech. poly = viele + meros = Teil)

Neben der Polymerisation durch ein Radikal kann die Polymerisation auch durch Druck und Wärme oder einen Katalysator eingeleitet werden.

Durch Polymerisation entstehen meist thermoplastische Kunststoffe.

Beispiele hierfür sind:

- Polyethylen (PE)
- Polyvinylchlorid (PVC)
- Polyacrylat (PMMA)
- Polystyrol (PS)

Polykondensation

Bei einer Polykondensation werden verschiedene Einzelmoleküle unter Abspaltung von Nebenprodukten (Kondensate) miteinander verbunden.

Als Kondensat kann sich u. a. Wasser abspalten. Das folgende Beispiel zeigt, wie durch eine Polykondensation aus Benzol und Formaldehyd Phenolharz entsteht.

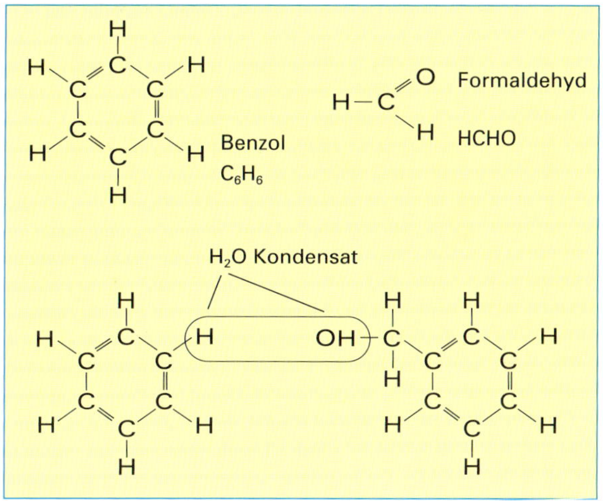

Polykondensation

Nach der Abspaltung des H_2O-Kondensats verbinden sich die beiden ringförmigen Moleküle. Stehen weitere Benzol- und Formaldehydmoleküle zur Verfügung, bildet sich ein stark vernetzter Kunststoff, das duroplastische Phenolharz.

Andere Duroplaste sind:

- Harnstoffharz
- Melaminharz
- ungesättigter Polyester
- Polyamid

Polyaddition

Bei einer Polyaddition werden verschiedene Makromoleküle, die reaktionsfähige Atomgruppen besitzen, zusammengefügt. Dabei wandern Wasserstoffatome von einer Molekülgruppe zur anderen und ermöglichen so die Verkettung zu einem Polyaddukt.

Ein Beispiel für eine Polyaddition ist die Herstellung von Polyurethan.

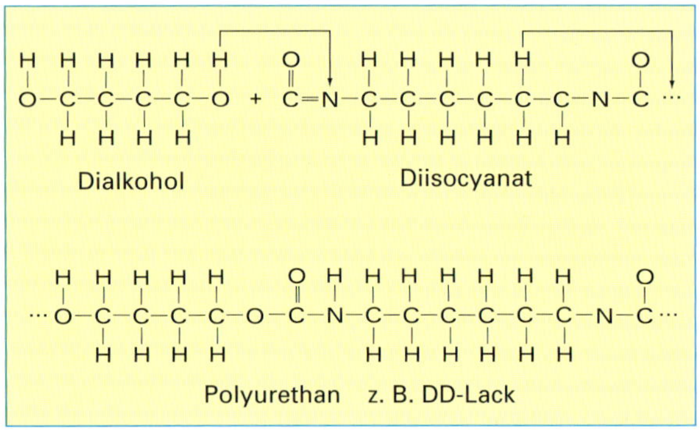

Polyaddition

Die Vernetzung verläuft immer dreidimensional. Je nach Stärke der Vernetzung lassen sich durch Polyaddition dauerelastische oder harte, schlagfeste Kunststoffe herstellen, die sehr beständig gegen mechanische und chemische Belastungen sind.

Hauptsächlich verwendet werden:

- Polyurethan
- Epoxidharz

Sie eignen sich besonders gut für Beschichtungen von Industrieböden und hochwertigen Holzlackierungen, als Korrosionsschutz, für Bindemittel in der Betonsanierung und als Zweikomponenten-Kleber.

Polyurethan ist auch als dauerelastischer Schaumstoff ein vielseitig eingesetzter Werkstoff, z. B. zum Isolieren und Wärmedämmen, zum Ausschäumen und Abdichten von Hohlräumen, für Schwämme, Rollwerkzeuge in der Anstrichtechnik (Moltoprenrollen), für Tapeten mit Schaumstoffstrukturen.

Bei der Schaumstoffherstellung reagiert überschüssiges Isocyanat mit Wasser und bildet dabei Kohlendioxid. Dieses Gas treibt den Kunststoff schaumartig auf. Der Schaumstoff behält nach dem Erhärten seine dauerelastische Form.

Projekte

1. *Beurteilen Sie, welche Vorgänge bei Ihrer täglichen Arbeit physikalischer und welche chemischer Natur sind. Begründen Sie Ihre Zuordnung.*
2. *An einer Wand stellen Sie Salzausblühungen fest. Untersuchen Sie, worauf diese zurückzuführen sind und bestimmen Sie, welche Messung Ihnen hierbei behilflich sein kann.*
3. *Prüfen Sie die Reaktion von Untergründen und Beschichtungsmittel mit Universal-Indikatorpapier und notieren Sie die Färbung bei den unterschiedlichen Werkstoffen. Beurteilen Sie das Ergebnis.*

Aufgaben

1. *Worin unterscheiden sich anorganische und organische Verbindungen?*
2. *Zählen Sie wichtige organische Verbindungen auf, mit denen Sie im beruflichen Alltag zu tun haben.*
3. *Warum lässt sich aus Kohlenstoff und Wasserstoff die Vielzahl der CH-Verbindungen herstellen?*
4. *Worin unterscheiden sich die Molekülreihen der Alkane, Alkene und Alkine in ihrer Bindungsart?*
5. *Warum sind Moleküle mit Doppel- oder Dreifachbindungen reaktionsfreudiger als Moleküle mit einfacher Bindung?*
6. *Kohlenwasserstoffe können durch funktionelle Gruppen abgewandelt werden. Nennen Sie die wichtigsten funktionellen Gruppen.*
7. *Aus welchen Verbindungen entstehen Ester?*
8. *Wofür dienen Ester als Grundlage?*
9. *Welche Molekülstruktur besitzen Kunststoffe?*
10. *Worin unterscheiden sich thermoplastische und duroplastische Kunststoffe?*
11. *Beschreiben Sie die Makromolekülbildung bei einer Polymerisation.*
12. *Warum sind die meisten Thermoplaste durch Polymerisation entstanden?*
13. *Nennen Sie vier thermoplastische Kunststoffe.*
14. *Erklären Sie die Bildung von Kunststoffen anhand einer Polykondensation.*
15. *Warum entsteht bei einer Polyaddition kein Kondensat?*
16. *Welche Eigenschaften haben vernetzte Kunststoffe?*

3.4 Grundlagen der Beschichtungen

3.4.1 Anstrich, Beschichtung und Lackierung

Im allgemeinen Sprachgebrauch werden die Begriffe Anstrich, Beschichtung und Lackierung wahlweise verwendet. Auch in diesem Buch lassen sich die Begriffe teilweise gegeneinander austauschen, wobei die Beschichtung als Oberbegriff verstanden wird.

Nach DIN 55 945 ist festgelegt:
Beschichtung ist der Oberbegriff für eine oder mehrere in sich zusammenhängend hergestellte Schicht auf einem Untergrund.

Anstriche sind Beschichtungen, die durch handwerkliche Verfahren, z. B. Streichen, Spritzen, Rollen, Tauchen und Fluten, hergestellt werden.

Lackierungen sind Beschichtungen, die aus Lack hergestellt sind, d. h. aus organischen Bindemitteln bestehen. Bildet die Lackierung eine zusammenhängende Schicht, spricht man von einem Lackfilm.

Beschichtungsstoffe
- Anstrichstoffe
- Lacke
- Kunstharzputze
- Spachtel- oder Füllerschichten
- Spezialbeschichtungen

Bestandteile der Beschichtungsstoffe

- **Bindemittel** verankern die Beschichtung auf dem Untergrund, verbinden die Pigmente untereinander und bilden einen festen, dauerhaften Beschichtungsfilm.
- **Farbmittel** bestimmen Farbe, Aussehen und größtenteils die Schichtdicke einer Beschichtung.
  In Anstrichstoffen werden fast ausschließlich Pigmente eingesetzt. Farbmittel ist nach DIN 55943 der Sammelbegriff für alle farbgebenden Stoffe. Dabei unterscheiden wir zwischen unlöslichen Farbmitteln, den Pigmenten, und den löslichen Farbmitteln, den Farbstoffen. Farbstoffe verwendet man für Holzbeizen und vor allem zum Färben von Stoffen.
- **Lösemittel** lösen und verdünnen ohne chemische Umsetzung einen Beschichtungsstoff und ermöglichen die Verarbeitung.
- **Zusatzmittel** verbessern die Eigenschaften der Beschichtung.

3.4.2 Beschichtungsaufbau

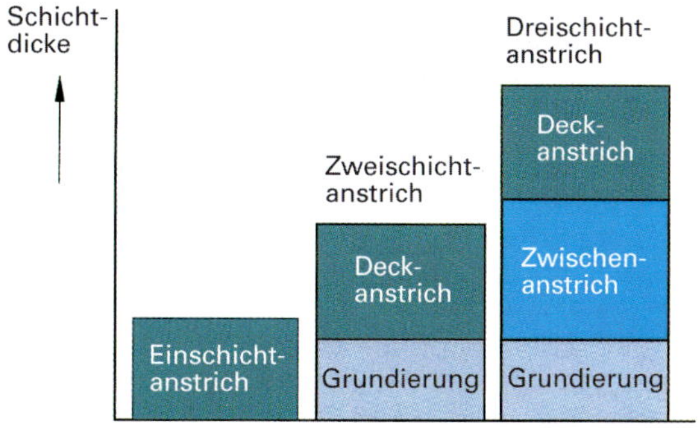

Beschichtungsarten

Je nach Anforderung und Beschichtungssystem werden die Beschichtungen als Ein-, Zwei- oder Dreischichtanstrich ausgeführt. Im Korrosionsschutz sind weitere Schichten üblich. Traditionell besteht eine Beschichtung aus einer Grundierung, einem Zwischen- und einem Deckanstrich.

In Beschichtungen gehören die Bindemittel zum nicht flüchtigen Bestandteil. Hierzu zählen auch Lösemittel, die sich durch chemische Reaktion mit dem Bindemittel verbinden.

3.4.3 Trocknung und Erhärtung von Beschichtungen

Der Übergang vom flüssigen in den festen Zustand bezeichnet man als **Trocknung**, wenn der Vorgang physikalisch abläuft, bzw. als **Erhärtung**, wenn der Vorgang chemisch, durch Oxidation, Salzbildung, Kristallbildung oder durch Reaktion von Zweikomponenten, in Gang gesetzt wird.

Der Trocknungsgrad wird nach DIN 53150 in 7 Stufen unterteilt, wobei die erste Stufe durch Einstreuen von Glasperlen, die sich mit einem Haarpinsel leicht entfernen lassen, nachgewiesen wird. Die weiteren Stufen 2–7 werden durch Papier, das unterschiedlich auf der Beschichtung belastet wird, bestimmt.
Diese Messung des Trocknungsgrades wird im beruflichen Alltag kaum angewendet. Hier beurteilt man den Trocknungsprozess nach folgenden vier Stufen:

1. Erstes Anziehen
2. Staubtrockenheit
3. Grifffestigkeit
4. Durchtrocknung

Physikalische Trocknung

Ein Bindemittel tocknet physikalisch, wenn dieser Vorgang allein auf das Verdunsten der Löse- bzw. Verdünnungsmittel zurückzuführen ist.

Ist dieser Vorgang umkehrbar (reversibel), lässt sich das Bindemittel nach dem Trocknen wieder mit dem gleichen Lösemittel lösen.
So sind Leimfarben in Wasser löslich. Ebenso Harze, die sich in Spiritus lösen lassen. Nitrocellulose- und Chlorkautschuklack lösen sich im entsprechenden Lösemittel und werden fest, wenn das Lösemittel verdunstet.

Bei Dispersionen wird die physikalische Trocknung durch Zusammenfließen des vom Wasser umgebenen zähflüssigen Kunststoffs eingeleitet, wenn das Wasser verdunstet.
Diese Art der Trocknung wird deshalb auch „kalter Fluss" genannt.

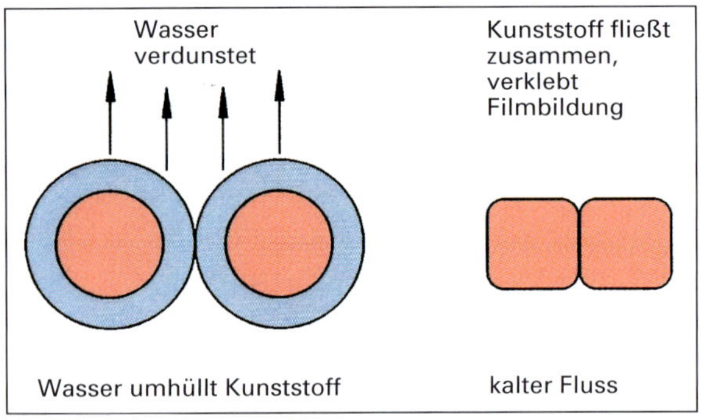

Trocknung von Dispersionen

Oxidative Erhärtung

Bildet ein Bindemittel durch die Reaktion mit Sauerstoff einen festen Anstrichfilm, bezeichnet man diesen Vorgang als oxidative Erhärtung.

Fettsäurehaltige Bindemittel, wie Ölfarben, Öllacke und Alkydharzlacke, erhärten durch die chemische Bindung von Sauerstoff.

Die oxidative Erhärtung lässt sich durch Trockenstoffe (Sikkative) beschleunigen. Die Metallsalze von Blei, Cobalt und Mangan sind wirksame Sikkative. Auch Untergründe und Pigmente aus Blei und Zink wirken sikkativierend.

Erhärtung durch Salzbildung

Kalk- und Wasserglaslösungen sind stark alkalische Bindemittel. Das in der Lösung enthaltene Wasser reagiert mit dem Kohlendioxid (CO_2) der Luft und bildet Kohlensäure H_2CO_3. Kohlensäure und Laugen reagieren durch Neutralisation zu einem festen wasserunlöslichen Salz, dem Kalkstein bzw. dem Kalziumsilikat.
Die Erhärtung durch Salzbildung mithilfe von Kohlendioxid bzw. Kohlensäure wird bei gelöschtem Kalk **Carbonatisierung**, bei Wasserglas **Verkieselung** genannt.

Erhärtung durch Kristallbildung

Das beim Brennen von Gips und Zement ausgetriebene Wasser wird beim Anrühren wieder zugefügt. Nach kurzer Zeit beginnen die Gips- und Zementlösungen das Wasser zu binden, Kristalle zu bilden und zu erhärten.

Erhärtung durch Reaktion von Härter und Stammlack

Bei Zweikomponentenlacken verbinden sich der Härter und Stammlack und erhärten. Die Verbindung kann durch eine Polymerisation, Polykondensation oder Polyaddition zustande kommen.
Ungesättigter Polyester erhärtet durch eine Polymerisation, Polyurethan und Epoxidharz durch eine Polyaddition und säurehärtende Lacke durch eine Polykondensation.

Aufgaben

1. *Wie werden die Fachbegriffe Beschichtung, Anstrich und Lackierung fachlich richtig unterschieden?*
2. *Aus welchen Bestandteilen bestehen Beschichtungen?*
3. *Worin unterscheiden sich bei Beschichtungen die Trocknung von einer Erhärtung?*
4. *Nach welchen Stufen stellen Sie im beruflichen Alltag den Trocknungsfortschritt fest?*
5. *Wie wird der Trocknungsgrad nach DIN 53150 bestimmt?*
6. *Welcher Trocknungsprozess wird als reversibel bezeichnet?*
7. *Erklären Sie eine oxidative Erhärtung an einem Beispiel.*
8. *Wie erhärten mineralische Beschichtungen?*
9. *Bei welchen Stoffen wird eine Erhärtung durch Reaktion mit einem Härter eingeleitet?*

4 Die Bindemittel der Anstrichstoffe

4.1 Einteilung der Bindemittel

Bindemittel

- **mit Wasser verdünnbar**
  - anorganisch
    - **Mineralfarben**: Kalk, Zement, Wasserglas
  - organisch
    - **Leime und Kleister**: Kasein, Celluloseleim, Cellulosekleister
    - **Kunststoffdispersionen**: Polyvinylacetat, Polymethacrylat, Styrolacetat, Styrolbutadien
    - **spezielle Harze**: Alkydharze, Acrylharze, Epoxidharze, Phenolharze, Melaminharze
- **mit organischen Lösemitteln verdünnbar**
  - organisch
    - **Öle**: Leinöl, Leinölfirnis, Leinöl-Standöl
    - **Harze**: Acryllack, Alkydharze, Epoxidharz, Polyesterharz, Polyurethan, Melaminharz, Phenolharz, Harnstoffharz, Schellack, Silikonharz
    - **Leime und Kleister**: Cellulosenitrat, Chlorkautschuk, Cyclokautschuk
    - **Kunststoffe**: Polyvinylchlorid, Polyethylen, Polyvinylacetat
    - **bituminöse Stoffe**: Asphalt, Bitumen, Teer, Pech

4.1.1 Aufgaben der Bindemittel

Das Bindemittel verankert die Beschichtung auf dem Untergrund, verbindet die Pigmente untereinander und bildet einen festen, dauerhaften Beschichtungsfilm.

Ohne Bindemittel wären die Pigmente leicht abwischbar, sie würden abkreiden; man könnte nicht von einem Anstrich sprechen. Je nach Pigmentgehalt unterscheidet man geringere und festere Bindungen. Bei großem Pigmentzusatz spricht man von Überpigmentierung. Bei transparenten Anstrichen verwendet man geringe Mengen sehr fein gemahlener Pigmente. Farblose Anstriche enthalten keine Pigmente.
Die Bindungsfähigkeit ist vom Bindemittelanteil in einer Beschichtung und von der Art des Bindemittels abhängig. Der Bindemittelanteil wird durch die Pigment-Volumen-Konzentration (PVK) bestimmt.

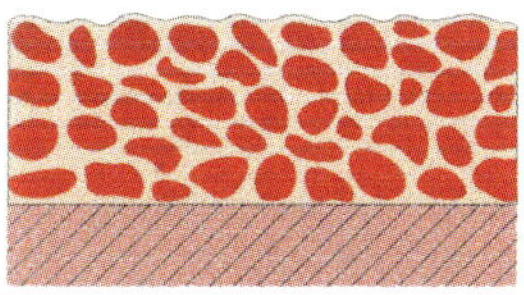

Ausreichende Einbettung der Pigmente im Bindemittel: glatter, schützender Anstrichfilm

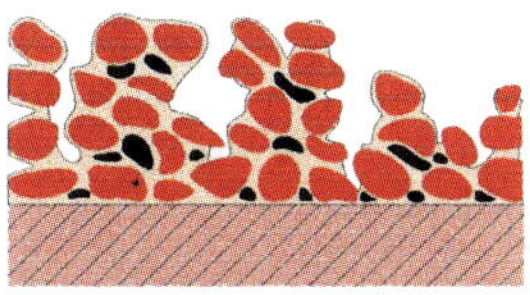

Mangelhafte Einbettung der Pigmente im Bindemittel: rauher, poriger, zum Abkreiden neigender Anstrichfilm

Die Pigment-Volumen-Konzentration (PVK) gibt an, wieviel Prozent des Gesamtvolumens einer Beschichtung Pigmentanteile sind, z. B. PVK 45 bedeutet: 45 % Pigment, 55 % Bindemittel.

Ein weiterer Vergleichsmaßstab ist das Verhältnis der Nass- zur Trockenschichtdicke.

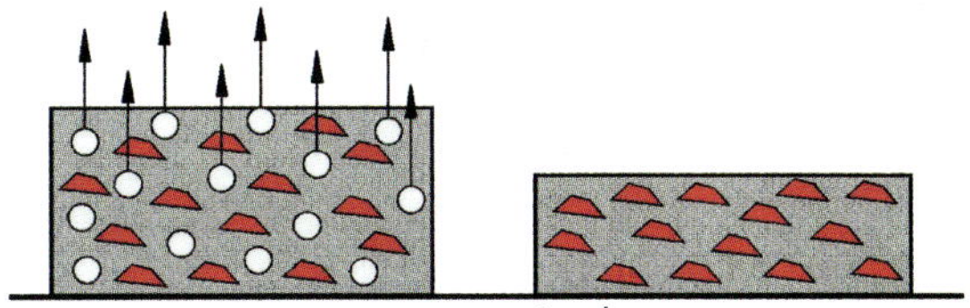

4.1.2 Festkörperanteil

Der Festkörperanteil ist der nicht flüchtige Anteil einer Beschichtung.

Der Festkörperanteil setzt sich aus dem erhärteten oder getrockneten Bindemittel, den Pigmenten und den Füllstoffen zusammen.
Anstriche mit hohem Lösemittelanteil besitzen daher nur einen geringen Festkörpergehalt, z. B. Grundiermittel aus Cellulosenitrat.
Sie werden als Low-Solid-Lacke[1] bezeichnet.

High-Solid-Lacke[2] dagegen sind mit einem Festkörpergehalt von ca. 80% ausgestattet. Durch ihren geringen Lösemittelanteil tragen sie mit dazu bei, schädliche Emissionen zu verringern.
Versuchen wir nun selbst, den Lösemittelanteil bei ölhaltigen Bindemitteln oder Alkydharzlacken zu verringern, können wir nach dem Erhärten des Anstrichs eine böse Überraschung erleben. Anstelle einer glatten glänzenden Oberfläche zeigen sich feine Falten in der Beschichtung, so genannte Kräuseln bzw. Runzeln.
Durch die Aufnahme des Sauerstoffs bei der oxidativen Erhärtung nimmt das Volumen zu. Diese Zunahme wird durch entsprechend verdunstende Lösemittel ausgeglichen. Weil der Erhärtungsprozess längere Zeit in Anspruch nimmt, muss sich das Lösemittel aus einem Gemisch aus leicht flüchtigen, mittel flüchtigen und schwer flüchtigen Bestandteilen zusammensetzen. Das verdunstende Lösemittel gleicht die Zunahme des Volumens aus und hält den Anstrich glatt.

Eine andere Möglichkeit sind wasserverdünnbare Bindemittel. Diesen wollen wir uns zunächst zuwenden.

---

[1] Low-Solid = niedriger Festkörpergehalt
[2] High-Solid = hoher Festkörpergehalt

4.2 Kalk – Kalkfarben

Kalk wird aus Kalkstein hergestellt, der in der Natur in großen Mengen vorkommt. So bestehen ganze Gebirgszüge aus Kalkstein. Je nach Lagerstätten und Zusammensetzung unterscheidet man z. B. Kalkspat, Kreide, Dolomit, Marmor und Muschelkalk. Dabei ist Kreide eine besonders reine Form des Kalksteins. Chemisch besteht Kalkstein aus Calciumcarbonat [$CaCO_3$].
Um Kalk als Bindemittel nutzen zu können, ist ein chemischer Umwandlungsprozess des Kalksteins notwendig.

4.2.1 Herstellung von Kalk

1. Brennen: Der gebrochene Kalkstein wird bei ca. 1000 °C gebrannt, wobei ca. 40 % Kohlendioxid [CO_2] freigesetzt werden. Zurück bleibt der aus Calciumoxid [CO] bestehende Branntkalk.

2. Löschen: Der Branntkalk wird mit Wasser gelöscht. Dabei verbindet sich das Wasser mit dem gebrannten Kalk. Unter großer Hitzeentwicklung entsteht gelöschter Kalk bzw. Calciumhydroxid [$Ca(OH)_2$]. Gelöschter Kalk dient im Baukalk für Mörtel, Putze und Kalkfarben als Bindemittel.

4.2.2 Baukalk

Nach der Erhärtung unterscheidet man zwei Sorten:
1. Luftkalk: Der gelöschte Kalk erhärtet durch Aufnahme von Kohlendioxid [CO_2] aus der Luft und bildet dabei Kalkstein. Dieser Vorgang wird als **Carbonatisierung** bezeichnet.

2. Hydraulischer Kalk: Er erhärtet ebenso durch Aufnahme von Kohlendioxid [CO_2]. Gleichzeitig wird das enthaltene Wasser durch Kristallbildung gebunden. Dies hat zur Folge, dass hydraulischer Kalk unter Wasser erhärtet und eine größere Härte und Festigkeit erreicht als Luftkalk.
Baukalk wird meist pulverförmig in Papiersäcken geliefert. Nach DIN EN 459-1 werden Baukalke wie folgt eingeteilt:

Gütezeichen Baukalk

Benennung	Kurzzeichen
Weißkalk	CL
Dolomitkalk	DL
Hydraulischer Kalk	HL
hydraulischer Kalk	NHL

EN 459-1 CL 90 - Q EN 459-1 DL 80 - S

Europäische Norm; Luftkalk ≥ 90 % CaO + MgO; ungelöschter Kalk; Dolomitkalk ≥ 80 % CaO + MgO; hydraulischer Kalk

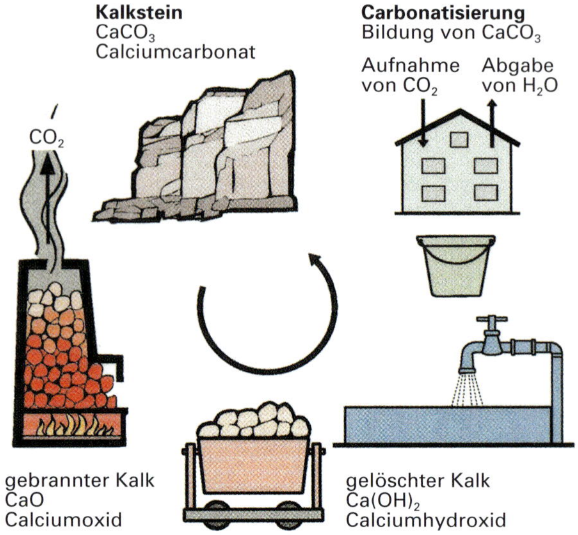

Der Kreislauf des Kalkes

4.2.3 Kalkfarbe

Zur Herstellung von Kalkfarbe wird Kalk in Wasser gelöst. Die verdünnte Kalklauge dient als Anstrichmittel für kalk- und zementhaltige Untergründe.
Durch mehrere Anstriche lassen sich deckende Flächen erzielen. Die Kalklauge bildet nach dem Erhärten eine weißmatte Beschichtung. Hierzu wird keine Pigmentierung benötigt. Die sich bei der Carbonatisierung bildende Sinterhaut ist in der Lage, maximal 5 Prozent kalkechte Buntpigmente zu binden. Es können daher nur zarte, helle Anstriche erzielt werden.

Kräftige Farbtöne lassen sich mit Kalkfarbe nicht herstellen.

Damit sich die Kalkfarbe gut mit dem Untergrund verbinden kann, muss dieser vor dem Anstrich gründlich mit einem Hochdruckreinigungsgerät bzw. mit Wurzel- oder Drahtbürste gereinigt werden. Zur Verhinderung von Farbflecken und Rändern werden ausgebesserte Putzstellen und Salzausblühungen zuvor **fluatiert**.
Der Anstrich kann mit der Bürste im Kreuzverband, mit dem Kalksprühgerät oder mit dem Airlessgerät in mehreren Schichten aufgetragen werden.
Damit die Carbonatisierung möglichst lange anhält, muss der Untergrund vor dem Anstrich gut angefeuchtet werden. Im Außenbereich eignet sich daher besonders kühles feuchtes Wetter für die Beschichtung mit Kalkfarbe.

Die Kalkfarbe gehört zu den ältesten Anstrichstoffen der Menschheit. Bereits die Höhlenmalerei der Steinzeit nutzte diese Technik. Sie trug dazu bei, dass die Darstellungen 35 000 Jahre und mehr überdauert haben. Vom Altertum bis in unsere Zeit hat sich die Freskenmalerei[1] erhalten. Dabei werden in Wasser angerührte kalk- und lichtechte Farbpigmente auf den frischen Kalkputz aufgetragen. Bei der Kalksteinbildung des Putzmörtels werden die Pigmente von der sich bildenden Sinterhaut umschlossen und geschützt. So gestaltete beispielsweise Michelangelo die Fresken der Sixtinischen Kapelle in Rom.

Kalkfarbenanstriche sind unempfindlich gegen Feuchtigkeit. Sie wirken wegen ihrer hohen Alkalität gegen Bakterien und Pilze bakterizid und fungizid.

Heute wird Kalkfarbe nur noch selten verwendet. Der hohe SO_2-Gehalt der abgasbelasteten Luft wandelt Kalk in wasserlöslichen Gips um und zerstört so die Haltbarkeit des Anstrichs. Wegen ihrer umständlichen Verarbeitungstechnik werden Kalkfarbenanstriche auch innen nur noch selten angewandt. Sie werden meist durch Dispersionsfarben ersetzt.
Die heutigen Einsatzgebiete der Kalkfarbe beschränken sich auf die **Restaurierung** denkmalgeschützter Räume, in denen Kalkfarbenanstriche vorgeschrieben sind und auf die **Desinfektion** von landwirtschaftlich genutzten Gebäuden, sowie auf die Beschichtung von Keller- und Feuchträumen.

Gesundheitsschutz

Kalkfarbe ist eine stark ätzende Lauge. Augen und Haut sind vor Spritzern zu schützen!

Beim Anmachen und Verarbeiten von Kalkfarbe müssen deshalb unbedingt Schutzbrille und Schutzhandschuhe getragen werden.

Aufgaben

1. *Erklären Sie die Herstellung von Kalk.*
2. *Welche Untergründe eignen sich für Kalkfarbenanstriche?*
3. *Warum ist es vorteilhaft, Kalkfarbe bei feuchtem Wetter zu streichen?*
4. *Beschreiben Sie den Aufbau eines Anstrichs mit Kalkfarbe.*
5. *Warum lassen sich mit Kalkfarben keine kräftigen Farbtöne erzielen?*
6. *Warum werden Kalkfarben heute nur noch selten eingesetzt?*

[1] Fresko (ital. al fresco muro = auf die frische Wand)

4.3 Zement – Zementfarben

Zement ist ein fein gemahlenes hydraulisches Bindemittel für Mörtel, Putz, Beton und Zementfarbe, das unter Wasseraufnahme an Luft und unter Wasser steinartig erhärtet und danach wasserbeständig ist.

4.3.1 Herstellung von Zement

Zement wird aus Kalkstein, Ton, geologischen Ablagerungen und Zuschlagsstoffen hergestellt.

1. **Gewinnung:** Brechen, Mahlen, Mischen der Rohstoffe
2. **Brennen** der Rohstoffe bis zur Versinterung (Verschmelzung bei ca. 1500 °C) zum Klinker
3. **Vermahlen** der Klinker mit Gipsstein oder anderen hydraulischen Zusätzen.

Nach DIN EN 197-1 unterscheidet man 5 Hauptzementarten:

CEM I Portlandzement
CEM II Portlandkompositzement
CEM III Hochofenzement
CEM IV Puzzolanzement
CEM V Kompositzement

Zement erhärtet hydraulisch durch chemische Bindung von Wasser zu einem festen kristallinen Stoff.

4.3.2 Zementfarbe

Zementfarbe wird meist aus weißem Portlandzement (Dyckerhoff-Weißzement) und hochhydraulischem Kalk sowie Wasser hergestellt. Zur Abtönung eignen sich hochalkalibeständige bzw. zementechte Pigmente. Dadurch lassen sich pastelle Farbtöne erzielen.
Zementfarben bilden auf kalk- und zementhaltigen Untergründen harte, widerstandsfähige Anstriche. Sie sind wetterbeständig und wasserdampfdurchlässig. Aufgrund ihrer hohen Alkalität wirken sie keimtötend und schützend gegen Pilzbefall.
Vor dem dünnflüssigen *Grundanstrich* werden saugende und trockene Untergründe vorgenässt. Die *Zwischen- und Deckanstriche* können jeweils nach 24 Stunden aufgetragen werden. Bei gut erhaltenen, festen Untergründen genügen meist zwei Anstriche.
Anwendungsgebiete sind u. a. Fassaden, Werk- und Fabrikhallen, Keller und Feuchträume.

Gesundheitsschutz

Zementfarben sind stark ätzend. Augen und Haut sind vor Spritzern zu schützen!

4.4 Wasserglas – Silikatfarben

4.4.1 Herstellung von Wasserglas

Wasserglas ist das Bindemittel der Silikatfarben. Es wird durch Schmelzen von Quarzsand, Soda und Pottasche bei ca. 1300 °C gewonnen. Hierbei entweicht der Schmelze Kohlendioxid [CO_2]. Die flüssige Schmelze wird durch Abschrecken mit kaltem Wasser in Festglas verwandelt. In einer drehbaren Lösetrommel wird das Festglas durch Einleiten von Dampf unter Druck zu einer dickflüssigen Masse aufgelöst. Die Verunreinigungen werden durch Filter ausgeschieden. Das so erhaltene klare Wasserglas kann durch Eindampfen verdickt werden. Das Wasserglas erhärtet durch Kohlensäure [H_2CO_3], die sich aus Wasser [H_2O] und dem Kohlendioxid [CO_2] der Luft bildet. Auf mineralischen Untergründen entsteht unlösliches Calciumsilikat [$CaSiO_3$]. Diesen chemischen Vorgang bezeichnet man als **Verkieselung**.

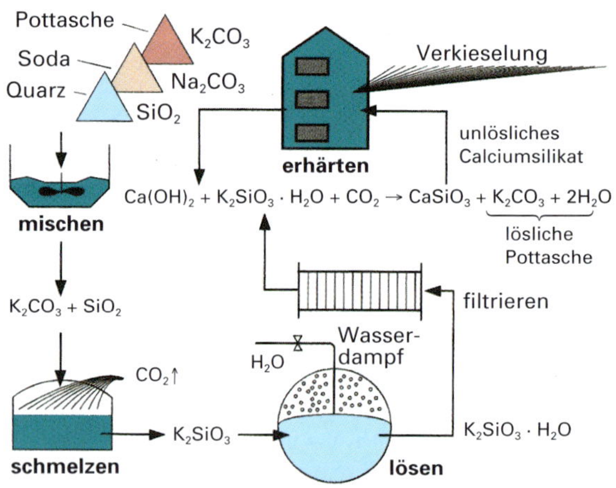

Kreislauf des Wasserglases

Je nach Zusammensetzung unterscheidet man Natronwasserglas und Kaliwasserglas.
Natronwasserglas stellt man aus Soda und Quarzsand her. Es wird für Flammschutzmittel, Klebstoffe und Kitte verwendet.
Kaliwasserglas gewinnt man aus Pottasche und Quarzsand. Es dient als Bindemittel für Anstriche und Silikatputze.

4.4.2 Silikatfarben

Silikatfarben bestehen nach DIN 18 363 ausschließlich aus Kaliwasserglas, wasserglasbeständigen Pigmenten und Füllstoffen.

Sie werden deshalb häufig auch als Reinsilikat- oder Purkristallatfarben bezeichnet.
Hiervon müssen die Dispersions-Silikatfarben unterschieden werden.
Silikatfarben sind für *mineralische Untergründe* wie Kalk- und Zementputz, Beton, Ziegel, Kalksandstein, Glas usw. geeignet, mit Ausnahme von gipshaltigen Untergründen.

Reinsilikatfarben
Sie werden in 2 Komponenten getrennt geliefert:

1. **Fixativ**
   Das Bindemittel aus Kaliwasserglas wird als Fixativ bezeichnet. Es wird als Pulver oder bereits in Wasser eingesumpft geliefert. Das Fixativ wird auch zum Verdünnen der Silikatfarbe und für Voranstriche verwendet.
2. **Farbpulver**
   Sie setzen sich aus wasserglasbeständigen Pigmenten und aus verkieselungsfördernden Füllstoffen zusammen.

Der Verkieselungsvorgang (Erhärtungsprozess) beginnt nach dem Mischen und Anrühren der beiden Komponenten. Deshalb ist die Lieferung in zwei Komponenten notwendig.
Etwa 10 Stunden vor Gebrauch, am besten über Nacht, sind die Pigmente in das Fixativ einzusumpfen und zugedeckt stehen zu lassen. Während der Verarbeitung muss die Farbe öfters umgerührt werden, da sich die Pigmente leicht absetzen.

Dispersions-Silikatfarben
Dispersions-Silikatfarben dürfen nach DIN 18363 maximal 5 % Massenanteil organischer Bestandteile enthalten. Dieser Zusatz stabilisiert das Gemisch und ermöglicht die Herstellung streichfertiger Einkomponentenfarben. Sie lassen sich bereits ab Werk in allen handelsüblichen Farbtönen ausmischen und können dauerhaft gelagert werden. Der Dispersionsanteil darf dabei nicht überschritten werden, wenn die Farbe noch als Silikatfarbe bezeichnet werden soll.
Dispersions-Silikatfarben trocknen fleckenfrei und tuchmatt auf, was bei Reinsilikatfarben oft nicht erreicht wird. Ihre thixotrope Einstellung bewirkt einen spritzarmen Farbauftrag. Auch lassen sich Dispersions-Silikatfarben leichter entfernen.
Ansonsten unterscheiden sich die Reinsilikat- und Dispersions-Silikatfarben in ihren Eigenschaften und notwendigen Arbeitsgängen kaum.

Silikatfarben besitzen folgende Eigenschaften:

- sehr gas- und wasserdampfdurchlässig
- sehr beständig gegen UV-Strahlen
- sehr witterungsbeständig
- nicht brennbar (Flammschutz)
- umweltschonend, da lösemittelfrei

Gesundheitsschutz

Silikatfarben sind stark ätzend.
Augen und Haut schützen!

4.4.3 Untergrundvorbereitung

Bevor die Silikatfarben verarbeitet werden können, muss der Untergrund entsprechend vorbereitet werden. Hierzu gehören:

- Untergrund gründlich reinigen
- Putzschäden mit gleichartigem Material ausbessern
- saugenden Putz mit verdünntem Fixativ vorstreichen (Benetzprobe durchführen)
- unterschiedliche Putze, z. B. alter und neuer Putz oder zu glatte oder versinterte Untergründe, fluatieren

4.4.4 Beschichtungen mit Silikatfarben

Die *Grundierung* mit verdünntem Fixativ hat die Aufgabe, die Saugfähigkeit des Untergrundes zu verringern und eine gleichmäßige Basis für die beiden folgenden Anstriche zu schaffen.

Der *erste Anstrich* wird pigmentreich gestrichen. Dadurch wird eine gleichmäßig deckende Farbgebung erreicht. Die Beschichtung erfolgt zügig **nass in nass,** damit sich keine Ansätze bilden.

Der *zweite Anstrich* wird pigmentarm aufgetragen. Der hohe Bindemittelanteil dient dem Schutz des Anstrichs und der Haltbarkeit.

Zwischen den Beschichtungen ist eine Trockenzeit von ca. 12 Stunden notwendig, um eine gute Verkieselung zu ermöglichen.

Je länger die „Trockenzeit" ist, umso besser ist die Verkieselung und somit die Anstrichqualität. Silikatfarben dürfen deshalb nicht bei zu heißem Wetter verarbeitet werden.

Silikatfarbenanstriche sind porös, sie nehmen deshalb Wasser auf. Um den Anstrich wasserabweisend zu machen, werden Hydrophobiermittel eingesetzt. Hierzu verwendet man Silikon- oder Siloxan-Imprägnierungen.

4.4.5 Schutzmaßnahmen beim Verarbeiten von Mineralfarben

Kalk, Zement und Wasserglas sind im flüssigen Zustand **sehr alkalisch**! **Augen** und **Haut** schützen.

Alkaliempfindliche Flächen sind sorgfältig abzudecken bzw. abzukleben, besonders lackierte Fenster, Türen, eloxiertes Aluminium und Glas.

Die benutzten Beschichtungswerkzeuge müssen sofort nach Gebrauch ausgewaschen werden.

Kalk- und Silikatfarben dürfen nicht in praller Sonne oder bei Temperaturen unter 8 °C verarbeitet werden. Da zur Carbonatisierung und zur Verkieselung das Wasser aus dem Anstrich benötigt wird, würde eine zu schnelle Verdunstung des Wassers die Erhärtungsprozesse vorzeitig beenden.

Aufgaben

1. *Aus welchen Ausgangsstoffen wird das Wasserglas für Silikatfarben hergestellt?*
2. *Erklären Sie, wie Silikatfarben erhärten.*
3. *Nennen Sie die Fachausdrücke für Wasserglas und seinen Erhärtungsprozess.*
4. *Wodurch zeichnen sich Silikatfarbenanstriche an Fassaden aus?*
5. *Worin unterscheiden sich Reinsilikatfarben von Dispersionssilikatfarben?*
6. *Warum können in Silikatfarben nur wasserglasechte Pigmente verwendet werden?*
7. *Beschreiben Sie den Aufbau von Silikatfarbenbeschichtungen.*
8. *Welche Sicherheitsvorkehrungen sind beim Arbeiten mit Silikatfarben zu beachten?*

4.5 Leime – Leimfarben

Leime sind wasserlösliche organische Bindemittel für Leimfarben und Klebestoffe. Sie können aus tierischen, pflanzlichen oder synthetischen Rohstoffen gewonnen werden.

Tierischer Herkunft sind Knochen-, Leder-, Haut- und Fischleim sowie Kasein, Hausenblase und Gelatine.

Pflanzlicher Herkunft sind Stärke- und Celluloseleime bzw. -kleister.

Hinzu kommen leimartige Bindemittel aus synthetischen Rohstoffen, z. B. Holzleim aus Polyvinylacetat u. a.

Celluloseleim ist elastischer und neigt weniger zur Schimmel- und Fäulnisbildung als Stärkeleim. Methylcellulose ist außerdem gut kalkverträglich.

Der Maler verwendet daher zum Anrühren von Leimfarbe und für Kleister zum Tapezieren in der Regel Methylcellulose.

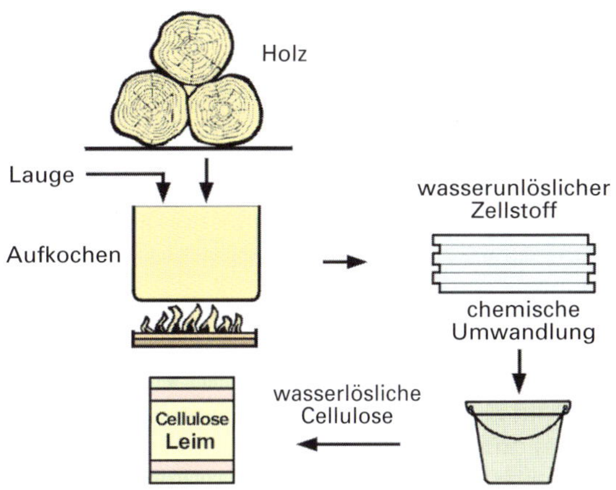

Gewinnung des Cellulose-Leimes

4.5.1 Herstellung von Leim bzw. Kleister

Methylcellulose wird aus Holzzellstoff gewonnen. Dabei wird der wasserunlösliche Holzzellstoff mit konzentrierter Natronlauge und Chlormethylgas behandelt und in wasserlösliche Methylcellulose umgewandelt. Durch Trocknen erhält man eine grobfaserige Masse, die zu Pulver zerkleinert die handelsübliche Methylcellulose darstellt.
Rührt man dieses Pulver gleichmäßig in kaltes Wasser ein, löst es sich (kolloide Lösung) und beginnt zu quellen. Nach 15 bis 30 Minuten wird die Lösung kräftig durchgeschlagen, der Leim bzw. Kleister ist gebrauchsfertig.
Celluloseleim und Cellulosekleister unterscheiden sich vor allem in ihrer Viskosität. Durch die längeren Molekülketten des Kleisters ist dieser dickflüssig, d. h. *hochviskos*, während Leim beispielsweise an einem Rührholz abläuft, d. h. *niedrigviskos* ist.

Bei der Herstellung von Leim und Kleister muss das auf der Packung angegebene Verhältnis von Cellulosepulver : Wasser unbedingt eingehalten werden. Nachträgliches Einrühren von Leimpulver in den fertigen Leim oder Kleister führt zur Klumpenbildung. Diese tritt auch sofort ein, wenn man Wasser auf Leim- oder Kleisterpulver gießt.
Übliche Ansatzverhältnisse:

Leim	:	**Wasser**	**Verwendung**
1	:	25	Herstellung von Leimfarben
1	:	50	zum Vorleimen stark saugender Flächen
Kleister	:	**Wasser**	
1	:	80	zum Vorkleistern stark saugender Flächen
1	:	70	zum Tapezieren leichter Tapeten
1	:	60	zum Tapezieren normaler Tapeten
1	:	50	zum Tapezieren schwerer Tapeten

Spezialkleister enthalten zur Erhöhung der Klebekraft Zusätze von Kunststoffdispersionen. Ihr Verhältnis von Leim : Wasser ist geringer als bei Normalkleister.

4.5.2 Leimfarben

Leimfarben sind nach der Trocknung in Wasser löslich. Sie sind daher reversibel. Aus diesem Grund eignen sich Leimfarben nur für innen.

Leimfarben lassen sich auf einfache Weise selbst herstellen. Sie sind aber auch als streichfertige Anstrichfarbe im Handel.
Zur Vorbereitung des Untergrundes muss die alte Leimfarbe restlos entfernt werden. Hierzu weichen wir die Leimfarbenschicht durch Annetzen mit Wasser an und stoßen die Anstrichschicht mit dem Spachtel ab. Durch Nachwaschen mit klarem Wasser erhalten wir wieder einen festen Anstrichgrund.

Je gründlicher abgewaschen wurde, umso besser hält der neue Leimfarbenanstrich.

Vor einem neuen Anstrich müssen die Putzschäden ausgebessert werden. Hierzu werden die vorhandenen Risse aufgekratzt, vorgeleimt und mit Gips-Füllstoff ausgespachtelt.

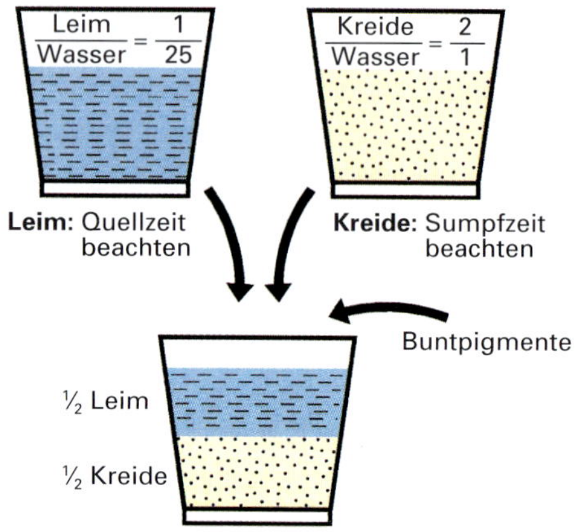

Herstellung von Leimfarbe

Der Anstrichaufbau erfolgt in drei Arbeitsgängen:
1. **Vorleimen,** zur Verringerung der Saugfähigkeit des Putzes.
2. **Zwischenanstrich** zur Farbgebung. Er wird hochpigmentiert aufgetragen.
3. **Deckanstrich** zum Schutz gegen Abrieb. Er wird niedrigpigmentiert ausgeführt.

4.5.3 Kaseinfarben

Kaseinfarben werden fast ausschließlich als Malfarben und in der Denkmalpflege für Decken- und Wandmalereien eingesetzt.

Kasein bildet sich auf natürliche Weise bei sauer gewordener Milch. Dieser Prozess kann auch durch Säuerung der Milch erzeugt werden. Das so entstandene Kasein ist wasserunlöslich. Durch Alkalien wie Kalilauge, Natronlauge u. a. wird das wasserunlösliche Kasein *aufgeschlossen* und in wasserlösliches umgewandelt.

Aufgaben

1. *Warum können Leimfarben nur innen verwendet werden?*
2. *Erklären Sie, wie Methylcelluloseleim hergestellt wird.*
3. *Warum muss alte Leimfarbe vor einem Neuanstrich restlos entfernt werden?*
4. *Beschreiben Sie den Aufbau eines Leimfarbenanstrichs.*

4.6 Kunststoffdispersionen

Kunststoffdispersionen gehören heute zu den wichtigsten Bindemitteln. Die Gründe hierfür liegen in der großen Bandbreite ihrer Einsatzgebiete. Sie sind wasserverdünnbar, frei von gesundheitsschädlichen, brennbaren Lösemitteln und tragen damit zum Schutz der Umwelt bei.
Kunststoffdispersionen lassen sich problemlos verarbeiten. Sie trocknen schnell, sind überstreichbar und besitzen gute Haft- und Oberflächeneigenschaften.

4.6.1 Einsatzgebiete im Überblick

- Grundierdispersionen
- farblose Überzugsmittel
- Dispersionsbinder
- Dispersionskleber
- Dispersionsfarben
- Fassadendispersionen
- Dispersionslacke
- heizölbeständige Dispersionen
- fungizide/bakterizide Dispersionen
- flammhemmende Dispersionen
- Rauhfasereffektfarben
- Dispersionsspachtelmassen
- Kunststoffputze
- Armierungsfarben
- Armierungskleber

4.6.2 Art der Werkstoffe

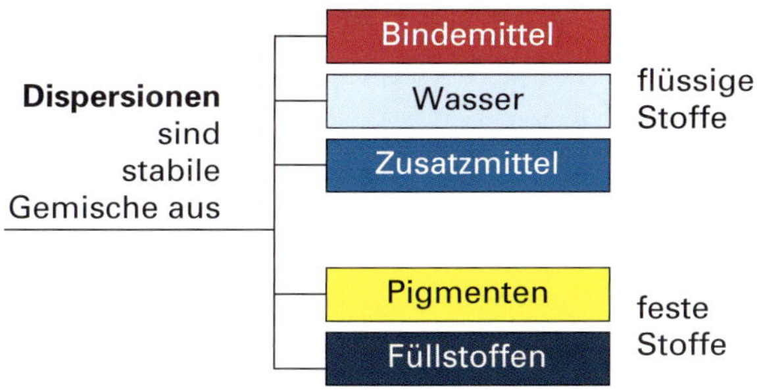

Zusammensetzung einer Kunststoffdispersion

> Kunststoffdispersionen[1] sind Gemische aus festen Stoffen, Wasser und darin fein verteilten Kunststoffteilchen. Zur Stabilisierung dieser Mischung sind Zusatzmittel notwendig, die so genannten **Stabilisatoren** und **Emulgatoren.**

Durch die unterschiedliche Dichte der Stoffe würden sich diese sofort entmischen. Ein stabiles Gemisch ließe sich so nicht herstellen. Mithilfe von Verdickungsmitteln werden die Stoffe vor dem Absinken bewahrt. Dadurch bleibt die feine Verteilung erhalten.

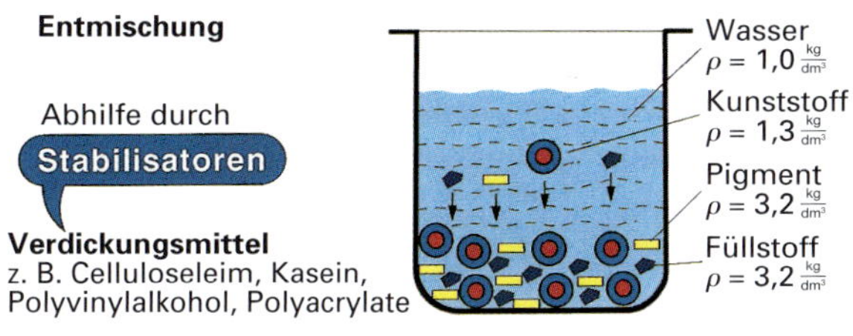

Wirkungsweise der Stabilisatoren

Wie wir bereits bei der physikalischen Trocknung gesehen haben, fließen die Kunststoffteilchen zusammen, sobald sie sich zu nahe kommen.

In der Dispersion würde dies zu Ausflockungen führen, d. h., die Kunststoffteilchen würden sich bereits in der Flüssigkeit zusammenlagern. Mit Emulgatoren kann dies verhindert werden.

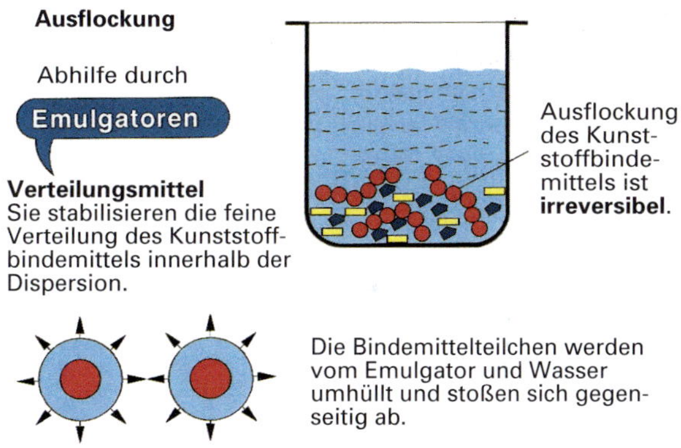

Wirkungsweise der Emulgatoren

Weitere Zusatzmittel

Bei der Herstellung werden den Kunststoffdispersionen häufig noch weitere Zusatzmittel zugefügt. Beispiele:

- Antischaummittel
- Konservierungsmittel
- Flammschutzsalze
- Weichmacher
- Filmbildungshilfsmittel
- rostschützende Mittel

Diese unterstützen den technischen Prozess der Herstellung, sorgen für die dauerhafte Lagerungsfähigkeit und machen die Kunststoffdispersion zu einem leicht verarbeitungsfähigen Bindemittel.
Ihre Zugabe bewirkt u. a. einen guten Verlauf, Elastizität und eine schnelle Trocknung. Zur besseren Filmbildung dienen Weichmacher, die zum Teil in der Dispersion bleiben (permanente Weichmacher), oder sich wie Lösemittel mit der Zeit verflüchtigen (temporäre Weichmacher).

[1] Dispersion = Gemisch (lat. dispergere = zerstäuben, verteilen)

4.6.3 Herstellung von Kunststoffdispersionen

Die vom Wasser umgebenen Kunststoffteilchen sind in einer Teilchengröße von $\frac{1}{1000}$ mm (grob) bis $\frac{1}{100\,000}$ mm (fein) dispergiert. Dabei handelt es sich um zähflüssige Kunststoffe, die durch Polymerisation hergestellt wurden.
Am Beispiel des Polyvinylacetats soll dies verdeutlicht werden.

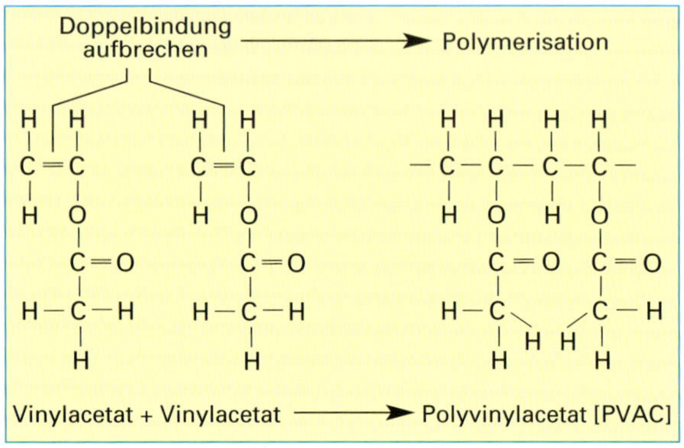

Herstellung von Polyvinylacetat

Andere Polymerisate für Kunststoffdispersionen sind: Polyvinylpropinat (PVP), Polystyrolbutadien (PSB) und Polymethymethacrylat (PMMA).

Wie die technische Herstellung in den einzelnen Stufen verläuft, zeigt die folgende Abbildung.

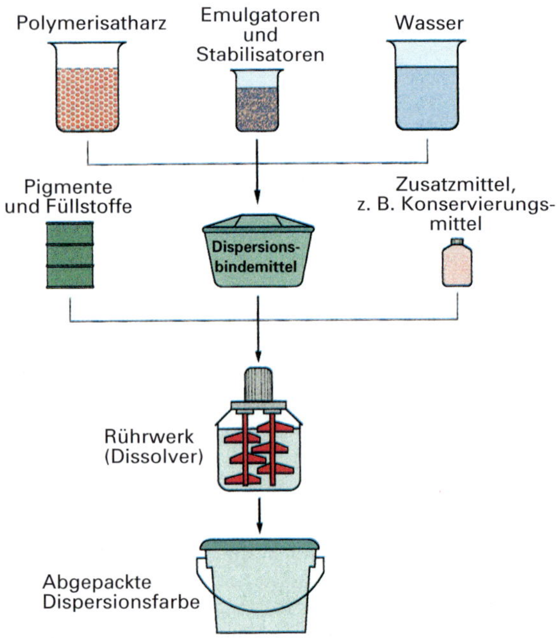

Herstellung der Kunststoff-Dispersionsfarbe

4.6.4 Filmbildung bei Kunststoffdispersionen

Zunächst verdunstet das Wasser, danach fließen die thermoplastischen Kunststoffteilchen zusammen und verkleben miteinander, bis sie schließlich einen einheitlichen Film bilden.

Diesen Vorgang des allmählichen Aneinanderrückens bis zur vollständigen *Verschweißung* der Kunststoffteilchen bezeichnet man als **Kalten Fluss**.

Nachdem das Wasser verdunstet ist, fühlt sich der Anstrich trocken an, die Filmbildung ist aber noch in vollem Gange und schreitet langsam voran.
Mit dem Aufbringen des nächsten Anstrichs sollte deshalb mindestens 12 Stunden gewartet werden.

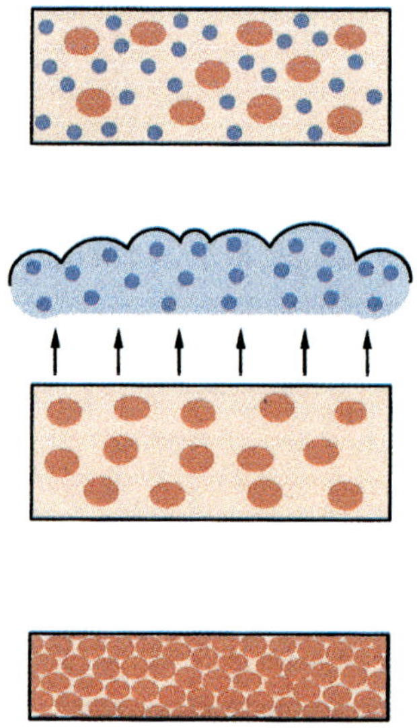

a) Wässrige und feste Bestandteile sind gleichmäßig verteilt.

b) Das Wasser verdunstet, die Kunststoffteilchen fließen zusammen.

c) Die Kunststoffteilchen verkleben und verschweißen.

Trocknungsvorgang bei Dispersionsfarben

Für das Zusammenfließen der thermoplastischen Kunststoffteilchen benötigen diese eine gewisse Wärme. Aus diesem Grund dürfen Dispersionen nicht unter +5 °C verarbeitet werden. Auch sind die meisten Dispersionen frostempfindlich.

Die Industrie bietet aber auch frostunempfindliche lösungsmittelhaltige Dispersionen an.

Der durchgehärtete Anstrich zeichnet sich durch gute Haftung, Witterungsbeständigkeit und weitgehende Unempfindlichkeit gegen Abgase aus. Durch das Verdunsten des Wassers bei der Trocknung bleibt die Dispersion wasserdampfdurchlässig. Diese Eigenschaft trägt im Innenbereich zu einem guten Raumklima bei.

4.6.5 Sorten – Einsatzgebiete

Zur besseren Übersicht werden die Kunststoffdispersionen nach folgenden Gesichtspunkten eingeteilt:

- **Anwendungsbereich**
  Innenfarben, Außenfarben
- **Pigmentierung**
  unpigmentierte, pigmentierte und gefüllte Farben; die Pigmente und Füllstoffe bestimmen durch ihre Auswahl und Größe die Art der Dispersion, z. B. Dispersionsfarbe, Spachtelmasse oder Kunstharzputz
- **Oberflächenstruktur**
  glatt, feinkörnig, mittelgrob, grob

Beschichtungsstoffe für Wände und Decken im Innenbereich werden nach DIN EN 13300 anhand sechs verschiedener Kriterien eingeteilt:

1. **Anwendung:** z. B. Gestaltungsmöglichkeiten, Isolierwirkung, Ausbesserungsvermögen
2. **Bindemitteltyp:** z. B. Acrylhazr, Vinylharz oder Silikat
3. **Glanz:** Glanzstufen glänzend mittlerer Glanz, matt, stumpfmatt
4. **Maximale Korngröße:** fein, mittel, grob, sehr grob
5. **Kontrastverhältnisse:** Deckvermögen
6. **Nassabriebbeständigkeit:** Klasse 1–5

Nassabriebbeständigkeit
Klasse 1
5 µm 200 Hub
Klasse 2
bis 20 µm 200 Hub
Klasse 3
bis 70 µm 200 Hub
Klasse 4
< 70 µm 40 Hub
Klasse 5
bis 70 µm 40 Hub

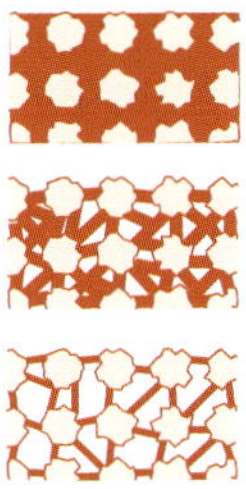

Glanz
glänzend
mittlerer Glanz
matt
stumpfmatt

Qualitätskriterien nach DIN EN 13300

Pigment-Volumen-Konzentration (PVK)
Der Glanzgrad ist von der Pigment-Volumen-Konzentration abhängig. So wird bei einer hohen Pigmentierung die Beschichtung stumpfmatt bis matt, bei niedriger Pigmentierung der Glanzgrad glänzend erreicht.
Damit wird deutlich, warum eine glänzende Dispersion schlechter deckt, als eine matte und warum die Nassabriebbeständigkeit, Festigkeit und Wasserdampfdurchlässigkeit von der Pigment-Volumen-Konzentration mitbestimmt wird.
Für bestimmte Bereiche ist der Glanz vorgeschrieben. So müssen Akustik- und Dämmplatten stumpfmatt gestrichen werden, Glasfasergewebe dagegen werden glänzend gestrichen.
Die Qualitätskriterien der **Beschichtungsstoffe und Beschichtungssysteme** für mineralische Untergründe und für Beton im Außenbereich werden in der DIN EN 1062-1 einheitlich geregelt. Sie gelten allgemein für Dispersionsbeschichtungsstoffe, Dispersions-Silikatfarben und Silikonharzfarben für deren Verwendung im Außenbereich. In einem Produktdatenblatt des Herstellers werden die Eigenschaften wie im folgenden Beispiel angegeben:

DIN EN 1062-1 G1 E2 S1 V2 W2 A0 C0
Glanz (G1)
Schichtdicke (E2)
Korngröße (S1)
Wasserdampf-Diffusionsstromdichte (V2)
Durchlässigkeit für Wasser (W2)
Rissüberbrückung (A0)
CO_2-Durchlässigkeit (C0)

Dispersionsabtönfarben enthalten hochpigmentierte Volltonfarben zum Abtönen von Innen- und Außendispersionsfarben. Sie besitzen ein gutes Färbevermögen, sind licht- und wetterbeständig. Bei starkem Aufhellen kann sich die Lichtbeständigkeit etwas verringern.

Nicht pigmentierte Dispersionen setzt man bei

- *Grundiermitteln* als Haftgrund, Putzhärter bzw. Putzgrund ein. Sie bestehen aus feindispersen Dispersionen, verfestigen die Putzfläche und stellen eine Haftvermittlung zwischen dem Untergrund und dem Anstrich her.
- *Dispersionskleber* dienen u. a. als Zusatz für Spezialkleister beim Tapezieren von Vinyl- oder Profilwandbekleidungen. Als ungefüllte Dispersionskleber werden sie beispielsweise zum Kleben von Textiltapeten, Polystyrolhartschaum und Kunststoffbelägen verwendet. (Mit Füllstoffen pigmentiert werden sie u. a. zum Kleben von Wand- und Bodenbelägen aus Keramik, Textil und Kunststoff eingesetzt.)
- *Farblose Überzugsmittel* sind feindisperse Beschichtungen zum Schutz und besserer Reinigungsfähigkeit von Wandanstrichen und Tapeten.
- *Dispersionslasuren* besitzen einen hohen Bindemittelanteil. Auf 10 Teile Bindemittel entfällt ein Teil Pigment.
- *Dispersionsbinder* werden nur noch selten zum Selbstansetzen von reinigungsfähigen, wasch- und wetterfesten Binderfarben oder als Zusatz zu Kalk- und Leimfarben eingesetzt.

Effektbeschichtungen sind mit Glimmerschuppen, Fasern, Kunststoffchips oder Metallflittern gefüllte Dispersionsfarben für innen. Je nach Füllstoffzusatz ergeben sie glatte bis feinputzartige Oberflächen. Durch feine Holzspäne lassen sich Raufasereffekte erzielen.

Flammschutz-Dispersionsfarben für Holz- und Stahluntergründe enthalten Salze, die im Brandfall feuererstickende Gase freisetzen, eine hitzeisolierende Schaumschicht bilden und den Sauerstoffzutritt zum Untergrund verhindern. Sie verringern die Brandgefahr, erhöhen die Feuerwiderstandsdauer von brennbaren Stoffen und erhalten die Tragfähigkeit nicht brennbarer Bauteile.

Dispersionslacke sind wasserverdünnbar und bestehen aus reinen Acrylatharzen. Ihre Teilchengröße ist kleiner als bei den Dispersionsfarben. Der Pigmentanteil bei Dispersionslackfarben ist mit 15–20 % Pigment-Volumen-Konzentration vergleichsweise gering. Dadurch entsteht nach dem Verdunsten des Wassers ein gleichmäßig glatter, glänzender Anstrichfilm. Zur Farbgebung werden hochwertige Pigmente eingesetzt. Als Weißpigment dient z. B. Titandioxid. Auf Füllstoffe wird nahezu verzichtet, da diese den Glanz mindern würden. Dispersionslacke lassen sich mit den üblichen Verfahren beschichten. Zum Streichen werden Pinsel mit speziellen Nylonborsten verwendet, da Naturborsten quellen und ihre Festigkeit verlieren.

Dispersionslacke ergeben elastische, abriebfeste und wetterbeständige Beschichtungen. Sie sind thermoplastisch, unempfindlich gegen Alkalien und sehr beständig gegen Licht bzw. UV-Strahlen. Ihre Beschichtung eignet sich für fast alle Untergründe und stellt eine gute Alternative zu den lösemittelhaltigen Alkydharzlacken dar.

Dispersionsspachtelmassen enthalten Weißpigmente und feinen Quarzsand. Sie dienen u. a. zum Glätten von rauen Putzflächen und zum Ausbessern von Löchern und Rissen.

Kunstharzputze sind nach DIN 18 558 dispersionsgebundene Beschichtungen mit putzartigem Aussehen. Der pastöse Mörtel besteht meist aus Acrylatdispersion, Farbpigmenten und strukturgebenden Füllstoffen unterschiedlicher Art und Größe. Als Füllstoffe werden Quarzsand oder Kunststoffgranulat von 1 bis 3 mm Korndurchmesser und mehr verwendet. Je nach Korngröße und Art des Auftrags ergeben sich Putzarten mit unterschiedlicher Oberflächenstruktur.

Armierungsfarben bestehen aus besonders elastischen Dispersionsbindemitteln, die neben Pigmenten und Füllstoffen noch Glas- bzw. Kunstfasern enthalten oder in die Glas- bzw. Kunstfaservliese eingebettet werden. Durch diese Armierung überbrücken sie *Netz- und Haarrisse*. Die Risse können sich so im Anstrich nicht fortsetzen. *Schwund- und Fugenrissen* werden durch Armierungssysteme überbrückt.

Armierungssysteme bestehen aus reißfestem, elastischem Kunstfasergewebe, Armierungskleber und speziellen, elastischen Dispersionsfarben.

Armierungskleber verankern das Kunstfasergewebe vollflächig auf dem Untergrund und überbrücken so dauerhaft die Risse.

Statische Risse sind auf Spannungen im Bauwerk zurückzuführen, die durch unterschiedliche Ausdehnung, Erdsenkungen, nachgebendes Mauerwerk und Erschütterungen entstanden sind. Hier ist eine Doppelarmierung erforderlich.

Zunächst wird eine dem Rissverlauf folgende Spezialrissbrücke mit Armierungskleber befestigt und danach vollflächig das Kunstfasergewebe mit dem Untergrund verbunden. Eine abschließende dauerelastische Dispersionsbeschichtung trägt mit dazu bei, dass die Spannungen zu keinen weiteren Rissen führen.

Aufgaben

1. *Aus welchen Bestandteilen setzen sich Kunststoffdispersionen zusammen?*
2. *Wie wird die Entmischung unterschiedlich schwerer Bestandteile bei Dispersionen verhindert?*
3. *Wozu werden Emulgatoren in einer Dispersion benötigt?*
4. *Nennen Sie vier weitere Zusatzmittel, die den Dispersionen bei der Herstellung zugesetzt werden.*
5. *Beschreiben Sie die Filmbildung bei Dispersionen.*
6. *Warum dürfen wasserverdünnbare Dispersionen nicht unter + 5 °C verarbeitet werden?*
7. *Wovon hängt die Nassabriebbeständigkeit bei Beschichtungsstoffen für den Innenbereich ab?*
8. *Wie wirkt sich die Pigment-Volumen-Konzentration auf den Glanzgrad, das Deckvermögen und die Festigkeit einer Dispersion aus?*
9. *Nennen Sie vier Eigenschaften von Außendispersionsfarben.*
10. *Wodurch unterscheiden sich Dispersionslacke von Dispersionsfarben?*
11. *Wodurch unterscheiden sich Kunststoffputze von mineralischen Putzen?*
12. *Wie werden die verschiedenen Rissbildungen mithilfe von Dispersionsbindemitteln überbrückt?*

4.7 Siliconharze

Siliconharze werden aufgrund ihrer Witterungsbeständigkeit, Elastizität und wasserabweisenden Wirkung häufig als Bindemittel für Imprägniermittel, Siliconfarben und Dichtungsmassen eingesetzt.
Im Gegensatz zu den Kohlenwasserstoffketten der meisten Kunststoffe besitzen die Siliconharze nicht Kohlenstoff sondern Silicium als Grundlage der Molekülketten. Ausgangsstoff der Molekülkettenbildung sind Silane.
Die Silanmoleküle reagieren mit Wasser. Durch

Hydrolyse entstehen Silanole. Diese vernetzen sich durch Polykondensation zu Siloxanen und weiter zu Siliconharzen.

Siliconharze sind Duroplaste. Sie besitzen eine stark wasserabweisende (hydrophobe) Wirkung, sind alkalibeständig und unempfindlich gegen UV-Strahlen. Sie verfügen über eine hohe Hitzebeständigkeit. Der Vernetzungsgrad der Moleküle bestimmt, wie die Silicone eingesetzt werden.

- **als flüssige Stoffe**: Imprägniermittel, Schalöle, Netz- und Verlaufmittel, Antischaummittel, Polituren, Schmieröle und Fette.
- **als dauerelastische Stoffe:** Dichtungsmassen, Siliconkautschuk und Isolation von Elektrokabeln.
- **als feste Stoffe**: Siliconharzfarben, Bautenlacke und Einbrennlacke.

Der Ausgangsstoff Silicium ist nach Sauerstoff das zweithäufigste Element der Erde. Es bildet in Form von Quarz und Silikaten den Hauptbestandteil der Erdkruste.

Imprägniermittel aus Siliconharzen sind unpigmentierte, wasserhelle Flüssigkeiten, die mineralische Untergründe wasserabweisend machen, ohne den Farbton derselben zu verändern.
Siliconharze verbinden sich chemisch mit mineralischen Untergründen und haften deshalb besonders gut. Durch ihre wasserabstoßende Wirkung verringern sie die Wasseraufnahme der Untergründe. Ihre besondere Wetter- und UV-Strahlenbeständigkeit sorgt für eine dauerhafte Schutzwirkung.

Als Imprägniermittel dienen Silane, Siloxane und in organischen Lösemitteln gelöste Siliconharze.

Silane und Siloxane eignen sich auch für feuchte Untergründe, wobei die Silane mit der Feuchtigkeit reagieren und Siloxane bilden. Die Alkalität der mineralischen Untergründe beschleunigt diesen Vorgang. Siliconharze müssen aufgrund ihrer größeren Moleküle in Lösemittel gelöst werden. Sie eignen sich vor allem für trockene, stark saugende Untergründe.
Die Imprägnierungen werden im Sprühverfahren gleichmäßig aufgetragen. Bei stark saugenden Untergründen wird dieser Vorgang *nass in nass* zwei- bis dreimal wiederholt. Bei schwach saugenden Untergründen genügt eine einmalige Beschichtung. Vor der Beschichtung müssen die angrenzenden Bauteile und die unmittelbare Umgebung sorgfältig abgedeckt werden.

Gesundheitsschutz

Vorsicht, giftige Dämpfe! Haut und Augen vor Spritzern schützen! Brennbare Lösemittel!

Siliconharzfarben enthalten Polysiloxan als Bindemittel, gelöst in organischen Lösemitteln, und Pigmente. Sie können durch Rollen, Streichen oder mit dem Airlessgerät aufgetragen werden. Nach dem Verdunsten des Lösemittels bildet sich ein feiner, wasserdampfdurchlässiger Farbfilm, der aufgrund seiner hydropoben Wirkung nicht zur Verschmutzung neigt.

Siliconharzemulsionsfarben bestehen aus emulgiertem (wasserverdünnbarem) Polysiloxan und Acryldispersion als Bindemittel. Der Anteil an Acryldispersion erleichtert ihre Verarbeitung. Sie haften auf allen mineralischen und organischen Untergründen und können daher vielseitig eingesetzt werden. Sie bilden wie die Silikatfarben beim Erhärten keinen Film, der Anstrich bleibt dadurch spannungsarm und somit lange haltbar. Ihre wasserabweisende Wirkung führt zu besseren Schutzeigenschaften und geringerer Schmutzempfindlichkeit als bei Dispersionen. Als wasserverdünnbare Anstrichstoffe sind sie umweltfreundlich.

Die Farben werden als Fertigprodukte geliefert. Sie lassen sich nur mit Volltonfarben der gleichen Basis abtönen. Sie sind fest verschlossen, kühl und frostfrei zu lagern.

Silicondichtstoffe lassen sich in drei Typen einteilen: sauer, neutral, alkalisch.

Sauer eingestellte Typen spalten beim Vernetzungsprozess meist Essigsäure ab, alkalische dagegen Amine, neutrale belassen ihr Spaltprodukt in der Dichtungsmasse.
Silicondichtungsmassen sind dauerelastisch und alterungsbeständig. Ein Überstreichen ist nicht möglich.

Aufgaben

1. *Welche besonderen Eigenschaften besitzen Siliconharze?*
2. *Erklären Sie die Herstellung von Siliconharzen.*
3. *Warum eignen sich Siliconharze besonders gut als Imprägniermittel?*
4. *Welche Siliconharze werden als Imprägniermittel verwendet?*
5. *Warum können Silane und Siloxane auf feuchte Untergründe aufgetragen werden, Siliconharze dagegen nur auf trockene, stark saugende Untergründe?*
6. *Wodurch unterscheiden sich Siliconharzfarben von Siliconharzemulsionsfarben?*
7. *Welche Eigenschaften zeichnen Silicondichtungsmassen aus?*

4.8 Ölfarben

Die Ölfarben sind die Vorläufer unserer heutigen Lackfarben. Ölfarben ergeben widerstandsfähige Anstriche. Über Jahrhunderte hinweg gehörten die Ölfarben zu den wichtigsten Anstrichmitteln des Malers. Heute werden sie fast nur noch für den Künstlerbedarf verwendet. Mit Harzen verkocht, bilden Öle die Bindemittel für Öl- und Alkydharzlacke.

Ölfarben zählen zu den *irreversiblen*[1] Anstrichstoffen. Sie lassen sich nach dem Erhärten überstreichen, ohne dass die nachfolgenden Schichten die unteren Schichten wieder anlösen.

4.8.1 Bindemittel für Ölfarben und ölhaltige Lacke

Als Bindemittel für Ölfarben und ölhaltige Lacke werden vor allem Leinöl, Leinölfirnis und Standöl, aber auch Holzöl, Sojaöl, Baumwollsaatöl, Tallöl, Tranöl u. a. trocknende Ölarten verwendet.

Ölhaltige Lacke enthalten zur Filmbildung Harze. Hierfür verwendete man früher in Lösemittel gelöste Naturharze. Heute bestehen diese größtenteils aus synthetischen Harzen, den Kunstharzen. Sie erhöhen den Festkörpergehalt, verbessern die Haft- und Abriebfestigkeit, die Härte und den Glanz des Beschichtungsstoffes.

Pigmentierte Lacke werden als *Lackfarben* bezeichnet. Lackfarben mit einem großen Pigment- und Füllstoffanteil werden als Vorlacke, Füller oder als Spachtelmassen verwendet.
Neben den Lösemitteln enthalten die ölhaltigen Anstrichstoffe Zusatzmittel wie Trockenstoffe, Glanz- und Mattierungsmittel.

Leinöl wird aus dem Samen des Flachs, dem Leinsamen, durch Kalt- oder Heißpressen gewonnen. Durch Heißpressen lassen sich größere Mengen Leinöl erzielen als durch Kaltpressen. Allerdings handelt es sich dabei um minderwertiges, dunkles Leinöl. Das kaltgepresste Öl ist heller und hochwertiger. Beim Pressen werden stets Schleimstoffe aus den Samenhülsen mitgerissen, die den Trocknungsvorgang im Anstrich hindern können. Diese werden durch Beimengungen von Tonerde (Füllererde) und Aktivkohle gebunden und dadurch gereinigt und gebleicht. Fremdkörper und Unreinheiten werden durch Filtern entfernt. Das gereinigte und gebleichte Leinöl wird als *Lackleinöl* in der Lackherstellung weiterverarbeitet.

Rohes Leinöl trocknet sehr langsam. Für Anstriche wäre daher die Trocknungszeit zu lang. Dagegen eignet es sich gut zum Abreiben von Pigmenten und zum Herstellen von Farbpasten, weil es weniger zur Hautbildung neigt.

[1] irreversibel (lat. = nicht umkehrbar)

Pflanzliche Öle enthalten mehr oder weniger wasserfreundliche Stoffe, die Wasser aufnehmen und zu einer Volumenvergrößerung bzw. zum *Quellen* des Anstrichfilms führen. Dabei wird die Haftung auf dem Untergrund geschwächt. Ein Tropfen Wasser hinterlässt auf einem frisch erhärteten Leinölfilm durch das Quellen eine helle *Trübung*. Das ölige Bindemittel wird von Laugen und alkalischen Untergründen in seine Bestandteile, Fettsäure und Glycerin, aufgespalten. Diesen Vorgang bezeichnet man als *Verseifung*. Beim Ablaugen nützt man dies aus, wobei der Film wasserlöslich und abwaschbar wird.

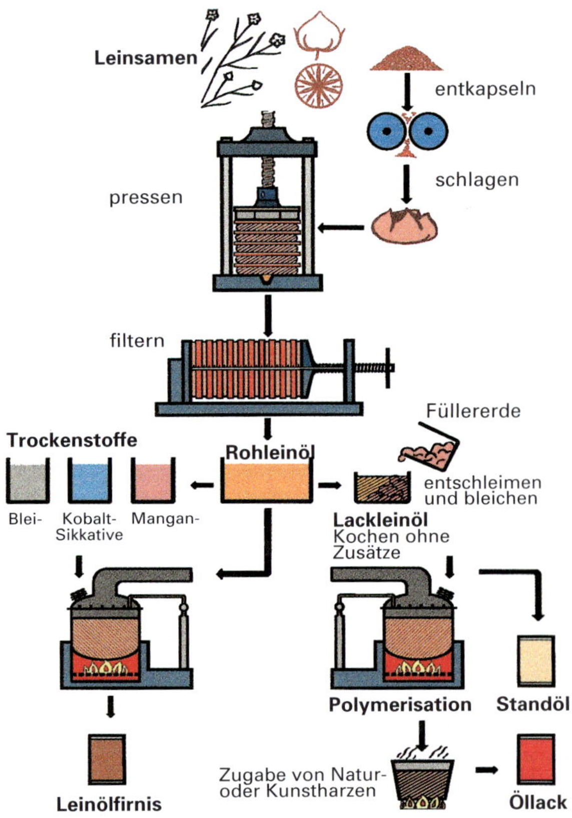

Herstellung der öligen Bindemittel

Leinölfirnis enthält ca. 2 % Trockenstoffe bzw. Sikkative, die in 150 °C warmem Leinöl gelöst werden. Leinöfirnis erhärtet in ca. 24 Stunden, während rohes Leinöl 6 bis 8 Tage benötigt.

Standöl wird durch Kochen unter Luftabschluss bei 270 bis 300 °C ohne Zusatz von Trockenstoffen eingedickt. Dabei vergrößern sich die Moleküle durch Polymerisation je nach Dauer des Kochprozesses. Durch das Kochen des Standöls wird die Wasser- und Wetterbeständigkeit, Glanzhaltung und Elastizität des Films verbessert.

4.8.2 Erhärtung der öligen Bindemittel

Ölige Bindemittel bestehen aus Verbindungen von Fettsäuren und Glycerin. Die Fettsäuren können gesättigt oder ungesättigt sein. Voraussetzung für die lufttrocknende Filmbildung sind **ungesättigte** Fettsäuren. Sie nehmen Sauerstoff aus der Luft auf und ermöglichen die Vernetzung. Der erhärtete Film wird **Linoxin** genannt.

Leinöl erhärtet durch Reaktion von Sauerstoff und ungesättigter Fettsäure. Sie vernetzen oxidativ. Die ungesättigten Doppelbindungen der Fettsäure ermöglichen eine Kettenmolekülbildung durch Polymerisation.

Die Beschichtung erhärtet von außen nach innen. Durch die Sauerstoffaufnahme vergrößert sich das Volumen. Es bilden sich Runzeln, wenn nicht gleichzeitig das verdunstende Lösemittelgemisch mit leicht, mittel und schwer flüchtigen Bestandteilen das Volumen verringert. Ölfarben dürfen daher niemals zu dick aufgetragen werden, d. h., den Anstrich immer gut zu verschlichten.

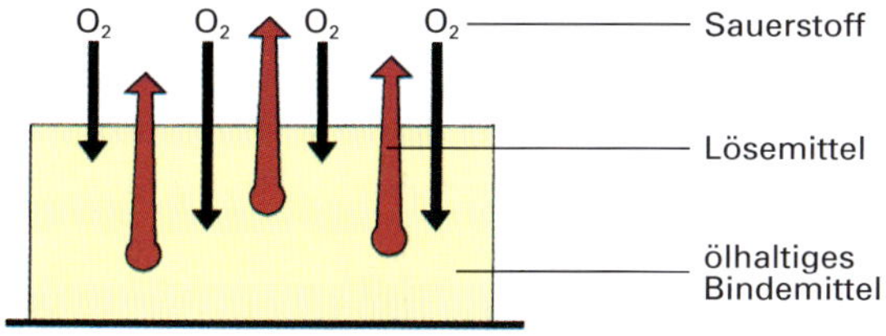

Erhärtung ölhaltiger Bindemittel

Trockenstoffe verkürzen die Trocknungszeit der öligen Bindemittel. Zur schnelleren Durchhärtung werden Sikkative[1] und Harttrockenöle zugesetzt. Bei den Sikkativen handelt es sich um Metallsalze aus Blei, Cobalt und Mangan, die mit Leinöl oder Harz und mit Zusätzen von Lösemitteln verkocht werden. Die Sikkative wirken als Katalysator, indem sie Sauerstoff an das ölige Bindemittel abgeben und dadurch die Erhärtung beschleunigen. Dabei fördert Blei die Erhärtung von Untergrund zur Oberfläche, Cobalt die Erhärtung der Oberfläche und Mangan die Durchtrocknung des Anstrichs. Sikkative dürfen nur in geringen Mengen (maximal 5 % bezogen auf den Ölgehalt) hinzugefügt werden. Größere Mengen führen zu Trocknungsstörungen bzw. zu Anstrichfehlern wie Runzelbildungen und Farbveränderungen.
Harttrockenöl wird durch Verkochen von Hartharz in Leinöl und schnell trocknendem Holzöl hergestellt. Es wird zur schnelleren Trocknung von Öllacken eingesetzt, da diese meist die Höchstmenge an Sikkativ enthalten.

[1] Sikkative = Trockenstoffe (lat. siccus = trocknen)

Holzöl gewinnt man aus dem Samen des Tungbaumes, der vor allem in Japan und China wächst. Die nussartigen Samen werden ausgepresst und das Tungöl gereinigt. Seine Fettsäure weist drei Doppelbindungen auf, wodurch die oxidative Vernetzung und Polymerisationsreaktion beschleunigt wird. Holzöl wird daher gerne als Trocknungsbeschleuniger anderen erhärtenden Ölen beigemischt. In Verbindung mit Leinöl und Harz ist Holzöl wasserunempfindlich, weshalb es für Bootslacke verarbeitet wird. Auch zur Herstellung von Standöl und Harttrockenöl wird Holzöl verwendet.
Trotz vieler Vorteile, die die trocknenden Öle als Bindemittel bieten, ist ihre Verwendung stark rückläufig. Sie werden verdrängt durch Polykondensat- und Polyadditionsharze mit ihrem höhermolekularen bzw. widerstandsfähigerem Molekülaufbau, bei denen man die Härtungsmechanismen der trocknenden Öle zu übertragen gelernt hat.

Aufgaben

1. *Aus welchen Ölen lassen sich lufttrocknende, ölige Bindemittel gewinnen?*
2. *Beschreiben Sie die Herstellung von Leinöl.*
3. *Erklären Sie, warum Wasser auf einem Leinölfilm zur Trübung des Anstrichs führen kann.*
4. *Wie reagieren ölige Bindemittel mit Laugen oder alkalischen Untergründen?*
5. *Worin unterscheiden sich Leinöl, Leinölfirnis und Standöl?*
6. *Beschreiben Sie die Filmbildung von öligen Bindemitteln.*
7. *Wodurch beschleunigen Trockenstoffe die Erhärtung von öligen Bindemitteln?*
8. *Warum dürfen dem ölhaltigen Bindemittel nur geringe Mengen Sikkativ beigemischt werden?*

4.9 Lack – Lackierung

Nach DIN EN ISO 4618 ist Lack eine historische Bezeichnung für eine Vielzahl von Beschichtungsstoffen und Beschichtungen. Je nach Art der Bindemittel enthalten die Lacke zur Verarbeitung organische Lösemittel, Wasser oder sind lösemittelfrei, wie z. B. die Pulverlacke. Zur Farbgebung, Verbesserung der Beschichtungseigenschaften und zum Schutz der Untergründe dienen Pigmente, Füllstoffe und Zusatzmittel.
Aus Lacken werden Lackierungen mit unterschiedlichem Aussehen hergestellt. Sie schützen u. a. die Oberflächen von Holz, Metall, Kunststoff und mineralischen Untergründen gegen Witterungseinflüsse, Chemikalien oder mechanische Belastungen.

4.9.1 Einteilung der Lacke

Lacke, die nach dem Bindemittel genannt werden, müssen soviel von diesem Bindemittel enthalten, dass dessen charakteristische Eigenschaften im Lack und in der Lackierung vorhanden sind.
Lacke werden nach folgenden Gesichtspunkten eingeteilt:

a) **nach der Art der Zusammensetzung**
  – nach dem Bindemittel: Alkydharzlack, Dispersionslackfarbe, Acryllack, Epoxidharzlack, Polyurethanlack usw.
  – nach dem Lösemittel: Spirituslack, Wasserlack usw.

b) **nach der Art der Beschaffenheit**
  Pulverlack, High Solid-Lack, thixotroper Lack usw.

c) **nach der Art des Auftragsverfahrens**
  Spritzlack, Tauchlack, Flutlack, Gießlack usw.

d) **nach der Art der Filmbildung**
  Einbrennlack, Zweikomponenten-Reaktionslack usw.

e) **nach dem Glanzgrad der Lackierung**
  Hochglanzlack, Seidenglanzlack, Mattlack usw.

f) **nach dem Oberflächeneffekt**
  Metalliclack, Hammerschlaglack, Reißlack usw.

g) **nach dem Anstrichaufbau**
  Vorlack, Decklack, Einschichtlack usw.

h) **nach dem Untergrund**
  Holzlack, Blechlack, Papierlack, Lederlack usw.

i) **nach dem zu beschichtenden Objekt**
  Fensterlack, Heizkörperlack, Möbellack, Autolack, Bootslack, Embalagenlack, Coil-Coating-Lack usw.

Klarlack ist ein Lack ohne Deckvermögen, der seine Farbe nur dem Bindemittel verdankt.

Lackfarbe ist eine übliche Bezeichnung für pigmentierte Lacke.

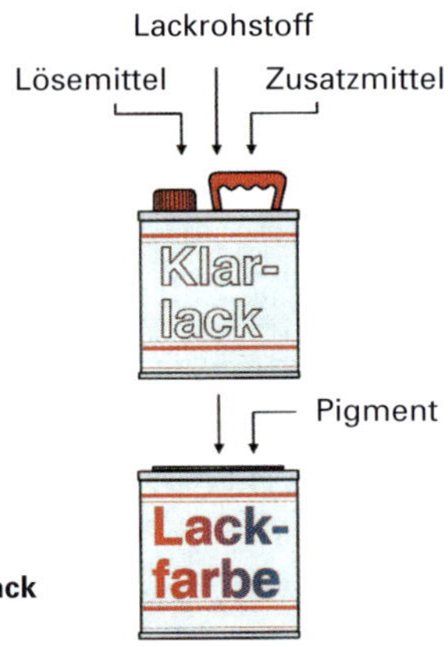

Zusammensetzung von Klarlack und Lackfarbe

Im Allgemeinen erwartet man von einem Lack gute *Durchhärtung* und *Widerstandsfähigkeit* gegen mechanische Ansprüche und Chemikalien, guten *Verlauf* und einen bestimmten *Glanzgrad,* z. B. matt, seidenmatt, seidenglänzend, glänzend, hochglänzend.

4.9.2 Geschichtlicher Überblick

Die Verwendung von lackartigen Substanzen war schon im Altertum bekannt. Beispielsweise balsamierten die Ägypter die Leichen ihrer Könige in Harzlösungen ein. So blieben sie als Mumien bis heute erhalten. Frühe asiatische Lackmalereien wurden mit dem milchigen Saft des Lackbaumes erstellt, der in Japan heimisch ist. Das Wort Lack stammt vermutlich aus dem altindischen Begriff Laksha und bedeutet hunderttausend, womit die unzähligen Lackschildläuse gemeint sind, die in Südostasien auf Bäumen leben. Ihre Ausscheidungen bilden an den Ästen Verkrustungen, die als Rohschellack dienen. Bis Mitte des 20. Jahrhunderts bildeten Naturharze und Öle die Grundstoffe der Lackherstellung. Heute werden an ihrer Stelle fast ausschließlich Kunstharze verwendet. Neben den lösemittelverdünnbaren Lacken stehen heute immer mehr wasserverdünnbare Lacke zur Verfügung.

4.9.3 Zusammensetzung der Lacke

Lacke setzen sich aus Lackbindemittel, Lösemittel, Zusatzmittel und Farbmittel zusammen.

Die **Lackbindemittel** stellen als Lackkörper den wichtigsten Bestandteil der Lacke dar. Ihre chemischen und physikalischen Eigenschaften bestimmen das Verhalten des flüssigen Anstrichstoffes, seine Filmbildung, das Erscheinungsbild des ausgehärteten Lacküberzugs, dessen Beständigkeit, Zusammenhalt und Haftung auf dem Untergrund.

Als Filmbildung wird der Übergang vom flüssigen Beschichtungsstoff in den ausgehärteten Lacküberzug bezeichnet. Diese kann durch physikalische Trocknung oder durch chemische Vernetzung bzw. Erhärtung erfolgen.

Lackbindemittel sind Öle, Natur- und Kunstharze, Cellulosenitrat und Kautschukabkömmlinge.

Die **Lösemittel** sind Bestandteil des flüssigen Beschichtungsstoffes. Sie lösen bzw. verteilen die Lackkörper und bringen den Lack in verarbeitungsfähige bzw. streich- und spritzfähige Form.
Beispielsweise löst sich Kolophonium in Testbenzin zu Harzlack. Schellack in Spiritus gelöst ergibt Spirituslack.

In beiden Fällen entsteht eine einheitliche dickflüssige Lösung, die wir als Lack bezeichnen.
Aus dem flüssigen Film verdunsten sie oder werden durch Wärmezufuhr zum Verdunsten gebracht. Im festen Lacküberzug sind keine Lösemittel mehr vorhanden. Da das Verdampfen der organischen Lösemittel umweltbelastend ist, werden diese immer mehr durch wasserverdünnbare Lacke oder durch lösemittelfreie Pulver- oder Schmelzbeschichtungen ersetzt.

Die **Zusatzmittel**, auch Additive genannt, werden dem Lack stets nur in geringen Mengen zugefügt. Sie verbessern die Verteilung (Dispergierung) der Pigmente bei der Lackfarbenherstellung, unterdrücken die Neigung der Pigmente zum Absetzen und beeinflussen das Fließverhalten beim Beschichten. Sie verbessern den Verlauf, verhindern das Aus- und Aufschwimmen der Pigmente, beschleunigen die Härtung und beeinflussen den Glanz bzw. die Mattierung. Thixotropie-, Antihaut- und Konservierungsmittel sind weitere Zusatzmittel. Bezogen auf die Menge stellen die Weichmacher eine Ausnahme dar. Sie werden stets in großen Anteilen dem Bindemittel zugefügt. Weichmacher verbessern und erhalten die Elastizität in ölfreien Lacken, z. B. Cellulosenitrat-, Chlorkautschuk- und Polymerisatharzlacken. Als Weichmacher werden nicht trocknende Öle (wie Rizinusöl) und Ester (wie Fettsäure- und Phthalsäureester) verwendet.

Als **Farbmittel** werden in Lackfarben geeignete weiße, bunte oder schwarze Pigmente eingesetzt. Die Grobdispergierung erfolgt im Knetwerk, die Feindispergierung auf dem Walzenstuhl, wobei das Gemisch aus Pigmenten und Bindemittel zwischen den Walzen vermahlen wird.

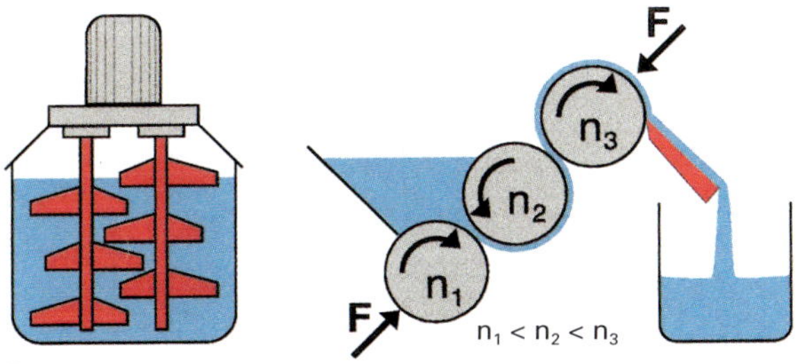

Grobdispergierung im Knetwerk

Feindispergierung auf dem Dreiwalzenstuhl

Dispergierung

Aufgaben

1. *Nach welchen Gesichtspunkten lassen sich Lacke einteilen?*
2. *Nennen Sie vier Eigenschaften, die einen Lack kennzeichnen.*
3. *Aus welchen Bestandteilen setzen sich Lacke zusammen?*
4. *Worin unterscheiden sich Klarlacke von Lackfarben?*
5. *Warum ist das Bindemittel der wichtigste Bestandteil innerhalb eines Lackes?*
6. *Welchen Vorgang bezeichnet man als Filmbildung?*
7. *Wozu werden die Löse- und Zusatzmittel in Lacken benötigt?*

4.10 Öllacke

Öllacke werden heute nur noch selten verarbeitet, weil sie zu langsam trocknen und den Belastungen der Umwelt nicht mehr gewachsen sind. Sie werden durch ölhaltige Alkydharzlacke ersetzt, die in ihrer Witterungsbeständigkeit, Oberflächengüte, Elastizität, Haftung und Schlagfestigkeit den Öllacken überlegen sind. Dennoch ist es wichtig zu wissen, wie Öllacke hergestellt werden und welche Eigenschaften sie besitzen.

Lacke lagern in großen Spezialtanks

4.10.1 Herstellung der Öllacke

Öllacke werden durch Verkochen von Naturharzen mit Ölen hergestellt. Nach dem Abkühlen werden Lösemittel und Trockenstoffe zugefügt. Anschließend wird der so erhaltene Rohlack noch gereinigt. Lackfarben enthalten ca. 40 % Pigmente.

Die Harze bestimmen Härte, Glanz und Haftfestigkeit des Lackes.

Die **Naturharze** lassen sich nach ihrer Herkunft in pflanzliche und tierische Harze unterscheiden, wobei die pflanzlichen Harze noch in rezente[1] und fossile[2] Baumharze unterteilt werden.

So ist **Kolophonium** ein Harz, das aus frischem Harzausfluss als Balsam oder aus Wurzelholz gewonnen wird. Aufgrund des niederen Schmelzbereiches und seiner Sprödigkeit lässt sich Kolophonium nur in modifizierter, veredelter Form als Lackharz einsetzen.

Kopal und **Dammar** sind Harze längst untergegangener tropischer Bäume. Sie dienen als Zusatz zu Heizkörperlacken und Tiefdruckfarben.

Als tierischen Ursprungs haben wir bereits **Schellack** kennen gelernt.

[1] rezent = sich gegenwärtig noch bildend
[2] fossil = aus erdgeschichtlicher Vergangenheit stammend

Vor allem durch die Entwicklung der Alkydharze haben die Naturharze ihre Bedeutung für die Lackherstellung verloren.

Alkydharze bestehen aus der Kombination von Ölen und Polyester. Sie sind gegenüber Naturharzen härter und lichtbeständiger.

Öle verleihen dem Lack Elastizität und Wetterbeständigkeit.

Für Öllacke eignen sich nur trocknende Öle wie Leinöl, Holzöl u. a., die zuerst zu Standölen verarbeitet werden. Sikkativzusätze beschleunigen den Trocknungsprozess.

4.10.2 Erhärtung der Öllacke

Die Öllacke erhärten oxidativ, vergleichbar den öligen Bindemitteln.

Zunächst beginnen sich die Lösemittel aus dem Lack zu verflüchtigen. Dieser physikalische Vorgang führt zum Erhärten der Harzteilchen. Gleichzeitig setzt die Sauerstoffaufnahme der Ölmoleküle ein. Hierbei handelt es sich um eine Oxidation, d. h. um einen chemischen Vorgang.
Beim mehrmaligen Überstreichen mit dem gleichen Material findet kein Anlösen der unteren Schichten statt. Deshalb gehören die Öllacke zu den irreversiblen Lacken.

Aufgaben

1. *Aus welchen Bestandteilen setzt sich ein Öllack zusammen?*
2. *Nennen Sie Vorzüge und Nachteile von Öllacken.*
3. *Welche Eigenschaften der Öllacke werden durch den Harzgehalt bestimmt?*
4. *Welche Eigenschaften der Öllacke lassen sich auf den Ölgehalt zurückführen?*
5. *Beschreiben Sie die Erhärtung der Öllacke.*

4.11 Alkydharzlacke – ölige Kunstharze

<u>al</u>cohol + a<u>cid</u> ⟶ alcid

Alkohol + **Säure** ⟶ **Alkyd**

Die Vorzüge der Kunstharzlacke gegenüber den früheren Öllacken sind vor allem ihre schnellere Trocknung und größere Widerstandsfähigkeit. Die bedeutendsten Kunstharzlacke sind die Alkydharzlacke. Außer den ölhaltigen Alkydharzlacken gibt es solche, die mit Acrylester, Epoxiden oder Styrol aufbereitet werden. Sie erhärten sehr schnell und weisen besondere Härte, Elastizität, Wetter- und Chemikalienbeständigkeit auf.

4.11.1 Zusammensetzung der Alkydharzlacke

Alkydharze sind Verbindungen von Alkoholen und Fettsäuren.

Als Alkohol dient meist Glycerin, das in Leinöl, Rizinusöl, Sojaöl, Tallöl u. a. enthalten ist.
Die Fettsäuren sind ebenfalls Bestandteil dieser Öle, sie können aber auch aus Teer, wie beispielsweise die Phthalsäure, gewonnen werden. Die verschiedenen Alkohole und Säuren bestimmen mit dem Ölgehalt die unterschiedlichen Eigenschaften der Alkydharze. Je nach Ölgehalt werden sie in folgende Typen eingeteilt:

- Kurzölige Typen : Ölgehalt unter 40 Prozent
- Mittelölige Typen : Ölgehalt ca. 50 Prozent
- Langölige Typen : Ölgehalt über 60 Prozent

Daneben gibt es noch die überfetteten Typen, die 70 bis 85 % Ölanteil besitzen.

Für lufttrocknende Lacke (Malerlacke) werden hauptsächlich mittel- und langölige Alkydharze verwendet. Die kurzöligen Alkydharze, die nichttrocknende Öle enthalten, werden meist als Spritzlacke verarbeitet. Sie sind wärmetrocknend bzw. ofentrocknend, d. h., sie erhärten bei erhöhter Raumtemperatur oder durch Infrarotbestrahlung.

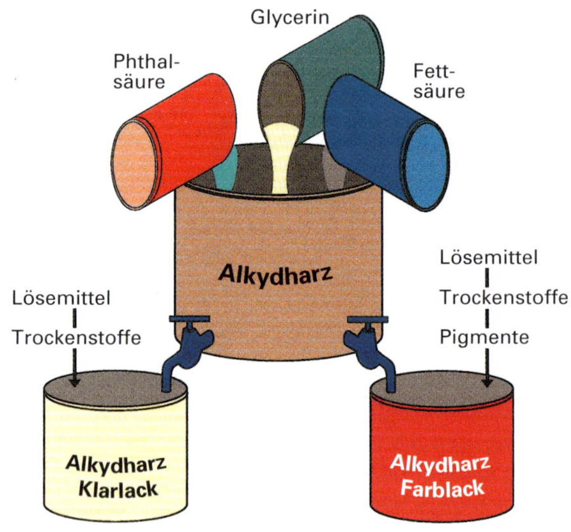

Herstellung des Alkydharzlackes und der Alkydharzlackfarbe

Alkydharze mit Lösemitteln und Trockenstoffen ergeben Klarlacke. Fügt man Pigmente hinzu, erhält man Farblacke. Als Pigmente werden vorwiegend Titandioxid in Rutilform sowie licht- und wetterbeständige Bunt- und Schwarzpigmente verwendet.
Als Löse- und Verdünnungsmittel eignen sich Terpentinöl, Testbenzin oder spezielle Lackverdünner.

4.11.2 Eigenschaften der Alkydharzlacke

Die Alkydharzlacke sind leicht zu verarbeiten, verlaufen gut und sind nach 5 bis 6 Stunden trocken. Trotz schneller Erhärtung bleibt der Anstrich elastisch.

Alkydharzlacke lassen sich nach vollständiger Durchtrocknung sehr gut überstreichen, sie sind irreversibel.

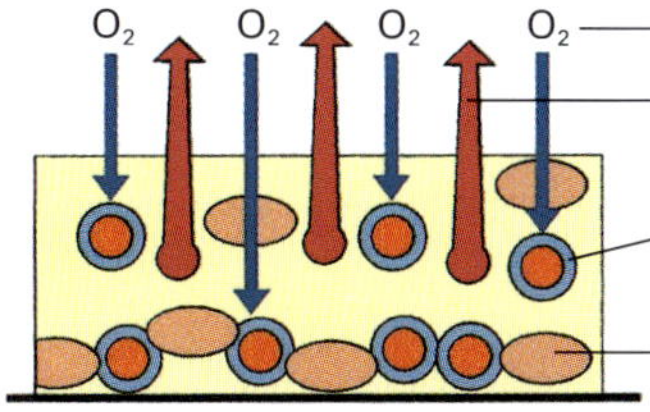

Erhärtung des Alkydharzlackes

Kurzölige Alkydharzlacke sind Kombinationen aus überwiegend gesättigten Fettsäuren und Phenol-, Melamin- und Epoxidharzen sowie geringen Mengen oxidativ vernetzender Fettsäuren. Sie lassen sich nur ofentrocknend erhärten. Ihre Glanzbeständigkeit ist besonders hoch. Sie benötigen deshalb kaum Pflege.

Mittelölige Alkydharzlacke enthalten für die Lufttrocknung einen ausreichend oxidativ erhärtenden Fettsäureanteil. Sie zeichnen sich durch eine universelle Löslichkeit und eine gute Verträglichkeit mit modifizierten Naturharzen, Cellulosenitrat und Melaminharzen aus. Sie ergeben besonders harte Lackierungen, sind kratz-, stoß- und schlagfest. Der Auftrag erfolgt in dünnen Schichten, weil sonst die Lackierung nicht genügend durchtrocknen kann und zur Runzelbildung neigt.

Langölige Alkydharzlacke vereinen aufgrund des hohen Ölgehalts die Vorzüge der Öllacke. Sie sind gut streichbar, trocknen schnell, besitzen einen guten Verlauf und Glanz, sind hart und widerstandsfähig. Sie sind vielseitig einsetzbar und gelten deshalb als typischer Malerlack. Häufig werden sie verallgemeinernd als *Kunstharzlack* bezeichnet.

Die Eigenschaften der Alkydharzlacke lassen sich durch Phenol-, Melamin-, Styrol-, Acryl-, Epoxid-, Urethan- und Siliconharze verändern bzw. abwandeln. Man nennt diese Alkydharze daher **modifizierte Alkydharze.**

Durch Modifizierung (Abwandlung) lässt sich die Erhärtungszeit, das Haftvermögen, die Chemikalienbeständigkeit, die Neigung zum Vergilben oder Verspröden, die Elastizität, Härte, Glanz und Hitzebeständigkeit beeinflussen.

4.11.3 Verwendung der Alkydharzlacke

Alkydharzlacke können als Grundiermittel, Vor- und Decklacke auf Holz, neutralem Putz und meist auch auf Metall und Kunststoff eingesetzt werden. Zinkuntergründe sind für fettsäurehaltige ölige Bindemittel, wie Alkydharzlacke, ungeeignet.

Glänzende bis hochglänzende Alkydharzlacke eignen sich für außen, sind gut deckend und wetterbeständig. Sie werden besonders für Fensteranstrichsysteme eingesetzt. Diese bestehen aus aufeinander abgestimmten Ventilationsgrundierungen und Decklacken. Die Ventilationsgründe sind mager eingestellte Alkydharzlacke, die mit ventilationsfördernden Füllstoffen, wie Quarz und Kieselgur, besonders wasserdampfdurchlässige Wirkung erzielen.

Matte bis seidenmatte Alkydharzlacke dienen für außen und innen als Grundierungs- und Zwischenanstrichstoffe. Sie füllen und decken gut und werden in allen Farben geliefert.
Seidenglänzende Alkydharzlacke sind mittelölige Anstrichmittel mit mattierenden Zusätzen für innen und außen.

Thixotrop eingestellte Alkydharzlacke dicken im ruhenden Zustand ein. Beim Streichen wird der gelartige Zustand aufgehoben und sie lassen sich normal verarbeiten. Der Vorteil der thixotropen Anstrichstoffe liegt in ihrer nicht tropfenden Wirkung.

Alkydharz-Flutlackfarben sind gut deckende, leicht thixotrop eingestellte Anstrichstoffe mit schnell flüchtigen Lösemitteln.
Alkydharz-Heizkörperlackfarben bestehen aus hitzebeständigen, nicht vergilbenden Soja- oder Baumwollsaat-Alkydharzen.

Mattlack-Wandfarben auf Alkydharzbasis für innen und außen haften gut auf mineralischen Untergründen. Sie sperren den Untergrund schon mit einem Anstrich ab, decken ausgezeichnet und trocknen rasch. Mit ihnen lassen sich nikotinvergilbte Decken und Wände überstreichen, ohne dass sich die Teerrückstände des Tabakrauchs durchschlagen und ausbluten.

Wasserverdünnbare Alkydharzlacke werden für Grundierungen, Füller und Decklacke eingesetzt. Sie eignen sich für das Elektrotauchverfahren.

Weitere Lacke auf der Basis von Alkydharz sind: Holz- und Holzschutzlasuren, Korrosionsschutzbeschichtungen, Nitro- und Chlorkautschukkombinationslacke, säurehärtende Alkydharz-Siegellacke und viele andere Anwendungen.

Je nach Art des Alkydharzlackes sind unterschiedliche Lösemittel erforderlich. Sie bestehen meist aus einem Gemisch aus leicht, mittel und schwer flüchtigen Lösemitteln.

4.11.4 Beschichtungsmängel

Runzelbildung tritt ein, wenn oxidativ trocknende Öllacke bzw. Alkydharze zu dick und ungleich aufgetragen wurden oder das Lösemittel zu schnell verdunstet ist.

Krater bilden sich, wenn Luftblasen aus dem Anstrich zwar noch aufplatzen, die entstehenden Ränder jedoch nicht mehr verlaufen können, weil die Viskosität im Anstrich durch den Erhärtungsprozess bereits stark zugenommen hat.
Luftblasen können durch den Farbauftrag mit der Rolle in den Anstrich eingearbeitet werden. Ein Lösemittelgemisch, das den Anstrich länger offen hält, kann hier Abhilfe schaffen.

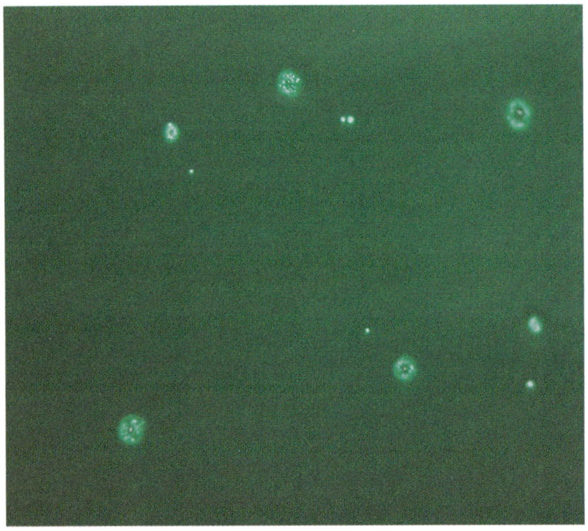

Blasen können durch Hitzeeinwirkung oder starke Sonneneinstrahlung entstehen.

Schlechte Haftung lässt sich auf ungenügend vorbereitete Untergründe, ungeeignete Grundierungen oder unverträgliche Altanstriche zurückführen.

Schlechter Verlauf und **Oberflächenstörungen** sind häufig eine Folge, wenn unzulässige Lösemittelgemische verwendet werden. Die vom Lackhersteller empfohlenen speziellen Lösemittel sollten eingesetzt werden.

Gesundheitsschutz

Rückstände von oxidativ erhärtenden Alkydharzen neigen zur **Selbstentzündung.**
Nicht wechselweise Alkydharz- und Nitrolacke spritzen!
Explosionsgefahr!

Aufgaben

1. *Nennen Sie Vorzüge, die Alkydharzlacke gegenüber Öllacken haben.*
2. *Aus welchen Bestandteilen setzen sich Alkydharzlacke zusammen?*
3. *Teilen Sie die Alkydharzlacke nach ihrem Ölgehalt ein.*
4. *Warum werden kurzölige Alkydharzlacke vom Maler selten verwendet?*
5. *Erklären Sie die Erhärtung von ölhaltigen Alkydharzlacken.*
6. *Wodurch können die Eigenschaften der Alkydharzlacke beeinflusst werden?*
7. *Worauf müssen Sie bei der Auswahl der Lösemittel bei unterschiedlichen Alkydharzlacken achten?*
8. *Erklären Sie, wie es zur Runzelbildung kommen kann.*
9. *Wie lassen sich Verlaufstörungen verhindern?*
10. *Warum dürfen Alkydharzlacke und Nitrolacke nicht wechselweise in derselben Spritzanlage verarbeitet werden?*

4.12 Nitrolacke

Überstreichen wir eine Beschichtung aus Nitrolackfarbe nochmals mit Nitrolack, stellen wir fest, dass sich der Erstanstrich anlöst und ein gleichmäßiges Verschichten nicht möglich ist.

Nitrolacke bestehen aus Cellulosenitrat und zählen zu den *reversiblen* Anstrichstoffen. Sie trocknen ausschließlich auf physikalischem Wege durch Verdunsten des Lösemittels.

Beim Überstreichen lösen sich die darunter liegenden, bereits getrockneten Anstrichschichten durch das eigene Lösemittel wieder an und werden teilweise mit dem Streichwerkzeug abgerieben. Die Verarbeitung erfolgt daher meist im Spritzverfahren. Es gibt aber auch eigens eingestellte Streichsorten.

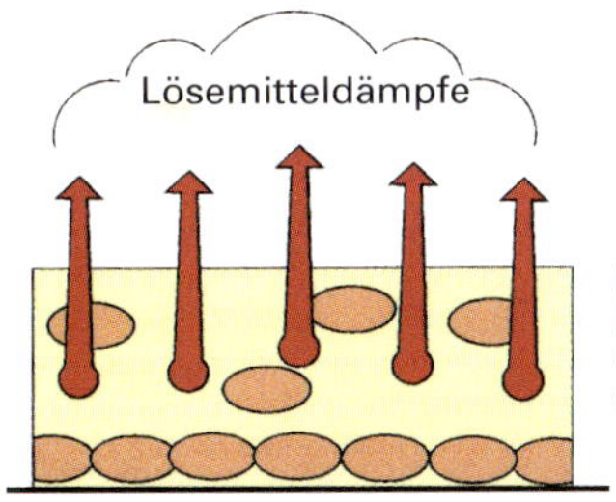

Mit dem Verdunsten des Lösemittels verbindet sich das gelöste Cellulosenitrat zu einem festen Film.

Nitrolacke trocknen physikalisch

Wegen des hohen Lösemittelanteils, der etwa bei 75 % liegt, entstehen beim Auftragen starke Lösemitteldämpfe. Sie sind leicht entzündlich und stellen eine Explosionsgefahr dar. Das Einatmen der Lösemitteldämpfe ist gesundheitsschädlich. Deshalb ist für eine gute Entlüftung zu sorgen und gegebenenfalls eine Atemmaske zu tragen.

Rauchen und offenes Feuer verboten!

Der Festkörpergehalt der Nitrolacke ist bei dem überwiegenden Lösemittelanteil relativ gering. Die Nassschichtdicke ist also erheblich größer als die Trockenfilmdicke. Die dünnen Auftragsschichten besitzen eine hohe Filmfestigkeit, Elastizität und eine ausgezeichnete Haftung. Zur Verbesserung des Festkörpergehalts werden den Nitrolacken Harze aus Schellack, modifiziertem Kolophonium, Alkydharz und Acrylharz beigemischt. Sie verbessern die Schichtdicke und den Glanz der Beschichtung.

4.12.1 Herstellung der Nitrocelluloselacke

Cellulose ist als Zellgerüst für Holz, Baumwolle und Pflanzen bekannt. Nitrocellulose wird deshalb hauptsächlich aus Holz und Baumwolle gewonnen. Durch die Einwirkung von Salpeter- und Schwefelsäure kommt es zu einer Veresterung, es bildet sich Cellulosenitrat, auch Collodiumwolle genannt. Im Handwerk wird Cellulosenitrat fälschlicherweise als Nitrocellulose bezeichnet. Zur Lösung der Collodiumwolle dienen Lösemittelgemische aus Ester, Ketone, Aromaten und Alkoholen, die so genannte Nitroverdünnung.
Die Elastizität der sonst spröden Lackfilme lässt sich durch einen geringen Zusatz Weichmacher aus Rizinusöl oder Ester verbessern.
Je mehr Weichmacheranteil zugesetzt wird, umso mehr nimmt die Härte ab und die Elastizität zu. Auch die Trockenzeit wird vom Weichmacheranteil beeinflusst und beträgt je nach Sorte wenige Minuten bis einige Stunden.

Nitrolacke sind wasserfest, licht- und treibstoffbeständig.

4.12.2 Verwendung der Nitrolacke

Nitrolacke benötigen einen festen, trockenen und ölfreien Untergrund. Auf Flächen, die mit Ölfarben bzw. ölhaltigen Lacken beschichtet sind, lassen sich Nitrolacke nicht verarbeiten. Die Einstellung der Viskosität erfolgt mit Nitroverdünnung.

Überstreichen wir ölhaltige Lackfarben mit Nitrolack, wird der ölige Lack durch die scharfen Lösemittel der Nitrocellulose zerstört. Umgekehrt ist eine ölhaltige Beschichtung auf einem Nitrocellulosegrund problemlos möglich, was sich bei einer üblichen Holzgrundierung zeigen lässt.

Nitrolacke gibt es als Klarlacke und Lackfarben. Sie werden als mechanisch beanspruchbare Beschichtungen auf Papier, Leder und Textilien sowie zur Lackierung von Metall- und Holzuntergründen, vor allem in der Metall- und Möbelindustrie, eingesetzt.

Ölfreie Grundier- und Absperrmittel für innen finden aufgrund ihrer guten Haftung, Eindringtiefe und schnellen Trocknung vielseitig Verwendung. Als dünnflüssige harzreiche Beschichtungen werden sie als Einlassgrund, Schnellschliffgrund vor allem auf Holz, als Absperrgrund vor allem auf Putz zum Absperren von Rauch- und Teerflecken eingesetzt.

Zaponlack ist ein sehr dünnflüssiger Nitrolack, der als Überzugslack für Kupfer, Messing usw. benutzt wird, um diese vor dem Anlaufen zu schützen.

Bronzeeffektlacke auf der Basis von Nitrolacken enthalten fein zerkleinerte Pulver oder Blättchen, u. a. aus Aluminium, Kupfer und Messing.

Nitropolituren sind polierbare Klarlacke für Möbel und andere Holzuntergründe, die matte oder glänzende Überzüge ergeben. Sie können mit Lappen, Pinsel oder Spritzpistole aufgetragen werden.

Nitro-Aerosollacke sind mit Treibgas gemischte Nitrolacke, die in Sprühdosen geliefert werden.

Nitro-Kombinationslacke bestehen aus Cellulosenitrat und größeren Mengen synthetischer Harze, vor allem Acryl- und Alkydharzen. Sie besitzen einen höheren Festkörpergehalt, sind daher füllkräftiger, elastischer und haften besser als die reinen Nitrolacke. Außerdem zeichnen sie sich durch höheren Glanz und bessere Wetterbeständigkeit aus.

In der Fahrzeugreparaturlackierung werden sie zum Teil noch in Füller und Spachtelmassen als Bindemittel eingesetzt.

Aufgaben

1. *Warum sind Nitrolacke reversibel?*
2. *Welche Auswirkung hat der geringe Festkörpergehalt von Nitrolacken auf die Beschichtung?*
3. *Wie lässt sich der Festkörpergehalt von Nitrolacken verbessern?*
4. *Worauf ist bei der Verarbeitung von Nitrolacken besonders zu achten?*
5. *Welche Auswirkungen haben Zusätze von Weichmachern in Nitrolacken?*
6. *Nennen Sie vier Beschichtungsstoffe auf der Basis von Cellulosenitrat.*
7. *Worin unterscheiden sich Nitrolacke von Nitro-Kombinationslacken?*

4.13 Spirituslacke

Spirituslacke sind Lösungen von Natur- und Kunstharzen in Spiritus. Vielfach werden noch Weichmacher zugegeben.

Es werden klare, deckende, matte oder glänzende Spirituslacke hergestellt. Früher stellte man aus den harzartigen Absonderung der Schildlaus **Schellack** her, indem die zu Blättchen geschmolzenen Harze in Spiritus gelöst wurden.

Spirituslacke sind schnell trocknend, spröde und wenig wetterbeständig. Sie eignen sich deshalb nur für Innenlackierungen. Einsatzgebiete sind Kleinteile, Spielzeuge, Modelle, Griffe usw. Auch für Polituren werden sie verwendet.

Wegen ihrer isolierenden Wirkung dienen Spirituslacke vielfach als Absperrmittel für Wasserflecken oder harzhaltige Äste.

Mit anderen Bindemitteln sind Spirituslacke nicht mischbar. Die Trocknung erfolgt rein physikalisch durch Verdunsten des Lösemittels. Der getrocknete Film kann mit Spiritus wieder angelöst und sogar entfernt werden. Spirituslacke sind daher reversibel. Durch den Einsatz anderer Anstrichmittel werden Spirituslacke heute nur noch selten verarbeitet.

4.14 Kautschuklacke

Kautschuklacke werden heute synthetisch meist aus chloriertem Butadien-Polymerisat hergestellt. Ursprünglich fertigte man Kautschuklacke aus natürlichem Kautschuk, der aus der Latexmilch des Gummibaumes gewonnen wurde.

Chlorkautschuk entsteht durch die Lösung des Kautschuks in Tetrachlorkohlenstoff und der Einleitung von Chlor in diese Lösung. Dadurch lagern sich Chloratome an die Molekülstruktur des Kautschuks an und bilden Chlorkautschuk.
Mit dem Chloranteil steigt die Härte und Chemikalienbeständigkeit an, die Elastizität nimmt dagegen ab. Chlorkautschuk ist in der Lage, bis zu 67 % Chlor zu binden. Um einen dauerelastischen Anstrich zu erhalten, werden ca. 35 % Weichmacher zugesetzt. Ohne Weichmacher wäre das Bindemittel spröde und als Anstrichstoff nicht verwendbar.
Chlorkautschuk verträgt sich gut mit trocknenden Ölen, Alkyd- und Acrylharzen, Naturharzen und bituminösen Filmbildnern. Zur Verbesserung der Wasser- und Chemikalienbeständigkeit wird er gerne anderen Bindemitteln, z. B. ölhaltigen Alkydharzen und bituminösen Materialien, beigemischt. Diese Bindemittel bezeichnet man als **Chlorkautschuk-Kombinationslackfarben.**

Chlorkautschuk ist besonders beständig gegen Wasser, anorganische Salze, Säuren, Laugen und Gase, jedoch sehr empfindlich gegen Fette und Öle. Er ist schwer entflammbar und abweisend gegen Pilz- und Bakterienbefall.

Chlorkautschuklacke sind sehr zähe, schwer zu verstreichende Anstriche.

Chlorkautschuklacke trocknen physikalisch durch Verdunsten der Lösemittel. Sie sind reversibel und werden beim Überstreichen angelöst. Als Lösemittel dienen Spezialgemische aus Ester oder Aromaten.

Ölhaltige Typen trocknen zusätzlich durch Oxidation. Die Trocknungszeit beträgt nur wenige Stunden.
Die Anstriche sind nicht hitzebeständig. Bei mehr als 80 °C spaltet sich Chlorwasserstoff aus der Verbindung ab, die Anstriche zersetzen sich.

Cyclokautschuk[1] besitzt eine ringförmige Molekülstruktur, die sich beim Erhitzen von Kautschuk in Lösemittel bildet. Im Gegensatz zu Chlorkautschuk ist er in Testbenzin löslich.
Anstriche mit Cyclokautschuk-Lackfarben sind nicht ganz so wetter- und chemikalienbeständig wie Chlorkautschuk-Anstriche, dafür erreichen sie eine Unempfindlichkeit gegen Hitze bis 120 °C.

Eigenschaften: Chlorkautschuklacke sind sehr wasser- und chemikalienbeständig. Gegen Salzlösungen, Säuren, Laugen und aggressive Dämpfe sind sie weitgehend widerstandsfest. Dagegen werden sie von tierischen Fetten wie Butter, Schmieröl angelöst und zersetzt.

Verwendung: Chlorkautschuklacke eignen sich besonders gut für chemikalienbeständige Beschichtungen auf Zementputz, Beton und Asbestzement, für Räume und Behälter, in denen mit wässrigen Chemikalien hantiert wird, für Unterwasseranstriche in Schwimmbecken, Hafenbauwerken, Schleusen, Schiffskörper und Fahrbahnmarkierungen sowie für den Korrosionsschutz. Für den Trinkwasserbereich dürfen nur spezielle Chlorkautschuklacke mit entsprechenden Prüfzeugnissen verwendet werden. Für den Warmwasserbereich über 50 °C sind sie ungeeignet, da sich aus dem Bindemittel Chlorwasserstoff bzw. Salzsäure abspaltet.

Gesundheits- und Umweltschutz

Chlorkautschuklacke gehören zur Gruppe der Chlorkohlenwasserstoffe. Sie gelten als besonders gesundheitsgefährdend und umweltschädlich. Bereits bei der Herstellung kommt es zu Emissionen von Chlor. Im Brandfall setzen Chlorkautschuklacke Dioxine und Furane als hochgiftige Gase frei. Beim Verarbeiten ist für eine gute Entlüftung zu sorgen. **Rauchen und offenes Feuer sind verboten!**

[1] cyclos = ringförmig

Aufgaben

1. *Welche Vorteile haben die Cyclokautschuk gegenüber den Chlorkautschuklacken?*
2. *Nennen Sie Eigenschaften und Einsatzgebiete von Chlorkautschuklacken.*
3. *Mit welchen Bindemitteln lassen sich Chlorkautschuklacke gut kombinieren?*
4. *Wie reagiert Chlorkautschuk auf tierische Fette und Schmieröle?*
5. *Warum eignen sich Chlorkautschuklack nicht für Beschichtungen unter Heißwasser?*

4.15 Asphalt- und Bitumenlackfarben

Lackfarben auf der Basis von Asphalt, Bitumen, Pech und Teer fasst man unter der Bezeichnung *bituminöse Anstrichmittel* zusammen. Im handwerklichen Bereich spielen hauptsächlich Asphalt- und Bitumenlacke eine gewisse Rolle.

4.15.1 Asphaltlacke

Asphalt ist ein natürlicher Rohstoff, der u. a. in den Asphaltseen von Trinidad und als Asphaltit in den USA abgebaut wird. Besonders reiner Asphaltit wird nach seinem Entdecker Gilson als *Gilsonit* bezeichnet. Dieser wird für hochwertige Druckfarben verwendet. Mit Pigmenten gemischt, lassen sich farbkräftige Asphaltlackfarben herstellen.
Asphaltlacke besitzen eine gute Haftfähigkeit, sind wasser- und wetterfest, hitze- und alterungsbeständig. Mit ihnen lassen sich Stahlkonstruktionen ausgezeichnet gegen Korrosion schützen. Sie werden mit Speziallösemittel verdünnt.
Da Asphaltlacke sehr spröde sind, setzt man den Lacken bei der Herstellung vielfach Bitumen zu. So genannte *Schwarzlacke* sind mit Öl und Harzen kombinierte Sorten.

4.15.2 Bitumenlacke

Bitumen ist ein Produkt, das als Rückstand bei der Destillation von Erdöl anfällt. Als Bindemittel für Lackfarben wird das Bitumen in Testbenzin oder aromatischen Lösemitteln gelöst. Die Bitumenlackfarben haften sehr gut und bilden nach der Trocknung einen absolut wasserundurchlässigen Film, der sehr widerstandsfähig gegen Salze, Säuren und Laugen ist. Wegen ihrer Wasser- und Wetterfestigkeit werden die Farben als Schutzanstrich an Fundamenten gegen die Erdfeuchte eingesetzt, außerdem werden sie als Innenanstrich von Dachrinnen vom Maler geschätzt. Dem Lackierer dienen sie u. a. als Unterbodenschutz bei Fahrzeugen.

Reine Asphalt- und Bitumenlackfarben trocknen physikalisch durch Verdunsten der Lösemittel. Mit Ölen kombinierte Sorten erhärten zusätzlich oxidativ durch Aufnahme von Luftsauerstoff.

Bitumenlackfarben sind nicht beständig gegen Fettsäuren und manche Lösemittel, sie *bluten aus*, d. h., sie lösen sich im darauf folgenden Anstrich und zeigen eine stark gelbliche Verfärbung.

Aufgaben

1. *Wofür werden Asphaltlacke eingesetzt?*
2. *Welche Vorzüge und Nachteile weisen Anstriche mit Bitumenlackfarben auf?*
3. *Wozu werden Bitumenlackfarben verwendet?*

4.16 Polymerisatharzlacke

Polymerisatharzlacke sind Kunststoffe, die durch Polymerisation erhärten.

Nach der Trocknung bzw. Erhärtung lassen sich drei Gruppen unterscheiden:

- **Dispersionslacke**: Die Kunststoffe sind fein verteilt und von einer wässrigen Lösung umgeben. Beim Verdunsten des Wassers fließen die Kunststoffteilchen zusammen und bilden den Anstrichfilm.
- **Lösemittelhaltige Lacke**: Die Polymerisatharze sind in Lösemittel gelöst und bilden so das Bindemittel.
- **Mischpolymerisat- und Zweikomponentenlacke:** Sie erhärten durch Zugabe von trocknungsbeschleunigenden Härtern oder durch Erwärmen.

Dispersionslacke und lösemittelhaltige Polymerisatharzlacke trocknen **physikalisch** beim Verdunsten des Wassers oder Lösemittels.
Mischpolymerisat- und Zweikomponentenlacke erhärten dagegen chemisch durch Vernetzung der Molekülstrukturen.

4.16.1 Acrylharze (AY)

Aufgrund der guten und vielseitigen Eigenschaften stellen die Acrylharze die Basis für die meisten Polymerisatharzlacke und viele andere Beschichtungswerkstoffe, wie Spachtel-, Klebe- und Dichtungsmassen dar.

Acrylharze sind sehr lichtecht, widerstandsfähig gegen chemische und mechanische Einflüsse, nicht verseifbar und von langer Lebensdauer.

Acrylharze werden aus den Estern der Acryl- oder Methacrylsäure, durch Polymerisation gleicher Ausgangsstoffe (Monomere) oder verschiedener Molekülstrukturen (Copolymere), hergestellt. Sie werden in Dispersionslacken und wasser- oder lösemittelverdünnbaren Lacken verwendet. Lösemittelverdünnbare Acrylharze lassen sich mit Testbenzin verdünnen. Sie eignen sich gut für Beton u. a. alkalische Untergründe.
Durch die Copolymerisation erhalten die thermoplastischen Acryllacke die erforderliche Härte und Elastizität.

Weitere Eigenschaften lassen sich durch Copolymerisation, u. a. mit Carboxyl-, Hydroxyl-, Amid- und Epoxidgruppen, erreichen. Beispielsweise können so durch Zusatz von Isocyanat (Härter) sehr widerstandsfähige Fahrzeuglacke aus Polyurethan-Acrylharzen entstehen.

Acryl-Einbrennlacke reagieren nach Filmbildung durch Wärmeeinwirkung mit funktionellen Gruppen und vernetzen sich so zu unlöslichen, duroplastisch wirkenden Harzen, die sich durch Schmelzen nicht erweichen lassen.

Acrylharz-Kombinationslacke bilden durch Mischen von Acrylharz, u. a. mit Cellulosenitrat, Phenol-, Styrol- und Alkydharz, lufttrocknende Anstrichstoffe, mit Epoxidharzen wärmehärtende Einbrennlacke für industrielle Metallbeschichtungen.

4.16.2 Polymethylmetacrylatlacke (PMMA)

Sie kommen für chemikalienfeste Beschichtungen und Lackierungen auf Metall oder als Überzugslacke auf Dispersionsanstrichen infrage.
Neben den Acrylharzen wird auch Polyvinylchlorid als Bindemittel für Lacke verwendet.

4.16.3 Polyvinylchloridlacke (PVC)

Ähnlich wie die Chlorkautschuklacke werden sie überall dort verwendet, wo besondere Wasser-, Treibstoff- und Chemikalienbeständigkeit gefordert sind. PVC-Lacke werden sehr hart und sind als Anstrichfilm schwer entflammbar. Ihre Verarbeitung auf Metallen erfordert einen speziellen Grundprimer[1] bzw. ein anschließendes Einbrennen, um die nötige Haftfestigkeit zu erreichen. Als Mischpolymerisat werden sie auf alkalischen Untergründen (wie Beton und Asbestzement) und auf Metalluntergründen (wie Stahl, Aluminium und Zink) eingesetzt.

[1] Primer = Grundanstrich (lat. primus = der Erste)

4.16.4 Polyvinylacetatlacke (PVAC)

Sie dienen vor allem zum Beschichten von Leichtmetallen und als hitzebeständige Aluminiumlackfarben. Als Klebemittel für Holz, Papier, Textilien und Keramik sind sie gebräuchlich. Des Weiteren spielen sie als Grundiermittel für mineralische Untergründe und als Absperrmittel für durchschlagende Bitumen-, Teer-, Wasser- und Nikotinflecken eine beachtliche Rolle.

Die Polymerisatharzlacke sind vielseitig einsetzbar. Sie eignen sich beispielsweise als Anstrichstoff für Metalluntergründe aus Aluminium und verzinktem Stahl, für mineralische Untergründe aus Beton, Putz und Asbestzement, auf Holz, Textilien, Leder und Kunststoff. Ferner dienen sie als Bindemittel für Spachtel-, Klebe- und Dichtungsmassen. Sie sind meist wasserverdünnbar. Bei lösemittelverdünnbaren Typen wird die erforderliche Streich- bzw. Spritzviskosität mit Testbenzin oder Speziallösemittel eingestellt.

Aufgaben

1. *Ordnen Sie die Polymerisatharzlacke nach ihrer Erhärtung bzw. Trocknung.*
2. *Erklären Sie, warum die Acrylharze so vielseitig als Beschichtungswerkstoff eingesetzt werden können.*
3. *Warum lassen sich Acryl-Einbrennlacke durch Wärmeeinwirkung nicht mehr verformen oder erweichen?*
4. *Wofür setzt man Polyvinylacetatlacke ein?*
5. *Welche Eigenschaften besitzen PVC-Lacke?*
6. *Die heutigen Fahrzeuglacke auf der Basis von Acryllacken sind sehr widerstandsfähig, hochglänzend, elastisch und schlagfest. Wodurch lassen sich diese Eigenschaften erzielen?*

4.17 Polykondensatharzlacke

4.17.1 Ungesättigte Polyester (UP)

Ungesättigte Polyester werden aus Alkohol (Glycol) und Dicarbonsäure (z. B. Phthalsäure) durch Polykondensation hergestellt.

Sie dienen als Stammlack für Gießharze, Spachtelmassen und ungesättigte Polyesterharzlacke.

4.17.2 Ungesättigte Polyesterharzlacke

Ungesättigte Polyesterharzlacke bestehen aus zwei Komponenten, dem **Stammlack** und dem **Härter.**

Als **Stammlack** bezeichnet man den in Styrol gelösten ungesättigten Polyester. Er enthält zur schnelleren Erhärtung Beschleunigungsmittel und bei Lackfarben die entsprechende Pigmentierung.

Als **Härter** bzw. **Beschleuniger** dienen *Peroxide.* Hierbei handelte es sich um reaktionsfreudige Sauerstoffverbindungen, die in Weichmacher gelöst und mit Lösemittel verdünnt wurden.

Die **Erhärtung** von ungesättigten Polyesterharzen erfolgt durch Polymerisation.

Insofern hätten wir diese auch dem vorherigen Kapitel zuordnen können. Aufgrund seiner Herstellung aus einem Polykondensat und seiner duroplastischen Eigenschaften nach der Erhärtung, haben wir diese Einteilung gewählt.
Nach der Mischung von Härter und Stammlack löst der Härter zwischen dem Styrol und dem ungesättigten Polyester die Makromolekülbildung aus, wobei sich das Styrol mit dem ungesättigten Polyester vernetzt. Ein Verdunsten des Lösemittels bzw. des Styrols findet daher kaum statt.

Die **Beschleunigungsmittel** bzw. **Härter** tragen mit dazu bei, dass die Polymerisation bei Raumtemperatur in 20 bis 30 Minuten einsetzt. Bei höheren Temperaturen verkürzt sich diese Zeit. Danach ist die Mischung nicht mehr verarbeitbar.

Die Zeit, in der die Mischung aus Härter und Stammlack verarbeitet werden kann, nennt man **Topfzeit.**

Farbauftrag: Die relativ kurze Topfzeit führt dazu, Polyesterlacke durch entsprechende Spritzverfahren zu verarbeiten. Hierzu gibt es spezielle Spritzpistolen, die eine getrennte Zuführung von Härter und Stammlack besitzen und diese erst im Spritzstrahl mischen.

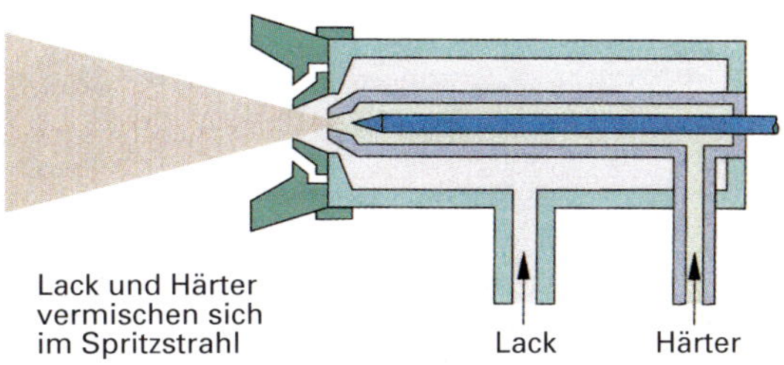

Arbeitsweise einer Zweikomponenten-Spritzpistole

Eine Lackierung oder Spachtelmasse aus ungesättigtem Polyester kann dickschichtig in einem Arbeitsgang aufgetragen werden, da die Beschichtung spannungsarm erhärtet. Dies liegt daran, dass das Styrol als Lösemittel bei der Mischpolymerisation mit dem Polyester chemisch gebunden wird.

Dadurch ist die Lackierung nahezu wasserdampfundurchlässig. Holz, das mit Polyesterharz beschichtet wird, muss daher sehr trocken sein. Eine Holzfeuchte von max. 12 % sollte eingehalten werden. Bei größerer Holzfeuchte besteht die Gefahr, dass durch Wärme ein Dampfdruck entsteht, der Risse verursachen oder die Beschichtung absprengen kann.

Polyesterlacke sind widerstandsfähig gegen Wasser, Lösemittel, Chemikalien und Abrieb. Sie ergeben harte und elastische Beschichtungen.

Luftsauerstoff wirkt sich auf den Erhärtungsprozess störend aus. Die Oberfläche bleibt klebrig. Durch wachsartige Zusätze, die den Sauerstoff abhalten, kann dies verhindert werden.

Verwendung: Die schnelle und spannungsarme Erhärtung begünstigt den Einsatz von ungesättigtem Polyester als Spachtelmasse, sowohl in der holz- und metallverarbeitenden Industrie als auch bei der Autoreparaturlackierung.
Als Lacke werden ungesättigte Polyester vor allem in der Möbelindustrie eingesetzt.

Neben Lacken und Lackfarben gibt es Grund- und Zwischenanstrichstoffe auf der Basis von Polyesterharzen sowie Gieß- und Laminierharze.
Besondere Bedeutung besitzen die **glasfaserverstärkten ungesättigten Polyester (GFK)**.

Gesundheitsschutz beim Umgang mit ungesättigten Polyesterharzen

Peroxide wirken stark ätzend!

Augen und Haut schützen!

Durch die Peroxide können Explosionen ausgelöst werden. Deshalb dürfen Polyesterharzlacke niemals in Spritzanlagen verarbeitet werden, in denen zuvor Öl-, Alkydharz- und Nitrolacke verarbeitet wurden.

Styrol ist giftig, wirkt narkotisierend! **Atemschutz tragen!**

Aufgaben

1. *Wie wird ungesättigter Polyester hergestellt?*
2. *Ungesättigte Polyesterharzlacke bestehen aus zwei Komponenten. Wie heißen diese?*
3. *Wodurch kommt die Erhärtung von ungesättigtem Polyester zustande?*
4. *Warum lassen sich ungesättigte Polyesterlacke problemlos in dicken Schichten auftragen?*
5. *Erklären Sie den Begriff Topfzeit.*
6. *Warum eignet sich feuchtes Holz nicht als Untergrund für eine Polyesterlackierung?*
7. *Welche Eigenschaften besitzen Lackierungen auf der Basis von ungesättigtem Polyester?*
8. *Worauf ist beim Verarbeiten von Polyester zu achten?*

4.17.3 Gesättigte Polyester

Zu ihnen zählen u. a. die bekannten Polyurethanharze, die als Grundlagen der PUR-Lacke dienen. Sie entstehen beispielsweise aus Polyisocyanat und Polyester.

4.17.4 Säurehärtende Lacke

Sie werden durch Polykondensation aus Dicarbonsäure und mehrwertigem Alkohol hergestellt.

Lösen wir 10 g Harnstoffharz in 20 ml Formalin und rühren ca. 10–15 Tropfen Salzsäure in die Lösung ein, stellen wir nach kurzer Zeit fest, dass die Mischung erhärtet. Durch die beiden Komponenten konnte offensichtlich ein fester Kunststoff erzeugt werden. Dabei wird eine scharf riechende Flüssigkeit als Kondensat abgespaltet.

Säurehärtende Kunstharze entstehen durch Polykondensation.

Säurehärtende Lacke lassen sich aus Phenol-, Harnstoff- oder Melaminharz herstellen. Hierzu werden die Harze in Lösemitteln gelöst. Als Härter dienen verschiedene Säuren und Salze. Sowohl anorganische als auch organische Säuren und saure Salze können mit den Harzlösungen die Reaktion der Vernetzung durch Polykondensation in Gang setzen.
Eine Polykondensation ist auch ohne Säureeinwirkung durch Erwärmung möglich. Bei ca. 180 bis 220 °C vernetzen die Harzlösungen ebenfalls durch Polykondensation.
Verwenden wir die Harzlösungen als Bindemittel, so zeigt sich, dass der erhärtete Lackfilm – gleichgültig ob durch Reaktion mit Säure oder Hitzeeinwirkung entstanden – sich durch Wärme nicht mehr erweichen lässt. Die Beschichtung ist ein Duroplast.

Eigenschaften: Die Lackierungen trocknen sehr hart auf. Sie sind widerstandsfähig gegen Wasser, Chemikalien und Lösemittel. Manche Lacksorten neigen zum Verspröden und dürfen nur dünn aufgetragen werden. Nicht alle Typen sind lichtbeständig, insbesondere Phenolharz vergilbt leicht.

Verwendung: Säurehärtende Lacke eignen sich für farblose und farbige Lackierungen auf Holz, beispielsweise für Parkettversiegelung, Sitzmöbel, Tische und Sportgeräte. In der Metallbeschichtung dienen sie als Haftgrundierungen, Wash-Primer[1] und als Einbrennlacke für Kühlschränke, Waschmaschinen usw.

Verarbeitung: Dem Stammlack werden je nach Gebrauchsanweisung ca. 10 % Härter zugesetzt. Der Lack dickt allmählich ein. Er sollte deshalb noch am selben Tag verarbeitet werden.

Aufgaben

1. *Wodurch kommt die Filmbildung bei säurehärtenden Lacken zustande?*
2. *Welche Eigenschaften besitzt der Anstrichfilm von säurehärtenden Lacken?*
3. *Wozu werden säurehärtende Lacke verwendet?*

4.18 Polyadditionsharzlacke

4.18.1 Polyurethanlacke (PUR)

Polyurethanlacke bestehen aus Polyester bzw. Polyether als Stammlack und Polyisocyanaten als Härter.
Bei Lackfarben sind die Pigmente immer im Stammlack enthalten.

Polyurethanlacke erhärten durch Polyaddition. Die Vernetzung zwischen den Makromolekülen kommt dadurch zustande, dass Wasserstoffatome von einer Molekülgruppe zur anderen wandern und so die Verkettung ermöglichen.

Polyurethanlacke sind auch unter dem Namen DD-Lacke bekannt. Die Abkürzung DD steht für Desmophen (Dialkohol bzw. Polyester) und Desmodur (Diisocyanat bzw. Polyisocyanat).

[1] Wash-Primer = Haftvermittler (engl. = dünn aufgetragener Erstanstrich)

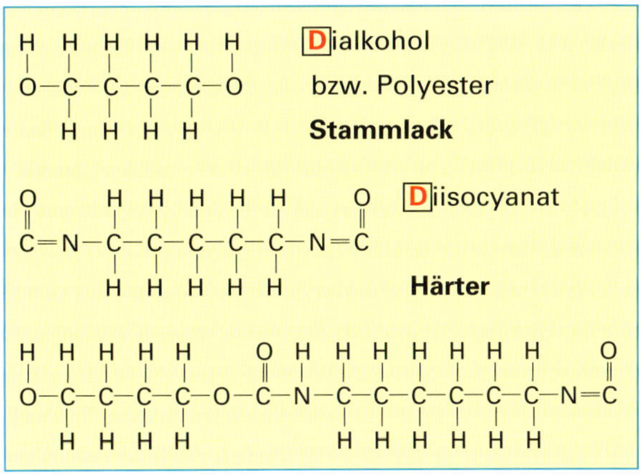

Polyurethan-DD-Lack

Das Mischungsverhältnis zwischen Stammlack und Härter ist je nach Fabrikat unterschiedlich. Beim Verarbeiten sind deshalb die Herstellerrichtlinien genau zu beachten. Falsche Mischungen führen zu Beschichtungsmängeln oder zu Trocknungsstörungen. Das Polyisocyanat reagiert auch mit Feuchtigkeit. Der Anstrich wird milchig und kann unansehnlich und klebrig bleiben. Deshalb dürfen Polyurethanlacke nur auf absolut trockenen Untergründen aufgetragen werden.

Wie wir bereits bei den Polyurethan-Acrylharzen gesehen haben, lassen sich Polyurethanlacke mit anderen Kunststoffen abwandeln. Außerdem stehen unterschiedliche Typen zur Verfügung:

- Zweikomponenten-Polyurethanlacke
- Feuchtigkeitshärtende Polyurethanlacke
- Polyurethan-Einbrennlacke
- Polyurethan-Acrylharzlacke
- Polyurethan-Alkydharzlacke
- Polyurethan-Teerlackfarben

Zweikomponenten-Polyurethanlacke erhärten durch Mischen von Stammlack und Härter. Zu ihnen zählen die *lufttrocknenden, ofentrocknenden* und *lösemittelfreien* Typen. Die lufttrocknenden Sorten erhärten bei Normaltemperatur in 4 bis 6 Stunden, die ofentrocknenden nach ca. 2 Stunden bei 80 °C bzw. ca. 1 Stunde bei 120 °C. Lösemittelfreie Typen bilden bereits nach ca. 30 Minuten ohne Schwund einen Anstrichfilm.

Feuchtigkeitshärtende Polyurethanlacke sind gebrauchsfertige Einkomponentenlacke. Sie benötigen zum Erhärten die Luftfeuchtigkeit. Die Trocknungsdauer beträgt bei Normaltemperatur ca. 6 Stunden, hohe Luftfeuchtigkeit begünstigt den Aushärtungsprozess.

Bei **Polyurethan-Einbrennlacken** werden die beiden Komponenten miteinander vermischt geliefert. Da in ihnen das Isocyanat blockiert ist, kommt bei Raumtemperatur keine Filmbildung zustande. Die Blockierung wird bei ca. 160 °C aufgebrochen, die Erhärtung kann einsetzen.

Die **Polyurethan-Acrylharzlacke** erhärten durch die beiden Komponenten, wobei als Stammlack Acrylharze mit freien Hydroxylgruppen (OH-Gruppen) dienen.

Die **Polyurethan-Teerlackfarben** erhärten wie die PUR-Acrylharzlacke, wobei als Stammlack Teerlackfarben fungieren und mit Isocyanat aushärten.

Urethan-Alkydharzlacke erhärten oxidativ. Sie sind härter und widerstandsfähiger gegen Wasser, Lösemittel und Chemikalien als die einfachen Alkydharze.

Verarbeitung: Die Polyurethanlacke sind dünnflüssige, leicht zu verarbeitende Lacke. Sie lassen sich durch Spritzen, Rollen und Streichen gut auftragen. Bei lösemittelverdünnbaren Typen wird die Viskosität mit Spezialverdünnung eingestellt.

Eigenschaften: Polyurethanlacke sind wetterbeständig, sehr abriebfest, beständig gegen Säuren, schwache Laugen, Öle und Lösemittel. Sie können sehr elastisch oder je nach Verwendungszweck auch sehr hart eingestellt sein.

Verwendung: Die Lacke werden überall dort eingesetzt, wo eine hohe Beanspruchung an die Beschichtung gestellt wird, z. B. auf Holz zur Versiegelung von Fußböden und Tischplatten, auf Putz, Asbest, Zementfußböden und Beton in Werkräumen, Laboratorien, Molkereien. Die Beschichtungen können auch auf alkalisch reagierenden Untergründen aufgetragen werden, da PUR-Lacke nicht verseifen. Sie eignen sich ebenso für hochwertige Metall- und Kunststoffbeschichtungen, z. B. auf Karosserien und Flugzeugen, außerdem auf Papier, Textilien und Gummi.

Gesundheitsschutz beim Umgang mit Polyurethanlacken

Polyurethanlacke können Allergien auslösen und die Atmungsorgane angreifen.

Deshalb sind Schutzhandschuhe und Atemschutzmaske zu tragen!

Vorsicht!
Leicht entzündliche Lösemittel!

Aufgaben

1. *Aus welchen Bestandteilen bestehen PUR-Lacke?*
2. *Wie erhärten Polyurethanlacke?*
3. *Polyurethanlacke werden vom Maler auch als DD-Lacke bezeichnet. Wie lässt sich diese Bezeichnung erklären?*
4. *Warum ist beim Mischen von Stammlack und Härter das angegebene Mischungsverhältnis genau einzuhalten?*
5. *Warum müssen beim Verarbeiten von PUR-Lacken auf Zweikomponentenbasis die Untergründe absolut trocken sein?*
6. *Nennen Sie sechs unterschiedliche Lacktypen auf der Basis von Polyurethan.*
7. *Für welche Einsatzgebiete eignen sich PUR-Lacke besonders gut?*
8. *Worauf ist beim Umgang mit PUR-Lacken aus gesundheitlichen Gründen zu achten?*

4.18.2 Epoxidharzlacke (EP)

Der Ausgangsstoff Epoxidharz wird durch Polykondensation aus Epichlorhydrin und Polyphenol gewonnen. Abhängig von der Molekülgröße sind Epoxidharze fest oder flüssig. Neben Bindemitteln von Lacken eignen sich die Epoxide auch für Klebstoffe, Gießharze, glasfaserverstärkte Kunststoffe, Schichtstoffe und Hartschaumstoffe.

Epoxidharzlacke erhärten durch Polyaddition. Die Vernetzung zwischen den Makromolekülen kommt durch chemische Reaktion mit dem Härter zustande.

Sie kommen in unterschiedlichen Typen vor:

- Zweikomponenten-Epoxidharzlacke
- Wasserverdünnbare Epoxidharzlacke
- Epoxid-Teer-Kombinationen
- Epoxid-Alkydharz-Kombinationslacke
- Epoxid-Einbrennlacke

Bei den Epoxidharzlackfarben sind die Pigmente stets im Stammlack enthalten.

Bei den **Zweikomponenten-Epoxidharzlacken** werden Stammlack und Härter getrennt geliefert. Als Härter werden Polyamine, Polyamide und Polyisocyanate verwendet. Diese beeinflussen die Eigenschaften der Beschichtung ebenso wie die unterschiedlichen Stammlacke.

Polyamine führen zu besonders lösemittel- und chemikalienbeständigen Beschichtungen,

Polyamide zu besonders elastischen, wasserbeständigen Beschichtungen und

Polyisocyanate zu besonders säure- und lösemittelbeständigen Beschichtungen.

Das Mischungsverhältnis zwischen Stammlack und Härter ist je nach Fabrikat unterschiedlich. Deshalb müssen die Herstellerrichtlinien genau eingehalten und der vom Hersteller vorgesehene Härter eingesetzt werden. Falsche Mischungen und Härter führen zu Beschichtungsmängeln oder zu Trocknungsstörungen.

Zu den Zweikomponenten-Epoxidharzlacken gehören die **kalthärtenden** und **lösemittelfreien** sowie **wasserverdünnbaren** Typen.

Kalthärtende Epoxidharzlacke erhärten bei einer Raumtemperatur von 20 °C und darüber. Darunter verläuft die Reaktion nur sehr zögerlich. Im Normalfall erfolgt die Trocknung in 3 bis 6 Stunden. Das erforderliche Speziallösemittel enthält u.a. Ketone, Alkohole, Xylol und Toluol.

Lösemittelfreie Epoxidharzlacke bestehen aus niedrigmolekularen bzw. kurzen Molekülketten. Dadurch ist der Stammlack bereits so flüssig, dass er nicht weiter mit Lösemittel verdünnt zu werden braucht. Chemisch gesehen sind sie den kalthärtenden Epoxidharzlacken ebenbürtig. Ihr Vorteil liegt in der erzielbaren Schichtdicke. Weil sie keine Lösemittel enthalten, können dickere Schichten aufgetragen werden, ohne dass Mängel in der Beschichtung zu befürchten sind. Sie erhärten vollständig in ca. 12 Stunden, ungeachtet der größeren Schichtdicke.

Die Zweikomponenten-Epoxidharzlacke eignen sich für Grund- und Deckbeschichtungen auf nahezu allen Untergründen. Sie werden zum Korrosionsschutz und als Unterwasseranstriche auf Stahl und Beton eingesetzt. Die Beschichtungen sind nach 5 bis 10 Tagen völlig ausgehärtet und sehr wasser-, wetter- und chemikalienbeständig. Sie besitzen eine gute Haftfestigkeit auf Metall und Beton; allerdings neigen Außenanstriche zum Kreiden und verlieren Farbe und Glanz.

Saugende Untergründe sind unpigmentiert mit Epoxidharz zu grundieren. Metalle grundiert man mit Wash-Primer oder Dickschichtfüller auf Epoxidharzbasis.

Gesundheitsschutz beim Umgang mit Zweikomponenten-Epoxidharzlacken

Polyamine wirken ätzend!

Augen und Haut schützen!

Die Dämpfe der flüssigen Polyamine und Polyisocyanate sind sehr gesundheitsschädlich. Deshalb ist für eine gute Raumentlüftung zu sorgen!

Wasserverdünnbare Epoxidharzlacke sind so eingestellt, dass Stammlack und Härter wasserverdünnbar werden. Sie erhärten nach dem Vermischen von Stammlack und Härter innerhalb weniger Stunden. Die Werkzeuge können nur innerhalb der Topfzeit gereinigt werden.
Die abriebfesten und alkalibeständigen Anstriche eignen sich besonders gut zur Beschichtung von Betonböden. Ihre Chemikalienbeständigkeit ist geringer als bei den lösemittelhaltigen Epoxidharzlacken.

Epoxid-Teer-Kombinationen eignen sich besonders für sehr beständige **Unterwasseranstriche.** Sie haften sehr gut auf Metall und Beton, sind schlag- und abriebfest. Bei der Reaktion von Stammlack und Härter verbinden sich diese zusätzlich mit dem Teer. Dadurch wird die Wasser-, Mineralöl- und Chemikalienbeständigkeit gegenüber vergleichbaren Alkydharzen erhöht. Sie ist aber geringer als bei den Epoxidharzlacken.

Epoxid-Alkydharz-Kombinationslacke erhärten wie die Alkydharze oxidativ. Dabei kommt es zur Veresterung von Epoxidharz mit der Fettsäure des Alkydharzes. Die Beschichtung ist dadurch widerstandsfähiger als von Öl- oder Alkydharzlacken, erreicht jedoch nicht die Belastbarkeit der Zweikomponenten-Epoxidharzlacke. Man verwendet die Epoxidesterlacke als schnell trocknende Malerlacke für Innen- und Außenarbeiten. Die Trockenzeit beträgt ca. 6 Stunden bei Normaltemperatur. Sie werden vor allem für Korrosionsschutzbeschichtungen, Grundierungen und Fußbodenbeschichtungen eingesetzt.

Epoxid-Einbrennlacke sind mit Phenol-, Harnstoff- und Melaminharzen kombinierte Lacke, die beim Einbrennen bei ca. 180 bis 220 °C vernetzen und erhärten. In ihrer Widerstandsfähigkeit gegen Chemikalien und Korrosion werden diese Beschichtungen von keinem anderen Anstrichstoff übertroffen. Sie werden vorwiegend in der industriellen Beschichtung von Kühlschränken, Waschmaschinen usw. angewendet.

Epoxidharzlacke und -lackfarben eignen sich für alle mineralischen Untergründe, für Metalle, Holz und Kunststoffe, die fest, griffig und frei von Öl und Fett sind. Sie sind bewährte Unterwasseranstrichstoffe, besonders in Verbindung mit Teer. Ihre Verwendung erstreckt sich auf alle Beschichtungen für höchste Ansprüche an Fahrzeugen, Maschinen, Schiffen und im Bauwesen.

Epoxidharzlacke und -lackfarben ergeben seidenglänzende bis glänzende Beschichtungen von hoher Festigkeit und Widerstandsfähigkeit gegen Säuren, Laugen, Lösemittel, Treibstoffe, Fette, Öle und Korrosion.

Aufgaben

1. *Wie erhärten Epoxidharzlacke?*
2. *Nennen Sie fünf unterschiedliche Typen von Epoxidharzlacken.*
3. *Welche Vorzüge besitzen die lösemittelfreien gegenüber kalthärtenden Epoxidharzlacken?*
4. *Wofür werden lösemittelfreie Epoxidharzlacke eingesetzt?*
5. *Welche Vor- und Nachteile haben die wasserverdünnbaren Epoxidharzlacke gegenüber den lösemittelhaltigen Typen?*
6. *Welche Eigenschaften von Alkydharzlacken lassen sich durch die Kombination mit Epoxidharz verbessern?*
7. *Wofür werden Epoxid-Einbrennlacke eingesetzt?*
8. *Nennen Sie fünf Eigenschaften, die Epoxidharzlacke auszeichnen.*

4.19 Wasserverdünnbare Lacke

Wasserverdünnbare Lacke besitzen gegenüber den lösemittelhaltigen Beschichtungsmitteln viele Vorteile. Ihre Beständigkeit, Qualität und Oberflächengüte steht den lösemittelhaltigen Anstrichstoffen in nichts nach. Sie sind leicht verarbeitbar und gut verdünnbar.

Weitere Vorteile sind:

- Werkzeuge lassen sich mit Wasser problemlos reinigen
- Gefahrenstoffe werden in der Lagerhaltung und beim Transport reduziert
- Schädliche Emissionen in die Luft entfallen
- Feuer- und Explosionsgefahr besteht nicht
- Schädigungen der Umwelt entstehen bei verantwortlichem Umgang nicht
- Schädigungen der Gesundheit unterbleiben

Schadstoffarme Produkte können nach RAL-Beurteilung mit dem **Blauen Engel** ausgezeichnet werden.

Aus diesen Gründen werden wasserverdünnbare Lacke und Beschichtungsmittel verstärkt im Maler- und Lackiererhandwerk eingesetzt. Die Lackindustrie unterstützt diese Bestrebung durch viele neue wasserverdünnbare Produkte; auch konnten viele lösemittelhaltige Anstrichstoffe auf Wasserverdünnbarkeit umgestellt werden.

Wasserverdünnbare Lacke weisen Eigenschaften herkömmlicher Lacke wie Glanz, Fülle, Verlauf und Festigkeit auf und schädigen Gesundheit und Umwelt nicht.

Unterschieden werden Wasserlacke und wasserverdünnbare Dispersionslackfarben.

Wasserlacke wurden zuerst in der Industrielackierung eingesetzt. Hierzu wurden Öle, Natur- und Kunstharze mithilfe alkalischer Stoffe in Wasser gelöst bzw. in wasserlösliche Harzseifen umgewandelt. So wurden in der Autolackierung Wasserlacke als Einbrennlacke auf der Basis von Phenol-, Melamin-, Acryl- und Alkdharzen verwendet. Sie ersetzten die lösemittelhaltigen Kunstharze und konnten im Tauch- bzw. Elektrotauchverfahren aufgetragen werden, außerdem hatten sie den Vorteil, dass keine gefährlichen Lösemitteldämpfe entstanden. Bald fanden wasserverdünnbare Lacke ihre Verwendung auch im Bautenschutz, sodass nach DIN 55945 Wasserlacke die Kurzbezeichnung für alle wasserverdünnbaren Lacke darstellt, die organische Bindemittel enthalten.

Heute unterscheiden wir im Allgemeinen:

- Dispersionsacryllacke
- wasserverdünnbare Alkydharzlacke
- wasserverdünnbare Polyurethanlacke

Sie haben unterschiedliche Eigenschaften. So neigten die Dispersionsacryllacke früher durch ihren thermoplastischen Beschichtungsfilm mitunter zum **Verblocken**. Dabei war zu beobachten, dass nach der vermeintlichen Trocknung eines Fenster- oder Türanstrichs beim Öffnen der Lack verklebte bzw. mitgerissen wurde. Bei den heutigen Lacken kommt diese Erscheinung kaum noch vor. Beim Schleifen kann das Schleifmittel leicht verkleben und die Beschichtung beschädigt werden. Neben dieser eher nachteiligen Erscheinung besitzen die Dispersionsacryllacke viele beachtliche Vorzüge. Sie können beispielsweise auf vorübergehend feuchten Untergründen aufgetragen werden, was bei den herkömmlichen Lacken zum Abplatzen der Beschichtung führen würde. Die Anstriche können nicht vergilben und auf alkalischen Untergründen nicht verseifen. Sie zeigen guten Verlauf, Fülle, Glanz und Elastizität.

Dispersionsacryllacke zeichnen sich durch eine hohe Wasserdampfdurchlässigkeit aus.

Die wasserverdünnbaren Alkydharzlacke stehen den lösemittelhaltigen Typen in den Eigenschaften in nichts nach. Sie sind eher elastischer, wetterfester, vergilbungs- und verseifungsbeständiger und zeichnen sich durch eine gute Haftung und dauerhaften Glanz aus. Auch die wasserverdünnbaren Polyurethanlacke können sich mit den lösemittelhaltigen durchaus messen, sodass vieles dafür spricht, zukünftig wasserverdünnbare Lacke noch stärker als bisher einzusetzen.

Ihre Einsatzbereiche sind nahezu unbegrenzt; sie sind für mineralische Untergründe, z. B. Sichtmauerwerk, Putze, Beton, Holzuntergründe, Kunststoffe, Stahlbauteile, Aluminium- und Zinkelemente, Gipskartonplatten, Raufasertapeten und Glasfaserwandbeläge sowie für gut haftende Altanstriche geeignet.

Bei der Verarbeitung gibt es gegenüber den lösemittelhaltigen Lacken beachtenswerte Unterschiede. Besonderes Augenmerk ist dabei auf die Vorarbeiten zu richten, denn sie können Hauptursache von späteren Mängeln sein. Im Gegensatz zu den lösemittelhaltigen Bindemitteln können wasserverdünnbare Lacke keine Fette oder fetthaltige Substanzen binden.

Die Untergründe müssen fest, fettfrei, sauber und trocken sein.

Beim Verarbeiten sollte auf die Raumtemperatur (18–20 °C) und die relative Luftfeuchtigkeit von (65–85%) geachtet werden. Die Verarbeitungstemperatur sollte nicht unter +8 °C liegen.

Vorarbeiten: Saugende und poröse mineralische Untergründe sind mit Tiefgrund bzw. gleichartigem Grundanstrichstoff vorzubehandeln, rohes Holz ist mit Holzimprägnierungsgrund zu schützen, Stahl muss nach der Entrostung zwei Korrosionsschutzanstriche erhalten. Alle tragfähigen Kunstharzanstriche sind anzulaugen, nachzuwaschen und danach leicht anzuschleifen.

Verarbeitung: Wasserverdünnbare Lacke lassen sich durch Spritzen, Rollen oder mit speziell entwickelten langborstigen *Kunststoffpinseln* verarbeiten. Diese bleiben bei der Arbeit steif und elastisch und garantieren eine gute Farbaufnahme und Verschlichtung. Weil die Lacke sehr schnell antrocknen, ist die Werkzeugreinigung alsbald vorzunehmen; sie erfolgt am besten mit einer Mischung aus Wasser und Spiritus. Dispersionslacke sind mehrmals am Tag überstreichbar; stellenweise Ausbesserungen bleiben sichtbar und sind zu vermeiden.

Projekte

1. Füllen Sie zwei Bechergläser ca. ein Viertel mit Leinöl. Gießen Sie auf das Leinöl des ersten Glases Wasser und versuchen Sie, das Leinöl durch Rühren in Wasser zu lösen. Im zweiten Glas fügen Sie dem Öl zunächst etwas Natronlauge hinzu und rühren die beiden Flüssigkeiten gut durch. Geben Sie danach ebenfalls Wasser hinzu und rühren nochmals um.
   Wie wirkt sich die Natronlauge auf das Öl-Wasser-Gemisch aus? Wie erklären Sie sich das veränderte Verhalten?
2. Stellen Sie je einen Probeanstrich mit
   - lösemittelhaltigem Alkydharzlack,
   - wasserverdünnbarem Alkydharzlack und
   - Dispersionslack auf Acrylbasis her.

   Beachten Sie den Anstrichaufbau und vergleichen Sie die Proben hinsichtlich Verlauf, Glanz, Trocknungsdauer und Kratzfestigkeit. Beurteilen Sie, ob die wasserverdünnbaren Lacke dem lösemittelhaltigen Lack gleichwertig sind.

Aufgaben

1. *Warum werden immer mehr wasserverdünnbare Lacke verwendet?*
2. *Welche Lacke bezeichnete man früher als Wasserlacke?*
3. *Wie wurden Wasserlacke früher hergestellt?*
4. *Nennen Sie die heute hauptsächlich verwendeten wasserverdünnbaren Lacke.*
5. *Erklären Sie den Fachausdruck „Verblocken“ und geben Sie die Ursachen für diese früher häufig aufgetretene Erscheinung an.*
6. *Warum können wasserverdünnbare Lacke auch auf Untergründe mit größerem Feuchtigkeitsgehalt aufgetragen werden?*
7. *Worauf ist bei den Vorarbeiten für eine Lackierung mit wasserverdünnbaren Lacken zu achten?*
8. *Welche Werkzeuge eignen sich für den Auftrag von Dispersionslacken?*

5 Die Farbmittel der Anstrichstoffe

5.1 Unterscheidung der Farbmittel

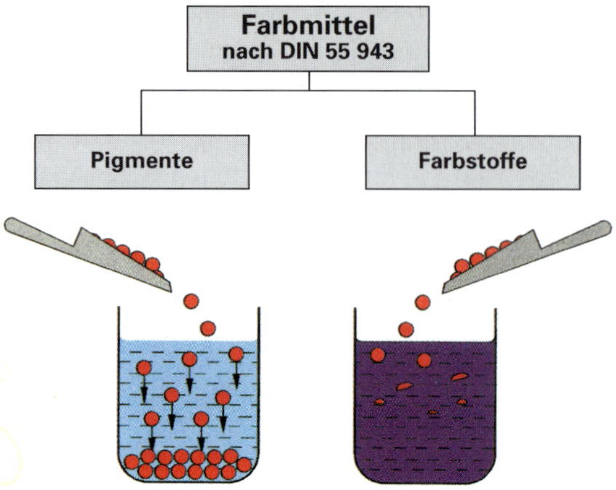

Pigmente sind in Wasser oder Bindemittel nicht löslich
⇒ **Suspension**

Farbstoffe sind in Wasser oder Bindemittel löslich
⇒ **Lösung**

Farbmittel

In einer Beschichtung erfüllen die Pigmente wichtige Aufgaben. Sie bestimmen u. a.

- Farbton
- Deckvermögen
- Schichtdicke
- Oberfläche (matt – glänzend)
- Schutz gegen Korrosion
- Schutz gegen UV-Strahlen
- Schutz gegen Witterungseinflüsse

Neben dem Bindemittel sind die Pigmente die wichtigsten Bestandteile in einer Beschichtung.

Sie unterscheiden sich in:

- Korngröße
- Form
- Eigenschaften
- Herstellung

5.1.1 Korngröße der Pigmente

Die Korngröße hängt von der Art der Beschichtung ab. Für einen Kunstharzputz sind größere Pigmente erforderlich als für einen deckenden oder einen lasierenden Farbanstrich.

lasierend: 0,05–0,4 µm

lasierende Pigmentschicht durch feinste Vermahlung
Mikronisierung

deckend: 0,5–5 µm

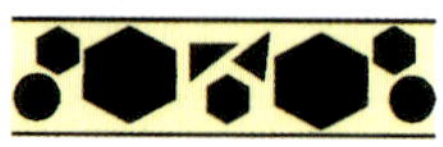

Die Korngröße bestimmt die kleinstmögliche **Schichtdicke.**

Größe der Pigmente

Durch ihre geringe Größe ist bei lasierenden Pigmenten die Struktur des Untergrundes, z. B. die Maserung von Holz, sichtbar. Die Pigmentierung reicht jedoch aus, das Eindringen von UV-Strahlen in den Untergrund zu verhindern.
Bei Kunstharzputzen ist die Pigmentgröße in mm angegeben. Sie gibt in etwa die Schichtdicke des Putzes an.

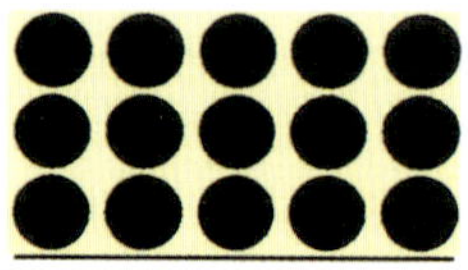

gleich große Pigmente sind **lichtdurchlässig**

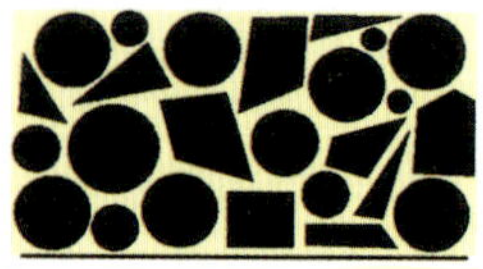

disperse Pigmente sind **lichtundurchlässig**

Lichtdurchlässigkeit

Pigmente gleicher Größe und Form sind im Allgemeinen lichtdurchlässiger als gemischte bzw. disperse[1] Pigmente.

Für deckende Anstrichmittel werden disperse Pigmente verwendet.

5.1.2 Form der Pigmente

Pigmente haben die unterschiedlichsten Formen. Diese hängen größtenteils von der Kristallstruktur des Ausgangsstoffes ab. Durch ihre geringen Abmessungen werden zwischen den Pigmenten Adhäsionskräfte wirksam, sodass sie sich zusammenlagern und Agglomerate[2] bilden. Aus diesem Grund werden die Pigmente zum Abtönen in der Regel nicht als trockenes Farbpulver geliefert, sondern in dickflüssigen Gebinden. In ihrer pastösen Form bleibt die Farbmischung stabil, die Pigmente bleiben in der Paste fein verteilt.
Im Korrosionsschutz werden schuppenförmige oder verseifende Pigmente gewählt, um den Untergrund gegen eindringende Stoffe abzudichten. Aktive Pigmente reagieren mit dem Bindemittel oder dem Untergrund, passive dagegen nicht. Aktive Pigmente bilden z. B. wasserunlösliche Metallseifen. Passive Pigmente schützen z. B. durch ihre Schuppenform.

schuppenförmige Pigmente

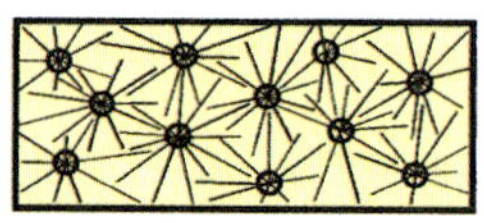

aktive – verseifende Pigmente

passive – aktive Pigmente im Korrosionsschutz

[1] dispers = gemischt (lat. dispergere = fein verteilt)
[2] Agglomerate = Anhäufungen
(lat. agglomerare = fest anschließen)

5.2 Einteilung der Pigmente

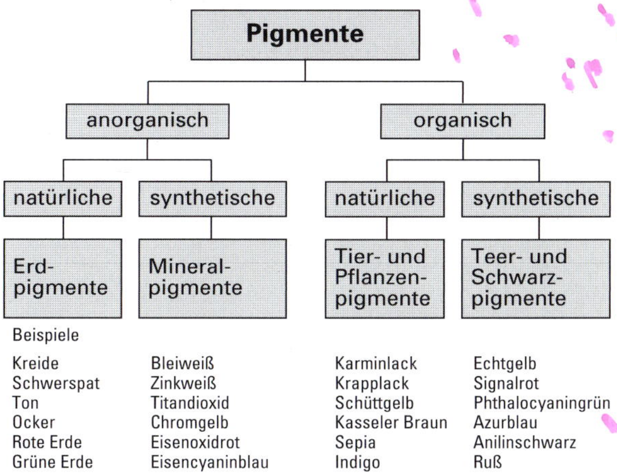

Übersicht – Pigmente

5.2.1 Füllstoffe

Neben den Pigmenten werden in Anstrichstoffen Füllstoffe eingesetzt. Sie sind, wie die Pigmente, im Bindemittel unlöslich und bilden daher mit den Pigmenten das gesamte Pigmentvolumen.

Füllstoffe verbessern die Eigenschaften der Pigmentierung und vergrößern bzw. strecken das Pigmentvolumen.

Sie füllen beispielsweise die Zwischenräume in der Pigmentierung und erhöhen die Festigkeit durch ihre harte Körnung. Außerdem geben sie den Anstrichstoffen, Kitten, Spachtel- und Verputzmassen die nötige Fülle, damit diese beim Erhärten nicht einfallen und Risse bekommen. So dient Schwerspat in Spachtelmassen und Quarzmehl in Verputzmassen als Füllstoff.

Füllstoffe sind meist billiger als Pigmente. Das Strecken mit Füllstoffen führt daher zu einer Kostensenkung, ohne die Eigenschaften des Anstrichfilms zu verschlechtern.

5.2.2 Streck- oder Verschnittmittel

Sie werden bei teuren oder gesundheitsschädlichen Pigmenten eingesetzt. Beispielsweise besteht Titanweiß aus 30 % Titandioxid und 70 % Kalkspat als Verschnittmittel. Bei Bleimennige wird der Anteil an Verschnittmittel in der Bezeichnung mit angegeben. So enthält Bleimennige V40 einen Verschnittmittelanteil von 40 %.
Für Füllstoffe und Verschnittmittel werden u. a. Schwerspat, Kalkspat, Kreide, Quarzmehl und Graphit eingesetzt.

5.3 Herstellung der Pigmente

5.3.1 Erdpigmente

Man gewinnt sie aus natürlich vorkommenden Erden, Steinen oder Mineralien. Sie werden u. a. durch Brechen, Schlämmen bzw. Reinigen und Mahlen aufbereitet.

5.3.2 Mineralpigmente

Sie lassen sich durch Oxidation, Salzbildung und Fällung oder durch Erhitzen herstellen, wobei sich chemisch gebundenes Wasser abspaltet oder verschiedene Grundstoffe verschmelzen.

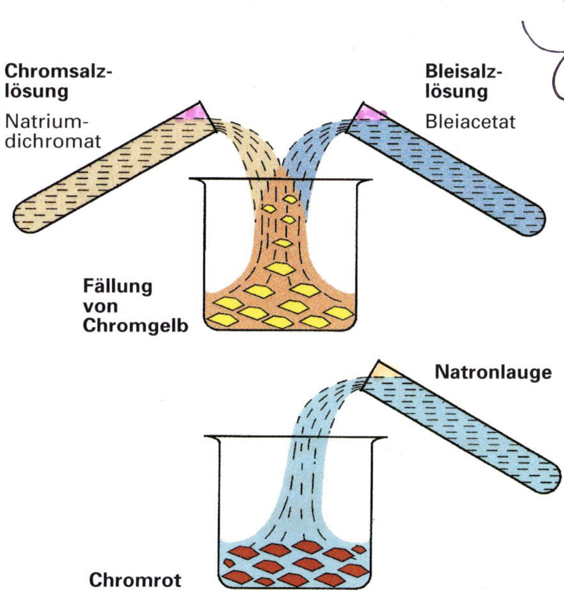

Gewinnung von Pigmenten durch Fällung

Weitere Beispiele für Pigmente, die durch Fällung hergestellt werden:

- **Miloriblau bzw. Berliner Blau**
  Eisenchloridlösung + gelbe Blutlaugensalzlösung
- **Lithopone**
  Zinksulfidlösung + Bariumsulfatlösung
- **Zinkgelb** (Zitronengelb)
  Zinksulfatlösung + Kaliumdichromatlösung

5.3.3 Tier- und Pflanzenfarben

Bei Tier- und Pflanzenfarben wird zunächst durch Auskochen eine Farbstofflösung hergestellt. Die Farbstofflösung wird danach mit einer Farbunterlage (Substrat) unlöslich verbunden. Wegen ihrer geringen Lichtechtheit werden sie für Anstrichmittel nicht mehr verwendet.

5.3.4 Teerpigmente

Teerpigmente sind komplexe CH-Verbindungen, die durch aufwendige chemische Verfahren gewonnen werden. Man unterscheidet lösliche und unlösliche Farbstoffe. Lösliche Farbstoffe dienen u. a. zum Färben von Textilien. Unlösliche können als Pigmente eingesetzt werden. Die Teerpigmente werden u. a. in Azo-, Triphenylmethan-, Metallkern-, Carbonyl- und Dioxazinpigmente unterteilt. Dabei besitzen die Metallkernpigmente (Phthalocyanine) sehr gute Farbeigenschaften, vor allem eine hohe Lichtechtheit, außerdem sind sie lösemittel-, alkali- und säurebeständig.

Aus löslichen Teerfarbstoffen lassen sich durch *Verlackung,* aus unlöslichen durch *Verkollern* mit einem Substrat unlösliche Pigmente herstellen.

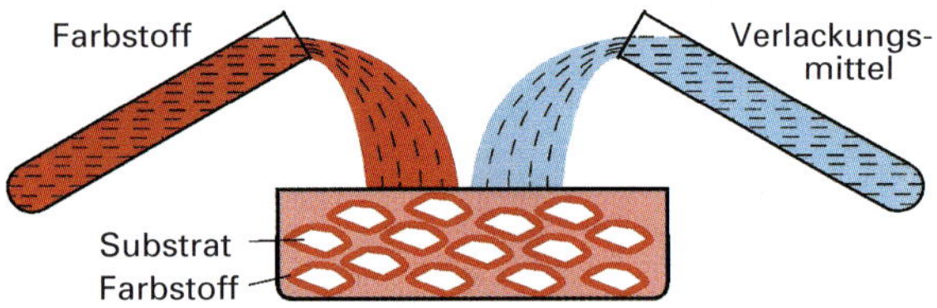

Pigmentherstellung durch Verlackung

5.3.5 Substrate

Farbunterlagen für lösliche organische Farbstoffe bezeichnet man als Substrate.

Ein häufig verwendetes Substrat ist Schwerspat.
Bei der Verlackung wird der lösliche Farbstoff mit dem Substrat vermischt und erhitzt, wobei durch entsprechende Verlackungsmittel eine Salzbildung erfolgt und der Farbstoff fest mit dem Substrat verbunden wird. Das so erzeugte Pigment wird auch als *Farblack* bezeichnet. (Nicht mit Lackfarben verwechseln!)
Bei unlöslichen Farbstoffen genügt das Vermahlen und Anreiben, d. h. Verkollern mit einem Substrat in einem Kollergang, um unlösliche Farbpigmente zu erhalten.

5.3.6 Schwarzpigmente

Sie werden meist aus Ruß oder durch Verkohlung organischer Produkte, z. B. Knochen, hergestellt. Als mineralisches Pigment steht Eisenoxidschwarz, als Teerpigment Anilinschwarz zur Verfügung.

5.4 Eigenschaften der Pigmente

Durch das Volumen, das die Pigmente innerhalb eines Anstrichs einnehmen, lassen sich Rückschlüsse auf die Eigenschaften der gesamten Beschichtung ziehen.

5.4.1 Pigment-Volumen-Konzentration (PVK)

Mit zunehmender Pigment-Volumen-Konzentration nehmen das Deckvermögen, die Härte und die Wasserdampfdurchlässigkeit der Beschichtung zu, der Glanzgrad und die Elastizität dagegen ab.

$$\text{PVK} = \frac{\text{Pigmentvolumen} \cdot 100\,\%}{\text{Pigmentvolumen} + \text{Bindemittelvolumen}}$$

Bei hoher PVK ist der Bindemittelanteil zwangsläufig gering. Die Widerstandsfähigkeit gegen Abrieb nimmt dadurch ab, ebenso ist die Verankerung der Beschichtung im Untergrund geringer.

5.4.2 Deckvermögen

Das Vermögen der Pigmente, die Farbe oder Farbunterschiede des Untergrundes zu verdecken, wird als Deckvermögen bezeichnet.

Das Deckvermögen ist im Allgemeinen von der Schichtdicke sowie der Art, Form und Größe der Pigmente abhängig. Einen besonderen Einfluss auf das Deckvermögen hat das Lichtbrechungsvermögen von Bindemittel und Pigmenten. Stimmen die Lichtbrechungszahlen überein oder liegen sehr nahe beieinander, decken die Pigmente nicht oder nur unzureichend.

Je stärker sich die Pigmente und die Bindemittel in der Lichtbrechung unterscheiden, umso größer ist das Deckvermögen.

Da das Deckvermögen immer vom Bindemittel und vom Pigment abhängig ist, lassen sich für die Pigmente allein nur pauschale Aussagen treffen.
Gutes Deckvermögen haben danach: Titandioxid, Eisenoxidgelb, Eisenoxidrot, Chromoxidgrün, Eisenoxidschwarz u. a.
Geringes Deckvermögen (lasierend): Terra di Siena, Kasseler Braun, Berliner Blau, Karminrot, Chromoxidhydratgrün.
Bestehen die Pigmente aus porösen Stoffen, saugen sie sich mit Bindemittel voll und wirken dadurch ebenfalls lasierend.

Hydrophile[1] **Pigmente** wirken lasierend.
Hydrophobe[2] **Pigmente** decken auch im nassen Zustand.

[1] hydrophil = wasseranziehend
(griech. hydor = Wasser + philein = lieben)
[2] hydrophob = wasserabstoßend
(griech. hydor = Wasser + phobos = Furcht)

Beispielsweise deckt Kreide als hydrophiles Pigment in einem wässrigen Bindemittel, z. B. Leimfarbe oder Dispersion, erst nach dem Trocknen. In öligen Bindemitteln deckt Kreide auch nach dem Trocknen sehr schlecht.
Dagegen deckt Titandioxid als hydrophobes Pigment bereits im nassen Zustand in nahezu allen Bindemitteln.

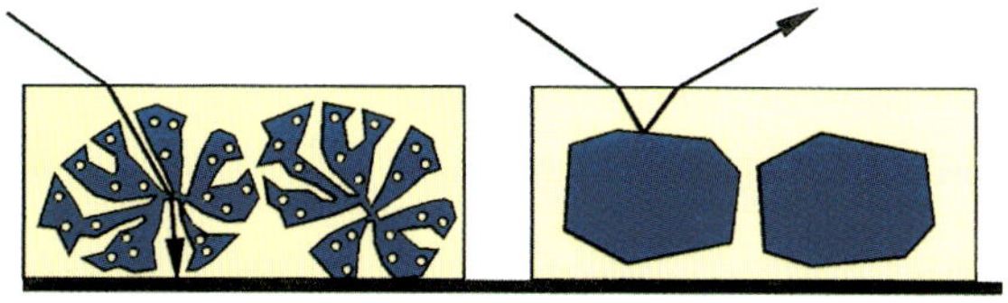

Hydrophile Pigmente wirken lasierend.

Hydrophobe Pigmente wirken deckend.

Pigmente

5.4.3 Färbevermögen

Innerhalb einer Mischung färben Pigmente unterschiedlich gut. Das Färbevermögen kann beim Abtönen eines weißen Pigments ermittelt werden. Mischkräftige Buntpigmente sind sparsam im Verbrauch. Häufig werden teure mischkräftige Pigmente mit einem Streckmittel „verschnitten", damit sie billiger werden.

Sehr mischkräftige Pigmente sind: Berliner Blau, Englischrot, Chromgelb, Oxidgelb, Chromoxidgrün.

5.4.4 Überstreichbarkeit

Manche Pigmente lassen sich vom Bindemittel oder Lösemittel anlösen. Diesen unliebsamen Vorgang nennt man **Ausbluten**.

5.4.5 Lichtechtheit

Die Beständigkeit gegen Ausbleichen, Vergilben, Nachdunkeln oder Farbverlust durch Licht- oder Sonnenstrahlen, nennt man Lichtechtheit.

Reine Pigmente sind in der Regel lichtechter als gemischte Pigmente. Erdfarben sind lichtechter als Mineral- und Teerfarben.

5.4.6 Alkali- bzw. Säurebeständigkeit

Mineralische Bindemittel wie Kalk, Zement und Wasserglas sind sehr alkalisch, ebenso frischer Beton, Zement-, Kalk- und Silikatputz. Die im Anstrichstoff verwendeten Pigmente müssen deshalb alkalibeständig sein. Die Alkalität von frischem Putz oder flüssigem Bindemittel nimmt von Kalk über Zement bis Wasserglas zu. So kann es vorkommen, dass ein Pigment zwar kalk- und zementecht ist, nicht jedoch wasserglasecht.
Sehr alkalibeständig sind in der Regel die Erdfarben, mit Ausnahme von gipshaltigen Pigmenten und Füllstoffen, wie z. B. Leichtspat. Aber auch viele mineralische und organische Pigmente lassen sich in alkalischen Bindemitteln problemlos einsetzen.

Nicht alkalibeständig sind Chromgelb, Berliner Blau, Chromgrün. Sie verlieren ihren Farbton und verfärben sich meist rotbraun.

Bleipigmente und Bronzen aus Aluminium werden von Wasserglas besonders angegriffen, gipshaltige Pigmente und Füllstoffe dicken in Wasserglas ein.

Abgase bilden mit Regen und Nebel Säuren. Die Pigmente im Außenbereich müssen daher säurebeständig sein. Außerdem sind in säurehärtenden Bindemitteln entsprechend beständige Pigmente erforderlich. Auch beim Neutralisieren und Fluatieren werden Säuren verwendet, die mit den Pigmenten reagieren können.
Nicht säurebeständig sind u.a. Erdfarben, die Calciumcarbonat ($CaCO_3$) enthalten. Beispielsweise reagiert wasserunlösliche Kreide ($CaCO_3$) mit Schwefelsäure, es entsteht wasserlöslicher Gips ($CaSO_4$). Als Außenpigment ist Kreide daher nicht mehr verwendbar. Ebenfalls nicht säurebeständig sind mineralische Pigmente, die Blei, Zink oder Aluminium enthalten, sowie Ultramarinblau und Chromgelb.

Da Blei-, Zink- und Aluminiumpigmente im Korrosionsschutz eingesetzt werden, müssen diese durch das umgebende Bindemittel oder durch säurebeständige Deckanstriche geschützt werden.

Nicht säurebeständige Pigmente bilden mit Säuren häufig wasserlösliche Salze. Sie verlieren ihren Farbton und verfärben sich meist weißgrau.

5.4.7 Die Giftigkeit von Pigmenten

Früher wurden häufig giftige Pigmente verwendet, weil der besondere Farbton oder die Schutzwirkung durch andere Pigmente nicht erreichbar war. So wurden im Korrosionsschutz giftige Bleimennige, Bleiweiß und Zinkchromat eingesetzt. Als gelber Farbton fand Chromgelb einen weitverbreiteten Einsatz. Kupfer- und so genannte Goldbronzen erwiesen sich ebenfalls als giftig. Giftige Pigmente enthalten Arsen-, Blei-, Chrom-, Jod-, Strontium-, Quecksilber- und Kupferverbindungen.

Pigmente können krebserzeugend, erbgutverändernd und fruchtschädigend wirken sowie die Fortpflanzungsfähigkeit beeinträchtigen.

Giftige Pigmente sind durch ungiftige zu ersetzen.

Die meist ungiftigen organischen Teerpigmente stehen in einer breiten Farbpalette zur Verfügung. Sie sind chemikalienbeständig und in der Regel sehr lichtecht. Als Korrosionsschutzpigmente können giftige Bleimennige durch Zinkstaubfarben, Zinkchromat durch ungiftiges Zinkphosphat ersetzt werden. Die heute zur Verfügung stehenden Kunstharze schützen die Untergründe in viel höherem Maße, als dies bei früheren Bindemitteln der Fall war.
Trotzdem ist Vorsicht geboten!

Beim Umgang mit giftigen Pigmenten sind die vorgeschriebenen Schutzmaßnahmen sorgfältig einzuhalten.

5.4.8 Schutzwirkung der Pigmente

Die Pigmente sorgen im Anstrichstoff für eine gewisse Schichtdicke, Fülle, Härte und Widerstandsfähigkeit. Blei- und Zinkpigmente beschleunigen in öligen Bindemitteln die Erhärtung. Sie reagieren als **aktive Pigmente** mit der Fettsäure der öligen Bindemittel und bilden wasserunlösliche Seifen.

Zu den aktiven Pigmenten zählen: Bleimennige, Bleiweiß, Zinkchromat, Zinkweiß und Zinkgelb.

Schuppenförmige Pigmente verlängern den Durchgangsweg und vermindern die Durchlässigkeit für Wasser, Sauerstoff und aggressive Stoffe. Sie schützen den Untergrund allein durch ihre Blättchenform und werden deshalb auch als inaktive oder passive Pigmente bezeichnet.

Zu den schuppenförmigen Pigmenten zählen: Aluminiumbronzen, Eisenglimmer, Glimmer und Graphit.

Im Korrosionsschutz wirkt Zinkpulver als **„Opferanode"**, d. h. bei der Korrosion wird Zink abgebaut. Stahl rostet nicht, solange Zink vorhanden ist.
Zinkoxid wirkt auf Bakterien und Pilze keimtötend und verhindert so den Pilzbefall von Anstrichen.
Feinst gemahlene Pigmente (Lasurpigmente) sind im Holzschutz in der Lage, UV-Strahlen nicht in das Holz eindringen zu lassen.
Zum Schutz gegen Feuereinwirkung verhindern Feuerschutzpigmente das Entflammen und bilden eine schaumartige, isolierende Schutzschicht gegen die Hitze.

5.5 Glanzpigmente – Metalleffektpigmente

Als **Glanzpigmente** werden meist Aluminiumpigmente verwendet. Sie sind hochglänzend und haben eine ausgeprägte Blättchenstruktur. Je nach Oberflächenbehandlung legen sich die Blättchen wie „Laubblätter auf einem Gewässer" (Leafing-Typen[1]) an der Oberfläche der Beschichtung dicht nebeneinander und berühren sich an den Rändern. Beim Erhärten wird diese Position beibehalten, so dass die glatte, stark reflektierende Schicht metallisch glänzend erscheint.
Auf dieser Basis lassen sich u. a. Perlglanz-, Brillant-, Kristall- und Regenbogeneffekte herstellen. Bei Metallic-Lackierungen wird der Glanzeffekt durch einen Klarlacküberzug besonders hervorgehoben. Beim Hammerschlageffekt entstehen die kraterartigen Vertiefungen durch Mischen unverträglicher Bindemittel oder Zusätze.

Metallbronzen haben keine geordnete Blättchenstruktur (Non-leafing-Typen). **Silberbronze** wird aus Aluminiumpulver, **Goldbronzen** aus Kupfer-Zink-Legierungen hergestellt.

5.6 Leuchtpigmente

Pigmente, die im Dunkeln leuchten oder am Tage besonders starke Leuchtkraft besitzen, werden als Leuchtpigmente bezeichnet.

Wir unterscheiden:
- selbstleuchtende Pigmente
- nachleuchtende Pigmente
- fluoreszierende Pigmente
- Tagesleuchtfarben

Selbstleuchtende Pigmente enthalten radioaktive Stoffe, sind sehr teuer und werden wegen ihrer Strahlung kaum noch eingesetzt.

Nachleuchtende Pigmente bestehen aus Schwefelverbindungen von Zink. Obwohl sie keinen Phosphor enthalten, werden sie fälschlicherweise oft als „phosphoreszierend" bezeichnet. Sie leuchten nach vorheriger Lichteinwirkung.

Fluoreszierende Pigmente wandeln kurzwelliges UV-Licht in sichtbares Licht um und verstärken dadurch die Leuchtkraft. Sie leuchten nur während der Bestrahlung.

Tagesleuchtfarben leuchten durch Fluoreszenz bereits bei normalem Tageslicht. Sie werden deshalb für Signalfarben, Warntafeln usw. verwendet.

[1] Leafing = blättchenartig (engl. leaf = Blatt)

Aufgaben

1. *Wodurch unterscheiden sich Pigmente und Farbstoffe?*
2. *Warum verwenden wir für deckende Anstriche disperse Pigmente?*
3. *Weshalb kann man bei einer Lasur die Holzmaserung noch erkennen?*
4. *Warum werden Abtönfarben meist als Pasten geliefert?*
5. *Teilen Sie die Pigmente in Gruppen nach ihrer Herstellung ein.*
6. *Wofür werden Füllstoffe verwendet?*
7. *Wozu benötigt man Substrate?*
8. *Erklären Sie, wovon das Deckvermögen der Pigmente abhängig ist.*
9. *Welchen Einfluss hat die Pigment-Volumen-Konzentration auf die Beschichtung?*
10. *In welchem Zusammenhang müssen alkalibeständige Pigmente eingesetzt bzw. säurebeständige Pigmente verwendet werden?*
11. *Worauf beruht die Wirkung von Glanzpigmenten?*
12. *Aus welchem Grund leuchten Tagesleuchtfarben?*

5.7 Überblick über die Pigmente

Die nachstehend beschriebenen Pigmente stellen nur eine kleine Auswahl dar. Bei der Vielzahl der vorhandenen Pigmente würde es den Rahmen dieses Buches sprengen, wollte man den Versuch unternehmen, die Pigmente umfassender darzustellen.

Bei unserem Überblick wollen wir uns daher auf eine Auswahl monochromer Weiß- und Schwarzpigmente, polychromer Buntpigmente, Metalleffektpigmente, Korrosionsschutzpigmente und Füllstoffe beschränken.

5.7.1 Weißpigmente

Bezeichnung	Gruppe	Sorten – Eigenschaften	Verwendung
Bleiweiß	Mineralpigment	**Aktives Pigment**, bildet mit der Fettsäure ölhaltiger Bindemittel wasserunlösliche Seifen; sehr lichtbeständig; gutes Deckvermögen; **giftig**.	Für Anstriche im Außenbereich, u. a. als Korrosionsschutzanstriche.
Kreide	Erdpigment	Je nach Herkunft grauweiß bis gelblich, hellste Sorte Champagnekreide; deckt in wässrigen Bindemitteln gut, in ölhaltigen schlecht.	Für Leimfarben und Innendispersionen, für Silikatfarben und Feuerschutzanstriche; dient häufig als Füllstoff für Kitte und Spachtelmassen.
Lithopone bzw. Zinksulfid	Mineralpigment	**Rot-, Grün- und Silbersiegel** enthalten 30 %, 40 % und 60% ZnS. Das Deckvermögen steigt mit dem ZnS-Gehalt; lichtecht; neigt in Öl zum Vergilben.	Für Innenanstriche in Öl-, Lack- und Dispersionsfarben.
Titanweiß	Mineralpigment	**Rutil** unterscheidet sich von **Anatas** durch das stabilere Kristallgitter. Beide sind sehr lichtecht und besitzen ein hohes Deckvermögen.	**Rutil**: Sehr wetterfest für innen und außen. **Anatas:** Nur für innen. Beide sind mit allen Bindemitteln verträglich.
Zinkweiß	Mineralpigment	**Weiß-, Grün- und Rotsiegel**; abnehmendes Deckvermögen von Weiß- nach Rotsiegel. **Aktives Pigment**, bildet mit der Fettsäure ölhaltiger Bindemittel wasserunlösliche Seifen; sehr lichtbeständig; gutes Deckvermögen; wirkt keimtötend auf Pilze und Bakterien.	In Dispersions- und Lackfarben für innen und außen; fördern den Verlauf von Lackfarben; sind gut mischbar mit anderen Pigmenten.

5.7.2 Schwarzpigmente

Bezeichnung	Gruppe	Sorten – Eigenschaften	Verwendung
Anilinschwarz	Teerpigment	Tiefschwarzer Farbton; mit allen anderen Pigmenten verträglich; sehr gut deckend; in wässrigen Bindemitteln schlecht benetzbar.	In Öl-, Nitro- und allgemeinen Lackfarben.
Eisenoxidschwarz	Mineralpigment	Farbton je nach Reinheit; mit anderen Pigmenten und allen Bindemitteln verträglich; sehr gut deckend; gut benetzbar.	Zum Färben von Zement und Edelputz; für Silikat- und Korrosionsschutzfarben.
Rußschwarz	organisches Pigment	Größtes Färbevermögen; sehr lichtbeständig; schlecht benetzbar.	Herstellung von Lack- und Druckfarben; in öligen Bindemitteln schlechte Trocknung, Zusatz von Sikkativ oder Hartrockenöl notwendig.

5.7.3 Buntpigmente

Bezeichnung	Gruppe	Sorten – Eigenschaften	Verwendung
Berliner Blau bzw. Miloriblau	Mineralpigment	Sehr gutes Färbevermögen; sehr lichtbeständig; nicht alkalibeständig.	In Leim-, Dispersions-, Öl- und Lackfarben. Nicht für alkalische Bindemittel.
Cadmiumorange	Mineralpigment	Sehr lichtbeständig; hohes Deckvermögen; mit allen Bindemitteln verträglich.	In sämtlichen Bindemitteln für innen und außen.
Chromoxidgrün	Mineralpigment	Olivgrüner, stumpfer Farbton, im Gegensatz zu Chromoxidhydratgrün, das einen feurig grünen Farbton besitzt; sehr lichtbeständig; mit allem Bindemitteln verträglich.	In sämtlichen Bindemitteln für innen und außen.
Eisenoxidgelb	Mineralpigment	Ockergelber bis rötlicher Farbton; je nach Reinheit gut deckend; mit anderen Pigmenten und allen Bindemitteln verträglich; hitzebeständig bis 180 °C.	In sämtlichen Bindemitteln für innen und außen.
Eisenoxidrot	Mineralpigment	Deckende und lasierende Sorten, rotgelber bis rotvioletter Farbton, sehr lichtbeständig; mit allen Bindemitteln verträglich.	In sämtlichen Bindemitteln für innen und außen. Korrosionsschutzfarben anstelle von Bleimennige.
Heliogengrün bzw.Phthalocyaningrün	Teerpigment	Sehr lichtbeständig; säuren- und alkalibeständig; sehr hitzebeständig.	In Dispersions- und Lackfarben für innen und außen.
Kasseler Braun	Tier- und Pflanzenfarben	Lasierender, dunkelbrauner Farbton; nicht alkalibeständig; nur gering lichtbeständig.	Für Lasuren und Beizen. Nicht in Kalk- oder Silikatfarben verwendbar.
Nickeltitangelb	Mineralpigment	Sehr lichtbeständig; hohes Deckvermögen; säuren- und alkalibeständig; sehr hitzebeständig.	In allen Bindemitteln verwendbar, hält hohen Anforderungen stand.
Paliogenrot	Teerpigment	Großes Färbevermögen, säure- und alkalibeständig; sehr licht- und hitzebeständig.	In hochwertigen Lackfarben für innen und außen.
Ultramarinblau	Mineralpigment	Blaugrüner, violetter bis rotvioletter Farbton; alkalibeständig; nicht säurebeständig.	In sämtlichen Bindemitteln für innen und außen.

5.7.4 Metalleffektpigmente

Bezeichnung	Gruppe	Sorten – Eigenschaften	Verwendung
Aluminiumbronze	reines Aluminium	Leafing-[1] und Non-leafing-Sorten; sehr wetterbeständig, hitzebeständig, gut deckend.	Korrosionsschutz, Hammerschlaglacke, Effektlacke
Goldbronzen	Legierung von Kupfer und Zink	Nicht wetterbeständig, werden durch Oxidation dunkel.	Zum Bronzieren in der Dekorations- und Schmuckmalerei; billiger Ersatz für Vergoldungen; mit Achatstein polierbar.
Kupferbronze	reines Kupfer	wetterbeständig, laufen durch Hitze an oder reagieren mit sauren Pigmenten, nur mit neutralen Bindemitteln verträglich.	Zum Bronzieren in der Dekorations- und Schmuckmalerei. Für Unterwasseranstriche auf Holz.
Silberbronzen	Legierung von Kupfer, Zink und Nickel	Nicht wetterbeständig, werden durch Oxidation dunkel.	Zum Bronzieren in der Dekorations- und Schmuckmalerei; mit Achatstein polierbar.

Die Bezeichnung Gold- bzw. Silberbronzen bezieht sich nur auf das Aussehen der Legierung. Sie enthalten weder Silber noch Gold.

5.7.5 Korrosionsschutzpigmente

Bezeichnung	Gruppe	Sorten – Eigenschaften	Verwendung
Bleimennige	Mineralpigment	**Aktives Korrosionsschutzpigment**; bildet in öligen Bindemitteln wasserunlösliche Bleiseifen; gering säurebeständig; schnell trocknend durch sikkativierende Wirkung; **gesundheits- und umweltschädigend, giftig! Gift der Abt. 3.**	Korrosionsschutzgrundierungen. aktiver Korrosionsschutz in öligen Bindemitteln; passivierende Wirkung in Chlorkautschuk, Epoxidharz, Polyurethan- und Vinylharzen.
Zinkchromat	Mineralpigment	Passivierende Wirkung; geringes Deckvermögen; mit allen Pigmenten und Bindemitteln verträglich. **Giftig, krebserzeugend!**	Korrosionsschutzgrundierungen. Wash-Primer in der Fahrzeuglackierung.
Zinkphosphat	Mineralpigment	Passivierende Wirkung; geringes Deckvermögen; mit allen Pigmenten und Bindemitteln verträglich. **Gift der Abt. 3.**	Korrosionsschutz auf Stahluntergründen in Kombination mit anderen Pigmenten. Für die schichtbildende Phosphatierung.
Zinkstaub	Zinkpulver mit Spuren von Blei, Kupfer und Cadmium	Passivierende Wirkung durch kathodische Schutzwirkung (Zink = „Opferanode“); gering säure- und alkalibeständig. Keimtötend für Bakterien und Pilze; **ungiftig**.	Als Rostschutzfarben auf Stahl bei starker Beanspruchung durch Feuchtigkeit. Shop-Primer unter wetter- und chemikalienbeständige Beschichtungen.
Glimmer	Legierung von Metallen	Passives, schuppenförmiges Pigment; verhindert das Eindringen von Feuchtigkeit; **ungiftig**.	Zur Verbesserung der Wetterbeständigkeit, Abrieb- und Haftfestigkeit.
Eisenglimmer	Erdpigment	Passives, schuppenförmiges Pigment; **ungiftig**.	Für korrosionsschützende Grund- und Deckbeschichtungen.
Graphit	Erdpigment	Passives, schuppenförmiges Pigment; **ungiftig**.	Für chemikalien- und hitzebeständige Korrosionsschutzbeschichtungen.

[1] leafing bzw. non leafing (engl. = aufschwimmende bzw. nicht aufschwimmende Blättchen)

5.7.6 Füllstoffe

Bezeichnung	Gruppe	Sorten – Eigenschaften	Verwendung
Dolomit **[$CaMg(CO_3)_2$]**	Carbonatischer Füllstoff	Sehr wetterbeständig; mit allen Bindemitteln und Pigmenten verträglich; hart und wenig empfindlich gegen Säuren; ungiftig.	Verschnittmittel für Weiß- und Buntfarben, u. a. für Titanweiß; Füllstoff für Kitte und Spachtelmassen.
Kreide **[$CaCO_3$]**	Carbonatischer Füllstoff	Vielfältige Korngrößen; wetterbeständig; mit allen Bindemitteln und Pigmenten verträglich; porös und gering säurebeständig; ungiftig.	Füllstoff für Kitte und Spachtelmassen, in Grundiermittel und Füller mit hoher Packungsdichte.
Kaolin bzw. China clay **[$Al2O_3 \cdot 2SiO_2 \cdot 2H_2O$]**	Silikatischer Füllstoff	Sehr widerstandsfähig und hart, mit allen Bindemitteln und Pigmenten verträglich; verbessert durch seine Plättchenform das Fließverhalten der Anstrichstoffe; ungiftig.	Füllstoff mit besonderer mechanischer Widerstandsfähigkeit; erleichtert die Emulgierung und verhindert die Entmischung bei Dispersionen; Bleicherde für ölige Bindemittel.
Schwerspat **[$BaSO_4$]**	Natürlicher, sulfatischer Füllstoff	Chemikalienbeständig; mit allen Bindemitteln und Pigmenten verträglich; hohes Deckvermögen; ungiftig.	Pigment für wässrige Bindemittel; Verschnittmittel für Weiß-, Bunt- und Korrosionsschutzpigmente, Füllstoffe für Spachtelmassen und Grundiermittel, Substrat = Farbunterlage für Teerpigmente.
Blance Fix **[$BaSO_4$]**	Synthetischer, sulfatischer Füllstoff		

5.8 Gesundheits- und Umweltschutz im Umgang mit schädigenden Pigmenten

Beim Entfernen oder Schleifen von Altanstrichen sowie beim Verarbeiten von Grundiermitteln, Füllern und Beschichtungen können durch unsachgemäßen Umgang Gesundheits- und Umweltschäden hervorgerufen werden. So kann Schleifstaub von Zinkweiß oder Zinkoxid fieberhafte Erkrankungen verursachen. Chrompigmente führen bei offenen Wunden zu Entzündungen, nickelhaltige Pigmente können Allergien auslösen. Besonders schädigend wirken sich Pigmente aus, die aus Blei-, Chromat- und anderen Schwermetallverbindungen bestehen.
Die Pigmente werden mit dem Schleifstaub, Spritznebel und durch Dämpfe beim Schweißen oder Abbrennen eingeatmet. Bleipigmente reichern sich dauerhaft im Körper an und führen zu schweren Gesundheitsschäden. Sie wirken sich u. a. fruchtschädigend aus und beeinträchtigen die Entwicklung des menschlichen Lebens bereits im Mutterleib. Chromate, wie beispielsweise Zinkchromat, sind krebserzeugend und können Erbgutveränderungen hervorrufen.
Neben diesen direkten Beeinträchtigungen besteht beim Verarbeiten, Entfernen oder Schleifen die Gefahr, dass diese schädlichen Pigmente die Umwelt belasten und in die Nahrungskette gelangen können.

Auf blei- und chromathaltige Beschichtungen sollte daher möglichst verzichtet werden!

Vorsichtsmaßnahmen

Haut und Augen vor Entzündungen durch Schutzbrille und Schutzhandschuhe schützen!

Untergründe nass schleifen!

Beim Verarbeiten für gute Lüftung sorgen. Bei gesundheitsschädlichen Stoffen muss eine Atemschutzmaske getragen werden.

Während der Arbeit darf nicht geraucht und gegessen werden.

Die Hände vor dem Essen und nach der Arbeit gründlich reinigen!

Aufgaben

1. *Wofür eignen sich Titanweißpigmente?*
2. *Nennen Sie vier Buntpigmente.*
3. *Aus welchen Metallen werden Effektpigmente hergestellt?*
4. *Warum sollte man auf blei- und chromathaltige Anstrichstoffe verzichten?*
5. *Worin unterscheiden sich die Korrosionsschutzpigmente?*
6. *Wozu verwendet man Füllstoffe?*

6 Lösemittel und Zusatzmittel

6.1 Aufgaben der Lösemittel

6.1.1 Lösemittel – Verdünnungsmittel

Lösemittel haben die Aufgabe, feste und flüssige Stoffe zu lösen, ohne diese chemisch zu verändern. **Verdünnungsmittel** verdünnen Anstrichstoffe auf die erforderliche Viskosität.

6.1.2 Wirkung der Lösemittel

Beim Lösen dringen Lösemittelmoleküle in das Gefüge des Bindemittels ein und umhüllen die einzelnen Moleküle. Durch diese Lösemittelhüllen werden die Anziehungskräfte, die das Bindemittel zusammenhalten, so weit verringert, dass dies schließlich zu einer Verteilung der gelösten Stoffe in der Lösung führt.

6.1.3 Lösemittel im Anstrichstoff

Lösemittel regulieren die Viskosität eines Anstrichstoffes. Sie unterstützen die Benetzung der Pigmente und Füllstoffe. Dadurch wird die Vermischung verbessert und ein gleichmäßiger Farbanstrich erreicht.
Bei zuviel Lösemittel in einem Anstrichstoff verringert sich der Anteil des Bindemittels am gesamten Anstrichstoff, das Bindemittel „magert" aus. Die Schutzwirkung der Beschichtung wird beeinträchtigt, Elastizität, Glanz und Deckfähigkeit nehmen ab. Besonders problematisch ist die Verdünnung von thixotropen Anstrichstoffen. Nicht nur, dass die thixotrope Wirkung verloren gehen kann, auch Glanzflecken können die Folge sein.
Die Löse- und Verdünnungsmittel müssen auf das Bindemittel abgestimmt sein. Wird darauf keine Rücksicht genommen, kann sich der Anstrichstoff zersetzen. Störungen in der Oberfläche wie Bläschen, Orangenschaleneffekt oder mangelnder Verlauf können die Folge sein.

6.1.4 Lösevermögen

Das Lösevermögen hängt von den zwischenmolekularen Kräften im Lösemittel und in dem zu lösenden Stoff ab.

Diese können im Lösemittel und in dem zu lösenden Stoff sehr unterschiedlich sein. Sind die zwischenmolekularen Kräfte im zu lösenden Stoff groß, im Lösemittel dagegen klein, löst das Lösemittel nur sehr schlecht. Umgekehrt würde ein sehr scharfes Lösemittel vorliegen.

Ein Lösemittel löst gut, wenn sich die zwischenmolekularen Kräfte von Lösemittel und dem zu lösenden Stoff nicht sehr unterscheiden.

Werden in einer Beschichtung zu „scharfe", d. h. zu stark lösende Lösemittel eingesetzt, können sich die darunter liegenden Schichten anlösen und hochziehen. Bei Abbeizfluiden ist dieser Vorgang erwünscht.
Bei den Lösemitteln unterscheiden wir zwischen echten Lösern und Lösemitteln, die nur in der Mischung mit anderen zu lösen in der Lage sind.
Echte Löser sind für die meisten Bindemittel beispielsweise Ketone und Ester, während Alkohole nur in der Mischung mit anderen ihr Lösevermögen entwickeln.

6.2 Physikalische Eigenschaften

6.2.1 Verdunstungszahl

Die Verdunstungszeit wird im Vergleich zu Diethylether (Ether) gemessen.

Die Verdunstungszahl gibt an, wievielmal länger das Mittel zur Verdunstung benötigt als Ether.

Ether hat daher die Verdunstungszahl 1.

Einteilung nach der Flüchtigkeit

Flüchtigkeit	Verdunstungszahl
leicht flüchtig	< 10
mittel flüchtig	10 - 35
schwer flüchtig	35 - 50
schwerst flüchtig	> 50

6.2.2 Lösemittel – Trocknung

Leicht flüchtige Lösemittel bewirken eine schnelle Antrocknung; mittel flüchtige halten die Lackierung über eine gewisse Zeit offen, sodass eingeschlossene Luft oder Reaktionsprodukte entweichen können, schwer flüchtige Lösemittel beeinflussen den Verlauf, die Glätte und den Glanz einer Lackierung. Schwerst flüchtige Lösemittel werden teilweise als flüchtige Weichmacher eingesetzt.
Für die Beurteilung der Lösemittel sind folgende Kenndaten wichtig:
- Flammpunkt
- Zündtemperatur
- Siedepunkt

6.2.3 Flammpunkt

Der Flammpunkt ist die Temperatur, bei der ein flüssiger Stoff entflammbar ist.

Dabei wird gerade so viel Lösemitteldampf erzeugt, dass ein Entzünden möglich ist.

6.2.4 Zündtemperatur

Die Zündtemperatur ist die niedrigste Temperatur, bei der sich das Lösemittel-Luft-Gemisch selbst entzündet.

F

Durch eine offene Flamme oder einen Zündfunken können Lösemitteldämpfe eine Explosion auslösen.

E

Beim Umgang mit Löse- und Verdünnungsmittel gilt:

Rauchen, Feuer und offenes Licht verboten!

6.2.5 Übersicht – Lösemittel

Einteilung nach der Verdunstungszahl

Lösemittel	Zünd-temp. °C	Flamm-punkt °C	Verduns-tungs-zahl	Gefahr.-klassen	MAK-Wert cm³/m³
Methylacetat	505	–13	2,1	A I	–
Aceton	540	–19	2,1	B	1000
Tetrahydrofuran	260	–23	2,3	B	200
Methylethylketon	514	–14	2,6	A I	–
Ethylacetat	460	–4	2,9	A I	400
Trichlorethylen	–	–	3,8	–	200
Toluol	569	5	6,1	A I	200
Ethanol	425	11	8,3	B	1000
Butylacetat	400	25	11	A II	200
Styrol	508	31	16	A II	100
Xylol	562	25	17	A II	200
Methylglykolacetat	400	46	30	A II	25
Butanol	360	34	33	A II	100
Terpentin	252	32	38	A II	100
Ethylglykolacetat	390	52	41	A II	100
Ethylglykol	235	43	43	–	200
Testbenzin	240	39	60	A II	–
Tetralin	425	78	200	A III	–
Glykolsäurebutylester	365	68	460	A III	–

6.2.6 Siedepunkt

Der Siedepunkt ist die Temperatur, bei der ein flüssiger Körper gasförmig wird.

Bei der Destillation lassen sich so die Stoffe mit unterschiedlichen Siedepunkten voneinander trennen. Wie bei der Herstellung von Benzin und Dieselkraftstoff durch eine Destillation, lassen sich auch die Lösemittel mithilfe ihrer unterschiedlichen Siedepunkte herausdestillieren.

6.3 Anwendungsgebiete

6.3.1 Einteilung nach dem chemischen Aufbau

Außer Wasser sind alle Löse- und Verdünnungsmittel organischer Natur. Sie bestehen aus Kohlen-Wasserstoff-Verbindungen und sind nach diesen geordnet.

1. **Aliphate Kohlenwasserstoffe**
   z. B. *Testbenzin* für Öl-, Alkydharz-, Chlorkautschuklacke und Asphaltlackfarben
2. **Cycloalkane**
   z. B. *Tetralin* für Alkydharzlacke, Abbeizmittel
3. **Aromate**
   z. B. *Toluol, Xylol, Styrol* als Zusatz für andere Lösemittel; *Styrol* als Lösemittel für ungesättigte Polyesterlacke
4. **Alkohole**
   z. B. *Ethanol, Butanol* für Cellulosenitrat, Alkydharze u. a. Kondensatharze; sie fördern die Verstreichbarkeit und den Glanz
5. **Ester**
   z. B. *Methylacetat, Ethylacetat, Butylacetat, Methylglykolacetat* für Alkydharze, Cellulosenitrat, Polymerisat- und Kondensatharze
6. **Ketone**
   z. B. *Aceton, Methylethylketon* für Cellulosenitrat, Chlorkautschuk, Alkyd- und Acrylharze
7. **Ether**
   z. B. *Tetrahydrofuran* für Polymerisate und Chlorkautschuk
8. **Chlorkohlenwasserstoffe**
   z. B. *Trichlorethylen* zur Metallentfettung

6.3.2 Gesundheitsschutz

Löse- und Verdünnungsmittel sind teilweise giftig, gesundheitsschädlich und müssen deshalb nach der Verordnung zum Schutz vor gefährlichen Stoffen (GefStoffV) gekennzeichnet werden.

Beispiele:

Methanol ist giftig!

Styrol wirkt narkotisierend und ist giftig! Testbenzin und Terpentin können Allergien auslösen!

Xi

Toluol, Xylol, Methylenchlorid, und Trichlorethylen sind gesundheitsschädlich!

Xn

Die meisten Löse- und Verdünnungsmittel sind leicht entzündlich!

F

6.4 Zusatzmittel

6.4.1 Aufgaben der Zusatzmittel

Zusatzmittel oder Additive ermöglichen oder verbessern die Eigenschaften einer Beschichtung.

Zu den Zusatzmitteln gehören u. a.
- Weichmacher
- Verlaufmittel
- Netzmittel
- Antischaummittel
- Trockenstoffe
- Thixotropiemittel
- Mattierungsmittel
- Fungizide (Pilz tötende Mittel)
- Bakterizide (Bakterien bekämpfende Stoffe)
- Insektizide (vorbeugend oder bekämpfend gegen Insektenbefall)

Die Zusatzmittel werden zum größten Teil bereits vom Hersteller den Anstrichstoffen hinzugefügt, so dass wir uns mit einer kurzen Beschreibung der Wirkungsweise und des Anwendungsgebietes begnügen können.
Die Funktion der Weichmacher, Trockenstoffe und Thixotropiemittel wurde bereits an anderer Stelle dargestellt.

6.4.2 Verlaufmittel

Verlaufmittel unterstützen die Glättung der Oberfläche im flüssigen Lackfilm.

Durch das Auftragsverfahren, sei es durch Streichen, Spritzen oder Tauchen, erhält der Lacküberzug eine bestimmte Struktur. Außerdem bilden sich durch das verdunstende Lösemittel in der Beschichtung Gasbläschen, die die Lackoberfläche durchstoßen und kraterförmige Vertiefungen hinterlassen. Die Verlaufmittel sorgen dafür, dass vor der Verfestigung des Lackfilms die Struktur geglättet und die Vertiefungen wieder geschlossen werden. Hierzu werden schwerst flüchtige Lösemittel mit gutem Lösevermögen, Silikonöle und Weichharze als Verlaufmittel verwendet.

6.4.3 Netzmittel

Netzmittel verringern in einer Beschichtung die Oberflächenspannung zwischen Bindemittel und Pigmenten.

Sie wirken dem Entmischungsbestreben von schwer benetzbaren Pigmenten entgegen und sorgen für eine gleichmäßige Verteilung der Pigmente innerhalb der Beschichtung und damit für eine einheitliche Farbgebung.
Außerhalb der Beschichtungen werden Netzmittel in Reinigungsmitteln verwendet.

6.4.4 Antischaummittel

Antischaummittel bzw. Entschäumer verhindern die Schaumbildung bei der Herstellung von Lacken und Dispersionen.

Vor allem beim Mischen von Dispersionsfarben mit Rührwerken hoher Drehzahl (Dissolver) kann so die Schaumbildung unterdrückt werden. Als Antischaummittel werden höhere Alkohole und Silikonöle verwendet.

6.4.5 Mattierungsmittel

Mattierungsmittel dienen zur Herstellung von Matt- und Seidenglanzlacken.

Hierzu werden u. a. fettsaure Aluminium- und Zinksalze, Kieselgele, Talkum verwendet.

6.4.6 Fungizide und bakterizide Mittel

Pilz- und Bakterien tötende Mittel werden zur Fäulnisverhinderung während der Lagerung und zur Verhinderung von Pilzbefall bei Anstrichen eingesetzt.

Vor allem in wässrigen Bindemitteln dienen sie als Konservierungsmittel. Die im Holzschutz und als Innenanstrich eingesetzten Mittel enthalten giftige Substanzen zum Abtöten von Pilzen und anderen Mikroorganismen.

6.4.7 Insektizide Mittel

Insektizide Mittel dienen der Vorbeugung und der Bekämpfung von Insektenbefall im Holzschutz.

Aufgrund ihrer giftigen, gesundheitsschädlichen Wirkung sollen sie, wenn überhaupt, nur im Außenbereich eingesetzt werden.

Aufgaben

1. *Erklären Sie, wie die Lösemittel wirken.*
2. *Wovon hängt das Lösevermögen der Lösemittel ab?*
3. *Wie können Sie bestimmen, ob ein Lösemittel leicht oder schwer flüchtig ist?*
4. *Ihnen sind versehentlich zu viele Lösemittel in den Anstrichstoff geraten, welche Folgen kann dies für den Anstrich haben?*
5. *Welche Kohlen-Wasserstoff-Verbindungen werden zum Lösen von Öl- und Alkydharzen eingesetzt?*
6. *Welche Schutzmaßnahmen müssen beim Umgang mit Lösemitteln getroffen werden?*
7. *Geben Sie die Aufgaben der Netzmittel an.*
8. *Wie wirken Verlaufmittel?*
9. *Warum ist die Verwendung von fungiziden- und insektiziden Mitteln problematisch?*

7 Werkzeuge und Verfahren

7.1 Applikationen

Seit Menschengedenken werden Pinsel als Werkzeug zum Malen und Anstreichen benutzt. Daran hat sich bis auf den heutigen Tag nichts geändert. Daneben verwendet der Maler und Lackierer aber eine Vielzahl von Werkzeugen und Geräten, um die verschiedenen Beschichtungsstoffe rationeller und qualitativ hochwertiger auf die unterschiedlichsten Untergründe aufzutragen. Man spricht daher auch nicht mehr nur vom „Anstreichen", sondern fasst die verschiedenen Farbauftragsverfahren unter dem Begriff **Applikationsverfahren** zusammen.

Übersicht

Applikationsverfahren	Werkzeuge/Geräte
Streichen	Pinsel, Bürsten
Rollen	Farbroller
Spachteln	Spachtelwerkzeuge
Spritzen	Spritzpistolen, Sprühköpfe
Fluten	Flutwanne/Flutstab
Tauchen	Tauchwanne
Elektrotauchlackierung	Tauchwanne, Elektroden
Pulverbeschichtung	Pulversprühanlage, Einbrennofen
Gießen	Gießmaschine
Siebdruck	Sieb, Rakel

7.2 Die Streichwerkzeuge – Pinsel und Bürsten

Pinsel und Bürsten werden nach ihrer Form, Größe und der Art des Besatzes mit Borsten oder Haaren in folgende Gruppen eingeteilt:

- **Streichpinsel** setzt man zum Auftragen von Anstrichmitteln ein.
- **Spezialpinsel** erleichtern das Arbeiten auf Grund ihrer Form oder eignen sich besonders für spezielle Arbeiten.
- **Malpinsel** dienen für gestalterische oder künstlerische Arbeiten.
- **Farbverteilwerkzeuge** bewirken ein gleichmäßiges Auftragen der Anstrichmittel und eine Verteilung in der gewünschten Form.
- **Bürsten** erleichtern das Reinigen großer Flächen und das Auftragen von Anstrichmitteln.

Die Auswahl der Pinsel und Bürsten richtet sich
- nach der zu bearbeitenden Fläche,
- dem zu verarbeitenden Material
- und dem gewünschten Oberflächeneffekt.

7.2.1 Borsten als Besteckmaterial

Das klassische und bevorzugte Besteckmaterial für Streichpinsel und Bürsten sind **Naturborsten** vom Haus- und Wildschwein. Sie sind elastisch, haben durch ihren geschuppten Schaft ein sehr gutes Farbhaltevermögen und ermöglichen durch ihre gespaltene Spitze, *der Fahne*, eine optimale Verteilung des Anstrichmittels.
Naturborsten sind empfindlich gegen Chemikalien, sie zersetzen sich in Laugen nach kurzer Zeit.

Besonders gute Borsten sind schwarze Chinaborsten und helle russische Borsten.

Kunstborsten werden aus Perlon, Nylon und Polyester in unterschiedlichen Formen hergestellt:
- zylindrisch oder konisch zulaufend
- mit rundem oder kreuzförmigem Querschnitt
- und normaler oder mikrofeiner Schlitzung

Sie sind unempfindlich gegen Chemikalien und besonders abriebfest.

Beim Auftrag von wasserverdünnbaren Acryl- oder Polyurethanlacken erzielt man durch Kunstborsten mit mikrofeiner Schlitzung besonders gute Anstrichergebnisse. Mit normaler Schlitzung sind sie als Ablaugepinsel hervorragend geeignet.

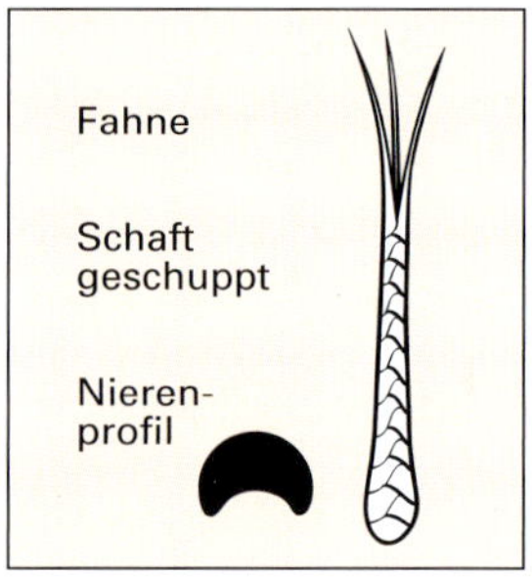

Naturborsten

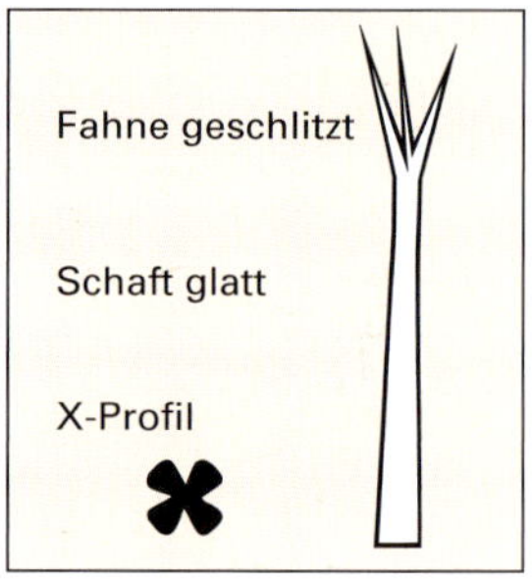

Kunstborsten

Pflanzenborsten bestehen aus *Fibrefasern,* die aus tropischen Agaven gewonnen werden. Sie finden für Ablaugepinsel Verwendung.

7.2.2 Haare

Haare sind weicher als Borsten, sind weniger elastisch und haben einen glatten, spitz zulaufenden, nierenförmigen Schaft. Pinsel mit Haaren sind deshalb für Anstricharbeiten nicht geeignet. Sie werden für Maltechniken verwendet. **Naturhaare** für Pinsel stammen von Wild- und Nutztieren. Je nach Tierart und Körperteil haben sie die unterschiedlichsten Eigenschaften.
Kunsthaare werden aus Nylon hergestellt und sind meist an ihrer goldbraunen Farbe leicht zu erkennen.

Haare

7.2.3 Streichpinsel

Die gebräuchlichsten Streichpinsel für kleine Flächen sind **Ringpinsel** in runder oder ovaler Form. Sie sind nach dem Metall- oder Kunststoffring benannt, der das Borstenmaterial aufnimmt. Dieses wird durch den dünnen Pinselstiel im Ring festgekeilt und in der Mitte von einem Korken gespreizt, sodass ein Hohlraum entsteht, der als Farbvorrat dient. Mit einer Schnur, dem so genannten Vorbund, werden die Borsten zusammengehalten und gleichzeitig geschützt. Gelegentlich wird auch Metall oder Kunststoff als Vorbund eingesetzt. Der Vorbund dient zum Verlängern oder Verkürzen der Borstenlänge, dadurch kann der Pinsel auf das zu verarbeitende Material eingestellt werden. Lange Borsten sind für den Auftrag *hochviskoser* bzw. *zähflüssiger* Materialien nicht geeignet. Der Anstrichstoff würde zu dick aufgetragen oder aber zu schlecht verteilt. Zu kurze Borsten bei bereits abgearbeiteten Pinseln hinterlassen dagegen Pinselspuren.

Der Vorbund dient beim Ringpinsel zum Einstellen des Pinsels auf das zu verarbeitende Material.

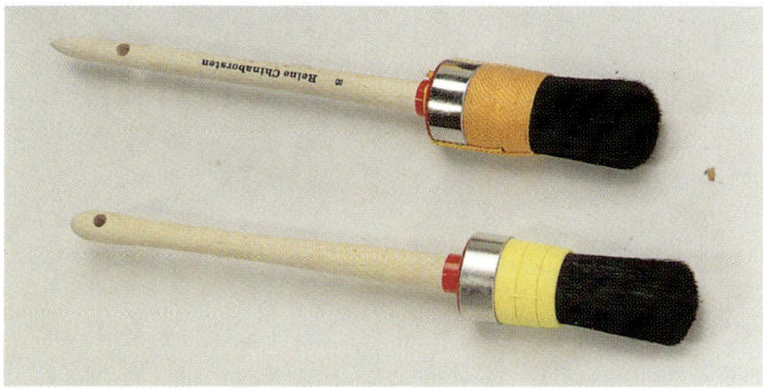

Ringpinsel mit Kunststoff- und Schnurvorbund

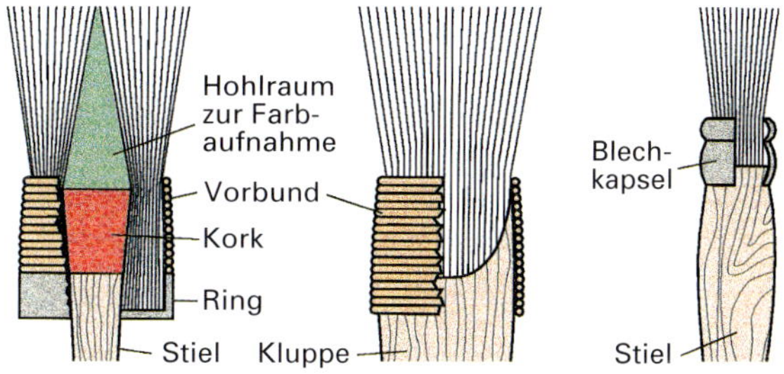

Schnitt durch Ring-, Kluppen- und Kapselpinsel

Kluppenpinsel haben einen dicken, handlichen Stiel. Die Borsten sind in eine Höhlung des Holzgriffes, der *Kluppe,* eingepresst. Sie haben immer einen Schnurvorbund.

Beim **Kapselpinsel** wird das Borstenbündel durch eine runde, ovale oder flache Metallzwinge zusammengehalten und in seine Form gepresst. Von dieser Pinselart gibt es eine Vielzahl unterschiedlicher Formen.

Flachpinsel besitzen eine flache Zwinge mit einem flachen Stiel. Breite Flachpinsel nennt man **Lackierpinsel**, schmale Formen dagegen **Plattpinsel**. Flachpinsel mit langem Stiel und einer abgeknickten Zwinge werden **Heizkörperpinsel** genannt.

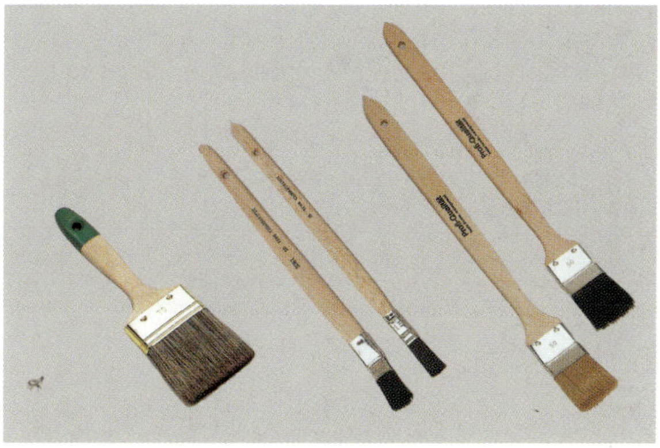

Lackierpinsel, Plattpinsel, Heizkörperpinsel

Aufgaben

1. *Nach welchen Gesichtspunkten wählen Sie Streichwerkzeuge aus?*
2. *Wodurch unterscheiden sich Borsten von Haaren?*
3. *Wozu dient der Vorbund beim Ringpinsel?*
4. *Welche Aufgabe erfüllt bei Pinseln die Metallzwinge?*
5. *Für welche Arbeiten eignen sich Pinsel mit Kunstborsten besonders gut?*

7.2.4 Bürsten

Zum Streichen großer Flächen mit Leim-, Kalk-, Zement- oder Dispersionsfarben und Kleister werden Streichbürsten verwendet. Ebenso benutzt man sie zum Abwaschen von Flächen. Güte und Haltbarkeit von Bürsten hängen vor allem vom Bestückungsmaterial und dessen Befestigung im Bürstenkörper ab.

Im Bürstenkörper, der aus Holz, Kunststoff oder Metall gefertigt sein kann, werden die Borsten entweder bündelweise in eingebohrte Löcher oder in Reihen in eingefräste Nuten *vulkanisiert* bzw. befestigt. Der Griff ist mit dem Bürstenkörper durch ein Gewinde verbunden. Bei Heizkörpern sollte das Gewinde zum besseren Halt in Holzkörpern eine Blechfassung besitzen.

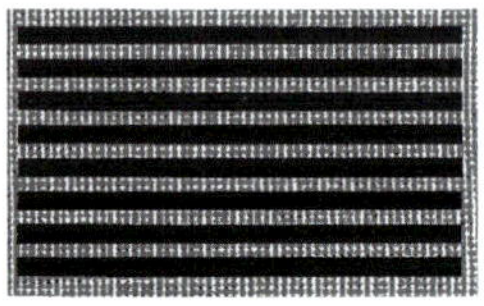

Bündelweise oder Reihenbefestigung

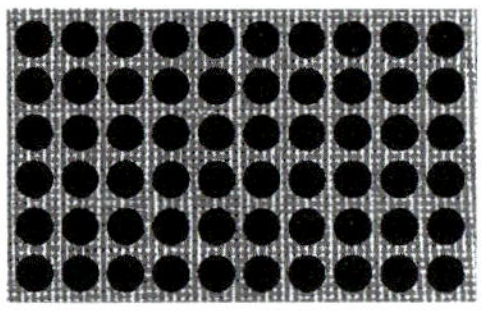

Bürsten
1) reihenweise gebündelt, Holzkörper
2) durchgehende Reihen mit Alukörper

Bürsten sind unterschiedlich bestückt:
- mit hellen oder schwarzen Naturborsten
- Naturborsten mit Haaren
- Naturborsten mit Kunstborsten
- Kunstborsten mit unterschiedlicher Färbung und Schlitzung

Für Bürsten werden lange Borsten verwendet (60 bis 100 mm)

Bürsten gibt es in unterschiedlichen Größen von 70 × 24 bis 180 × 80 mm und außerdem auch in ovaler Form.

Kleine Bürsten von 70 × 24 bis 140 × 40 nennt man Flächenstreicher.

7.2.5 Spezialpinsel

Für besondere Maler- und Lackierarbeiten gibt es eine Vielzahl unterschiedlicher Spezialpinsel.
Strichzieher werden benutzt um Ritzer, Striche oder Bänder zu ziehen. Es gibt sie in unterschiedlichen Formen und Größen.
Eine Vielzahl weiterer Pinselformen werden für die Beschichtung spezieller Flächen oder Dekorationsarbeiten und Spezialtechniken hergestellt.

Decken- und Fassadenbürsten

Ringstrichzieher, Schrägstrichzieher, Doppelstrichzieher, Strichzieher rund

Schablonierpinsel, Dreikantbeschneidepinsel, Fußbodenstreicher

Aufgaben

1. *Sehen Sie sich den Katalog eines Pinselherstellers an und zählen Sie fünf weitere Pinsel- und Bürstenarten auf.*
2. *Lassen Sie sich das Vor- und Rückbinden eines Ringpinsels zeigen und üben Sie es.*
3. *Vergleichen Sie Ringpinsel einer guten Malerqualität mit einem Billigangebot und nennen Sie die Unterschiede.*
4. *Streichen Sie einen hochviskosen Malerlack mit einem neuen, einem eingearbeiteten und einem abgearbeiteten Ringpinsel.*
   Beurteilen Sie das Ergebnis am getrockneten Anstrichfilm.

7.2.6 Haarpinsel

Haarpinsel sind weicher und feiner als Borstenpinsel. Sie eignen sich deshalb nicht für das Streichen hochviskoser Materialien.

Haare dienen als Besatz für Malpinsel, Farbverteilwerkzeuge und Spezialpinsel, die für unterschiedliche Techniken eingesetzt werden.

Für Haarpinsel können nur solche Tierhaare verwendet werden, die eine gewisse Festigkeit besitzen, steif genug und trotzdem fein sind. Haare vom selben Tier besitzen je nach Körperteil, von dem sie stammen, unterschiedliche Eigenschaften.

7.2.7 Tierhaare und ihre Verwendung

Rotmarderhaare sind die feinsten, widerstandsfähigsten, aber auch teuersten Haare. Der Rotmarder ist eine Nerzart, die in Sibirien und im Ural beheimatet ist. Die Farbe der Haare ist rötlich braun, sie haben eine feine und harte Spitze.
Rotmarderhaare sind das wertvollste Besteckmaterial für Schreib-, Mal- und Aquarellpinsel.

Das **Schweifgrannenhaar** des Rotmarders wird **Kolinsky** genannt. Es ist die wertvollste Haarart für Pinsel.

Rindshaare vom Schweif werden billigen Streichbürsten zugesetzt, vom Ohr werden sie für gute Schrift-, Mal- und Aquarellpinsel sowie für Schlepper verarbeitet. Oft tragen sie die Bezeichnung *Rotmarder-Imitation.*

Fehhaare stammen vom Eichhörnchen und werden in Kielen für Mal- und Aquarellpinsel oder für Anschießer eingesetzt.

Iltishaare werden als *„Fischhaare*[1]*"* gehandelt. Verwendung finden sie für Öl- und Aquarellpinsel.

Ziegenhaare sind sehr weiche Haare mit geringer Qualität. Sie sind bei billigen Malpinseln oder als Beimischungen üblich.

Dachshaare sind sehr fein und elastisch. Sie werden deshalb für erstklassige Vertreiber benutzt.

Wieselhaare dienen als Ersatz für Rotmarderhaare.

Rosshaare werden billigen Streichbürsten hinzugefügt. Sie sind durch ihr geringes Anhaftevermögen der beste Besatz für Besen.

Aufgabe

Prüfen Sie die Qualität von Malpinseln unterschiedlicher Preisklassen, indem Sie die Spitze der Pinsel anfeuchten und dann leicht gegen eine Fläche drücken. Beobachten Sie, wie sich die Haare nach dem Zurücknehmen verhalten.

7.2.8 Malpinsel

Die Art der Befestigung gibt dem Pinsel die Form. Spitze und runde Pinsel haben eine runde Blech- oder Kunststoffzwinge. Bei flachen Pinseln ist die am Stiel runde Zwinge vorne platt gedrückt.
Eine Besonderheit sind Kielpinsel, bei ihnen sind die Haare in Feder- oder Kunststoffkielen befestigt.

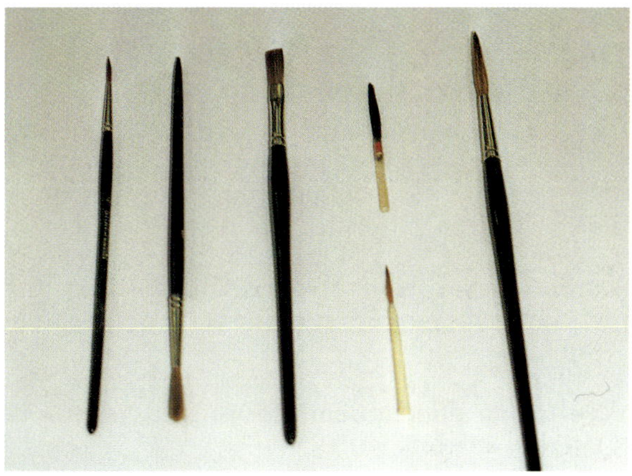

Spitzpinsel, stumpfer Haarpinsel, Plakatschreiber, Federkielpinsel, Schlepper

Für das Arbeiten mit Kielpinseln müssen die Stiele dazu selbst angefertigt werden

[1] von fitchew = englisch Iltis

7.2.9 Pinsel für spezielle Techniken

Zur **Holzimitation**, *dem Maserieren*, benutzt man eine ganze Reihe besonderer Pinsel:

- **Dachsvertreiber** sind breite, dünne Pinsel mit langen Dachshaaren.
- **Modler** sind breite, sehr dünne Borstenpinsel. **Schläger** sind breite, sehr dünne Pinsel mit extrem langen Chinaborsten (über 130 mm).
- **Zackenpinsel** sind breite, sehr dünne Pinsel, bei denen die langen Borsten gebündelt und in Abständen angeordnet werden.
- **Birkenmodler** sind breite, sehr dünne Pinsel, bei denen sich die Borsten in einer gewellten Blechzwinge befinden.

Dachsvertreiber, Modler, Schläger, Zackenpinsel, Birkenmodler

Zum Vergolden oder Auftragen von Blattmetallen werden Pinsel mit sehr weichen Haaren benötigt:

- **Vergolderpinsel** sind Kluppenpinsel mit Fehhaarbesatz.
- **Anschießer** sind breite, hauchdünne Pinsel, bei denen Fehhaare zwischen zwei Pappstreifen eingeleimt sind.

Für die **Ölmalerei** verwendet man *Künstlerpinsel*:
- **Gussowpinsel** sind flache Pinsel mit rundem Stiel und ausgesucht feinen hellen, meist weißen Borsten.

Gussowpinsel, Anschießer, Vergolderpinsel

7.2.10 Farbverteilwerkzeuge

Verschiedene Pinsel und Bürsten eignen sich nicht für den Auftrag von Anstrichstoffen, sondern werden benutzt, um aufgetragene Anstrichstoffe gleichmäßig zu verteilen oder zu strukturieren:

- **Stupfbürsten** sind kurzborstige Bürsten mit waagerecht am Bürstenkörper angebrachtem Stiel.
- **Vertreiber** ähneln dem Modler. Sie haben nur längere Borsten.
- **Dachsvertreiber**
- **Modler**

Dachsvertreiber sind die teuersten Pinsel, die der Maler und Lackierer verwendet.

Stupfbürste

7.2.11 Pinsel- und Bürstengrößen

Die Größe von Ringpinseln wird auf dem Stiel angegeben:

Nr.	2	4	6	8	10	12	14	16	18
∅ in mm	20	25	30	35	40	45	50	55	60

Bei Ringpinseln in Malerqualität nimmt mit der Pinselgröße auch die Borstenlänge zu.

Als **Flachpinselgröße** wird die Zwingenbreite in englischen Zoll oder in Millimetern angegeben:

Zoll	½″	¾″	1″	1½″	2½″	3″	3½″	4″
mm	12,7	19,05	25,4	38,1	63,5	76,2	88,9	101,6

Malpinsel werden in Zoll, in mm, nach Durchmesser oder und mit herstellereigenen Nummern bezeichnet. Die Größe von Bürsten wird in cm nach Länge und Breite angegeben.

7.2.12 Pinsel- und Bürstenpflege

Erst der sorgfältige Umgang und die gründliche Pflege der Streichwerkzeuge ermöglicht das saubere Arbeiten und ist die Voraussetzung für einwandfreie Arbeitsergebnisse.

Neue Streichwerkzeuge müssen zuerst eingearbeitet werden, um mit ihnen Schlussanstriche ausführen zu können.
Haarpinsel werden bei mangelhafter Reinigung bereits nach einmaligem Gebrauch unbrauchbar. Ein vorzeitig notwendiger Ersatz verursacht unnötige hohe Kosten. Auf die Reinigung und Pflege von Pinseln und Bürsten muss daher besonders geachtet werden.

Neue Pinsel und Bürsten werden in ihrer Originalverpackung aufbewahrt. So sind sie mottengeschützt und es wird vermieden, dass die Borsten und Haare krumm werden.

Durch das *Zurichten*, dem Formgeben der Pinsel bei der Herstellung, enthalten sie Schleifstaub. Beim ersten Gebrauch wird dieser an das Anstrichmittel abgegeben; ebenso die losen, nicht einvulkanisierten Borsten. Außerdem haben die Borsten noch keinen *Schluss*.

Als **Schluss** wird das Borsten- oder Haarbündel bezeichnet, wenn es geschlossen ist, also keine seitlich abstehenden Haare oder Borsten besitzt.

Wasserverdünnbare Anstrichstoffe müssen sofort nach Beendigung der Arbeit gründlich mit Wasser aus den Streichwerkzeugen ausgewaschen und so aufbewahrt werden, dass sie trocknen können.

Malpinsel müssen zusätzlich mit Wasser und Seife ausgewaschen werden, um sie restlos sauber zu bekommen. Danach werden sie mit den Fingern wieder in ihre ursprüngliche Form gebracht und so aufbewahrt, dass sie mit den Haarspitzen nicht anstoßen.

Lösemittelhaltige Anstrichstoffe werden mit dem entsprechenden Löse- oder Verdünnungsmittel oder Pinselreiniger ausgewaschen. Auch hier empfiehlt sich das Auswaschen mit Wasser und Schmierseife, wenn sie für längere Zeit aufbewahrt werden.

Lackierpinsel für den ständigen Gebrauch bewahrt man am besten in einem speziellen Pinselbehälter in Halböl[1] hängend auf.

Eingearbeitete Pinsel ermöglichen ein wesentlich besseres und leichteres Arbeiten als neue Pinsel.

Spezialpinsel, wie Strichzieher oder andere, sind am besten, wenn sie vom Benutzer selbst eingearbeitet wurden.

Auswaschwasser und Reinigungsmittelreste dürfen nicht in das Abwasser gelangen! Sie müssen vorschriftsmäßig entsorgt oder besser einem Recyclingprozess zugeführt werden.
Der sparsame Umgang mit Reinigungsmitteln muss selbstverständlich sein. Abfälle vermeiden erübrigt die vorschriftsmäßige Entsorgung.

Projekte
Tragen Sie verschiedenartige Anstrichmittel mit Streichwerkzeugen, die sich in Größe, Besatz und Form unterscheiden, auf Probeflächen auf.
Beurteilen Sie die getrockneten Proben nach ihrem Aussehen und stellen Sie fest, welches Streichwerkzeug für das jeweilige Anstrichmittel am besten geeignet ist.

[1] Halböl = je zur Hälfte Leinöl und Terpentin

Aufgaben

1. *Welches Tier liefert die wertvollsten Haare für Malpinsel?* Rotmarderhaare
2. *Nennen Sie fünf Haararten für Pinsel mit jeweils einem Verwendungszweck.*
3. *Für welche Spezialtechnik wird ein Anschießer verwendet?* Aquarel
4. *Wozu dienen Farbverteilwerkzeuge?*
5. *Begründen Sie, warum sich ein neuer Ringpinsel nicht für Schlussanstriche eignet.*
6. *Wie pflegen Sie einen Lackierpinsel, der nach einem Farbauftrag mit lösemittelhaltigem Bindemittel längere Zeit nicht mehr gebraucht wird?*
7. *Wie reinigen und behandeln Sie einen Malpinsel, den Sie zum Aufbringen von Dispersionsfarben gebraucht haben?*
8. *Welche Vorteile haben Sie, wenn Sie Streichwerkzeuge sorgsam und pfleglich behandeln?*
9. *Wie gehen Sie verantwortungsbewusst mit Reinigungsmittelresten um?*

7.3 Streichen

Das meist verwendete Applikationsverfahren für kleine Flächen ist das Streichen, weil es ohne großen Aufwand überall angewendet werden kann.

Der Farbauftrag erfolgt immer nach demselben Prinzip:

- Borstenspitzen in die Farbe eintauchen, überschüssige Farbe am Gefäßrand abklopfen.
- Kleine Flächen durch senkrechtes und waagrechtes (kreuzweises) Verstreichen anlegen.
- Verschlichten der angelegten Flächen.
- Gleichmäßiges Vertreiben der gesamten Anstrichfläche. Bei großen Flächen teilt man die Fläche in einzelne Abschnitte auf.

Ungleichmäßiges Auftragen und unzureichendes Verschlichten des Anstrichs führt zu Fleck- und Läuferbildung.

mangelhaftes Anlegen beim Streichen

richtiges Anlegen beim Streichen

Zum Ziehen von Ritzern, Strichen und Bändern benötigen wir ein Malerlineal oder den Malstock, außerdem muss die Viskosität des Anstrichstoffes richtig eingestellt sein. Strichzieher werden hierzu am hinteren Ende des Stieles gehalten und ohne Druck am Lineal oder Malstock entlanggeführt.

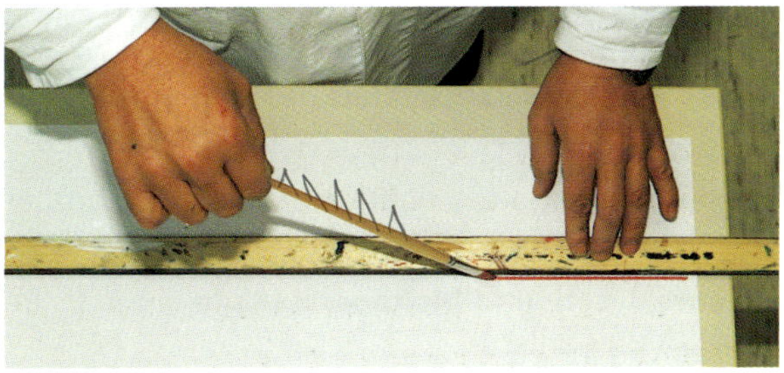

Strichziehen mit Schrägstrichzieher und Lineal

7.4 Rollen – Walzen

Farbrollen und -walzen dienen vorwiegend zum **Auftragen** von Beschichtungen, aber auch zum **Strukturieren** aufgetragener Anstrichmittel. Zum **Bemustern** von Flächen werden spezielle Roller benötigt.

Der Farbauftrag geht in der Regel bei diesem Applikationsverfahren schneller und ist gleichmäßiger als durch Streichen.
Ansätze, wie man sie vom Pinselauftrag kennt, gibt es nicht, weil das Anstrichmittel gleichmäßiger verteilt wird.

Der Anstrich ist aber immer leicht strukturiert, er erhält eine *Körnung*. Raue Flächen, wie beispielsweise Raufasertapeten, streichen sich nicht zu, die Struktur bleibt erhalten.

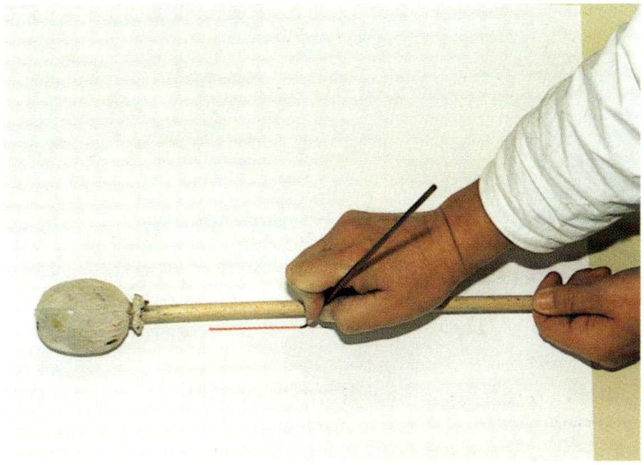

Strichziehen mit Ringstrichzieher und Malstock

Die Qualität von Farbrollen und Walzen hängt von verschiedenen Faktoren ab:

- Stabilität von Bügel und Griff
- zweckgerechte Lagerung des Walzenkörpers
- Abriebfestigkeit und Dichte des Belages
- Befestigung des Belages am Walzenkörper

Das **Abstreifgitter** ist ein unverzichtbarer Bestandteil beim Arbeiten mit Farbrollen. Es dient zum gleichmäßigen Füllen und Abstreifen überschüssiger Farbe. Es muss deshalb immer etwas breiter als die Walze sein.

7.4.1 Farbrollerbeläge

Lammfell bietet das beste Farbhaltevermögen und einen gleichmäßigen Struktureffekt.
Nachteilig ist, dass es bei bestimmten Anstrichmitteln zu Verbrennungen des Belages durch chemische Reaktionen kommt.

Kunststoffbeläge bestehen aus Perlon, Nylon, Polyester und Moltopren. Kunstplüsch setzt sich aus einer Mischung aus verschiedenen Kunstfasern zusammen.

Farbrollen

Gepolsterte Farbrollen werden auf sehr rauen Untergründen eingesetzt. Die Polsterung ermöglicht, dass der Belag sich an den Untergrund anpasst und ein gleichmäßiger Farbauftrag erfolgt.

Perlonrollen sind die gebräuchlichsten Farbroller für den Auftrag von Dispersions- und Acrylfarben.

Velourplüsch- und Moltoprenbeläge eignen sich für Lackierarbeiten.

Moltoprenbeläge – Porendurchmesser
- feinporig ∅ = 0,25 mm
- mittelporig ∅ = 2,0 mm
- grobporig ∅ = 3,5 mm
- eingebrannte Poren ∅ = 9 mm

7.4.2 Walzen zur Flächenbelebung

Strukturroller und **Reliefwalzen** werden zum Strukturieren von plastischen Massen oder Dekorputzen verwendet.

Dekor- und Musterwalzen benutzt man zur Bemusterung von Flächen. Bei der Verwendung von Musterwalzen benötigt man ein spezielles Bemusterungsgerät.

Strukturroller, Reliefwalze, Dekorwalze, Musterwalze mit Bemusterungsgerät

7.4.3 Farbroller in Sonderausführung

- **Eckenwalze:** Spezialform für Eckanstriche.
- **Beschneideroller:** Die seitlich befestigte Beschneideplatte ermöglicht exakte Anstriche mit gleich bleibendem Abstand.
- **Rohrroller:** Spezialform für Rohranstriche.
- **Innengespeiste Farbroller:** Der Beschichtungsstoff wird durch eine Pumpe oder ein Airlessgerät über einen Schlauch und ein Anschlussrohr zum Farbroller gedrückt. Das sonst notwendige wiederholte Füllen des Belages aus dem Gebinde ist überflüssig.

7.4.4 Roller- und Walzengrößen

Farbroller und -walzen sind in sehr unterschiedlichen Breiten von 4 cm, z. B. *Moltopren für Lackierarbeiten*, bis 32 cm als größte Breite im Handel.
Breitere Walzen erfordern beim längeren Arbeiten einen zu großen Kraftaufwand. Ihr Einsatz wäre unwirtschaftlich und daher nicht sinnvoll.

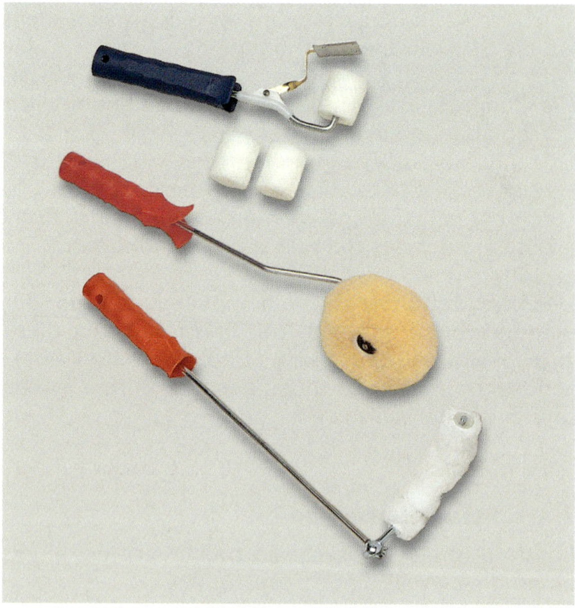

Beschneideroller, Eckenwalze, Rohrroller

7.4.5 Farbrollerreinigung und ihre Pflege

Farbroller und -walzen werden schon nach einmaligem Benutzen unbrauchbar, wenn sie nicht sofort gründlich gereinigt werden.

Das einfachste Reinigungsgerät ist ein **Waschrohr**, das an einen Wasserhahn angeschlossen wird. Es besteht aus einem Kunststoffrohr, in das man die Walze einhängt. Im Waschrohr befindet sich eine Zuleitung mit feinen Bohrungen, durch die das Wasser strömt und die Walze in Rotation bringt, wodurch das Anstrichmittel herausgeschleudert wird. Problematisch ist das Auffangen des reichlich anfallenden Schmutzwassers.

Besser und umweltfreundlicher sind **Farbwalzenreiniger**. Ihnen genügen 3 l Wasser, um in wenigen Sekunden eine Walze gründlich zu reinigen und das Schmutzwasser in einem Behälter aufzufangen.

Die geringste ökologische Belastung lässt sich mit einem **Walzenwaschgerät** erzielen. Das Schmutzwasser wird hierbei aufgefangen. Durch Zugabe von Koagulierungsmittel[1] lassen sich Wasser und Schmutzteile trennen. Diese setzen sich in einem Sedimentationsverfahren[2] am Boden des Auffangbehälters im Gerät ab.

Walzen unter fließendem Wasser oder im Eimer auszuwaschen ist sehr umweltschädlich! Hierbei werden große Mengen Wasser verbraucht und das Abwassersystem nachhaltig belastet.

Rollerbox zur Aufbewahrung in Gebrauch befindlicher Walzen

Farbwalzenreiniger

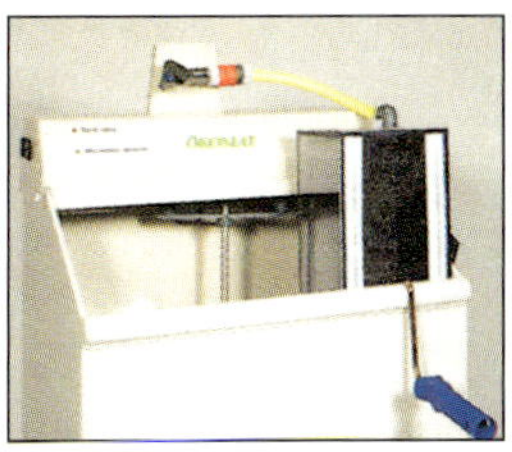

Walzenwaschgerät

Waschrohr

Reinigungs- und Aufbewahrungsgeräte

Farbroller, mit denen lösemittelhaltige Anstrichmittel verarbeitet wurden, können in speziellen Kunststoffboxen mehrere Tage ohne Auswaschen aufbewahrt werden. Für kurze Arbeitsunterbrechungen können sie in Kunststofftüten möglichst luftdicht eingepackt werden. Dadurch bleiben die Farbroller, je nach Anstrichmittel, einige Stunden gebrauchsfähig.

Das Auswaschen von Farbrollern mit Lösemitteln oder Pinselreiniger verbietet sich von selbst. Die Kosten für das Reinigungsmittel, dessen fachgerechte Entsorgung und die benötigte Zeit, stehen in keinem Verhältnis zum Preis einer neuen Ersatzwalze.

Projekte

Tragen Sie wasserverdünnbaren Acryllack mit einem etwa 10 cm breiten Farbroller auf ein vorbereitetes Musterbrettchen auf.
Verwenden Sie folgende Walzenbeläge:

- Perlon
- kurzer Veloursplüsch
- feinporiges Moltopren

Beurteilen Sie nach der Trocknung die Oberfläche und stellen Sie fest, welcher Belag für dieses Anstrichmittel das beste Ergebnis erzielt.

Aufgaben

1. *Welche Qualitätsmerkmale besitzt ein guter Farbroller?*
2. *Nennen Sie fünf verschiedene Farbrollerbeläge.*
3. *Für welche Untergründe werden gepolsterte Farbwalzen bevorzugt?*
4. *Welche Beläge eignen sich für Lackierarbeiten?*
5. *Wozu setzt man Strukturroller und Reliefwalzen ein?*
6. *Wonach richtet sich die Größe des notwendigen Abstreifgitters?*
7. *Wie werden Farbroller ökologisch unbedenklich, gründlich und schnell gereinigt?*
8. *Wie können Farbroller mit lösemittelhaltigen Anstrichstoffen für kurzzeitige Arbeitsunterbrechungen gebrauchsfähig gehalten werden?*
9. *Nennen Sie Gründe, warum sich das Auswaschen von Walzen, mit denen lösemittelhaltige Anstrichstoffe verarbeitet wurden, von selbst verbietet.*

[1] Koagulierungsmittel = Trennmittel (lat. coagulare = gerinnen)
[2] Sedimentationsverfahren = Ablagerungs- bzw. Absetzverfahren (lat. sedere = sich setzen)

7.5 Glätten, Spachteln, Auftragen

Unebene Untergründe lassen sich mit Spachtelmassen glätten. Risse und kleine Löcher werden mit speziellen pastösen Massen verschlossen. Putze zieht man auf und Schmucktechniken können mit Spachtelmassen angefertigt werden.

7.5.1 Spachtelwerkzeuge

Spachteln oder Spachtelmesser sind Werkzeuge aus Stahl, Gummi oder Kunststoff zum Auftragen von pastösen Massen. Mit ihnen kann geglättet, aufgetragen oder strukturiert werden.

Die **Malerspachtel** ist ein Universalwerkzeug des Malers. Sie besteht aus einer flachen Klinge aus gehärtetem und geschliffenem Stahl und hat einen Holz- oder Kunststoffgriff. Sie wird zum Schließen kleiner Löcher, zum Schaben und Kratzen, zum Anrühren von Füllstoff oder Gips und vielem anderen mehr benutzt.

Japanspachteln sind die meistgebrauchten Werkzeuge zum Glätten kleiner Flächen. Sie bestehen aus gehärtetem Federbandstahl in den Breiten 5, 8, 10, 12 und 14 cm und drei verschiedenen Härten:

- I = hart, steif
- II = mittelhart
- III = weich, elastisch

Japanspachteln aus Kunststoff werden vor allem an Rundungen eingesetzt. Sie sind unentbehrlich bei Reparaturlackierungen von Fahrzeugen.

Glättkellen oder Traufeln aus Stahl sind die gebräuchlichen Werkzeuge zum Auftragen von Putzen. In Kunststoffausführung dienen sie zum Strukturieren von Kunststoffputzen.

Gipserkellen und Stuckateurspachteln werden meist zum Anrühren und Entnehmen von plastischen Massen verwendet.

Eckenkellen für Innen- und Außenecken dienen zum Glätten der Ecken.

Reibebretter aus Holz, Metall oder Kunststoff mit Filzbelag setzt man hauptsächlich zum Glätten von Gipsputzen ein.

Stuckateureisen benutzt man zum Glätten schwer zugänglicher Stellen oder zum Anfertigen von Schmucktechniken mit Putzen.

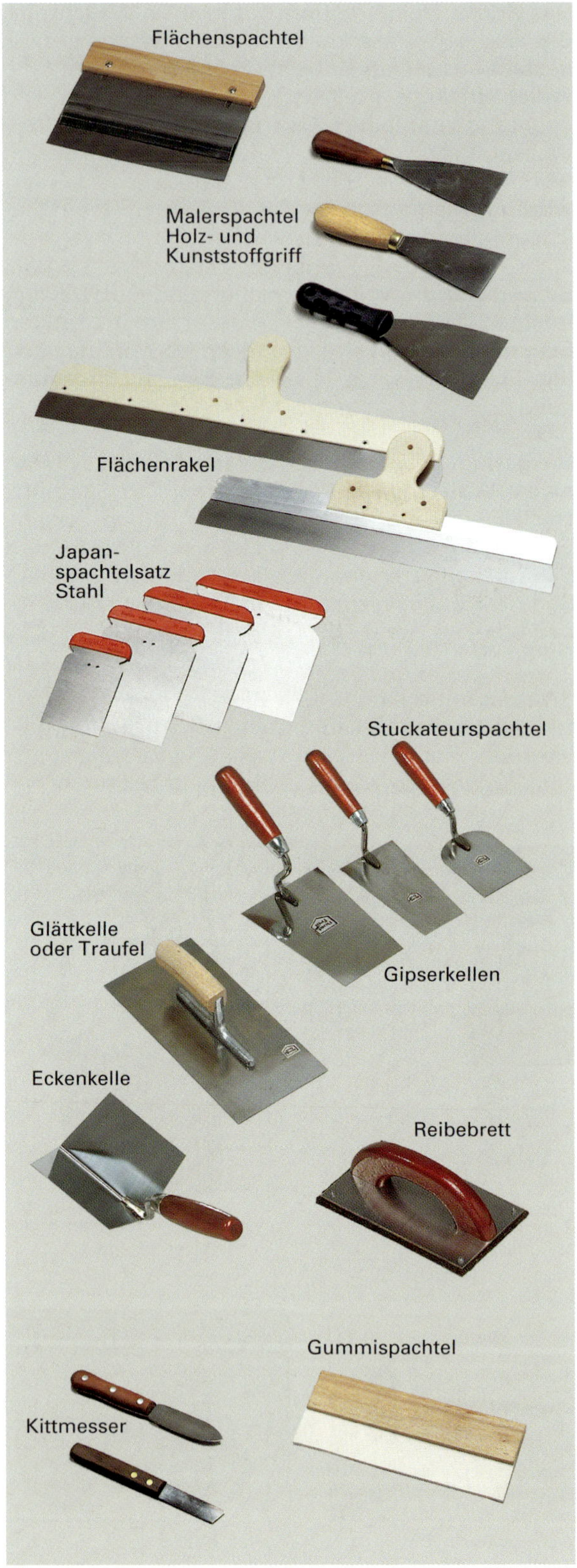

Spachtelwerkzeuge

Flächenspachteln werden zum großflächigen Spachteln benutzt. Es gibt sie in verschiedenen Ausführungen und in Breiten bis 50 cm:

- Flächenspachtel mit Stützblech zur Einstellung der Elastizität
- Flächenrakel mit Holzheft oder Griff
- Türenspachtel Rechteck oder Trapezform

Gummispachteln mit oder ohne Holzheft setzt man zum Spachteln an Rundungen ein.

Kittmesser werden hauptsächlich zum Verarbeiten von Ölkitt beim Verglasen von Fenstern verwendet.

7.5.2 Zahnspachteln

Zum gleichmäßigen, kontrollierten Auftragen von gefüllten, d. h. *pastösen* Klebern benutzt man Zahnspachteln. Die Auftragsmenge und Struktur wird durch die Form und Größe der unterschiedlichen Zahnungen bestimmt.

Gebräuchlich sind Zahnmutterspachteln oder Traufeln, bei denen sich die Zahnleiste auswechseln lässt.
Um die Vielfalt der angebotenen Zahnungen zu ordnen, gibt es die Empfehlung der
TKB = **T**echnischen **K**ommission **B**auklebstoffe,
in der drei Zahnformen festgelegt sind:

Gruppe A	Spitzzahnungen „fein“
Gruppe B	Spitzzahnungen „grob“
Gruppe C	Viereckzahnungen

Spitzzahnung A1

Spitzzahnung B1

Viereckzahnung C1

Spachtel- und Auftragswerkzeuge müssen sofort nach Gebrauch gesäubert werden! Erhärtete Spachtel-, Putz- oder Auftragsmasse behindert den nächsten Arbeitsgang und ist schwer vom Werkzeug zu entfernen.
Spachteln mit abgerundeten Ecken oder beschädigten Schneiden sind unbrauchbar.

Gummispachteln, Kittmesser

Aufgaben

1. *Wozu dienen Glättwerkzeuge?*
2. *Welches sind die gebräuchlichsten Spachtelarten zum Glätten?*
3. *Für welchen Zweck werden Gummi- oder Kunststoffspachteln verwendet?*
4. *Für welche Arbeiten werden Kunststofftraufeln eingesetzt?*
5. *Wozu haben Zahnspachteln unterschiedliche Zahnungen?*

Projekte

Tragen Sie mit einer Flächenspachtel mit verstellbarem Stützblatt auf eine Spanplatte vollflächig Lackspachtel auf.
Verstellen Sie dabei mehrmals das Stützblatt durch das stufenweise Herausziehen von „weich“ auf „hart“ und stellen Sie fest, mit welcher Einstellung Sie das beste und gleichmäßigste Auftragsergebnis erzielen.

7.6 Spritzen

Beim Spritzen wird der Beschichtungsstoff in feinzerstäubten Tröpfchen auf die Fläche übertragen. Spritzgeräte sind für die Applikation fast aller Beschichtungsstoffe geeignet; bei einigen sind sie das einzig mögliche Auftragsverfahren.

Durch Spritzen werden die Untergründe gleichmäßiger und schneller beschichtet als mit dem Pinsel. Spritzverfahren sind somit rationeller. Ihr größtes Einsatzgebiet liegt in der industriellen Beschichtung von Massenartikeln und in der Fahrzeuglackierung.

Aber nicht überall ist das Spritzverfahren vorteilhaft, weil oft große Aufwendungen an Abdeck- oder Abklebemaßnahmen erforderlich sind.

Beim Spritzen entstehen Farbnebel, die Mensch und Umwelt belasten. Beim Spritzen im Freien kann man sich zwar durch eine Atemschutzausrüstung selbst schützen, die Umwelt aber, ohne großen technischen Aufwand, nicht.

7.6.1 Spritzverfahren

Die Spritzverfahren teilt man nach ihrem Zerstäubungsprinzip in zwei verschiedene Arten ein:

Pneumatische Verfahren sind *luftzerstäubende* Verfahren, bei denen das Spritzmaterial vom Luftstrom der Pistole mitgerissen und zerstäubt wird. Hierbei unterscheiden wir zwischen

Hoch- und Niederdruckspritzverfahren.

Hydraulische Verfahren zerstäuben das unter hohen Druck gesetzte Spritzmaterial *luftlos*, wobei durch den plötzlichen Druckabfall nach der Düse eine Zerstäubung eintritt.

Hydraulische Spritzverfahren bezeichnet man als

Höchstdruck- oder Airlessverfahren.

Beide Verfahren gibt es auch in kombinierter Form, wobei Spritzmaterial unter Druck zur Pistole geführt und durch Luft zerstäubt wird.

Kombinationsspritzverfahren bezeichnet man als

Kesseldruckspritzen oder Aircoat-Technik.

7.6.2 Farbsprühgeräte

Handdruckpumpen sind die ältesten Spritzgeräte, mit denen man wässrige Anstrichstoffe wie Kalkfarben oder Imprägniermittel versprühen kann. Sie arbeiten mit einem Druck zwischen 8 und 15 bar. Zur Bedienung sind zwei Arbeitskräfte erforderlich, eine zur Handhabung der Pumpe, die andere zum Sprühen.

Heute werden meist elektrisch betriebene Kolbenpumpen-Sprühgeräte eingesetzt. Sie sind leicht, handlich und eignen sich zum Auftragen von Imprägnierungen, Grundiermitteln, Tapetenlösern und anderen dünnflüssigen Materialien.

Je nach Gerätetyp wird das Material aus einem zugehörigen Tank oder direkt aus dem Liefergebinde entnommen.

Der Materialdruck liegt zwischen 0,3 und 5 bar.

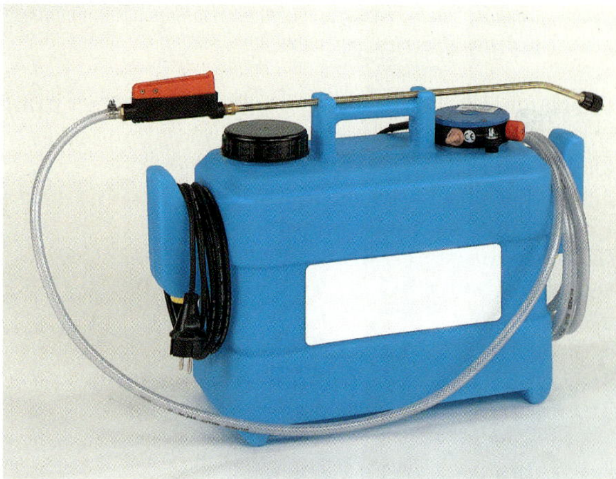

Elektrosprühgerät mit Tank

7.6.3 Niederdruck-Spritztechnik

Niederdruckspritzpistolen benötigen bis zu 2,3 m^3 Luft pro Minute und einen vergleichsweise geringen Druck von 0,2 bis 0,5 bar. Die an der Pistole austretende Luft bildet einen gleichmäßig strömenden Luftkegel, der das Material zu kleinsten Partikeln zerstäubt. Zugleich bildet sich um das Spritzmaterial-Luftgemisch eine Art Luftglocke, die ein Abschweben von Materialteilchen verhindert. So entsteht nur wenig Farbnebel.

Geringerer Farbnebel erfordert weniger Abdeckarbeiten, verursacht weniger Luftschadstoffe und ist dadurch nicht so umweltbelastend.

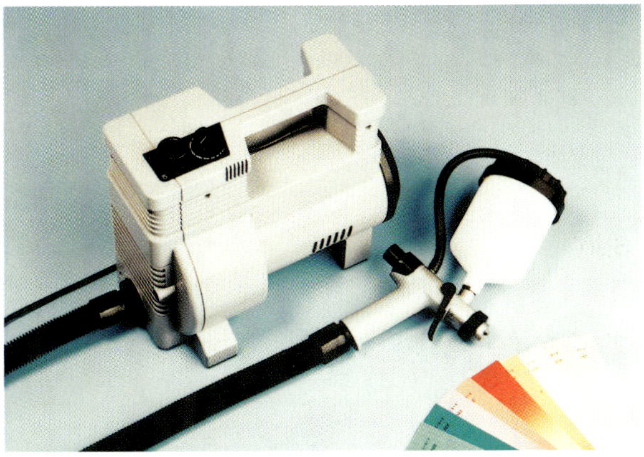

Niederdruck-Farbspritzgerät mit Fließbecherpistole

Niederdruck-Spritzgeräte eignen sich vor allem für das Spritzen kleiner Flächen und Farbeffektaufträge. Gegenüber Hochdruckspritzanlagen besitzen sie ein äußert günstiges Preis-Leistungs-Verhältnis, sind unkompliziert in der Handhabung und einfach in der Wartung.

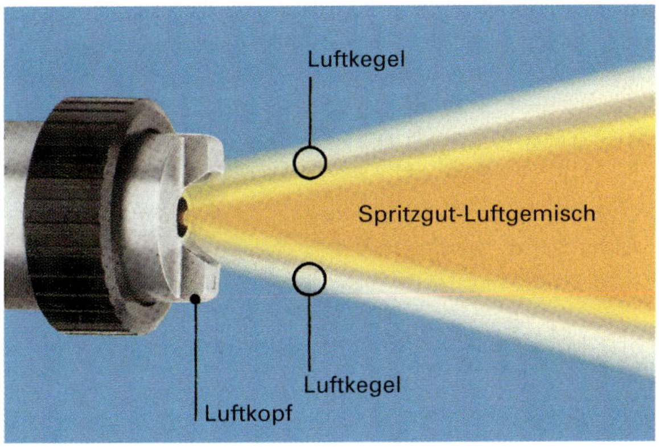

Spritzstrahl bei Niederdruckspritzpistolen

7.6.4 HVLP-Spritzsystem

HVLP = **H**igh **V**olume **L**ow **P**ressure[1] steht für ein nebelreduziertes Niederdrucksystem. Es sind elektrische, meist transportable Geräte, die, einem Staubsauger ähnlich, Luft über ein Gebläse ansaugen und diese in einem dicken Schlauch zur Pistole führen. Ein Teil davon wird in den Fließbecher geleitet und drückt das Material zur Düse, wo es vom Rest der Druckluft fein zerstäubt wird.

[1] englisch = Hohes Luftvolumen, niederer Druck

Der Begriff HVLP bezeichnet ein physikalisches Prinzip, bei dem ein hoher Pistoleneingangsdruck durch die Vergrößerung des Luftvolumens abgesenkt wird, sodass am Luftkopf nur noch ein Zerstäubungsdruck von weniger als 0,7 bar vorliegt. Die Druck- bzw. Volumenumwandlung erfolgt mittels eines Airconverters.

Der Vorteil dieser HVLP-Spritzpistolen liegt in der hohen Farbübertragungsrate. Durch den kleinen Zerstäubungsdruck entsteht weniger Farbnebel und der Rückprall der Farbtröpfchen vom Objekt wird verringert. Der Materialverbrauch lässt sich so reduzieren, ebenso die Emission von Luftschadstoffen, außerdem haben die Filtermatten eine wesentlich längere Lebensdauer.

HVLP-Spritzpistolen funktionieren nur dann optimal, wenn der Luftdruck richtig eingestellt ist. Die exakte Druckeinstellung erfolgt mit einem Pressluftmikrometer am Pistoleneingang und einer Prüfluftkappe, *anstelle des Luftkopfes*, zur Kontrolle des Düseninnendrucks.

HVLP-Spritzpistolen erfüllen die weltweit strengste, die kalifornische Umweltnorm 751, in der festgeschrieben ist, dass bei Spritzpistolen der Luftkappen-Innendruck kleiner als 0,7 bar und die Farbübertragungsrate höher als 65 Prozent sein muss.

7.6.5 Hochdruck-Spritztechnik

Hochdruckspritzen ist das verbreitetste Spritzverfahren für Lackierarbeiten, da sich hiermit qualitativ hochwertige Lackierungen erzielen lassen. Die Materialübertragung und der Verlauf gelingen damit hervorragend. Die **Airbrush-Technik** wird mit Miniaturpistolen auch in diesem Verfahren ausgeführt.

Zum Hochdruckspritzen benötigt man Druckluft aus einem Kompressor. Diese sind in Werkstätten mit Spritzständen oder Lackierräumen fest eingebaut, für Arbeiten außerhalb der Werkstatt werden tragbare oder fahrbare Kompressoren eingesetzt.

Unterschiede gibt es auch in der Bauart:
- Kolbenkompressor
- Schraubenkompressor
- Membrankompressor

Sie werden durch Elektro- oder Benzinmotoren angetrieben.

Fahrbarer Kolbenkompressor

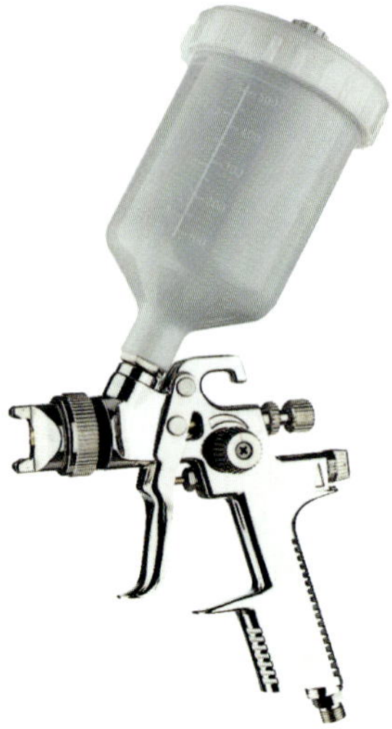

Fließbecher-Pistole

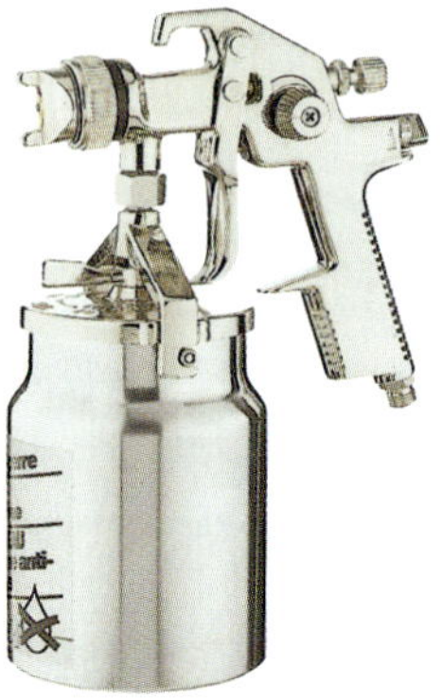

Saugbecher-Pistole

Druckluft zum Spritzen muss sauber sein! Deshalb benötigt man möglichst nahe an der Pistole einen Öl- und Wasserabscheider. Er verhindert, dass Öltröpfchen, die vom Kompressor abgegeben werden, und Kondenswasser, das sich durch die hochverdichtete und dadurch warme Luft bildet, zur Spritzpistole gelangen.

Durch Öl oder Kondenswasser verunreinigte Luft führt beim Spritzen zu Beschichtungsmängeln und zu schlechten Beschichtungsergebnissen.

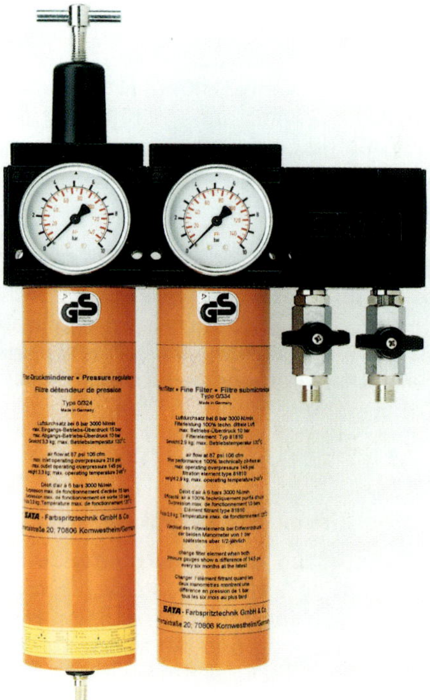

Wasser- und Ölabscheider mit Druckminderer

Hochdruckspritzpistolen arbeiten mit einem Luftdruck zwischen 2 und 5 bar. Die Luft wird in einem druckfesten Schlauch mit engem Querschnitt zur Pistole geführt. Je nach Pistolentyp verbrauchen diese bis zu 0,5 m³ Luft pro Minute.

Hochdruckspritzpistolen sind Präzisionsgeräte mit feinsten Luftzufuhrkanälen und mikrofein aufeinander abgestimmten Düsen und Luftköpfen.

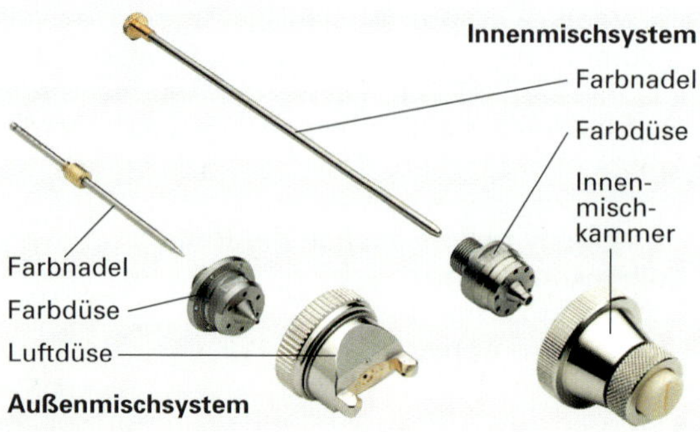

Düsensätze

Druckluft und Beschichtungsstoff werden in der Pistole durch getrennte Kanäle zur Düse geführt. Die Luftzufuhr wird durch Druck auf den Abzugsbügel freigegeben. Beim weiteren Durchdrücken wird der Farbkanal frei und das Material wird vom Luftstrahl fein zerstäubt.

Düsen unterscheiden sich wie folgt:
- Außenmischdüsen
- Innenmischdüsen

Pistolen mit Außenmischdüsen eignen sich vor allem für niedrigviskose Materialien wie Lack, Vorlack, Füller und Grundierungen.
Außenmischung bedeutet, dass Material und Luft erst außerhalb des Luftkopfes zusammentreffen und dann den Spritzstahl bilden.

Pistolen mit Innenmischdüsen kommen vor allem für hochviskose Materialien wie Dispersionen, Effektlacke und Spritzputze in Betracht.
Innenmischung bedeutet, dass Material und Luft nach der Düse zusammentreffen und der Spritzstrahl aber innerhalb der Mischkammer im Luftkopf gebildet wird.

Zu einem **Düsensatz** gehören immer drei Teile, die nur zusammen gewechselt werden dürfen: **Farbnadel, Farbdüse** und **Luftkopf**.

Spritzpistolen sind Präzisionsgeräte, die nur bei sorgfältiger Wartung und richtigem Zusammenbau einwandfrei funktionieren.

Reinigung und Pflege von Spritzpistolen

- Die Reinigung aller farbführenden Teile: *Becher, Materialzufuhr in der Pistole, Farbnadel, Düse und Luftkopf.*
- Die Reinigung nach jedem Gebrauch.
- Die Montage oder Demontage der Düse darf nur mit einem zur Pistole gehörenden Schlüssel vorgenommen werden.
- Der Düsensatz darf nur komplett gewechselt werden.
- Der Düsensatz muss zur Pistole gehören.
- Die Farbnadel, Düse und Luftkopf müssen handfest angezogen sein.
- Die Pistolen dürfen nie im Reinigungsmittel liegen gelassen werden.

Projekt
Lassen Sie sich das Auseinanderlegen und Zusammensetzen einer Spritzpistole zeigen und führen Sie es anschließend selbst aus.

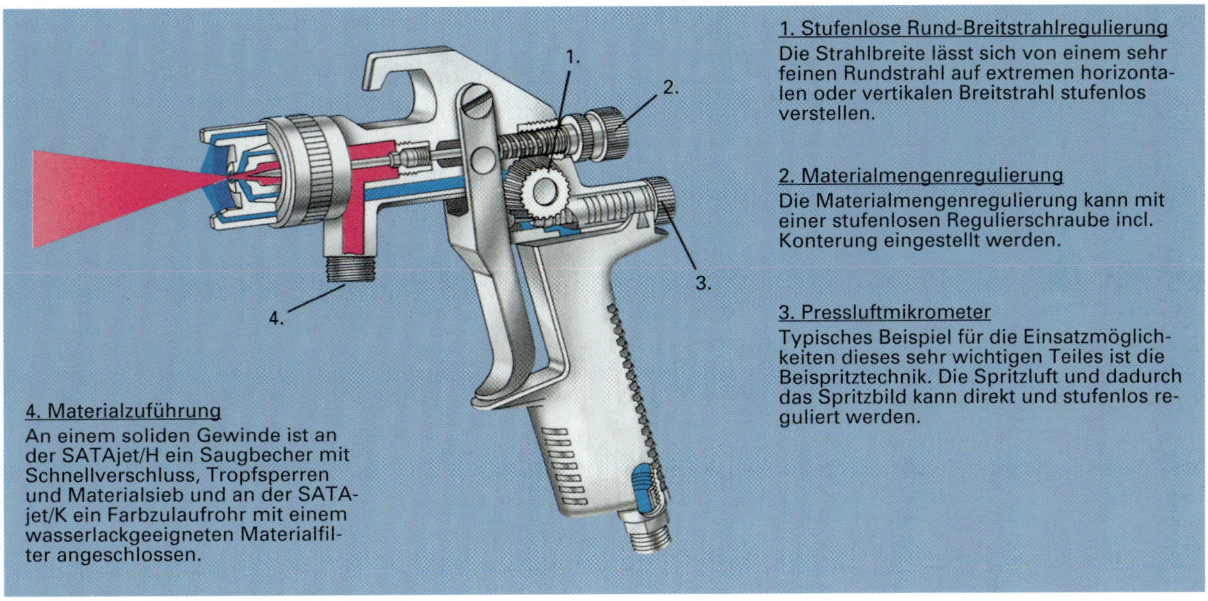

Funktionsweise einer Hochdruckspritzpistole

Aufgaben

1. *Beschreiben Sie die Arbeitsweise von Niederdruckspritzgeräten.*
2. *Welche Vorteile besitzen Niederdruckspritzgeräte?*
3. *Wodurch unterscheiden sich Niederdruckspritzgeräte von Hochdruckspritzgeräten?*
4. *Welche Anforderungen werden beim Spritzen an den Kompressor gestellt?*
5. *Nennen Sie wesentliche Unterscheidungsmerkmale bei Kompressoren.*
6. *Wie muss Druckluft aufbereitet sein?*
7. *Welche unterschiedlichen Zerstäubungsarten gibt es bei Spritzpistolen?*
8. *Wodurch unterscheiden sich HVLP-Spritzpistolen von herkömmlichen Hochdruckspritzpistolen?*
9. *Welche Teile gehören zu einem Düsensatz?*

7.6.6 Materialzuführungssysteme

Für das Druckluftspritzen gibt es verschiedene Systeme der Materialzufuhr:

Beim **Saugsystem** entsteht durch den Luftstrom ein Unterdruck, der das Spritzmaterial zur Düse gelangen lässt.

Beim **Fließsystem** ist der Materialbecher über dem Luftstrom angebracht und das Spritzgut fließt selbstständig zur Düse.

Beim **Drucksystem** gelangt das Spritzgut mithilfe der Druckluft vom Farbkessel über eine Schlauchleitung zur Spritzpistole.

Beim **Umlaufsystem** wird das Spritzgut ebenfalls aus einem Druckkessel zur Pistole geführt. Hierbei wird der Anstrichstoff ständig bewegt und es fließt nur so viel Material zur Pistole, wie tatsächlich gebraucht wird.

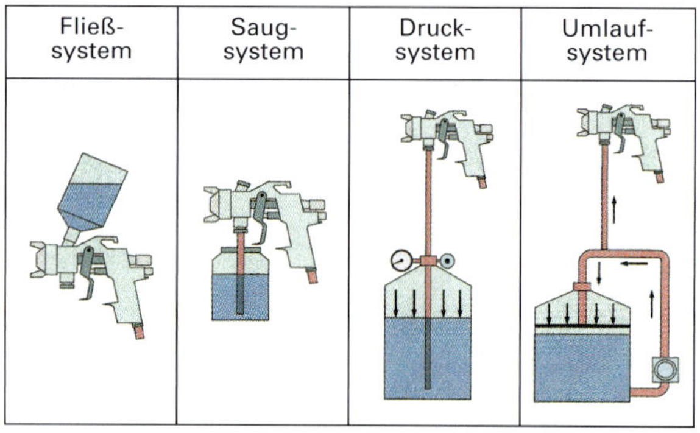

Das **Drucksystem** eignet sich besonders zum Spritzen größerer Flächen oder hoher Materialmengen, weil hierbei das ständige Füllen des Bechers entfällt.

Man erzielt eine größere Flächenleistung, erreicht ein besseres Spritzbild und hat weniger Spritznebel. Der Farbkessel wird an die Druckluftversorgung angeschlossen und der Druck wird durch ein Reduzierventil auf 1 bis 2 bar vermindert. Hierdurch wird das Material zur Pistole gepresst und durch den unreduzierten Luftdruck, der zur Pistole geführt wird, zerstäubt.

Der höchstzulässige Druck, der dem Kessel zugeführt werden darf, ist auf dem Typenschild angegeben und außerdem am Manometer gekennzeichnet.

Das **Umlaufsystem** ist nur beim Einsatz großer Behälter rentabel und wird bei Lackieranlagen eingesetzt.
Hierbei hält eine elektrisch betriebene Pumpe das Material in ständiger Bewegung. Das von der Pistole zurückfließende Material wird durch ein Sieb in den Materialbehälter zurückgeleitet.

Die Vorteile des Umlaufsystems liegen in der gleich bleibenden Viskosität, Temperatur und Reinheit des Spritzmaterials, das der Pistole zugeführt wird.

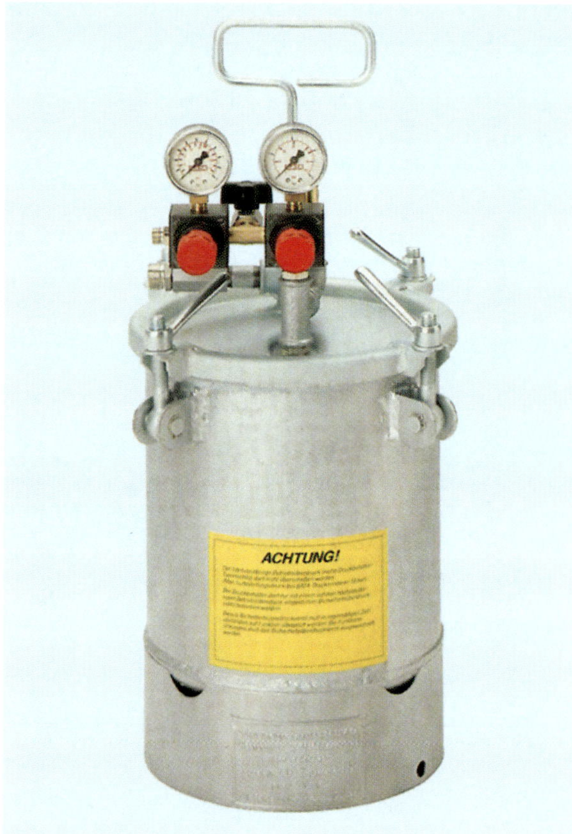

Farbdruckkessel mit Hochdruckspritzpistole

7.6.7 Thermospritzen oder Heißspritzen

Für luftzerstäubende Spritzpistolen werden Zusatzaggregate angeboten, mit denen das Spritzmaterial erhitzt werden kann.
Bei Fließbecherpistolen wird das Spritzmaterial durch eine Heizplatte im Becherboden bis auf 110 °C erwärmt.

Bei Drucksystempistolen wird das Spritzmaterial durch eine Umlenkschnecke gedrückt und dort bis auf 80° C erwärmt.

Beim Thermospritzen werden Lacke oder andere hochviskose Materialien durch Erwärmen dünnflüssig und damit spritzfähiger gemacht.
Aus diesem Viskositätsverhalten ergeben sich folgende Vorteile gegenüber dem Spritzen mit kalten Lacken:

- Umweltfreundlich, weil weniger Verdünnungsmittel benötigt werden.
- Qualitätsverbesserung, weil die Oberfläche porenfrei und schneller trocknet.
- Material sparend, weil weniger Spritznebel entsteht.
- Deckfähiger, weil die Pigment-Volumen-Konzentration (PVK) nicht beeinträchtigt wird.
- Zeitersparnis, weil weniger Spritzgänge notwendig sind.
- Läuferbildung tritt weniger auf, weil das Material schneller anzieht.

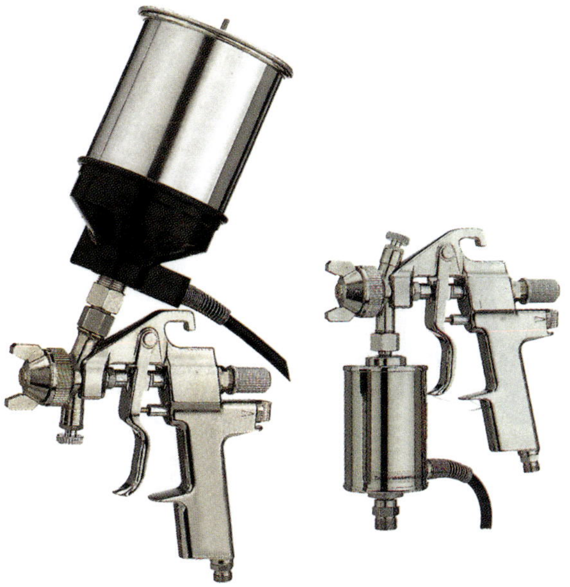

Fließbecher-Thermopistole und Saugbecher-Thermopistole

Aufgaben

1. *Welche Eigenschaft eines Lackes ändert sich beim Thermospritzen?*
2. *Nennen Sie drei Vorteile, die sich beim Heißspritzen ergeben.*
3. *Warum deckt ein heiß gespritzter Lack besser als ein kalt gespritzter?*

7.6.8 Höchstdruck- oder Airless-Geräte

Beim Airless[1]-Verfahren wird die Druckluft durch hohen Materialdruck bis 250 bar ersetzt. Die Anlage besteht aus der Druckpumpe, dem Druckschlauch und der Pistole für die Zerstäubung.

Zwei verschiedene Pumpensysteme sind gebräuchlich:

- **Hydraulische Geräte**, bei denen eine hochfeste Kunststoffmembran durch einen Benzin- oder Elektromotor in Schwingung versetzt und dadurch der hohe Druck auf das Spritzmaterial erzeugt wird.
- **Pneumatische Geräte**, bei denen eine Kolbenpumpe, durch Druckluft oder Elektromotor angetrieben, das Spritzmaterial zur Pistole drückt. Um das Pulsieren beim Spritzen zu vermeiden, arbeiten diese Kolbenpumpen doppelhubig. Es wird also bei der Abwärts- und Aufwärtsbewegung Materialdruck erzeugt.

  Bei luftdruckbetriebenen Pumpen wird der Luftdruck auf den Hydraulikteil in einem Übersetzungsverhältnis bis 1:50 übertragen. 1 bar Luftdruck erzeugt also bis zu 50 bar Materialdruck.

Das Spritzmaterial wird je nach Gerätetyp entweder aus dem Originalgebinde entnommen oder aber in einen zum Gerät gehörenden Behälter eingefüllt.
Der Materialdurchlauf kann nur durch die Wahl der Düsengröße oder durch Druckveränderung reguliert werden.

Hydraulisches Airlessgerät

[1] Airless (engl. airless = luftlos)

Airlessgeräte eignen sich zum Spritzen aller Beschichtungsstoffe, vom dünnflüssigen Lack bis zur hochviskosen gefüllten Dispersions- oder Flammschutzbeschichtung.

Welche Materialien verarbeitet werden können, hängt von der Förderleistung des Gerätes ab. Für Lacke genügt schon eine Materialförderleistung von 1,4 l/min. Geräte, die für gefüllte Dispersionen verwendet werden, erreichen Förderleistungen von bis zu 8,5 l/min.

Pneumatisches Airlessgerät

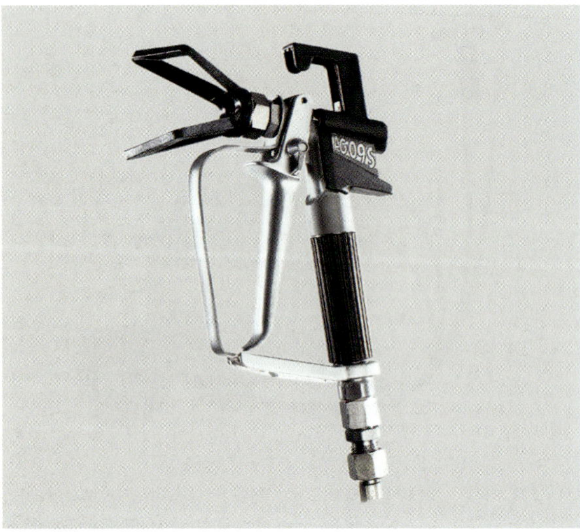

Airlesspistole

Die Verarbeitung von Materialien mit einem Flammpunkt unter 21 °C darf nur mit einem explosionsgeschützten Airlessgerät erfolgen.

Die **Vorteile** des Airless-Spritzverfahrens sind:
- hohe Arbeitsleistung
- geringe Spritznebelbildung
- Beschichtungsstoffe müssen nicht stark verdünnt werden, dadurch erhält man satte und gut deckende Beschichtungen.

Die **Nachteile** des Verfahrens sind:
- Die Oberflächenqualität ist geringer als bei luftzerstäubenden Verfahren.
- Bei profilierten Werkstücken ist die Gefahr der Läuferbildung groß.
- Die Reinigung ist zeitaufwendig.
- Die Anschaffungskosten sind hoch.

Airlesspistolen unterscheiden sich in Form und Bauart stark von luftzerstäubenden Spritzpistolen. Der Abzugsbügel gibt den Materialdurchfluss frei, der dann an der Schlitzdüse durch den hohen Druck zerstäubt wird.
Der Spritzstrahl wird durch die Größe der Düsenöffnung und den Schlitzwinkel bestimmt.
Die Düsenöffnungen werden in Inch bzw. Zoll angegeben und reichen von 0,011″[1] (≅ 0,28 mm) für dünnflüssige bis 0,026″ (≅ 0,66 mm) für dickflüssige Stoffe. Der Schlitzwinkel, der die Strahlbreite bestimmt, liegt zwischen 40° und 50°.

Bedingt durch diese kleinen Düsenöffnungen muss das Material sehr sauber sein, weil sonst die Düse verstopft. Airlesspistolen werden deshalb im Pistolengriff mit wechselbaren Filtern ausgestattet. Diese Filter gibt es mit unterschiedlichen Maschenweiten für die verschiedenen Beschichtungsstoffe.

Achtung! Unfallgefahr!
Unter Druck stehende Airlesspistolen sind wegen des hohen Drucks an der Düse nicht ungefährlich. Bei Arbeitsunterbrechungen muss deswegen die Abzugssicherung immer betätigt werden.
Die Pistole darf nie auf Menschen gerichtet werden. Auf kurze Distanz können erhebliche Verletzungen entstehen.
Es ist sehr gefährlich, Finger oder Hand vor die Düse zu halten, solange die Pistole nicht druckentlastet ist.
Der Schlauch steht ebenfalls unter hohem Druck. Er muss deswegen so geführt werden, dass er nicht beschädigt wird.

[1] Symbol für Zoll (1 Zoll = 1 Inch = 25,4 mm)

Die Reinigung von Airlessgeräten nach dem Spritzen ist zeitaufwendig. Sie erstreckt sich über alle materialführenden Teile:
- das Ansaugsystem mit Filterkorb oder Sieb
- das Pumpsystem
- den Hochdruckschlauch
- die Pistole mit Filter
- die Düse

Mangelhaft gereinigte Geräte sind für den nächsten Einsatz unbrauchbar und können nur unter großem Zeitaufwand wieder funktionsfähig gemacht werden.

Aufgaben

1. *Für welche Beschichtungen eignen sich Airlessgeräte besonders?*
2. *Bei welchen Flächen ist der Einsatz von Airlessgeräten nicht sinnvoll?*
3. *Welche Materialien dürfen nur mit einem explosionsgeschützten Airlessgerät verarbeitet werden?*
4. *Wodurch kann der Spritzstrahl bei Airless-Pistolen verändert werden?*
5. *Wie wird unbeabsichtigtes Betätigen des Abzugsbügels bei Arbeitsunterbrechungen verhindert?*
6. *Welche Vorsichtsmaßnahme müssen Sie beachten, bevor Sie die Düse berühren?*

7.6.9 Airmix- oder Aircoat-Systeme

Hierbei handelt es sich um eine Kombination aus Hochdruck- und Airless-Systemen.
Wie beim Airlessverfahren wird das Material unter Druck, der hierbei allerdings nur 40 bis 50 bar beträgt, zur Pistole geführt.
Dort wird das Spritzmaterial mit einem zusätzlichen Luftdruck von etwa 1 bar zerstäubt.

Bei diesem Spritzverfahren benötigt man zusätzlich zum Airlessgerät Druckluft aus einem Kompressor mit mindestens 200 l/min Leistung.

Die Vorteile dieses Verfahrens sind:
- ein besonders weicher und homogener Spritzstrahl,
- geringe Farbnebelbildung, dadurch eine hohe Materialeinsparung und verminderte Umweltbelastung,
- Qualitätsbeschichtungen, auch auf großen Flächen, aufgrund des geringen Druckes,
- Beschichtungen von profilierten Flächen ohne Gefahr der Läuferbildung,
- der geringe Verschleiß der Düsen, weil die Schleifwirkung des Beschichtungsmaterials viel kleiner ist als beim Höchstdruckspritzen.

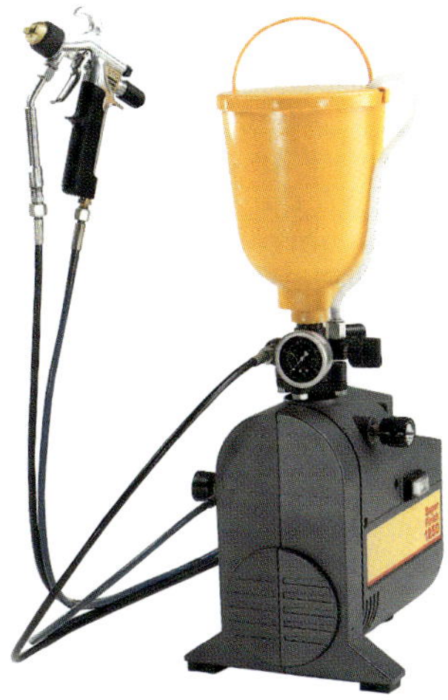

Airmix oder Aircoat-Pistole

7.6.10 Staticoating-System

Dieses Verfahren vereinigt Hochdruck-, Airless- und elektrostatisches Spritzen in einem System. Der Vorteil dieses Verfahrens liegt darin, dass es zum so genannten **elektrostatischen Umgriff** kommt und der Körper allseitig beschichtet wird.
Beim elektrostatischen Spritzen wird mit einer Hochspannung von bis zu 70 000 Volt und mit einer sehr geringen Stromstärke von 0,2 mA gearbeitet, die von einem Generator erzeugt wird.

Der Beschichtungsstoff wird beim Verlassen der Spritzpistole negativ aufgeladen. Beim Spritzen baut sich zwischen der Pistole und dem zu spritzenden, positiv geladenen Gegenstand ein elektrostatisches Feld auf. Dieses bewirkt, dass sich die Teilchen des Spritzstrahles gleichmäßig auf dem gegenpolig geladenen Gegenstand ablagern.

Die Spezialspritzpistole beim Staticoatingsystem hat einen Magnetschalter, über den die Hochspannung, die direkt in der Pistole erzeugt wird, zu- bzw. abgeschaltet werden kann. Mit einem stufenlosen Luftventil kann man zwischen luftlosen- und luftunterstütztem Spritzen wählen.
Zusätzlich verfügt diese Pistole über eine Multi-Kanal-Wirbeldüse, durch die ein besonders weicher Spritzstrahl erzeugt wird.

7.6.11 Elektrostatisches Spritzen

Das elektrostatische Spritzen ist als industrielles Lackierverfahren weit verbreitet.

Durch die verschiedenpolige elektrische Ladung bestehen zwischen Spritzgut und Werkstück gegenseitige Anziehungskräfte. Praktisch ist daher auch keine Pistole notwendig, die über das zu beschichtende Werkstück geführt werden muss.

Es genügt ein feststehender oder rotierender **Sprühkopf**, der die Lackteile nicht gezielt, sondern nur in die Umgebung des Werkstückes spritzt. Wie magnetisiert, ändern die Lacktröpfchen ihre Flugbahn und treffen sicher auf dem Werkstück auf. Dabei wird nicht nur die Vorderseite, sondern auch die dem Sprühkopf abgewandte Seite gleichmäßig mit dem Beschichtungsstoff überzogen.

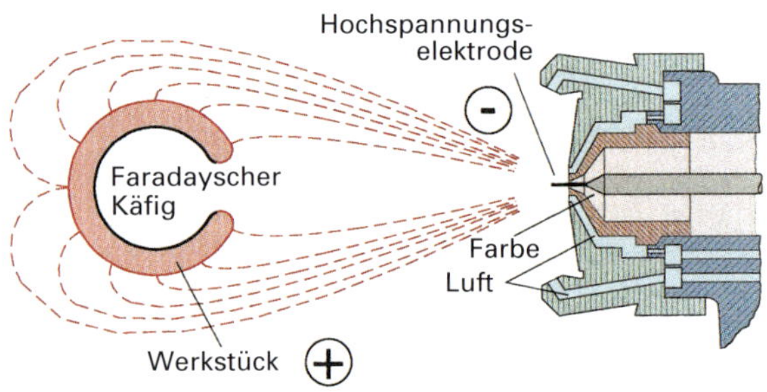

Darstellung des elektrostatischen Spritzens

7.6.12 Elektrostatische Pulverbeschichtung

Außer der üblichen Nassbeschichtung gibt es auch die **Trockenbeschichtung.**

Bei diesem Verfahren werden lösemittelfreie, in Pulverform aufbereitete Beschichtungsstoffe versprüht, die sich wie das Nassmaterial auf das kalte Werkstück niederschlagen und es im Umgriff sehr gleichmäßig bedecken. Beim anschließenden Erwärmen im Trockenofen auf 140 bis 220 °C verschmilzt das Material zu einem gut haftenden und porenfreien Film. Gegenüber dem Nassverfahren ist die Pulverbeschichtung geruchsarm und weniger feuergefährlich. Dickere Beschichtungen können in einem Arbeitsgang erzielt werden.

Beim elektrostatischen Spritzen gibt es kaum Farbnebel und fast keinen Materialverlust. Beim elektrostatischen Pulverbeschichten kann das überschüssige Pulver aufgefangen und zurückgewonnen werden.
Außer der Entfettung ist keine weitere Vorarbeit erforderlich.

Pulverbeschichtung ist ein **Einschichtverfahren**, bei dem kein Haftgrund oder eine Grundierung notwendig ist. Es entstehen Überzüge von sehr hoher Qualität, die mechanisch, thermisch und chemisch sehr widerstandsfähig sind.

Das Betreten des Spritzstandes ist während des Spritzens wegen der elektrostatischen Aufladung nicht möglich.

Neben stationären Anlagen gibt es auch Handpistolen für den Einsatz auf dem Bau. Beschichtet können nur solche Bauteile werden, die sich elektrostatisch aufladen lassen. Die Materialien, die verspritzt werden sollen, müssen ebenfalls elektrostatisch aufladbar sein.

Wassergelöste und sehr metallhaltige Beschichtungssysteme können wegen der starken elektrostatischen Aufladung nicht mit der elektrostatischen Handspritzpistole gespritzt werden.

Elektrostatische Automatikanlage

Um Holz elektrostatisch zu beschichten, reicht eine Holzfeuchtigkeit größer als 10 Prozent aus, ansonsten muss es zuvor mit einer speziellen Imprägnierung versehen werden.

Kunststoffe müssen vor der Beschichtung ebenfalls leitfähig gemacht werden.

Beim reinen elektrostatischen Spritzen bildet sich bei einem stark verformten Bauteil oder bei Hohlräumen häufig ein **faradayscher Käfig**[1] aus, der verhindert, dass es zum Umgriff des Spritzmaterials kommt.

Das Staticoating-System ist bei solchen Bauteilen vorteilhafter, weil zusätzlich Luft- und Materialdruck zur Verfügung stehen und dadurch das Vor- oder Nachspritzen dieser Teile entfällt.

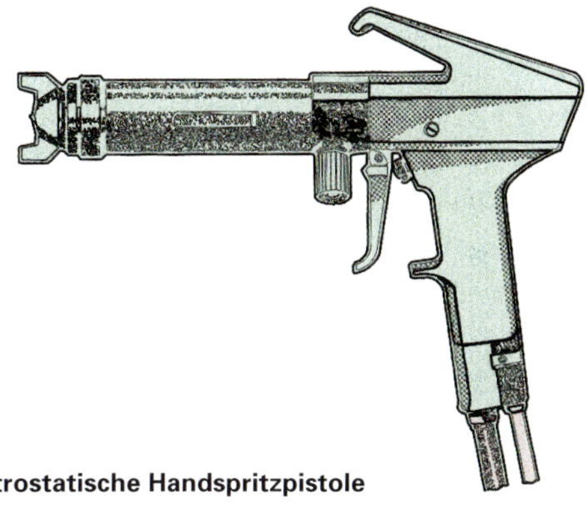

Elektrostatische Handspritzpistole

Aufgaben

1. *Nennen Sie die Vorteile, die das luftunterstützte Airless-Spritzen gegenüber dem reinen Höchstdruck-Spritzen bietet.*
2. *Für welche Beschichtungsarbeiten ist das Airless-Verfahren nur schlecht oder gar nicht geeignet?*
3. *Begründen Sie, warum das industrielle elektrostatische Spritzen als das umweltverträglichste Spritzverfahren gilt.*
4. *Welche besonderen Eigenschaften müssen Flächen besitzen, die man elektrostatisch beschichten will?*
5. *Warum ist das Staticoating-System bei nicht stationären Anlagen dem reinen elektrostatischen Spritzen vorzuziehen?*
6. *Beschreiben Sie die Vorzüge einer Pulverbeschichtung.*
7. *Welche Beschichtungsstoffe können mit der elektrostatischen Handspritzpistole nicht aufgetragen werden?*
8. *Nennen Sie die wesentlichen Teile einer Pulverbeschichtungsanlage.*
9. *Wie kommt es zum „Umgriff" beim elektrostatischen Spritzen?*

[1] Abschirmung gegen elektrische Felder

7.7 Das Arbeiten mit der Spritzpistole

Das Arbeiten mit der Spritzpistole erfordert exakte Bedingungen und die richtige Arbeitstechnik. Zunächst muss der Beschichtungsstoff durch Verdünnen auf die richtige Viskosität gebracht werden. Dies geschieht mit dem DIN- oder ISO-Becher, mit deren Hilfe die Durchlaufzeit in Sekunden und damit die Viskosität gemessen werden. Beim Warm- oder Heißspritzen wird der Beschichtungsstoff zuvor auf 70 °C erwärmt. Dadurch erreicht man meist ohne Zugabe von Verdünnungsmittel die notwendige Viskosität.

Je nach Beschaffenheit des Beschichtungsstoffes und der zu beschichtenden Fläche erfolgt nun die Einstellung des Spritzstrahles durch

- die richtige Düsenwahl,
- den Mindestdruck von Luft und/oder Material,
- den Düseninnendruck bei Verwendung von HVLP-Spritzpistolen,
- Rund- oder Breitstrahleinstellung.

Spritzen mit dem kleinstmöglichen Druck ist in jeder Hinsicht besser als das Spritzen mit dem höchstmöglichen Druck. Die Qualität der Beschichtung wird besser, es entsteht weniger Spritznebel, der Materialverlust ist geringer und Mensch und Umwelt werden weniger geschädigt.

Die meisten Pistolen mit Außenmischdüsen sind so konstruiert, dass die Regulierung von Rund- oder Breitstrahl entweder mit einem Strahlregulierknopf oder durch Drehung des Düsenkopfes erfolgen kann. Der Strahlregulierknopf ermöglicht die stufenlose Einstellung von Breit- auf Rundstrahl.

Bei der Strahlregulierung mit dem Luftkopf müssen die Luftkanäle waagrecht zur Pistole stehen, wenn ein senkrechter Breitstrahl erzielt werden soll. Beim waagrechten Breitstrahl befinden sich die Luftkanäle senkrecht zur Pistole und für einen Rundstrahl müssen sie diagonal stehen. Dabei ist nur der Hauptluftkanal geöffnet.

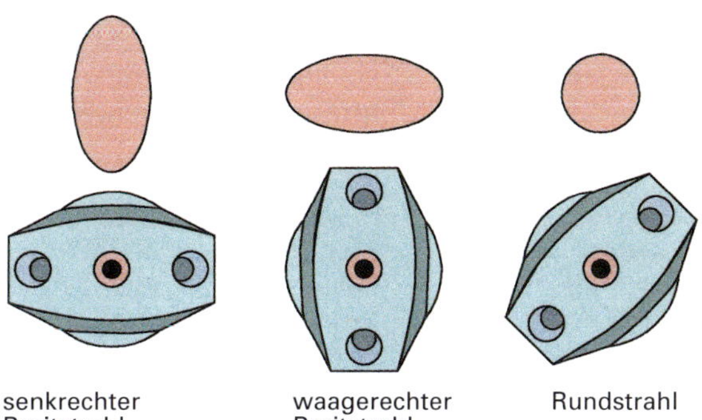

Strahlregulierung durch Verstellen des Düsenkopfes

7.7.1 Spritztechnik

Der Materialauftrag erfolgt in der Regel im Kreuzgang. Dabei werden zuerst waagrechte, dann senkrechte Spritzstreifen aneinander gelegt. Man achtet darauf, dass jeder nachfolgende Streifen den bereits aufgetragenen zum Teil überlagert und der Spritzstrahl bereits vor dem zu spritzenden Gegenstand einsetzt.
Kanten und Ränder müssen zuerst beschichtet werden.

Um Läuferbildung zu vermeiden, beginnt man mit dem Vornebeln, lässt einige Minuten ablüften und spritzt dann fertig.

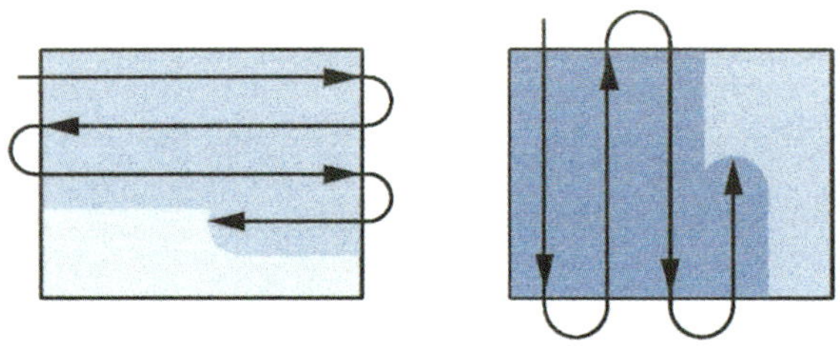

Aufbau einer Spritzbeschichtung

Chemisch trocknende Anstrichstoffe sind nass in nass aufzutragen, physikalisch trocknende muss man vornebeln, anziehen lassen und dann erst fertigspritzen.

Der Abstand der Pistole zum Werkstück richtet sich nach der Düsengröße und der Pistolenart. Bei herkömmlichen Hochdruckspritzpistolen beträgt er beim Auftragen von Lacken etwa 20 cm. Bei kleineren Düsenweiten ist der Abstand geringer, bei größeren weiter zu halten. Ist der Abstand zu groß, entsteht übermäßiger Spritznebel und der Beschichtungsstoff verläuft schlecht. Außerdem schlägt sich der Spritznebel auf der schon angezogenen Fläche nieder und verursacht so eine raue Oberfläche. Bei zu kleinem Abstand bilden sich Läufer an stehenden Flächen, ebenso bei Beschichtungen von welligen liegenden Flächen.
Ganz wichtig ist es, dass der Spritzstrahl immer rechtwinklig auf den Untergrund trifft, um ein einheitliches Spritzbild zu erhalten.
Die Düsenweiten bei Hochdruckpistolen variieren zwischen 0,2 mm und 6 mm. Für Lackierarbeiten verwendet man Düsengrößen zwischen 1,2 mm und 2,5 mm.
Größere Düsenweiten sind für die Verarbeitung von Spachtelmaterialien, plastischen Massen und Kunststoffputzen geeignet.
Kleinere Düsen bis 0,2 mm sind für Retuschier- oder Airbrush-Spritzarbeiten erforderlich.

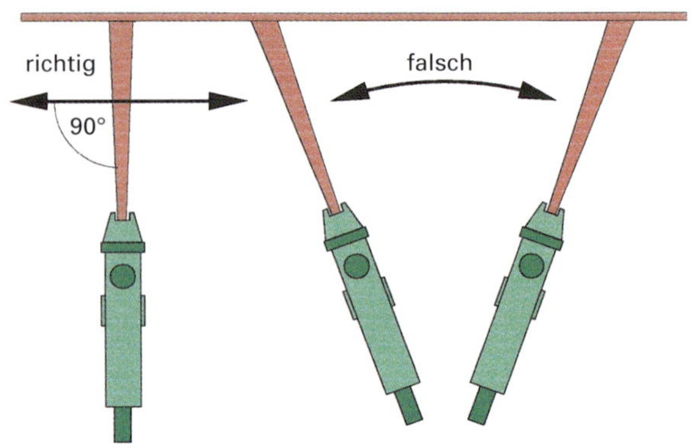

Halten und Führen der Pistole

HVLP-Hochdruckspritzpistolen erfordern nur einen Spritzabstand zwischen 8 cm und 10 cm zu der zu beschichtenden Fläche.

7.7.2 Gesundheits- und Umweltschutz beim Spritzen

Beim Spritzen entsteht Spritznebel, der Mensch und Umwelt belastet, gleichgültig mit welchem Spritzverfahren gearbeitet wird.

Der Mensch kann sich mithilfe von Atemschutzsystemen gegen gesundheitsschädliche Spritznebel schützen, die Umwelt nicht. Deshalb müssen alle Vorkehrungen getroffen werden, um die Umweltbelastung so gering wie möglich zu halten.

Aus diesem Grund müssen vermehrt lösemittelreduzierte Beschichtungsstoffe und nebelarme Spritzsysteme eingesetzt werden.

Lösemittel sind schwerer als Luft und sammeln sich am Boden oder in Vertiefungen. Sie können ein explosionsgefährliches Gemisch bilden.
In geschlossenen Räumen sind deshalb umfangreiche Sicherheitsmaßnahmen notwendig, um die Feuer- und Explosionsgefahr zu verringern, die Umwelt durch die Abluft so wenig wie möglich zu belasten und die Atemluft sauber zu halten.

Genehmigungspflichtige Spritzanlagen müssen der VBG[1] 23 entsprechen. Nicht genehmigungspflichtige Anlagen müssen die Vorschriften der TA-Luft[2] einhalten.

[1] VBG = Vorschrift der Berufsgenossenschaften
[2] TA-Luft = Technische Anleitung zur Reinhaltung der Luft

Die Spritznebelbeseitigung in Anlagen kann durch zwei grundsätzlich unterschiedliche Verfahren erfolgen:

- **Trockenabscheidung**: Der Spritznebel wird über Filtermatten abgesaugt und die Abluft ins Freie geführt. Hierbei gelangen die Lösemittel, wenn die Abluft nicht über Kohlefilter gereinigt wird, in die Umwelt.
- **Nassabscheidung**: Die in der Luft befindlichen Farbtröpfchen werden vom Waschwasser eingefangen und mithilfe von Trennmittel bzw. Koaguliermittel zu Lackschlamm gebunden, der entsorgt bzw. recycelt werden muss. Der Abscheidegrad liegt bei heutigen Anlagen über 99,5 Prozent.

Jede Anlage zur Beseitigung von Spritznebel erfüllt ihre Funktion nur dann, wenn sie vorschriftsmäßig gewartet und die Filter rechtzeitig ausgewechselt werden.

Atemschutzsysteme verhindern gesundheitliche Schäden, die durch Spritznebel und Lösemitteldämpfe hervorgerufen werden. Wir unterscheiden Halbmasken, belüftete Halbmasken und belüftete Sicherheitshauben.

Die **Halbmasken** sind mit Filtern gegen Stäube, feste oder flüssige Partikel und gegen Lösemitteldämpfe ausgestattet. Welche Filter eingesetzt werden müssen, richtet sich nach dem zu verarbeitenden Stoff.

Filter der **Gruppe A** wirken gegen Gase.
Filter der **Gruppe P** wirken gegen feste und flüssige Partikel.

Ein Filter mit der Bezeichnung A1P1 wird als Standardfilter gegen Lösemittel und Stäube bezeichnet. Die Zahl hinter dem Kennbuchstaben bezeichnet die Filtereigenschaften, gegen die der Filter schützt. Mit steigendem Zahlenwert nimmt die Standzeit und das Rückhaltevermögen des Filters zu.

Gegen welche Partikel und Gase die Filter wirksam sind, muss den Herstellerinformationen entnommen werden. Die Auswahl darf nur von Fachkräften getroffen werden, die die gesetzlichen und technischen Vorschriften genau kennen.

Die technischen Vorschriften sind in der Unfallverhütungsvorschrift VBG 1 der Berufsgenossenschaften und in dem jeweils neuesten Atemschutzblatt festgelegt.

Um die Funktion von Atemschutzmasken zu erhalten, müssen die Filter rechtzeitig gewechselt werden, spätestens dann, wenn die Schadstoffe durch Geruch oder Geschmack wahrgenommen werden.

Belüftete Masken sind regelmäßig auf Dichtheit zu überprüfen.
Die Masken müssen außerdem regelmäßig desinfiziert werden.

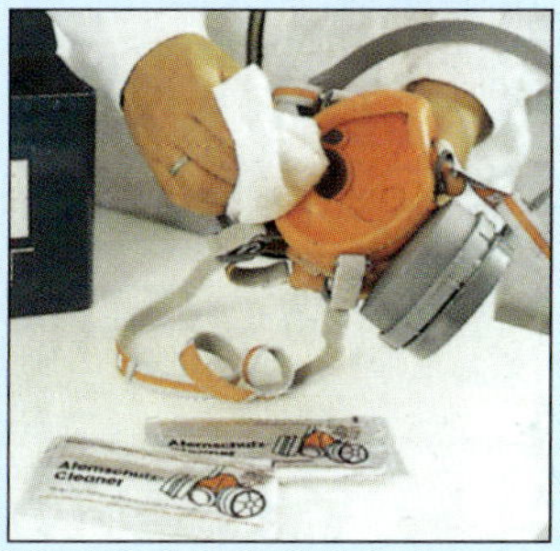

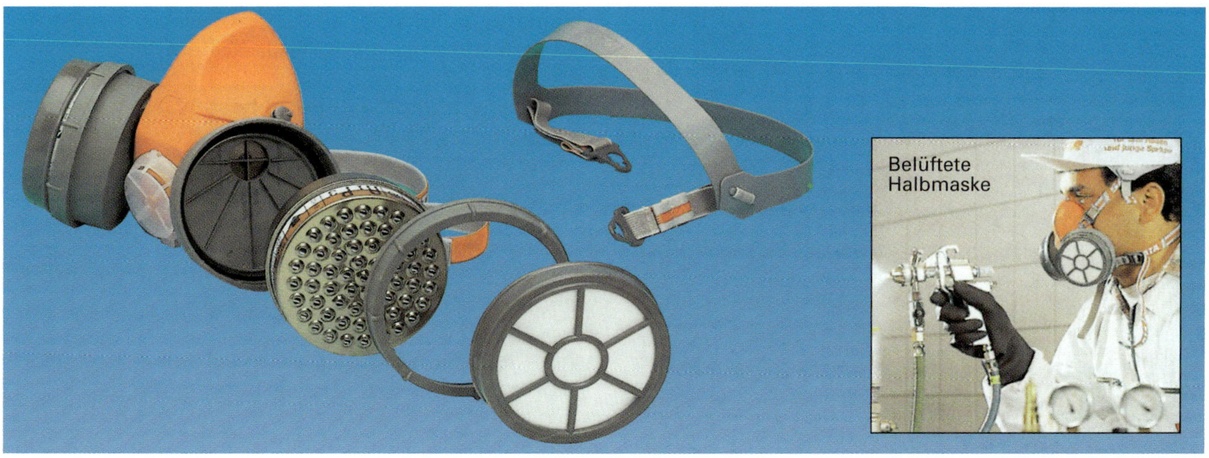

Halbmaske mit Filterset

Die **belüftete Halbmaske** erhält die Atemluft aus dem Kompressor. Sie wird durch einen vorgeschalteten Filter aufbereitet.

Die **belüftete Sicherheitshaube** bedeckt den ganzen Kopf und schließt das Gesichtsfeld nach außen hin dicht ab. Die durch Filter gereinigte Atemluft kommt aus dem Kompressor.
Diese Art des Atemschutzes bietet die größtmögliche Sicherheit.

Belüftete Sicherheitshaube

Projekte

Spritzen Sie nacheinander mit Rundstrahl, waagrechtem Breitstrahl und senkrechtem Breitstrahl je eine
- liegende Fläche,
- stehende Fläche und eine
- stark unterbrochene, profilierte Fläche.

Beurteilen Sie die Ergebnisse und stellen Sie fest, mit welcher Strahlform Sie bei den verschiedenen Flächen das beste Ergebnis erzielen.

Aufgaben

1. *Womit stellen Sie einen Beschichtungsstoff auf die richtige Spritzviskosität ein?*
2. *Wie stellen Sie die Spritzpistole auf die Beschaffenheit des Beschichtungsmaterials ein?*
3. *Durch welche Einstellungen können Sie an einer Spritzpistole die Art des Spritzstrahles verändern?*
4. *Beschreiben Sie die Arbeitsfolge beim Spritzen einer liegenden Fläche im Kreuzgang.*
5. *Erklären Sie, worin die Vorteile liegen, wenn mit einem möglichst niedrigen Luft- oder Materialdruck gespritzt wird.*
6. *Zählen Sie Maßnahmen auf, wie die Umwelt und Sie selbst vor zu starker Belastung durch Spritznebel geschützt werden können.*
7. *Gegen welche gesundheitsschädlichen Stoffe schützen die Filter der Gruppe „A“ und gegen welche die Filter der Gruppe „P“ ?*
8. *Wann müssen Filter in Atemschutzsystemen spätestens gewechselt werden?*
9. *Welche Maßnahmen müssen Sie treffen, um die volle Funktion von belüfteten Atemschutzmasken zu erhalten?*

7.8 Fluten

Bei diesem Verfahren werden zu beschichtende Objekte mit dem Beschichtungsmaterial übergossen. Das überschüssige Material wird aufgefangen und der Anlage wieder zugeführt.
Flutanlagen gibt es als transportable Geräte für den Handwerksbetrieb, aber auch als große geschlossene Anlagen für Industriebetriebe.

Das transportable Flutgerät besteht aus
- Flutstab
- Gießtisch
- Ablaufwanne
- Pumpe mit Filteranlage

Es handelt sich hierbei um ein Umlaufsystem, bei dem der Lack dauernd in Bewegung bleibt.

Aus dem Flutstab fließt ein spezieller Flutlack in dickem Strahl über das zu beschichtende Objekt, das auf dem Gießtisch steht. Das überschüssige Material fließt in die Ablaufwanne zurück, wird gefiltert und wieder in den Flutstab gepumpt.

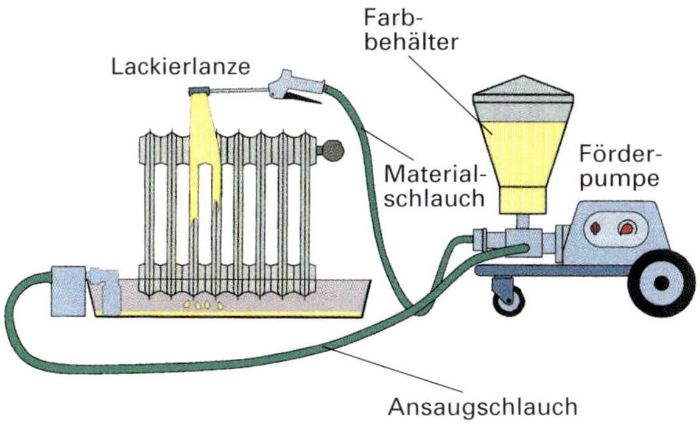

Flutanlage

Durch den ständigen Kreislauf verdunstet sehr viel Lösungsmittel, das dem Flutlack ständig wieder zugeführt werden muss. Die Viskosität muss laufend überprüft werden, weil es sonst zu starker Läuferbildung kommt.

In den Maler- und Lackierbetrieben wird dieses Verfahren hauptsächlich zur Beschichtung von Heizkörpern angewendet.

Das Fluten von lösemittelhaltigen Beschichtungsstoffen mit transportablen Geräten ist sehr umweltschädlich, weil große Mengen Lösemittel verdunsten. Beim Arbeiten muss eine belüftete Atemschutzmaske getragen werden. Ein mangelhafter oder fehlender Atemschutz führt zu dauerhaften schweren gesundheitlichen Schäden!

Bei industriellen Flutanlagen bilden viele an der Decke befindliche Flutdüsen einen *Farbvorhang*, den das Werkstück durchläuft. Es wird hierzu in Haspeln eingespannt, die ständig rotieren. Auf diese Weise werden alle Teile gleichmäßig beschichtet und ein guter Verlauf der Beschichtung erzielt. In modernen Anlagen findet der Trocknungsprozess in einem Kanal statt, der mit Lösemitteldämpfen angereichert ist. Dadurch wird ein schnelles Anziehen einzelner Stellen vermieden und eine gleichmäßige, gut verlaufende Oberfläche erzeugt. Das verdunstende Lösungsmittel wird in den Kreislauf zurückgeführt.

Aufgaben

1. *Beschreiben Sie das Grundprinzip des Flutverfahrens.*
2. *Worauf müssen Sie beim Fluten ständig achten?*
3. *Welche Gefahren bestehen für Sie und die Umwelt beim Fluten mit lösungsmittelverdünnbaren Flutlacken auf transportablen Anlagen?*

7.9 Tauchen

7.9.1 Einsatzgebiete

Tauchen ist ein sehr rationelles Applikationsverfahren.

Die Vorteile liegen in der

- Materialersparnis,
- Verringerung der Kosten und
- in der großen Eindringtiefe bei Holz.

Im Handwerk verwendet man das Tauchen hauptsächlich zum Imprägnieren von Holz und Holzbauteilen. Ein Beispiel hierfür ist die Imprägnierung von Fenstern vor dem Einbau und der Verglasung.

Die Eindringtiefe der Imprägnierung hängt hauptsächlich von der Dauer des Tauchbades ab, je länger die Dauer, umso tiefer die Imprägnierung.
Es wird daher in Langzeit- und Kurzzeittauchen unterschieden.

In der Industrie wird dieses Verfahren zum Beschichten von Kleinteilen, aber auch von Großteilen bis hin zu Fahrgestellen von Lkws angewendet. Die Beschichtungsstoffe für das Tauchen werden speziell für dieses Verfahren hergestellt und sind so beschaffen, dass sie beim Abtropfen weder Läufer noch Tropfen bilden.
Die Qualität der Tauchlackierung hängt ganz wesentlich von der Eignung des Lackes ab.

Projekte

1. Imprägnieren Sie unbeschichtetes Holz, z. B. drei kurze Stücke einer Dachlatte durch

   a) Streichen
   b) Kurzzeittauchen, ca. 10 Min.
   c) Langzeittauchen, ca. 10 Stunden

Zersägen Sie die einzelnen Lattenstücke jeweils einmal in der Mitte und prüfen Sie die Eindringtiefe.

2. Tauchen Sie die beiden Teile der drei Proben so in Wasser ein, dass jeweils ein Teil einer Probe mit der imprägnierten Stirnholzseite, der andere Teil mit der nicht behandelten Sägeschnittseite ca. eine Stunde lang im Wasser steht.

Zersägen Sie die Stücke wieder und prüfen Sie, wie tief das Wasser eingedrungen ist.

7.9.2 Elektrotauchlackierung – Elektrophorese

Dieses Verfahren wird in der industriellen Tauchlackierung genutzt, um mit niedrigviskosen wasserverdünnbaren Phenol-, Melamin-, Epoxid- oder Acrylharzen Beschichtungen herzustellen.
Im Tauchbecken bildet sich zwischen dem negativ oder positiv geladenen Beschichtungsstoff und dem gegenpolig geladenen Gegenstand ein elektrisches Feld aus.
Bei positiv geladenem Beschichtungsmittel bezeichnet man das Verfahren als *katodisches*, bei negativ geladenem als *anodisches* Tauchverfahren.

Bei beiden Verfahren wandern die Festkörper des Beschichtungsmittels zum Gegenstand und schlagen sich an diesem gleichmäßig nieder. Mit zunehmender Schichtdicke wirkt diese isolierend, so dass keine weiteren Lackbestandteile angelagert werden können. Damit ist der Beschichtungsvorgang abgeschlossen. Die Schichtstärke ist vom Beschichtungsverfahren, der elektrischen Spannung und der Stromstärke im Tauchbad abhängig.

Für das Elektrotauchlackieren sind alle elektrisch leitfähigen Werkstücke geeignet, gleich welcher Form und Größe, sofern sie nicht beschnitten werden müssen.

Das katodische Verfahren bildet am metallischen Gegenstand eine alkalische Grenzschicht aus und eignet sich daher besonders als korrosionsschützende Grundierungsbeschichtung für Autokarosserien. Nach dem Tauchbad kann das überschüssige Material abgewaschen werden und in das Tauchbecken zurückfließen. Im anschließenden Einbrennvorgang bei 160 bis 180 °C erhält die Beschichtung ihre Haftfestigkeit, Beständigkeit und hohe Oberflächengüte.

Dieses Verfahren bietet viele Vorteile:

- kurze Beschichtungszeit, besonders für Lackierstraßen geeignet
- gleichmäßige Beschichtung aller Flächen, Kanten und Hohlräume
- fast kein Materialverlust
- keine Brandschutzmaßnahmen erforderlich, da lösemittelfreie Beschichtungsstoffe
- umweltschonend, weil keine Luftschadstoffe freigesetzt werden.

In der Automobilindustrie ist zur Grundierung der Karosserien das Elektrophorese-Verfahren üblich.

Einfahren einer Karosserie in das Tauchbecken zur Grundbeschichtung durch Elektrophorese

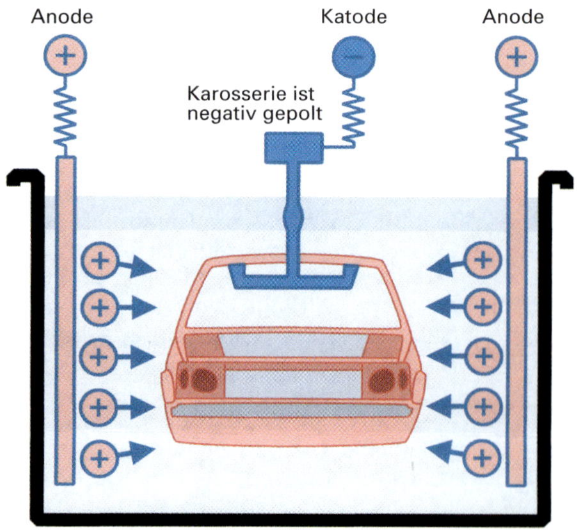

Aufgaben

1. *Warum wird die Elektrophorese als das Applikationsverfahren meist nur industriell eingesetzt?*
2. *Welche Teile können durch Elektrotauchverfahren nicht beschichtet werden?*
3. *Beschreiben Sie den Beschichtungsvorgang beim elektrischen Tauchverfahren.*
4. *Warum eignet sich das katodische Tauchverfahren besonders als Korrosionsschutzbeschichtung?*

7.10 Gießen

Dieses Verfahren wird vor allem zur automatisierten Beschichtung von flächigen Werkstücken, wie Möbelteilen oder Platten, angewandt.

Der zu beschichtende Gegenstand wird auf einem Förderband durch einen Lackvorhang transportiert, der durch einen Gießkopf erzeugt wird. Dieser Gießkopf besteht aus einer Wanne, die mit dem Beschichtungsstoff gefüllt ist. An der Unterseite befindet sich ein verstellbarer Spalt, durch den die abfließende Lackmenge genau eingestellt werden kann. Zusammen mit dem geschwindigkeitsregelbaren Förderband kann so die erforderliche Schichtstärke genau eingestellt werden.

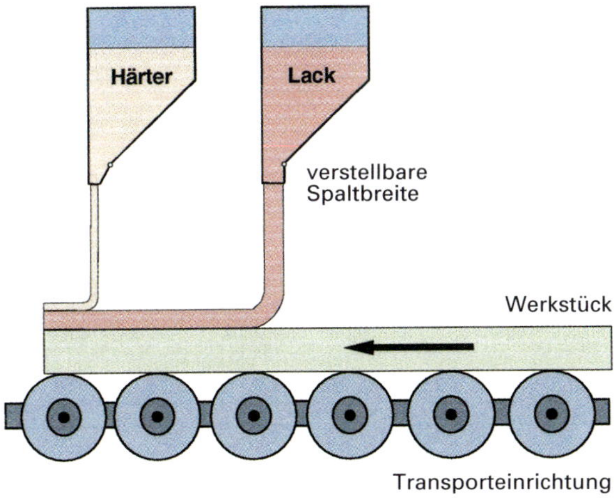

Funktionsprizip einer Gießmaschine

Nachteilig an diesem Verfahren ist, dass die Plattenkanten unbeschichtet bleiben.

Bei der Verarbeitung von Zweikomponenten-Materialien wird das **Sandwichverfahren** zur Umgehung der Topfzeit angewendet. Hierbei werden Stammlack und Härter nacheinander aus zwei Gießköpfen auf das zu beschichtende Objekt gegeben und vermischen sich erst dort.

Aufgaben

1. *Für welche Werkstücke eignet sich der Einsatz einer Gießmaschine?*
2. *Durch welche beiden Komponenten kann die Nassfilmschichtdicke an einer Gießmaschine genau eingestellt werden?*
3. *Wie erfolgt bei einer Gießmaschine die Verarbeitung von Zweikomponenten-Materialien?*
4. *Welche Vor- und Nachteile hat das Gießverfahren?*

7.11 Siebdruck

Im Siebdruckverfahren können alle Objekte bedruckt werden, egal ob die Fläche plan, rund, starr, biegsam, waagrecht oder senkrecht ist.
Dieses Druckverfahren lässt sich mit dem Schablonieren vergleichen. Es ist im Grunde dasselbe Prinzip, nur dass die Stege einer Schablone durch die Fäden des Siebes ersetzt werden.
Siebdruckfarben für alle möglichen Untergründe und Anwendungsbereiche machen dieses Druckverfahren zum wichtigsten Applikationsverfahren im Werbesektor.

Ein weiterer Vorteil liegt darin, dass es neben einer hochtechnisierten Ausrüstung mit Voll- oder Halbautomaten auch möglich ist, mit einer Minimalausstattung einwandfreie Druckergebnisse zu erzielen.

Hierzu gehören die Grundbestandteile des Siebdruckverfahrens:

- das Sieb, bestehend aus dem Rahmen und der Bespannung mit Siebdruckgewebe
- die Rakel zum Durchdrücken der Farbe durch die freien Teile des Siebes
- die Siebdruckfarbe, eine hochviskose Spezialfarbe

Druckfertiges Sieb und Rakel

Die Anfertigung einer Siebdruckschablone kann auf verschiedene Weise erfolgen:

- **Direktschablone**: Ein einfaches Signet aus einer Selbstklebefolie schneiden und auf die Unterseite des Siebes kleben.
- **Auswaschschablone**: Das Muster wird z. B. mit Fettkreide auf das Sieb gemalt und die offenen Teile des Gewebes mit Leimfarbe geschlossen. Danach wird das Muster mit Terpentin freigelegt.
- **Schneideschablone**: Industriell hergestellte Spezialfolien, die aus einer Filmschicht und dem Filmträger bestehen. Die Filmschicht wird geschnitten und alle zu druckenden Flächen werden ausgehoben. Nachdem die Filmschicht mit dem entsprechenden Lösemittel im Sieb verankert wurde, wird die Trägerschicht entfernt.
- **Fotoschablone**: Das Sieb wird mit einer lichtempfindlichen Emulsion beschichtet. Die Vorlage wird in einem Kopierrahmen unter dem Sieb fixiert und mit einer Kopierlampe belichtet. Alle Stellen, die das Licht durchdringen konnte, sind danach gehärtet und nicht mehr wasserlöslich. Die vom Licht nicht durchdrungenen Stellen lassen sich mit Wasser auswaschen bzw. *entwickeln*.

Die Schablonenherstellung mit Fotoschablonen ist das heute übliche Verfahren, mit dem Siebe für den Druck vorbereitet werden. Es erfüllt alle Voraussetzungen, um feinste und randscharfe Drucke herzustellen.

Die Anschaffung der hierzu nötigen Einrichtung und Geräte lohnt sich aber nur dann, wenn regelmäßig Siebdrucke erstellt werden.
Beim Drucken wird die gleichmäßig auf der Innenseite des Siebes verteilte Siebdruckfarbe mit der Rakel durch die freien Stellen im Gewebe gedrückt.
Das Sieb ist hierzu in eine Schwinge eingespannt, die sich hochklappen lässt. Das zu bedruckende Objekt ist passgenau auf dem Drucktisch durch Unterdruck *(Vakuum)* oder Sprühkleber fixiert.

Unmittelbar nach dem Druckgang wird die Farbe wieder über das Sieb zurückgestrichen, um das Antrocknen der Farbe im Sieb zu verhindern.

Druckvorrichtungen gibt es in vielen Ausführungen: von der einfachen Rahmenschwinge, die sich an jedem Tisch befestigen lässt, über den Vakuumdrucktisch oder ein Druckkarussell zum Bedrucken von T-Shirts bis hin zum Siebdruckvollautomat.

Siebe gibt es in allen Größen: mit Druckflächen von wenigen cm^2, beispielsweise zum Bedrucken von Kugelschreibern, bis zu mehreren m^2, zum Drucken von Schullandkarten oder riesigen Werbeplakaten.

Projekt:

Stellen Sie zwei druckfertige Siebe mit jeweils einem einfachen Signet her. Verwenden Sie für das erste Sieb eine Siebdruckschablone aus Selbstklebefolie, für das zweite Sieb eine Schablone aus Schneidefilm.

Drucken Sie mit den vorbereiteten Sieben auf den jeweils gleichen Untergrund, indem Sie dieselbe Siebdruckfarbe verwenden.
Überprüfen Sie das Druckergebnis auf Randschärfe.

Aufgaben

1. *Nennen Sie die zwei Vorteile des Siebdrucks gegenüber anderen Druckverfahren.*
2. *Mit welcher Beschichtungstechnik lässt sich das Siebdruckverfahren vergleichen?*
3. *Welche Bestandteile gehören zu einer Siebdruck-Minimalausstattung?*
4. *Wie können Sie ohne technische Hilfsmittel eine Siebdruckschablone erstellen?*
5. *Warum muss nach dem Druckvorgang das Sieb sofort wieder gefüllt werden?*

8 Untergrundvorbereitung

8.1 Untergrundmängel

8.1.1 Beseitigung von Untergrundmängeln

Viele Untergründe sind mit Mängeln behaftet. Werden diese nicht oder nur unzureichend beseitigt, kann sich eine Beschichtung im Untergrund nur unzureichend verankern. Ein schnelles Abwittern oder Abblättern wäre die Folge. Besonders gründlich müssen die auftretenden Mängel bei Renovierungs- und Sanierungsarbeiten behoben werden. Nur so kann die geforderte Leistung frei von Sachmängeln an den Kunden übergeben und die Mängelhaftung für eine bestimmte Verjährungsfrist übernommen werden.

Grundsätzlich kann die beste Beschichtung nur so gut sein, wie der sie tragende Untergrund.

Viele Untergrundmängel lassen sich mit handwerklichen Mitteln fachgerecht beheben.

Beispiele

- Wasserflecken, Nikotinschäden u. a. durchschlagende Stoffe werden mit Absperrmittel behandelt.
- Risse, Löcher u. a. Beschädigungen im Untergrund sind durch Füllmassen zu schließen oder durch Rissarmierungen zu überbrücken.
- Salzausblühungen auf trockenen mineralischen Untergründen lassen sich durch Fluatieren beseitigen, sandende Stellen lassen sich durch Fluate festigen.
- Grundierungen dienen der guten Verankerung der nachfolgenden Beschichtungen und dem Korrosionsschutz.
- Nichttragfähige Altbeschichtungen müssen entfernt und neu aufgebaut werden.
- Natursteinfassaden lassen sich nach der Reinigung und Konservierung durch Imprägnieren schützen.
- Unebenheiten können durch geeignete Glättungsmittel ausgeglichen werden.

8.1.2 Mängelhaftung

Lassen sich festgestellte Mängel mit handwerklichen Mitteln nicht dauerhaft beseitigen, weil beispielsweise der Alterungsprozess bereits zu weit fortgeschritten ist und sich statische Risse bzw. Setzrisse zeigen, oder die Wände durch aufsteigende Feuchtigkeit durchnässt sind, muss der Auftraggeber über den nichtbehebbaren Baumangel umgehend informiert werden. Gegen die vorgesehene Art der Ausführung müssen die Bedenken möglichst schriftlich mitgeteilt werden. Nur so kann eine spätere Haftung für Mängel ausgeschlossen werden.
Die Mängelhaftung ist in der VOB Teil B[1] und im Bürgerlichen Gesetzbuch (BGB) verbindlich geregelt.

Der Auftragnehmer hat dem Auftraggeber seine vertraglich zugesicherte Leistung zum Zeitpunkt der Abnahme frei von Sachmängeln zu übergeben. Werden Sachmängel nachgewiesen, müssen diese während einer gesetzlich geregelten oder nach VOB festgelegten Verjährungsfrist geltend gemacht werden.

8.2 Prüfung der Untergründe

Bevor eine Beschichtung auf einen Untergrund auftragen werden kann, muss dieser gründlich gereinigt werden. Danach lassen sich die vorhandenen Mängel erfassen und durch geeignete Prüfmethoden die Tragfähigkeit und Eigenschaften des Untergrundes feststellen. Nur so ist eine fachgerechte Beseitigung der Mängel und eine dauerhafte Beschichtung denkbar.

Handwerklich übliche Prüfmethoden:

Prüfmethode	Anwendung
Augenschein	Algen-, Moos- und Pilzbefall, Schmutz, Wasserflecken, Ausblühungen, Risse, Korrosion
Benetzprobe	Haarrisse, Saugfähigkeit
Brennprobe	Erkennung von Kunststoffen, Metalltapeten
Gitterschnitt	Haftfähigkeit von Altanstrichen
Klebebandtest	Sanden, Haftfähigkeit
Kratzprobe	Haftfähigkeit, Farbschichten
Reibeprobe	Sanden, Haftfähigkeit, Festigkeit
Klopfprobe	Haftfestigkeit von Putz
Indikatorpapier	pH-Wert, Alkalitätstest
Feuchtigkeitsmessung	Holzfeuchte

[1] VOB = Vergabe- und Vertragsordnung für Bauleistungen
Teil B = Allgemeine Vertragsbedingungen für die Ausführung von Bauleistungen DIN 1961

8.3 Reinigung

8.3.1 Aufgaben der Reinigung

- **Beseitigung von Verschmutzungen**
  Verschmutzungen verhindern je nach Art und Verschmutzungsgrad die feste Verankerung jeder aufgetragenen Beschichtung.
- **Beseitigung von Umweltschäden**
  Abgase, saure Niederschläge, UV-Strahlen und aggressive Dämpfe wirken auf die Oberfläche und den Untergrund zerstörend und führen zu Haftschäden.
- **Hygiene**
  Wände und andere Bauteile, die verschmutzt oder feucht sind, werden häufig von gesundheitsschädlichen Mikroorganismen sowie von Schimmelpilz, Algen und Moos befallen. Reinigen dient daher dem Gesundheitsschutz.
- **Schaffung von tragfähigen Untergründen**
  Beim Reinigen öffnen sich die verschlossenen Poren, lose Bestandteile werden abgetragen, die Beschichtung kann sich im Untergrund fest verankern.

8.3.2 Reinigungsverfahren

Eine gründliche Reinigung ist zeitaufwendig und dadurch sehr lohnintensiv. Mit entsprechenden Reinigungsmitteln und speziellen Reinigungsgeräten kann der Zeitaufwand begrenzt werden.

Reinigung einer Fassade

Die Auswahl des Reinigungsverfahrens hängt von der Art der notwendigen Reinigung, den örtlichen Gegebenheiten und dem zu reinigenden Objekt ab.

Zur Reinigung dienen u. a. folgende Werkzeuge und Maschinen:

- **Werkzeuge**
  Staubfeger, Drahtbürste, Malerspachtel, Hammer und Meißel.
- **Maschinen**
  Winkelschleifer, Exzenterschleifgerät, Nass- und Trockenstaubsauggerät, Nadelpistole, Meißelhammer, Hochdruckreiniger für Kalt- und Heißwasser, Abstrahl- und Flammstrahlgerät.

Bei einer großflächigen Fassadenreinigung werden in der Regel Hochdruckreiniger eingesetzt. Je nach Verschmutzungsgrad und Untergrund können Druck, Wassermenge und -temperatur eingestellt werden. Oft genügt Wasser zur Reinigung. Durch den hohen Wasserdruck kann meist auf chemische Zusätze verzichtet werden. Mit Hochdruckreinigern wird eine hohe Wirtschaftlichkeit bei einer bestmöglichen Reinigung erzielt.

8.3.3 Reinigungsmittel

- **Netzmittel**: bei Öl- und fetthaltigen Substanzen, Schalölrückständen, Ruß u. a.
- **Steinreiniger S**: Nur auf säureunempfindlichen Untergründen anwenden, z. B. Salzausblühungen. (S = Säurebasis)
- **Steinreiniger A**: Auf kalkhaltigen Untergründen, losen Altanstrichen und bei fettigen Verunreinigungen anwenden. (A = Alkalibasis)
- **Zusätze**: Fungizide, Festiger, Imprägnier- und Hydrophobiermittel

8.3.4 Schutzmaßnahmen beim Hochdruckreinigen

Durch den hohen Arbeitsdruck können Hochdruckreiniger Schäden auf angrenzenden Untergründen und in der Umgebung verursachen. Daher sind Holz-, Kunststoff-, Metall- und Glasflächen mit Folien abzukleben. Passanten, parkende Autos, Pflanzen usw. sind im Bearbeitungsbereich durch Planen zu schützen.

Haut und Augen sind durch Schutzhandschuhe, Schutzanzug, Gummistiefel, Schutzbrille und Schutzhelm vor Spritzern und abgesprengten Teilchen zu schützen.

Schmutzwasser und Farbreste können mit einem Nasssauger fachgerecht aufgesaugt und danach umweltgerecht entsorgt werden.

Aufgaben

1. *Warum ist die Beseitigung von Untergrundmängeln vor einer Beschichtung so wichtig?*
2. *Nennen Sie vier häufig auftretende Untergrundmängel und erklären Sie, wie Sie diese normalerweise beseitigen.*
3. *Wie müssen Sie sich verhalten, wenn ein Untergrund Mängel aufweist, die Sie mit den üblichen handwerklichen Mitteln nicht beheben können?*
4. *Erklären Sie den Begriff Mängelanspruch.*
5. *Nennen Sie vier berufsübliche Prüfmethoden, die Sie bei der Prüfung von Untergründen anwenden.*
6. *Welche Aufgaben erfüllt die Reinigung bei der Untergrundvorbereitung?*
7. *Warum werden zur Reinigung großflächiger Fassaden in der Regel Hochdruckreiniger eingesetzt?*
8. *Worin unterscheiden sich Steinreinigungsmittel?*
9. *Wozu werden Netzmittel in der Reinigung verwendet?*
10. *Worauf ist beim Arbeiten mit Hochdruckreinigern zu achten?*

8.4 Schleifen

Untergründe werden häufig durch Schleifen für eine Beschichtung vorbereitet. Dabei erfüllt das Schleifen folgende Aufgaben:

- **Reinigen:** Vorhandener Schmutz wird beseitigt und lose, nichttragfähige Altanstriche sowie Korrosion bzw. Rost entfernt.
- **Glätten:** Unebenheiten werden ausgeglichen und Erhöhungen abgetragen.
- **Aufrauhen:** Dadurch verankern sich die Beschichtungen stärker im Untergrund. Bei glatten Oberflächen wird die Adhäsionsfläche vergrößert und die Haftfähigkeit zwischen Untergrund und Beschichtung erhöht.

Der Schleifvorgang wird vor allem durch das ausgewählte *Schleifmittel* und die entsprechenden *Schleifkornträger* bestimmt. Der Schleifvorgang kann nass oder trocken, von Hand oder mithilfe von Schleifgeräten oder Schleifmaschinen ausgeführt werden.

Der Einsatz und die Art der unterschiedlichen Schleifmittel und Geräte richtet sich nach

- der Art des zu bearbeitenden Untergrundes,
- der Härte der zu entfernenden Schicht und
- der Aufgabe, die das Schleifen erfüllen soll.

Gesundheitsschutz beim Schleifen

Trockenes Schleifen verursacht gesundheitsschädlichen Schleifstaub! Daher muss bei länger andauernden Schleifarbeiten eine Atemschutzmaske getragen werden.

Bei Schleifgeräten oder Schleifmaschinen sind solche zu bevorzugen, die über eine gute Staubabsaugung verfügen.

Enthalten Beschichtungen giftige Bestandteile, wie beispielsweise Bleimennige, muss **nass** geschliffen werden.

Bei elektrischen Schleifmaschinen muss darauf geachtet werden, dass das Kabel nicht verletzt wird. Maschinen mit mangelhaftem Kabel oder Stecker dürfen nicht benutzt werden.

Wird nass geschliffen, sind beim Umgang mit elektrischen Geräten besondere Unfallverhütungsvorschriften zu beachten. Die eingesetzten elektrischen Geräte müssen entweder durch einen Trenntransformator geschützt sein oder mit Niederspannung betrieben werden können. Pneumatisch angetriebene Schleifgeräte schließen diese Gefahren von vornherein aus.

8.4.1 Schleifmittel

Schleifmittel sind Hilfsstoffe, Maschinen und Werkzeuge zum Schleifen.

Dabei unterscheiden wir je nach Anpassungsfähigkeit an die zu schleifende Form

- **unflexible** Schleifsteine bzw. Schleifklötze,
- **flexible** Schleifpapiere und -gewebe, Schleifvliese, Stahlwolle und Schleifgitter,
- **pulverförmige** Schleifpulver, Schleifpasten und Poliermittel.

Der Maler und Lackierer verwendet vor allem flexible Schleifmittel, die in verschiedenen Größen in Form von Rollen, Bögen, Bändern und runden Scheiben mit unterschiedlichen Körnungen im Handel sind. Hierfür dienen hauptsächlich Korund und Siliziumcarbid als Schleifkorn.

Korund besteht aus kristallinem Aluminiumoxid. Es wird bei ≅ 2000 °C in Elektroöfen hergestellt.

Siliziumcarbid entsteht ebenfalls bei ≅ 2000 °C durch chemische Reaktion aus Quarz und Koks.

Beide Schleifkornarten sind sehr hart, wie der Vergleich mit Diamant und den anderen Kornarten zeigt.

Schleifkornart	Härte nach Mohs
Diamant	10
Siliziumcarbid	9,8
Korund	9,5
Flintpapier	7
Glaspapier	5

Das Schleifmittel muss immer härter sein als der zu schleifende Untergrund.

Neben der Härte ist auch die Korngröße für die Schleifwirkung entscheidend.

Die Hersteller geben die Körnung durch Zahlen auf der Rückseite der Schleifmittel an.
Sie sind nach DIN ISO 6344 wie folgt festgelegt:

Einteilung	Korngrößen	Verwendung
Sehr grob	P 12 bis P 40	Entfernen von Beschichtungen
Grob	P 50 bis P 80	Glätten von groben Unebenheiten
Mittel	P 100 bis P 180	Glätten von Spachtelmassen, Aufrauhen von Altbeschichtungen
Fein	P 220 bis P 360	Glätten von Füllern, Aufrauhen von Beschichtungen
Sehr fein	P 400 bis P 1200	Glätten und Aufrauhen von Füllern und Deckbeschichtungen

Der Kennbuchstabe „**P**" bedeutet, dass es sich um ein flexibles Schleifmittel handelt. Die anschließende Zahl gibt die Anzahl der Schleifkörner an, die ein Sieb mit einen Quadratzoll Fläche durchdringen können.

Je größer die Zahl auf dem Schleifpapier- oder Gewebe ist, umso feiner ist die Körnung und damit das Schleifergebnis.

Ein weiteres Kriterium für das Schleifergebnis ist die Art der Streuung des Schleifkorns.

Bei der offenen Streuung sind nur etwa 2/3 der Trägerfläche mit Schleifkörnern bedeckt. Dadurch wird erreicht, dass sich das Schleifmittel beim Schliff nicht so schnell zusetzt.

Bei der dichten Streuung liegen die Schleifkörner lückenlos nebeneinander. Diese Streuung wird vor allem bei sehr feinen Körnungen gewählt, um ein Schleifergebnis mit hoher Güte zu erzielen.

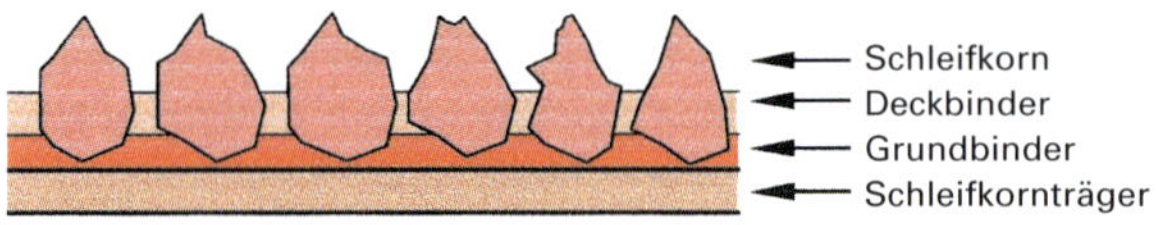

Aufbau des Schleifpapiers

Für hochwertige Nass- und Trockenschleifpapiere und -gewebe werden Siliciumcarbid oder Elektrokorund eingesetzt und mit Spezialklebstoff wie Alkydharz- oder PUR-Klebelack gebunden.

Bei einfachen, nur zum Trockenschliff geeigneten Glas- oder Flintpapieren bestehen der Grund- und Deckbinder aus Leim.

Besteht der Grundbinder aus Leim und der Deckbinder aus Kunstharz, spricht man von einer Kunstharzbindung. Bei einer Vollkunstharzbindung werden Grund- und Deckbinder mit Spezialklebstoff aus Kunstharzen ausgeführt.

Schleifpapiere – Schleifgewebe

Papier, Gewebe und Fiber aus flexiblem Schichtpressmaterial dienen als Schleifkornträger.
Für grobe Schleifpapiere werden dickere Sorten verwendet als für feine.

Ausgehend vom leichten Papiergewicht unterteilt man in folgende Sorten:

A	Papier	Gewicht bis 80 g/m^2
B	Papier	Gewicht bis 105 g/m^2
C	Papier	Gewicht bis 124 g/m^2
D	Papier	Gewicht bis 158 g/m^2
E	Papier	Gewicht bis 218 g/m^2
J	Gewebe	leichte, flexible Qualität
X	Gewebe	schwere, steife Qualität
T	Fiber	Dicke 0,38 mm
U	Fiber	Dicke 0,45 mm
V	Fiber	Dicke 0,65 mm
W	Fiber	Dicke 0,78 mm

Die Art des Schleifmittelträgers entscheidet auch über dessen Einsatz als Nass- oder Trockenschleifpapier. Wasserfeste Schleifpapiere werden mit Kunststoff veredelt und hochwertige Trockenschleifpapiere mit staubabweisenden Schichten versehen. Ein vorzeitiges Verkleben mit Schleifstaub lässt sich so verhindern. Wird nass geschliffen, spült das Wasser bzw. die verwendete Flüssigkeit die Körnung frei, sodass sich der Schleifstaub nicht so schnell ablagern kann. Hierin liegt auch der Grund, warum diese Schleifpapiere feiner und dichter gestreut hergestellt werden können.

Schleifpapiere, mit denen nass geschliffen werden kann, haben bei gleicher Körnung eine bessere Schleifwirkung als Trockenschleifpapiere.

Nass geschliffen wird überall dort, wo man feine Schliffe erzielen will. Der Vorteil liegt darin, dass feinere Körnungen verwendet werden können und kein lästiger und gesundheitsschädlicher Schleifstaub entsteht.
Aufquellende Untergründe können nicht nass geschliffen werden, ebenso wenig Stahl, wegen der Korrosionsgefahr.

Schleifpapiere und Schleifgewebe werden je nach Einsatz in verschiedenen Formen angeboten.

Wie die Schleifpapiere und Schleifgewebe an den Werkzeugen und Geräten befestigt werden, lässt sich an der Beschaffenheit der Rücken erkennen:

- glatter Rücken – Klemmbefestigung
- Klebeschicht – selbstklebende Befestigung
- Filz – kletthaftende Befestigung

Die richtige und nichtflatternde Befestigung von Schleifmitteln auf den Schleifgeräten ist für den einwandfreien Schliff und die Standzeit des Schleifmittels von großer Bedeutung.
Als Standzeit wird die Zeitdauer des Einsatzes bis zum Verschleiß des Schleifmittels bezeichnet.

Schleifvliese

Schleifvliese bestehen aus Nylonfaservlies, in die die Schleifkörner eingearbeitet sind. Sie sind wasser- und lösemittelbeständig.

Schleifvliese eignen sich besonders für Feinschleifarbeiten wie beispielsweise zum Ausschleifen von Lackierfehlern, Reinigen und Entfetten von Metallen oder zum Schleifen von Profilen und Vertiefungen. Sie sind sehr anschmiegsam und passen sich deshalb dem Untergrund an.

Schleifvliese werden als Rollen, Platten oder Scheiben geliefert und in zwei Sorten hergestellt.

Sorte	Art	Verwendung
Typ A rotbraun	Korund	Mattschliff von Beschichtungen, Aufrauhen von Aluminium
Typ S anthrazit	Silizium-carbid	Endschliff und Ausbessern von Lackierfehlern

Bögen und Rollen

Edelkorundbelag Kletthaftung

Siliciumcarbidbelag, mit Sternloch

Schleifvlies Kletthaftung

Schleifteller mit Kletthaftung

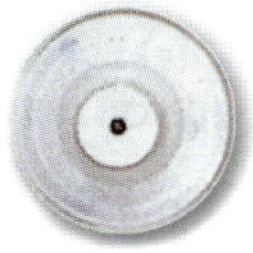

Elastischer Schleifteller

Schleifscheiben ∅ 115 mm + ∅ 125 mm

Edelkorund-Alu-Oxydbelag, anti-static

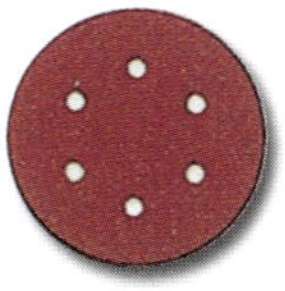

Edelkorundbelag, 6-Loch

Schleifvlies

Ausführung: hart, weich, superweich

Stützteller für Schleifecken

Schleifscheiben mit Lochung zur Staubabsaugung

Schleifvliese

Weitere Schleifmittel

Gitterschleifmetall und Gitterschleifleinen dienen der Bearbeitung rauer Flächen, sind sehr strapazierfähig und verkleben sich auch nach längerem Gebrauch nicht mit dem Schleifstaub. Sie sind beidseitig verwendbar.

Stahlwolle wird zum Reinigen, Schleifen und Polieren verwendet. Sie ist in Bauschen in den Feinheiten 0000, 00, 0, 1, 2, 3, 4 und 5 erhältlich. Je kleiner die Zahl ist, umso feiner ist die Stahlwolle.

Stahlwolle

Stahlspäne bestehen aus geflochtenen Stahlmatten. Sie werden vor allem für die schonende Reinigung von Holz- und Steinflächen verwendet. Ihre Feinheit richtet sich nach der Drahtstärke. Stahlspäne sind in den Feinheiten grob, mittel, fein und fein-fein im Handel.

Stahlspäne

Schleifpulver aus Bimsstein, Quarz oder Kieselgur dienen als Nassschleifmittel für Schleifmodler und Schleiffilze.

Schleifpasten werden zum Polieren verwendet. Sie bestehen aus Paraffinpasten oder Wachsemulsionen, in die Schleifkörner eingerührt sind. Es gibt sie in grober und feiner Körnung.

Projekte

1. Schleifen Sie von Hand eine Altlackierung trocken und nass mit dem jeweils geeigneten Schleifpapier der Körnung P 220.

Stellen Sie fest, mit welchem Schleifpapier Sie die größere Schleifwirkung erzielen.

2. Prüfen Sie die verschiedenen Befestigungstechniken von Schleifpapieren und Schleifscheiben an Schleifmaschinen:
   a) auf einfache und schnelle Befestigung
   b) auf flatterfreie Befestigung
   c) auf Wiederverwendung bereits benutzter Schleifmittel auf demselben Gerät.

Stellen Sie fest, welche Befestigungsart das beste Ergebnis erzielt.

3. Prüfen Sie, welches Schleifmittel sich zum Schleifen von Hand bei Holzprofilleisten am besten eignet:
   a) Trockenschleifpapier P 120
   b) Schleifvlies Type A (rotbraun)
   c) Stahlwolle Sorte 00

Aufgaben

1. *Erläutern Sie die Angabe „P 120" auf einem Schleifpapier.*
2. *Nennen Sie die hauptsächlich eingesetzten Materialien für Schleifkörner.*
3. *Welche Bestandteile der Schleifpapiere entscheiden darüber, ob sie sich als Nass- oder Trockenschleifpapier einsetzen lassen?*
4. *Bei welchen Arbeiten ist der Einsatz von Schleifvliesen vorteilhaft?*
5. *Wozu dienen Schleifpasten?*

8.4.2 Werkzeuge und Geräte zum Schleifen

Handschleifgeräte: Als solche dienen Schleifklötze und Handschleifer aus verschiedenen Werkstoffen und Formen mit oder ohne Klemmvorrichtung für das Schleifpapier. Man benutzt sie zum leichten und vorsichtigen Glätten und zum Schleifen an Stellen, die für Schleifmaschinen unzugänglich oder ungeeignet sind.

Schleifmaschinen sind unentbehrliche Geräte für die Untergrundvorbereitung. Art und Einsatz der unterschiedlichen Schleifmaschinen richten sich

- nach der Art des zu bearbeitenden Untergrundes,
- ob der Untergrund geglättet oder die alte Beschichtung entfernt werden soll,
- nach der Härte des Untergrundes.

Handschleifgeräte

Schwingschleifer oder Rutscher

Schwingschleifer, auch **Rutscher** genannt, gehören zu den meist verwendeten Schleifgeräten. Mit ihrem rechteckigen Schleifschuh sind sie ideal für die Bearbeitung von Flächen, Ecken und Kanten. Mit ihm wird ein gleichmäßiger Schliff auch bei hoher Beanspruchung erzielt.

Gebräuchliche Schleifschuhgrößen sind:
130 x 80 mm, 175 x 93 mm oder 225 x 115 mm

Exzenterschleifer werden dann eingesetzt, wenn es auf höchste Schleifqualität ankommt. Sie sind zum Schleifen planer und gewölbter Flächen besonders gut geeignet.

Exzenterschleifer

Rotationsschleifer werden für grobe Entschichtungsarbeiten und zum Entrosten eingesetzt. Sie unterscheiden sich von Einhandwickelschleifern vor allem durch ihre Drehzahl. Rotationsschleifer besitzen meist einen elektronisch regelbaren Drehzahlbereich zwischen 2000 und 5000 U/min, der sich für Malerarbeiten besonders eignet. Einhandwinkelschleifer werden im Metall- und Baugewerbe für Trenn- oder Schruppscheiben benutzt, für die ca. 10000 U/min notwendig sind. Mit starren Schleifscheiben lassen sich Stahlteile punktentrosten. Trennscheiben werden u. a. zum Trennen von Metall-, Stein- und Keramikbaustoffen eingesetzt.

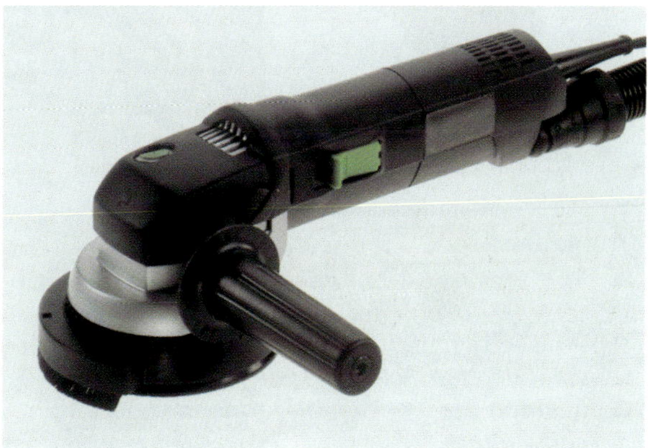

Rotationsschleifer

Gesundheitsschutz

Beim Arbeiten mit Rotations- oder Einhandwinkelschleifern muss eine Schutzbrille getragen werden!

Zum Schutz gegen die hohe Staubentwicklung ist unbedingt ein geeigneter Atemschutz erforderlich!

Schwing-, Exzenter- und Rotationsschleifer gibt es neben dem üblichen Elektromotorantrieb auch mit **Druckluftantrieb**.

Dieser Antrieb besitzt gegenüber vergleichbaren Elektrogeräten viele Vorteile. Durch das geringere Bauvolumen sind diese Geräte leichter und handlicher. Sie verfügen über eine vier- bis fünffache Standzeit und bieten beim Nassschleifen oder beim Arbeiten in explosionsgefährdeten Räumen eine größere Sicherheit. Nachteilig ist der wesentlich höhere Energieverbrauch dieser Geräte.

Moderne Schleifgeräte sind mit einer Staubabsaugung ausgerüstet. Dies geschieht entweder mit Staubbeuteln am Gerät oder durch Absaugung mit speziell hierfür ausgelegten Staubsaugern oder Absauganlagen.

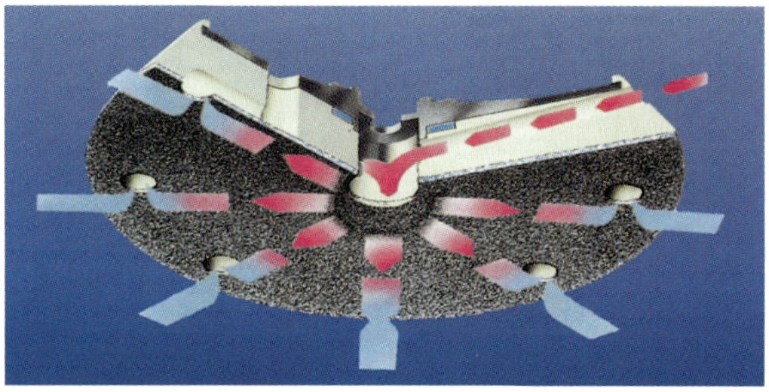

Schleifstaubabsaugung

Geräte mit Staubabsaugung sind weniger lästig, sie schützen die Gesundheit und die Umwelt.

Aufgaben

1. *Für welche Arbeiten werden Schleifklötze oder Handschleifer eingesetzt?*
2. *Wonach richtet sich der Einsatz der unterschiedlichen Schleifgeräte?*
3. *Nennen Sie vier Schleifgeräte und deren Einsatzgebiete.*
4. *Welche Vorteile haben Druckluftschleifgeräte?*
5. *Durch welche Einrichtung wird die Staubentwicklung bei Schleifgeräten vermindert?*
6. *Wie müssen Sie sich vor Gesundheitsschäden beim Arbeiten mit Rotationsgeräten schützen?*

8.5 Entfernen von Beschichtungen

Wenn Beschichtungen rissig, schlecht haftend oder für die nachfolgende Beschichtung ungeeignet sind, müssen sie entfernt werden.

Für diese Entschichtung gibt es verschiedene Verfahren mit ganz unterschiedlichem Einsatzbereich und Aufwand.

Art der Entfernung	Verfahrensbezeichnung
physikalisch-mechanisch	Abstoßen, Abschaben, Abschleifen, Abstrahlen
physikalisch-thermisch	Abbrennen, Flammstrahlen
physikalisch-lösend	Abwaschen, Abbeizen mit Fluid
chemisch-verseifend	Abbeizen mit Lauge

8.5.1 Mechanische Verfahren

Abstoßen und Abkratzen eignet sich nur für lose und schlecht haftende Beschichtungen oder leicht anhaftenden Schmutz.
Geeignete Werkzeuge hierfür sind Ziehklingen und verschiedene Schaber. Außerdem werden verschiedene Drahtbürsten in unterschiedlichen Formen und Drahtarten verwendet.
Lose sitzenden Staub oder Schmutz entfernt man üblicherweise mit dem Abstauber.

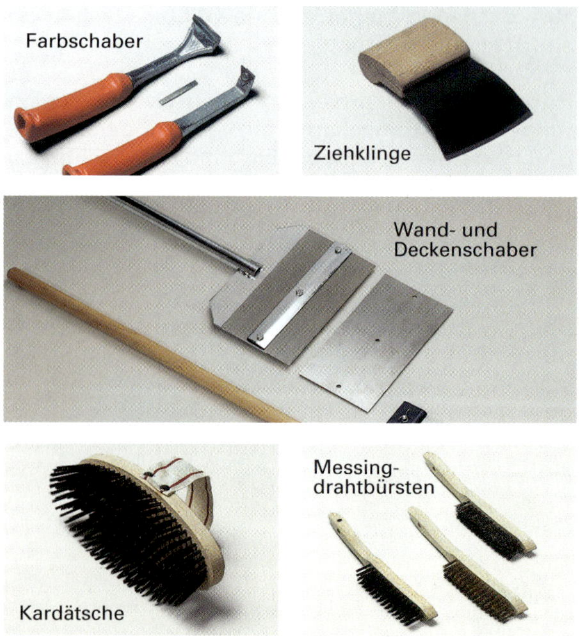

Werkzeuge für mechanische Verfahren

Abschleifen: Hierzu eignen sich alle Schleifwerkzeuge und Geräte. Die Rotationsschleifmaschine ist dabei am wirksamsten.
Der Einsatz grober Schleifmittel führt zu tiefen Kratzern und Riefen und erfordert meist ein umfangreiches Nacharbeiten.

Abstrahlen ist ein oft angewandtes Verfahren bei der Entschichtung von Stahlteilen, der Beseitigung von Rost, Zunder- oder Sinterschichten sowie der Reinigung von Natursteinen.

Als Strahlmittel werden u. a. folgende Werkstoffe eingesetzt:
- Hochofenschlacke
- Strahlglas
- Schmelzkammerschlacke
- Korund bzw. Aluminiumoxid
- Stahl-Hartguss-Granulat

Die Auswahl des Strahlmittels richtet sich nach folgenden Kriterien:
1. nach den gesundheitlichen Risiken
2. nach seiner Härte und Kantigkeit
3. nach der Korngröße
4. nach der Wirtschaftlichkeit

Sandstrahlgeräte bestehen aus einem leistungsstarken Kompressor, dem Strahlmittelbehälter und einer besonders harten Strahldüse.

Abstrahlpistolen eignen sich für kleine Flächen. Es handelt sich hierbei um eine Saugbecherpistole mit ca. einem Liter Strahlmittelinhalt.

Freistrahlgebläse sind transportable Geräte mit Behältern von 25 l bis 200 l Inhalt.

Stationäre Anlagen weisen einen geschlossenen Kreislauf auf, bei dem das Strahlmittel gereinigt und zurückgeführt wird.

Beim Entschichten wird das Strahlmittel mit einem Druck *von 2 bis 8 bar* durch eine Düse auf den Untergrund geschleudert. Durch das scharfkantige Strahlgut und den Luftdruck wird die Oberfläche abgetragen.

Sandstrahlen ist mit einer starken Staubentwicklung verbunden. Beim Arbeiten mit transportablen Geräten sind deshalb die Umweltschutzvorschriften zu beachten.

Abstrahl-Atemschutz-Ausrüstung

Die Staubbelästigung beim Abstrahlen lässt sich durch folgende Verfahren vermindern:
- **Nassstrahlen,** durch ein Gemisch aus Strahlmittel und Wasser.
- **Feuchtstrahlen,** das Strahlmittel wird vor der Düse mit Wasser umhüllt.
- **Vakuumstrahlen,** ein um die Strahldüse erzeugtes Vakuum saugt den Staub ab.

Fräsen können für zahlreiche Sanierungsarbeiten eingesetzt werden.

Sie eignen sich zum Abtragen von Altanstrichen und Putzen, zum Aufrauhen von Betonuntergründen, Entfernen von Sinterschichten und zum Abfräsen von Unebenheiten.

Sie sind mit Spezialhartmetall- und Fräsrädern bestückt und besitzen eine wirkungsvolle Staubabsaugung.

Gesundheitsschutz

Bei Sandstrahlarbeiten sind Schutzkleidung und spezielle, geschlossene Atemschutzhauben zu tragen.

8.5.2 Thermische Verfahren

Durch die Einwirkung von Wärme lassen sich viele Beschichtungen entfernen. Organische Beschichtungen werden weich und lassen sich abstoßen. Nicht- oder gering haftende Teile platzen vom Untergrund ab.

Abbrennen – Abbrenngeräte

Propangasbrenner mit einer Propangasflasche. Durch Rund- oder Breitbrenner lässt sich die Form der offenen Flamme verändern.

Heißluftabbrenngeräte erzeugen elektrisch einen 100 bis 800 °C heißen Luftstrom. Dieser wird von einem Gebläse durch eine Rund- oder Breitstrahldüse geleitet.
Der Vorteil von Heißluftgeräten gegenüber Gasbrennern liegt darin, dass nicht mit offener Flamme gearbeitet wird und die Wärme regelbar ist.

Untergründe, die sich nicht zum Abbrennen von Anstrichen eignen, sind:
- Kunststoffe, die schmelzen
- dünne Bleche, die sich verbiegen
- Naturholz, das durch Hitze ankohlt.

Beschichtungen, die sich nicht abbrennen lassen sind:
- mineralische, anorganische Beschichtungen
- sehr dünne organische Beschichtungen wie beispielsweise Lasuren.

Im Gegensatz dazu lassen sich alte Öl- oder Kunstharzanstriche besonders gut abbrennen.
Die Altbeschichtung wird mit der Flamme oder der Heißluft erwärmt und sofort mit einer Spezialabbrennspachtel vom Untergrund abgeschabt. Die noch vorhandenen Rückstände lassen sich nach dem Erkalten abschleifen.

Anstrichentfernung mit Heißluft

Beim Abbrennen mit Flamme oder Heißluft muss man darauf achten, dass die Hitze nicht zu lange auf eine Stelle einwirkt, weil sonst die brennbaren Untergründe entflammen oder verkohlen.

Sicherheitsvorschriften
Abbrennarbeiten dürfen nicht in geschlossenen Räumen und in der Nähe feuergefährlicher Stoffe durchgeführt werden.
Wegen der großen Entzündungsgefahr ist es verboten, an brandgefährdeten Gebäuden Abbrennarbeiten durchzuführen.
Bei Abbrennarbeiten müssen stets geeignete Feuerlöschgeräte griffbereit sein.

Flammstrahlen

Mit einem Acetylen-Sauerstoff-Gemisch wird eine ca. 3000 °C heiße Flamme erzeugt und über die zu reinigende Fläche geführt. Durch die Hitze entstehen an der Oberfläche Spannungen, sodass lose Teile abplatzen.
Flammstrahlen setzt man vor allem großflächig ein, beispielsweise in der Betonsanierung, um lose und nicht mehr tragfähige Schichten der Betonoberfläche abzuschälen.
Mit Flammstrahlen lassen sich Zunderschichten und Rost entfernen. Hierbei wird dem Zunder und Rost Sauerstoff entzogen und das im Rost gebundene Wasser abgespalten. Durch die Hitzespannung wird der lose Zunder abgesprengt.
Beim Flammstrahlen sind umfangreiche Sicherheitsvorschriften zu beachten!

Aufgaben
1. *Für welche Entschichtungsarbeiten eignen sich Schaber und Kratzer?*
2. *Nennen Sie Reinigungsarbeiten, die mit Drahtbürsten ausgeführt werden.*
3. *Begründen Sie, warum die Anstrichentfernung mit einer Rotationsschleifmaschine auf einem nicht sehr harten Untergrund problematisch ist.*
4. *Nennen Sie technische Verfahren, wie sich die Staubentwicklung beim Sandstrahlen verringern lässt.*
5. *Welche Altbeschichtungen können durch Abbrennen nicht entfernt werden?*
6. *Wo dürfen Abbrennarbeiten nicht durchgeführt werden?*
7. *Worauf müssen Sie bei Abbrennarbeiten achten, um keine Schäden am Untergrund zu verursachen?*
8. *Für welche Entschichtungsarbeiten wird das Flammstrahlen eingesetzt?*

8.5.3 Lösende Verfahren

Abwaschen, Abbeizen und Ablaugen sind häufig angewandte Verfahren, um Untergründe für eine Neubeschichtung vorzubereiten.

Abwaschen dient dem Reinigen verschmutzter Flächen. Noch tragfähige Untergründe können danach neu beschichtet werden. Fett und Schmutz lassen sich mit Wasser und Schmierseife oder mit Zusätzen von Haushalts- oder Spezialreinigern lösen und entfernen.
Werden dem Abwaschwasser Anlaugemittel wie Salmiak oder Anlaugepulver zugesetzt, lösen sich alte, noch tragfähige Öl- oder Kunstharzanstriche an. Die neue Beschichtung kann sich darauf gut verankern.

Hochdruckreiniger werden zum Reinigen verschmutzter Flächen und zum Entfernen von Beschichtungen oder loser Teilen eingesetzt. Ihre Reinigungskraft liegt im hohen Druck des heißen oder kalten Wassers, das auf die Fläche einwirkt und dem noch Reinigungsmittel zugesetzt werden können.
Hochdruckreiniger gibt es als unbeheizte oder beheizte Geräte, mit Elektro- oder Verbrennungsmotoren. Sie bringen Leistungen bis zu 240 bar Wasserdruck. Das Wasser kann bis 80 °C erhitzt werden.
Die Reinigungswirkung ist entscheidend von der Form des Wasserstrahls abhängig.

Mit einem **Flachstrahl** lassen sich Schmutz, Beschichtungen oder lose Teile abschälen.

Durch einen **Punktstrahl** lösen sich besonders fest haftende Teile.

Mit dem **Rotationsstrahl** erreicht man eine Kombination zwischen Punkt und Flachstrahl. Düsen mit Rotationsstrahl werden auch als „Dreckfräsen" bezeichnet.

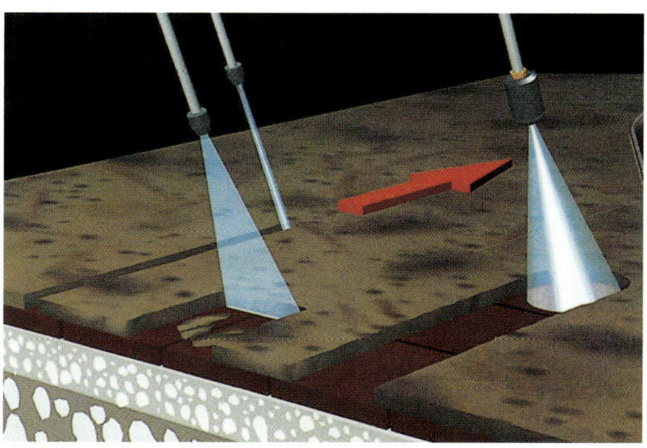

Flachstrahl, Punktstrahl, Rotationsstrahl

Umweltschutz
Werden beim Hochdruckreinigen chemische Zusatzmittel eingesetzt, darf das Abwasser nicht in den Boden gelangen. In die Kanalisation ist eine Einleitung nur zulässig, wenn sichergestellt ist, dass die Abwässer über ein Klärbecken geleitet werden und die Schadstoffmenge begrenzt ist. Feste Stoffe müssen in jedem Fall vorher aufgefangen werden.
Abbeizreste, auch wenn sie biologisch abbaubar sind, dürfen nicht in die Kanalisation gelangen.

Die Reinigungsabwässer aufzufangen, erfordert umfangreiche Maßnahmen. Vor allem bei Reinigungs- oder Entschichtungsarbeiten an Fassaden, bei denen Hochdruckreiniger bevorzugt und wirtschaftlich eingesetzt werden, gestaltet sich dies oft recht schwierig.

Abbeizhaube

Abbeizhauben für Hochdruckreiniger bieten hier eine wirksame Abhilfe. Das Schmutzwasser wird mit einem Nasssauger direkt an der Düse abgesaugt. Das kostspielige Anbringen von Schmutzwasserfangrinnen wird so überflüssig.

Weitere notwendige Schutzmaßnahmen beim Hochdruckreinigen sind:
Schützende Vorarbeiten: Holz-, Kunststoff-, Metall- und Glasflächen müssen abgedeckt werden.
Schutz der Umgebung: Passanten, parkende Autos, Pflanzen usw. müssen im Arbeitsbereich durch Planen geschützt werden.
Persönlicher Schutz: Tragen von Schutzkleidung, Gummihandschuhe, Gummistiefel, Schutzbrille und Schutzhelm.

Abbeizen mit Abbeizfluiden

Abbeizfluide sind physikalisch lösende Anstrichentferner. Sie enthalten Lösemittelgemische aus Chlorkohlenwasserstoffen, Benzol und Alkoholen. Hinzu kommen Verdickungsmittel, die das Ablaufen an senkrechten Flächen verhindern, sowie Wachse und Paraffine, die das schnelle Verdunsten der Lösemittel verzögern und dadurch ihre Wirkung verlängern.

Abbeizen

Abbeizfluide erweichen die Anstrichschichten, die danach abgeschabt oder mit Hochdruckreinigern abgestrahlt werden können.
Mit Abbeizfluiden lassen sich auch schwerlösliche Reaktionslacke entfernen. Hölzer werden von ihnen nicht verfärbt und Borstenpinsel nicht zerstört.

Sie werden mit Pinsel oder Spachtel satt aufgetragen. Nach einer gewissen Einwirkzeit kann der Anstrich entfernt werden. Ihre Wirkung lässt sich noch verstärken, wenn die eingestrichene Fläche durch Folien abgedeckt und so das Verdunsten der Lösemittel verhindert wird.

Abbeizfluide greifen viele Kunststoffe an. Nach der Entfernung der Beschichtung müssen die Flächen, je nach verwendetem Abbeizfluid, mit Wasser oder Terpentin nachgewaschen werden.

Entschichtetes Material ist als Sonderabfall vorschriftsmäßig zu entsorgen. Es darf auf keinen Fall in den Hausmüll gelangen.

Abbeizen mit Laugen

Die hier verwendeten Abbeizer bestehen aus Natron- oder Kalilauge mit Verdickungsmitteln. Mit ihnen können Öl-, Öllack- und Alkydharzbeschichtungen in wasserlösliche Seifen umgewandelt werden.
Holz verfärbt sich durch Laugen dunkel und muss deshalb mit Oxalsäure oder Wasserstoffperoxid wieder aufgehellt werden.

Die Abbeizer werden mit Fibre- oder Kunststoffborstenpinsel dick aufgetragen. Je nach Schichtdicke kann der Anstrich nach einer gewissen Einwirkzeit abgeschabt oder mit Wasser abgewaschen werden. Besonders bei Holzuntergründen muss gründlich nachgewaschen werden, um die Alkalität wieder zu neutralisieren. Auf Holz sollte der Abbeizer daher nicht zu lange einwirken, weil sonst die Lauge zu tief eindringt und die Alkalität nur schwer oder gar nicht beseitigt werden kann.

Naturborsten zersetzen sich in Abbeizer in kurzer Zeit und sind dann nicht mehr zu gebrauchen.

Gesundheitsschutz

Abbeizmittel sind feuergefährlich!
Das Einatmen der Dämpfe ist gesundheitsschädlich. Die Schutzvorschriften der TRGS 612[1] sind zu beachten. Für gute Belüftung sorgen!

Augen und Haut vor Spritzern schützen! Schutzbrille und Schutzhandschuhe tragen! Bei Berührung sofort mit Wasser abwaschen.

Abbeizer sind stark ätzend! Schutzkleidung tragen. Augen und Haut durch Schutzbrille und Schutzhandschuhe schützen.

Projekt

1. Alte Beschichtungen auf der Basis von Nitrolack und Alkydharzlack sollen mit Abbeizer entfernt werden. Versuchen Sie, nach gleicher Einwirkzeit, die Beschichtungen zu entfernen. Welche Folgen sind zu beobachten?
2. Tragen Sie etwas Abbeizfluid auf ein Stück Styropor auf. Welche Auswirkungen stellen Sie fest?

Aufgaben

1. *Worin unterscheiden sich Abbeizfluide von Abbeizern?*
2. *Welche persönlichen Schutzmaßnahmen sind notwendig, wenn Sie*
   a) mit Abbeizern arbeiten?
   b) mit Abbeizfluiden arbeiten?
3. *Wie kann die Wirkung von Abbeizfluiden verstärkt werden?*

[1] Technische Regeln für Gefahrstoffe (TRGS) 612 „Ersatzstoffe, Ersatzverfahren und Verwendungsbeschränkungen für dichlormethanhaltige Abbeizmittel"

8.6 Absperren

8.6.1 Absperren – Einsatz

In Räumen, in denen viel geraucht wird, dringen die Teerinhaltstoffe des Rauches in Wände und Decken ein. Bei einer späteren Renovierung lösen sich diese und verursachen auf der Beschichtung braune Schlieren und Flecken. Ein nochmaliges Überstreichen hilft meist wenig. Der Schadstoff schlägt erneut durch. Eine wirkliche Abhilfe lässt sich nur durch Absperren erreichen.

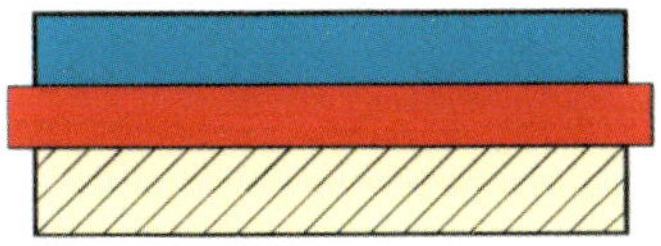

Absperren

Das Absperren verhindert, dass Schadstoffe aus dem Untergrund in den Anstrich dringen können.

Die Ursache für das Durchschlagen liegt in der leichten Löslichkeit des Schadstoffes. So müssen auch Salze, die sich beispielsweise durch einen Wasserschaden gebildet haben, abgesperrt werden.

8.6.2 Absperrmittel

Als Absperrmittel dienen Salze, lösemittelhaltige Grundiermittel und Absperrlacke.

Absperrsalze können durch ihre *Kristallbildung* oder durch ihre *neutralisierende Wirkung* verhindern, dass Schadstoffe vom Untergrund in den Anstrich durchschlagen können.

Alaun ist ein tonerdehaltiges Salz aus Kalium- oder Aluminiumsulfat, das sich in Wasser leicht lösen lässt und bei der Trocknung eine absperrend wirkende Kristallschicht bildet. Diese Schicht ist in der Lage, Nikotin- und Wasserflecken abzusperren, die Putzoberfläche zu härten und zu egalisieren, ohne die Wasserdampfdiffusion zu beeinträchtigen.

Alaun ist ungiftig und eignet sich durch die gute Wasserlöslichkeit nur für innen. Es wird hauptsächlich auf mineralischem Innenputz wie Gips eingesetzt.

Alaunsalz wird im Verhältnis 1 : 4 bis 1 : 8 in Wasser gelöst und großflächig auf den Putz aufgetragen. Nach dem Trocknen werden die überschüssigen Salzkristalle abgekehrt.

Fluate sind ebenfalls Salze. Sie bestehen aus Verbindungen von Kieselflourwasserstoffsäure und den Metallen Aluminium, Blei, Magnesium und Zink. *Bleifluat* wirkt bei Nikotin- und Wasserflecken absperrend. *Aluminiumfluat* wird zum Neutralisieren von alkalischen Putzen verwendet. *Magnesiumfluat* festigt mürbe Putzteile und *Zinkfluat* wirkt pilz- und keimtötend. In vielen Produkten sind mehrere Fluate kombiniert, um sie möglichst vielseitig verwenden zu können.
Fluate eignen sich nur für kalk- und zementhaltige Putze sowie auf Beton, **nicht** jedoch auf Gipsuntergründen.

Fluate werden im Verhältnis 1 : 1 bis 1 : 4 nach Herstellerangabe in Wasser gelöst und ein- bis zweimal satt aufgetragen. Anschließend wird das überschüssige Salz mit Wasser gründlich abgewaschen. Beim Fluatieren reagiert das Fluat beispielsweise mit Kalk und bildet auf der Putzoberfläche ein wasserunlösliches Salz aus Calciumfluorid. Dabei wird Kohlendioxid frei, was sich am Aufschäumen bei der chemischen Reaktion beobachten lässt.

Durch Fluate werden die Alkalität beseitigt, Putzoberflächen gehärtet und abgesperrt sowie Bakterien, Fäulnispilze und Mooswucherungen zerstört.

Gesundheitsschutz

Fluate sind gesundheitsschädliche, stark ätzende Arbeitsstoffe. Sie müssen entsprechend gekennzeichnet werden.

Augen und Haut sind vor Spritzern zu schützen!
Vorsicht, giftige Dämpfe!

Beim Fluatieren darf nicht geraucht oder gegessen werden. Die Hände sind sofort nach der Arbeit zu waschen.
Fluate ätzen Metalle, Glas und Keramik. Sie dürfen daher nur in säurebeständigen Kunststoffbehältern aufbewahrt werden.

Lösemittelhaltige Grundiermittel können auch als Absperrmittel eingesetzt werden. Wir beschränken uns deshalb auf die für innen gebräuchlichen *Nitrosperrgründe* und die für innen und außen vielseitig einsetzbaren *lösemittelhaltigen Polymerisatharze.*

Nitrosperrgründe, die auch als Sperrgrund oder Schnellschliffgrund im Handel sind, basieren auf Cellulosenitrat.

Aufgrund ihrer speziellen Zusammensetzung lösen sie bereits beschichtete Untergründe nicht an und werden auch nicht von nachfolgenden Anstrichen angelöst.

Besondere Verwendung finden Nitrosperrgründe zur Festigung klebender Anstriche.

Sie können gestrichen oder gespritzt werden und sind bereits nach 30 bis 60 Minuten schleifbar und weiterbearbeitbar. Einige Fabrikate sind sowohl mit Nitroverdünnung als auch mit Spiritus verdünnbar.

Wasserflecke nach einem Rohrbruch müssen abgesperrt weden.

Lösemittelhaltige Polymerisatharze, weißpigmentiert oder farblos, sind hochwertige Absperrmittel auf der Basis von Acrylharzen. Sie sperren Ruß-, Rauch- und Wasserflecken ab und eignen sich auch bei Bitumen- und Teeruntergründen. Da sie nicht verseifen, zeichnen sie sich vor allem auf frischem Beton und mineralischem Putz aus.

Absperrlacke können aus unterschiedlichsten Bindemitteln hergestellt werden. Beispielhaft betrachten wir hier die Polyurethanlacke näher:

Polyurethanlacke (PUR-Lacke) werden zum Absperren von tropischen Hölzern verwendet. Die Inhaltsstoffe dieser Hölzer können durch alle gebräuchlichen Beschichtungsstoffe durchschlagen und die Trocknung beeinträchtigen. Beheben lässt sich dies, indem man die Inhaltsstoffe mit Nitroverdünnung auswäscht, das Holz mit Stahlwolle nachreibt und PUR-Lack aufträgt. Danach kann mit üblichen Lacken weitergearbeitet werden.

Aufgaben

1. *Erklären Sie, warum Schadstoffe auf Beschichtungen Flecken erzeugen können.*
2. *Nennen Sie Stoffe, die beim Beschichten durchschlagen und Flecken erzeugen.*
3. *Womit werden durchschlagende Wasserflecken auf Gipsputz, Kalkputz und auf Dispersionsfarbe behandelt?*
4. *Nennen Sie Arbeiten, bei denen Sie Nitrosperrgründe einsetzen.*

8.7 Imprägnieren

8.7.1 Wirkungsweise der Imprägniermittel

Poröse Baustoffe, wie Holz, Stein und Putz, werden durch Witterungseinflüsse, Bakterien- und Pilzbefall in ihrer Haltbarkeit beeinträchtigt. Holz kann außerdem durch Insektenbefall oder durch Brennen zerstört werden.

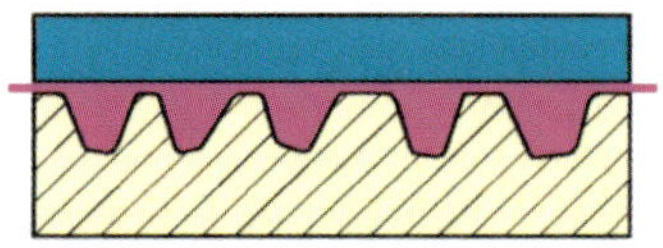

Imprägnieren

Das Imprägnieren schützt und konserviert Untergründe gegen Witterungseinflüsse, Insekten- und Pilzbefall, verleiht Untergründen wasserabstoßende Wirkung und schützt gegen Brandgefahr.

8.7.2 Imprägniermittel

Zur Imprägnierung von Holz verwendet man vor allem Holzschutzsalze. Sie beugen gegen Pilz- und Fäulnisbefall vor, verhindern oder verzögern das Entflammen und Brennen. Sie werden deshalb bei tragenden Bauteilen, z. B. bei Dachstühlen, und im Außenbereich, z. B. bei Palisaden, eingesetzt. Da Holzschutzsalze durch Regen und Feuchtigkeit ausgewaschen werden können, reicht eine einfache Beschichtung wegen der geringen Eindringtiefe meist nicht aus. Ein verbesserter Schutz lässt sich durch Druckimprägnierung erzielen. Dieses Verfahren wird im Allgemeinen bereits bei der Herstellung der Holzbauteile eingesetzt.

Holzschutzsalze vermindern häufig auch die Brandgefahr. Sie spalten unter Hitze Stickstoff ab. Dieser bindet den Sauerstoff und verhindert so die Brennbarkeit.

Zur Imprägnierung von Putz- und Steinuntergründen werden vor allem wasserabstoßende Silikonharzbeschichtungen, insbesondere überstreichbare Siloxane, verwendet. Sie verringern die Wasseraufnahme und damit die Verwitterungsgefahr bei Frost. Gleichzeitig kann weniger Schmutz eindringen. Ein Algen-, Moos- und Pilzbefall wird erschwert.

Beschichtungen aus mineralischen Bindemitteln nehmen ebenfalls gerne Wasser auf.

Durch einen Überzug mit Silconimprägniermitteln erhalten Untergründe eine wasserabstoßende, hydrophobierende[1] Schutzschicht.

Aufgaben

1. *Welche Aufgaben erfüllen Imprägnierungen?*
2. *Warum wird Holz häufig druckimprägniert?*
3. *Wozu imprägniert man Putz und Stein?*
4. *Wodurch wirken Imprägnierungen feuerhemmend?*
5. *Erklären Sie, welche Aufgaben eine hydrophobierende Schutzschicht erfüllt.*

8.8 Grundieren

8.8.1 Aufgaben von Grundierungen

Mit dem Fachausdruck *Grundieren* ist bereits seine Aufgabe innerhalb einer Beschichtung klar beschrieben. Grundieren bedeutet, eine gute Grundlage für den Aufbau der nachfolgenden Beschichtungen zu schaffen. Hierzu gehören die Haftvermittlung, eine gute Verankerung im Untergrund und ein erster Schutz, z. B. gegen Korrosion.

Grundierungen werden deshalb auch als Grundbeschichtung oder Primer bezeichnet.

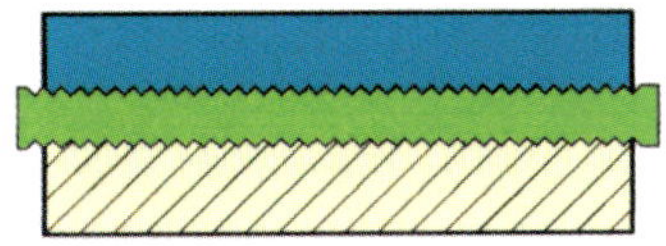

Grundieren

Grundieren dient der Haftvermittlung zwischen Untergrund und Beschichtung.

8.8.2 Grundbeschichtungen

Grundbeschichtungen werden in pigmentierte und unpigmentierte Anstrichstoffe eingeteilt.

Pigmentierte Grundbeschichtungen erhöhen die Schichtdicke, dienen dem Korrosionsschutz, verbessern die Saugfähigkeit und damit die Haftvermittlungseigenschaften.

Unpigmentierte Sorten wirken u. a. grundfestigend, absperrend und ausgleichend.
Auf Metall und Kunststoff werden häufig pigmentierte, auf Holz und mineralischen Untergründen meist unpigmentierte Grundbeschichtungen aufgetragen.

Tiefgrundieren eines sandenden Putzgrundes

[1] Anmerkung: Außer hydrophoben Stoffen, die Wasser abstoßen, gibt es auch hydrophile Stoffe. Sie nehmen Feuchtigkeit auf, die sie später wieder abgeben können. Hygroskopische Stoffe dagegen behalten die aufgenommene Feuchtigkeit und sind zumeist für Anstrichzwecke unbrauchbar.

Die Art der Grundierung hängt von der nachfolgenden Beschichtung ab. So besteht die Grundierung bei einem Silikatfarbenanstrich aus reinem Wasserglas, dem Fixativ.

Putz im Außenbereich wird vor einem Dispersionsfarbenanstrich mit lösemittelhaltigem Tiefgrund behandelt. Der Tiefgrund dringt tief in den porösen Untergrund ein, festigt lose und sandende Putze und sorgt für eine gleichmäßige Saugfähigkeit. Im Innenbereich wird meist wasserverdünnbarer Tiefgrund verwendet.

Je nach Beschichtungssystem werden auf Beton-, Metall- und Kunststoffuntergründen Zweikomponenten-Grundbeschichtungen eingesetzt.

Auf Holz werden meist dünnflüssige Grundbeschichtungen auf der Basis von Acryl- und Alkydharzen sowie anderen Lackrohstoffen verwendet.

Holzschutzmittel sind aufgrund ihrer bioziden[1] Wirkung gesundheitsschädlich und dürfen deshalb nach DIN 68 800-3 nur dort verwendet werden, wo dies der Schutz des Holzes erfordert. Die Warnhinweise und Sicherheitsratschläge auf den Gebinden sowie die Vorschriften der Gefahrenstoffverordnung, der Anwendungsbeschränkungen der Prüfbescheide und der Technischen Merkblätter der Hersteller sind zu berücksichtigen.

8.8.3 Füller

Füller[2] sind in der Metallbeschichtung und Fahrzeuglackierung übliche Begriffe für Zwischenlackierungen.

Sie dienen als Haftvermittler zwischen Grundierung und Decklackierung, erhöhen die Schichtdicke und damit die Haltbarkeit, gleichen kleine Unebenheiten aus und füllen Schleifspuren. Füller stellen einen einheitlichen Untergrund her und ermöglichen so eine gleichmäßige Farbgebung der folgenden Decklackierung. Grundier- und Dickschichtfüller werden bei Beschichtungen mit einem 2-Schicht-Aufbau eingesetzt.

8.8.4 Sealer

Sealer[3] sind transparente Haftvermittler auf Altlackierungen.

Sie werden auf Lackierungen eingesetzt, die vor der Umlackierung oder Fahrzeugbeschriftung nicht geschliffen werden sollen. Dabei ist zuvor eine gründliche Reinigung und Entfettung mit Silikonentferner notwendig.

Aufgaben

1. *Erklären Sie den Fachbegriff Grundieren.*
2. *Welche Aufgaben erfüllen die Grundbeschichtungen innerhalb eines Anstriches?*
3. *Worauf müssen Sie bei der Verwendung von Holzschutzmitteln achten?*
4. *Wozu werden Füller eingesetzt?*
5. *Warum ist vor der Verwendung von Sealern eine gründliche Reinigung notwendig?*

8.9 Glätten mit Spachtelmassen

Vergleichen wir die Lackoberfläche einer sorgfältig gespachtelten und geschliffenen Beschichtung mit einer nur grundierten und geschliffenen Lackierung, stellen wir fest, dass für den Aufbau einer hochwertigen Lackierung eine Spachtelung notwendig ist.
Anstrichuntergründe können Unebenheiten wie Risse, Löcher, Kratzer und Poren aufweisen. Die Schutzfunktion und die Schönheit einer Beschichtung wird durch solche Mängel beeinträchtigt. Sie lassen sich durch *Kitte und Spachtelmassen* beseitigen.

Eine wertvolle Lackierung kann oftmals nur erzielt werden, wenn eine sorgfältige Spachtelung vorausgegangen ist.

Kitte bestehen aus Bindemitteln wie Leinöl oder Cellulosenitrat und aus Füllstoffen, z. B. Kreide. Mit Kitten füllt man gröbere Vertiefungen und Fehlstellen.

Spachtelmassen sind zum Glätten und Ausgleichen feinerer Unebenheiten gedacht. Sie können fleckenweise eingesetzt werden. Mit ihnen lassen sich aber auch ganze Flächen überziehen. Sie enthalten neben Bindemitteln Füllstoffe von größerer Feinheit.

[1] biozid = Sammelbegriff für pilz- und insektenbekämpfende Mittel
[2] Füller (engl. to fill = ausfüllen)
[3] Sealer (engl. = Versiegeler)

8.9.1 Eigenschaften von Spachtelmassen

Spachtelmassen sollen sich leicht aufziehen lassen, gut füllen und nach dem Erhärten leicht schleifbar sein. Zu fette Spachtelmassen trocknen langsam und lassen sich schwer schleifen. Zu magere Massen lassen sich nur schlecht spachteln, sie rollen und ergeben wenig feste Spachtelungen.

Ziehspachtel wird mit Japan-, Quadrat-, Türen- und Malerspachteln, *Streichspachtel* mit Pinseln und *Spritzspachtel* mit Spritzpistolen aufgetragen.

Streich- und Spritzspachtel haben eine dünnere Konsistenz als Ziehspachtelmassen.

Aufziehen der Spachtelmasse

8.9.2 Spachtelmassen – Bindemitttel

Spachtelmassen werden durch inniges Vermischen von Pigmenten unterschiedlicher Größe, Bindemitteln und Zusatzmitteln hergestellt. Das Bindemittel gibt der Spachtelmasse den Namen und deren erforderliche Eigenschaften.

Leimspachtelmassen bestehen aus Leim, Füllstoffen und Pigmenten. Kunststoffdispersionen dienen als Zusätze, die die Haftfähigkeit erhöhen. Leimspachtelmassen finden bei weniger hohen Ansprüchen Verwendung.

Gipsspachtelmassen werden mit Zusätzen von Celluloseleim oder wasserlöslichen Kunstharzen in Pulverform geliefert und mit Wasser angeteigt. Der enthaltene Gips zieht unterschiedlich schnell an, deshalb ist die Topfzeit zu beachten. Sie sind nur für innen geeignet und werden hauptsächlich zur Glättung schadhafter Putzflächen eingesetzt.

Zementspachtelmassen sind auf Zementbasis (Dyckerhoff-Weißzement) aufbauende Putz- und Füllspachtel für den Außenbereich. Sie werden ebenfalls in Pulverform geliefert und mit Wasser angeteigt. Bis zur Erhärtung bleibt etwa eine Stunde Zeit zur Verarbeitung.

Dispersionsspachtelmassen für innen haften und füllen gut und sind leicht schleifbar. Sie sind auf allen Putzen und auf Holz einsetzbar.

Dispersionsspachtelmassen für außen sind nicht uneingeschränkt wetterbeständig. Sie dürfen nur in dünnen Schichten aufgetragen werden und sind danach mit wetterfester Dispersionsfarbe zu überstreichen. Sie füllen und haften gut und sind für jeden Putz- und Betonuntergrund geeignet.

Öllackspachtelmassen füllen sehr gut. Sie erhärten in dickeren Schichten nur sehr träge. Arbeitsgänge mit dünnen Schichten sind daher von Vorteil. Der Bearbeitung saugender Untergründe muss eine Grundierung vorausgehen; Hauptanwendungsgebiete sind Holzflächen innen und Putze.

Alkydharzspachtelmassen werden im Vergleich zu Öllackspachtelmassen härter, füllen ebenfalls sehr gut und erhärten schneller. Sie sind daher auch für Metalluntergründe bestens geeignet. Unpigmentierte Sorten benutzt man als „Porenfüller" für Naturhölzer.

Nitrospachtelmassen sind mit Pigmenten vermischte Cellulosenitratlacke, die sehr hart und rasch durchtrocknen. Sie können mit Nitro-, Öl- und Kunstharzlacken überstrichen werden. Sie kommen vorwiegend auf Metall und Holz zum Einsatz.

Polyesterspachtelmassen bestehen aus zwei Komponenten, der Spachtelmasse und dem Härter bzw. Beschleuniger. Geringe Mengen Härter genügen (Zugabe bis zu 3 %), um in der Spachtelmasse den Erhärtungsprozess anzuregen. Sie werden hauptsächlich für größere Karosserieteile verwendet. Auf Metall und Holz können sie ohne vorherige Grundierung aufgetragen werden. Sie sind außerdem für Putz, Beton und Kunststoff geeignet. Der Auftrag kann in extremen Schichtdicken erfolgen. Die Spachtelmasse härtet bereits nach kurzer Zeit spannungsarm und sehr hart durch.

Polyurethanspachtelmassen bestehen in der Regel ebenfalls aus zwei Komponenten, dem pigmentierten Stammanteil und dem Härter. Beim Ansetzen und Verarbeiten ist die oft kurze Reaktionsphase bzw. Topfzeit zu beachten. Sie eignen sich besonders auf Metallen und mineralischen Untergünden, zeigen gute Füllkraft, sind gut schleifbar und können mit verschiedenen Kunstharzlacken weiterbeschichtet werden.

Epoxidharzspachtelmassen bilden durch die beiden Komponenten sehr harte, wasserfeste Schichten. Sie werden zur Beton- und Metallglättung eingesetzt und sind gut überstreichbar.

Projekt
Untersuchen Sie die Auswirkung einer Spachtelung auf die Qualität einer Lackierung. Bereiten Sie hierzu zwei grundierte Sperrholztafeln vor und führen Sie die Vorlackierung auf Alkydharzbasis wie folgt durch:
a) direkt auf die Grundierung
b) nachdem Sie die Probe sorgfältig gespachtelt und geschliffen haben.
Beurteilen Sie die Ergebnisse.

Aufgaben
1. *Welche Eigenschaften muss eine gute Spachtelung haben?*
2. *Überlegen Sie: Warum sollen die Pigmente für Spachtelmassen unterschiedliche Korngrößen aufweisen?*
3. *Mit welchen Werkzeugen können Spachtelmassen verarbeitet werden?*
4. *Nennen Sie Spachtelmassen, die*
   a) nur in dünnen Schichten,
   b) in dünnen und dicken Schichten aufgetragen werden dürfen.
5. *Welche Spachtelmassen erhärten durch zwei Komponenten?*

8.10 Dichtungsmassen

Dank der fortschreitenden Entwicklung auf dem Kunststoffsektor gibt es heute Stoffe zum Abdichten von Fugen, Spalten und Rissen an Gebäuden und im Sanitärbereich, die dauerhaft elastisch und dicht sind. Sie verhindern, dass Feuchtigkeit oder Staub eindringen können und sich Folgeschäden ergeben. Durch ihre Elastizität werden Bewegungen und Erschütterungen von aneinander stoßenden Bauteilen aufgenommen und abgebremst. Außerdem tragen die Dichtungsmassen mit dazu bei, das Aussehen von Objekten zu verbessern.

8.10.1 Einsatzgebiete von Dichtstoffen

Fugenart	Einsatzbeispiel
Anschlussfuge	Schließen von Fugen zwischen Mauerwerk und Türstock
Sanitärfuge	Abdichten des Spalts zwischen Fliesen und Waschbecken
Dehnfuge	Überbrückung von Ansätzen zwischen Baufertigteilen
Putzrisse	Füllen von Fassadenrissen

Je nach Belastung muss eine Dichtungsmasse dauerhaft plastisch, elastisch oder plastisch-elastisch sein.

Fugendichtstoffe unterscheiden sich nach DIN 18 540 in *frühbeständige* oder *nicht frühbeständige* Dichtstoffe. Sie werden mit dem Kurzzeichen F für frühbeständig oder NF für nicht frühbeständig bezeichnt.
Beispiel: Fugendichtstoff DIN 18 540 – F

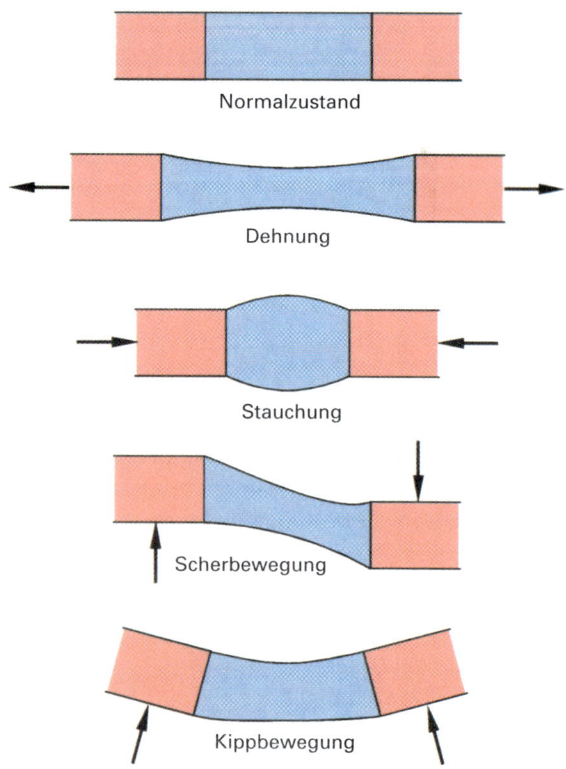

Veränderungsmöglichkeiten eines Fuge-Dichtstoff-Verbundes

Trotz ständiger Fugenbewegung durch Dehnung oder Stauchung soll ein Dichtstoff seine Form beibehalten bzw. zurückgewinnen. Diese Eigenschaft wird als *Rückstellvermögen* bezeichnet.

8.10.2 Verarbeitung von Dichtstoffen

Verarbeitungsschritte

1. nur auf trockenen Untergründen anwenden
2. Fugen und Risse säubern
3. nach Anweisung des Herstellers evtl. grundieren und trocknen lassen
4. Abdecken der Fugenkante mit Klebeband
5. Einbringen des Dichtstoffes mit Handdruckpistole oder Kartuschenpresse. Tiefe Fugen mit Hinterfüllmaterial auslegen.
6. Bevor der Dichtstoff fest wird, Klebeband entfernen.
7. Glätten des Dichtstoffes mit der Glättespachtel oder mit angefeuchtetem Finger.

Fugendichtung

Dichtstoffe weisen im Allgemeinen ein hohes Dehnvermögen auf, das von den wenigsten Beschichtungen erreicht wird. Dichtstoffe sind daher meist nicht überstreichbar.

Beschichtungen, die nach und nach abplatzen, ergeben ein unansehnliches Bild. Auf siliconhaltigen Dichtstoffen lassen sich Beschichtungen nicht verankern. Sie dürfen deshalb nicht überstrichen werden. Es ist somit ratsam, Dichtstoffe von vornherein nicht in die Beschichtung mit einzubeziehen, sondern sie in einer Eigenfärbung passend zum Anstrich einzufügen.

8.10.3 Übersicht über die Dichtstoffe

Art	Rückstellvermögen	Bezeichnung	Anwendung
plastisch	5 %	Butyl-Dichtstoff	Abdichten nichtbeweglicher Teile
elastisch	25 %	Silicon-Dichtstoff	Dehnfugen, Glasversiegelung, Sanitärfugen
	25 %	Thiokol-Dichtstoff	Anschlussfugen, Dehnfugen, Glasversiegelung
	25 %	Polyurethan-Dichtstoff	
plastisch-elastisch	10 ... 20 %	Acrylat-Dichtstoff auf Dispersionsbasis	Anschlussfugen, Putzrisse
	15 %	Acrylat-Dichtstoff auf Lösemittelbasis	Holzsanierung

Aufgaben

1. *Welche Vorteile haben Dichtstoffe, die teils plastisch und teils elastisch sind?*
2. *Für welche Arbeiten werden Dichtstoffe eingesetzt?*
3. *Welche Eigenschaft wird als Rückstellvermögen eines Dichtstoffes bezeichnet?*
4. *Warum sollen Dichtstoffe nicht überstrichen werden?*

9 Beschichtungen

9.1 Die Erhaltung von Sachwerten

9.1.1 Aufgabe der Beschichtungen

Untergründe sind im Außenbereich der Witterung ausgesetzt. Sie werden von Regen und Nebel durchnässt. Wärme und Kälte führen zu wechselnden Ausdehnungen und zu Verwitterungsschäden im Untergrund, besonders bei gefrierender Nässe. Abgase bilden mit Regen und Nebel Säuren, die die Oberfläche des Untergrundes zerstören. Als Gase dringen sie tief in den Untergrund ein und verschlechtern dessen chemische Eigenschaften. Mineralische Untergründe verwittern, bekommen Risse und verlieren ihre Festigkeit. Sie nehmen zunehmend Feuchtigkeit auf. An Wand und Bauteilen zeigen sich nasse Stellen und Wasserflecken. Salzrückstände in den Wänden lösen sich, Salzausblühungen, z. B. Salpeter- und Kalkausblühungen, sind die Folgen.
Metallische Untergründe werden durch saure Niederschläge in ihrer Funktion beeinträchtigt und durch Korrosion zerstört.

Durch die UV-Strahlen der Sonne werden die natürlichen Inhaltsstoffe des Holzes an der Oberfläche zerstört und durch Regen ausgewaschen. Das Holz vergraut und wird unansehnlich. Regen und Sonne führen zum ständigen Wechsel von Quellen und Schrumpfen, sodass das Holz Oberflächenrisse bekommt. Risse sind Brutstätten von Holz zerstörenden Insekten. Verwitterte Holzoberflächen sind ein Nährboden für Algenbewuchs, Fäulnis und Pilzbefall und binden Staub und Schmutz.

Auch Kunststoffe unterliegen einem gewissen Alterungsprozess, der durch Ausbleichen, Farbänderung, Verspröden, Risse und Verschmutzung erkennbar wird.

Beschichtungen schützen Untergründe gegen Verwitterung, Korrosion, UV-Strahlen, Algen-, Pilz- und Insektenbefall. Durch Beschichtungen kann der natürliche Alterungsprozess verlangsamt werden. Gleichzeitig erhalten die Sachwerte eine ansprechende individuelle Farbgebung und Gestaltung.

Auch im Innenbereich dienen die Beschichtungen dem Erhalt von Sachwerten.

Beschichtungen schützen u. a. gegen erhöhten Abrieb, Feuchtigkeit, Säuren, Laugen und andere aggressive Substanzen. Gleichzeitig sorgen die Farbgestaltung und die Auswahl der Beschichtungsmaterialien für ein gutes Raumklima und Wohlbefinden.

Genau besehen können Beschichtungen den Verfall von Sachwerten nur um Jahre oder Jahrzehnte hinauszögern. Einen Schutz für alle Zeiten gibt es nicht. Deshalb müssen Beschichtungen immer wieder erneuert werden.

9.1.2 Schutz durch Beschichtungssysteme

Zur Beschichtung von Untergründen ist nicht jedes Beschichtungsmittel gleich gut geeignet, vielmehr ist die Auswahl der Beschichtungsmittel vom Untergrund und den Anforderungen an die Beschichtung abhängig.

Die vom Maler und Lackierer zu bearbeitenden Untergründe lassen sich wie folgt einteilen:

Untergründe

Mineralische Untergründe	Metallische Untergründe	Organische Untergründe	Sonstige Untergründe
Steine Beton Putze	Eisen- und Nichteisen-metalle	Holz Holzwerkstoffe Papier Kunststoff	Glas Textilien Leder

Beispiele für Beschichtungssysteme nach VOB[1] DIN 18 363

Erstbeschichtungen	Aufbau
Dispersionsfarbe außen	Grundbeschichtung aus lösemittelverdünnbarem Tiefengrund Zwischenbeschichtung und Schlussbeschichtung aus Dispersionsfarbe
Silikatfarbe	Grundbeschichtung aus verdünntem Fixativ Zwischenbeschichtung und Schlussbeschichtung aus Silikatfarbe
Alkydharzlack auf Holz, außen	Grundbeschichtung mit Bläueschutz zwei Zwischenbeschichtungen Schlussbeschichtung aus Alkydharzlack
Alkydharzlack auf Metall, außen	Korrosionsschutzgrundierung zwei Zwischenbeschichtungen Schlussbeschichtung aus Alkydharzlack

[1] VOB = Vergabe- und Vertragsordnung für Bauleistungen Allgemeine Technische Vertragsbedingungen für Bauleistungen (ATV) für Maler- und Lackiererarbeiten DIN 18363

Der Beschichtungsstoff kann mehr oder weniger tief in den Untergrund eindringen und unterschiedliche Schichtdicken erreichen. Bildet der Beschichtungsstoff eine zusammenhängende Schicht, spricht man vom *Beschichtungsfilm*. Einen mehrschichtigen Aufbau einer Beschichtung bezeichnet man als *Beschichtungssystem*. Dabei müssen die Beschichtungsstoffe der einzelnen Schichten aufeinander abgestimmt sein. Nur so haften die Schichten gut aufeinander und erzielen einen ausreichenden Schutz.

9.1.3 Aufbau von Beschichtungssystemen

Beschichtungssysteme zeigen Gemeinsamkeit im Aufbau. Sie beginnen im Allgemeinen mit einer **Grundierung**, die das Bindeglied zwischen dem Untergrund und dem Beschichtungssystem darstellt. Darauf folgen eine, zwei oder weitere **Zwischenbeschichtungen**, den Abschluss bildet die **Schlussbeschichtung**.

Neben diesem traditionellen Anstrichaufbau gibt es heute auch Beschichtungssysteme, die mehrere Arbeitsgänge zusammenfassen, z. B. Grundierung und Spachtelung, oder Grundierung und Füller durch Grundierfüller. Abhängig vom Beschichtungssystem wird die Spachtelmasse vor oder nach der Grundierung aufgetragen und danach mit den entsprechenden Schichten fertig gestellt. Beim Beschichtungsaufbau ist der Bindemittelanteil der verschiedenen Schichten zu beachten.

Bindemittelreiche Beschichtungen werden als *fett* bezeichnet. Sie besitzen einen geringen Pigment- und Lösemittelanteil. *Magere* Beschichtungen enthalten dagegen einen hohen Pigment- und Lösemittelanteil.

Überstreicht man einen fetten Alkydharzlack nach dessen Erhärtung mit einem ölarmen, schnell trocknenden Lack aus demselben Bindemittel und beschleunigt die Trocknung durch Wärme oder Sonnenbestrahlung, zeigen sich im Lackfilm schon während der Erhärtung Risse. Der magere Deckanstrich war offensichtlich nicht in der Lage, die auftretenden Spannungen auszugleichen.
Trägt man die Beschichtung in umgekehrter Reihenfolge auf, tritt keine Rissbildung ein.
Beim Aufbau von Beschichtungssystemen gilt daher die Grundregel *„von mager nach fett"!*

Die nachfolgende Beschichtung muss immer einen höheren Bindemittelanteil enthalten als die vorangegangene.

Aufgaben

1. *Nennen Sie vier Schutzfunktionen von Beschichtungen im Außenbereich.*
2. *Welche Aufgaben haben Beschichtungen im Inneren eines Gebäudes?*
3. *Nennen Sie die wichtigsten Untergründe, die der Maler zu bearbeiten hat.*
4. *Erklären Sie den Begriff „Anstrichfilm"!*
5. *Aus welchen Schichten bestehen normalerweise Beschichtungssysteme?*
6. *Erläutern Sie die Grundregel: „von mager nach fett"!*
7. *Welcher Beschichtungsstoff wird als mager und welcher als fett bezeichnet?*

9.2 Prüfung von Beschichtungen

Beschichtungen werden aus unterschiedlichen Gesichtspunkten geprüft:

- Vor der Beschichtung von Altanstrichen muss deren Tragfähigkeit festgestellt werden. Hierzu wird beispielsweise die Haftfestigkeit und Verträglichkeit mit der nachfolgenden Beschichtung untersucht.
- Um die Qualität und Eigenschaften einer Beschichtung nachzuweisen, werden u. a. Deckvermögen, Trocknung, Glanzgrad, Elastizität, Härte, Kreidung, Blockfestigkeit, Witterungs- und Chemikalienbeständigkeit überprüft.
- Um im Schadensfall die Ursachen belegen zu können, werden u. a. der Anstrichaufbau und die Schichtdicke untersucht.

Für den genauen Nachweis stehen eine Vielzahl genormter Prüfmethoden zur Verfügung, die zum Teil technisch aufwendige Prüfgeräte erfordern. Für die handwerkliche Beurteilung genügen meist einfache Proben und Messmethoden.

9.2.1 Tragfähigkeit von Altbeschichtungen

Kratzprobe: Soll eine Altbeschichtung einen neuen Farbauftrag erhalten, muss zunächst die Tragfähigkeit der Altbeschichtung geprüft werden. Nur ein einwandfrei haftender Altanstrich eignet sich als Anstrichgrund für eine darauf aufbauende Beschichtung. Lockere, zum Abplatzen neigende bzw. abkreidende Anstriche müssen entfernt werden. Überstreicht man Altbeschichtungen ungeprüft, kann die Beschichtung abplatzen.

Der eingetretene Schaden steht in keinem Verhältnis zu einer einfachen Kratzprobe. Dabei kratzt man mit einer Spachtel oder einer Messerklinge die Oberfläche an. Ergeben sich dabei Späne, die sich leicht zerbröseln lassen, ist die Altbeschichtung spröde und daher nicht mehr tragfähig. Sie muss entfernt werden. Sind die abgeschälten Späne dagegen elastisch, kann der Altanstrich als Untergrund dienen.

Abrissprobe: Sie wird mithilfe von Klebeband durchgeführt. Dabei presst man ein Stück Klebeband fest auf die Altbeschichtung und zieht es ruckartig ab. Sobald Anstrichteile mitgerissen werden, reicht die Haftfähigkeit für eine Neubeschichtung nicht mehr aus.

Anlöseprobe: Wird eine Altbeschichtung vom Löse- oder Verdünnungsmittel des Beschichtungsstoffes angegriffen, ist eine sichere Neubeschichtung nicht möglich. Die Altbeschichtung muss zuvor entfernt werden.

Bei der Anlöseprobe benetzt man die Altbeschichtung mit dem Löse- oder Verdünnungsmittel des darauf aufbauenden Beschichtungsauftrages und überprüft die Verträglichkeit.

Gitterschnittprüfung: Durch sie lässt sich das Haften von ein- oder mehrschichtigen Anstrichen auf dem Untergrund sowie das Haften einzelner Schichten untereinander beurteilen. Mit der Gitterschnittprüfung lassen sich im Labor und in der handwerklichen Praxis qualifizierte Aussagen treffen. Hierfür verwendet man Prüfgeräte nach DIN EN ISO 2409 mit jeweils sechs Schneiden, die im Abstand von 1 mm oder 2 mm angeordnet sind.

In der handwerklichen Praxis wird zum Gitterschnitt häufig das Cuttermesser behelfsmäßig eingesetzt. Der Gitterschnitt wird rechtwinklig jeweils bis auf den Untergrund in gleichen Abständen und in gleicher Geschwindigkeit ausgeführt.

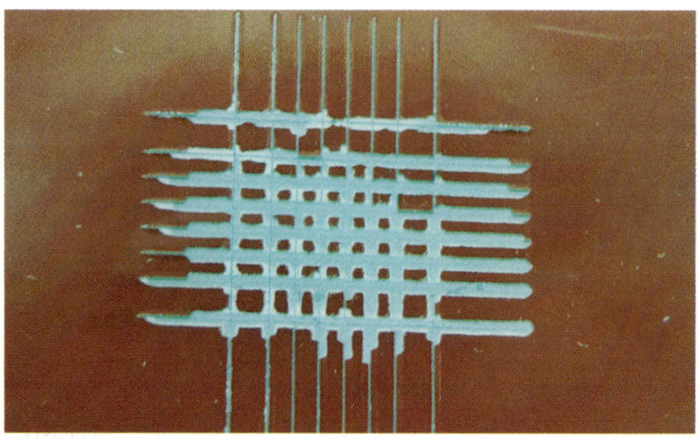

Gitterschnitt mit Kennwert GT2

Gitterschnitt nach DIN EN ISO 2409

Gitterschnitt-kennwert	Beschreibung	Bild
Gt0	Die Schnittränder sind vollkommen glatt, kein Teilstück des Anstriches ist abgeplatzt.	–
Gt1	An den Schnittpunkten der Gitterlinien sind kleine Splitter des Anstriches geplatzt; abgeplatzte Fläche etwa 5% der Teilstücke.	
Gt2	Der Anstrich ist längs der Schnittränder und/oder an den Schnittpunkten der Gitterlinien abgeplatzt; abgeplatzte Fläche etwa 15% der Teilstücke	
Gt3	Der Anstrich ist längs der Schnittränder teilweise oder ganz in breiten Streifen abgeplatzt und/oder der Anstrich ist von einzelnen Teilstücken ganz oder teilweise abgeplatzt; abgeplatzte Fläche etwa 35% der Teilstücke.	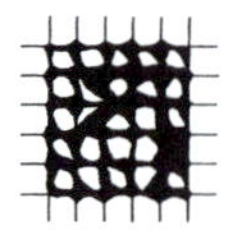
Gt4	Der Anstrich ist längs der Schnittränder in breiten Streifen und/oder von einzelnen Teilstücken ganz oder teilweise abgeplatzt; abgeplatzte Fläche etwa 65% der Teilstücke.	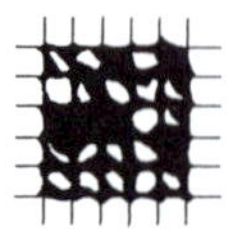
Gt5	Abgeplatzte Fläche mehr als 65% der Teilstücke.	–

Nur gleichmäßige Untergründe, wie Stahlblech oder Kunststoff, liefern auch vergleichbare Ergebnisse. Auf Holz mit seiner unterschiedlichen Maserung, auf gespachtelten Flächen und auf Putz oder Beton lassen sich wegen der ungleichen Oberflächenstruktur nur eingeschränkt vergleichbare Ergebnisse erzielen.

An den abgeplatzten Flächen lässt sich feststellen, ob die Beschichtung gut oder schlecht haftet.

9.2.2 Härteprüfmethoden

Für das handwerkliche Beurteilen der *Härte* einer Beschichtung reicht häufig ein Anritzen mit einem festen Gegenstand aus. Gute Werte liefert auch das so genannte Bleistiftverfahren, wobei man die unterschiedlichen Härtegrade der Bleistifte von 6B bis 9H nutzt. Beginnend mit einem weichen Stift, der die Prüfoberfläche nicht angreift, werden nacheinander härtere Bleistifte eingesetzt, bis der verwendete Bleistift Schreibspuren im Beschichtungsfilm hinterlassen hat.

Um jedoch vergleichbare Messergebnisse erzielen zu können, werden genormte Härteprüfverfahren benötigt. Sie sind in der Werkstoffprüfung unerlässlich, spielen aber in der handwerklichen Praxis kaum eine Rolle. Wir beschränken uns daher auf zwei Verfahren:

1. Eindruckversuch nach Buchholz DIN EN ISO 2815

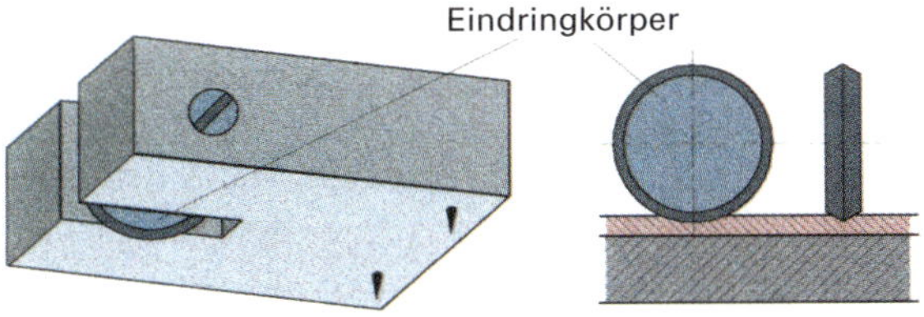

Gerät mit Eindringkörper

Gemessen wird die Eindrucklänge des als Doppelkegel ausgebildeten Eindringkörpers. Die Eindrucktiefe lässt sich aus der Eindrucklänge errechnen. Je kleiner die Eindrucktiefe ist, umso größer ist die Härte der Beschichtung. Dabei muss die Schichtdicke berücksichtigt werden.

2. Schwingungsmethoden

Bei der Schaukel- oder der Pendelhärteprüfung nach DIN EN ISO 1522 ist die Anzahl der Schwing- oder Pendelbewegungen ein Maß für die Härte der Beschichtung. Weiche Beschichtungen dämpfen die Schwing- oder Pendelbewegungen stärker als harte.

Schaukelhärteprüfer

9.2.3 Prüfung der Elastizität

Die Elastizität bzw. Dehnbarkeit einer Beschichtung lässt sich mithilfe von Probeplatten aus Blech überprüfen. Dabei werden je nach Prüfgerät Blechstärken zwischen 0,3 und 1 mm eingesetzt. Nachdem die Beschichtung auf die Probeplatten aufgetragen und erhärtet ist, werden diese in ein Dornbiegegerät nach DIN EN ISO 1519 so eingelegt, dass die Beschichtung beim Biegen um einen Dorn nach außen weist. Zeigen sich bereits bei großen Dorndurchmessern Risse, ist die Elastizität der Beschichtung gering; treten diese erst bei kleinen Dorndurchmessern auf, ist die Elastizität groß.

Die Stoßelastizität kann mit einem Kugelschlagprüfgerät und vorbereiteten Prüfblechen nachgewiesen werden. Dabei schlägt ein Fallkörper mit kugeligem Kopf auf die Probe, wobei der Widerstand der Beschichtung gegen Rissbildung oder Ablösung getestet wird. Der Fallkörper kann direkt auf die Beschichtung stoßen oder auf die Rückseite der Probe gerichtet sein. Der Beschichtungsfilm wird dabei gestaucht bzw. gedehnt.

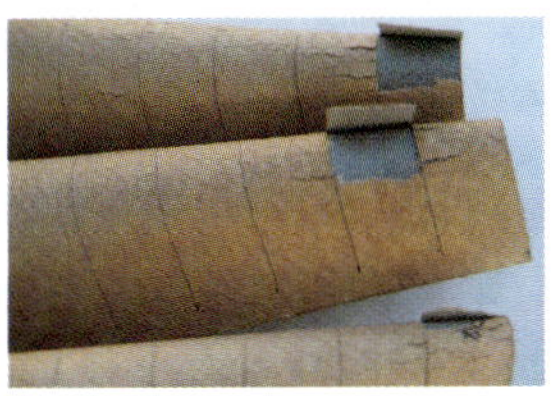

Dornprüfgerät mit Dornen verschiedenen Durchmessers zum Feststellen des Dehnvermögens von Lacken

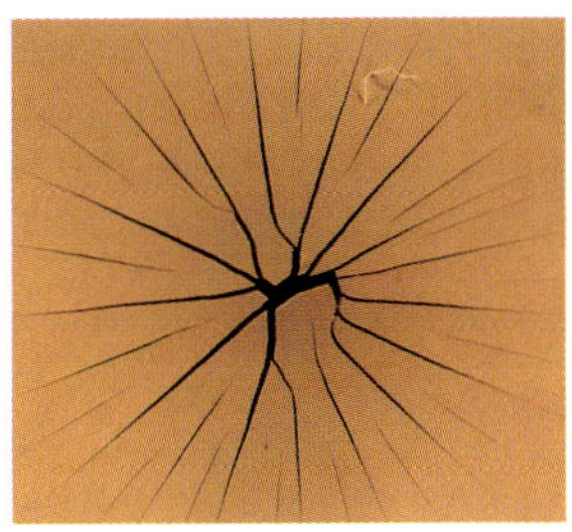

Kugelschlagprüfer

9.2.4 Messung der Schichtdicke

Die Schichtdicken von Beschichtungssystemen sind vor allem bei besonderen Belastungen verbindlich vorgeschrieben. Eine leichte Korrosionsschutzbeschichtung soll eine Gesamtschichtdicke von 100 bis 200 µm, eine schwere Korrosionsschutzbeschichtung 300 µm und mehr aufweisen.

Ebenso kommt es beispielsweise bei Unterwasseranstrichen und Flammschutzbeschichtungen entscheidend auf die Schichtdicke an.
Bei der Messung muss zwischen der Nass- und Trockenschichtdicke unterschieden werden.

Gemessen wird in *Mikrometer* (mm); 1 µm = $^1/_{1000}$ mm. Die Schichtdicke des Nassfilms ist je nach Beschichtungsmittel erheblich größer als die Trockenschichtdicke.

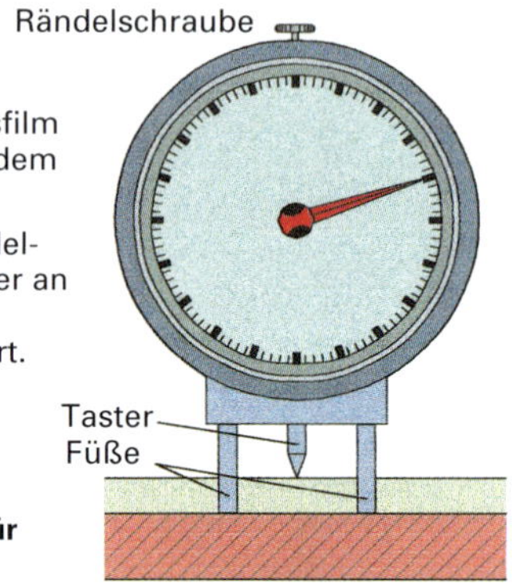

a) Beide Füße in den Nassfilm eindrücken, bis sie auf dem Untergrund stehen.
b) Durch Drehen der Rändelschraube wird der Taster an die Oberfläche der Beschichtung herangeführt.
c) Der Zeigerausschlag gibt die Nassschichtdicke in µm an.

Schichtdickenmesser für Nassfilme

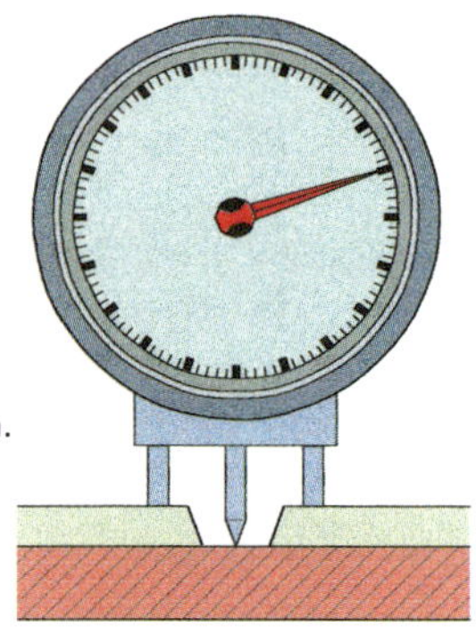

a) Mit einem scharfen Gegenstand (Messer) legt man den Untergrund an einer Stelle frei.
b) Die Füße des Schichtdickenmessers werden so auf die trockene Beschichtung gestellt, dass der Taster den Untergrund berühren kann.
c) Der Zeigerausschlag gibt die Trockenschichtdicke in µm an.

Schichtdickenmesser für Trockenfilme

Der ***Schichtdickenmesser nach Roßmann*** gleicht einem Kamm, dessen Zahnreihen einen gleichmäßig abnehmenden Tiefenstand aufweisen. Nachdem man das Gerät senkrecht in den Nassfilm gestellt und wieder herausgenommen hat, lässt sich die genaue Schichtdicke ablesen. Sie entspricht dem Wert, der über dem letzten mit Beschichtungsmittel eingefärbten Zahn steht.

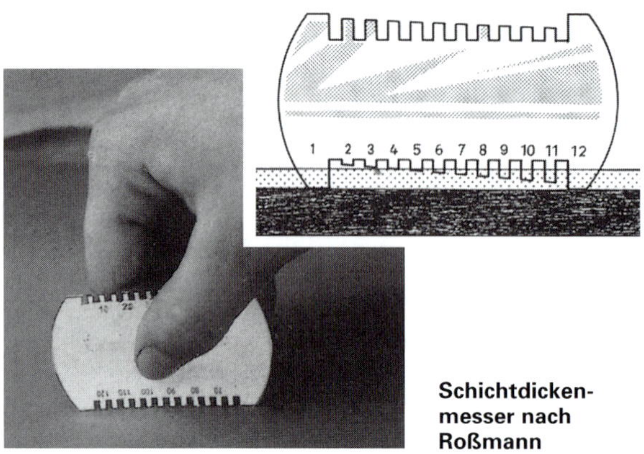

Schichtdickenmesser nach Roßmann

Der ***magnetische Schichtdickenmesser*** eignet sich nur für Stahlblech u. a. eisenhaltige Metalluntergründe. Die magnetische Anziehungskraft hängt von der Schichtdicke der Beschichtung ab.

Magnetischer Schichtdickenmesser

Das Schichtdickenmessgerät ist entsprechend geeicht, sodass es beim Aufsetzen auf die Oberfläche der Beschichtung die Filmdicke auf einer Skala anzeigt.

9.2.5 Glanzmessung

Die Neulackierung eines Pkws wird nach ihrem Glanz eingeschätzt. Der Glanz einer Beschichtung lässt sich durch ihren *Glanzgrad* ausdrücken. Der *Glanzverlust* ist ein Maßstab für den fortgeschrittenen Alterungsprozess eines Lackes.

In der Lackiererwerkstatt bedient man sich zur Glanzbestimmung der Glanzskala, bei der man durch Vergleich mit festgelegten Mustern den Glanzgrad bestimmt.

Glanzmessgerät

Aufgaben

1. *Warum ist es notwendig, Beschichtungen zu prüfen?*
2. *Durch welche Methoden kann die Tragfähigkeit von Altbeschichtungen geprüft werden?*
3. *Erklären Sie eine Gitterschnittprüfung.*
4. *Wie können Sie mit einfachen Mitteln nachweisen, ob eine Beschichtung hart oder weich ist?*
5. *Erklären Sie das Prinzip einer Schaukelhärteprüfung.*
6. *Warum lässt sich die Elastizität einer Beschichtung mit einem Dornbiegegerät nachweisen?*
7. *Wie lassen sich die Nass- und Trockenschichtdicke einer Beschichtung bestimmen?*

10 Bearbeitung mineralischer Untergründe

10.1 Einteilung mineralischer Untergründe

Mineralische Untergründe

Natursteine	gebrannte Steine	gebundene Steine
Ablagerungsgestein Sandstein Kalkstein Gips	Ziegel Klinker Glas keramische Platten	**Putze** Zementputz Kalkputz Gipsputz
Umwandlungsgestein Marmor Schiefer Gneis		**Steine** Kalksandsteine Leichtbetonsteine Gasbetonsteine
Erstarrungsgestein Granit Porphyr Basalt		**Beton** Spannbeton Sichtbeton Gasbeton
		Platten Faserzement-, Kunststein- und Asbestplatten

Die mineralischen Untergründe bestehen aus anorganischen Stoffen. Sie lassen sich in Natursteine, gebrannte und gebundene Baustoffe einteilen.

10.1.1 Beurteilung

Mineralische Untergründe sind gegen mechanische Einwirkungen wie Abrieb, Druck-, Zug- und Scherkräfte sowie gegen Wasser, Wasserdampf, aggressive Niederschläge, Kälte, Wärme und Sonnenlicht unterschiedlich belastbar. Sie unterscheiden sich in ihren chemischen und physikalischen Eigenschaften zum Teil sehr stark voneinander. Bei der Vorbehandlung und Wahl der Beschichtung von mineralischen Untergründen müssen daher folgende Eigenschaften berücksichtigt und geprüft werden:

- Festigkeit
- Oberflächengüte
- Porosität bzw. Saugfähigkeit
- Feuchtigkeitsgehalt
- Alkalität
- Wetterbeständigkeit

Außerdem ist die Beanspruchung mineralischer Untergründe von der Nutzung der Räume, der Art der Bauteile sowie der Lage im Innen- oder Außenbereich abhängig.

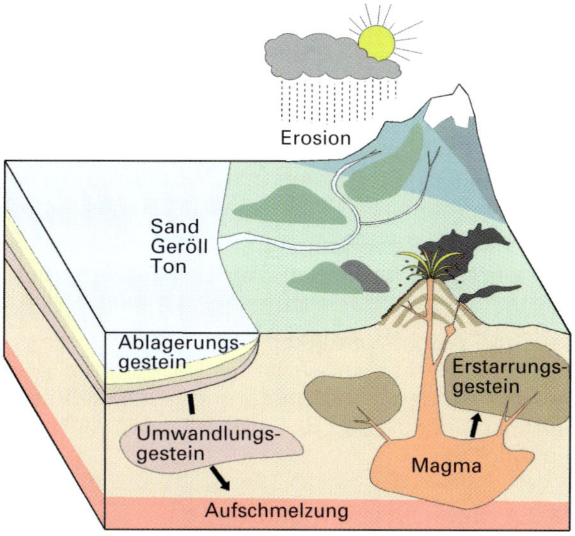

Entstehung der Natursteine

10.1.2 Eigenschaften

Untergrund		Festigkeit	Saugfähigkeit	Feuchtigkeitsgehalt	Alkalität	Wetterbeständigkeit
Beton	neu alt	groß groß	gering gering	groß gering	hoch gering	ja ja
Zementputz	neu alt	groß groß	gering gering	groß gering	hoch gering	ja ja
Kalkputz	neu alt	mäßig gering	mittel stark	groß gering	hoch gering	ja nein
Gipsputz		gering	stark	gering	gering	nein
Gasbeton		mittel	stark	gering	gering	ja
Kalksandstein		groß	mittel	gering	gering	ja
Klinker		groß	keine	gering	keine	ja
Faserzementplatten		mäßig	gering	gering	gering	ja

10.1.3 Beanspruchungen im Außenbereich

Witterungseinflüsse

Je nach Saugfähigkeit und Porosität durchnässen Regen und Nebel den mineralischen Untergrund. Fortwährende Temperaturunterschiede führen zu wechselnden Ausdehnungen und dadurch zu Verwitterungsschäden, besonders bei gefrierender Nässe.

Abgase

Regen und Nebel bilden mit Abgasen saure Niederschläge bzw. Säuren, die die Oberfläche des mineralischen Untergrundes zerstören.
Als Gase dringen sie tief in den Untergrund ein, verringern die notwendige Alkalität und verschlechtern die chemischen Eigenschaften.

Schmutz, Staub, Algen-, Moos- und Pilzbefall
Sie beeinträchtigen nicht nur das Aussehen, sondern tragen durch die erhöhte Feuchtigkeitsaufnahme zur Zerstörung des Untergrundes bei.

Schalöl-, Teer- und Fettrückstände
Sie verringern die Haftung bzw. Verankerung von Beschichtungen.

Mechanische Einwirkungen
Sie führen zu erhöhtem Abrieb, abplatzenden Flächen, Rissen und Setzungen des Mauerwerks.

Bau- und Wohnfeuchtigkeit
Sie erkennt man an ihrer Fleckenbildung. Mit Salzrückständen im Untergrund erzeugen sie Salzausblühungen, z. B. Salpeter- oder Kalkausblühungen.

10.1.4 Beanspruchungsgruppen

Zur Beschichtung von Untergründen stehen im Allgemeinen eine Vielzahl von Beschichtungssystemen zur Verfügung. Um ihre Auswahl nach den notwendigen Anforderungen und unter wirtschaftlichen Gesichtspunkten zu erleichtern, unterteilen wir die Untergründe nach Beanspruchungsgruppen. Entsprechend dem Lexikon der Anstrichtechnik[1] teilen wir nach den verschiedenen Anforderungen in neun Beanspruchungsgruppen ein.

I **Normalbeanspruchung innen**
z. B. Wohnräume, Büros
Lager, Kellerräume mit normaler Raumtemperatur

II **Erhöhter trockener Abrieb**
z. B. Gänge von Bürohäusern, Hotelzimmer
Innenräume, die kein Abwaschen von Altanstrichen vertragen

III **Erhöhter nasser Abrieb**
z. B. Treppenhäuser, Krankenhauszimmer

IV **Normalbeanspruchung außen**
z. B. dem Wetter ausgesetzte Fassaden, Terrassen

V **Stärkere mechanische Beanspruchung**
z. B. Fabrikräume, Wartesäle in Bahnhöfen

VI **Erhöhte Feuchtigkeit innen**
z. B. Großküchen, Wäschereien

VII **Ständige Berührung mit Wasser**
z. B. Wasserbehälter, Schwimmbecken

VIII **Aggressive Einwirkungen**
z. B. aggressive Dämpfe oder Flüssigkeiten in Laboratorien und Fabrikanlagen

IX **Einwirkung von Hitze**
z. B. Heizkörper, Rohre, brandgefährdete Objekte

[1] Brasholz, Waldau, Wallenfang: Lexikon der Anstrichtechnik, 2. Band, 6. Auflage, München 1996

10.2 Beton

Beton ist ein aus Zement, Wasser und Zuschlagstoffen hergestelltes künstliches Gestein.

Er gehört heute zu den wichtigsten Baustoffen. Bereits die Römer verwendeten für ihre Bauwerke eine Art Beton. Das Material opus caementicium bestand aus einem Kalkmörtel in Verbindung mit Sand, Marmor- und Ziegelbruch, dem caementa. Von diesem ist unser Begriff Zement abgeleitet. Die Betontechnik ermöglichte den Gewölbebau in bisher unbekannten Dimensionen und eine Anpassung an die im Bauwerk auftretenden Druckbelastungen.
Beton ist in der Lage, hohe Druckkräfte aufzunehmen. Er besitzt jedoch eine geringe Zugfestigkeit. Im Stahlbeton nehmen eingelegte Stahlstäbe die auftretenden Zugkräfte und einen Teil der Druckkräfte auf. Beton und Stahl dehnen sich bei Erwärmung gleich stark aus. Temperaturschwankungen führen daher zu keinen zusätzlichen Spannungen. Die römische Technik des Gussbetons ging nach dem Zusammenbruch des Römischen Reiches verloren. Die moderne Technik des heutigen Stahlbetons entstand Mitte des 19. Jahrhunderts. Die Stahleinlage wird als Bewehrung bzw. Armierung bezeichnet.

10.2.1 Betonarten

Unbewehrter Beton enthält keine Stahlarmierung. Er ist für nichttragende Bauteile, die nur Druckspannungen ausgesetzt sind, geeignet.
Stahlbeton besitzt nach DIN 1045 eine Stahleinlage als Bewehrung, die ohne Vorspannung in den Beton eingegossen wird.
Spannbeton verfügt über eine vorgespannte Stahlarmierung, die im Beton eine Druckspannung erzeugt und so die Widerstandsfähigkeit gegen Zugkräfte erhöht.
Sichtbeton bezeichnet einen unverputzten Beton mit glatter oder strukturierter Oberfläche.
Waschbeton entsteht, wenn vor dem Erhärten des Betons die gebundenen Steine an der Oberfläche durch Waschen freigelegt werden. In Waschbeton werden Platten und fabrikmäßig geformte Fertigteile hergestellt.

Zur Sicherstellung einer mindestens 50-jährigen Nutzung von Betonbauteilen sind in DIN EN 206-1/DIN 1045-2 die Einwirkungen der Umgebungsbedingungen in Expositionsklassen für Bewehrungs- und Betonkorrosion eingeteilt:

- kein Korrosions- oder Angriffsrisiko: XO
- Bewehrungskorrosion: XC; XD; XS
- Betonkorrosion: XF; XA; XM

10.2.2 Expositions[1]- und Festigkeitsklassen

Expositions-klasse	Festig-keits-klasse	Mindest-Druck-festigkeit N/mm²	Anwendung
X0	C8/10	8/10	Unbewehrter Beton
XC1	C16/20	16/20	innen, trocken oder ständig nass
XC4	C25/30	25/30	außen, wechselnd nass u. trocken
XF4	C30/37	30/37	hoher Frost- u. Tausalzwiderstand
XM1	C30/37	30/37	hoher Verschleißwiderstand

10.2.3 Aufgaben der Bestandteile im Beton

Die Zuschlagstoffe stellen den Hauptanteil im Beton. Von ihrer Zusammensetzung hängt die Rohdichte ab. Die unterschiedlichen Korngrößen von Sand, Kies und Split führen zu einer dichten Packung des Zuschlaggemischs. Ihre Verteilung wird durch die Sieblinie festgelegt.
Der Zementanteil und die Festigkeitsklasse des Zements bestimmen maßgeblich die Eigenschaften des Betons.
Für die chemischen und physikalischen Reaktionen bei der Zementerhärtung braucht der Zement eine bestimmte Wassermenge, die ca. 40 Prozent seines Eigengewichts entspricht. Überschüssiges Wasser verdunstet und hinterlässt oft saugende Poren, die die Betonfestigkeit schwächen und den Alkalitätsverlust der Betonoberfläche beschleunigen. Zu wenig Wasser löst den Zement nicht vollständig und beeinträchtigt die Betonfestigkeit ebenfalls.

Das Verhältnis von Zugabewasser und Zement wird als Wasser-Zement-Wert (W/Z-Wert) bezeichnet.

Damit der Beton die optimale Festigkeit erreichen kann, sollte der Wasser-Zement-Wert zwischen 0,4 und 0,6 liegen.

10.2.4 Erhärtung von Beton

Der Zement bildet bei der Betonherstellung mit dem Zugabewasser einen Zementleim, der nach 1 bis 3 Stunden zu erstarren beginnt und nach 28 Tagen weitgehend erhärtet ist. Bei diesem Erstarrungsprozess entwickeln sich faserförmig wachsende Kristalle, die Calciumsilikathydrate.
Je vollständiger der Wasseranteil für die Kristallbildung verbraucht wird, umso länger wachsen die Kristalle und verfilzen sich. Dabei entsteht Zementstein, der dem Beton seine Härte verleiht. Im Beton wachsen die Kristalle auch an den Zu-

[1] lat. expositio = Aussetzung; Expositionsklasse = Einwirkung aus Umgebung und Nutzung

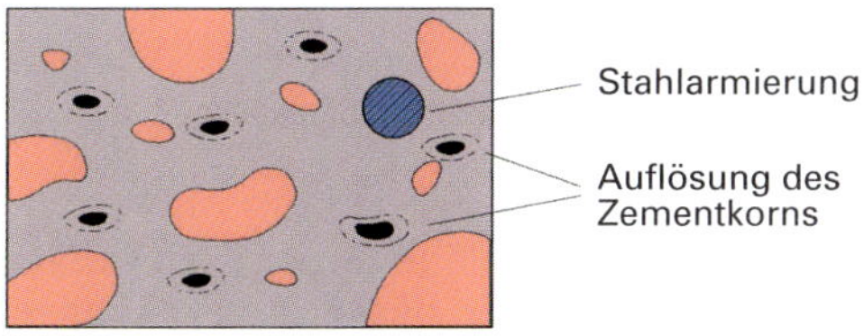

1 Bildung von Zementleim

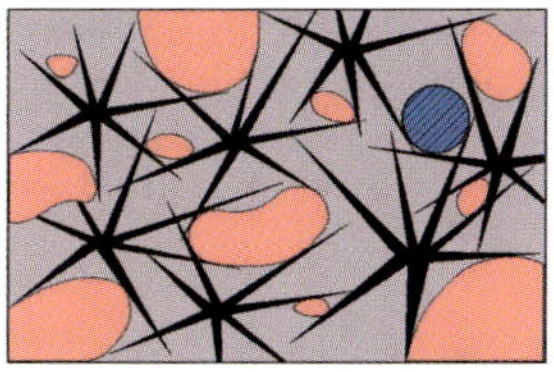

2 Bildung von Zementkristallen

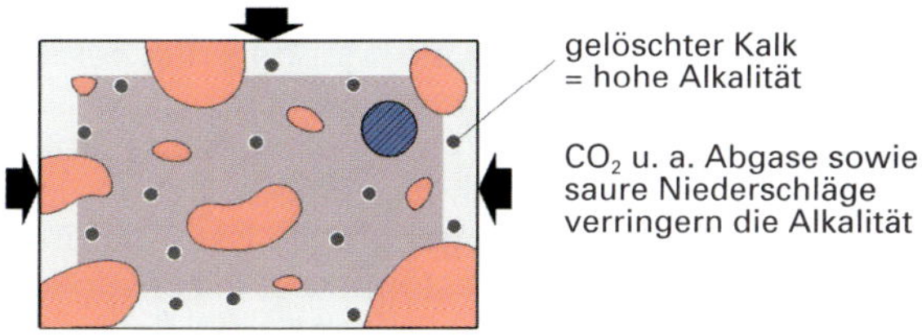

3 Abbau der Alkalität

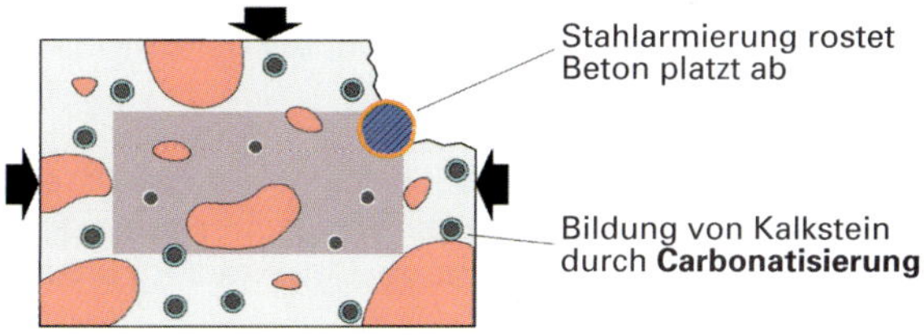

Rostschützende Wirkung geht verloren

schlagstoffen und an der Stahlbewehrung an. Hierdurch erhält der Beton seine Festigkeit.
Beim Herstellen des Betons entsteht neben Zementstein auch gelöschter Kalk [$Ca(OH)_2$]. Seine hohe Alkalität schützt die Stahlarmierung gegen Korrosion. Verbindet sich der gelöschte Kalk mit dem CO_2 der Luft, entsteht Kalkstein [$CaCO_3$] mit nur geringer Alkalität. Diesen Vorgang bezeichnet man als Carbonatisierung.

Mit dem Alkalitätsverlust verliert der Beton seine korrosionsschützende Wirkung. Die Stahlarmierung beginnt zu rosten. Daher pH-Wert ermitteln!

Poröse Oberflächen, Risse, falsche oder fehlende Beschichtungen beschleunigen diesen Prozess. Schwefelhaltige Abgase und saure Niederschläge verbinden sich ebenfalls mit gelöschtem Kalk. Hierbei entstehen wasserlösliche Stoffe wie beispielsweise Gipsstein. Eine Oberflächenerosion setzt ein und beschleunigt den Abbau der Alkalität zusätzlich. Mithilfe geeigneter Beschichtungen kann Beton gegen Alkalitätsverlust und Oberflächenschäden geschützt werden.

10.3 Betonschutz

10.3.1 Ursachen für Betonschäden

Umwelteinflüsse

Abgase, saure Niederschläge, Frost und Tausalze greifen Beton an, zerstören dessen Oberfläche und verändern die chemischen Eigenschaften so, dass die Stahlarmierung im Beton zu rosten beginnt. Rost nimmt ein größeres Volumen ein als nicht korrodierter Stahl. Druckspannungen sind die Folge. Der überdeckende Beton bekommt Risse und wird abgesprengt.

Herstellungsmängel

Schwindrisse, Sanden, Kiesnester und zu geringe Betondeckung sind typische Mängel, die bereits bei der Herstellung verursacht werden.
Netzartige Schwindrisse und eine sandende Oberfläche entstehen, wenn die Betonoberfläche trocknet, bevor der Beton abgebunden hat. Dadurch wird die Kristallbildung gestoppt und die Festigkeit erheblich verringert. Die Betonoberfläche sollte deshalb möglichst mit Wasser feucht gehalten oder mit Folie abgedeckt werden, bis der Beton abgebunden hat.
Kiesnester weisen einen zu hohen Anteil an grobem Kies auf. Sie lassen sich meist auf eine mangelhafte Vermengung im Betonmischer oder eine zu geringe Verdichtung beim Betonieren zurückführen.
Risse oder abgeplatzte Stellen breiten sich aus, wenn die Stahlarmierung zu dicht unter der Betonoberfläche liegt und deshalb zu rosten beginnt. Zum Schutz der Bewehrung gegen Korrosion ist eine Mindestbetondeckung vorgeschrieben. Diese beträgt je nach Expositionsklasse zwischen 10 und 40 mm.

Betonschaden durch zu geringe Betondeckung

Betonmangel	Abhilfe
Trennmittelrückstände (z. B. Schalungsöle), Schmutz, Algen- und Moosbefall	Abwaschen mit Reinigungszusätzen, Abbürsten, Hochdruckreinigen, Dampfstrahlen
Kiesnester	Reinigen, Vornässen, Haftschlämmen; mit kunstharzvergütetem, zementgebundenen Mörtel ausfüllen
Haarrisse	Tiefgrundieren, Beschichten mit entsprechendem Betonschutzsystem
Oberflächenerosion durch Umwelteinflüsse	Abklopfen der losen Teile, Abbürsten, Sandstrahlen, Flammstrahlen oder Hochdruckwasserstrahlen, Tiefgrundieren, Glätten mit kunststoffvergütetem Feinmörtel, Beschichten mit Betonschutzsystem
Risse und Betonabsprengungen durch rostende Armierung	Freilegen der Bewehrungsstähle, Entrosten (gemäß DIN EN ISO 12944-4, Reinheitsgrad SA $2^1/_2$, metallisch rein); zwei Korrosionsschutzanstriche auf Epoxidharzbasis, den zweiten Anstrich mit Quarzsand absanden, Haftschlämme, Reparaturmörtel, Feinspachtel, Beschichten mit Betonschutzsystem
bautechnisch bedingte oder baudynamische Risse	Erweitern und Ausbürsten der Risse, Setzen von Hülsen (sog. Packer) in den Rissverlauf, Risse verdämmen und verpressen, Abschlagen der Packer, Verspachteln, Beschichten mit Betonschutzsystem

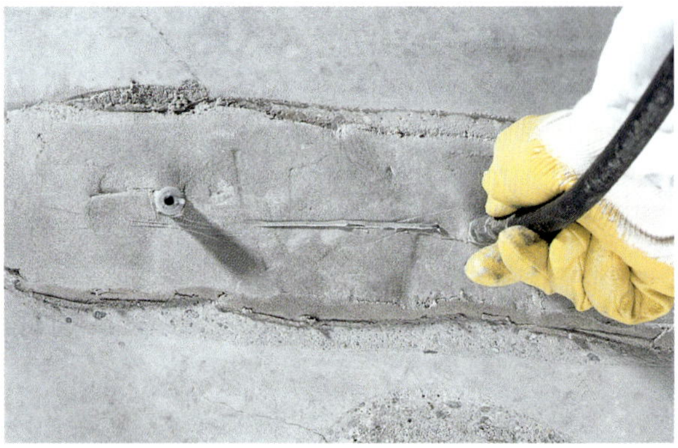

Rissverpressung mit dem entsprechenden Injektionsharz

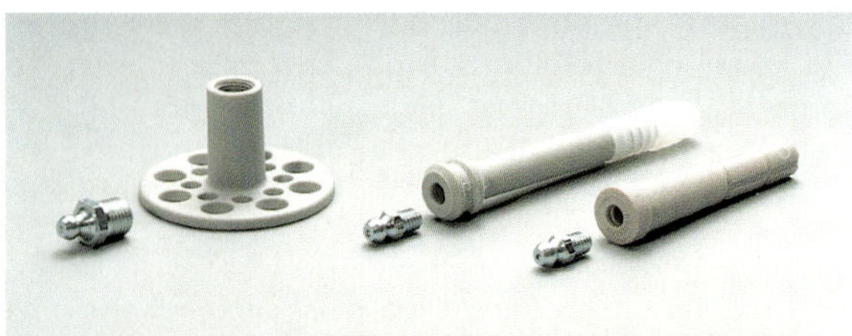

10.3.2 Betoninstandsetzung

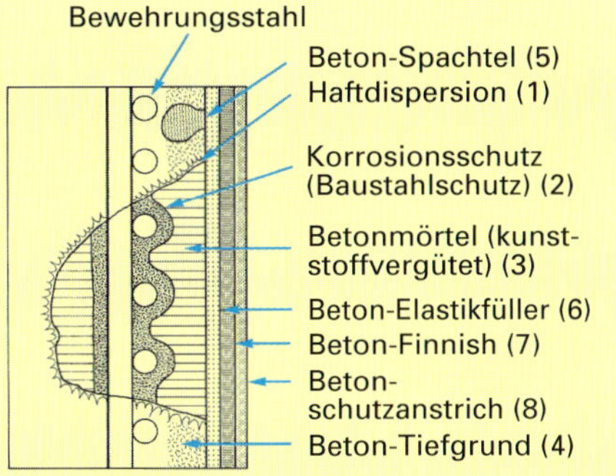

Beton-instand-setzung bei Korrosion der Stahl-armierung

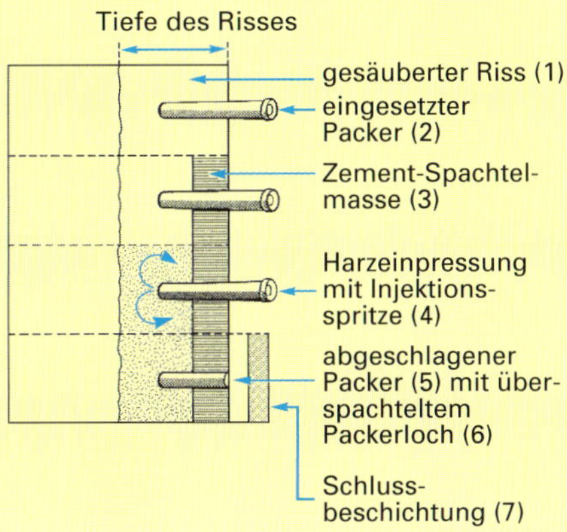

Beton-instand-setzung bei tiefen Rissen

Zum Korrosionsschutz der Stahlarmierung haben sich Zweikomponenten-Epoxidharzprodukte, wie beispielsweise Epoxidharzmennige, bewährt. Vor dem Auftragen müssen beide Komponenten im vorgeschriebenen Verhältnis gut miteinander vermischt werden. Der Korrosionsschutz besteht aus zwei Anstrichen. Zur besseren Verankerung des nachfolgenden Füllmaterials wird der zweite Anstrich mit mittelgroßem Quarzsand abgesandet.
Als Füllmaterial werden kunstharzmodifizierte Zementmörtel auf der Basis von Kunstharzdispersionen oder Reaktionsmörtel auf der Basis von Epoxidharz verwendet. Reine Zementmörtel sind für die Oberflächeninstandsetzung ungeeignet. Sie neigen zum Reißen und haften meist nur mangelhaft am Untergrund.

Beim Auffüllen der Fehlstellen wird zunächst eine Haftschlämme als Haftbrücke auf eine reichlich vorgenässte Oberfläche aufgebracht. Danach wird der Reparaturmörtel schichtweise aufgetragen. Schichtdicken über 2 cm sollten vermieden werden. Abschließend wird mit dem Feinspachtel die instand gesetzte Fläche an die Betonstruktur angepasst. Mit einem Schlämmanstrich lassen sich Oberflächenunterschiede ausgleichen.

10.3.3 Betonschutzbeschichtung

Ein wirksamer Betonschutz lässt sich erzielen, wenn die Beschichtung folgende Anforderungen erfüllt:

1. Hohe Gasundurchlässigkeit
Sie reduziert das Eindringen von sauren Gasen und erhält so die notwendige Alkalität.

2. Chemikalienbeständigkeit
Sie schützt die Betonoberfläche gegen Umwelteinflüsse und aggressive Substanzen.

3. UV-Beständigkeit
Sie trägt dazu bei, dass die Schutzwirkung der Beschichtung erhalten bleibt.

4. Hohe Dauerelastizität
Sie überbrückt Schwundrisse und gleicht unterschiedliche Wärmeausdehnungen aus.

5. Geringe Schmutzhaftung
Sie verhindert Moos- und Algenbefall und erleichtert die Reinigung.

6. Hohe Haftfestigkeit
Sie sorgt für eine gute Verankerung im Untergrund und verhindert das Abplatzen und Abwittern der Beschichtung.

Als Betonschutzbeschichtungen haben sich folgende Beschichtungssysteme bewährt:
- lösemittelhaltige Acrylharzlacksysteme
- Dispersionsbeschichtungen auf der Basis von Acryl-Mischpolymerisaten
- Polyurethanbeschichtungen
- Epoxidharzbeschichtungssysteme
- Silikat-Dispersionsverbundsysteme

Diese hohen Anforderungen sind im Innenbereich selten notwendig. Hier eignen sich die auf mineralischen Untergründen üblichen Beschichtungen wie Kalk-, Zement-, Silikat- und Dispersionsfarben.

Aufgaben

1. *Aus welchen Stoffen bestehen mineralische Untergründe?*
2. *Welchen Beanspruchungen sind mineralische Untergründe im Außenbereich ausgesetzt?*
3. *Welche Aufgaben erfüllen Zement, Wasser und Zuschlagstoffe im Beton?*
4. *Wozu dient die Stahlarmierung im Beton?*
5. *Warum erhärtet Beton nach kurzer Zeit?*
6. *Erklären Sie, warum Beton im Außenbereich häufig Schäden aufweist.*
7. *Nennen Sie vier herstellungsbedingte Betonmängel. Wie können diese behoben werden?*
8. *Beschreiben Sie die Vorgehensweise bei einer Betoninstandsetzung. Welche Beschichtungssysteme bieten hierfür einen ausreichenden Schutz?*

10.4 Mauerwerk

10.4.1 Sichtmauerwerk

Beim Sichtmauerwerk bleibt die Steinoberfläche in ihrer Struktur sichtbar. Wegen seiner belebenden Schönheit wird es normalerweise nicht verputzt, verblendet oder verkleidet.
Im Außenbereich sollte daher das Sichtmauerwerk witterungsbeständig, wasser- und schmutzabweisend sowie widerstandsfähig gegen einwirkende Chemikalien sein. Die verwendeten Natursteine oder Baustoffe spiegeln das regionale Vorkommen wider. So sind Gebäude mit Ziegel- oder unterschiedlichem Natursteinmauerwerk charakteristisch für bestimmte Landschaften.
Für Sichtmauerwerk im Außenbereich haben sich folgende Bausteine bewährt:
- Vormauerziegel
- Klinker
- Kalksandstein
- Natursteine

Vormauerziegel sind aus Lehm oder Ton, Klinker aus Ton und mineralischen oder metallischen Zusätzen gebrannte Bausteine.
Vormauerziegel erhalten durch das Brennen bei 900 °C–1200 °C hohe Festigkeit, Witterungsbeständigkeit, Wärmedämmung und Widerstandsfähigkeit gegen Chemikalien.
Klinker werden bei 1500 °C gebrannt. Durch die hohe Temperatur und die Zusätze (Flussmittel) schmelzen die Bestandteile zu einer dichten, harten, glasartigen Masse. Diesen Vorgang bezeichnet man als Sinterung. Klinker sind besonders chemikalien- und witterungsbeständig. Sie sind schmutzabweisend und lassen sich leicht reinigen.
Kalksandsteine werden als Mauersteine für innen und außen verwendet. Durch ihre glatte, gleichmäßige Oberfläche eignen sie sich gut als Sichtmauerwerk. Wegen ihrer geringen Widerstandsfähigkeit gegen Chemikalien ist im Außenbereich eine schützende Beschichtung notwendig. Außerdem dürfen außen nur frostsichere Typen eingesetzt werden.
Natursteine dienen als Baustoff, seit Menschen begannen, planmäßig zu bauen. Großartige Bauwerke aus Naturstein geben uns heute Zeugnis der Baukunst aus unterschiedlichen Epochen der Menschheitsgeschichte. Wir denken dabei an die Pyramiden der Ägypter, die Tempel der Griechen, die Paläste, Amphitheater und Brückenbauwerke der Römer, an romanische und gotische Kirchen, Kaiserdome und Kathedralen, an Burgen und Schlösser, an die Paläste der Renaissance, die Bauwerke des Klassizismus und Historismus. Natursteine als Baustoffe zieren heute moderne Fassaden von Museen, Banken und Geschäftsgebäuden.

10.4.2 Natursteinmauerwerk

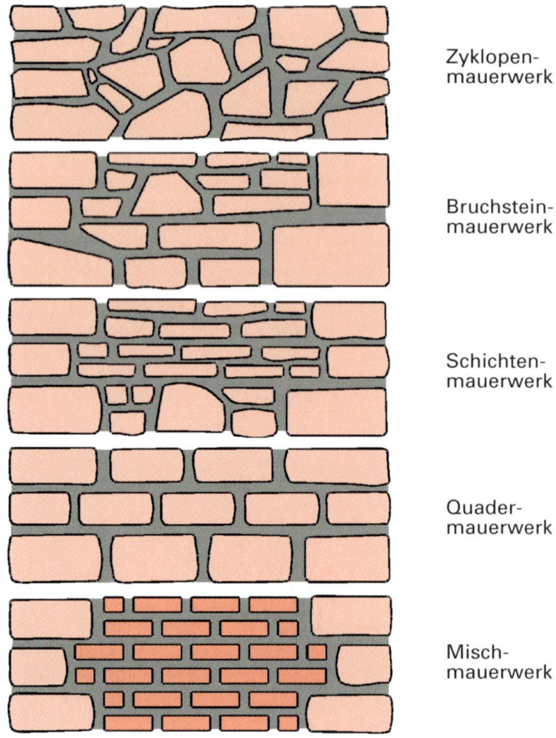

Bezeichnung von Natursteinmauerwerk

Natursteinmauerwerk wird bei Ziermauerwerk, Sockeln für Außenwänden, Pfeilern und Säulen sowie bei Wandverblendungen eingesetzt.
Witterungseinflüsse, Abgase und saure Niederschläge greifen Bausteine und Fugenmaterial von Sichtmauerwerk an und zerstören besonders kalkhaltige Natursteine wie Kalkstein, Marmor und kalkhaltigen Sandstein.

Durch eine Konservierung und eine sich anschließende Imprägnierung (vgl. Kap. 8.7) kann Wasser in das Mauerwerk nicht mehr eindringen. Die Erosion wird dadurch verringert und der Zerfall von Naturstein- und Sichtmauerwerk aufgehalten, solange die Schutzwirkung anhält.

Mit Siliconimprägnierung geschütztes Mauerwerk

Zur Natursteinkonservierung werden u. a. Fluate, Wasserglas, Kieselsäureester und organische Harze aus Acrylat (PMMA) und Epoxidharzen eingesetzt.
Vor der Konservierung und Imprägnierung ist eine gründliche, fachgerechte Reinigung und Prüfung des Untergrundes notwendig. Bei der Auswahl des Verfahrens und der Reinigungsmittel muss der Verwitterungs- und Verschmutzungsgrad sowie die Gesteinsart berücksichtigt werden. Häufig sind Natursteine durch Umweltzerstörung und Verwitterung bereits so geschädigt, dass ein Hochdruckreinigen den Schaden noch vergrößern würde. Ebenso ist vom Untergrund abhängig, ob ein Reiniger auf Säure- oder Alkalibasis ausgewählt und welche Zusätze verwendet werden müssen (vgl. Kap. 8.3).

Imprägnieren einer Natursteinfassade

Bei der Beurteilung der Natursteine spielt die Härte und Festigkeit eine wichtige Rolle.

Härte	Naturstein
weich	Kalkstein, Kalktuff, Travertin, weicher kalkhaltiger Sandstein
hart	harter Kalkstein, Dolomit, Marmor, Quarzite, Sandstein mit kieseligem Bindemittel
sehr hart	Granit, Porphyr, Basalt

Wetterbeständige Natursteinarten sind:
- Sandstein (kieseliges Bindemittel)
- Granit
- Porphyr
- Basalt

10.4.3 Mauerwerksmängel

Mauerwerk dient innen und außen häufig als Putzträger. Ist es mit Mängeln behaftet, dann ist die Haltbarkeit von Putz und weiteren Beschichtungen in Frage gestellt.
Feuchtigkeit schädigt Einrichtungsgegenstände, wirkt sich auf das Raumklima aus, verringert die Wärmedämmung und kann Krankheiten auslösen. Häufige Ursachen sind aufsteigende Nässe aus dem Erdreich, Risse im Außenmauerwerk, mangelhafte Anschlüsse oder schadhafte Dacheindeckungen.
Salzausblühungen entstehen, wenn Salze sich in Feuchtigkeit lösen und auf der Oberfläche kristallieren. Salze können im Mörtel oder Mauersteinen vorhanden sein oder als Salzlösung ins Mauerwerk gelangen.
Mischmauerwerk besteht aus verschiedenen Baustoffen. Bei Temperaturänderungen dehnen sich diese unterschiedlich aus. Spannungen und Risse im Mauerwerk sind die Folge.

10.4.4 Bausteine in der Übersicht

- Ziegelsteine Vollziegel (Mz)
  Hochlochziegel (Hlz)
  Langlochziegel (Llz)
- Kalksandsteine Kalksand-Vollsteine (KS)
  Kalksand-Lochsteine (KLS)
  Kalksand-Hohlblocksteine (KLS)
- Leichtbetonsteine Vollsteine
  Hohlblocksteine
  Gasbeton- bzw. Porenbetonsteine

Aus Gasbeton werden auch ganze Wand- und Deckenelemente als Fertigbauteile geliefert.
Die charakteristischen Poren bilden sich durch Aufschäumen von gasentwickelnden Zusätzen aus Aluminiumpulver und Calciumcarbid u. a. während des Herstellungsprozesses.
Gasbeton ist sehr wasseranziehend und trocknet nur sehr langsam. Durch eine wasserabweisende Tiefgrundierung und Beschichtung lässt sich die Feuchtigkeitsaufnahme reduzieren. Sollen Gasbetonflächen einen Putz erhalten, müssen die Steine oder Platten eine bestimmte Festigkeit besitzen. Die Druckfestigkeit des Gasbetons muss dabei stets höher sein als die des Putzes, da sonst mit Rissbildung zu rechnen ist.

Aufgaben

1. *Welche Eigenschaften sollte Sichtmauerwerk im Außenbereich besitzen?*
2. *Wie lässt sich Natursteinmauerwerk gegen Umweltbelastungen schützen?*
3. *Warum ist die Haltbarkeit von Putz bei Mängeln im Mauerwerk in Frage gestellt?*

10.5 Putz

10.5.1 Unterscheidung

Noch vor wenigen Jahren galt nur ein *mineralischer Mörtelbelag* als Putz. Der Putzauftrag bestand an Wänden und Decken aus einer oder mehreren Lagen. Kunstharzputze oder Wärmedämmputzsysteme waren demnach gar keine Putze, obwohl sie in der Fachsprache des Malers allgemein so genannt werden.
Um diesen Widerspruch auszugleichen, wurde der Begriff für Putz um diese Bereiche erweitert.

Putz ist ein Belag aus Putzmörtel oder Beschichtungsstoffen, der an Wänden, Decken, Betonstützen u. a. aufgetragen wird und einen festen Verbund als Putzgrund hat.

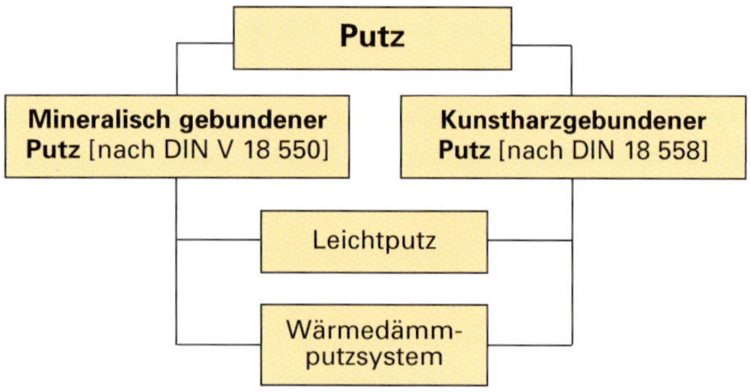

10.5.2 Aufgaben der Putze

In früheren Jahrhunderten waren die Gebäude oft mit sehr dickem Mauerwerk ausgestattet. Dem Putz kam dabei vor allem die Aufgabe der Verschönerung zu. Allenfalls hatte er Unebenheiten, oder Fugenmängel auszugleichen. In der heutigen Zeit sind nicht nur die Mauerquerschnitte um ein Vielfaches kleiner, auch besteht das Mauerwerk häufig aus porösen, wasseranziehenden Baustoffen. Daher haben Putze und die darauf aufgetragenen Anstriche heutzutage weit höhere Anforderungen zu erfüllen. Im Einzelnen sind dies folgende:

Schutz gegen Witterung, chemische und mechanische Einflüsse sowie gegen Verschmutzung.
Dabei muss Putz vor allem den Regen abhalten und die Wärmedämmung des Mauerwerkes verbessern.

Verschönerung durch die Struktur der Putzfläche, indem Unebenheiten ausgeglichen und das rohe Mauerwerk überdeckt wird.

Beschichtungsgrund für schmückende und verschleißfeste Beschichtungen.

Verbesserung der feuchtigkeitshemmenden Wirkung, der Wärme- und Schalldämmung sowie des Flammschutzes.

10.5.3 Verankerung auf dem Putzgrund

Der Putz verbindet sich mit Mauerwerk und anderen mineralischen Untergründen entsprechend ihrer Oberflächengüte. Dabei kann die Haftung auf glatten oder ungleichmäßigen Putzgründen durch einen *Spritzbewurf* aus dünnem Material der Mörtelgruppe P II verbessert werden. Zuvor wird das trockene Mauerwerk angefeuchtet.
Nichttragfähige Untergründe benötigen einen *Putzträger*. Hierfür dienen u. a. zementgebundene Leichtbauplatten, Metallgeflechte, Ziegeldrahtgewebe und Rohrmatten. Bei Mischmauerwerk oder unterschiedlichen Bau- und Dämmstoffen werden Metall- oder Kunststoffgeflechte gegen Rissbildung und zur Unterstützung der Haftung auf dem Untergrund befestigt.

Spritzbewurf

Süddeutsche Kelle

Berliner Kelle

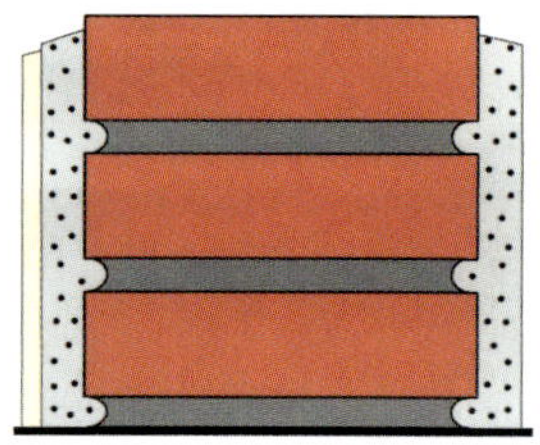

Auf hohlfugigem Mauerwerk kann sich der Putz gut verankern

Putze bestehen in der Regel aus ein oder zwei Lagen. Alle Putzlagen zusammen bezeichnet man nach DIN V 18 550 als Putzsystem.
Außenputz wird üblicherweise in zwei Putzlagen aufgetragen, dem **Unterputz** und dem **Oberputz**, wobei der Spritzbewurf keine Putzlage darstellt.

Bei Außenputz muss die mittlere Putzdicke 20 mm (mindestens 15 mm) betragen. Für Innenräume ist eine mittlere Putzdicke von 15 mm (mindestens 10 mm) vorgeschrieben.

Beim Unterputz kommt es darauf an, dass er sich gut im Putzgrund oder Putzträger verankert und eine hohe Haftfestigkeit besitzt. Als tragende Schicht hat er hauptsächlich schützende Aufgaben. Seine Druckfestigkeit muss grundsätzlich höher sein, als die des Oberputzes, sonst kann das zu Rissbildung und Abplatzungen führen. Die in DIN V 18 550 angegebene Mindestdruckfestigkeit ist daher bei der Auswahl des Putzwerkstoffes zu beachten. Der Unterputz gleicht Unebenheiten des Putzgrundes aus. Er muss deshalb in dickerer Schicht als der Oberputz aufgetragen werden.
Damit sich der Oberputz gut mit dem Unterputz verbindet, soll dieser eine gewisse Rauheit aufweisen.
Der Oberputz wird ausgeführt, wenn der Unterputz erhärtet, aber noch nicht trocken ist. Seine feinporige Zusammensetzung wirkt schmutz- und wasserabweisend und verbessert so die Witterungsbeständigkeit. Je nach Auftragstechnik lassen sich glatte oder strukturierte Oberflächen erzielen.
Hierbei unterscheiden wir beispielsweise nach der
Antrage- und Bearbeitungstechnik
Spritz-, Reibe-, Kellenwurf-, Streich-, Scheiben-, Kratz-, Sgraffito- und Waschputz,
nach der Oberflächenstruktur
Glatt-, Rauh-, Stein- und Terrazzoputz.

Putzauftrag mit der Putzmaschine

Putze mit besonderen Eigenschaften

- **Wärmedämmputz**
  Der Unterputz muss mindestens 20 mm, höchstens jedoch 100 mm dick sein. Wärmedämmputze enthalten Zuschläge aus EPS (expandiertem Polystyrol).
- **Sanierputz**
  Er wird in ein- oder mehreren Lagen zur Sanierung feuchter Keller, Gewölbe und historischer Bausubstanz eingesetzt.
- **Dünnlagenputz**
  Der Dünnlagenputz dient in der Regel als Untergrund für eine Tapete.
- **Putze mit besonderen Anforderungen**
  Hierzu gehören Schall-, Brand- und Strahlenschutz. Die Putzdicke richtet sich nach der gestellten Anforderung.

10.5.4 Putzmörtel

Putzmörtel bestehen nach DIN EN 998-1 aus einem Gemisch aus einem oder mehreren anorganischen Bindemitteln, Gesteinskörnungen und Wasser. Außerdem können geeignete Zusatzstoffe beigemischt werden. Putzmörtel verwendet man für Außen- oder Innenputz.

Putzmörtelgruppen nach DIN V 18 550

Putzmörtelgruppe	Mörtelart	Einsatz als Beschichtungsstoff
P I	Luftkalk, Wasserkalk, Mörtel mit hydraulischem Kalk	Unterputz für inen und außen
P II	Kalkzement, Mörtel mit hochhydraulischem Kalk oder mit Putz- und Mauerbinder	Innen- und Außenputz mit erhöhtem Abrieb
P III	Zementmörtel mit oder ohne Zusatz von Kalkhydrat	Für Feuchträume und Außensockelputz
P IV	Gipsmörtel und gipshaltige Mörtel	Für Innenputz

Eigenschaften von Festmörteln nach DIN EN 998-1

Eigenschaften	Kategorien	Werte
Druckfestigkeit nach 28 Tagen	CS I CS II CS III CS IV	0,4 bis 2,5 N/mm2 1,5 bis 5,0 N/mm2 3,5 bis 7,5 N/mm2 > 6,0 N/mm2
Kapillare Wasseraufnahme	W 0 W 1 W 2	Nicht festgelegt $c \leq \frac{0{,}40\ \text{kg}}{\text{mm}^2 \cdot \text{min}}$ $c \leq \frac{0{,}20\ \text{kg}}{\text{mm}^2 \cdot \text{min}}$
Wärmeleitfähigkeit	T 1 T 2	$\leq \frac{0{,}1\ \text{W}}{\text{m} \cdot \text{K}}$ $\leq \frac{0{,}2\ \text{W}}{\text{m} \cdot \text{K}}$

Das Mischverhältnis von Putzmörtel beträgt im Durchschnitt 1 Raumteil Bindemittel und 3 bis 4 Raumteile Sand. Beim Mischen wird das Bindemittel in die Zwischenräume des Sandes geschwemmt, sodass beispielsweise aus 1 Teil Kalk und 3 Teilen Sand nur 3,2 Teile Mörtel entstehen. Das Gesamtvolumen wird beim Mischen des Mörtels folglich um ca. 20 Prozent reduziert.

Raumverminderung beim Mischen von Mörtel

Beim Mischen müssen die einzelnen Bestandteile des Mörtels abgemessen werden, damit sich die Zusammensetzung im Verlauf der Arbeit nicht ändert und so Putze verschiedener Qualität und Eigenschaft entstehen. Zu viel Bindemittel ergibt einen so genannten fetten, harten Putz, der zur Rissbildung neigt. Zu wenig Bindemittel hat einen mageren, weichen und mürben Putz zur Folge, der zum Absanden neigt. Aus diesem Grund werden bei größeren Putzarbeiten heute Werkmörtel eingesetzt, die auf verfahrenstechnisch hochwertigen Anlagen im Werk des Herstellers gemischt werden.

Der fertige Trockenmörtel wird in Säcken oder Silos auf die Baustelle geliefert, wo nur noch die vom Hersteller angegebene Wassermenge zugesetzt werden muss. Durch Werkmörtel kann eine gleich bleibende Materialgüte sichergestellt werden. Werktrockenmörtel werden z. T. auch als Edelputze bezeichnet. Die Korngröße des Zuschlagstoffes bestimmt, welche Oberflächenstruktur erzielt und welche Bearbeitungstechnik gewählt werden kann. In Trockenmörteln für Oberputze sind die farbgebenden Pigmente meist schon enthalten, sodass sich ein Anstrich meist erübrigt.

Der Sand soll gemischtkörnig und frei von Erde, Ton und Pflanzenstoffen oder anderen Verunreinigung sein. Die Korngröße ist von der Putzart und der Verwendung abhängig. Für Feinstputz werden Korndurchmesser von 1 mm, für Feinputz 3 mm und für Mauermörtel bis zu 7 mm gewählt.

Der Putzauftrag erhärtet abhängig vom Bindemittel unterschiedlich schnell. So wird Luftkalk der Mörtelgruppe P I durch seine CO_2-abhängige Erhärtung erst nach Wochen ausreichend hart. Hochhydraulischer Kalk der Mörtelgruppe P II ist innerhalb weniger Tage fest. Zement der Mörtelgruppe P III erzielt nach 28 Tagen seine hohe Endfestigkeit. Reiner Gips der Mörtelgruppen VI und V ist bereits nach 1 Stunde hart. Mit steigendem Kalkanteil kann es aber mehrere Wochen dauern, bis die Endfestigkeit erreicht ist.
Die zum Erhärten und Abbinden benötigte Zeit ist nicht gegeben, wenn der Putzgrund dem Putz das Wasser entzieht, dieses durch Hitze zu schnell verdunstet oder sich durch Frost Eis bildet.

Daher soll in Sonnenhitze nicht verputzt werden! Bei Frostwetter gefriert der Putzmörtel, der Putz fällt ab. Frostschutzmittel neigen zum Ausblühen.

Mörtelbindemittel werden meist in Papiersäcken geliefert, die nur unzureichend Schutz gegen Feuchtigkeit bieten. Gips, Zement und hydraulischer Kalk reagieren bereits mit geringer Feuchtigkeit und erhärten.

Alle Mörtelbindemittel müssen trocken gelagert werden. Dies gilt besonders für Gips, Zement und hydraulischen Kalk.

Aufgaben

1. *Erklären Sie, welche Beschichtungen als Putz bezeichnet werden.*
2. *Wozu wird ein Mauerwerk verputzt?*
3. *Erklären Sie, wie Putz auf dem Putzgrund verankert werden kann.*
4. *Wann ist es sinnvoll, einen Spritzbewurf aufzutragen?*
5. *Nennen Sie vier Putzträger und erklären Sie, wozu diese eingesetzt werden.*
6. *Warum besteht ein Außenputz üblicherweise aus zwei Putzlagen?*
7. *Welche unterschiedlichen Aufgaben erfüllen Unter- und Oberputz?*
8. *Bestimmen Sie die richtige Putzmörtelgruppe für einen wasserhemmenden Außenputz anhand der Tabelle nach DIN V 18 550.*
9. *Wie lässt es sich erklären, dass beim Mischen von Bindemittel und Sand das Gesamtvolumen verringert wird?*
10. *Warum werden heute für Putzarbeiten häufig Werktrockenmörtel bzw. Edelputze eingesetzt?*
11. *Welche Wetterlage eignet sich am besten für Putzarbeiten im Außenbereich?*
12. *Wie müssen Mörtelbindemittel gelagert werden?*

10.5.5 Prüfung des Untergrundes

Putze sind häufig mit Mängeln behaftet, die erst nach einer genauen Prüfung erkannt werden. Ihre Beseitigung kann sehr zeitaufwendig sein und hohe zusätzliche Kosten verursachen. Bestehen nach der Überprüfung gegen die Beschaffenheit des Untergrundes oder gegen die vorgesehene Art der Ausführung Bedenken, sind diese nach VOB Teil B, DIN 1961 unverzüglich dem Auftraggeber schriftlich mitzuteilen. Nur so lassen sich die anfallenden Mehrkosten in Rechnung stellen oder bei einem nicht beseitigbaren Mangel eine Haftung ausschließen.

Die erforderliche Prüfung beschränkt sich auf die Beurteilung der Putzoberfläche sowie der sichtbaren und erkennbaren Mängel.

Hierfür sind die folgenden handwerklichen Prüfmethoden anzuwenden:

Augenschein: Durch genaue Betrachtung sind abplatzende Stellen, Ausblühungen, Flecken, Bewuchs, Risse und Verschmutzungen zu erkennen.

Benetzprobe: Einfaches Überstreichen mit Wasser genügt, um Haarrisse sichtbar zu machen und um gleichmäßige oder ungleichmäßige Saugfähigkeit festzustellen.

Kratz- und Reibeprobe: Durch sie lässt sich die Festigkeit einschätzen. Oft genügt schon das leichte Reiben mit der Hand, um das Absanden des Putzes zu bemerken.

Klopfprobe: Lose Putzteile und Hohlräume können durch Abklopfen mit dem Hammer o. Ä. erkannt bzw. hörbar gemacht werden.

Schnittprobe – Klebebandtest: Die Tragfähigkeit vorhandener Altbeschichtungen lassen sich durch Schnitte mit dem Messer und einem anschließenden Klebebandtest (ca. 5 cm Länge) prüfen. Dabei wird ein Klarsichtklebestreifen fest angedrückt und ruckartig abgerissen. Die mehr oder weniger mitgerissene Altbeschichtung zeigt, ob sie noch tragfähig für eine neue Beschichtung ist.

Alkalitätsprüfung: Mit Phenolphthalein-Lösung oder Indikatorpapier lässt sich der pH-Wert des Putzes nachweisen. Solange mineralische Untergründe alkalisch reagieren (Kalkputz in der Regel 1 Jahr, Zementputze 2 Jahre), dürfen sie nicht mit verseifbaren Anstrichstoffen beschichtet werden. Von besonderer Bedeutung ist die Alkalitätsprüfung auf Beton. Sie lässt Rückschlüsse auf die Korrosion der Stahlarmierung zu.

Übersicht

Prüfung	Prüfmethode	Erkennung	Abhilfe
Feuchtigkeit	Augenschein, Kratzprobe	Verfärbungen und Wasserränder zeichnen sich ab, feuchte Flächen besitzen z. T. geringere Festigkeit	Ursache feststellen und beseitigen, Untergrund trocknen lassen
Oberflächenfestigkeit	Kratzprobe	Oberfläche lässt sich bei leichtem Druck anritzen	Lose, lockere oder mürbe Teile maschinell oder von Hand entfernen. In weichen Untergründen verankert sich die Beschichtung nur mangelhaft
	Reibeprobe mit der Hand	leichtes Absanden Abblättern, starker Abrieb	Gründlich reinigen, Putz mit Tiefgrund festigen, wenn nötig erneuern
Saugfähigkeit	Benetzprobe	Wasser perlt ab Untergrund saugt stark	Sinterschicht aufrauhen, fluatieren (nicht auf Gips), Verschmutzung entfernen, reinigen, evtl. hochdruckreinigen, Tiefgrundierung
Ausblühung	Augenschein	Salzkristalle an der Oberfläche	Ursache der Feuchtigkeit feststellen und beseitigen. Salz nach dem Trocknen entfernen
Algen-, Moos- und Pilzbefall	Augenschein	Grüner bzw. dunkler Bewuchs	Gründlich reinigen, z. B. hochdruckreinigen, wenn notwendig chemisch nachbehandeln
Risse	Augenschein Benetzprobe	Rissverlauf Risse zeichnen sich dunkel ab	Untergrund gründlich reinigen. Je nach Rissart rissüberbrückendes Beschichtungssystem auftragen bzw. Rissarmierung durchführen.
Verschmutzung	Augenschein Benetzprobe		Putz gründlich reinigen
Rostflecken	Augenschein	Rostfärbung	Wenn möglich, Ursache beseitigen, ggf. korrosionsschützende Beschichtung auftragen.
Neuer – alter Putz Ausbesserungsstellen	Augenschein Alkalitätsprüfung	Verschiedene Oberflächenstruktur, Indikatorpapier bzw. Phenolphthaleinlösung zeigt unterschiedl. pH-Wert	Struktur anpassen, unterschiedliche Alkalität durch Fluatieren oder Tiefgrundierung ausgleichen.
Abplatzende Flächen, Hohlstellen	Augenschein Klopfprobe	Abblätternde Schichten, schadhafte Stellen klingen hohl.	Schadhafte Stellen beseitigen und ausbessern.
Tragfähigkeit von Altbeschichtungen	Schnittprobe Klebebandtest	Versprödete Altbeschichtung splittert ab, Beschichtungsfilm lässt sich leicht abziehen.	Altbeschichtung entfernen, Beschichtungsaufbau erneuern.

10.5.6 Beseitigung von Putzmängeln

Die handwerkliche Prüfung des Untergrundes hat vorrangig zum Ziel, Putzmängel festzustellen und ihre Beseitigung in die Wege zu leiten. In der vorgestellten Übersicht wurden die häufigsten Putzmängel aufgezeigt und ihre Abhilfe beschrieben. Aus diesem Grund wollen wir hier nur noch näher auf die Beseitigung von Rissen eingehen. Das Erkennen der unterschiedlichen Risse und ihrer Ursachen ist für deren Beseitigung von ausschlaggebender Bedeutung.

Risse und ihre mögliche Beseitigung

Nicht alle Risse lassen sich dauerhaft beseitigen. Dies gilt besonders, wenn die Rissbildung vom Baugrund ausgeht und diese noch nicht zum Stillstand gekommen ist. So können Setzungen infolge von Grundwasserabsenkungen und Erschütterung durch Verkehr und Fluglärm zu dauerhaften, nicht behebbaren Rissen führen. Auch können Risse, die ihre Ursache im Gebäude oder Putzgrund haben, z. B. bei mangelhaftem Fundament, schadhaftem Fachwerk oder vorliegenden Baumängeln nur teilweise beseitigt werden. Viele Risse lassen sich jedoch durch entsprechend elastische Beschichtungen und mithilfe von Rissarmierungssystemen ausbessern.
Danach lassen sich die Risse in drei Rissarten einteilen:

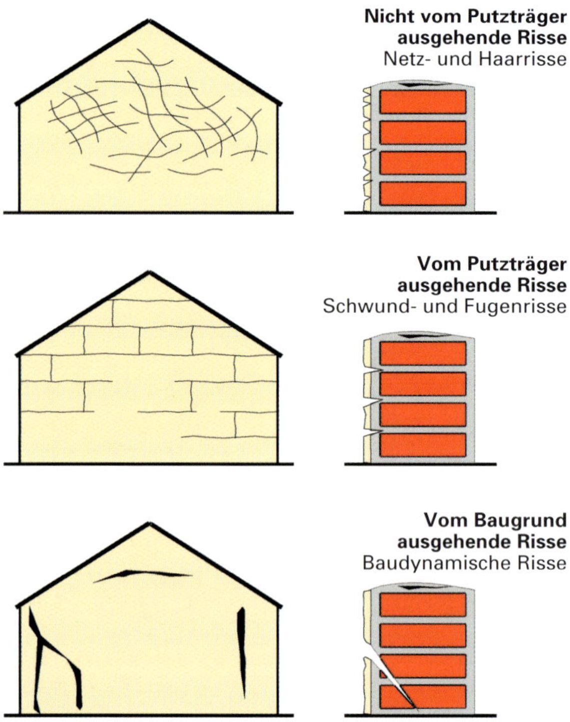

Fassadenrisse

Netz- und Haarrisse lassen sich auf falsche Zusammensetzung des Putzmörtels und fehlerhafte Verarbeitung zurückführen. Feuchtigkeit, Frost und Sonne vergrößern die Risse, Schmutz macht sie sichtbar.

Schwund- und Fugenrisse entstehen durch zu frisch verarbeitete Baumaterialien, nicht fachgerecht ausgeführtes Mauerwerk sowie durch Mischmauerwerk. Die Risse folgen dem Schwundverlauf, sie werden über schlechten Mauerfugen sichtbar.

Baudynamische Risse sind eine Folge der Spannungen im Bauwerk, die durch unterschiedliche Ausdehnung, Erdreichsenkung, nachgebendes Mauerwerk und Erschütterung erzeugt wurden. Sie durchdringen Putz und Mauerwerk meist mit tiefen Rissen.

Vergrößerte Netz- und Haarrisse

Rissarmierungen

Feine Netz- und Haarrisse, die nur in der Oberfläche vorhanden sind und die Putzlage nicht durchdringen, können nach einer Tiefgrundierung mit einem Rissüberbrückungssystem überdeckt werden. Dieses wird in einer Zwischenschicht und einer Deckschicht aufgetragen.

Rissüberbrückungssysteme sind plastoelastische Beschichtungsmittel auf Dispersionsbasis.

Risse, die die Putzlagen oder gar das ganze Mauerwerk durchdringen, müssen mit einem Rissarmierungssystem überzogen werden.

Rissarmierungssysteme überbrücken großflächig die mit Rissen behaftete Putzfläche und dienen gleichzeitig als tragfähiger Beschichtungsgrund.

Ihre Auswahl und Verankerung auf dem Putz hängen von der Rissart ab.

Bei **Netz- und Haarrissen** wird ein Glasfaservlies in eine spezielle Dispersionsfarbe eingedrückt, eingewalzt und nochmals satt überstrichen.
Bei **Schwund- und Fugenrissen** werden reißfeste, elastische Kunstfasergewebe vollflächig mit Armierungskleber auf dem Untergrund verankert.
Bei **baudynamischen Rissen** ist eine Doppelarmierung erforderlich. Vor der vollflächigen Rissarmierung mit dem Kunstfasergewebe wird eine dem Rissverlauf folgende Spezialrissbrücke mit Armierungskleber befestigt.

Einbetten des Armierungsgewebes in den Armierungskleber

Bei der Verarbeitung von Rissarmierungen wird der Putzgrund wie für einen Neuanstrich vorbereitet. Der Untergrund muss gründlich gereinigt, die Risse aufgekratzt, lose Farb- und Putzreste entfernt und mit einer entsprechenden Grundierung versehen werden. Auf die Rissarmierung wird in der Regel eine elastische Spachtelmasse aufgetragen und mit einer elastischen Zwischen- und Schlussbeschichtung auf Dispersionsbasis abgeschlossen. Anstelle der Zwischen- und Schlussbeschichtung kann auch ein Kunstharzputz mit hoher Dehnfähigkeit das Rissarmierungssystem fertig stellen.

Alter und mürber Putz

Lose und schlecht haftende Putzstellen eignen sich nicht als Anstrichgrund. Die Beschichtung würde abplatzen. Sie müssen entfernt, gereinigt und neu verputzt werden. Sandender, mürber Putz kann nach einer gründlichen Reinigung (Hochdruckreinigung) mit lösemittelhaltigem Tiefgrund gebunden werden. Gipsfreie mineralische Putze lassen sich auch mit Wasserglaslösungen oder Fluaten festigen. Beim Ausbessern der Putzstellen ist neben der Oberflächenstruktur auch die Mörtelgruppe zu beachten.

Die beigeputzte Fläche neigt zum Abplatzen, wenn ihre Druckfestigkeit größer ist als die des umgebenden Putzes.

Mangelhafte Vorarbeiten – Dispersionsfarbe blättert ab

Abblätternde Dispersionsanstriche und dicke gerissene Öl- und Lackfarbenschichten werden heute mit modernen Hochdruckreinigungsgeräten entfernt. Sie sind weniger umweltbelastend als die früher vielfach verwendeten Abbeizmittel.
Tragfähige Altanstriche werden ebenfalls am besten mit dem Hochdruckreinigungsgerät gereinigt. Kalk-, Dispersions- und Silikatfarben eignen sich danach für eine erneute Beschichtung.
Ölhaltige Beschichtungen sollten vor einem neuen Anstrich angeschliffen oder mit Salmiaklösung 1 : 4 angelaugt und nachgewaschen werden.

Aufgaben

1. *Warum ist die Prüfung von Putzuntergründen vor einer Beschichtung unbedingt notwendig?*
2. *Nennen Sie die wichtigsten handwerklichen Prüfmethoden für Putzuntergründe und geben Sie an, welche Mängel damit festgestellt werden können.*
3. *Welche Untergrundmängel können durch Augenschein festgestellt werden?*
4. *Worin unterscheiden sich die Rissarten?*
5. *Erklären Sie den Aufbau von Rissarmierungssystemen.*
6. *Warum muss beim Ausbessern von altem Putz die Mörtelgruppe oder die Druckfestigkeit beachtet werden?*
7. *Warum ist bei abblätternden Anstrichen eine Hochdruckreinigung dem Abbeizen vorzuziehen?*

10.5.7 Beschichtung mineralischer Putze

Mineralische Putze sind durch ihre vielseitige Verwendung den verschiedensten Belastungen ausgesetzt. Bei der Auswahl der Beschichtung bzw. des Beschichtungssystems reicht es deshalb nicht aus, nur zwischen Innen- und Außenbereich zu unterscheiden. Die in Kapitel 10.1.4 aufgezeigten Belastungsgruppen ermöglichen die Zuordnung der Anforderungen zur entsprechenden Belastungsgruppe und erleichtern so die Auswahl der Beschichtung.

Leimfarbenanstrich

Mit Leimfarben können preiswerte, gut deckende und tuchmatt auftrocknende Anstriche erzielt werden. Sie sind nicht wasserfest und daher nur innen anwendbar. Aufgrund der geringen Abriebfestigkeit eignen sich Leimfarbenanstriche nur für trockene Räume der Belastungsgruppe I.

- **Vorarbeiten**
  a) Reinigen der Flächen
  b) Ungestrichene Putze der Mörtelgruppen I bis III sind zunächst mit einem Holzbrett abzureiben, um lose Sandkörner zu entfernen. Als Putzfestiger für sandenden Putz eignen sich Fluate oder Tiefgrund. Risse und andere Putzbeschädigungen sind auszukratzen und mit Spachtelmasse bzw. Füllstoff auf Gipsbasis zu schließen. Bei sandhaltigen Putzen ist der Spachtelmasse zur Angleichung an die Oberflächenstruktur feiner Sand zuzusetzen.
  c) Ungestrichene Putze der Mörtelgruppe IV und V sind meist sehr Wasser anziehend und würden dem Leim das Bindemittel entziehen. Mit einer Alaunlösung oder einer Tiefgrundierung lässt sich dies verhindern.
  d) Alte Leimfarbenanstriche eignen sich nicht als Anstrichgrund. Ein neuer Anstrich erzeugt eine so hohe Spannung, dass der alte Anstrich zum Abplatzen neigt. Außerdem sind alte Leimfarbenanstriche gute Nährböden für Bakterien und Pilze, die die Gesundheit beeinträchtigen können. Alte Leimfarben sind deshalb restlos abzuwaschen.
  Dicke Schichten lassen sich nach dem Vornässen mit Spachteln abstoßen. Zum Abwaschen werden meist abgestrichene Bürsten bzw. Abwaschbürsten verwendet.
  e) Öl- und Lackfarbenanstriche müssen zur besseren Haftung angeschliffen oder mit Salmiakwasser angelaugt werden. Gut nachwaschen!

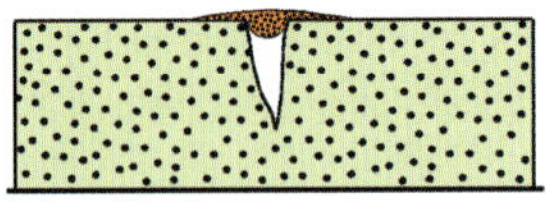

Reißgefahr
Riss wurde nicht geöffnet
Spachtelmasse füllt den Riss nicht aus.

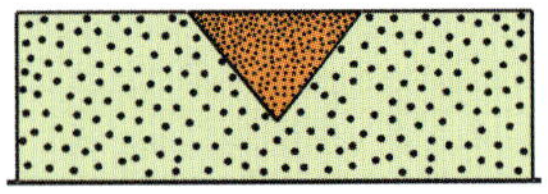

Keine Reißgefahr
Riss wurde aufgekratzt.
Spachtelmasse füllt den Riss gut aus.

- **Anstrichaufbau**
  1. Grundanstrich: Vorstreichen mit Leimlösung unter Zugabe von ca. 20 % fertiger Leimfarbe
  2. (Zwischenanstrich: zur Verbesserung der Deckfähigkeit; nur wenn notwendig.)
  3. Schlussanstrich mit Leimfarbe

Der Farbauftrag erfolgt mit der Deckenbürste vom Lichteinfall aus oder mit dem Farbroller.

Kalkfarbenanstrich

Kalkfarbenanstriche eignen sich ebenfalls nur für Räume der Belastungsgruppe I. Sie erfordert gegenüber der Leimfarbe mehr Erfahrung, um eine gleichmäßige, gut deckende tuchmatte Anstrichfläche zu erzielen. Zum Abtönen eignen sich nur kalkbeständige Pigmente, die nur in geringen Mengen (5 %) gebunden werden können. Folglich sind satte Farbtöne mit Kalkfarben nicht erreichbar. Kalkfarbe lasiert beim Auftragen, ihr Deckvermögen stellt sich erst während der Erhärtung ein. Deckkraft und Abriebfestigkeit erhöhen sich, wenn die Erhärtungsphase wegen der Carbonatisierung hinausgezögert wird (Vornässen, Streichen bei feuchter Witterung).
Als Untergrund sind Putze der Mörtelgruppe I bis III geeignet sowie alte Kalkfarbenanstriche.

- **Vorarbeiten**
  Wie bei Leimfarbenanstrich siehe a) und b)
- **Anstrichaufbau**
  1. Grundanstrich mit stark verdünnter Kalkfarbe (Kalkmilch). Der Kalkfarbe kann zur Verbesserung der Haftfähigkeit vor dem Verdünnen mit Wasser 0,5% Leinölfirnis zugesetzt werden.
  2. Zwischenanstrich ebenfalls mit verdünnter Kalkfarbe, jedoch abgetönt wie der Schlussanstrich.
  3. Schlussanstrich mit Kalkfarbe

Kalk- und Leimfarbenanstriche werden nur noch selten ausgeführt. Kalkfarben werden wegen ihrer keimtötenden Wirkung noch z. T. in landwirtschaftlichen Gebäuden und in Kellerräumen eingesetzt. Für Räume in historischen Gebäuden sind sie oft wegen des Denkmalschutzes vorgeschrieben.

Anstriche mit Kunststoff-Dispersionsfarben

Sie eignen sich für Untergründe der Belastungsgruppen I bis IV und vertragen sich problemlos mit allen Mörtelgruppen. Sie zeigen ein gutes Haftvermögen, sind abriebfest, wasserdampfdurchlässig und gegen chemische Einflüsse beständig. Außerdem bilden sie dicke Schutzfilme. Damit werden sie allen Ansprüchen gerecht, die an ein vielseitiges Beschichtungsmittel gestellt werden.

Kunststoff-Dispersionsfarben werden angepasst an die Anforderungen des Untergrundes geliefert. So unterscheiden wir Innendispersionen mit verschiedener Abriebfestigkeit und Güteklasse (vgl. Kapitel 4.6.5 ff.). Außendispersionsfarben sind besonders witterungsbeständig und lichtecht gegen die UV-Strahlen der Sonne. Dispersionsbindemittel finden wir wieder bei Dispersionslacken, Spachtelmassen, Grundiermitteln und Kunstharzputzen. Aus diesem Grund wird klar, warum Kunststoffdispersionen die Leim- und Kalkfarben weitgehend verdrängt haben.

Kunststoff-Dispersionsfarben lassen sich leicht verarbeiten. Die Beschichtungen fallen je nach Zusammensetzung matt, glänzend, glatt, strukturiert oder pastös aus.

Innendispersionsanstriche

Decke und Wände mit Dispersionsfarbe

Dispersionsfarben ziehen rasch an. Sie erfordern daher eine zügige Verarbeitung. Die Beschichtung kann mit der Streichbürste oder dem Farbroller aufgetragen werden. Wegen der schöneren Struktur werden in der Regel Farbroller eingesetzt. Mit einer kontinuierlichen Materialzufuhr ermöglichen sie ein rationelles Verarbeiten.

Vor dem Anlegen der Flächen werden die Kanten und Abgrenzungen mit einem Flächenstreicher oder kleinen Pinsel genau beschnitten.

- **Vorarbeiten**
  Für ungestrichene Putze der Mörtelgruppe I bis III sind die gleichen Vorarbeiten durchzuführen wie bei Leimfarbenanstrich, siehe a) und b).
- **Anstrichaufbau**
  1. Grundanstrich mit lösemittelverdünnbarem Grundanstrichstoff (Tiefgund). Auf nichtsaugendem Maschinen-Gipsputz nur pigmentierte Grundanstrichstoffe verwenden.
  2. Zwischenanstrich mit der gleichen Kunststoff-Dispersionsfarbe wie der Schlussanstrich, jedoch entsprechend der Saugfähigkeit des Untergrundes gering mit Wasser verdünnt.
  3. Schlussanstrich mit Kunststoff-Dispersionsfarbe entsprechender Güteklasse und Zusammensetzung (z. B. pastös, waschbeständig).

Wetterbeständige Dispersionsanstriche

Sie basieren vorrangig auf Reinacrylatharzen, die sehr widerstandsfähige und schmutzabweisende Außenanstriche abgeben. Reinacrylat-Dispersionen sind sehr beständig gegen UV-Strahlen, Luftschadstoffe und saure Niederschläge sowie gegen Verseifen.

Dispersionsfarben können bei unsachgemäßer Verarbeitung fleckig auftrocknen. Neben dem Mischen der Farbtöne mit Vollton-Abtönfarben durch den Maler empfiehlt sich daher der Einsatz von bereits fabrikmäßig gemischten Fertigfarben, die nach Farbtonkarte bzw. Farbkatalog auswählbar sind. Fleckenbildung kann auch auftreten, wenn die Dispersionsfarbe unter direkter Sonneneinstrahlung aufgetragen wird und es dadurch zu einem zu schnellen Wasserentzug kommt. Nicht zuletzt ist eine gewisse Schichtdicke für eine fleckenlose und haltbare Beschichtung erforderlich. Als Richtwerte gelten: 70 bis 80 μm bzw. ca. 300 g/m^2 für Zwischen- und Schlussanstrich.

Verdünnungen sind daher genau nach Vorschrift des Herstellers vorzunehmen. Während der Arbeit ist die Dispersion öfters umzurühren.

Kunststoff-Dispersionsfarben sind sehr frostempfindlich und können bei tiefen Temperaturen nur noch mangelhaft einen Anstrichfilm mit ausreichender Festigkeit bilden. Daher dürfen sie nicht unter + 5 °C verarbeitet werden. Zwischen den Anstrichen soll eine Trockenzeit von 24 Stunden eingehalten werden.

Der Anstrichaufbau von wetterbeständigen Dispersionsfarben hängt von ihrer Zusammensetzung und Aufgabenstellung ab. Beispielsweise unterscheiden sich diese Beschichtungsstoffe nach den Korndurchmessern der eingebetteten Füllstoffe, die 0,1 mm bis 3 mm und mehr betragen können, oder nach ihrem mehr oder weniger plastoelastisch eingestellten Bindemittel. Erinnert sei hier an die Rissarmierungssysteme.

Daher ist es notwendig, den Anstrichaufbau nach den Richtlinien des Herstellers vorzunehmen, wie sie im dazugehörenden Technischen Merkblatt beschrieben sind.

Die verschiedenen Anstriche unterscheiden sich nach ihrem Aufbau hauptsächlich darin, ob ein oder zwei Zwischenanstriche vorzusehen sind oder, wie bei einer Einschichtfarbe, die Beschichtung aus einer Schicht besteht.

Zumeist sind zwei Zwischenanstriche im Außenbereich zum Erreichen der notwendigen Schichtdicke vorgesehen. Daher wollen wir uns auf diesen Anstrichaufbau beschränken.

- **Vorarbeiten**
  a) Reinigen: Je nach Verschmutzungsgrad hochdruckreinigen, wenn danach noch notwendig, Putz mit einem Holzbrett abreiben, um lose Sandkörner zu entfernen.
  b) Ausbessern der Putzschäden: Müssen größere Flächen erneuert werden, ist ein Putz der gleichen Mörtelgruppe zu verwenden. Geringfügige Putzschäden sind mit Spachtelmasse auf Zement- oder Kunststoff-Dispersionsbasis zu beseitigen.
- **Anstrichaufbau**
  1. Grundanstrich mit lösemittelverdünnbarem Grundanstrichstoff (Tiefgund)
  2. erster Zwischenanstrich mit wetterbeständiger Kunststoff-Dispersionsfarbe, gering mit Wasser verdünnen
  3. zweiter Zwischenanstrich mit wetterbeständiger Kunststoff-Dispersionsfarbe
  4. Schlussanstrich mit wetterbeständiger Kunststoff-Dispersionsfarbe

Aufgaben

1. *Wieso werden Leim- und Kalkfarbenanstriche nur noch selten ausgeführt?*
2. *Wie können bei Dispersionsfarbanstrichen Flecken entstehen? Wodurch lassen sich diese verhindern?*
3. *Warum eignet sich Füllstoff aus Gips nicht zum Ausbessern im Außenbereich?*
4. *Weshalb werden im Außenbereich häufig zwei Zwischenanstriche vorgesehen?*

Silikatfarbenanstriche

Sie sind überaus wetterfest, unempfindlich gegen saure Niederschläge, aggressive Industrieabgase und andere Luftschadstoffe. Schmutz bleibt auf ihnen nicht so stark haften, sie lassen sich deshalb leichter reinigen. Für Schimmelpilze, Algen und Moos bieten sie keinen Nährboden, sie schützen deshalb vor deren Befall. Silikatfarbenanstrichen sind außerdem feuerhemmend und nicht brennbar. Durch ihre Pigmentierung kann man oft noch nach Jahrzehnten keine Farbtonabweichungen feststellen, ein Vorteil, der vor allem bei der Renovierung von denkmalgeschützten, historischen Gebäuden wichtig ist. Als mineralische Anstrichmittel bilden sie keinen Film sondern *verkieseln* bei der Erhärtung mit dem Untergrund und unterstreichen so den *steinernen* Charakter eines Gebäudes.

Silikatfarben können auf frischem Putz der Mörtelgruppen I bis III bereits nach 10 Tagen aufgetragen werden. Für gipshaltige Putze der Mörtelgruppen IV und V sind sie nicht geeignet.

Um mit Silikatfarben fleckenlose und haltbare Anstriche erzielen zu können, müssen die Untergründe frei von Kunstharzbeschichtungen, Plastifizierungs-, Dichtungs- und Frostschutzmitteln sein. Auf kritischen Untergründen setzt der Maler Dispersions-Silikatfarben ein.

Silikatfarben dürfen nicht bei praller Sonne und nicht bei Temperaturen unter + 8 °C verarbeitet werden. Die Zeit zur Erhärtung sollte zwischen einzelnen Anstrichschichten ca. 24 Stunden betragen.

- **Vorarbeiten**
  a) Reinigen: wie bei Dispersionsanstrichen
  Altanstriche auf Kalk-, Zement- und Wasserglasbasis gründlich reinigen
  Altanstriche aus organischen Bindemitteln wie Leim-, Dispersions- und Ölfarben oder Lacken müssen restlos entfernt werden.
  b) Ausbessern der Putzbeschädigungen: bei größeren Flächen wie bei Dispersionsanstrichen
  Geringfügige Putzschäden mit geeigneter Spachtelmasse auf mineralischer Basis beseitigen.
  c) Schutz umgebender Flächen und Bauteile: Lackflächen, Glasscheiben, Fenster, Bauteile aus Aluminium usw. müssen gegen die hohe Alkalität von Farbspritzern geschützt werden.
- **Anstrichaufbau**
  1. Grundanstrich auf Wasserglasbasis
  2. Zwischenanstrich und Schlussanstrich mit Silikatfarbe

Anstriche mit Siliconharzfarben

Aufgrund ihrer Eigenschaften sind Siliconharzfarben auch für problematische Untergründe vielseitig einsetzbar. Sie trocknen spannungsfrei, ohne Flecken und Ausblühungen auf, sind schlagregendicht und lassen sich, ähnlich wie die Silikatfarben, nur mit mineralischen Pigmenten abtönen. Die Fassadenflächen werden durch ihre wasserabweisenden (hydrophoben) Eigenschaften weitgehend trocken gehalten und ein Algenbefall ist äußerst selten. Verschmutzungen werden durch Regen leicht abgewaschen. Die Beschichtung eignet sich als Renovierungsfarbe auf mineralischen und organischen Untergründen, wie Kunstharzputzen und Wärmedämmverbundsystemen. Ein Abbeizen von organisch gebundenen Untergründen ist nicht erforderlich.

Siliconharzfarben trocknen tuchmatt auf, sind nach 3 bis 4 Stunden grifffest und nach 8 bis 10 Stunden überstreichbar. Sie sollen nicht unter +5 °C verarbeitet werden.

- **Vorarbeiten**
  Der Untergrund muss sauber, fest und trocken sein; evtl. Dampfstrahlreinigung.
  In der Regel sind jedoch keine umfangreichen Vorarbeiten nötig, da Siliconfarben eine vorzügliche Haftung besitzen und keine hohen Ansprüche an den Untergrund stellen.
- **Anstrichaufbau**
  1. Grundanstrich mit Siliconharzgrundierung
  2. Zwischenanstrich
  3. Schlussanstrich

Siliconharze sind wasserverdünnbar und lassen sich wie Dispersionsfarben verarbeiten.

Anstriche mit Polymerisatharzlackfarben

Das Chrakteristische dieser Beschichtung ist, dass es sich bei Polymerisatharzlackfarben und Mischpolymerisatharzlackfarben um lösemittelhaltige Anstrichmittel handelt, die als Fassadenfarben auch bei Frost ausgeführt werden können, sofern der Untergrund eisfrei ist. Sie eignen sich für die Belastungsgruppen I bis IV auf allen Mörtelgruppen.

- **Vorarbeiten**
  Der Untergrund muss sauber, frei von Putzschäden, fest und trocken sein.
- **Anstrichaufbau**
  1. Grundierung mit Polymerisatharzlackfarbe verdünnt mit Testbenzin bzw. Spezialverdünner
  2. Zwischen- und Schlussanstrich

Lackfarbenanstriche für besondere Belastungen

Darunter verstehen wir Beschichtungen, die stärkeren mechanischen Belastungen und aggressiven Einwirkungen ausgesetzt sind (Belastungsgruppe V und VIII). Hierfür eignen sich insbesondere Lackfarben auf der Basis von Polyurethan, Epoxidharz und Chlorkautschuk. Für eine Beschichtung der Belastungsgruppe V ist es erforderlich, dass schon der Untergrund die notwendige Festigkeit aufweist. Kalkputze der Mörtelgruppe I kommen daher nicht in Frage.

- **Vorarbeiten**
  a) Reinigen der Flächen
  b) Putzbeschädigungen sind abhängig vom Zwischen- bzw. Schlussanstrich auszubessern
     Für Epoxidharz- und Polyurethanharzlacke verwendet man Epoxidharzspachtelmasse, für Chlorkautschuklacke eignet sich eine Spachtelmasse auf Zementbasis.
- **Anstrichaufbau**
  1. Grundanstrich
     Für Epoxidharz- und Polyurethanharzlacke verwendet man Epoxidharzgrundiermittel. Chlorkautschuklack, stark verdünnt mit Spezialverdünnung
  2. Zwischenanstrich
     Bei Epoxidharz- und Polyurethanharzlack ist ein, bei Chlorkautschuklack sind zwei Zwischenanstriche notwendig.
  3. Schlussanstrich

Aufgaben

1. *Welche vorzüglichen Eigenschaften besitzen Silikatfarbenanstriche?*
2. *Auf welchen Putzuntergründen können Silikatfarbenanstriche verarbeitet werden?*
3. *Wie kann erreicht werden, dass Silikatfarbenanstriche fleckenlos erhärten?*
4. *Worauf ist bei den notwendigen Vorarbeiten für Silikatfarbenanstriche zu achten?*
5. *Warum setzt der Maler gerne Dispersions-Silikatfarbenanstriche ein?*
6. *Nennen Sie vier Eigenschaften von Siliconharzfarben.*
7. *Warum eignen sich Siliconharzfarben auch für problematische Untergründe?*
8. *Welche Vorteile besitzt Polymerisatharzlackfarbe?*
9. *Nennen Sie Lackfarben, die sich für stärkere mechanische Belastungen und aggressive Einwirkungen eignen.*
10. *Warum nützen Lacke, die stärkeren mechanischen Belastungen standhalten, nichts auf Putz der Mörtelgruppe I?*

10.5.8 Kunstharzgebundene Putze

Kunstharzputze sind nach DIN 18 558 Beschichtungen mit putzartigem Aussehen. Sie werden aus Bindemitteln in Form von Dispersionen oder lösemittelhaltigen Bindemitteln sowie aus Füllstoffen bzw. Zuschlägen hergestellt. Der überwiegende Kornanteil des Füllstoffes muss dabei einen Durchmesser > 0,25 mm vorweisen.

Kunstharzputze teilt man in zwei Gruppen ein:
POrg 1 → Außen- und Innenputz
POrg 2 → Innenputz

Kunstharzputze werden als Oberputz auf mineralische Unterputze der Mörtelgruppen P I und PIII oder auf Beton eingesetzt.

Eigenschaften der Kunstharzputze

Gute Haftung: Kunstharzputze zeichnen sich durch eine gute Haftung und Elastizität aus. Auf tragfähigem Untergrund und bei richtiger Verarbeitung kann der Putz weder reißen noch abblättern.

Feuchtigkeitsabweisend: Kunstharzputze bilden beim Erhärten eine dichte Beschichtung. Schlagregen kann dem Putz nichts anhaben. Er schützt den darunter liegenden Unterputz und das Mauerwerk gegen Durchfeuchtung, Wärmeverlust und Zerstörung.

Dampfdurchlässigkeit: Durch den Zusatz an groben mineralischen Bestandteilen (Quarz) bleibt Wasserdampfdurchlässigkeit trotz dichter Durchhärtung erhalten. Baufeuchte kann entweichen und die für ein gutes Raumklima nötige Luftfeuchtigkeit kann ausgetauscht werden.

Selbstreinigung: Der Putz behält seine ursprüngliche Farbe und Schönheit. Schmutz und Staub werden vom Regen immer wieder abgewaschen. Gegen Luftschadstoffe und aggressive Niederschläge verfügen Kunstharzputze über eine hohe Beständigkeit.

Zwischenanstrich mit der Bürste satt auftragen

Putz mit Glättekelle auftragen und auf Kornstärke abziehen

rundgerieben mit Kunststoffkelle

längsgerieben mit Kunststoffkelle

Untergrundmängel

Putzuntergründe, die keinen festen, dauerhaften Verbund mit dem Kunstharzputz gewährleisten, stellen Untergrundmängel dar. Folglich kann der Kunstharzputz abplatzen.
Der Putzgrund muss mängelfrei sein, d. h., er darf weder sanden, noch mit Schmutz, Rissen oder anderen Putzmängeln behaftet sein. Nasse Flächen können die Durchhärtung des Putzes stören und Hohlstellen erzeugen. Der Putzgrund muss deshalb fest, griffig und trocken sein.

- **Vorarbeiten**
  a) Putzgrund (Unterputz) gründlich reinigen
  b) Ausbessern der Putzbeschädigungen mit Spachtelmasse auf mineralischer Basis
- **Beschichtungsaufbau**
  1. Grundanstrich mit lösemittelverdünnbarem Grundanstrichstoff (Tiefgrund)
  2. Zwischenanstrich mit Grundfarbe oder Streichputz
  3. Putzauftrag

Der **Grundanstrich** festigt den Putzgrund und verhindert, dass dem Kunstharzputz vorzeitig das Wasser entzogen wird.
Der **Zwischenanstrich** gleicht das unterschiedliche Saugvermögen weiter aus, stellt eine Haftvermittlung her und ermöglicht eine gleichmäßige Färbung des Oberputzes. Eine unterschiedliche Färbung des Putzgrundes kann den Kunstharzputz fleckig erscheinen lassen. Der Zwischenanstrich wird daher im Farbton des Oberputzes abgetönt. Für den Zwischenanstrich sollte nur auf das vom Hersteller des Kunstharzputzes vorgeschlagene Material zurückgegriffen werden.
Putzauftrag: Kunstharzputze werden vom Hersteller gebrauchsfertig im gewünschten Farbton geliefert. Notfalls können sie mit Abtönfarben auf den gewünschten Farbton gebracht werden. Je nach gewünschter Oberflächenstruktur ist die Konsistenz nach Herstellerangaben einzustellen, d. h. mit der vorgeschriebenen Menge Wasser zu verdünnen.
Der Kunstharzputz wird mit einer nichtrostenden Glättkelle (Traufel) in Schichtdicke der Korngröße aufgezogen.

Die Schichtdicke des Kunstharzputzes ist abhängig vom Durchmesser der größten Körnung innerhalb des Füllstoffes.

Der Putz darf weder in praller Sonne noch bei zu großem Wind oder bei Temperaturen unter + 5 °C aufgetragen werden, da diese die Trocknung beschleunigen oder die Erhärtung beeinträchtigen.
Die Oberfläche der Kunstharzputze kann durch bestimmte Bearbeitungstechniken vielseitig gestaltet werden. Dabei spielen die Korngröße und die Auswahl der Zuschläge bzw. des Füllstoffes eine entscheidende Rolle.

Gebräuchliche Kunstharzputzarten

Reibeputz: Durch Zuschläge von Rundkorn entstehen beim Abscheiben Vertiefungen, die je nach Reibrichtung die typische Struktur ergeben.
Kratzputz: Das Strukturkorn (1 bis 6 mm) ragt aus der Beschichtung heraus und ergibt eine gleichmäßig strukturierte Oberfläche.
Rillenputz: ist dem Reibeputz ähnlich. Anstelle des Rundkorns wird Splittkorn verwendet.
Spritzputz: Nach der Erhärtung stehen Splitt- oder Rundkörner aus der Beschichtung heraus und bestimmen die Struktur.
Modellierputz: Der dickschichtig aufgetragene Putz wird mit der Rolle, Traufel, Kelle, Bürste oder mit einem Schwamm modelliert.
Streichputz: Er besteht aus einer feinkörnigen strichfähigen Beschichtung, die mit der Bürste aufgetragen wird.
Rollputz: Der feinkörnige Putz wird mit einer Strukturrolle entsprechend geprägt.
Schleifputz: Der Putz wird ca. 30 Minuten nach dem Aufziehen mit einem Glasdeckel überschliffen.

Weitere dekorative Gestaltungsmöglichkeiten ergeben sich durch entsprechende farblich abgestufte Anordnungen.

Aufgaben

1. *Erklären Sie die wichtigsten Eigenschaften der Kunstharzputze.*
2. *Worin unterscheiden sich Kunstharzputze von mineralisch gebundenen Putzen?*
3. *Wie müssen Sie vorgehen, um einen Kunstharzputz richtig aufzutragen?*

10.5.9 Leichtputze

Leichtputze sind mineralisch gebundene Beschichtungen, die durch mineralische oder organische Zuschläge mit porigem Gefüge eine begrenzte Rohdichte besitzen.

Sie wurden für Mauerwerk aus porosierten Ziegelsteinen entwickelt, auf dem normaler Putz der Mörtelgruppe PII häufig zur Rissbildung neigt.
Auf allen Leichtputzen im Außenbereich dürfen keine Kunstharzputze aufgetragen werden. Um Putzschäden zu vermeiden, müssen die verwendeten Putze auf den Leichtputz abgestimmt sein. Deshalb sollen nur zusammenpassende Werktrockenmörtel eingesetzt werden. Auch im Innenbereich sind die Angaben der Hersteller zu beachten.

10.6 Bauplatten

Standardisierte Bauteile sind die Grundlage einer zeitgemäßen Bauweise. Bauplatten spielen hierbei eine wichtige Rolle. Ob im Fertighausbau, der Fassadenverkleidungen, als Wärmedämmung, im Trockenausbau oder als Putzträger, – Bauplatten finden eine vielseitige Verwendung.

10.6.1 Gipsplatten

Lange Trocknungszeiten von Gipsputz lassen sich durch die Verwendung von Gipsplatten vermeiden. Sie sind daher ein beliebter Baustoff für den Trockenausbau. DIN 18180 bzw. DIN EN 520 unterscheidet mehrere Arten von Gipsplatten:

a) **DIN EN 520**	DIN 18 180	Eigenschaften
Typ A	GKB ab 6,5 mm Dicke	Standard-Gipsplatte
Typ D	GKB ab 9,5 mm Dicke	Gipsplatte mit einer definierten Dichte von mind. 800 kg/m³ (entspricht für eine 12,5 mm dicke Platte einem Flächengewicht von mind. 10 kg/m²)
Typ F	GKF	Gipsplatte mit verbessertem Gefügezusammenhalt bei hohen Temperaturen (Brandfall) (Rohdichte und Mindestflächengewicht entspricht Typ D)
Typ H	GKBI = Typ H2	Gipsplatte mit reduzierter Wasseraufnahmefähigkeit (H1, H2 und H3)
Typ I		Gipsplatte mit erhöhter Stoßbelastung bzw. Oberflächenhärte
Typ P		Putzträgerplatte für den Auftrag von Gipsputzen
Typ R		Gipsplatte mit erhöhter Biege- und Zugfestigkeit
Typ E		Gipsplatte zur Beplankung von Außenwandelementen, die nicht dauernd der Außenbewitterung ausgesetzt sind
Gipsplatte DFH2-12,5 DIN EN 520		entspricht Gipsplatte GKFI DIN 18 180

b) Vom Hersteller bearbeitete Gipsplatten
- Zuschnittplatten
  rechteckige oder quadratische Kassettenplatten
- Lochplatten
  Schallschluckplatten
- Verbundplatten
  mit mineralischen Faserdämmstoffen, Polystyrol- oder Polyurethan-Hartschaum zur Wärmedämmung
- weitere Plattenarten
  z.B. beschichtete Dekorplatten

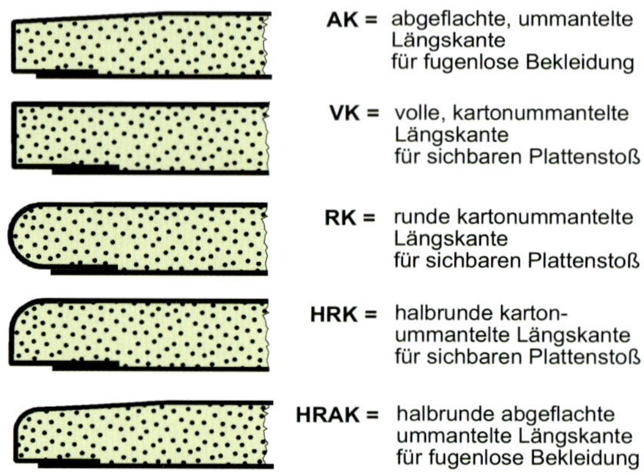

Kantenausbildung bei Gipsplatten

Verlegen von Gipsplatten

Gipsplatten können an Wänden bzw. senkrechten Bauteilen ohne Unterkonstruktion verlegt werden. Auf Decken muss eine tragfähige Unterkonstruktion vorhanden sein, ebenso bei unebenen Wänden mit problematischen Untergünden.
Ohne Unterkonstruktion wird die Gipsplatte durch punktförmiges Auftragen von Gipsmasse bzw. Ansetzbinder verlegt. Dabei muss die Wand eben und nicht stark saugend sein. Auf unebenen Wänden wird zunächst mit Gipskartonstreifen eine Ebene hergestellt. Auf diesen kann danach die Gipsplatte mit entsprechend streifenförmig aufgezogenem Ansetzbinder befestigt werden. Bei Gipsverbundplat-

Punktförmiges Auftragen des Ansetzbinders

ten mit Mineralfaser- oder Styropordämmstoff kann der Ansetzbinder mit dem Kammschlitten (Dünnbett) oder punktförmig aufgebracht werden.
Auf Unterkonstruktionen werden Gipsplatten durch Schrauben, Klammern, Nägel oder Einhängen in vorgefertigte Rahmen befestigt.

Verfugen der Gipsplatten

Nach dem Verlegen werden die Vertiefungen verspachtelt, die durch das Befestigen mit Schrauben, Klammern oder Nägeln entstanden sind. Ebenfalls müssen die Stoßfugen mit gipsfreier Fugenfüllmasse verfugt werden. Zur besseren Verbindung wird in die Spachtelmasse über der Stoßfuge meist ein Gewebestreifen eingebettet. Hierzu eignen sich am besten AK-Platten mit abgeflachter Kante. Die hier im Stoßbereich vorhandene Hohlkehle füllt man mit Fugenfüllmasse aus, legt den Bewehrungsstreifen beidseitig überdeckend ein und drückt ihn gleichzeitig mit der Spachtelklinge an. Der Füllstoff wird in mehreren Arbeitsgängen aufgetragen, bis die Stoßstelle vollkommen eingeebnet ist und mit der Gipsplatte eine glatte Oberfläche bildet. Bei Platten mit gefalzten Längskanten ist der Bewehrungsstreifen überflüssig, hier genügt es, die Stoßfuge zu verspachteln. An frei stehenden Kanten, Leibungen, Vorsprüngen usw. werden Eckschutzschienen eingespachtelt.
Nach kurzer Zeit können die so verlegten Gipsplatten gestrichen, tapeziert oder mit Keramikplatten und anderen Wandbelägen versehen werden. Mit Gipsplatten lassen sich Räume auf einfache Weise verschönern, indem Rohre und andere Installationen problemlos überdeckt werden. Auch für Feuchträume sind Gipsplatten einsetzbar. Hier verwendet man imprägnierte Platten, die ein geringes Saugvermögen haben und Wasser schnell wieder abgeben.

Auftragen der Fugenfüllmasse

Einlegen und Andrücken des Bewehrungsstreifens

Gipsplatten bieten gegenüber einem Putzauftrag mehrere Vorteile: hohe Wärmedämmung, gute Wasserdampfdurchlässigkeit, Brand- und Schallschutz, geringe Austrocknungszeit.

10.6.2 Gipsbauplatten

Zur schnellen Herstellung von nichttragenden Wänden, Schall- und Brandschutzmaßnahmen und dekorativen Deckengestaltung eignen sich unbeschichtete Gipsbauplatten besonders gut. Es gibt sie in vielen Abmessungen und unterschiedlichen Formen.

10.6.3 Leichtbauplatten

Mineralisch gebundene Leichtbauplatten aus Holzwolle dienen als Putzträger, als Bauplatten im Trockenausbau und mit Styroporeinlagen als Wärmedämmplatten.

10.6.4 Faserzementplatten

Sie bestanden früher aus zementgebundenen Asbestfasern. Der beim Schleifen, Trennen usw. entstehende **Asbeststaub ist durch Einatmen Krebs erregend! Daher unbedingt Atemschutz tragen!**

Bei den heutigen Faserzementplatten wurden die Asbestfasern durch Fasern aus Kunststoff ersetzt. Das Gesundheitsrisiko konnte so minimiert werden.

Faserzementplatten werden unter hohem Druck zu Platten und Tafeln gepresst. Ihr hoher Zementanteil bewirkt eine dauerhaft hohe Alkalität. Daher können nur zementechte, alkalibeständige Anstrichstoffe für ihre Beschichtung eingesetzt werden.

- **Vorarbeiten**

a) Reinigen von Asbestzement: Nie trocken – nur unter Wasser reinigen! Für kleinere Flächen und an Fassaden ist die Handreinigung unter fließendem Wasser durchzuführen, für große Flächen empfiehlt sich eine maschinelle Nassreinigung mit einem geschlossenen Sprühkopf und Vakuumabsaugung bzw. gezielter Ableitung des belasteten Abwassers.

b) Asbestfreie Platten können trocken oder nass gereinigt werden.

- **Beschichtungsaufbau**

1. imprägnierender Grundanstrich auf der Basis von lösemittelhaltigen Acrylatharzen
2. Haftanstrich auf der Basis von Epoxidharz
3. Zwischenanstrich: UV-beständige Kunststoffdispersion oder Siliconharzfarben
4. Schlussanstrich wie Zwischenanstrich

10.7 Wärmedämmsysteme

Wärmedämmsysteme dienen zur Senkung der Energiekosten eines Gebäudes und leisten durch die Verminderung von CO_2 u. a. Luftschadstoffen einen Beitrag gegen die Erwärmung der Erde durch den sog. Treibhauseffekt. Sie tragen damit zum weltweit notwendigen Klimaschutz bei. Für die Errichtung neuer Gebäude ist deshalb die Wärmedämmung u. a. verbindlich in der Energieeinsparverordnung (EnEV) vorgeschrieben. Darin ist der Jahres-Heizwärmebedarf eines Gebäudes begrenzt. Im festgelegten Nachweisverfahren muss u. a. eine Energiebilanz für das Gebäude erstellt werden.

Stoffe, die zur Wärmedämmung in Frage kommen, müssen eine niedrige Wärmeleitzahl aufweisen. Bezogen auf den Querschnitt des Bauteils lässt sich der einzuhaltende *U*-Wert bestimmen (vgl. Kapitel 3.2.9).

Der folgende Vergleich zeigt, dass die Wärmedämmstoffe diese Eigenschaften weit besser erfüllen als die üblichen Baustoffe.

Wärmeleitzahlen (λ) einiger Bau- und Dämmstoffe		Einheit $\frac{W}{m \cdot K}$
Baustoffe	Beton	2,1
	Gasbeton	0,14–0,23
	Gipsputz	0,35
	Kalkputz	0,87
Wärmedämmstoffe	Holzfaserplatten	0,15
	Korkplatten	0,045
	Hartschaum-Kunststoffe	0,020–0,04
	Mineralfasern	0,035–0,05
	Wärmedämmputz	0,057–0,09

Innendämmung – Außendämmung

Die Wärmedämmung durch den Maler erstreckt sich häufig auf die Innendämmung. Hier einige Beispiele: Tapetenunterlagsmaterial aus Hartschaum oder genoppter Wollfilzpappe, textile Wandbeläge, Styroporsichtplatten, Gipsplatten mit Styroporauflage, Wärmedämmputze, Spezialanstriche usw.

Bei der *Innendämmung* soll verhindert werden, dass Wärme durch das Mauerwerk oder die Decke abwandert. Der Raum lässt sich so schneller erwärmen, kühlt aber auch leichter wieder aus, da die Wand als Wärmespeicher entfällt. Von außen gesehen liegt der Taupunkt bei Kälte tiefer in der Wand, was zur Kondensatbildung und Feuchtigkeit in der Wand führen kann.

Die *Außendämmung* schützt die gesamte Wandfläche. Sie dient zugleich als Armierung und Rissüberbrückung und hält die Fassade über längere Zeit wartungsfrei. Die Wände speichern die Wärme, wirken feuchtigkeitsregulierend und tragen zu einem guten Raumklima bei. Der Taupunkt liegt auch bei Kälte meist im Bereich der Wärmedämmung, sodass sich im Mauerwerk kaum Wasser als Kondensat niederschlagen kann.

Gemessen an diesen Vorteilen ist eine Außendämmung der Innendämmung vorzuziehen.

10.7.1 Wärmedämmputzsysteme

Wärmedämmputzsysteme sind mineralisch gebundene Putze, deren Unterputze einen hohen Anteil (mindestens 75 % Volumenanteil) an expandiertem Polystyrol (EPS) enthalten, um die erforderliche Wärmedämmwirkung zu erreichen. Der Unterputz muss wasserhemmend sein, eine entsprechende Festigkeit besitzen und einen ausreichenden Brandschutz gewährleisten. Der Oberputz muss wasserabweisend sein.

10.7.2 Wärmedämmverbundsysteme

Ein Wärmedämmverbundsystem (WDVS) nach DIN EN 13499/DIN EN 13500 besteht in der Regel aus drei Schichten:

a) der Wärmedämmschicht aus Dämmstoffen unterschiedlicher Schichtdicke. Hierfür kommen Platten aus Polystyrol- oder Polyurethan-Hartschaum sowie aus Mineralfasern zum Einsatz.
b) der Beschichtung aus Armierungsmasse und der darin eingebetteten Armierung aus Glasfasergewebe;
c) der Schlussbeschichtung zur Oberflächengestaltung und im Außenbereich zum Schutz gegen Witterungseinflüsse.

Die Wärmedämmschicht wird mit Armierungskleber auf den Untergrund geklebt, sofern dieser genügend tragfähig und belastbar ist. Hierfür wird der Untergrund gereinigt und werden geringfügige Putzmängel mit Spachtelmasse auf Zementbasis ausgebessert. Bei problematischen Untergründen verstärkt man die Klebestellen mit Dübeln oder man wählt eine mechanische Befestigung.

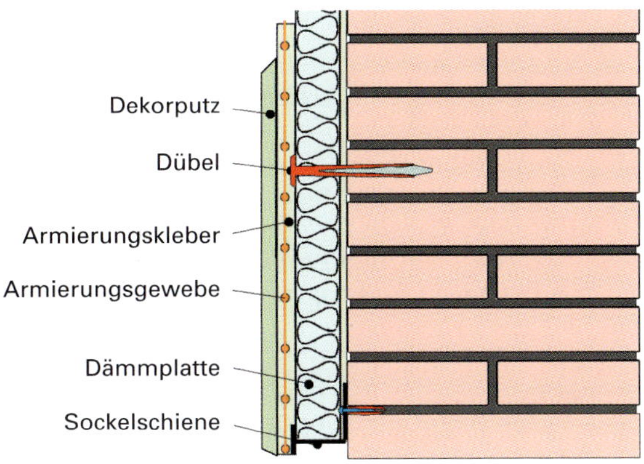

Aufbau eines Wärmedämmverbundsystems

Zehn Regeln zum Aufbau eines Wärmedämmverbundsystems

1. Alle Anschlüsse wie Regenwasserableitungen, Fensterbänke, elektrische Schalter usw. auf neue Putzabmessung soweit notwendig anpassen.
2. Sockelleiste befestigen, eben und waagerecht ausrichten.
3. Von der Sockelleiste ausgehend, werden die Dämmplatten der Reihe nach von unten nach oben jeweils versetzt geklebt oder mechanisch befestigt.
4. Auf der Außenwand verlegte Leitungen müssen beim Überdecken auf der Platte gekennzeichnet werden, damit man sie beim Dübeln nicht beschädigt.
5. Dübel erst nach Erhärtung der Klebemasse setzen.
6. Länge der Dübel so wählen, dass eine Eindringtiefe von mindestens 5 cm in den festen Untergrund gewährleistet ist.
7. Armierungskleber gleichmäßig auftragen; das Armierungsgewebe bahnenweise mit ca. 10 cm Überlappung einlegen bzw. einbetten; Armierungsbahnen nicht um die Ecken herumziehen.
8. An freistehenden Ecken Eckverstärkung aus Armierungsgewebe einbetten.
9. Anschlüsse und Fugen schlagregendicht ausführen.
10. Schlussbeschichtung erst nach vollkommener Erhärtung der Armierungsschicht auftragen.

Richtiges Verlegen der Wärmedämmplatten
a) senkrechter Versatz
b) senkrechte Stöße vermeiden, z. B. Fenster, Türen; richtige Verteilung der Dübel

Auf nichttragfähigen Putz- und Anstrichschichten kann eine Verklebung der Wärmedämmplatten nicht vorgenommen werden. Hier eignen sich Befestigungen mit Halte- und Verbindungsleisten aus Aluminium sowie mit Fassadenschraubdübeln.

Brandschutzanforderungen

Schwer entflammbare Wärmedämmplatten der Baustoffklasse B1 bestehen aus Polystyrol-Hartschaum. Sie werden mit Dispersionsklebemasse verarbeitet. Die Schlussbeschichtung wird mit Kunstharz- bzw. Silikatputz ausgeführt.

Nicht brennbare Wärmedämmplatten der Baustoffklasse A bestehen aus Mineralfaserplatten. Sie werden mit zementgebundener Klebemasse verarbeitet. Die Schlussbeschichtung wird mit mineralischem Dünnschicht- bzw. Silikatputz ausgeführt.

Übersicht

Aufsetzen der Hartschaumplatten

Einbetten des Glasseiden-Armierungsgewebes

Anbringen der Eckverstärker

Auftragen der Schlussbeschichtung

Aufgaben

1. *Wo werden Leichtputze verwendet?*
2. *Warum spielen Bauplatten als Bauteile eine große Rolle?*
3. *Wodurch unterscheiden sich Gipsplatten?*
4. *Welche Kantenausbildung eignet sich am besten für eine fugenlose Verlegung von Gipsplatten?*
5. *Wie werden Gipsplatten verlegt?*
6. *Wozu legt man beim Verfugen von Gipsplatten Gewebestreifen ein?*
7. *Welche Gipsplatten sind für Feuchträume geeignet?*
8. *Warum ist beim Reinigen von Asbestzementplatten größte Vorsicht geboten?*
9. *Beschreiben Sie Reinigung und Beschichtung von Faserzementplatten.*
10. *Wie setzen sich Leichtbauplatten zusammen?*

Weitere Aufgaben

11. *Erklären Sie die Bedeutung von Wärmedämmsystemen.*
12. *Warum ist, wenn die Möglichkeit besteht, eine Außendämmung der Innendämmung vorzuziehen?*
13. *Wie setzen sich Wärmedämmputze zusammen und welche Eigenschaften müssen sie besitzen?*
14. *Welche Aufgaben haben die einzelnen Schichten von Wärmedämmverbundsystemen?*
15. *Beschreiben Sie den Aufbau eines Wärmedämmverbundsystems. Beachten Sie dabei die zehn Regeln für den Aufbau.*
16. *Wann ist es notwendig, Wärmedämmplatten aus Mineralfasern zu verarbeiten?*

Projekte

1. *Tragen Sie je einen Streifen Leim-, Kalk-, Dispersions- und Epoxidharzlackfarbe auf einen geeigneten und entsprechend vorbereiteten Untergrund auf. Prüfen Sie die Abriebfestigkeit und Wasserempfindlichkeit der Beschichtungen. Vergleichen Sie die Kosten der einzelnen Werkstoffe.*
2. *Untersuchen Sie in ihrer beruflichen Praxis Betonuntergründe auf vorliegende Mängel. Beschreiben Sie deren Ursachen und geben Sie an, wie diese fachmännisch behoben werden können. Kalkulieren Sie den Material- und Zeitaufwand für die notwendige Betoninstandsetzung.*
3. *Ein Kunde überlegt sich, sein Haus mit einem Wärmedämmverbundsystem zu beschichten. Führen Sie Gesichtspunkte an, die Ihnen bei der Beratung des Kunden wichtig erscheinen.*

11 Beschichtung der Metalluntergründe

11.1 Metalle und ihre Eigenschaften

Metalle sind durch ihre hohe Festigkeit beliebte Werkstoffe für viele Arten von Bauteilen und Untergründen. Sie sichern die Statik von Metallkonstruktionen und ermöglichen Bauwerke, die trotz ihrer riesigen Dimension leicht, feingliedrig und grazil wirken. Bauwerke wie der Eiffelturm, Stahlbrücken mit ihrer großen Spannweite oder die Stahlskelette der ersten Wolkenkratzer zeigen dies eindrücklich.
Die meisten Metalle werden durch Korrosion zerstört und die Zunahme an Luftschadstoffen beschleunigt diesen Vorgang. Metalle müssen daher durch eine Beschichtung geschützt werden.

11.1.1 Einteilung

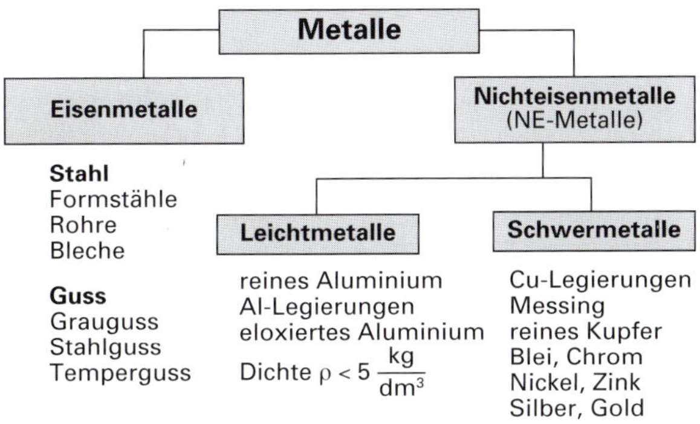

11.1.2 Herstellung

Metalle werden aus Erz und teilweise aus Schrott durch einen oder mehrere Schmelzprozesse gewonnen. Die mit dem Erz verbundenen Verunreinigungen und Beimengungen werden durch den Schmelzprozess verbrannt (= Oxidation) oder als Schlacke ausgeschieden, wobei der Oxidgehalt des Rohmetalls verringert wird (= Reduktion). Bei der Herstellung von Stahl aus Roheisen muss der beim Schmelzen des Erzes aufgenommene Kohlenstoff reduziert werden. Er macht das Roheisen spröde und technisch nicht verwendbar. Durch einen weiteren Schmelzprozess, bei dem Luft oder Sauerstoff in die Schmelze geblasen wird, verbindet sich der Kohlenstoff mit dem Sauerstoff und bildet Kohlenmonoxid bzw. Kohlendioxid. Diese entweichen als Abgase. Der Kohlenstoffgehalt der Schmelze verringert sich so bei Stahl auf unter 1,7 % und bei Grauguss auf ca. 3,5 %. Stahl wird dadurch trotz seiner Härte elastisch und zäh, Grauguss dagegen spröde.
Ihre endgültige Form erhalten die geschmolzenen Metalle durch Gießen in vorbereitete Formen oder durch Walzen zu Profilen bzw. Blechen. Weitere Oberflächenbehandlungen können folgen, bis die gewünschten Eigenschaften erreicht sind.

11.1.3 Metalle – Edelmetalle

Metalle sind chemische Elemente. Sie stellen einen großen Teil der Grundstoffe dar. Als Werkstoff für Bauteile werden meist Legierungen verschiedener Metalle eingesetzt, selten reine Metalle verwendet. Nach ihrer Neigung Oxide zu bilden, unterscheidet man:

Edelmetalle: Oxidbildung nur selten
z. B. Gold, Silber

Halbedelmetalle: Oxidbildung gering
z. B. Kupfer

Unedle Metalle: Oxidbildung stark
z. B. Alkalimetalle, wie Natrium und Kalium, sowie Aluminium, Zink, Blei

11.1.4 Eigenschaften

Im festen Zustand bestehen die Metalle aus *räumlichen Kristallgittern*, an deren Gitterpunkten sich die Atome befinden. Durch den geringen Abstand der Atome sind die Elektronen im Kristallgitterverband frei beweglich. Gegenüber elektrischem Strom, der nichts anderes als bewegte Elektronen darstellt, besitzen Metalle eine sehr gute *elektrische Leitfähigkeit*. Wärme bewirkt im Kristallgitter innere Reibung und Schwingungen. Die innere Reibung erwärmt das Metall. Die Schwingungen werden von der ganzen Kristallgitterstruktur aufgenommen und bewirken so die hohe *Wärmeleitfähigkeit* (vgl. Kapitel 3.2.8).
Legierungsbestandteile senken den Schmelzpunkt. Sie verspannen beim Erstarrungsprozess das Kristallgitter und verbessern so die *Festigkeit, Härte und Elastizität* (vgl. Kapitel 3.2.7). Bei Stahl sind dies u. a. Chrom, Mangan und Nickel, bei Aluminium u. a. Kupfer, Magnesium und Zink.
In wässrigen Lösungen haben Metalle das Bestreben, als freie Elektronen = *Ionen* in Lösung zu gehen.
In Verbindung mit Sauerstoff verlieren die Metalle durch Oxidbildung ihren *metallischen Glanz*.

11.2 Korrosion

Korrosion[1] bezeichnet die Zerstörung der Metalle unter Einfluss der belasteten Atmosphäre und durch Chemikalien.

Im Grunde ist die Korrosion ein Bestreben der Metalle, die in der Natur vorkommende stabile Verbindung des Erzes, z. B. als Oxid, wieder herzustellen.

[1] korrodieren (lat. corrodere = zerfressen)

11.2.1 Neigung zur Korrosion

Unedle Metalle korrodieren durch ihre Neigung zur Oxidation und der Reaktion mit Säuren und Salzen besonders leicht.
Bei nichtlegierten NE-Metallen, wie Aluminium, Blei, Kupfer und Zink, bildet die Oxidschicht einen wirksamen Schutz gegen fortwährende Korrosion. Diese Schutzwirkung wird durch Säuren, saure Niederschläge und Salze beeinträchtigt.
Bei Stahl und Gusseisen entstehen durch die eingeschlossenen Legierungsbestandteile im Kristallgitter Kristallgittergrenzen (Korngrenzen). Dadurch kann sich keine gleichförmige Schutzschicht bilden.

11.2.2 Elektrochemische Spannungsreihe

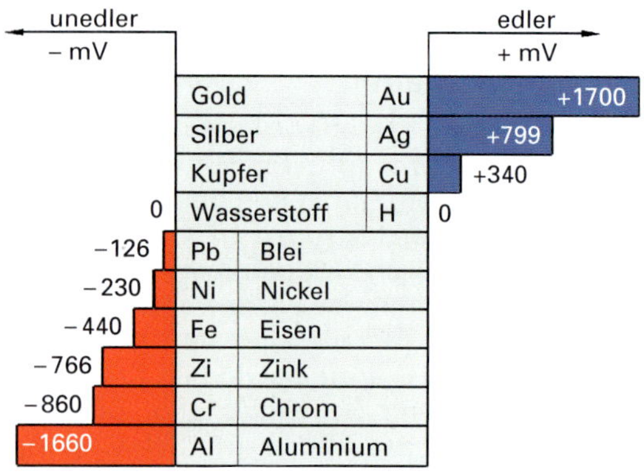

Elektrochemische Spannungsreihe

Die Spannungsreihe zeigt die Neigung der Metalle auf, in Lösung zu gehen.

Bei unedlen Metallen steigt der Lösungsdruck, je negativer der Spannungsunterschied gegenüber Wasserstoff wird. Je positiver der Spannungsunterschied gegenüber Wasserstoff ist, umso geringer ist die Neigung, in Lösung zu gehen. Man bezeichnet diese Metalle daher als edel.
Die elektrochemische Wirkung ist umso stärker, je größer der Spannungsunterschied der angrenzenden Stoffe ist.
Werden daher Metallbauteile, metallische Überzüge oder Beschichtungen mit metallischen Pigmenten nicht gegen Feuchtigkeit und Salzlösungen geschützt, geht das unedle Metall in Lösung, elektrochemische Korrosion ist die Folge.

11.2.3 Ursachen der Korrosion

Die Zerstörung der Metalle durch Korrosion kann unterschiedliche Ursachen haben. Sie kann durch saure Niederschläge, Feuchtigkeit, durch Kontakt angrenzender Metalle, durch Legierungsbestandteile oder durch Rostbildung ausgelöst werden.

Korrosion durch Säuren

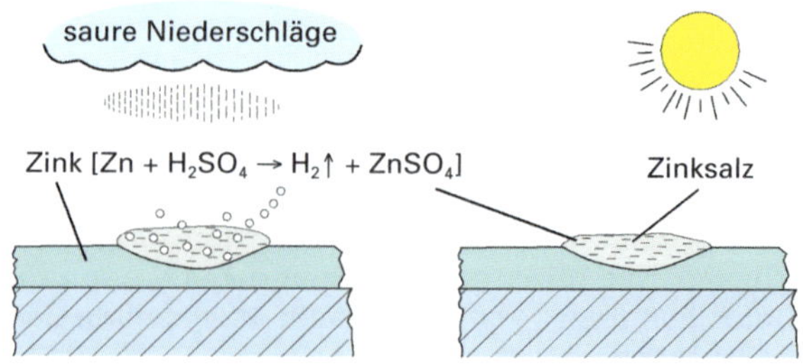

Korrosion durch Säure

Säuren lösen unedle Metalle unter Abspaltung von Wasserstoff auf und bilden Salzlösungen.

Korrosion durch Ionenaustausch

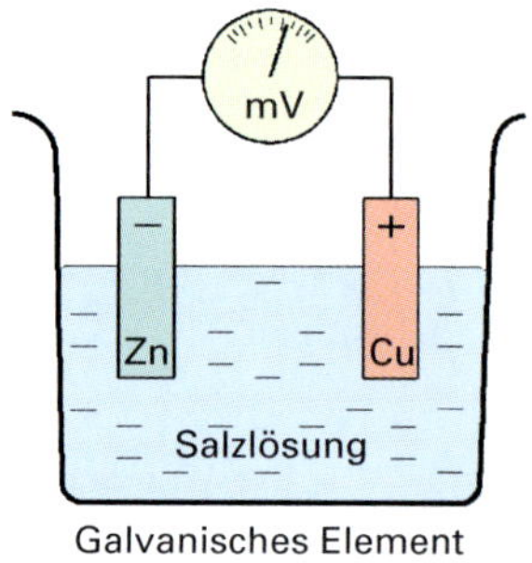

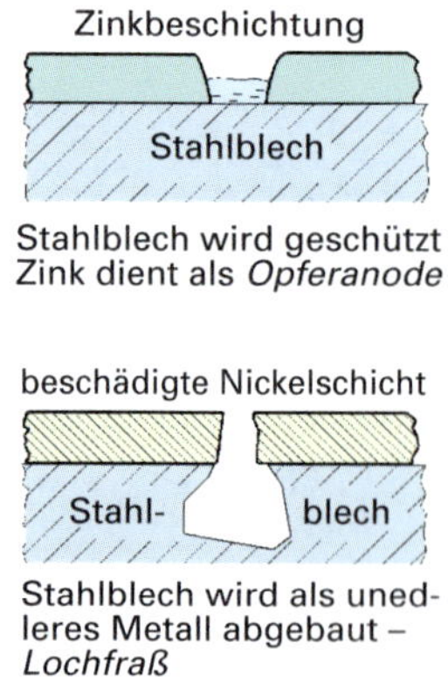

Korrosion durch Ionenaustausch

Bei Legierungen oder Metallüberzügen entsteht über eine Salzlösung (Elektrolyt) ein Elektronenfluss zwischen den verschiedenen Metallen. Dabei geht das unedlere Metall in Lösung und wird abgebaut. Diese Korrosion, bei der freie Elektronen innerhalb eines galvanischen Elements in Lösung gehen, bezeichnet man als Ionenaustausch.
Hierbei unterscheidet man die Kontaktkorrosion zwischen angrenzenden Metallen und die interkristalline Korrosion zwischen unterschiedlichen Legierungsbestandteilen.

Korrosion durch Rostbildung

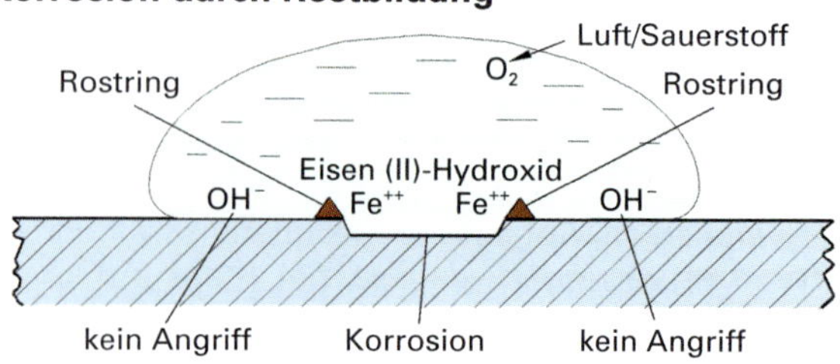

Korrosion durch Rostbildung

Rost entsteht bei Stahluntergründen ebenfalls durch eine Salzlösung. In ihr lösen sich die freien Eisenionen. Sie verbinden sich mit OH-Ionen, die sich an den noch nicht korrodierten Stellen gebildet haben, zu Eisen-(II)-Hydroxid. Sauerstoff der Luft, in Wasser gelöst, oxidiert das Eisen(II)-Hydroxid zu rotbraunem Eisen-(III)-oxidhydrat bzw. zu Rost. Rostender Stahl vergrößert sein Volumen um ca. 60 %. Diese Vergrößerung ist die Ursache für das Abplatzen der Beschichtung bei Unterrostung.

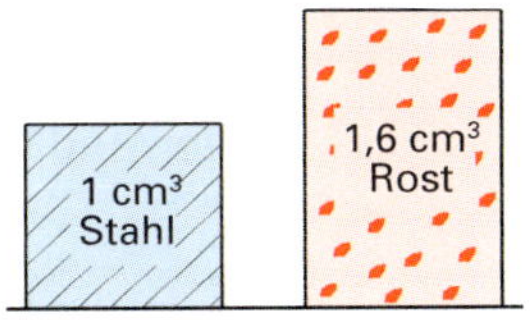

Volumenzunahme bei Rost

Die Korrosion von Metallen ist eine Folge von elektrochemischen Vorgängen, die durch Säuren, Salze, Wasser und Sauerstoff entstehen.

11.3 Korrosionsschutz

11.3.1 Passivierung

Den Schutz von Metalluntergründen gegen saure Niederschläge, Luftsauerstoff, Chemikalien und Mikroorganismen nennt man Passivierung.

Metalle werden durch Korrosionsschutzverfahren passiviert bzw. passiv gemacht.

Auf Stahl wird die Korrosion vor allem durch Zunder und Rost verursacht oder ausgelöst.
Zunder und Zunderschichten bilden sich durch Oxidation bei der Wärmebehandlung unter hohen Temperaturen. Bei Stahlteilen entstehen sie u. a. beim Walzen, Gießen oder Schweißen. Zunderschichten werden mit der Zeit abgesprengt. Sie sind daher keine tragfähige Grundlage für eine Beschichtung; im Gegenteil, sie können die Ursache für eine nachfolgende Rostbildung sein.
Zunehmende Umweltbelastungen und andere chemische oder mechanische Einflüsse verursachen und beschleunigen das Rosten. Die Stahlteile verlieren so zunehmend ihre Tragfähigkeit und werden mit der Zeit vollkommen zerstört.

Die Vermeidung von Korrosionsschäden ist daher die wichtigste Zielsetzung im Korrosionsschutz.

Für Bauteile aus Stahl heißt dies, dass vor einer Korrosionsschutzbeschichtung der Untergrund auf Zunder, Rost und Tragfähigkeit der vorhandenen Altbeschichtung gründlich geprüft werden muss. Zuvor ist das Stahlteil sauber zu reinigen.

Übliche Prüfmethoden sind:
- **Augenschein** – Verschmutzung und Rostgrad
- **Gitterschnitt** – Haftung des Altanstrichs
- **Schichtdickenmessung** – Schutzfunktion
- **Spanschnittprüfung** – Elastiziät – Sprödigkeit

11.3.2 Rostgrade

Zur Bestimmung der Rostgrade werden fotografische Vergleichsmuster herangezogen, die in unterschiedlichen Normen festgelegt sind.

Für *beschichtete* Stahlflächen ermittelt man den Rostgrad im Vergleich mit fünf Fotografien, die nach DIN EN ISO 4628-3 einen bestimmten Rostbefall zeigen.

Rostgrad	Rostfläche in Prozent
Ri 0	0
Ri 1	0,05
Ri 2	0,5
Ri 3	1
Ri 4	8
Ri 5	40 bis 50

Für *unbeschichtete* Flächen wird der Rostgrad nach DIN EN ISO 8501-1 bzw. DIN EN ISO 12944 mithilfe von vier Vergleichsmustern (A, B, C und D) bestimmt.

Über die Ursache und Art des Rostbefalls gibt der Rostgrad keine Auskunft. Hierfür ist es notwendig, die Rostarten und ihr Erscheinungsbild zu erkennen.
- Flugrost – oberflächlich beginnende Rostbildung
- Fremdrost – Rostablagerung fremder Flächen
- Passungsrost – durch Reibung an passgenauen Verbindungen von Stahlbauteilen entstandener Rost.

An ihrem Erscheinungsbild lassen sich Lochfraß, Unterrostung, Durchrostung, Punkt- und Flächenrost usw. unterscheiden.

11.3.3 Entrostung

Die Herstellung metallisch blanker Oberflächen als Grundvoraussetzung für einen dauerhaften und sicheren Korrosionsschutz ist nur in bestimmten Fällen erforderlich und allein durch Strahlen erzielbar. In vielen Fällen ist dieses Verfahren nicht anwendbar und auch wirtschaftlich nicht sinnvoll.
Bei der Auswahl des Verfahrens kommt es daher auf die Art und den Einsatz des Bauteils an. Tragende Bauteile für Stahlkonstruktionen von Raum überspannenden Hallen oder Brücken setzen einen anderen Reinheitsgrad voraus als ein Zaun aus verzinktem Drahtgeflecht oder aus geschmiedeten Gitterstäben. Die Entrostung eines Schiffes erfordert ein anderes Entrostungsverfahren als der Rostfleck an einem Auto.

Der vorgeschriebene Reinheitsgrad und das vom Bauteil abhängige wirtschaftliche Verfahren bestimmen die Art der Entrostung.

11.3.4 Reinheitsgrade

Für die Entrostung ist im Stahlbau je nach Objekt ein bestimmter Reinheitsgrad vorgeschrieben. Nach DIN EN ISO 12944-4 werden die Reinheitsgrade vier Entrostungsverfahren zugeordnet.

Reinheitsgrad	Entrostungsverfahren	Erzielbare Entrostung
Sa1	**Strahlen** beschichteter und unbeschichteter Flächen	loser Zunder, Rost und lose Beschichtung werden entfernt
Sa 2		Zunder, Rost und Beschichtung werden nahezu entfernt
Sa 2½		nur noch leichte Schattierung sichtbar
P Sa 2½		wie bei Sa 2½, jedoch nur teilweise (partielle) Entfernung
Sa 3		Zunder, Rost und Beschichtung werden vollständig entfernt
St 2	**Hand- oder maschinelle Entrostung**	Zunder, Rost und Beschichtung werden soweit entfernt, bis ein schwacher metallischer Glanz vorhanden ist
St 3		Zunder, Rost und Beschichtung werden soweit entfernt, bis ein deutlicher metallischer Glanz vorhanden ist
Fl	**Flammstrahlentrostung**	Zunder, Rost und Beschichtung werden soweit entfernt, dass nur noch Schattierungen vorhanden sind
Be	**chemische Entrostung mit Beizen und Säuren**	Zunder, Rost und Beschichtung werden vollständig entfernt

Entrostungsverfahren

von Hand: Kratzwerkzeuge, Pickhämmer, Drahtbürste, Schleifmittel
maschinell: Druckluftklopfer, Topfdrahtbürste, Nadelpistole, Winkelschleifmaschine
strahlen: trocken, nass mit Heißdampf oder Druckwasser und Strahlmittel (Strahlkies, Drahtstücke, Schrot, Hochofenschlacke oder Korund)
flammstrahlen: Flammstrahlbrenner
chemisch: Lösungen, Pasten und Bäder

11.3.5 Reinigen von Stahloberflächen

Stahloberflächen sind meist mit Schmutz behaftet. Häufig werden sie gegen Korrosion oder zum Bearbeiten geölt oder eingefettet. Vor einer Beschichtung muss daher der Untergrund gründlich gereinigt werden. Fest haftender Schmutz lässt sich abschleifen. Öle und Fette werden durch Lösemittel oder Dampfstrahlen beseitigt. Nicht mehr tragfähige Altbeschichtungen müssen entfernt werden.

11.3.6 Korrosionsschutzbeschichtungen

Die Korrosionsschutzbeschichtungen dienen als Grundierungen für darauf aufbauende Lackierung oder als gesamtes Anstrichsystem für den leichten und schweren Korrosionsschutz. Ihre Auswahl hängt von den zu schützenden Bauteilen sowie den Einsatzbereichen und Belastungen ab, denen diese ausgesetzt sind.

Wir unterscheiden folgende Beschichtungsarten:

- **Korrosionsschutzgrundierungen**
  z. B. Grundierung mit Zinkhaftgrund
- **Metallüberzüge**
  z. B. Verchromung, Verzinkung
- **Chemische Behandlung**
  z. B. Phosphatierung
- **Beschichtungssysteme**
  z. B. Rostschutzsysteme, Kunststoffüberzüge

Korrosionsschutzgrundierungen

Sie haben vor allem drei Aufgaben zu erfüllen:

1. Haftung auf dem Untergrund
2. korrosionsschützende Wirkung
3. Basis für nachfolgende Beschichtungen

Für Grundierungen haben sich ölige Bindemittel und Kunstharze auf der Basis von Epoxidharz, Polyurethan und Polyvinylbutyral bewährt.

Die Pigmentierung ist für den Korrosionsschutz besonders wichtig. Aktive Rostschutzpigmente bilden mit dem öligen Bindemittel wasserfeste Metallseifen, die den Anstrichfilm haftfester, dichter und härter machen. Passive Rostschutzpigmente ergeben durch ihre Schuppenform und Festigkeit dichte, widerstandsfähige Schichten für Deckanstriche (vgl. Kapitel 5.4.8).

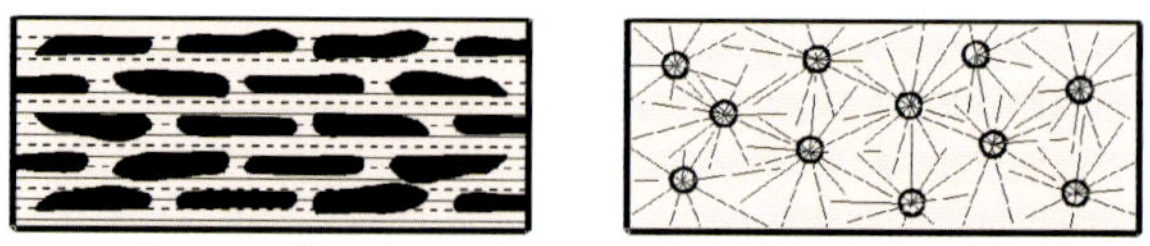

schuppenförmige Pigmente
aktive – verseifende Pigmente

Korrosionsschutzpigmente

Bleimennige bildet mit den ungesättigten Fettsäuren der öligen Bindemittel besonders dichte wasserfeste Bleiseifen. Als Deckschicht ist Bleimennige nicht geeignet, da sie nicht säure- und lichtecht ist. Die Verarbeitung von Bleimennige und Zinkchromat ist gesundheitsschädlich. Weniger belastende Ersatzstoffe wie Zinkphosphat stehen für Zinkhaftgründe zur Verfügung.

Besonders zinkstaubreiche Grundierungen wirken gegenüber Stahl als elektrochemischer bzw. katodischer Korrosionsschutz, wobei Zink als *Opferanode* dient. Ihre Einsatzgebiete liegen vor allem im schweren Korrosionsschutz, wie im Stahlbau, Schiff- und Wasserbau.

Metallüberzüge

Als besonders wirkungsamer Korrosionsschutz haben sich vor allem Verzinkungen erwiesen. Bei einer *Feuerverzinkung* wird das Stahlteil durch Tauchen in einem Zinkbad, bei einer *Spritzverzinkung* mit geschmolzenem Zinkpulver oder *galvanisch* mit einer Zinkschicht überzogen. Mit einem nachfolgenden Anstrich stellt die Verzinkung einen idealen Korrosionsschutz dar. Chrom- und Nickelüberzüge werden galvanisch übertragen. Sie erhalten üblicherweise keine weitere Beschichtung.

Chemische Behandlung

Beim Phosphatieren bildet sich auf dem Stahlteil durch Phosphorsäure in Verbindung mit Zink, Calcium, Mangan u. a. ein dünner, teilweise kristalliner Phosphatfilm aus, der passivierend wirkt und als Untergrund für Beschichtungen dient.

Beschichtungssysteme

Ein moderner Korrosionsschutz wird vor allem durch seine Schichtdicke bestimmt.
Leichte Korrosionsschutzsysteme trägt man in einer Gesamtstärke von 100 µm bis 200 µm auf. Je nach Filmschicht sind mehrere Anstriche zum Erreichen der Gesamtschichtstärke notwendig.
Schwere Korrosionsschutzsysteme werden vor allem im Stahlbau eingesetzt. Ihre Gesamtschichtstärke beträgt 300 µm und mehr. Die vorgeschriebene Mindestschichtdicke muss gewährleistet werden. Um Fehlstellen zu vermeiden, erhalten die einzelnen Schichten einen jeweils anderen Farbton. Ein lückenloser Anstrich und die Prüfung der Schichten wird dadurch erleichtert.

Punktueller Grundanstrich beim Ausbessern eines Rostschutzsystems

Grundbeschichtung – schwerer Korrosionsschutz

Schwere Korrosionsschutzsysteme

1. Alkydharzbasis
a) 2 Grundanstriche mit Bleimennige
b) Zwischenanstrich mit Alkydharzlack
c) Deckanstrich mit Alkydharzlack
für normale Außenbeanspruchung

2. Chlorkautschukbasis
a) Epoxidharz-Dickschichtgrundierung
b) Zwischenanstrich mit Chlorkautschuk
c) Deckanstrich mit Chlorkautschuk
besonders wasser- und chemikalienbeständig

3. Polyurethanbasis
a) Epoxidharz-Zinkhaftgrund
b) Zwischenanstriche mit Polyurethanharz
c) Deckanstrich mit Polyurethanharz
besonders abrieb- und chemikalienbeständig

4. Epoxidharzbasis
a) Epoxidharz-Dickschichtgrundierung
b) Zwischenanstrich mit Epoxidharz
c) Deckanstrich mit Epoxidharz
besonders abrieb- und chemikalienbeständig

5. Epoxidharz-Teer-Basis
- mehrere Anstriche
- besonders abrieb- und wasserbeständig
- speziell für Unterwasser-Stahlkonstruktionen

Ölhaltige Bindemittel, wie beispielsweise langölige Alkydharzlacke, haben die Fähigkeit, in Risse und Vertiefungen des Untergrundes hineinzufließen. Durch diese *Kriechwirkung* wird der noch vorhandene Restrost eingeschlossen und durch die verseifende und passivierende Eigenschaft des Anstrichs unschädlich gemacht.

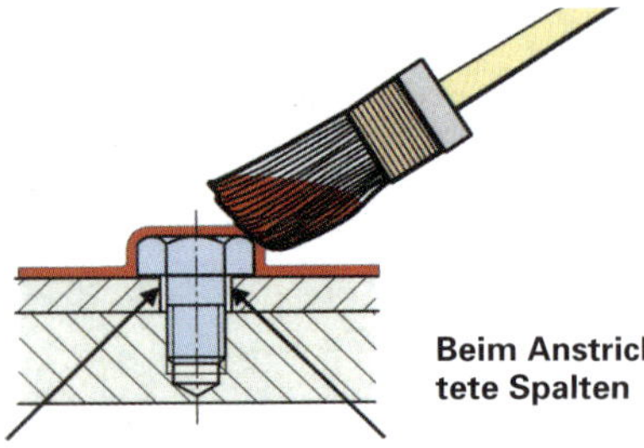

Beim Anstrich nicht beschichtete Spalten

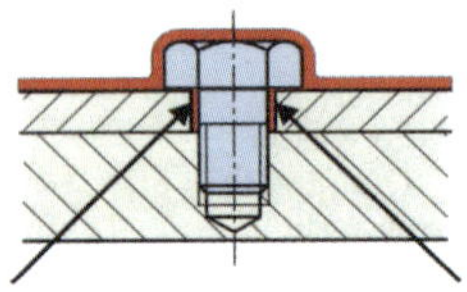

Ölhaltige Bindemittel füllen die Spalten durch die Kriechwirkung aus

11.3.7 Rostumwandler

Rostumwandler bilden mit dem Eisenoxid im Rost chemische Verbindungen. Sie enthalten meist organische Gerbsäuren, die den Rost in organische Eisenverbindungen umwandeln und als Haftgrund dienen. Ohne eine nachfolgende Beschichtung bieten Rostumwandler keinen dauerhaften Schutz gegen Korrosion.

Aufgaben

1. *Warum sind Metalle beliebte Werkstoffe für viele Arten von Bauteilen?*
2. *Worin unterscheiden sich edle und unedle Metalle?*
3. *Wie werden Metalle gewonnen?*
4. *Nennen Sie die wichtigsten Eigenschaften der Metalle.*
5. *Erklären Sie den Begriff Korrosion.*
6. *Warum korrodieren unedle Metalle leichter als edle?*
7. *Warum wird Stahl durch einen Zinküberzug gegen Korrosion besser geschützt als durch einen Nickelüberzug? Erklären Sie den Zusammenhang anhand der elektrochemischen Spannungsreihe und einem galvanischen Element.*
8. *Erklären Sie die Korrosion durch Säuren und durch Rostbildung.*
9. *Warum muss vor einem Korrosionsschutz der Untergrund gründlich geprüft werden? Welche Prüfmethoden wenden Sie dabei an?*
10. *Wozu verwendet man Rostgrade und Reinheitsgrade im Korrosionsschutz?*
11. *Sie haben ein rostiges Stahlbauteil mit einem Korrosionsschutz zu versehen. Wie gehen Sie bei diesem Auftrag richtig vor?*
12. *Nennen Sie die Beschichtungsarten für den Korrosionschutz.*

Weitere Aufgaben

13. *Welche Aufgaben erfüllen die Bindemittel und Pigmente innerhalb einer Korrosionsschutzgrundierung?*
14. *Warum ist ein Zinküberzug mit nachfolgender Beschichtung ein idealer Korrosionsschutz?*
15. *Worin unterscheiden sich leichter und schwerer Korrosionsschutz?*
16. *Welche Korrosionsschutzsysteme ergeben besonders abriebfeste, chemikalienbeständige Beschichtungen?*
17. *Welche positiven Eigenschaften besitzen ölhaltige Anstriche im Korrosionsschutz?*
18. *Wie wirken Rostumwandler?*

11.4 Lackieren metallischer Untergründe

11.4.1 Aufgaben der Metalllackierungen

Was wäre ein Auto, eine Maschine, ein Heizkörper oder ein Stahlbauteil ohne Lackierung? – Ein schmuckloses Metallteil, das zudem schnell vor sich hin rostet!

Lackierungen verleihen dem Metallteil Glanz, Ausdruckskraft, Schönheit und Oberflächengüte. Sie dienen der Werterhaltung und schützen den Untergrund gegen Witterungseinflüsse, UV-Strahlen und aggressive Stoffe.

Damit sie diese Aufgaben erfüllen können, müssen die Untergründe frei von Mängeln sein oder diese vor der Lackierung beseitigt werden.

11.4.2 Mängelbeseitigung

Zuerst ist der Untergrund von Schmutz, Fett, Öl und anderen Verunreinigungen zu säubern. Danach muss der Untergrund geprüft und die Tragfähigkeit der Altlackierung mit einem Gitterschnitt festgestellt werden. Bei Unterrostung, Kreiden, Abblättern, Rissen und anderen Schäden muss die Lackierung entfernt werden. Dasselbe gilt, wenn die vorgesehene Neulackierung die vorhandene Beschichtung anlöst oder nur unzureichend auf ihr haftet. Korrosionsschäden müssen beseitigt werden. Kleinere Unebenheiten lassen sich durch sorgfältiges Schleifen ausgleichen. Zudem wird durch Schleifen der Untergrund aufgeraut und noch vorhandener Schmutz entfernt. Beulen und tiefere Unebenheiten können mit Polyesterspachtelmasse gefüllt und ausgebessert werden.

11.4.3 Aufbau von Lackierungen

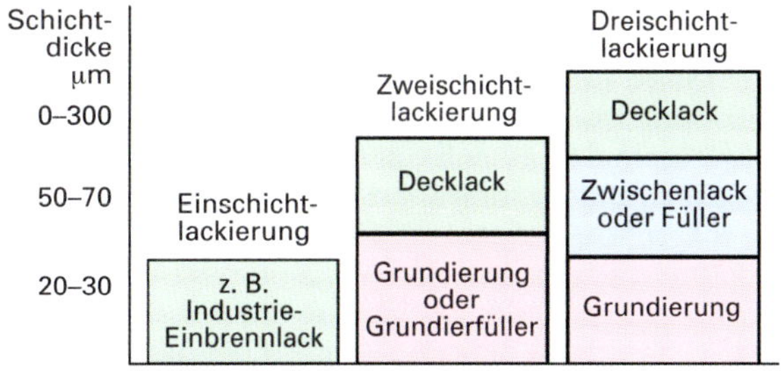

Aufbau von Lackierungen auf Metallen

Handwerklich ausgeführte Lackierungen auf Metallen werden üblicherweise in mehreren Schichten aufgetragen. Sie unterscheidet man nach ihren Aufgaben:

- **Grundierung bzw. Primer** dienen zur Haftvermittlung und zum Korrosionsschutz.
- **Zwischenlack bzw. Füller** gleichen Unebenheiten und Schleifspuren aus, erzeugen einen einheitlichen Untergrund, sorgen für eine Haftvermittlung zwischen Grundierung und Decklack und erhöhen die Schichtdicke.
- **Decklack** verschönert den Gegenstand durch die Oberflächengestaltung und Farbgebung und schützt die darunterliegenden Schichten.

Bei Metallic- und Effektlackierungen unterscheidet man die Decklackierung in Ein- und Zweischichtlackierungen.

Industriell werden Metallteile häufig einschichtig durch Einbrennen, Elektrotauchlackierung oder Pulverbeschichtung lackiert.

In der Fahrzeuglackierung sind englische Fachbegriffe üblich. Obwohl sich die eingesetzten Werkstoffe von der Baulackierung unterscheiden, gehören auch hier Primer und Füller heute zum üblichen Sprachgebrauch.

Primer

- **Wash-Primer**: (= dünn aufgetragene Erstbeschichtung mit passivierenden Eigenschaften). Der Einsatz dieser lasierenden Zweikomponenten-Haftvermittler ist in der handwerklichen Praxis problematisch, da sie meist krebserzeugende Zinkchromate enthalten.
- **Shop-Primer**: (= Fertigungsbeschichtung). Sie bestehen meist aus Zinkstaubgrundierungen und werden schon beim Hersteller standardisierter Stahlbauteile (Heizkörper, Stahltüren, Pkw-Ersatzteile usw.) nach Gütenorm in entsprechender Schichtdicke aufgetragen.
- **Reaktions-Primer**: Der deckende Zweikomponenten-Aktivgrund eignet sich durch seine passivierende Wirkung besonders gut auf blanken Stahlfächen.

Füller bzw. Filler

Auch bei den Füllern (vgl. Kap. 8.8.2) stehen eine Vielzahl von Arten als Grundierfüller oder als Zwischenlack zur Verfügung, sodass wir uns auf wenige Beispiele beschränken wollen.

- **Waterfiller:** Der wasserverdünnbare Grundierfüller eignet sich auf blanken Stahlflächen, für werksgrundierte Stahlbauteile sowie auf Altlackierungen. Andere Grundierfüller sind: HS-Acrylfüller, Washfiller.
- **Dickschichtfüller**: Die meist auf Epoxidharz basierenden Zweikomponentenfüller verbessern die Schichtdicke und den Korrosionsschutz. Sie werden vielfach in der Fahrzeugreparaturlackierung eingesetzt.
- **Spritzfüller**: Der hochfüllende Zweikomponenten-Polyester-Füller hat eine hervorragende Füllkraft und ist leicht schleifbar. Er ist ideal zur Zwischenlackierung von relativ rauen Flächen, sowohl auf Stahl oder Holz als auch glasfaserverstärktem Kunststoff geeignet.

Decklack

Als äußere Schicht einer Lackierung hat der Decklack vor allem zwei Funktionen zu erfüllen: *Schutz* und *Verschönerung*.

Dabei sind die Anforderungen an die Lackierung je nach Gegenstand und Einsatzbereich sehr verschieden. Die Schutzfunktion des Decklackes hängt vor allem von folgenden Eigenschaften ab:

1. Die *Haftfestigkeit* unter Einfluss von Wasser, Lösemitteln, Fetten und aggressiven Stoffen bestimmt, wie fest die Verankerung des Decklackes ist.
2. Die *Härte* sorgt für Abriebfestigkeit.
3. Die *Elastizität* legt fest, wie dehnfähig, biege- und schlagfest der Decklack ist.
4. Das *Diffusionsverhalten* zeigt, ob der Decklack das Durchdringen von Flüssigkeiten oder Gasen verhindert.
5. Das UV-*Absorbtionsvermögen* gibt an, ob der Decklack durch den Einfluss von UV-Strahlen zum Vergilben oder Verspröden neigt.
6. Die *Hitzebeständigkeit* ermöglicht die Verwendung für Gegenstände, die hohen Temperaturen ausgesetzt sind.

Zur Verschönerung tragen die Farbgestaltung, die sorgfältige *Untergrundvorbereitung*, Lacke, die durch ihre Pigmentierung (vgl. Kap. 5.5 und 5.6) und ihre Zusammensetzung bestimmte *Oberflächeneffekte* ergeben, und ein entsprechender *Glanzgrad* bei.

Abhängig von der Stückzahl der Metallteile werden Lackierungen durch Spritzen, Fluten, Tauchen, Rollen oder Streichen ausgeführt.

11.4.4 Lacke für metallische Untergründe

Die Eigenschaften der verschiedenen Lacke und ihre Verwendungsmöglichkeiten wurden bereits in Kapitel 4 ausführlich dargestellt, sodass wir uns hier mit einer Übersicht begnügen können.

Alkydharzlacke

Die Art ihrer Zusammensetzung und ihr Ölanteil bestimmen ihre vielseitigen Verwendungsmöglichkeiten u. a. als Grundierung, Korrosionsschutzlack, Zwischen- und Decklack, Klarlack, Heizkörperlack, Hochglanz-, Seidenglanz- und Mattlack sowie als Einbrennlack.

Acryllacke

Wasserverdünnbare Acryllacke werden auf verzinktem Stahlblech, Aluminium und als allgemeiner Baulack eingesetzt.
Lösemittelverdünnbare Acryllacke besitzen gute Haftfestigkeit, hohe Härte und Elastizität. Sie sind auf allen Metalluntergründen für Lackierungen mit hohen Anforderungen geeignet.
Zweikomponenten-Acryllacke werden vor allem in der Fahrzeuglackierung und für sehr abriebfeste Beschichtungen verwendet.

Nitrokombinationslacke

Sie ergeben festkörperarme, dünne Lackierungen. Als solche dienen sie für Messingteile als Schutzüberzug und als Bindemittel für Bronze-Effektlacke.

Polyvinylchloridlacke

Sie bilden harte, schwer entflammbare Beschichtungen. Durch Benetzen mit Universalverdünnung lassen sie sich anlösen. Die Beschichtungen sind nicht lösemittel-, fett- und hitzebeständig. Als schnell trocknende Beschichtung sind große Flächen schwierig zu streichen oder zu rollen, und daher besser zu spritzen. Sie eignen sich für Lackierungen auf Aluminium, verzinkten oder blanken Stahlteilen.

Chlorkautschuklacke

Sie eignen sich besonders für abriebfeste, wasser-, salz-, säuren- und laugenbeständige Beschichtungen. Lösemittel, Öle und Fette zerstören die Beschichtung.

Polyurethan- und Epoxidharzlacke

Als Zweikomponenten-Lacke erfüllen sie die höchsten Ansprüche. Sie sind elastisch, hart, abriebfest, nicht quellbar und sehr hitzebeständig. Gegen Lösemittel, Säuren, Laugen und aggressive Dämpfe sind sie resistent. Die Lackierungen haften auf allen Metalluntergründen sehr gut. Mit ihnen lassen sich Beschichtungen hoher Oberflächengüte erzielen.

11.5 Zink als Untergrund

11.5.1 Zink – Verzinkung

Der Maler und Lackierer begegnet metallisch reinem Zink meist in Form von Metallüberzügen bei verzinktem Stahlblech oder verzinkten Stahlteilen. Die Zinkauflagen betragen bei Feuerverzinkung 20 bis 80 μm; bei galvanisch verzinkten Feinblechen 2 bis 20 μm und bei Spritzverzinkungen bis 100 μm. Grundierungen aus Zinkstaub gehören nicht zu den Verzinkungen, obwohl ihr Zinkgehalt bei über 90 Prozent liegt.

11.5.2 Zink, ein problematischer Untergrund?

Bisher haben wir die äußerst positive Wirkung von Zink im Korrosionsschutz kennen gelernt. Zink als Opferanode schützt den Stahl gegen Korrosion, solange Zink vorhanden ist. Dieser Vorgang zeigt aber auch, dass Zink in Lösung gehen kann. Zink ist gegenüber sauren und alkalischen Einflüssen nicht beständig. So reagiert Zink mit sauren Niederschlägen und bildet an seiner Oberfläche Zinksalze.

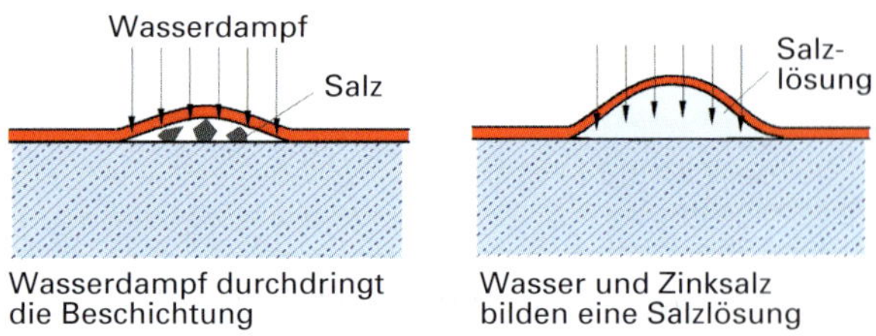

Osmotische Wirkung – Beschichtung platzt ab

Werden die Zinksalze von einer Beschichtung überzogen, kann eindringender Wasserdampf kondensieren und das Salz lösen. Dieser Vorgang läuft jedoch nur einseitig ab. Er wird daher als Osmose bezeichnet (vgl. Kap. 3.2.6). Die flüssige Salzlösung kann die Beschichtung nicht durchdringen. Bei zunehmender Lösung der Salze entwickelt sich unter der Beschichtung ein steigender osmotischer Druck, bis die Beschichtung aufplatzt und ihre Schutzwirkung verliert.

Abplatzende Beschichtung auf einer Zinkdachrinne

11.5.3 Vorarbeiten auf Zink

Vor einer Beschichtung muss der Zinkuntergrund gereinigt und die Zinksalze entfernt werden.

Außerdem erhalten neu verzinkte Stahlteile zu ihrem Schutz meist eine Fettschicht, die vor der Beschichtung ebenfalls vollkommen beseitigt werden muss. Für die Reinigung haben sich Ammoniak-Netzmittel-Lösungen und die Verwendung von *Korund-Kunststoffvlies* besonders bewährt.

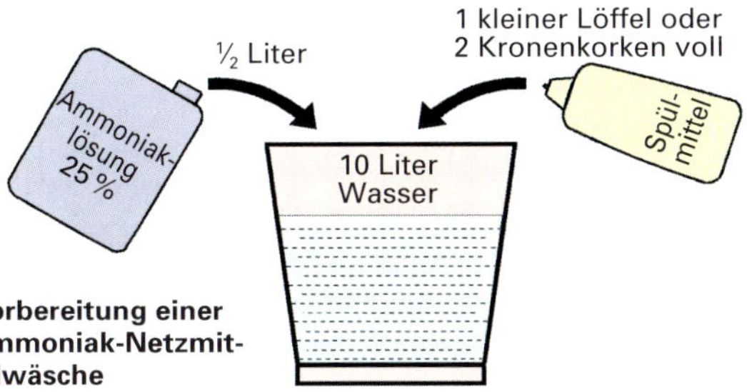

Vorbereitung einer Ammoniak-Netzmittelwäsche

Hierfür verwendet man auf 10 l Wasser ca. ½ l einer 25-prozentigen oder ¼ l einer 10-prozentigen Ammoniaklösung (Salmiakgeist). Zur besseren Benetzung fügt man der Lösung eine geringe Menge (zwei Kronenkorken voll) übliches Haushaltsspülmittel hinzu.
Beim Schleifen mit dem Kunststoffvlies entsteht ein feiner Schaum, der etwa 10 Minuten auf die Fläche einwirken muss. Es ist so lange zu schleifen, bis der Schaum grau wird. Danach muss gründlich mit klarem Wasser nachgewaschen werden, bis der Schaum entfernt ist. Keinesfalls darf Stahlwolle zum Schleifen verwendet werden!

Bei Schleifarbeiten Haut schützen!
Gummihandschuhe tragen!
Bei Innenarbeiten gut lüften!

Größere Zinkflächen können auch durch Hochdruckreinigen, Dampfstrahlen mit geringen chemischen Zusätzen oder durch leichtes Überstrahlen gereinigt werden.

Altbeschichtungen müssen auf Tragfähigkeit geprüft und wenn notwendig entfernt werden.

Zink oxidiert schnell durch den Sauerstoff der Luft. In öligen Bindemitteln wirkt das Zinkoxid wie ein Sikkativ. Es versprödet den Anstrich. Außerdem bildet Zink mit der Fettsäure von öligen Bindemitteln eine Zinkseife. Diese lagert sich als Trennschicht zwischen Untergrund und Anstrich an und führt zum Abplatzen der Beschichtung.

Ölhaltige Anstrichstoffe eignen sich nicht auf Zinkuntergründen!

11.5.4 Beschichtungssysteme für Zink

Übersicht

1. **Kunstharz-Kombinationen**
   z. B. Acryl-Zinkhaftfarbe
2. **Kunststoffdispersionen**
   a) Dispersionsfarben
   b) Dispersionslackfarben
3. **Polymerisatharzlackfarben**
   a) PVC-Beschichtungsstoffe für Zink
   b) Acrylharz-Beschichtungsstoffe
4. **Zweikomponenten-Beschichtungsstoffe**
   a) 2 K-Epoxidharzlack für Zink
   b) 2 K-Polyurethanlack für Zink
   c) 2 K-Epoxidharz-Grundierung
   2 K-Polyurethan-Decklack
5. **Spezialbeschichtungen**
   a) Bitumen-Öl-Kombinationen
   b) 2 K-Teer-Epoxidharzbeschichtungen

Die Beschichtungssysteme bestehen meist aus einer Grund-, Zwischen- und Deckbeschichtung.

Dabei werden die einzelnen Schichten häufig im gleichen Beschichtungsstoff ausgeführt. Weicht man davon ab, kann dies zu langen Wartezeiten führen. So sind beispielsweise Acryl-Zinkhaftgrundierungen erst nach über einem Jahr mit anderen Beschichtungsstoffen überlackierbar.

Ein- oder Zweikomponenten-Washprimer sind als Haftgrund auf Zink und verzinktem Stahl am Bau nicht geeignet.

Sie sind sehr empfindlich gegen Feuchtigkeit, die unter Baubedingungen nicht zu verhindern ist. Außerdem lässt sich eine maximale Schichtdicke von höchstens 10 μm kaum einhalten.

11.6 Heizkörperbeschichtungen

Beschichtungen auf Heizkörpern und Heizrohren sollen vor Korrosion schützen und ihnen ein gefälliges Aussehen verleihen. Durch häufige Temperaturwechsel sind die Beschichtungen starken Belastungen ausgesetzt; sie müssen deshalb besonders gut haften, genügend elastisch sein und die nötige Hitzebeständigkeit besitzen. Dabei sollen sie nicht vergilben und verspröden.
Früher wurden Heizkörper ab Werk nur mit einer nach DIN 55 900 festgelegten Korrosionsschutzgrundierung ausgeliefert. Der Maler und Lackierer hatte die Aufgabe, Zwischen- und Decklackierung aufzutragen. Heute werden die Heizkörper bereits beim Hersteller fertiglackiert und mit dem Decklack versehen. Für den Maler und Lackierer bleibt so nur die Aufgabe der Reparaturlackierung.

Für Heizkörper von Warmwasserheizungen werden in der Regel Alkydharzlacke und wasserverdünnbare Dispersionslacke eingesetzt.

Die Vergilbung durch Hitzeeinwirkung lässt sich auf eine veränderte Lichtabsorption zurückführen. Je nach verwendetem Öl sind Alkydharzlacke bis 140 °C, Epoxidharzlacke bis 200 °C hitzebeständig. Für besonders hohe Temperaturen eignen sich Aluminiumlackfarben. Sie schränken die Wärmeabstrahlung des Heizkörpers geringfügig ein.

Vorarbeiten

Korrosion, Öl, Fett und Schmutz sind gründlich zu entfernen. Altbeschichtungen müssen auf Tragfähigkeit geprüft und, wenn notwendig, entfernt werden. Noch gut haftende Beschichtungen sind durch Schleifen bzw. mit verdünnter Ammoniaklösung 1 : 4 aufzurauen. Aluminiumbronzebeschichtungen sind für Weißlacke als Untergrund ungeeignet und müssen entfernt werden.

Beschichtung

Heizkörper, die bereits ab Werk mit genormter Grundierfarbe versehen sind, werden durch eine Plombe oder einen Stempel mit *DIN 55 900 gekennzeichnet.*

Die *Normgrundierfarbe* besitzt eine gute Elastizität und Haftfähigkeit.
Metallisch blanke Heizkörper oder blanke Stellen werden mit *Normgrundierfarbe* bzw. mit einer Korrosionsschutzgrundierung beschichtet. Heizkörper für Feuchträume erhalten zwei Grundanstriche mit Korrosionsschutzfarbe. Hierauf wird nach VOB ein Zwischenlack und der Heizkörperdecklack aufgetragen.
Zum Beschichten dienen Heizkörperpinsel, Rollen, Spritzpistolen mit Spezialdüsen, Tauch- und Flutanlagen.

Deckbeschichtung mit Flutlack

Heizkörper-Flutlack ist eine thixotrop eingestellte Einschichtfarbe, die durch Fluten, Tauchen oder Spritzen in einem Arbeitsgang aufgetragen wird. Zum Spritzen ist der Lack entsprechend zu verdünnen.

11.7 Beschichten von Aluminiumbauteilen

Bauteile aus Aluminium oder Aluminiumlegierungen werden durch Säuren, saure Niederschläge und Laugen angegriffen. Selbst eloxierte Flächen bieten keinen dauerhaften Schutz. Daher müssen im Außenbereich Fensterbänke, Türen, Fenster und andere Bauteile aus Aluminium gegen Korrosion durch Beschichtungen geschützt werden.

Reinigung des Untergrundes

Der Untergrund wird mit einem neutralen Netzmittel von Fett und Schmutz gereinigt. Dabei wird die gesamte Anstrichfläche mit einem Kunststoffvlies angeschliffen. Den Schleifstaub entfernt man am besten mit einem lösemittelgetränkten Lappen.

Ammoniaklösungen u. a. alkalische Reinigungsmittel zerstören die Oberfläche der Aluminiumbauteile.

Auf der glatten, dichten Oberfläche lassen sich nur Grundiermittel verankern, die sehr gut haften. Zweikomponenten-Washprimer und Epoxidharzgrundlack erfüllen diese hohen Anforderungen. Als Zwischen- und Deckbeschichtung eignen sich alle für den Metallbereich üblichen Lacke.

11.8 Messing- und Kupferteile

Messing und Kupfer verändern durch Oxidation, Berühren, Handschweiß und Feuchtigkeit ihr metallisches Aussehen. Durch Essiglösungen und Polierpasten lassen sich Oxidschicht und Verschmutzung beseitigen. Mit einem Überzug aus Cellulosenitrat-Klarlack lässt sich im Innenbereich das metallische Aussehen schützen.

Aufgaben

1. *Wozu werden Metalluntergründe lackiert?*
2. *Erklären Sie die Aufgaben der einzelnen Schichten innerhalb einer Lackierung.*
3. *Nennen Sie vier Lacke und ihre Eigenschaften für Metalluntergründe.*
4. *Warum sind verzinkte Stahlbleche häufig problematische Untergründe?*
5. *Wie werden Zinkuntergründe richtig gereinigt?*
6. *Warum eignen sich Alkydharzlacke nicht auf Zink? Welche Beschichtungssysteme haben sich dagegen bewährt?*
7. *Welche Eigenschaften muss ein Heizkörperlack besitzen?*
8. *Worauf müssen Sie beim Beschichten von Aluminiumbauteilen achten?*

Projekt

Beschichten Sie Proben aus Stahlblech mit verschiedenen Korrosionsschutzsystemen. Stellen Sie nach längerer Bewitterung fest, wie sich unterschiedliche Reinheitsgrade auf die Haltbarkeit auswirken.

12 Fahrzeuglackierung

12.1 Industrielle Fahrzeuglackierung

Bei der Herstellung von Fahrzeugen erfolgt die Lackierung innerhalb der Fließfertigung als ein begleitender Prozess.
Die zu lackierenden Teile werden im Laufe der Fertigung in Tauchbädern gereinigt, korossionsgeschützt, phosphatiert, verzinkt, in Elektrotauchbädern grundiert und in Sprühanlagen lackiert sowie in Einbrenn- oder Infrarotöfen getrocknet.

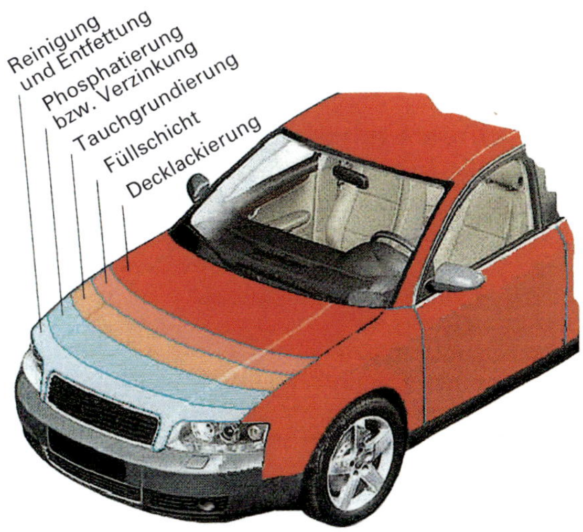

Aufbau der Pkw-Erstlackierung im Automobilwerk

> Alle für die Lackierung erforderlichen Arbeitsgänge sind weitgehend automatisiert und fügen sich nahtlos in den Produktionsablauf ein.

Die Auswahl der hierbei eingesetzten Werkstoffe und Applikationsverfahren wird nach Umweltschutzbestimmungen, Kosten, Produktionsablauf und Qualitätssicherungsvorgaben festgelegt.
Der Einsatz von **Wasserlacken** ist bei allen großen europäischen, amerikanischen und japanischen Autoherstellern deshalb schon seit Jahren für Grundierung, Füller und Basislack für Metallic-Lackierungen üblich.
Als Decklacke im Uni-Bereich und als Klarlacke für Metallic-Lackierungen werden lösemittelreduzierte **HS-Lacke** *(**H**igh **S**olid-Lacke)* eingesetzt, um die Lösemittelemission so gering wie möglich zu halten.
Füller und Decklacke werden überwiegend mit computergesteuerten Spritzanlagen, bei denen die Spritznebelbildung gering und der Lackverlust niedrig ist, oder durch elektrostatische Rotationszerstäubungsanlagen aufgetragen.

12.2 Fahrzeugreparaturlackierung

Die handwerkliche Reparaturlackierung ist durch die Einzelfertigung in der Lackierwerkstatt geprägt. Es handelt sich hierbei um Erneuerungsbeschichtungen und Ausbesserungsarbeiten, die hauptsächlich zur Werterhaltung des Fahrzeugs notwendig werden.
Hierbei werden handwerkliche Applikationsverfahren eingesetzt. Unterschiedliche Aufträge und Reparaturen erfordern für jede Lackierung eine eigene Vorbereitung, Werkstoffauswahl und Verarbeitung.

Einteilung der Lackierungen

Der Arbeitsaufwand für eine Reparaturlackierung richtet sich nach dem Zustand der Altlackierung und dem Wunsch des Kunden. Die erforderlichen Lackierungen teilt man wie folgt ein:

- **Neulackierung**

Hierbei handelt es sich um eine Ganzlackierung neuer oder neuwertiger Fahrzeuge. Dabei werden Reparatur- oder Umlackierungen in einen anderen Farbton durchgeführt.
Die erzielte Lackierung muss hierbei eine neuwertige, d. h. einwandfreie Oberfläche aufweisen. Diese erfordert aufwendige Spachtel- und Füllerarbeiten mit sorgfältig ausgeführtem Feinschliff.

- **Zeitwertlackierung**

Der Aufwand für die Lackierung soll dem Zeitwert des Fahrzeugs angemessen sein. Typische Zeitwertlackierungen sind Reparaturlackierungen an älteren Fahrzeugen.
An das Aussehen dieser Beschichtung werden nicht so hohe Anforderungen wie an Neulackierungen gestellt. Spachtel- und Schleifarbeiten werden deshalb nur soweit notwendig durchgeführt.

- **Verkaufs- oder Gebrauchtwagenlackierung**

Sie dient dem besseren Verkauf von gebrauchten Fahrzeugen. Die meist billige Ganzlackierung soll das alte, unansehnliche Fahrzeug wieder attraktiv machen. Auf aufwendige Füller- und Schleifarbeiten wird verzichtet.

- **Teillackierung**

Hierbei werden nur die Teile lackiert, die durch Unfälle oder andere Beschädigungen erneuert werden müssen.
Beispritzen ist notwendig, wenn die Lackierung des zu reparierenden Teils sichtbare Farbdifferenzen zur bestehenden Altlackierung aufweist.
Eine Punktausbesserung ist nur bei sehr kleinen und an wenig ins Auge fallenden Fehlstellen möglich.

- **Sonderlackierung**

Sonderlackierungen bestehen aus industriell gefertigten Lacksystemen. Sie sind u. a. durch folgende Oberflächeneffekte gekennzeichnet:

- Metalleffekt
- Kristalleffekt
- Diamanteffekt
- Perlmutteffekt
- Multieffekt
- Ledereffekt
- Struktureffekt
- Tagesleuchtfarben

Bei **Fahrzeugen mit Sonderfunktionen** werden Sonderlackierungen mit genau vorgeschriebenen Farbtönen ausgeführt, z. B. für
- Feuerwehr
- Polizei
- Rettungswagen
- Straßenmeistereien
- Abschleppdienste
- Firmenfahrzeuge

Fahrzeugbeschriftungen zählen ebenfalls zum Bereich der Sonderlackierungen.

- **Designlackierung**

Dekorative künstlerische Flächengestaltungen mit besonderen Effekten und Lackiertechniken werden auch als Designlackierungen bezeichnet. Sie erfordern handwerkliches Können, künstlerische Begabung und den Einsatz oft unterschiedlichster Materialien. Beispiele hierfür sind:
- Wassertropfen
- Läufer
- Airbrush
- Wurzelholz
- Farbverläufe
- Lackdurchschliff

Airbrush – Designlackierung

Aufgaben

1. *Warum lassen sich handwerkliche Reparaturlackierungen nicht mit industriellen Fahrzeuglackierungen vergleichen?*
2. *Erklären Sie die Unterschiede zwischen folgenden Reparaturlackierungen:*
   Neulackierung
   Zeitwertlackierung
   Teillackierung
   Verkaufslackierung
3. *Worin unterscheiden sich Sonderlackierungen von Designlackierungen?*

12.3 Ausstattung der Lackierwerkstatt

Für Lackierarbeiten, die dem heutigen Stand der Technik entsprechen, reichen fachliches Wissen und handwerkliche Fähigkeiten allein nicht aus. Sie erfordern eine Lackierwerkstatt mit einem Mindestmaß an Ausstattung und eine leistungsfähige Lackieranlage, die den geltenden Umwelt- und Gesundheitsschutzvorschriften gerecht wird.

Lackierbetriebe sind einer erhöhten Brand- und Explosionsgefahr ausgesetzt. Zur Verhütung von Unfällen, dem Schutz der Gesundheit und der Umwelt müssen die hierfür geltenden Vorschriften unbedingt beachtet und eingehalten werden.

12.3.1 Vorbereitungsbereich

Hier werden alle Vorarbeiten ausgeführt, die zur Lackierung notwendig sind:
- Entfernung der nicht reparierbaren Teile
- Demontage von Scheinwerfern, Zierleisten, Chromteilen, Verkleidungen usw.
- Instandsetzung der Karosserie, Ausbeulen, Einfügen neuer Ersatzteile
- Entrostungs- und Entschichtungsarbeiten
- Abkleben und Abdecken
- Schleif- und Spachtelarbeiten

Bei den Vorarbeiten fällt viel Staub und Schmutz an. Der Vorbereitungsbereich muss deshalb leicht zu reinigen sein. Eine zentrale Staubabsaugung oder Staubabsauggeräte sind daher notwendig.

Größere und moderne Lackierwerkstätten sind im Vorbereitungsbereich mit Spritznebel-Absaugeinrichtungen ausgestattet. So lassen sich in diesem Bereich auch Grundier- und Füllerarbeiten ausführen. Der Vorteil dabei ist: Das Fahrzeug bleibt bis zur Lackierung an diesem Standort.

12.3.2 Lagerräume

Die **Lager für Ersatzteile, Abdeckmaterialien und für Geräte** sollten an einem zentralen Platz sein, um lange Wege zu vermeiden.
Im vorschriftsmäßig eingerichteten Lacklager werden alle brennbaren Werkstoffe, wie Lacke, Härter, Verdünnungen, Spachtelmassen usw., untergebracht.
Der **Lackvorbereitungsraum** dient zum Mischen der benötigten Lackmenge. Mithilfe einer Farbmischanlage, die auf das eingesetzte Lacksystem abgestimmt sein muss, werden die benötigten Farbtöne bereitgestellt.

Lacklager und Lackvorbereitungsbereich müssen der VbF = Verordnung über die Lagerung brennbarer Flüssigkeiten und den TRbF = Technischen Regeln für brennbare Flüssigkeiten entsprechen.

12.3.3 Aggregate

Die benötigte Druckluft wird durch Kompressoren unterschiedlicher Bauart erzeugt. Der **Kompressorraum** muss so ausgelegt sein, dass möglichst staubfreie Luft von außen zugeführt wird.
Mithilfe der zentralen **Staubabsaugungsanlage** lässt sich der Staub- und Schmutzanfall beseitigen. Dadurch werden Lackschäden und aufwendige Nacharbeiten verhindert.
Eine **Heizung** mit Wärmerückgewinnungsanlage für die Spritzkabine senkt die Energiekosten erheblich und verringert die Umweltbelastung.

12.3.4 Spritzkabinen

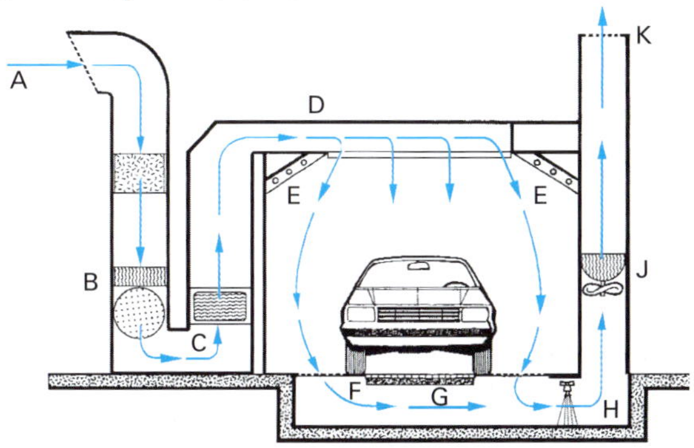

Luftstromführung durch eine Spritzkabine
A Frischluft, B Frischluftvorfilter, C Aufheizung, D Filterdecke (Ausblaskorb), E Beleuchtung, F Farbnebelabscheider, G Abluftbodenkanal, H Auswaschung der Farbnebel, J Abluftventilator, K Abluft

In der Spritzkabine werden Lacke und in kleineren Werkstätten auch Füller gespritzt. Hier müssen folgende Arbeitsbedingungen herrschen:

- Die Anlage muss den Sicherheitsvorschriften entsprechen.
- Zur Erzielung einer sauberen Lackierung hat die Staubfreiheit oberste Priorität .
- Die Kabine muss während der Spritzarbeit mit gefilterter 20 bis 25 °C warmer Luft versorgt werden.
- Die Beleuchtungsstärke in der Kabine muss über 1000 Lux[1] liegen, um das entstehende Spritzbild richtig beurteilen zu können (*vgl. Bürobeleuchtung* 250 Lux).

Die Anlage muss regelmäßig gewartet werden, um eine einwandfreie Funktion zu gewährleisten. Verschmutzte Filter führen zu unsauberen Lackierungen, zu hohem Energieverbrauch und zu unzulässiger Umweltverschmutzung.
Durch die Zuluft sollte in der Spritzkabine ein geringer **Überdruck** herrschen, um das Eindringen von Staub zu verhindern.

Die **Luftzuführung** erfolgt von oben nach unten, damit die sinkenden Spritznebel mitgerissen und durch die Bodenrostentlüftung abtransportiert werden.
Die **Abluft** muss beim Verlassen der Anlage soweit gereinigt sein, dass keine Verschmutzung der Umwelt eintritt.
Um **Lack- und Lösemittelreste** von der Abluft zu trennen, werden zwei verschiedene Verfahren angewendet:

Nassabscheidung

Bei der Nassabscheidung befinden sich im Absaugkanal unter dem Gitterrost mehrere Kubikmeter Wasser, die ständig umgewälzt und gefiltert werden. Hierbei wird der Spritznebel im Gegenstromverfahren ausgewaschen und abgeschieden. Die beigemischten Zusätze bewirken, dass die Lackreste koagulieren[2] und sich wieder vom Wasser trennen. Die Abluft ist dadurch gereinigt und frei von Lack- und Lösemittelresten. Der entstehende Schlamm muss als Sondermüll entsorgt werden.

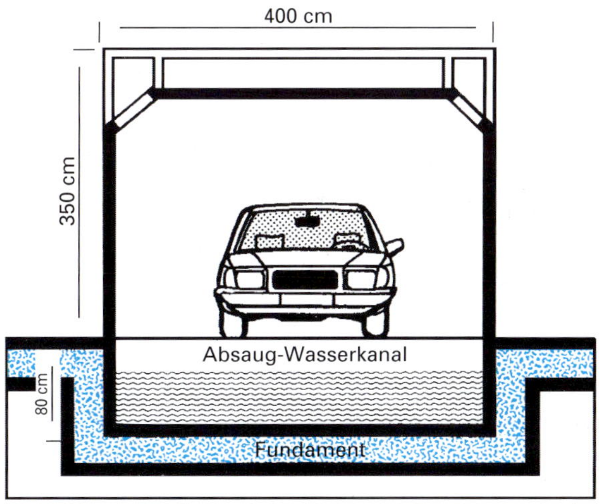

Spritzkabine mit Nassabscheidung

Trockenabscheidung

Bei der Trockenabscheidung sind Filtermatten im Abluftschacht montiert. Die sie durchströmende Abluft wird so von Lackpartikeln gereinigt. Filtermatten setzen sich sehr schnell zu und bremsen den Abluftstrom. Lösemittel werden nicht herausgefiltert. Sie gelangen ungehindert mit der Abluft ins Freie.

[1] Lux = Beleuchtungsstärke *(Abk. lx)*

[2] koagulieren (lat. coagulare = ausflocken bzw. gerinnen)

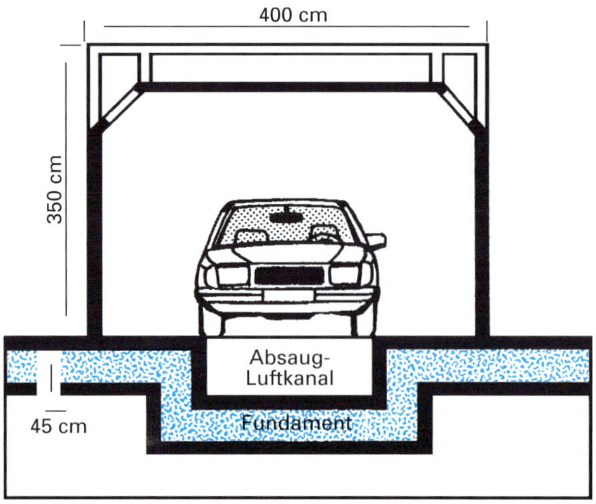

Spritzkabine mit Trockenabsaugung

Unfallverhütungsvorschriften

EX Die **Beleuchtung** und alle in der Spritzkabine betriebenen **elektrischen Geräte** müssen explosionsgeschützt sein, da Lack-Lösemittel-Luftgemische hochexplosiv sind.

KH-Lacke und **CN-Lacke** dürfen wegen der Selbstentzündungsgefahr nicht zusammen verarbeitet werden.

Verschmutzte Filter sind leicht entzündlich und stellen eine erhöhte Explosionsgefahr dar.

12.3.5 Trockenkabine

Je nach Bauart ist der Trockenraum mit dem Spritzraum verbunden. Das Fahrzeug kann so über eine Schiebebühne direkt vom Spritzraum in den Trockenraum transportiert werden. Die Trocknung erfolgt im Umluftverfahren. Die im Lufterhitzer erwärmte Luft wird von oben nach unten geblasen, wobei die Temperatur von 20 °C bis 110 °C regelbar ist. Heutige Decklacke erhärten bei 60 °C in 30 bis 40 Minuten. Der Energieaufwand für die Lufterhitzung ist erheblich. Für eine Trockenkabine mittlerer Größe wird beispielsweise etwa die doppelte Menge Heizöl benötigt wie für ein übliches Einfamilienhaus.
In kleineren Betrieben werden auch kombinierte Spritz- und Trockenkabinen verwendet. Hierzu muss die Zu- und Abluft beim Spritzen auf Umluft zum Trocknen umgestellt werden.

Bei der Trocknung frei werdende Lösemittel müssen aus der Abluft herausgefiltert werden. Nur so lässt sich die Emission in die Umwelt vermeiden.

Infrarottrockner arbeiten ohne Heißluft. Mit ihnen kann die Trockenzeit von 30 bis 40 Minuten bei der Lufttrocknung auf 7 bis 10 Minuten reduziert und gleichzeitig erheblich Energie eingespart werden.
Auf fahrbare Säulen montierte schwenkbare Infrarotlampen ermöglichen die Trocknung unter beliebigem Winkel.
Modern ausgestattete Trockenräume besitzen z. T. sensor- und computergesteuerte **Infrarot-Trocknungsanlagen**.

In Infrarot-Trocknungsanlagen wird mit kurz- oder mittelwelligen Infrarotstrahlen gearbeitet.

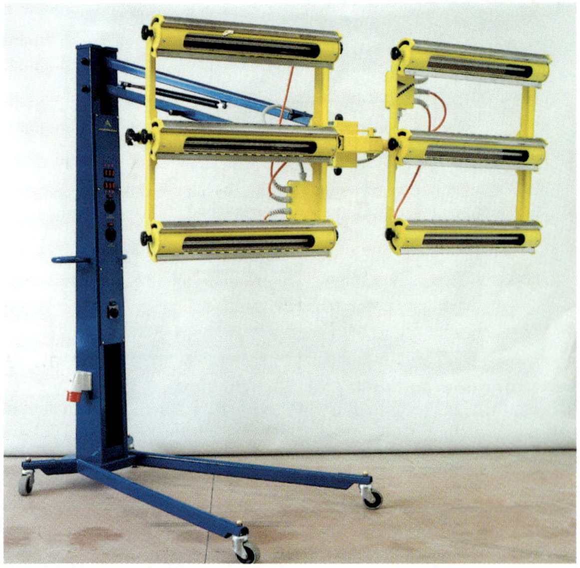

Auf fahrbarer Säule montierter Infrarottrockner

12.3.6 Finishbereich

Im Finishbereich werden die Arbeiten ausgeführt, die zum Abschluss des Werkstattdurchlaufs notwendig sind. Hierzu zählen u. a.:

- Entfernung der Abdeckung
- Nacharbeiten der Falze
- Auspolieren von Staubeinschlüssen oder Läufern
- Montage der abmontierten Teile
- Endkontrolle

Nur im Finishbereich dürfen siliconhaltige Stoffe wie Polituren und Wachse verarbeitet werden. In allen anderen Werkstattbereichen können siliconhaltige Soffe zu schweren Lackschäden führen.

Im Finishbereich wird daher die Lackpflege wie Wachsen oder Polieren durchgeführt.

12.3.7 Arbeitsschutz-Richtlinien

- In Lackierereien besteht erhöhte Brand- und Explosionsgefahr! Daher sind Feuer, offenes Licht und Rauchen verboten!
- Jede Funkenbildung ist zu verhindern! Deshalb sind Schutzschuhe nach DIN 4843 zu tragen. Zum Reinigen der Spritzstände dürfen Werkzeuge aus Stahl nicht benutzt und Absaugleitungen nicht ausgebrannt werden.
- Lackrückstände, Lackschlämme, Lösemittel, Schleifstaub, verschmutzte Putzlappen usw. sind getrennt in dicht schließenden Metallbehältern zu sammeln, entsprechend zu kennzeichnen und ordnungsgemäß über eine Fachfirma zu entsorgen.
- Es ist darauf zu achten, dass keine Gefäße mit Lacken oder Lösemitteln auf Heizkörpern abgestellt werden.
- Im Arbeitsraum darf nur der Lackbedarf für eine Tagesschicht bereitgehalten werden.
- Bei Schleifarbeiten muss für eine ausreichende Staubabsaugung gesorgt werden. Ist dies nicht möglich, sind geeignete Staubschutzmasken zu tragen.
- Notausgänge, Fenster und Verkehrswege müssen freigehalten werden.
- Während der Betriebszeit ist darauf zu achten, dass die Türen geschlossen, jedoch nicht abgeschlossen werden.
- Der Spritzraum und die Spritzstände müssen sauber und staubfrei gehalten werden.

Die Unfall-Verhütungs-Vorschriften (UVV) sind in einer Lackierwerkstatt sorgsam zu beachten.

Aufgaben

1. *Nennen Sie die üblichen Arbeiten, die im Vorbereitungsbereich ausgeführt werden.*
2. *Welche Vorteile hat eine zentrale Staubabsaugung?*
3. *Nennen Sie zwei Vorschriften, denen Lacklager und Lackvorbereitungsraum entsprechen müssen.*
4. *Warum soll die Luftzuführung zur Kompressoranlage nicht aus dem Werkstattbereich erfolgen?*
5. *Erklären Sie, welche Vorteile die Nassabscheidung gegenüber der Trockenabscheidung in einer Spritzkabine hat.*
6. *Welche Nachteile haben verschmutzte Filter in einer Spritzkabine?*
7. *Warum ist die Infrarot-Trocknung der Trocknung mit Heißluft vorzuziehen?*
8. *Mit welchen Materialien darf innerhalb der Werkstatt nur im Finishbereich gearbeitet werden?*

12.4 Druckluftversorgung

In einem Lackierbetrieb wird mithilfe von Druckluft u. a. geschliffen, Staub abgeblasen, gespritzt und montiert. Eine entsprechende Arbeitsleistung lässt sich nur erzielen, wenn ständig eine gleichbleibende Menge Druckluft zu Verfügung steht. Hochwertige Lackierungen setzen eine besonders aufbereitete Druckluft voraus. Die Druckluftversorgung muss daher folgende Anforderungen erfüllen:

- ausreichendes Volumen
- gleich bleibender Druck
- saubere und trockene Luft

Luftbetriebene Geräte in einem Lackierbetrieb	Druckluftbedarf [m³ pro Minute]
Abblaspistole	0,15
Polyesterfüllerpistole	0,18
Grundierpistole	0,22
Decklackpistole	0,30
Atemschutzgerät	0,10
Schleifgerät	0,35
Dosenpresse	0,20
Sandstrahlgerät	0,30

12.4.1 Kompressoren

Die Druckluft einer Druckluftanlage wird durch den Kompressor erzeugt. Seine Art und Größe hängt von der wirtschaftlichen Erzeugung der Druckluft ab. Hierfür sind folgende Faktoren zu berücksichtigen:

- Luftbedarf, abhängig von der Werkstattgröße
- Anschaffungskosten
- Kosten für Wartung und Verschleißteile
- Energieverbrauch

Richtwerte für Kompressoren

Luftmenge bei 5–14 bar	Wirtschaftlicher Kompressorentyp
über 80 m³/min	Kolbenkompressor
2–80 m³/min	Schraubenkompressor
bis 2 m³/min	Kolbenkompressor

Eine Kompressoranlage besteht aus dem Luftverdichter, dem Antriebsmotor und dem Druckkessel. **Kolbenkompressoren** verdichten die Luft durch Kolben und Zylinder. Der Kolben wird in der Regel von einem Elektromotor über einen Keilriementrieb und eine Kurbelwelle angetrieben. Die verdichtete Luft wird in einen Druckkessel geleitet, der Druck- und Leistungsschwankungen ausgleicht und als Vorratsbehälter dient.
Kolbenkompressoren mit zwei hintereinander geschalteten Kolben sind leistungsstärker. Die im ersten Zylinder vorverdichtete Luft wird vom zweiten übernommen, weiterverdichtet und danach in den Druckkessel geleitet.

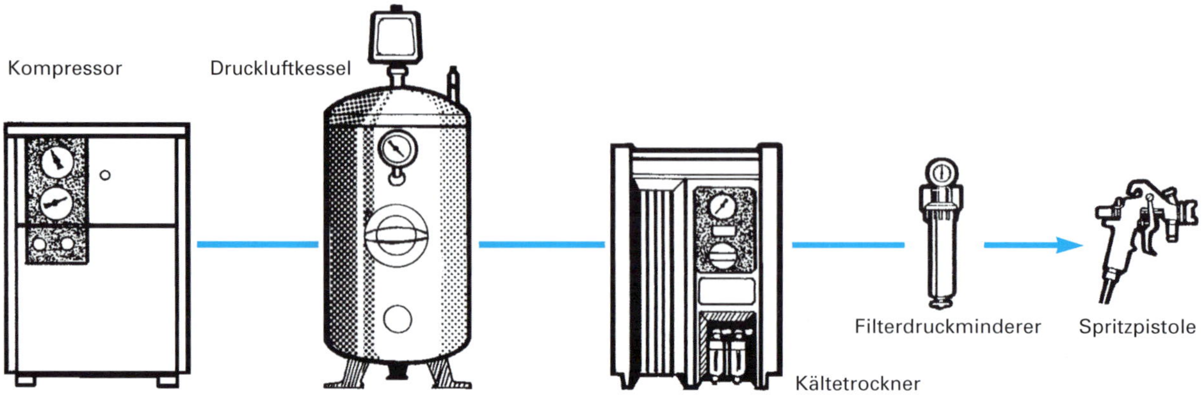

Schematische Anordnung der Geräte für die Druckluftaufbereitung

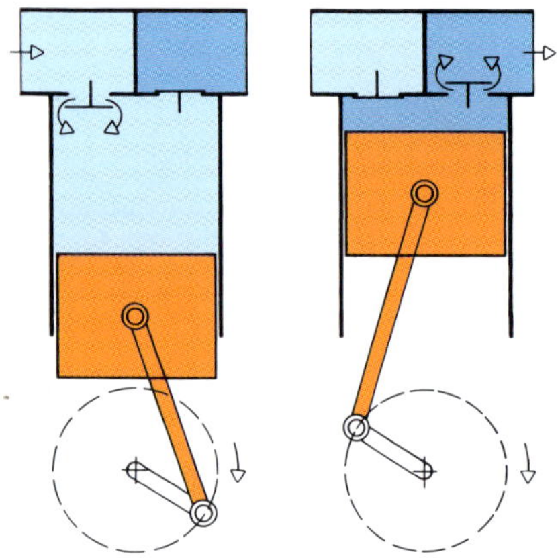

Zweistufige Verdichtung in einem Kolbenkompressor

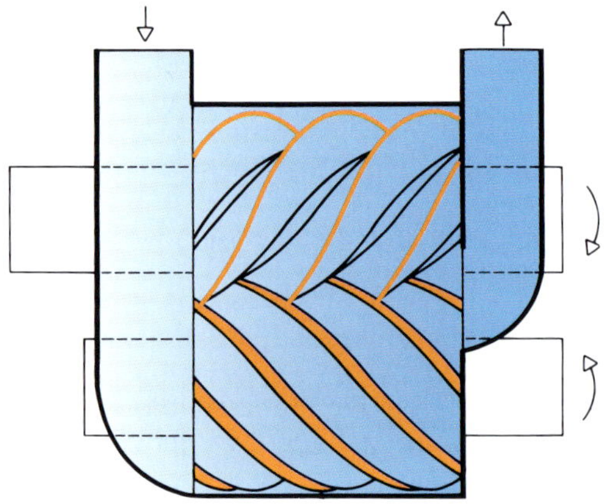

Verdichtungsvorgang beim Schraubenkompressor

Ein Kolbenkompressor arbeitet nur, wenn Druckluft benötigt wird. Im Laufe der Zeit verschleißen Kolbenringe und Ventile und beeinträchtigen die Leistung. Außerdem gelangt immer mehr Öl in die Druckluftanlage.

Schraubenkompressoren saugen durch zwei berührungsfrei ineinander greifende Rotoren (Schrauben) die Luft an und verdichten diese anschließend. Sie sind geräuschärmer und erfordern einen geringeren Aufwand zur Kühlung der komprimierten Luft als Kolbenkompressoren.
Schraubenkompressoren arbeiten fast immer im Durchlaufbetrieb. Wenn der maximale Druck im Kessel erreicht ist, laufen sie im Leerlaufbetrieb weiter.

Regelmäßige Wartung und Ölstandkontrolle sind wichtige Voraussetzungen für die einwandfreie Funktion und die Erhaltung der Lebensdauer von Kompressoren.

Der Aufstellungsort für einen Kompressor muss so gewählt werden, dass die angesaugte Luft möglichst frei von Staub und sonstigen Verschmutzungen ist.

12.4.2 Luftaufbereitung

Die vom Kompressor angesaugte Luft enthält durch die relative Luftfeuchtigkeit Wasser. Bei einer relativen Luftfeuchtigkeit von 80 Prozent und einer Temperatur von 25 °C fallen bei einem Luftverbrauch von 1000 l/min ca. 18 ml Wasser an.
Eine Decklackpistole verbraucht diese Luftmenge in ca. drei Minuten. Würde das Wasser mit dem Lack-Luft-Gemisch versprüht, wäre eine mangelhafte Lackierung die Folge. Die Luft muss daher getrocknet werden.
Ein **Kälte- oder Adsorptionstrockner**, der zwischen Druckbehälter und Ringleitung installiert ist, erfüllt diese Funktion. Die warme Luft wird auf den Taupunkt von 2 °C abgekühlt. Hierbei wird das Wasser als Kondensat ausgeschieden.

Das **Leitungsnetz** für die Druckluft muss der Kompressoranlage entsprechend dimensioniert sein.

Zu **geringe** Leitungsquerschnitte können die erforderliche Luft nicht mit konstantem Druck transportieren.
Zu **große** Querschnitte bewirken einen unnötigen Druckabfall.

Beides erhöht den Energieaufwand, vermindert die Standzeiten von Filtern und Druckluftwerkzeugen und verringert so die Qualität der Druckluftanlage.
Das in der Ringleitung entstehende Kondensat und die in der Druckluft enthaltenen Staub-, Öl- und Siliconpartikel müssen möglichst nahe an der Entnahmestelle mit Feinfilter herausgefiltert werden.
Mit einem **Kombinationsfeinfilter** kann gleichzeitig der benötigte Druck reguliert werden.

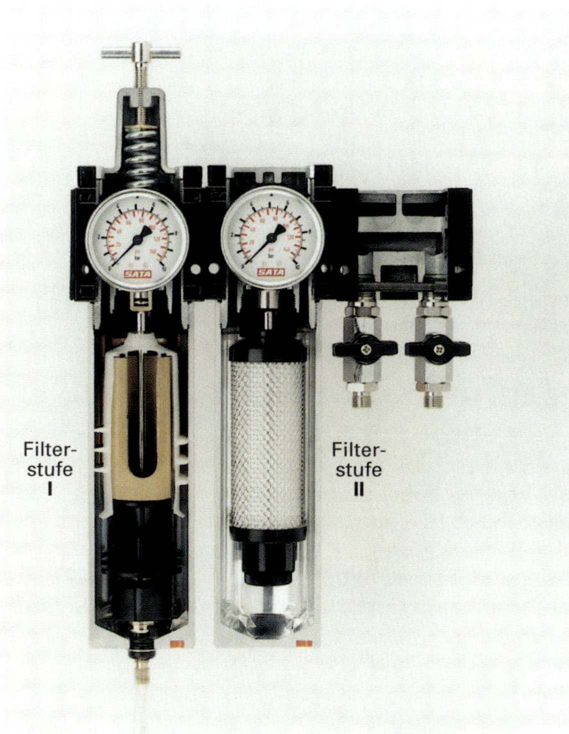

Druckminderer mit Kombinations-Filtereinheit
Filterstufe 1: Öl/Wasser- und Grobpartikelabscheider
Filterstufe 2: Feinfilterung = 100% saubere Luft

Alle Geräte zur Erzeugung und Aufbereitung der Druckluft müssen regelmäßig gewartet werden:
- Ölstandskontrolle und Ölwechsel
- Reinigung des Luftansaugfilters
- Ablassen des Kondenswassers am Kompressor, Kältetrockner und an allen Filtereinheiten

Projekt

Berechnen Sie den durchschnittlichen Druckluftbedarf in m³/min in Ihrem Betrieb, indem Sie den Luftverbrauch aller gleichzeitig betriebenen Geräte addieren.

Aufgaben

1. *Welche Anforderungen werden an die Druckluft in einer Lackiererei gestellt?*
2. *Nennen Sie vier Faktoren, die bei der Auswahl eines Kompressors für einen Lackierbetrieb berücksichtigt werden müssen.*
3. *Worin unterscheiden sich Schrauben- und Kolbenkompressoren?*
4. *Welche Aufgabe hat ein Kältetrockner?*
5. *Nach welchen Gesichtspunkten muss der Aufstellungsort für die Kompressoranlage ausgewählt werden?*
6. *Wozu dient die Filtereinheit in einer Druckluftanlage?*

12.5 Werkzeuge und Geräte

Für die Fahrzeugreparaturlackierung werden eine Vielzahl unterschiedlicher Werkzeuge und Geräte benötigt.
- Demontage- und Montagewerkzeuge
- Werkzeuge zur Karosseriebearbeitung
- Schleifmittel und -geräte
- Spachtelwerkzeuge
- Applikationswerkzeuge und -geräte
- Finishwerkzeuge und -geräte

Werkzeuge und Geräte benötigen ständig eine gründliche Pflege, um funktionstüchtig zu bleiben.
Schadhafte Geräte, Anlagen und Leitungen dürfen nicht eingesetzt werden.
Reparaturen müssen vom Fachmann ausgeführt werden.

12.5.1 Montagewerkzeuge

Schraubendreher, früher auch Schraubenzieher genannt, dienen zum Lösen und Befestigen von Schrauben. Zu den verschiedenen Kopfformen müssen passende Schraubendreher der richtigen Größe eingesetzt werden, um die Schrauben nicht zu beschädigen.
Elektrische und pneumatische Schrauber sind durch die aufsteckbaren Einsätze für die verschiedenen Schraubentypen sehr vielseitig einsetzbar.
Die Einsätze für Schrauben mit innen liegendem Drehsystem nennt man „Bits".
Qualitativ hochwertige Schraubendreher und Bits bestehen aus Chrom-Vanadium-Stahl.

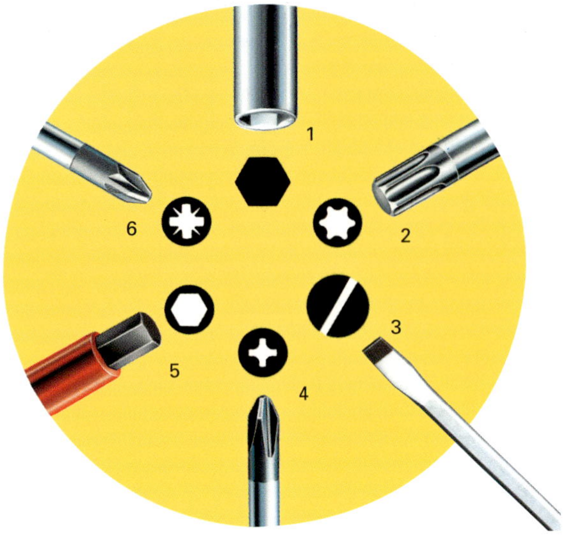

Schraubendrehsysteme und Drehschrauber
1 Außensechskantschraube, 2 InnenTORX®Schraube, 3 Schlitzschraube, 4 Kreuzschlitzschraube, 5 Innensechskantschraube, 6 POZIDRIVE®Schraube

Einsätze für Schraubendreher (Bits)

Gabel- und Ringschlüssel werden für Schrauben und Muttern mit Vier- bzw. Sechskantkopf verwendet.
Nicht genau passende Schlüssel beschädigen Schrauben und Muttern.

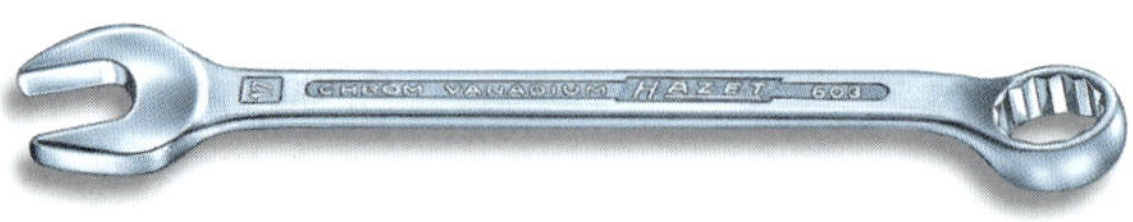

Gabel-Ringschlüssel

Steckschlüsselsätze sind durch ihre Vielzahl von Einsätzen, Adaptern, Verlängerungen, Drehgelenkstangen und Umschaltknarren universell einsetzbar.

Steckschlüsseleinsätze gibt es für alle Schraubenarten.

Steckschlüssel-einsatz

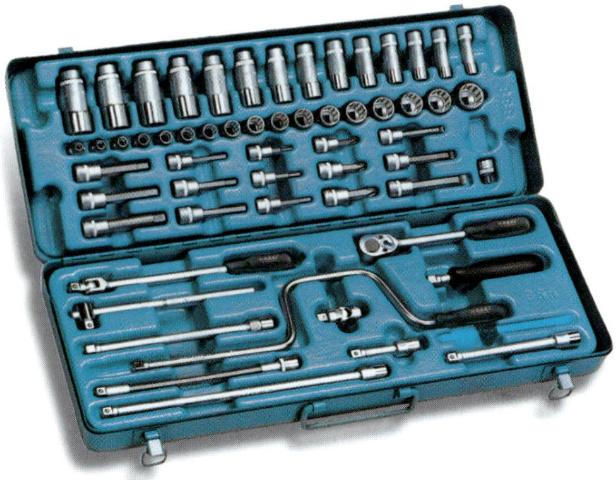

Steckschlüsselsatz

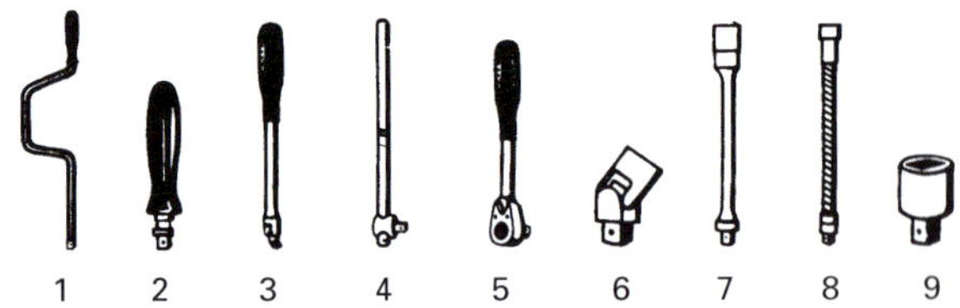

Bestandteile eines Steckschlüsselsatzes
1 Schwunggriff, 2 Steckgriff, 3 Gelenkgriff, 4 Quergriff, 5 Umschaltknarre, 6 Drehgelenk, 7 Verlängerung, 8 Biegsame Verlängerung, 9 Adapter

12.5.2 Werkzeuge zur Karosseriebearbeitung

Leicht beschädigte Fahrzeugteile können, abhängig von der beschädigten Stelle, häufig ausgebeult werden. Hierzu benötigt man eine ganze Reihe spezieller Werkzeuge.
Ausbeulhämmer sind besonders geformte Hammerarten zum Entfernen von Beulen und Dellen.

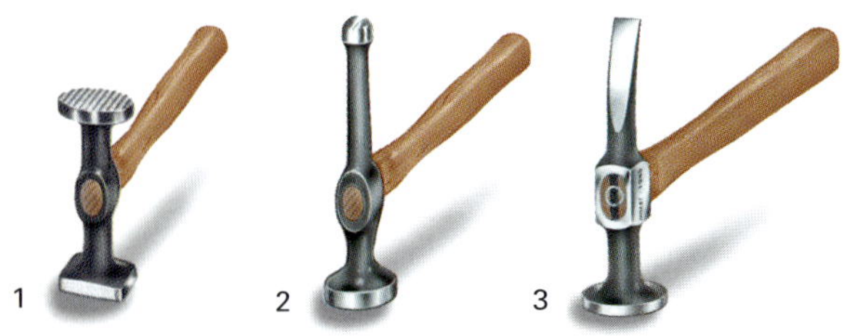

Ausbeulhämmer
1 Spann- und Schlichthammer, 2 Schlicht- und Treibhammer, 3 Schlicht- und Pinnhammer

Beim **Spitzhammer** ist eine Schlagseite spitz, die andere meist kugel- oder zylinderförmig.
Mit ihm können sehr kleine, dafür aber sehr tiefe Dellen oft ohne Gegenhalter ausgebeult werden.
Ein **Spannhammer** besteht aus Aluminium, hat ebene Schlagflächen, die entweder rund oder quadratisch sind. Durch das weiche Material hinterlässt er keine Abdruckkanten.
Beim **Schlichthammer** ist die ebene Schlagfläche mit einem feinem Kreuzhieb versehen. Hierdurch wird das Blech nur punktuell berührt. Dies verhindert, dass es im Randbereich der Delle zu einer Streckung des Bleches kommt.
Handfäuste benutzt man als Gegenhalter beim Arbeiten mit dem Ausbeulhammer.

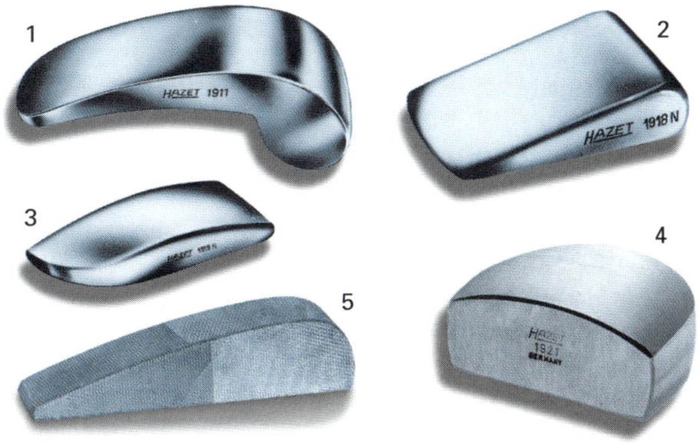

Handfäuste oder Gegenhalter
1 Kommaform, 2 Keilform, 3 Zehenform, 4 Universalfaust, 5 Kastenfeile

Mit dem Ausbeulhebeleisen werden Vertiefungen an den Stellen im Blech herausgedrückt, wo nicht gehämmert werden kann.

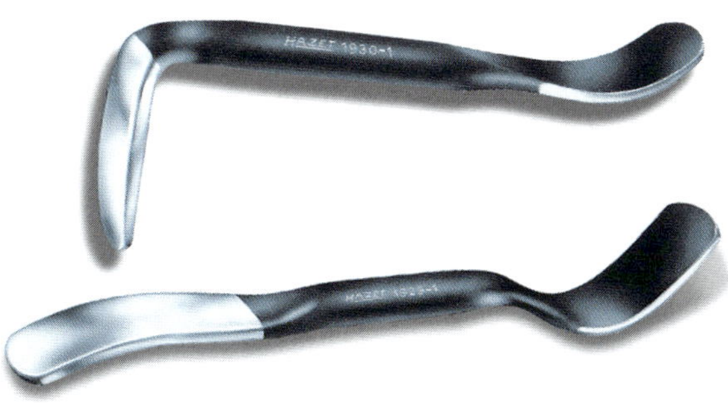

Ausbeulhebeleisen

Bei Karosseriebereichen, die von innen nicht zugänglich sind, müssen Beulen im Blech mit dem **Zughammer** von außen herausgezogen werden.
Auf die auszubeulende, zuvor metallisch blank geschliffene Fläche werden mit einer Punktschweißpistole Lochscheiben oder Stifte aufgeschweißt. Der Zughammer wird in die Lochscheiben eingehakt oder an den Stiften mit einem Bajonettverschluss befestigt. Das Herausziehen der Beule erfolgt dann vom Rand zur Mitte hin.

Arbeiten mit dem Zughammer

Projekte

Stellen Sie an unterschiedlichen Fahrzeugtypen fest, welche Schraubenarten vorhanden sind und welche Werkzeuge zum Lösen oder Befestigen hierzu benötigt werden.

Aufgaben

1. *Wie werden Einsätze für Schrauber mit innen liegendem Drehsystem auch bezeichnet?*
2. *Nennen Sie fünf verschiedene Schrauben mit innen liegendem Drehsystem.*
3. *Warum sind Steckschlüsselsätze für fast alle Schraubenarten einsetzbar?*
4. *Nennen Sie fünf Teile eines Steckschlüsselsatzes, die das Lösen von Schrauben auch an schwer zugänglichen Stellen ermöglichen oder erleichtern.*
5. *Wodurch unterscheiden sich Schlichthammer, Spannhammer und Spitzhammer?*
6. *Wozu benötigt man Handfäuste?*
7. *Welche Werkzeuge eignen sich zum Herausdrücken von Beulen im Blech, wenn Hämmer nicht eingesetzt werden können?*

12.5.3 Schleifmittel und Geräte

Schleifarbeiten sind sehr zeitaufwendig! Für eine Reparaturlackierung erfordern sie in der Regel den größten Teil der anfallenden Arbeitszeit.
Durch die Wahl der richtigen Schleifwerkzeuge und Schleifmittel lässt sich die Arbeitszeit verkürzen und lassen sich damit Kosten sparen.
Beim Schleifen unterscheidet man zwischen Nass- und Trockenschliff.

Vor- und Nachteile beim Trocken- bzw. Nassschleifen

Trockenschliff	
Vorteile	Nachteile
Das Einweichen des Schleifmaterials ist nicht erforderlich.	Körnungen feiner als P 200 setzen schnell zu.
Der Einsatz von Maschinen bewirkt einen hohen Materialabtrag bei geringem Zeitaufwand.	Stearatbeschichtetes Material kann bei empfindlichen Lacken zu Benetzungsstörungen führen.
Das abgetragene Material lässt sich beim Maschinenschliff durch Absaugen einfach entfernen.	Handschliff erzeugt ein ungleichmäßiges Schliffbild, der Schleifstaub gelangt in die Umgebungsluft. Steifes Trägermaterial lässt sich schlecht handhaben.
Kein Nachtrocknen!	

Nassschliff	
Vorteile	Nachteile
Eingeweichtes Schleifmaterial ist sehr flexibel und passt sich optimal der Oberfläche an.	Um die optimale Flexibilität zu erreichen, muss das Schleifmaterial vier Stunden vorgeweicht werden.
Körnungen im Feinbereich setzen sich nur gering zu. Schleifstaub lässt sich leicht ausspülen.	Schleifstellen müssen sorgfältig nachgetrocknet werden.
Gleichmäßiges Schliffbild mit geringer Rautiefentoleranz. Keine Benetzungsstörungen!	Mit nassfestem Schleifpapier kann auch trocken geschliffen werden. Die geringe Ausnutzung führt zu einem unrentablen, hohen Verbrauch.

Schleifvliese werden bei der Untergrundvorbehandlung und im Finishbereich zunehmend eingesetzt. Sie sind sehr flexibel und eignen sich deshalb besonders für geschwungene Flächen. Kanten werden nicht durchgeschliffen.
Vliese eignen sich für Nass- und Trockenschliff. Sie sind lösemittelfest. Beim Anschleifen von intakten Altlackierungen werden mit ihnen die besten Ergebnisse erzielt.
Nachteilig ist, dass Schleifvliese keine stark abtragende Wirkung besitzen. Oberflächenformen lassen sich mit ihnen nicht verändern. Sie sind daher zum Schleifen von gespachtelten Stellen nicht geeignet.
Kunststoffteile lassen sich mithilfe von Schleifvliesen am besten für die Lackierung vorbereiten. Sie werden deshalb von der Lackindustrie hierfür empfohlen.

Schleifmaschinen

Die verschiedenen Ausführungen unterscheidet man:

a) nach dem Antrieb
- elektrisch
- pneumatisch

b) nach der Schleifbewegung
- rotierend
- oszillierend oder vibrierend
- exzentrisch
- längsschleifend

Elektrische Schleifmaschinen dürfen wegen der Gefahr eines möglichen Stromschlags nur für den Trockenschliff eingesetzt werden.
Pneumatische, d. h. druckluftbetriebene Schleifmaschinen eignen sich für alle Einsatzbereiche.

Beim Trockenschliff ist auf eine optimale Staubabsaugung zu achten, um die Werkstatt möglichst staubfrei zu halten und die gesundheitliche Beeinträchtigung durch Einatmen von Schleifstaub zu verhindern.

Die Staubabsaubung erfolgt durch den Anschluss des Gerätes an
- eine zentrale Staubabsaugung,
- einen Staubsauger
- oder durch einen Filterbeutel am Gerät.

Handschleifgeräte setzt man hauptsächlich bei kleinflächigen Schleifarbeiten ein. Hierzu werden Schleifklötze aus Kork, Gummi oder Kunststoff verwendet.

Der **Schleifhobel** wird zum Planschleifen größerer Spachtelflächen eingesetzt. Hierbei wird das Schleifpapier auf die ebene Schleiffläche aufgespannt.

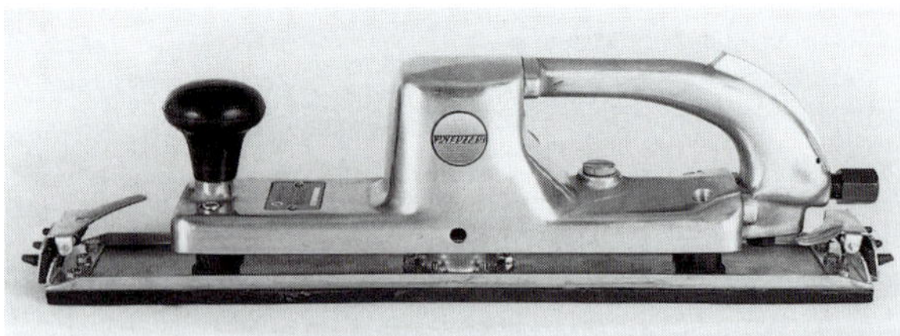

Schleifhobel

12.5.4 Spachtelwerkzeuge

Spachtelwerkzeuge bestehen aus gehärtetem Stahl, Kunststoff oder Gummi (vgl. Kapitel 7.4).
Die Auswahl der geeigneten Spachteln ist abhängig von
- der Größe der zu spachtelnden Fläche,
- der Karosserieform
- und der zu verarbeitenden Spachtelmasse.

12.5.5 Applikationsgeräte

In der Fahrzeugreparaturlackierung werden die Beschichtungen im Spritzverfahren aufgetragen.
Für **Pkws** ist das Hochdruckspritzverfahren mit den entsprechenden Spritzpistolen üblich. Hierdurch wird ein gleichmäßiger Farbauftrag auf die unterschiedlich geformten Flächen des Pkws ermöglicht und eine hochwertige Oberfläche erzielt. Das Hochdruckspritzverfahren trägt gleichzeitig zu geringem Materialverbrauch bei.
Vom Lackierer werden häufig Spritzpistolen mit Fließbecher bevorzugt. Es gibt sie abgestimmt auf den jeweiligen Verwendungszweck, in den verschiedensten Ausführungen.
Bei **Nutzfahrzeugen** sind in der Regel größere Flächen zu bearbeiten, die auch größere Materialmengen benötigen. Hierfür eignen sich besonders Airless- und Kesseldruckpistolen. Häufig genügt eine geringere Oberflächenqualität.

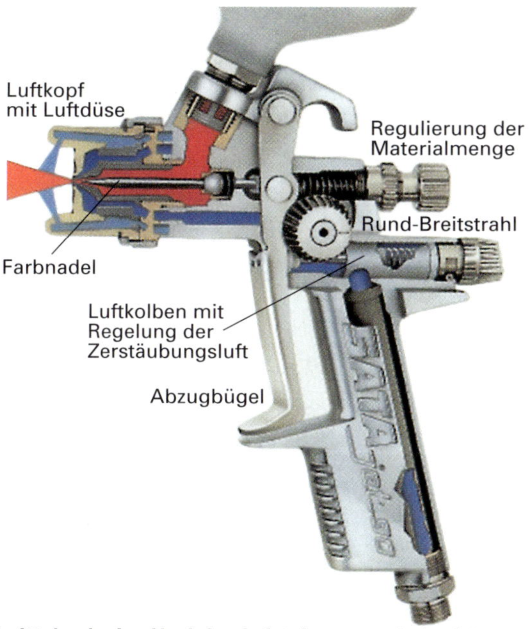

Schnitt durch eine Hochdruckpistole

Spritzpistolen sind Präzisionswerkzeuge! Nur bei sachgemäßem Umgang, sorgfältiger Pflege und der Verwendung zusammengehörender, aufeinander abgestimmter Teile kann ein bestmöglicher Farbauftrag erzielt werden.

Hochdruckspritzpistolen stehen in vielen Ausführungen zur Verarbeitung unterschiedlicher Beschichtungsstoffe zur Verfügung (vgl. Kapitel 7.5).
Pistolen für Grundier- und Füllermaterialien sind mit großen Düsen ausgestattet. Die Düsengröße liegt zwischen 1,7 und 2,1 mm.

HVLP-Pistolen reduzieren den Spritznebel, besitzen eine hohe Materialübertragungsrate und erzeugen eine sehr feine Zerstäubung (vgl. Kapitel 7.6.4). Der Schleifaufwand lässt sich so erheblich verringern.

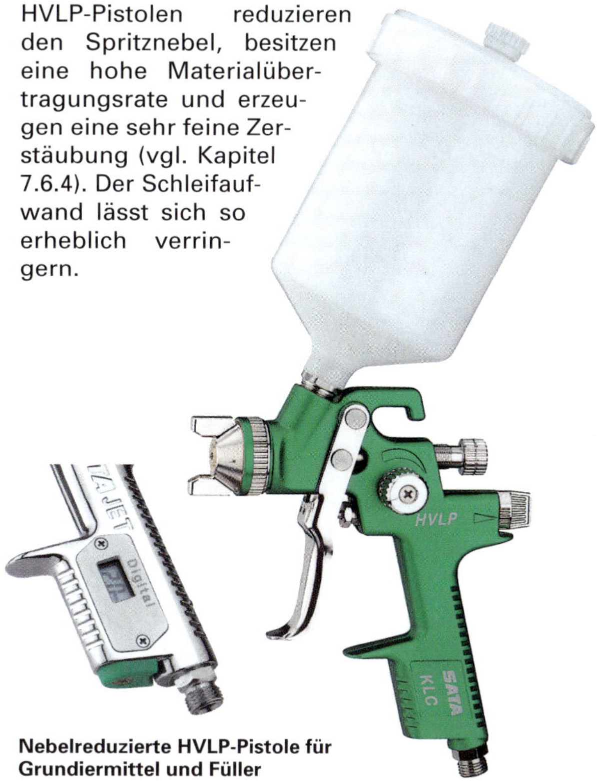

Nebelreduzierte HVLP-Pistole für Grundiermittel und Füller

Sonderausstattungen

Manche Beschichtungsstoffe, wie beispielsweise Effektlacke, neigen zu schnellem Absetzen, sodass ein gleichmäßiger Farbauftrag nur durch ständiges Aufrühren erzielt werden kann. Andere bestehen aus hochviskosen Materialien, die in dicken Schichten aufgetragen werden. Für solche speziellen Einsatzgebiete lassen sich die meisten Hochdruckspritzpistolen durch Anbausätze umrüsten. Ist eine besonders feine Zerstäubung gefordert, eignen sich Mini-Hochdruckpistolen am besten.

Anwendungsbeispiele:
- Becherrührwerk für Effektlacke
- Druckbecher für höheren Materialdurchfluss
- Becherheizung zum Heißspritzen
- Minipistolen für Schriftgestaltung und Punktausbesserung

Dekorierpistolen können mit feinsten Düsen bis 0,2 mm ausgestattet werden. Sie eignen sich für Design- und Dekorlackierungen, aber auch für Airbrusharbeiten.

Spezialpistolen zur Hohlraumkonservierung können mit starren, halbstarren und flexiblen Sonden bestückt werden.

Rundstrahl-Dekorierpistole

Hohlraumkonservierungs-Pistole mit Druckbecher

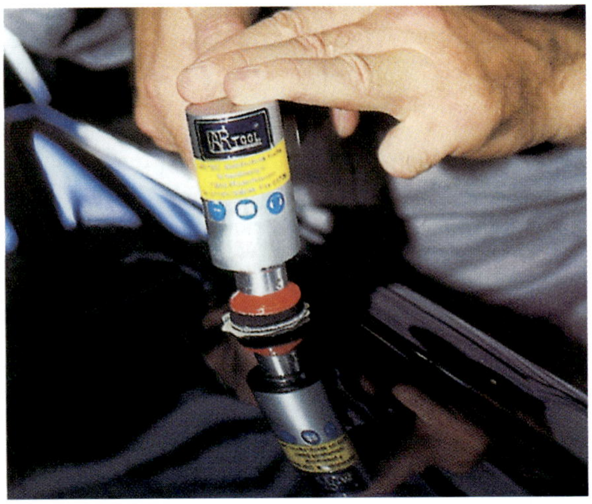

Finish-Schleifgeräte zum Anschleifen von Oberflächenfehlern

12.5.6 Finishwerkzeuge und Geräte

Hierzu zählen alle Werkzeuge und Geräte, die zum Montieren der entfernten Teile dienen und die zum Entfernen von Oberflächenfehlern oder zum Polieren benötigt werden.

Kleinst-Schleifklötze verwendet man zum Ausschleifen von Staubeinschlüssen.

Rotationspoliermaschinen lassen sich mit verschiedenen Polierscheiben bestücken. Zusammen mit Poliermitteln können Oberflächenfehler der Lackierung beseitigt und Altlackierungen beipoliert werden.

Polierset

Aufgaben

1. *Warum wird bei der Vorbereitung einer Lackierung häufig nass geschliffen?*
2. *Welche Vor- und Nachteile besitzen Schleifvliese beim Schleifen?*
3. *Welche Vorzüge besitzen pneumatisch angetriebene Schleifmaschinen?*
4. *Nach welchen Gesichtspunkten wählen Sie die geeigneten Spachtelwerkzeuge aus?*
5. *Nennen Sie vier Hochdruckspritzpistolen.*
6. *Wozu werden Hochdruckspritzpistolen mit Anbausätzen ausgerüstet?*
7. *Wofür benötigt man Finishwerkzeuge?*

Projekte

Untersuchen Sie die Wirkung von Schleifpapier P 220 und Schleifvlies Typ A (rotbraun) an vergleichbar gebogenen Flächen einer Altlackierung.

a) *Prüfen Sie die Proben auf Kantendurchschliff und auf die Rautiefe der Schleifspuren.*
b) *Vergleichen Sie die Flexibilität von Nassschleifpapier im trockenen, kurz befeuchteten und vier Stunden lang eingeweichten Zustand. Beurteilen Sie das Ergebnis im Hinblick auf Schleifarbeiten vor einer Lackierung.*

12.6 Arbeiten vor der Lackierung

Einwandfreie und hochwertige Lackierungen erfordern eine sorgfältige und fachkompetente Vorbereitung des Untergrundes.
Art und Umfang der Vorarbeiten richten sich nach dem Zustand und Zeitwert des Fahrzeugs sowie dem Reparaturauftrag.
Zu den Vorarbeiten gehören u. a.:

- Ersatz nicht reparierbarer Fahrzeugteile
- Ausbau störender Teile
- Ausbeulen beschädigter Karosserieteile
- teilweiser Ersatz durch Abschnittsreparatur
- Entrosten und schleifen
- Entfernung nichttragfähiger Untergründe
- Verzinnen und spachteln
- Reinigen und Bestimmung des Altlackes
- Abkleben und abdecken

12.6.1 Ersatz von Fahrzeugteilen

Übersteigen die Reparaturkosten die Kosten für die Ersatzteile, lohnt sich eine Reparatur nicht.

Die Fahrzeugteile müssen auch ausgetauscht werden, wenn sie so stark beschädigt sind, dass sie nicht ausgebeult werden können.
Hierzu werden die Fahrzeugteile an den Originalverbindungsstellen ausgeschraubt oder herausgetrennt. Die Ersatzteile lassen sich so leicht einfügen, anpassen, verschrauben oder durch Punkt- bzw. Schutzgasschweißen an der Karosserie befestigen.

Die beschädigten Karosserieteile werden in der Regel durch Kfz-Werkstätten ausgebaut und ersetzt.

12.6.2 Ausbau störender Teile

Alle Teile, die bei den Vorarbeiten, der Untergrundvorbereitung oder der Lackierung stören, müssen ausgebaut werden.

Hierzu zählen Zierleisten, Chromteile, Scheinwerfer, Rückleuchten. Damit diese beim Ausbau nicht beschädigt werden, sind die dafür vorgesehenen passenden Werkzeuge einzusetzen.

12.6.3 Ausbeulen

Karosserieschäden, die nicht durch Spachteln oder Verzinnen zu beseitigen sind, können oft durch Ausbeulen, Ziehen oder Drücken behoben werden. Größere Verformungen erfordern den Einsatz hydraulisch betriebener Druck- und Zugwerkzeuge. Auch bei kleinen Beulen ist der Reparaturaufwand oft erheblich.

Bei einer Delle im Blech entsteht an den Randzonen eine Materialstreckung, in ihrem Zentrum dagegen eine Stauchung und Materialanhäufung.

Wird diese Delle in der Mitte zurückgeschlagen, wirft sich das Blech in den gestreckten Randzonen auf. Beim Ausbeulen muss deshalb darauf geachtet werden, die Spannungen der Streck- und Stauchzonen durch gezielte Schläge von außen nach innen abzubauen. Sie lassen sich auch mithilfe einer Lötflamme oder eines Schweißbrenners ausgleichen.
Bei einer großflächigen Beule führen direkte Hammerschläge nicht zum Erfolg. Die umliegende Fläche gibt nach und federt zurück. Mit einem Gegenhalter auf der Rückseite der Ausbeulstelle lässt sich die Wirkung der Hammerschläge verbessern und dosiert einsetzen. Ausbeulhammer und die Handfaust als Gegenhalter gehören daher zu den wichtigsten Werkzeugen beim Ausbeulen.
Beim **Hohlrichten** wird der Gegenhalter neben dem bearbeiteten Dellenzentrum geführt.
Beim **direkten Hämmern** liegt der Gegenhalter genau hinter der zu bearbeitenden Schlagfläche.
Doppelwandige Karosserieteile lassen sich mit einem Richthammer nicht ausbeulen. Hierfür benötigt man einen **Zughammer**. Dabei werden auf die zuvor metallisch blank geschliffene Fläche mit einer speziellen Punktschweißpistole Stifte oder Lochscheiben aufgeschweißt. In diese wird der Zughammer eingehakt und die Beule vom Rand her herausgezogen.

12.6.4 Abschnittreparatur

Stehen die Kosten der Ersatzteile in keinem Verhältnis zum vorhandenen Zeitwert des Fahrzeugs, wird anstelle des kompletten Austausches eine Abschnittreparatur des beschädigten Teilbereichs durchgeführt.

18

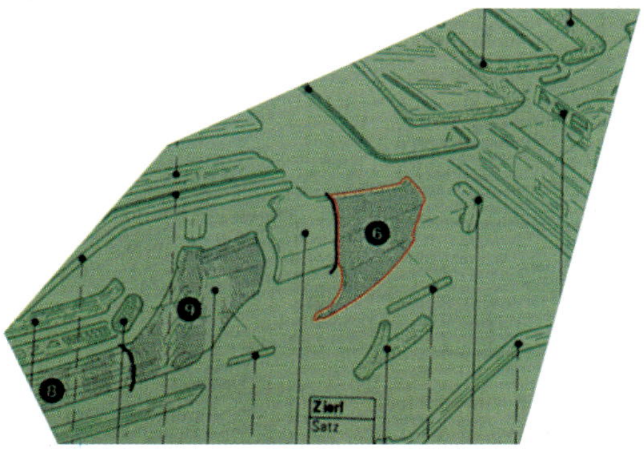

EDV-Typenbogen für eine Abschnittreparatur

Ein beliebiges Abschneiden oder Ansetzen ist dabei unzulässig, weil dadurch die Belastbarkeit im Schnittbereich verändert oder eingeschränkt wird. Die Automobilhersteller schreiben daher vor, welche Schnitte zulässig oder möglich sind.

Zur Beurteilung des Schadens dienen die EDV-Typenbogen der Fahrzeughersteller.
Befinden sich am abgetrennten Teil Verstärkungen, müssen diese auch beim Ersatzteil vorhanden sein. Wenn notwendig, sind diese separat zu bestellen.

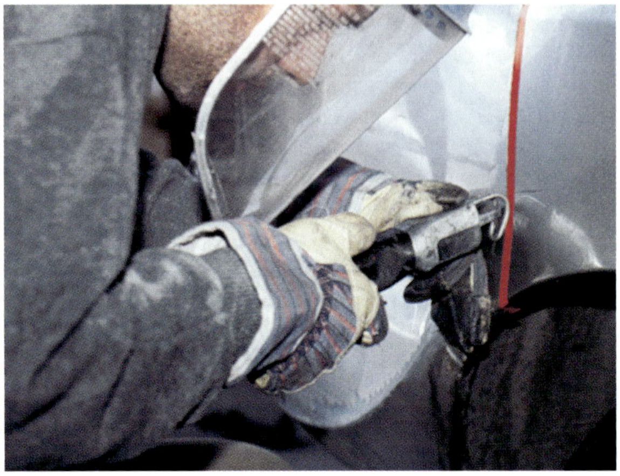

Heraustrennen eines Abschnittteils entlang der Trennlinie mit der Kurzhub-Karosseriesäge

Die Festigkeit des instand gesetzten Karosseriebereichs ist von der Verbindung des angesetzten Ersatzteils an die bestehenden Teile abhängig.
Die Angaben der Fahrzeughersteller zur Ausführung der Verbindungen müssen daher sorgfältig beachtet werden. Hiernach unterscheidet man folgende Verbindungsarten:

- Überlappverbindung
- Stumpf angesetzte Verbindung
- Überschuhte oder verstärkte Verbindung

Bei einer **Überlappverbindung** muss die Überlappzone vor dem Austrennen des beschädigten Teils als Übermaß eingeplant werden. Danach wird im Bereich der Überlappzone das Blech mit einer Absetzzange um die Blechstärke in einer Tiefe von 12 mm abgesetzt, sodass zwischen Alt- und Neuteil ein glatter Übergang entsteht.

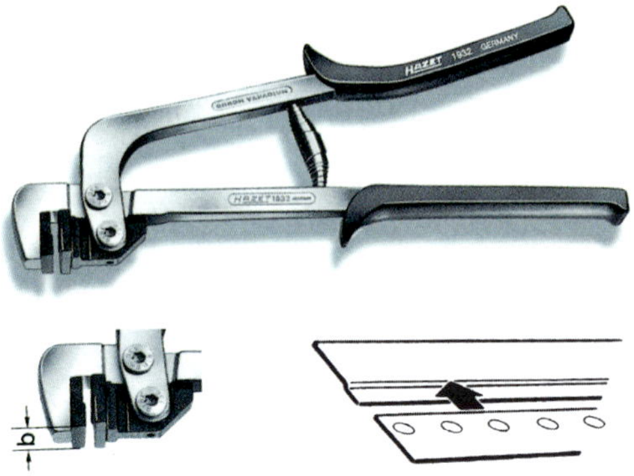

Absetzzange

Überlappverbindungen erhöhen die Festigkeit des Karosserieteils gegenüber dem Originalzustand. Dies ist nicht immer von Vorteil. Im Bereich der Deformations- bzw. Knautschzonen können solche Verbindungen bei einem erneuten Unfallschaden zu einem völlig anderen Verlauf der Verformung führen und die Fahrgastzelle unter Umständen stärker belasten.

Stumpf angesetzte Verbindungen eignen sich vor allem für gesickte Karosseriebereiche und für dickere Bleche. Bei dünnen Blechen sind diese Verbindungen nur sehr gering belastbar.
Stumpfe Verbindungen erfordern durch das Glätten der Schweißnähte einen hohen Nacharbeitsaufwand und sorgfältiges Arbeiten.
Überschuhte Verbindungen setzt man vor allem zur Verstärkung tragender Karosserieteile mit Blechstärken größer als zwei Millimetern ein, bei denen ein Absetzen nur unter sehr hohem Aufwand oder gar nicht möglich ist.
Anstelle der Überschuhung kann die Verstärkung auch innen angebracht werden.

Die Blechteile einer Karosserie werden durch Schweißen miteinander verbunden. Die hohen Schweißtemperaturen erzeugen Spannungen, die zur Verformung der Bleche führen können.

Beim Verbinden der Bleichteile sind folgende Schweißverfahren üblich:

- Widerstandspunktschweißen
- Schutzgasschweißen

Arbeiten mit der Punktschweißzange

Beim **Widerstandspunktschweißen** nützt man die physikalische Eigenschaft eines elektrischen Widerstandes aus, der sich erwärmt, wenn er von einem elektrischen Strom durchflossen wird. Die **Punktschweißzange** besitzt zwei Elektroden, mit denen die Blechteile zusammengepresst werden. Zwischen den beiden Elektroden wird die hohe

Schweißtemperatur erzeugt und die Bleche *punktweise* verschweißt.

Das gewählte Schweißverfahren und die Nahtart bestimmen maßgeblich, dass die eingesetzten Teile und die Karosserie die nötige Festigkeit erlangen.
In technischen Zeichnungen werden Angaben zur Nahtart sowie zum Schweißverfahren mithilfe genormter Symbole und Kennziffern verdeutlicht.

Symbol	Nahtart	Kennziffer	Schweißverfahren
○	Punktnaht	21	Widerstands-punktschweißen
⊓	Lochnaht	22	Rollennaht
⊖	Liniennaht	111	Lichtbogenhand-schweißen
◺	Kehlnaht	131	MIG-Schweißen
V	V-Naht	135	MAG-Schweißen
|/	HV-Naht (halbe V-Naht)	141	WIG-Schweißen
Y	Y-Naht	311	Gasschmelz-schweißen

Symbole für Schweißverfahren

Beim **Schutzgasschweißen** wird die Schweißtemperatur durch einen elektrischen Lichtbogen an der Brennerspitze erzeugt. Dadurch verschmelzen die Metallteile. Mithilfe des durch die Brennerspitze zugeführten Schweißdrahtes wird die Schweißnaht hergestellt.
Während des Schweißvorgangs wird die Oxidbildung des geschmolzenen Metalls durch eine Schutzgashülle verhindert. Nach dem Abkühlen kann die überstehende raupenartige Schweißnaht mit einer Karosseriefeile angeglichen oder mit dem Winkelschleifer eben geschliffen werden.

12.6.5 Entrosten

Fahrzeugkarosserien bestehen größtenteils aus lackiertem Stahlblech. Beschädigungen im Lack durch Steinschlag, Kratzer sowie durch Streusalz führen zu Rostbildung.

Roststellen müssen vor der Beschichtung metallisch blank geschliffen oder sandgestrahlt werden (vgl. Kapitel 8.4 und 8.5.1).

Zum Schleifen benutzt man meist Winkelschleifer mit Schleifscheiben der Korngröße P 16 bis P 80.
Durchrostete Stellen sollten herausgeschnitten und neue Teile eingeschweißt werden.

Ausbesserungen mit Polyesterharz und Glasfaservlies sind nicht zu empfehlen, da die Rostung an den Rändern nicht gestoppt werden kann und sich nach kurzer Zeit erneut Rostschäden zeigen.

12.6.6 Entfernen von Altlackierungen

Eine Altlackierung muss restlos entfernt werden, wenn sie nicht tragfähig, unterrostet, rissig oder nicht überlackierbar ist. Dies kann entweder durch Schleifen oder Abbeizen mit Abbeizfluid erfolgen (vgl. Kapitel 8.5.3).
Das Abbeizfluid wird je nach Schichtdicke auch mehrmals satt aufgetragen. Dabei löst sich die Altlackierung. Die Flächen müssen anschließend mit KH-Verdünnung abgewaschen und gründlich angeschliffen werden.

Bei Abbeizarbeiten unbedingt Schutzmaßnahmen beachten!
Schutzbrille, lösemittelfeste Schutzhandschuhe, Schutzkleidung und Stiefel tragen.
Abbeizreste sind Sondermüll und müssen entsprechend entsorgt werden!

12.6.7 Spachteln

Durch Spachteln gleicht man Unebenheiten in der Karosserie aus. Je nach Unebenheiten werden unterschiedliche Spachtelmassen eingesetzt:

- Grobspachtel
- Spritzspachtel
- Streichspachtel
- Feinspachtel

Für Kunststoffe benötigt man spezielle Spachtelmassen.

Standardverfahren für Spachtelarbeiten

1. Zu lackierende Fläche waschen, mit Silicon- und Teerfleckenentferner reinigen
2. Schadhafte Stellen metallisch blank entrosten; trocken schleifen, Schleifpapier P 80 – P 150
3. Grobspachteln mit UP-Spachtel (Härterzugabe zur Spachtelmasse ca. 3%)
4. Nach Durchhärtung mit Kontrollschwarz überarbeiten; mit Rutscher oder Exzenterschleifer trocken schleifen, Schleifpapier P 80 – P 150
5. Metallisch blanke Stellen mit Grundfüller oder Eintopfprimer spritzen
6. Feinspachteln (Fleckspachteln) mit Kombispachtel in dünnen Schichten
7. Nach Trocknung mit Kontrollschwarz überarbeiten, Spachtelstellen mit Nassschleifpapier P 360 – P 400 glätten, gesamte zu lackierende Fläche mit Nassschleifpapier P 400 aufrauen

Schleifmittel und Geräteübersicht

Anwendung	Vlies	Gitterschleifleinen	Papier	Maschinensystem
Entrosten Aluminium aufrauen	grob (rot)	P 180 – P 240	P 16 – P 80 P 80 – P 120 P 80 – P 120	Winkelschleifer Schwingschleifer Exzenterschleifer
Polyesterspachtel		P 180 – P 240	P 40 – P 120 P 80 – P 120	Schwingschleifer Exzenterschleifer
Feinspachtel	fein (grau)	P 800	P 80 – P 360 P 80 – P 220 P 80 – P 180	Handschliff Exzenterschleifer Schwingschleifer
Grundfüller	fein (grau)	P 800	P 400 – P 800 P 120 – P 220 P 120 – P 220	Handschliff Exzenterschleifer Schwingschleifer
Füller	fein (grau)	P 800	P 400 – P 800 P 180 – P 320	Handschliff Exzenterschleifer
Decklack	fein (grau)		P 400 – P 800	Handschliff
Ausbessern von Zweischichtlackierungen			P 600 – P 1200	Handschliff

Übersicht über Spachtelmassen zur Fahrzeuglackierung

Bezeichnung	Zusammensetzung	Untergründe – Bemerkungen	Auftrag
Polyesterspachtel a) Grobspachtel b) Feinspachtel	Ungesättigte 2 K-Polyesterharze (UP) Füllstoffe Pigmente verarbeiten mit 3 % Härterzugabe	ausgehärtete Altlackierung außer thermoplastischer Acryllackierung, blankes und verzinktes Stahlblech, Aluminium, GfK-Teile nach Reinigung	mit Stahl-, Kunststoff- oder Gummispachtel in dicken Schichten
Zieh- und Fleckspachtel	Cellulosenitrat-Alkydharz-Kombination Füllstoffe Pigmente	ausgehärtete Altlackierung, werksgrundierte Neuteile, thermoplastische Acryllackierung, blankes und verzinktes Stahlblech, Aluminium erst nach Grundierung	mit Stahl-, Kunststoff- oder Gummispachtel in dünnen Schichten
Glasfaserspachtel	ungesättigte 2 K-Polyesterharze (UP) Glasfasern, Füllstoffe Pigmente verarbeiten mit 3 % Härterzugabe	blanke Metalle GfK-Teile nach Reinigung	mit Stahl-, Kunststoff- oder Gummispachtel in dicken Schichten
Streichspachtel	ungesättigte 2 K-Polyesterharze (UP) Füllstoffe, Pigmente verarbeiten mit 3 % Härterzugabe	metallisch blankes Stahlblech nicht auf verzinktes Stahlblech GfK-Teile nach Reinigung	Flachpinsel, Spritzen nicht über 400 µm pro Schicht
Spachtel für Kunststoffe	ungesättigte 2 K-Polyesterharze (UP) Füllstoffe, Pigmente verarbeiten mit 10 % Härterzugabe	für elastische Kunststoffe: PUR-Schaum, PP/EPDM-Kautschuk geeignet für Kratzer und Lunker auf lackierten alten und neuen Teilen sowie Durchschliffstellen nach Grundierung	Stahl-, Kunststoff- oder Gummispachtel Wischverfahren in dünnen Schichten
Kunststoff-Reparaturspachtel	2 K-Diglycidylether, aliphatisches Polyamin (EP) Füllstoffe, Pigmente verarbeiten mit 100 % Härterzugabe	ausgehärtete Altlackierungen auf Kunststoffen, werksgrundierte Kunststoff-Neuteile	Stahl-, Kunststoff- oder Gummispachtel Wischverfahren
Spritzfüller	ungesättigte 2 K Polyesterharze (UP) Füllstoffe Pigmente verarbeiten mit 3 % Härterzugabe	ausgehärtete Altlackierung außer thermoplastischer Acryllackierung, blankes Stahlblech, werksgrundierte Neuteile, GfK-Teile nach Reinigung	Spritzen Düse 3 mm

12.6.8 Reparaturen an Kunststoffteilen

An Kunststoffteilen lassen sich Kratzer und Dellen mithilfe von Reparatursystemen problemlos beseitigen, ebenso Risse bis ca. 10 cm Länge und Löcher bis ca. 5 cm Durchmesser. Dabei ist es eine Frage der Wirtschaftlichkeit, ob ein neues Ersatzteil nicht kostengünstiger ist.

Reparatursysteme sind je nach Hersteller unterschiedlich zusammengesetzt. Sie lassen sich mit Produkten anderer Hersteller nicht oder nur unzureichend kombinieren. Es wird deshalb das Reparatursystem **eines Herstellers** verwendet, das auf den Kunststoff abgestimmt sein muss. Die Verarbeitungsrichtlinien sind genau einzuhalten.

Die im Fahrzeugbau verwendeten Kunststoffe unterscheiden sich wie folgt:

- **Starre Kunststoffe (Duromere)**
  Die meist glasfaserverstärkten Teile (GfK) sind häufig aus ungesättigtem Polyester (UP) hergestellt. Sie erweichen beim Anschleifen nicht, es bildet sich ein weißer Schleifstaub.
- **Halbstarre Kunststoffe (Plastomere)**
  Sie bestehen u. a. aus Polyamid (PA) und Polycarbonat (PC). Die beim Schleifen erzeugte Wärme führt zum Erweichen, sie neigen deshalb zum Schmieren.
- **Flexible Kunststoffe (Elastomere)**
  Üblich sind u. a. Polyurethan (PUR), Acrylbutadienstyrol (ABS) und Polypropylen-Kautschuk (PP/EPDM). Diese dauerelastischen Kunststoffe erweichen beim Anschleifen nicht. Sie bilden beim Schleifen einen schwarzgrauen Schleifstaub.

Reparatur von Beulen, Kratzern, Löchern und Rissen an Kunststoffteilen

1. Art des Kunststoffs feststellen und Eignung des Reparatursystems prüfen
2. Kunststoff mit dem zum Reparatursystem gehörenden Reinigungsmittel gründlich reinigen
3. Aufrauen mit Schleifpapier P 80 oder Schleifvlies rot, danach nochmals reinigen
4. Kratzer v-förmig ausschleifen
5. Trocknen unter Wärme bei 60 °C ca. 1 h
6. Auf vorbereitete Stellen Haftprimer auftragen
7. Spachtelmasse nach Angaben des Herstellers mischen und verarbeiten
8. Spachtelfläche nach dem Aushärten schleifen Grobschliff mit P 120 – P 150, Feinschliff mit P 360 – P 400
9. Schleifstaub entfernen, Lackprimer zur Verhinderung des Lösemittelaustausches auftragen

[1] Trocknen unter Wärme nennt man in der Fachsprache auch *tempern*.

Bei **Rissen** und **Löchern** wird über den v-förmig ausgeschliffenen Riss oder das Loch nach dem Auftragen des Haftprimers ein Verstärkungsband aus Glasseide geklebt und danach überspachtelt.

Verstärkungsband aus Glasseide aufkleben

Bei **halbstarren Kunststoffen** reichen häufig die Erwärmung mit einem Heißluftgerät bzw. -föhn und geringer Druck von der Rückseite aus, um Beulen zu beseitigen.

Entfernung von Beulen mit dem Heißluftföhn

Feine Poren bzw. *Lunker* können im **Wischverfahren** geschlossen werden. Hierbei wird die Spachtelmasse mit einem fusselfreien Lappen in die Poren eingearbeitet. Überschüssiges Material wird sofort mit einem ebenfalls fusselfreien, in Lösemittel getränkten Lappen abgewischt.
Oftmals ist hierbei der Einsatz eines Haftvermittlers überflüssig.

Beim Anrühren der Spachtelmassen muss darauf geachtet werden, dass diese mit dem Härter stets intensiv gemischt werden.

12.6.9 Beurteilung der Altlackierungen

Altlackierungen sind zunächst gründlich zu waschen. Anschließend müssen Wachs- und Siliconreste sowie Teerflecken mit Spezialreiniger entfernt werden.

Von der Art der Altlackierung und ihrem Verhalten gegenüber Löse- bzw. Verdünnungsmitteln hängt das Arbeitsverfahren der Reparaturlackierung ab.

Zur Ermittlung der alten Lackart tränkt man einen weißen Lappen mit Nitroverdünnung und reibt damit die Lackierung an einer wenig sichtbaren Stelle. Bei einer Nitro- oder thermoplastischen Acryllackierung erfolgt ein Anlösen und eine Verfärbung des Lappens. Jüngere Kunstharzlackierungen können aufquellen oder sich auflösen.
Durchgetrocknete oder ofengetrocknete Kunstharzlackierungen werden von Nitroverdünnung nicht angelöst.
Durch Schleifen lässt sich erkennen, ob eine Altlackierung durchgehärtet ist. Wenn die angeschliffene Altlackierung klebt oder gummiartig erscheint, ist sie nicht durchgehärtet.

Nichtausgehärtete Lackierungen müssen entfernt oder es muss eine Vorprobe mit dem beabsichtigten Aufbau durchgeführt werden.

Metallic-Lackierungen

Bei Einschicht-Metallic-Lackierungen entsteht beim Schleifen mit feinem Schleifpapier Schleifstaub in der Farbe der Lackierung.
Bei Zweischicht-Metallic-Lackierungen ist der Schleifstaub milchig weiß.

Mögliche Überarbeitungsverfahren

Altlackierung	mögliche Überarbeitung
KH-Einbrennlack	alle Verfahren, wenn ausgehärtet
Acryl-Einbrennlack	alle Verfahren
thermoplastischer Acryllack	Vorprobe Versuch mit neuem Beschichtungssystem oder entfernen
CN-Lack	Vorprobe Versuch mit neuem Beschichtungssystem oder entfernen
PUR-Acryllack	alle Verfahren, gründlich anschleifen
luftgetrockneter KH-Lack	wenn ausgehärtet, alle Verfahren sonst Vorprobe und Versuch mit neuem Beschichtungssystem oder entfernen

12.6.10 Abkleben und Abdecken

Sämtliche Teile, die beim Spritzen nicht mit Lack in Berührung kommen sollen, müssen abgeklebt und abgedeckt werden, um aufwendige Nacharbeiten zu vermeiden.
Dies gilt vor allem für folgende Bereiche:
- nicht zu lackierende Karosserieteile
- Öffnungen und Falze
- Scheiben und Dichtungsgummi
- Griffe und Schlösser
- Zierleisten, die nicht abgebaut werden können
- Kunststoffteile

Mehrfach- oder Designlackierungen benötigen spezielle Abdeckungen. Stellen, an denen später beilackiert werden soll, erhalten weiche Abdeckungen, die leicht entfernbar sind.

Bei der Wahl des Abdeckmaterials stehen unterschiedliche Werkstoffe zur Verfügung.
- **Papierbahnen** von der Rolle sind das meist verwendete Abdeckmaterial. Hierfür wird spezielles, fusselfreies und nassfestes Natronkraftpapier verwendet.
- **Abdeckhauben** aus Polyethylen, ergänzt durch Polyethylenfolien von der Rolle
- **Wiederverwendbare Abdeckhauben** aus Kunstfasergewebe
- **Spritzfolie**, mit der Spritzpistole aufgetragen und nach Beendigung der Reparaturarbeit mit Wasser abwaschbar

Abgeklebt werden nur noch die unmittelbar an der Reparaturstelle liegenden Fahrzeugteile.

Mit Papier abgedecktes Fahrzeug

Bei der Wahl des geeigneten Abdeckmaterials ist neben der Wirtschaftlichkeit die Wiederverwendbarkeit von entscheidender Bedeutung, um Abfall zu vermeiden.

Abdecken mit Abdeckhauben

Abklebebänder müssen hohe Qualitätsanforderungen erfüllen:
- Der Klebstoff des Abklebebandes darf sich unter Einfluss von Lösemitteln oder Wasser nicht auflösen.
- Der Kleber muss hitzebeständig sein.
- Das Band muss randscharf kleben, sodass es nicht vom Lack unterwandert wird.
- Es muss auf allen Untergründen am Fahrzeug haften.
- Es darf an gekrümmten Flächen keine Falten bilden, muss also hochelastisch sein.
- Es muss rückstandsfrei wieder lösbar sein.

Abkleben eines Dichtungsgummis

Aufgaben

1. *Welche Gesundheits- und Umweltschutzmaßnahmen müssen Sie bei Abbeizarbeiten unbedingt beachten?*
2. *Nennen Sie fünf in der Anwendung unterschiedliche Spachtelmassen.*
3. *Beschreiben Sie den üblichen Arbeitsablauf bei Spachtelarbeiten.*
4. *Wozu verwendet man Nitrokombinations-Spachtelmasse?*
5. *Erklären Sie, warum Härter für 2K-Spachtelmassen immer rot eingefärbt sind.*
6. *Warum ist es wichtig, dass Spachtelmassen genau nach Herstellerangaben und intensiv, also ohne sichtbare Marmorierung, gemischt werden?*
7. *Nach welchen Merkmalen werden die Kunststoffteile im Karosseriebau unterteilt?*
8. *Erklären Sie, warum vor der Reparatur von Kunststoffteilen diese unbedingt identifiziert und zugeordnet werden müssen.*
9. *Nennen Sie Verfahren, die zur Bestimmung einer Altlackierung angewendet werden.*

Projekte

1. *Untersuchen Sie unterschiedlich gemischte Polyesterspachtelmassen auf ihre Schleifbarkeit. Mischen Sie hierzu jeweils eine geringe Menge Polyesterspachtelmasse*
   a) im angegebenen Verhältnis intensiv mit Härter
   b) ohne intensive Mischung
   c) mit zuviel Härterzugabe
   d) mit zu wenig Härterzugabe
   Tragen Sie die Massen nebeneinander mit der Spachtel auf eine Fläche auf und schleifen Sie diese nach 20 Minuten mit Schleifpapier P 80.
   Prüfen Sie, welche Spachtelmischung sich am besten schleifen lässt und bei welcher sich das Schleifpapier am wenigsten zusetzt.
2. *Prüfen Sie den Zeitaufwand beim Verarbeiten von Nitrokombinations-Spachtelmasse an einem Blech mit zwei ungefähr gleich großen, schwach eingedellten Stellen. Tragen Sie die Spachtelmasse wie folgt auf:*
   a) dick, in einem Arbeitsgang
   b) dünn, mit Zwischentrocknung in mehreren Arbeitsgängen
   Nach welcher Zeit lassen sich die gespachtelten Flächen einwandfrei eben schleifen? Beurteilen Sie die Ergebnisse der Projekte.

12.7 Beschichtungsstoffe in der Reparaturlackierung

Wie kaum ein anderer Werkstoff unterliegen die Beschichtungsstoffe in der Fahrzeuglackierung einem ständig auf Verbesserung abzielenden Wandel. Eine wichtige Triebfeder ist dabei der Gesundheits- und Umweltschutz. Durch ihren reduzierten Lösemittelanteil verursachen die heutigen Beschichtungsstoffe erheblich weniger Luftschadstoffe als noch vor wenigen Jahren. Der höhere Festkörpergehalt ermöglicht eine bessere Filmbildung bei kürzeren Durchtrocknungs- und Überarbeitungszeiten. Ein verringerter Energieaufwand bei der Trocknung reduziert Kosten und spart die begrenzt vorhandenen Rohstoffe.
High-**S**olid-Lacke (HS-Lacke) und Wasserlacke verdrängen Lacksysteme, die über Jahrzehnte eingesetzt wurden.

Lösemittelanteile der Lackarten	
Lackart	**Lösemittelanteil**
Cellulosenitratlacke	über 80%
Nitrokombinationslacke	über 70%
Alkydharzlacke	über 60%
2K-Acrylharzlacke	über 60%
Medium-Solid-2K-Polyurethan-Acrylharzlacke	zwischen 30 und 20%
High-Solid-2K-Polyurethan-Acrylharzlacke	unter 15%
Polyurethanharz-Wasserlacke	unter 5%

12.7.1 Deck- und Klarlacke

Nitrolacke wurden in den Anfangsjahren des Automobilbaus für die Fahrzeugbeschichtung verwendet. Durch den geringen Festkörperanteil waren über zehn Decklackschichten für eine Beschichtung notwendig. Die Lackierungen zeichnen sich zwar durch eine hervorragende Brillanz aus, besitzen aber eine empfindliche Oberfläche.
Daher werden Nitrolacke in der Fahrzeuglackierung nicht mehr eingesetzt.
Nitrokombinationslacke (Cellulosenitrat-Alkydharzgemische) haben mehr Füllkraft und eine höher beanspruchbare Oberfläche.
Alkydharzlacke (KH-Lacke) zeichnen sich durch Glanz, guten Verlauf, hohe Füllkraft und leichte Verarbeitung aus.
Sie werden in zwei Gruppen unterteilt:

1. Lufttrocknende Typen, die nur unter Einfluss von Sauerstoff (oxidativ) erhärten.
2. Ofentrocknende Typen, die nur unter Wärmeeinwirkung (60 min bei 80 °C) und durch Zusatz von Härter einen widerstandsfähigen Film bilden.

Thermoplastische Acrylharzlacke trocknen physikalisch bei Normaltemperatur und durch Ofentrocknung. Das eigene Lösungsmittel löst auch durchgehärtete Lackierungen wieder an. Sie sind zwar auf allen Lacktypen einsetzbar, ihre Überarbeitung mit anderen Lacksystemen ist aber problematisch, weil auch der ausgehärtete Lackfilm bei hohen Temperaturen wieder weich wird.

Zweikomponenten-Acrylharzlacke zeichnen sich durch Glanz und Fülle aus. Sie besitzen gegenüber Umwelteinflüssen, mechanischen und chemischen Beanspruchungen eine widerstandsfähige Oberfläche, lassen sich leicht verarbeiten und trocknen bei 20° C in 90 min grifffest. Durch Ofentrocknung bei 60° C erreichen sie dieses Ergebnis bereits nach 30 min.
Vor der Verarbeitung müssen Stammlack und Härter im Verhältnis 2:1 gemischt werden. Die Topfzeit beträgt 8 - 12 Stunden. Die Spritzviskosität wird mit Spritzverdünnung oder Einstellzusatz auf kurze, mittlere oder lange Verdunstungszeit eingestellt.

Zweikomponenten-Polyurethan-Acryllacke sind noch widerstandsfähiger und glanzbeständiger als 2K-Acrylharzlacke. Durch ihren höheren Festkörperanteil lassen sich mit weniger Material die notwendigen Schichtdicken erzielen. Diese Lacke werden als Medium-Solid- und High-Solid-Lacke hergestellt. Die Spritzgänge können in kürzeren Abständen erfolgen. Durch ihren geringen Lösemittelanteil schonen sie Gesundheit und Umwelt, außerdem sind sie sparsam im Verbrauch, weil weniger Spritznebel entsteht.

Wasserlacke auf Polyurethanharzbasis sind als Deck- oder Klarlacke noch nicht auf dem Markt. Sie werden aber bereits als Grundierung, Füller und Basislack bei Metallic- und Uni-Lackierungen eingesetzt.

Metallic-Einschichtlacke werden in der Fahrzeuglackierung nicht mehr eingesetzt, weil die Aluminiumplättchen, die den Metallic-Effekt bewirken, nur unzureichend durch einen dünnen Bindemittelfilm geschützt sind. Durch Witterungseinflüsse erhält der Lack ein weißliches Aussehen.

Metallic-Zweischicht-Lackierungen bestehen aus Basis- und Klarlack.
Der **Basislack** enthält die Uni-, Metallic-, Perl- oder Multiglanz-Effektpigmente. Als Bindemittel werden je nach Hersteller spezielle Harzkombinationen und wasserverdünnbare Polyurethanharze eingesetzt.
Der **Klarlack** erzeugt einen glänzenden Überzug und schützt die Oberfläche.

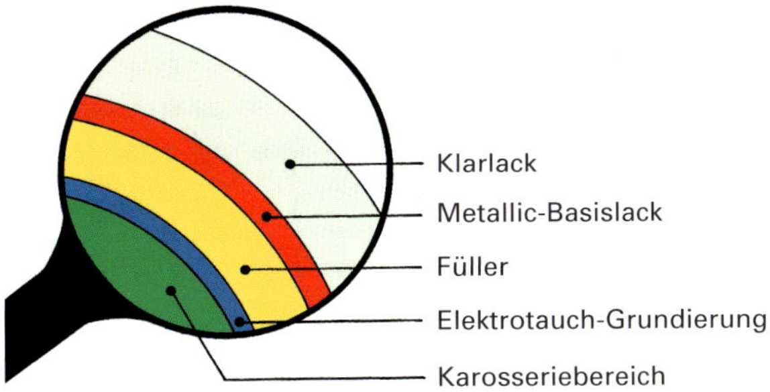

Aufbau einer Metallic-Zweischicht-Lackierung

12.7.2 Effektlacke

Metallic-Effekte entstehen durch die Zugabe von schuppenförmigen Aluminiumblättchen oder Metallbronzen in den Basislack (vgl. Kapitel 5.5). Um einen einheitlichen Eindruck zu erreichen, darf der Basislack nur dünn und möglichst gleichmäßig auf einen einheitlich deckenden Untergrund gespritzt werden.

Perlmetallic-, Multi-, Kristall- und Regenbogeneffekte werden durch Zusatz von metallbedampften Kunststoffblättchen im Basislack erzielt. Der Aufbau erfolgt meist in drei Schichten: dem im Farbton abgestimmten Basislack oder Tonfüller, dem lasierenden Effektlack und dem oftmals mehrfach aufgetragenen Klarlack.

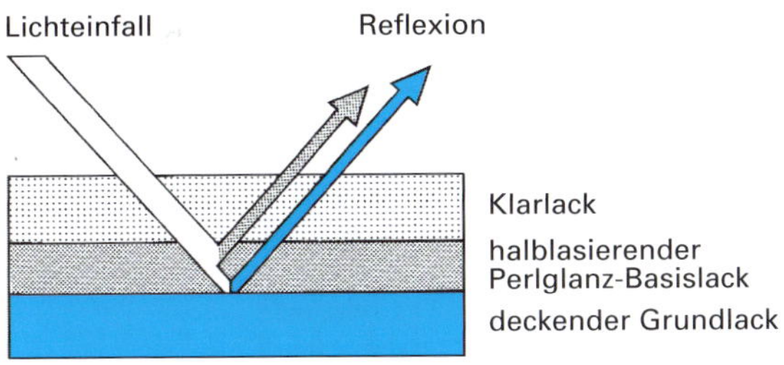

Entstehung des Perlglanzeffektes

Tagesleuchtfarbenlacke enthalten fluoreszierende Pigmente. Diese wandeln kurzwelliges UV-Licht in sichtbares langwelliges Licht um und reflektieren es in ihrer Eigenfarbe (vgl. Kapitel 5.6). Sie erscheinen für unser Auge besonders leuchtend.

Nachleuchtfarbenlacke wirken durch schwefelhaltige Zinkpigmente, die sich durch Licht anregen lassen und bei Dunkelheit nachleuchten (vgl. Kapitel 5.6).
Im Fahrzeugbereich werden diese Lacke kaum verwendet. Ihre Einsatzgebiete sind u. a. Hinweise auf Notausgänge, Warnschilder, Feuerwehrhelme.

12.7.3 Zusatzmittel für Lacke

Aktivatoren beschleunigen die Trocknung bei der Verarbeitung von Fahrzeuglacken bei

- niederen Temperaturen,
- Mehrfarbenlackierungen,
- nachfolgenden Beschriftungen.

Die Lackierung wird dadurch schneller abklebefest und polierbar.

Härter lösen bei Zweikomponentenlacken die zur Erhärtung notwendige chemische Reaktion aus. Das vom Hersteller festgelegte Verhältnis ist beim Mischen mit dem Stammlack genau einzuhalten. Härter werden durch die Begriffe *kurz, normal* oder *lang* unterschieden. Sie bestimmen die Zeit bis zum Anziehen des Lackes. Je nach Auswahl können so die Umgebungstemperatur oder schwierige Beschichtungsflächen berücksichtigt werden (vgl. Kapitel 4.17 und 4.18).

Effektadditive steigern die Brillanz von Lacken. Sie erhöhen den Glanz und verbessern die Leuchtkraft der Farbtöne.

Mattpasten reduzieren den Glanzgrad. Spezielle Mattpasten dienen auch als Elastifizierungszusatz für die Lackierung von Kunststoffteilen.

Elastifizierungszusatz *(Soft face)* bewirkt, dass der Lack elastischer wird.

Antisiliconzusatz beseitigt Benetzungsstörungen beim Lackieren und verhindert Siliconkraterbildungen.

Einstellzusatz oder **Spritzverdünnung** ermöglicht, die zur Verarbeitung des Lackes notwendige Viskosität nach Herstellerangaben einzustellen. Sie wird prozentual oder bis zum Erreichen der angegebenen Spritzviskosität zugesetzt. Durch die Bezeichnungen *kurz, normal* und *lang* lässt sich der Zeitpunkt für das Anziehen des Lackes beschleunigen oder verzögern.

Vier Grundregeln zum Verarbeiten von Lacken

1. Bei der Auswahl ist darauf zu achten, dass alle benötigten Komponenten für einen Lack von einem Hersteller stammen müssen.
2. Die Herstellerangaben für das Mischen müssen genau eingehalten werden.
3. Die Verarbeitungsrichtlinien sind unbedingt zu beachten und einzuhalten.
4. Lacke dürfen nur auf die vom Hersteller vorgesehenen Untergründe aufgetragen werden.

12.7.4 Piktogramme der Fahrzeuglackhersteller und ihre Bedeutung

Verarbeiten

siehe Merkblatt

Reinigen

Schleifen Schwingschleifer nass (Druckluft)

Schleifen Exzenterschleifer nass (Druckluft)

Schleifen von Hand/ nass

Schleifen Schwingschleifer trocken

Schleifen Exzenterschleifer trocken

Schleifen von Hand/ trocken

Fließbecherpistole

Saugbecherpistole

Airless

Unterbodenschutzpistole

Spritzgänge

Spraydose

Farbton vergleichen

Polieren

Spachteln

Streichen

Rollen

Mischen

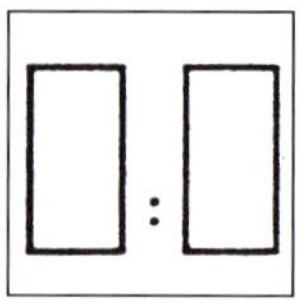
Mischungsverhältnis 2 Komponenten 1:1

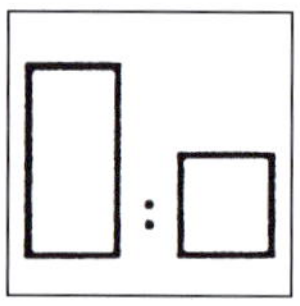
Mischungsverhältnis 2 Komponenten

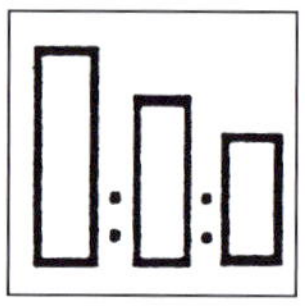
Mischungsverhältnis 3 Komponenten

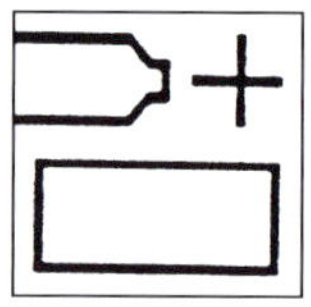
Härterzugabe

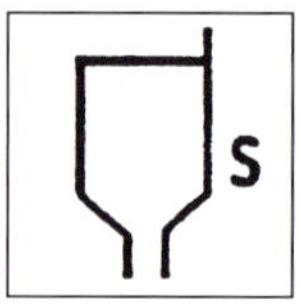

Verarbeitungsviskosität

Wasserverdünnbar

Aufrühren

Aufrühren in der Mischmaschine

Lagern

Gebinde verschließen

Frostfrei lagern

Kühl lagern

Lagerdauer

Trocknen

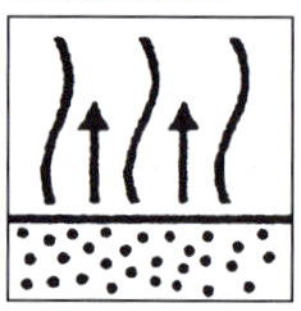
Ablüften

Trockenzeit

Infrarottrocknung

12.7.5 Grundiermittel – Haftvermittler – Füller

Die Aufgaben der Grundiermittel, Haftvermittler und Füller wurden in den Kapiteln 8.8 und 11.4.3 bereits ausführlich beschrieben, sodass hier nur die Fahrzeuglackierung betreffenden Besonderheiten angesprochen werden sollen.

Für die Untergründe im Fahrzeugbau wie Stahlblech, verzinkter Stahl, Edelstahl, Aluminium, Kunststoff, Holz und Altlackierungen werden sowohl Universal- als auch Spezialgrundiermittel eingesetzt. Die englischen Bezeichnungen **Primer, Wash-, Shop- oder Reaktionsprimer** gehören heute ebenso zur Fachsprache wie der Begriff **Sealer** für farblose Haftvermittler.

Füller gleichen feine Unebenheiten im Untergrund aus und sorgen für eine gute Verankerung des Decklackes.

Bei Effektlackierungen mit lasierendem Basislack werden mit entsprechend farblich abgestimmten Tonfüllern einheitliche Grundlagen erzielt. Sie verhindern, dass Flecken oder Farbtonunterschiede den Decklack durchscheinen.

Grundierfüller ermöglichen, dass Grundierung und Füller in einem Arbeitsgang aufgetragen werden können.

Nass-in-Nass-Füller[1] haben den Vorteil, dass sofort nach dem Ablüften ohne Zwischenschliff die folgende Lackschicht aufgetragen werden kann. Die notwendige Arbeitszeit wird so um die eingesparte Schleif- und Trockenzeit verkürzt.

Durch den Einsatz von Trockenblaspistolen lässt sich die Ablüftzeit erheblich reduzieren und eine weitere Arbeitszeitverkürzung erzielen.

Die Emission von Lösemitteln lässt sich durch den Einsatz von **wasserverdünnbaren** Grundiermitteln und Füllern erheblich reduzieren.

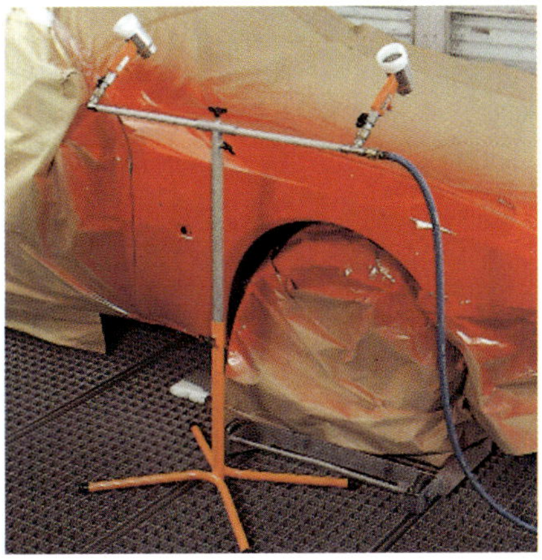

Trockenblas-pistole

[1] Nass-in-Nass-Füller (engl. Non-Sanding-Filler)

Filmbildner für Füller

- **Acrylat-Dispersion** in wasserverdünnbaren Grundfüllern
- **Epoxidmodifiziertes Polyvinylharz** (PVB) in Grundfüllern für den Zweischichtaufbau
- **2K-Polyurethan-Acrylharz** für Medium-Solid- und High-Solid-Füller, Nass-in-Nass-Verfahren, Haftvermittler für Beschriftungen, Spritzgrund für Leuchtfarben-Lackierungen und Basis für Tönfüller bei Effektlackierungen
- **2K-Epoxid-Polyamidharz** in Haftgrundfüllern für Aluminium, verzinkten Stahl und GfK-Bauteile
- **Cellulosenitrat-Kunstharz-Kombination** als gut schleifbare und schnell trocknende Füller für den Standard-Dreischicht-Aufbau

Spachtelmasse, Grundierung, Haftvermittler und Füller müssen aufeinander abgestimmt sein. Auf die Verträglichkeit mit dem Decklack ist zu achten.

Zur Sicherheit werden für eine Lackierung nur Beschichtungsstoffe eingesetzt, die von einem Hersteller stammen. Dabei sind die Verarbeitungsvorschriften und Produkthinweise genau einzuhalten.

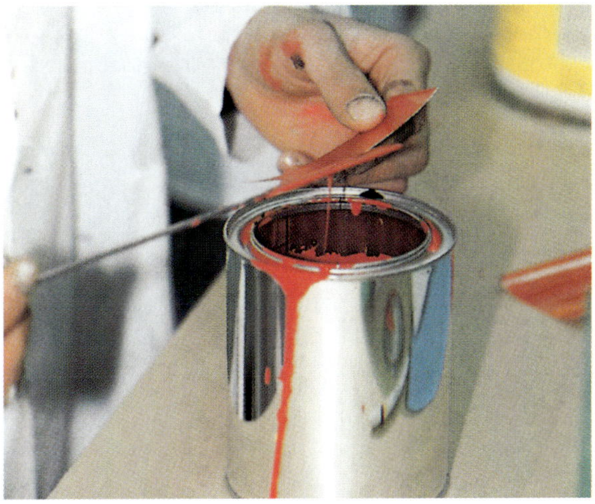

Abgleichen des Farbtones

12.7.6 Farbtonangleichung und Mischen

Die Gründe, warum nach dem Lackieren die ursprüngliche Fahrzeugfarbe mit dem Mischlack nicht immer übereinstimmen, sind vielfältig.

Hierzu können bereits beim Fahrzeughersteller unterschiedliche Lieferanten des Serienlackes, verschiedene Produktionsstätten, veränderte Applikations- und Trocknungsverfahren beitragen.

Die Fahrzeugfarbe wird beim Fahrzeughalter durch den betriebenen Pflegeaufwand, die verwendeten Pflegemittel, die Unterbringung des Fahrzeugs in einer Garage oder im Freien und durch den Standort, beispielsweise an salzhaltiger Seeluft, beeinflusst.
Beim Mischen können durch fehlerhafte Waagen, überlagerte Basisfarben, mangelnde Erfahrung, Mischfehler durch Zeitdruck, schlecht aufgerührte Basisfarben und ungünstige Lichtverhältnisse **Farbtonunterschiede** entstehen.

Grundregeln für das Mischen

- Identifizierung des Farbtons am Fahrzeug
- Genaue Einwaage der Bedarfsmenge anhand der Farbtondokumentation des Lackherstellers und sorgfältiges Aufrühren
- Farbmuster durch Spritzapplikation erstellen und nach Trocknung an der Reparaturstelle vergleichen
- Beurteilung des Farbtons unter optimalen Lichtverhältnissen und Feststellung, in welche Richtung die Korrektur (Nuancierung) erfolgen muss
- Mischungen sofort verarbeiten

In größeren Betrieben werden Farbtöne auch mithilfe der **Farbmetrik** ausgemessen.
Hierbei wird der Farbton direkt am Fahrzeug spektralfotometrisch gemessen und eine Rezeptur für das Mischen erstellt.

Spektralfotometrische Farbtonmessung

12.7.7 Grundregeln für das Lackieren

- **Vorarbeiten:** Das zu lackierende Objekt und die Abdeckung müssen staub- und fusselfrei sein. Ausschließlich geeignetes Abdeckmaterial verwenden.
  Die zu lackierende Fläche gut entfetten und mit sauberem Staubbindetuch reinigen.
- **Spritzkabine:** Nur in aufgeräumter, regelmäßig gründlich gereinigter Kabine spritzen. Klebeband-, Abdeckpapier- oder Farbreste haben hier nichts zu suchen.
  Die Funktion der Spritzpistole nicht an der Kabinenwand ausprobieren.
- **Spritzpistole:** Pressluftdruck nicht höher einstellen als unbedingt notwendig.
  Druckluftschlauch regelmäßig reinigen.
  Abnahmestelle muss mit einem gut funktionierenden Öl-, Staub- und Wasserabscheider versehen sein.
- **Lackierkleidung:** Zum Reinigen, während der Spritzvorbereitung und beim Spritzen einen antistatischen Overall tragen.
- **Spritzen:** Spritzpistole mit ruhigen Bewegungen führen, möglichst nicht weit über das zu spritzende Objekt beugen.

12.8 Beschichtungsarbeiten

Eine Fahrzeuglackierung erfolgt in Schichten. Im klassischen Verfahren besteht der Aufbau aus drei Schichten: der Grundierung, dem Füller und dem Decklack.

Standard-Pkw-Dreischichtlackierung	
Arbeitsablauf	**Material**
Vorbehandlung: zu lackierende Fläche waschen und reinigen	Silicon- und Teerfleckenentferner
Schadhafte Stellen: Metallisch blank entrosten	Trockenschliff P 80 oder sandstrahlen
Grobspachteln: Schadhafte Stellen spachteln	Polyesterspachtel
Trockenschliff: Rutscher oder Exzenter	P 80 bis P 150
Feinspachteln: feine Unebenheiten ausgleichen	Fleck- oder Ziehspachtel
Trockenschliff	P 80 bis P 150
Grundierung: Passivierung metallisch blanker Stellen	Grundfüller oder Primer
Füllern: ganze Fläche oder Schadstelle	Nitrokombinationsfüller
Nassschliff	P 800 bis P 1200
Decklack	PUR-Acryllack Zweischicht-Effektlacke (Metallic/Uni) PUR-Klarlack

Pkw-Zweischichtlackierung	
Arbeitsablauf	**Material**
Vorbehandlung: zu lackierende Fläche waschen und reinigen	Silicon- und Teerfleckenentferner
Schadhafte Stellen: Metallisch blank entrosten	Trockenschliff P 80 oder sandstrahlen
Grobspachteln: Schadhafte Stellen spachteln	Polyesterspachtel
Trockenschliff: mit Rutscher oder Exzenter	P 80 bis P 150
Feinspachteln: feine Unebenheiten ausgleichen	Fleck- oder Ziehspachtel
Nassschliff	P 240 / P 320 Schleifpad
Reinigen: ganze Fläche	Reinigungsmittel für Wasserlacksysteme
Füllern: ganze Fläche oder Schadstelle	Wasserverdünnbarer Grundfüller nass in nass
Nassschliff **Decklack**	Zweischicht-Effektlacke (Metallic/Uni) High-Solid-PUR-Klarlack

Zum Verarbeiten wasserverdünnbarer Materialien eignen sich HVLP-Spritzpistolen besonders gut. Durch den weichen Spritzstrahl treffen die Materialtröpfchen noch nass auf den Untergrund. Die zur Filmbildung notwendige Vernetzung und die Verankerung im Untergrund kann so unter optimalen Bedingungen erfolgen.

12.8.1 Beilackieren

Um Farbtondifferenzen auszugleichen, werden Flächen, die nicht durch Kanten oder Zierleisten abgegrenzt sind, beilackiert. Hierzu muss die Fläche gründlich gereinigt und mit P 1200 nass oder mit Schleifvlies (grau) geschliffen werden.
Die beizulackierende Fläche wird weich abgedeckt. Darunter versteht man eine Abdeckung, die ohne Beschädigung der Restabdeckung problemlos entfernt werden kann.

Beilackieren einer Einschicht-Uni-Lackierung

Am Reparaturteil alle notwendigen Vorarbeiten durchführen

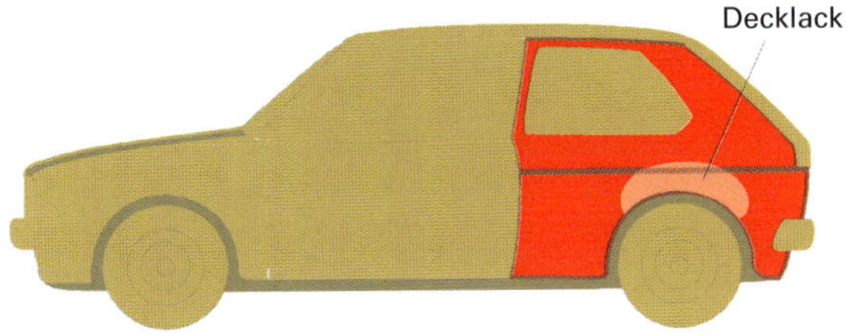

Reparaturteil einmal mit Decklack spritzen, Abdeckungen am angrenzenden beizulackierenden Teil entfernen

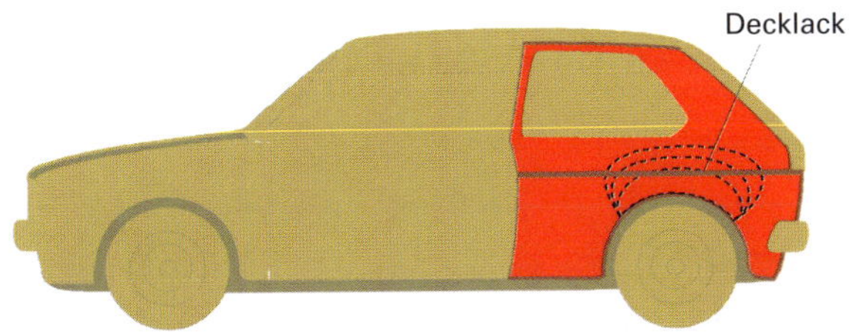

Zweiter Spritzgang mit reduziertem Druck in das angrenzende Teil auslaufend einspritzen

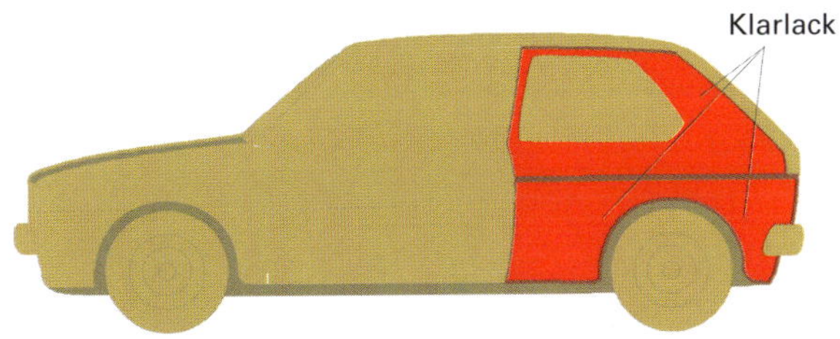

Beide Teile mit Klarlack lackieren

Beilackieren einer Zweischicht-Metallic-Lackierung

Am Reparaturteil alle notwendigen Vorarbeiten durchführen

Reparaturteil deckend mit Basislack spritzen

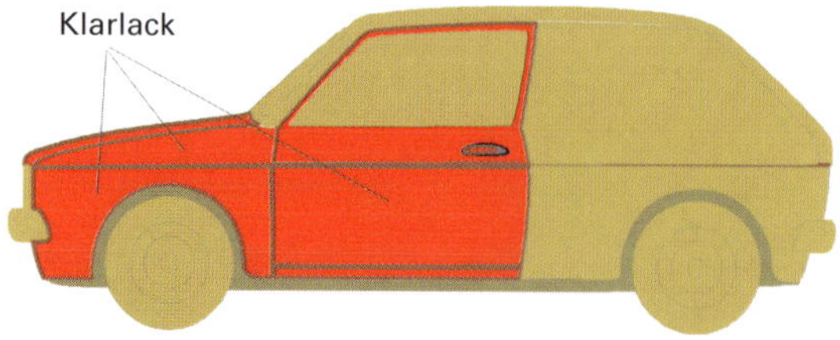

Abdeckung am beizulackierenden Teil entfernen; mit hoch verdünntem oder speziellem Klarlack spritzen

Bei Verwendung von speziellen Beispritzlacken verringert sich die Gefahr, dass sich schwarze Schattierungen in der Beispritzzone bilden.

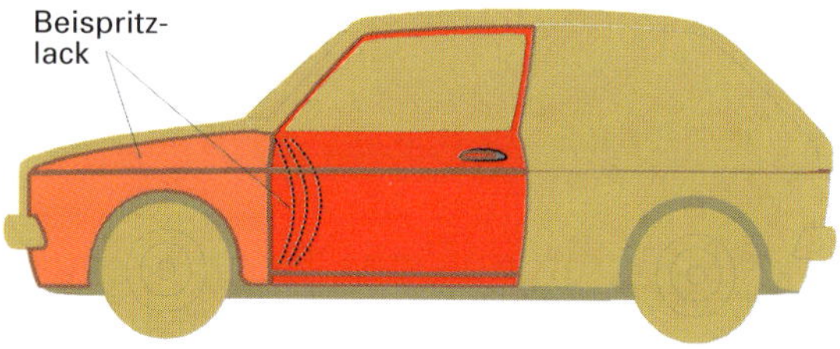

Reparaturteil mit 2 bis 3 Spritzgängen überlappend in die angrenzende beizulackierende Fläche spritzen

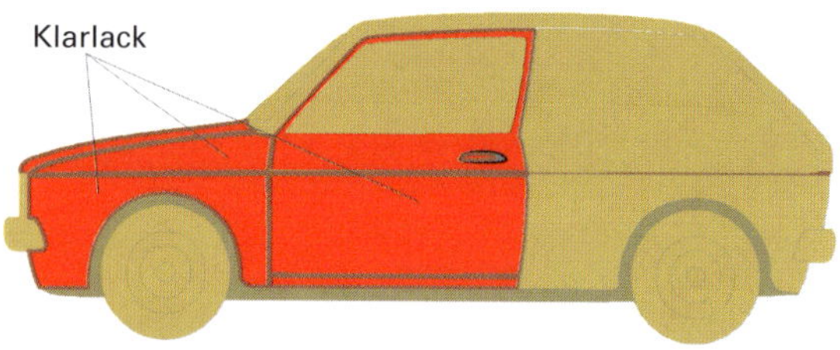

Reparaturteil und beigespritztes Teil mit Klarlack lackieren

12.8.2 Hohlraumversiegelung

In den Hohlräumen der Karosserie schlägt sich bei Temperaturwechsel Kondenswasser nieder, das die Korrosion auf der Innenseite fördert.
Daher gehört diese schützende Hohlraumkonservierung seit langem zur Serienausstattung der Fahrzeuge. Sie sollte aber regelmäßig alle 2 Jahre überprüft und bei Bedarf erneuert werden.
Für alle Fahrzeugtypen gibt es hierzu genaue Pläne, an welchen Stellen sich die hierfür vorgesehenen Öffnungen befinden.
Zur Konservierung dienen gerade, gebogene oder flexible Düsen, mit denen man durch die Einsprühlöcher die Hohlräume ausspritzen kann.
Danach werden die Einsprühöffnungen wieder mit einem Stopfen verschlossen.
Die Basis der Hohlraumversiegelung besteht aus Wachsen, die so beschaffen sind, dass sie nie ganz trocknen und in Spalten und Ritzen eindringen und die Rostbildung verhindern.

Hohlraumversiegelung mit Spezialpistole

12.8.3 Unterbodenschutz

Der Unterbodenschutz erfüllt gleichzeitig mehrere Aufgaben:
- Schutz gegen Korrosion
- Schutz gegen Steinschlag
- Lärmschutz bzw. Antidröhnwirkung

Er wird serienmäßig auf Unterboden, Abschlussblechen, Türschwellern und als Innenbeschichtung der Kotflügel aufgetragen. Im Laufe der Zeit wird dieser Schutz durch mechanischen Abrieb abgetragen und verliert seine Funktionen.

Unterbodenschutzmaterialien	
Werkstoff	**Eigenschaften**
Wachse	sehr kriechfähig, gute Haftung, plastisch weicher Überzug
Kautschuk	gute Haftung, sehr abriebfest, wasserverdünnbar, überlackierbar
Bitumen	gute Haftung, guter Nässeschutz, nicht überlackierbar, braunschwarzer Farbton
Kombinationsmaterial	vereinigt die positiven Eigenschaften obiger Materialien

Vor dem Erneuern oder Ausbessern muss der Unterboden gründlich mit dem Hochdruckreiniger von Öl, Wachs und Schmutz gesäubert werden.
Roststellen werden metallisch blank gereinigt und mit Korrosionsschutzgrund gestrichen.
Der Unterbodenschutz wird mit speziellen Sprühpistolen aufgetragen. Für kleinere Arbeiten eignen sich Einwegdosen, die als Hängebecher mit der Pistole verschraubt werden. Für größere Arbeiten stehen Anlagen mit entsprechenden Fassfüllungen zur Verfügung.

12.8.4 Fahrzeugbeschriftung

Zur Beschriftung dienen vor allem Selbstklebe- oder Maskierfolien, die mit dem Computer, entsprechender Software und einem Schneideplotter angefertigt werden. Mithilfe von Übertragfolien werden die Beschriftungsfolien auf das Fahrzeug geklebt. Im Gegensatz zu den Selbstklebefolien werden die Maskierfolien nach dem Aufziehen ausgespritzt.
Bei mehrfarbigen Beschriftungen wird dieser Vorgang nach einer jeweiligen grifffesten Zwischentrocknung so oft wiederholt, bis alle Farbtöne gespritzt sind.

Die gründliche Reinigung der Fläche ist bei allen Beschriftungstechniken Voraussetzung für deren Haltbarkeit.

Neulackierungen können nach dem Abkleben ohne weitere Vorarbeiten ausgespritzt werden.
Altlackierungen müssen zur Haftvermittlung mit einem Schleifvlies (extrafein) angeschliffen oder mit einem Zwischenprimer beschichtet werden. Die Maskierfolie wird nach dem Ablüften entfernt.
Zierlinien bestehen bereits bei der industriellen Lackierung meist aus selbstklebenden Streifen. Sie können nachgekauft und nach der Reparatur problemlos wieder aufgeklebt werden.
Mit auf Trägerfolie übertragene Kunststofffolien, die als Schablone dienen, lassen sich Zierlinien auch selbst herstellen. Sie werden im gleichen Verfahren auslackiert wie eine Beschriftung.
Im **Siebdruckverfahren** können Beschriftungen ohne abzukleben rationell in großen Stückzahlen übertragen werden.
Elektronische Digitaldruckverfahren eignen sich für originalgetreue Bilder und Beschriftungen.

Beschriftung mit digitalbedruckten Folien

Mit **elektrostatischen Digitaldruckverfahren** können großformatige Bilder und Schriften auf Bahnen übertragen und im Heißtransfer zu Folie brillanter Qualität veredelt werden. Die Folien passen sich selbst konturenreichen Untergründen an.

12.8.5 Lackpflege

Die Lackpflege dient der Werterhaltung des Fahrzeugs. Ohne sie verliert die Lackierung an Glanz und Schönheit.
Fahrzeuglacke sind oft täglich Wetter, Schmutz und starken mechanischen Beanspruchungen ausgesetzt. Durch regelmäßige Lackpflege mit geeigneten Reinigungsmitteln kann man die Schädigung der Lackierung verhindern.
Perlen Wassertropfen auf einer Lackierung nicht mehr ab, sondern breiten sich aus, muss der Lack mit einem Schutzfilm aus Wachskombinationen wieder wasserabstoßend gemacht und seine Elastizität erhalten werden.
Leichte Verwitterungen können mithilfe von milden Poliermitteln, die weder schleifen noch kratzen, beseitigt werden.

Zur Lackpflege dienen Polierpasten, Lackreiniger und Polish.

In den Autolackierwerkstätten werden alle drei eingesetzt:
Mit Schleifpasten lassen sich Altlackierungen aufrauen, mit Feinpolierpasten Spritznebelränder beseitigen.
Lackreiniger und Polish werden zum Auffrischen und Farbtonangleichen angrenzender Flächen eingesetzt. Sie verbessern optisch den Übergang von der Neu- zur Altlackierung. Außerdem lassen sich mit ihnen Läufer beseitigen.
Zum Polieren werden spezielle Vliese, Filze, Schwämme und Felle aus Lammfell oder Kunststoff verwendet. Poliert wird von Hand oder mit Poliermaschinen.

Durch siliconhaltige Mittel wird eine Lackfläche besonders wasserabweisend und glatt. Sie dürfen in einer Lackierwerkstatt aber nur dann eingesetzt werden, wenn dafür ein besonderer Finishraum zur Verfügung steht.

Aufgaben

1. *Nennen Sie vier Decklacke, die in der Fahrzeuglackierung gebräuchlich sind.*
2. *Erklären Sie die Bedeutung der Fachbegriffe HS, MS und LS bei Decklacken und Füllern.*
3. *Welche Vorzüge besitzen HS-Lacke?*
4. *Worauf ist beim Verarbeiten der Lacke zu achten?*
5. *Welchen Vorteil haben Nass-in Nass-Füller?*
6. *Warum ist eine Farbtonangleichung nötig?*
7. *Worin unterscheiden sich die Fahrzeuglackierungen in ihrem Aufbau?*
8. *Wozu dient das Beilackieren?*
9. *Wie lassen sich Fahrzeuglackierungen pflegen?*

12.9 Lackierfehler und Lackschäden, Ursachen und Abhilfe

Rissbildung (Abb. 1:1)

Rissbildung oder Kräuseln

- Mangelnde Durchtrocknung der Grundschichten
- Trocknungsstörung bei zu satter Lackierung
- Spannungsunterschiede im Beschichtungsaufbau
- Thermoplastischer Acryllack als Untergrund

Ausbesserung

- Bei Kräuselbildung Fläche schleifen, mit Siliconentferner behandeln, erneut schleifen und neu lackieren.
- Bei Rissbildung gesamte Lackschicht entfernen
- Neuer Aufbau mit Materialien eines Lackiersystems

Wolkenbildung (Abb. 1:1)

Wolkenbildung bei Metallic-Lackierungen

- Unregelmäßig aufgetragener Basislack
- Ablüftzeit beim Basislack nicht eingehalten
- Erste Klarlackschicht zu dick gespritzt

Ausbesserung

- Bei Wolkenbildung vor Auftrag des Klarlackes: Ausnebeln mit normal verdünntem Material und reduziertem Druck
- Bei Wolkenbildung nach Auftrag des Klarlackes: Nach der vorgeschriebenen Trocknungszeit anschleifen und erneut Basis- und Klarlack auftragen

Blasenbildung (50-fache Vergr.)

Blasenbildung

- Ungenügende Reinigung
- Salzrückstände
- Handschweiß
- Trocknungszeit nach dem Nassschleifen der Polyestermaterialien nicht eingehalten
- Verunreinigungen aus der Druckluft

Ausbesserung

- Lackierung bis auf mängelfreie Schichten abschleifen, Neuaufbau mit geeigneten Grund- und Decklacken

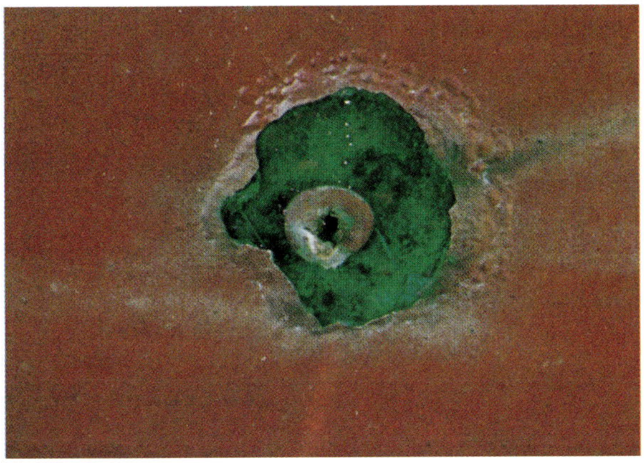

Unterrostung (Abb. 1:1)

Unterrostung

- Fehlerhafte Vorarbeit
- Durchgeschliffene Metallteile nicht oder mit falschem Material grundiert
- Ablagerungen von metallischem Schleifstaub in Verbindung mit Feuchtigkeit

Ausbesserung

- Lackschicht örtlich oder ganzflächig entfernen und entrosten
- Geeignete Korrosionsschutzgrundierung auftragen und neue Lackierung aufbauen

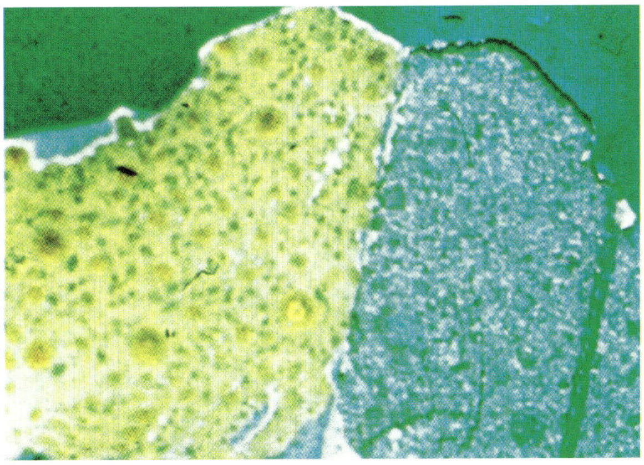

Abplatzerscheinung (100-fache Vergr.)

Abplatzen

- Mangelhafte Reinigung oder Aufrauung des Untergrundes
- Unverträglichkeit zwischen Grund- und Decklack
- Feuchtigkeitseinschluss beim Spritzen

Ausbesserung

- Lackschicht ganz oder bis zur mängelfreien, tragfähigen Schicht abschleifen und neu aufbauen

Kochblasen (60-fache Vergr.) (Abb. 1:1)

Kochblasen (Kocher)

- Schichten der Lackierung zu dick aufgetragen
- Ablüftzeiten zwischen den einzelnen Spritzgängen war zu kurz
- Trocknungstemperatur war zu hoch, z. B. durch zu geringen Abstand zum Infrarottrockner

Ausbesserung

- Bei geringfügigen Schäden wird die entsprechende Stelle gereinigt, angeschliffen und danach mit Decklack gespritzt
- Bei starken Schäden wird die schadhafte Lackschicht bis auf einen tragfähigen Untergrund abgeschliffen
- Neuer Aufbau der Lackierung mit geeigneten Grund- und Deckmaterialien

Kraterbildung (100-fache Vergr.)

Kraterbildung

- Untergrund enthält Siliconspuren durch:
  - ungenügende Reinigung des Untergrunds
  - unsaubere Druckluft
  - Silicon in Lappen oder Pflegemittel der Werkstatt
  - Kleidung oder Körperpflegemittel des Lackierers

Ausbesserung

- Während des Spritzvorgangs wird dem Lack Antisilicon zugesetzt
- Nach der Trocknung muss die Fläche mit Siliconentferner gereinigt und mit einem trockenen, sauberen Tuch nachgewischt werden
- Schleifen und neu lackieren

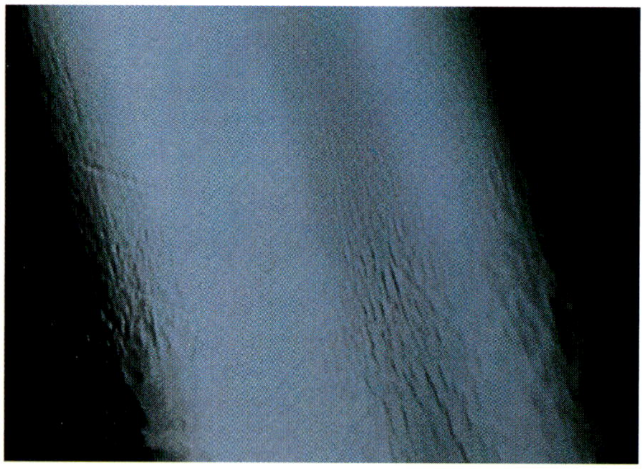

Randzonenmarkierung (Abb. 1:1)

Randzonenmarkierung

- Übergänge wurden nicht plan geschliffen
- Fleck durch zu dick aufgetragenen Füller

Ausbesserung

- Betroffene Fläche schleifen
- Lackierung neu aufbauen

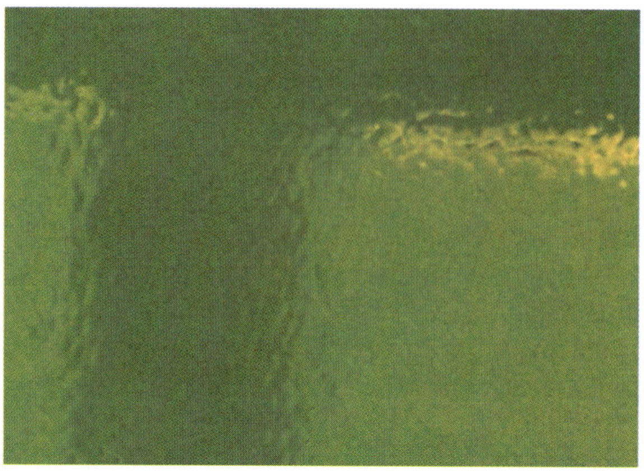

Apfelsinenschaleneffekt (Abb. 1:1)

Apfelsinenschaleneffekt

- Verlaufsstörung
- Spritzviskosität war zu hoch eingestellt
- Temperatur von Lack und Untergrund unterscheiden sich stark
- Falscher Spritzabstand
- Falscher Luftdruck

Ausbesserung

- Fläche plan schleifen und neu lackieren

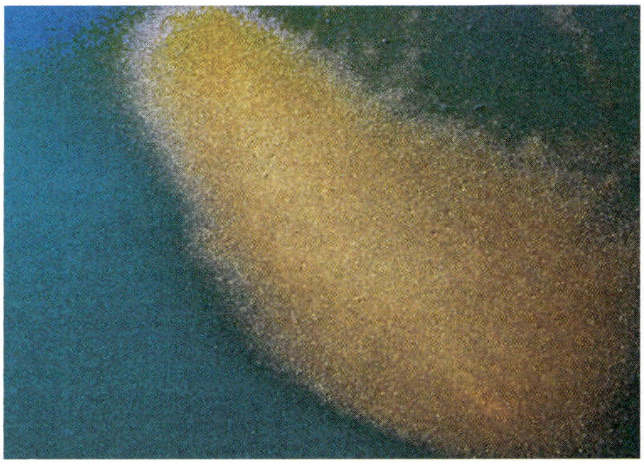

Ausbluten

Ausbluten

- Altlackierung enthält lösliche Pigmente
- Verunreinigung durch Bitumen oder Teerreste
- Spachtelmasse enthält zu viel Härter bzw. Peroxid

Ausbesserung

- Leichte Schäden:
  Anschleifen, absperren mit Polyester- oder Epoxidfüller und neu lackieren
- Schwere Schäden:
  Lackierung bis zur unbelasteten Schicht abschleifen und neu aufbauen

Schleifriefen (60-fache Vergr.)

Schleifriefen

- Schleifmittel war zu grob
- Falsche Schleiftechnik angewendet
- Füller und Decklack wurden zu dünn aufgetragen
- Die vorgeschriebenen Trocknungszeiten der verwendeten Grundmaterialien wurden nicht eingehalten

Ausbesserung

- Anschleifen und Lackierung neu aufbauen

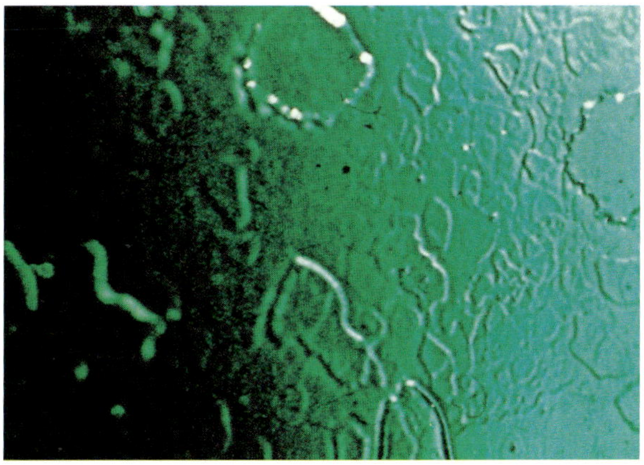

Wasserflecken (Abb. 4:1)

Wasserflecken

- Die noch nicht durchgetrocknete Lackierung wurde dem Regen oder Tau ausgesetzt

Ausbesserung

- Mit feuchtem Ledertuch abwischen und danach mit Hochglanzpolish polieren
- Lässt sich der Schaden durch Polieren nicht beheben, Fläche anschleifen und neu mit Decklack beschichten

12.10 Verordnungen, Technische Regeln, Richtlinien und Vorschriften

In einer Fahrzeuglackiererei müssen zum Schutz der Menschen gegen Unfälle und Gesundheitsgefahren sowie zum Schutz der Umwelt und von Sachwerten entsprechende Vorkehrungen getroffen werden. Die nachfolgenden Verordnungen, Regeln und Vorschriften müssen deshalb genau beachtet werden (vgl. Kapitel 2.2 ff.).

Verordnung über gefährliche Stoffe
(Gefahrstoffverordnung GefStoffV)

Verordnung über Arbeitsstätten
(Arbeitsstättenverordnung ArbStättv)

Verordnung über elektrische Anlagen in explosionsgefährdeten Räumen

Verordnung über Anlagen zur Lagerung und Beförderung brennbarer Flüssigkeiten zu Lande
(Verordnung brennbare Flüssigkeiten VbF)

Technische Anleitung zur Reinhaltung der Luft (TA Luft)

Technische Anleitung zum Schutz gegen Lärm (TA Lärm)

Richtlinien für die Vermeidung der Gefahren durch explosionsfähige Atmosphäre
(Explosionsschutzrichtlinien EX-RL)

Arbeitsstätten Richtlinien (ASR)

Unfallverhütungsvorschriften der Berufsgenossenschaften

Übersicht – Technische Regeln für Gefahrstoffe (TRGS)

TRGS 001	Allgemeines, Aufbau, Anwendung und Wirksamwerden der TRGS (Hinweise des BMA)
TRGS 002	Übersicht über den Stand der Technischen Regeln für Gefahrstoffe
TRGS 102	Technische Richtkonzentrationen (TRK) für gefährliche Stoffe
TRGS 150	Unmittelbarer Hautkontakt mit Gefahrstoffen, die durch die Haut resorbiert werden können – Hautresorbierende Gefahrstoffe
TRGS 200	Einstufung und Kennzeichnung von Stoffen, Zubereitungen und Erzeugnissen
TRGS 402	Ermittlung und Beurteilung der Konzentrationen gefährlicher Stoffe in der Luft in Arbeitsbereichen
TRGS 403	Bewertung von Stoffgemischen in der Luft am Arbeitsplatz
TRGS 515	Lagern brandfördernder Stoffe in Verpackungen und ortsbeweglichen Behältern
TRGS 555	Betriebsanweisung und Unterweisung nach § 20 GefStoffV
TRGS 612	Ersatzstoffe, Ersatzverfahren und Verwendungsbeschränkungen für dichlormethanhaltige Abbeizmittel
TRGS 900	Grenzwerte in der Luft am Arbeitsplatz
TRGS 905	Verzeichnis krebserzeugender, erbgutverändernder oder fortpflanzungsgefährdender Stoffe

Aufgaben

1. *Wie können sich in einer Fahrzeugreparaturlackierung Risse bilden?*
2. *Wodurch entstehen Blasen in einer Lackierung?*
3. *Wie werden unterrostete Stellen beseitigt?*
4. *Worauf ist das Abplatzen einer Lackierung häufig zurückzuführen?*
5. *Wie müssen abgeplatzte Stellen ausgebessert werden?*
6. *Welche Ursachen können Kochblasen haben?*
7. *Erläutern Sie, wie sich in einer Lackierung Krater bilden können.*
8. *Nennen Sie vier Gründe, die einen Apfelsinenschaleneffekt auslösen können.*
9. *Wodurch kann es in einer Lackierung zum so genannten „Ausbluten" kommen?*
10. *Wie können Wasserflecken in einer Lackierung beseitigt werden?*

Projekte

1. *Überprüfen Sie, wie sich das Mischen auf die Lackierung eines 2K-PUR-Acryllackes auswirkt. Stellen Sie folgende Mischproben her:*
   a) genau nach Herstellervorschrift,
   b) im umgekehrten Verhältnis,
   c) im ungefähren Verhältnis.
   Spritzen Sie die Lackmischungen auf entsprechend vorbereitete Musteruntergründe. Beurteilen Sie die angefertigten Muster nach Trocknung, Aussehen, Glanz und Härte.
2. *Untersuchen Sie die Untergrundvorbereitung mithilfe eines Uni-Decklackes*
   a) auf einer Fläche, die nur gespachtelt und geschliffen wurde,
   b) auf einer Fläche, die gespachtelt, geschliffen und gefüllert wurde.
   Vergleichen Sie Trocknung und Aussehen der beiden Oberflächen.
3. *Stellen Sie fest, welchen Einfluss die Ablüftzeit auf eine Fahrzeuglackierung hat. Bereiten Sie hierzu mit einem Uni-Decklack zwei Proben vor, die beide ofengetrocknet werden:*
   a) nach der vorgeschriebenen Ablüftzeit,
   b) ohne Ablüftzeit.
   Vergleichen Sie Trocknung und Aussehen der beiden Lackflächen.

13 Holzbeschichtung

13.1 Holz – Holzwerkstoffe

13.1.1 Holz, ein natürlicher Rohstoff

Holz und Holzwerkstoffe gehören zu den wichtigsten Baustoffen, die wir kennen. Aus Holz lassen sich ganze Gebäude errichten. Holzbalken eignen sich aufgrund ihrer hohen Tragfähigkeit und geringen Dichte für Dachkonstruktionen, Decken, Stützen und Fachwerke. Holzbretter dienen zur Verschalung von Fassaden, Decken und Innenwänden. Aus Holz werden Fenster, Türen, Treppen und Möbel gefertigt.
Die reichhaltige Natur bringt eine Vielfalt von Holzarten hervor. Ihre Holzoberfläche spiegelt in Maserung, Struktur, Farbe und Wachstum die Artenvielfalt und Lebendigkeit wider. Sie stellen die enge Verbindung zur Natur und damit zum Leben her. Hierin mag wohl der eigentliche Grund liegen, warum Holz so beliebt ist. Holz drückt Wärme und Behaglichkeit aus. Es schmückt und verschönert Innenräume auf vielfältige Weise.

Als nachwachsender Rohstoff ist Holz auch unter ökologischen Gesichtspunkten sehr wertvoll; sein maßvoller Verbrauch kann einem *nachhaltigen* Naturschutz dienen. Raubbau führt zu Umweltzerstörung, Hochwasserkatastrophen und Klimabeeinträchtigung.

Durch Beschichtungen können Holzbauteile vor Holzschädlingen und Verwitterung geschützt und die natürliche Schönheit ihrer Oberfläche für einen bestimmten Zeitraum erhalten bleiben.

13.1.2 Holz – Holzarten

Als Holz bezeichnet man die wirtschaftlich nutzbaren Teile eines Baumes.

Schnittholz wird nach der Verwendung u. a. als Balken, Bohlen, Bretter und Leisten zugesägt und entsprechend weiterverarbeitet.
Holzwerkstoffe sind Platten und Formteile aus Holzlagen, Holzspänen oder Holzfasern.
Furniere sind dünne Holzblätter, die durch Sägen oder Schälen vom Stamm abgetrennt wurden.

Die Holzarten lassen sich nach verschiedenen Gesichtspunkten unterscheiden:
- nach Baumart in Nadel- und Laubbäume, z. B. Tanne, Kiefer oder Ahorn, Buche, Eiche,
- nach Waldregion innerhalb eines Landes oder Erdteils, z. B. europäischer Bergwald, nordamerikanischer Redwood oder tropisches Holz,
- nach Merkmalen wie Kern- und Splintholz, Oberflächenstruktur, Farbe, Geruch, Glanz,
- nach Eigenschaften wie Dichte, Härte, Festigkeit, Schwinden und Quellen,
- nach Verwendung als Bau- oder Möbelholz.

Die Eigenschaften hängen vom Alter, Wachstum, Anbaugebiet, der Holzart und der Faserung ab.

Wichtige Nutzhölzer in einer Übersicht

Bezeichnung	Laub-/ Nadel-holz	weich mittel hart	Herkunft	Verwendung
Ahorn	L	m	Europa	Möbel, Furniere
Birke	L	m	Europa	Sperrholz, Furniere
Buche	L	h	Europa	Möbel, Furniere
Ebenholz	L	h	Afrika	Kunstschnitzerei
Eiche	L	h	Europa	Bauholz, Furniere
Erle	L	w	Europa	Sperrholz
Esche	L	m	Europa	Bürsten, Sperrholz
Fichte	N	w	Europa	Bauholz
Kiefer	N	w	Europa	Bauholz, Fenster
Kirschbaum	L	h	Europa	Möbel
Lärche	N	w	Europa	Bauholz
Limba	L	w	Afrika	Möbel, Sperrholz
Linde	L	w	Europa	Schnitzholz, Modelle
Mahagoni	L	w	Afrika	Möbel, Furniere
Nussbaum	L	m	USA	Möbel, Furniere
Okoume	L	w	Afrika	Furniere, Sperrholz
Oregon-Pine	N	w	USA	Bauholz
Palisander	L	h	Brasilien	Möbel, Furnier
Pappel	L	w	Europa	Sperrholz
Ulme	L	h	Europa	Möbel, Treppen
Redwood	N	w	USA	Möbel, Bauholz
Tanne	N	w	Europa	Bauholz
Teak	L	h	Asien	Möbel, Parkett
Zeder	N	w	USA	Wandverkleidung

13.1.3 Aufbau des Holzes

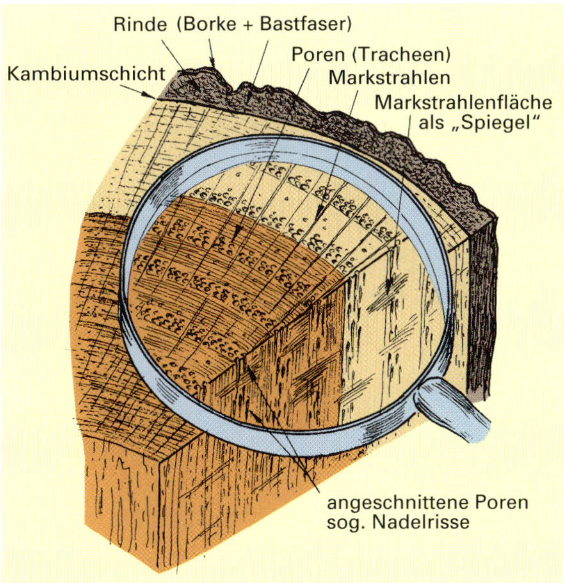

Eichenholz unter der Lupe
Jahresring beginnt mit großen Poren

Holz ist aus einer Vielzahl von Zellen aufgebaut. Diese dienen der Ernährung, Faserbildung und dem Wachstum des Baumes. Die Zellen entstehen durch Teilung im Bereich der Wachstumszonen. Sie lagern in den Zellwänden *Zellulose* und *Lignin* ein und bilden so das feste Zellgerüst des Holzes. Ältere Zellen, die nicht mehr zur Ernährung und dem Wachstum dienen, lagern Wachse, Harze, Terpentin, Gerb- und Farbstoffe ein. Das *Längenwachstum* des Baumes beginnt im Austrieb der Knospen an den Ästen und Zweigen. Über die Bastschicht werden die Nährsäfte aus den Blättern an das *Kambium* herangeführt, sodass neues Zellgewebe entstehen kann und ein *Dickenwachstum* erfolgt.
Jahresringe bilden sich durch jahreszeitlich unterschiedliche Wachstumsphasen aus. Im Frühjahr wachsen großräumige, aber dünnwandige Zellen. Sie bilden das weiche Holzgewebe des *Frühholzes* und sind z. T. Leitgefäße für die Nährstoffe. Die im Sommer und Herbst entstehenden Zellen des *Spätholzes* sind kleiner, dickwandiger und geben als Stützzellen dem Holz Stabilität. Alle Zellen sind von gleicher Farbe: Der Spätholzteil erscheint nur dunkler durch die dickere Wandung der kleineren Spätholzzellen.
Das Klima der Tropen ist über die Jahreszeiten hinweg nahezu gleich bleibend. Deshalb besitzen tropische Hölzer nur gering ausgeprägte Jahresringe.

Früh- und Spätholz bilden zusammen einen Jahresring.

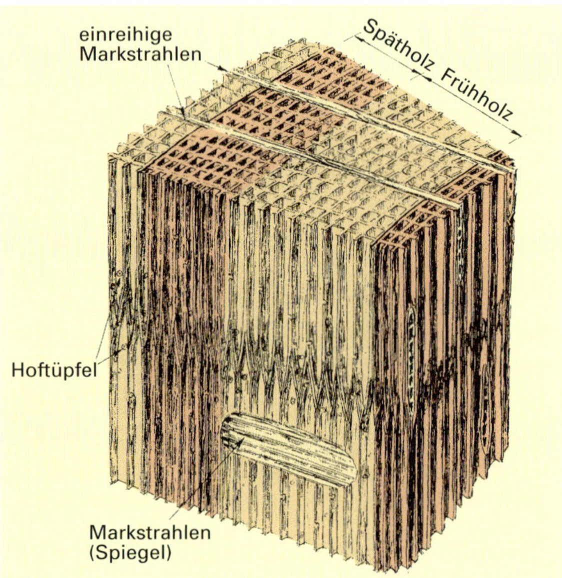

Ein Jahresring der Kiefer, etwa 15-fach vergrößert. Frühholz hat große, dünnwandige Zellen, Spätholz hat kleine dickwandige Zellen.

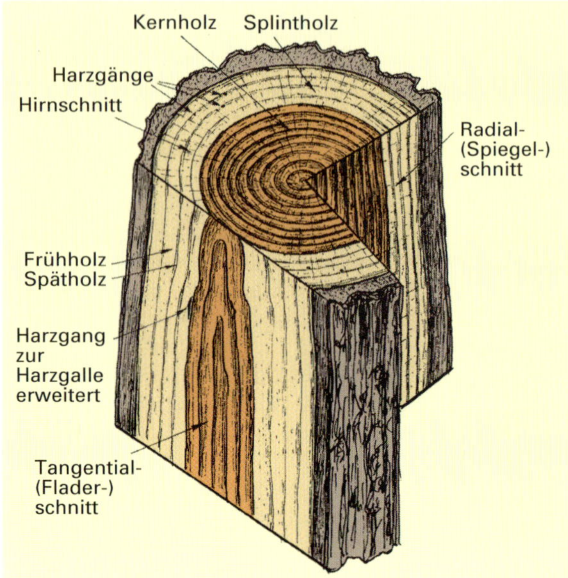

Die drei Schnitte am Kiefernstamm

Je nach Art des Schnittes durch einen Holzstamm zeigt sich ein anderes Holzbild. Wir unterscheiden folgende Schnitte:

- Quer- oder Hirnschnitt
- Spiegel- oder Radialschnitt
- Flader-, Sehnen- oder Tangentialschnitt

Holzbild – Zeichnung des Holzes

Die verschiedenen Schnitte lassen sich an ihrem Holzbild, auch Zeichnung genannt, erkennen.
Bei einem **Hirnschnitt** zeigen sich die ganzen Jahresringe. An der Anzahl der Jahresringe lässt sich das Alter eines Baumes feststellen. Durch einen **Radialschnitt** erscheinen die Jahresringe als nebeneinander liegende parallele Linien. Die quer dazu stehenden glänzenden Markstrahlen nennt man *Spiegel*. Radial zugeschnittene Kernbretter sind formstabiler, werfen sich nicht so sehr und werden deshalb u. a. für Rahmen und Friese verwendet.
Bei einem nicht durch die Mitte ausgeführten Schnitt zeigt sich die für einen **Tagentialschnitt** typisch ausgeprägte Maserung. Sie wird als Flader bezeichnet. Die unterschiedliche Farbe von Früh- und Spätholz bewirkt das sog. *Flammen*. Je dichter der Schnitt an die Markröhre heranrückt, umso mehr verliert sich die „flammige" Zeichnung und geht in Streifen über. Bretter dieser Schnittart werden als belebende Elemente für größere Flächen, z. B. für Holzverschalungen und Füllungen, verarbeitet.

Kern- und Splintholz

Mit zunehmendem Alter führen die äußeren Jahresringe das nährstoffreiche Wasser, während die inneren sich nach und nach über die Markstrahlen mit Harzen, Fetten, Ölen, Gerb- und Farbstoffen füllen. An der eingetretenen Verfärbung lässt sich das Kernholz leicht vom wasserführenden, Nährstoffe transportierenden Splintholzbereich unterscheiden. Das so entstandene Kernholz ist schwerer, fester, dauerhafter und arbeitet weniger. Es ist aber auch spröder und lässt sich nicht mehr so leicht bearbeiten.
Die Beständigkeit, die ungestrichenes Vollholz gegen Witterungseinflüsse aufweist, ist größtenteils von der Härte des Holzes abhängig.

Je größer die Dichte des Holzes ist, umso höher ist in der Regel auch seine Härte.

13.1.4 Einfluss von Feuchtigkeit auf Holz

Besteht zwischen Holz und der umgebenden Luft ein Feuchtigkeitsgefälle, wird Wasser aufgenommen oder abgegeben. Das Wasser sammelt sich in den Zellhohlräumen und wird teilweise in den Zellwänden gebunden. Dabei dehnen sich die Zellwände aus, das Holz quillt, verwirft oder verzieht sich. Solange die Zellwände durch gebundenes Wasser gesättigt sind, bleibt die Quellung erhalten. Verdunstet das freie Wasser der Zellhohlräume, geben auch die Zellwände ihr gebundenes Wasser ab. Das Holz schwindet und kann reißen.

Bei Holzkonstruktionen muss der unterschiedliche Schwund berücksichtigt werden.

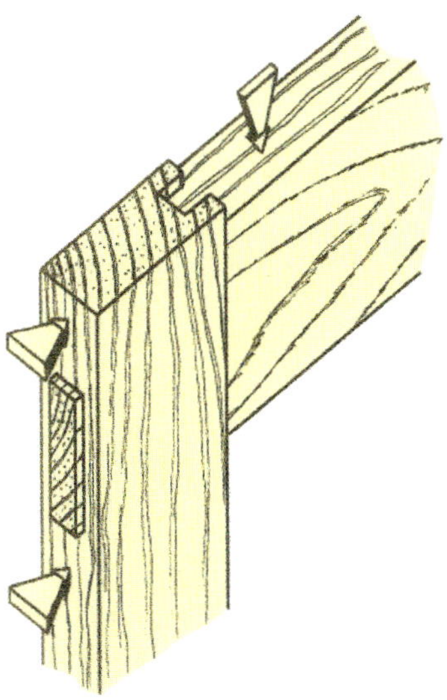

Unterschiedlicher Längs- und Breitenschwund

Arbeiten des Holzes

Die Ausdehnungsänderung des Holzes wird als das *Arbeiten* des Holzes bezeichnet.
Die Fähigkeit, Wasser in den Fasern zu binden, ist je nach Holzart und innerhalb des Stammes verschieden. Bei Eichenholz ist die Fasersättigung bereits bei 23–25 % erreicht, Buchenholz kann dagegen 32–35 % Feuchte aufnehmen.

Hölzer mit einer höheren Fasersättigung können mehr Wasser binden und *arbeiten* daher stärker.

Auch innerhalb des Holzes ist das Ausdehnungsbestreben unterschiedlich. Holz arbeitet nicht in jede Richtung gleich. In Faserrichtung beträgt das Schwindmaß ca. 0,1 bis 0,5 %, in Richtung Markstrahlen (radial) ca. 5 % und in Richtung Jahresringe (tangential) ca. 10 %.

13.1.5 Holzfehler

Als Holzfehler bezeichnet man Risse, Harzgallen, Drehwuchs und Krümmungen, schädliche Äste, Kettendübel, Pilz- und Insektenbefall.
Risse sind eine Folge von Spannungen im Holz. Diese können schon im Baum, beim Verarbeiten, Trocknen oder durch Witterungseinflüsse entstanden sein. Wir unterscheiden u. a.

• Kernrisse	• Ringrisse
• Trockenrisse	• Oberflächenrisse
• Windrisse	• Frostrisse

Risse beschleunigen das Eindringen von Feuchtigkeit. Sie fördern den Pilzbefall und sind eine Brutstätte für Holz zerstörende Insekten. Beschichtungen verlieren durch Risse ihre Haftung und platzen ab. Auf Harzgallen, harzhaltigen, herausfallenden oder faulenden Ästen haften Beschichtungen ebenfalls nur mangelhaft.
Daher müssen Harzgallen beseitigt und schadhafte Äste entfernt oder ausgedübelt werden. Überdecken sich die Dübel, spricht man von einer Kettendübelung. Sie schwächt die Belastbarkeit des Holzes, neigt unter Witterungseinflüssen zum Herausfallen und wird so zur Ursache für weitere Schädigungen des Holzbauteils.

Aufgaben

1. *Warum ist Holz ein so wertvoller Baustoff?*
2. *Erklären Sie die Begriffe Schnittholz, Holzwerkstoffe und Furniere.*
3. *Wovon hängen die Eigenschaften der verschiedenen Holzarten ab?*
4. *Nennen Sie vier Laub- bzw. Nadelhölzer und geben Sie an, wozu diese hauptsächlich verwendet werden.*
5. *Erklären Sie das Längen- und Dickenwachstum von Holz sowie die Bildung von Jahresringen.*
6. *Welchen Einfluss hat Feuchtigkeit auf Holz?*

13.2 Holzschädlinge

Der biologische Baustoff Holz dient anderen Organismen als Nährboden, Brutstätte und Nahrungsquelle. Dabei werden die Inhaltsstoffe und Holzzellen abgebaut. Das Holz wird morsch und verliert seine Festigkeit. Holz verfärbende und Holz zerstörende Pilze sowie Insekten befallen vor allem Holz und Holzwerkstoffe, die ungeschützt der Witterung ausgesetzt oder direkt mit Erdreich verbunden sind.

Pilze vermehren sich am besten in feuchtem Holz mit einem Feuchtigkeitsgehalt von über 20 %.

13.2.1 Holz verfärbende Pilze

Nadelholzflächen sind oft mit blauschwarzen Verfärbungen gekennzeichnet, die vom Bläuepilz verursacht werden. Die im Splintholz gespeicherten Nährstoffe dienen dem Bläuepilz als Nahrungsquelle. Das nährstoffarme Kernholz wird nicht befallen. Die Zellwände des Holzes werden nicht angegriffen. Dadurch bleibt die Festigkeit des Holzes erhalten. Neben dem optischen Schaden führen die vielen kleinen Fruchtkörper an der Holzoberfläche zu Anstrichschäden. Sie verringern die Haftung der Beschichtung und damit ihre Schutzwirkung. Eindringende Feuchtigkeit kann im Holz Fäulnis hervorrufen.

Bläuepilz mit beginnender Fäule an einem Garagentor

13.2.2 Holz zerstörende Pilze

Die Holz zerstörenden Pilze bauen die Holzzellwände ab und verursachen dadurch Fäulnis. Diese Pilzart lässt sich an ihrem typischen Fruchtkörper erkennen. Verantwortlich für die Holzzerstörung ist aber nicht der Fruchtkörper, sondern darunter befindliche Sporen, die das Holz als Nährboden nutzen, so genannte Hyphen bilden, sich verzweigen und ein dichtes Pilzgeflecht, das Myzel, hervorbringen. Dieses kann an der Oberfläche wachsen oder tief in das Holz eindringen. Hiernach richtet sich die Art der Fäule, z. B. Kernfäule, Splintfäule, Moderfäule usw.

Hausschwamm

Der Hausschwamm gehört zu den gefährlichsten Holzzerstörern. Er wächst sehr schnell. Dabei produziert der Hausschwamm aus den abgebauten Zellen Wasser, das auf der Holzoberfläche oder dem Myzel verbleibt und dem weiteren Wachstum dient. Man bezeichnet ihn daher auch als Nassfäulepilz. Auf diese Weise befällt der Hausschwamm auch trockenes Holz. Sein Geflecht aus Myzelsträngen kann über Stockwerke hinweg, durch Mauerwerk und über große Entfernungen führen, um dort seine unheilvolle Wirkung fortzusetzen. Für die Sanierung ist es daher wichtig, die Feuchtigkeitsquellen zu beseitigen und das befallene Holz zu entfernen. Auch das umliegende Mauerwerk und noch scheinbar gesundes Holz müssen mit saniert werden.

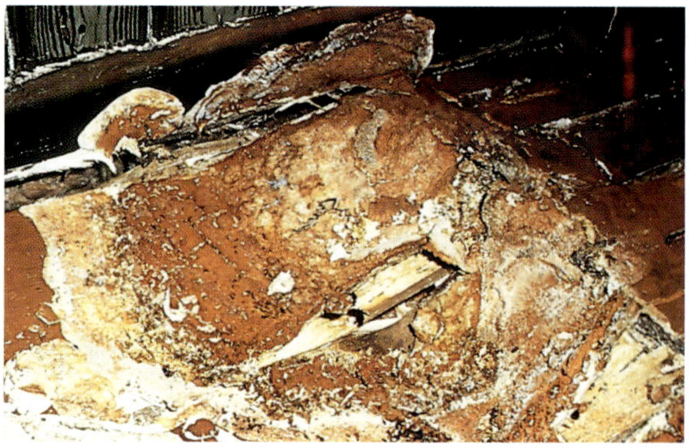

Fruchtkörper des echten Hausschwamms an einem Balken

Kellerschwamm

Der Kellerschwamm ist nicht so leicht zu erkennen, weil der Furchtkörper häufig fehlt. Das Myzel verfärbt sich mit der Zeit von weißlich bis braunschwarz. Seine Sporen sind eiförmig. Das befallene Holz zeigt eine typische Braunfäule und wird mit der Zeit morsch. Sobald das Holz ausgetrocknet ist, hört die Fäulnis auf.

Kellerschwamm bildet sich strangförmig aus

13.2.3 Holz zerstörende Insekten

Holz zerstörende Insekten legen ihre Eier in Spalten oder Risse des Holzes. Bald entwickeln sich hieraus Larven. Diese fressen sich mehrere Jahre durch das Holz, ohne an die Holzoberfläche zu kommen. Ausgewachsene Larven werden zu Käfern und durchstoßen beim Umwandlungsprozess die Holzoberfläche. Die Insektenweibchen legen nach einer nur kurzen Flug- oder Krabbelstrecke zwischen 200 und 600 Eier erneut in Risse oder Holzspalten. Mit dieser Vermehrung nimmt die Holzzerstörung ihren Lauf. Ein Erkennungsmerkmal ist das Flugloch, das beim Durchstoßen der Holzoberfläche entsteht.

Holzwespe

Sie befällt Nadelhölzer bereits im Wald, sodass sie mit dem frischen Bauholz in Gebäude eingeschleppt wird. Eine Larve wird ca. 3 cm lang. Sie ist so kräftig, dass sie dicke Putzschichten und sogar Bleifolien durchstoßen kann. Dabei entsteht ein rundes Flugloch mit ca. 4 bis 7 mm Durchmesser. Die Holzwespe fliegt in der Regel weg, sodass das umgebende Holz nicht erneut befallen wird.

Gewöhnlicher Nagekäfer

Der gewöhnliche Nagekäfer, fälschlicherweise auch Holzwurm genannt, befällt Laub- und Nadelholz. Die Larve wird ca. 4 bis 6 mm lang und hinterlässt runde Fluglöcher mit 1 bis 2 mm Durchmesser. Das bereits befallene Holz wird erneut zur Eiablage genutzt.

Hausbock

Er befällt u.a. Gebälk und Dachstühle aus Nadelholz. Die Larve wird ca. 3 cm lang. Sie frisst in einem Zeitraum von 5 bis 8 Jahren lange Gänge dicht unter der Oberfläche. Die Tragfähigkeit des Holzes wird geschwächt. Mit einem Beil lässt sich das befallenen Holz abbeilen bzw. entfernen. Dabei werden die mit hellem Fraßmehl verstopften Gänge sichtbar. Ein ausgefranstes ovales Flugloch mit einem Durchmesser von 5 bis 10 mm kennzeichnet den Hausbockbefall.

Hausbocklarve

Mit den langen Fühlern ertastet das Hausbockweibchen Risse im Holz der Umgebung des Fugloches und legt dort ihre Eier ab. Dadurch wird das befallene Holz immer stärker geschädigt.

Hausbockkäfer

Weitere Holz zerstörende Insekten sind der braune *Splintholzkäfer* und der gescheckte *Nagekäfer*, der auch Totenuhr wegen seines pochenden Geräusches genannt wird.

13.3 Holzschutz

Bei den zu treffenden Schutzmaßnahmen unterscheidet man im Außenbereich
- tragende und/oder aussteifende Holzbauteile
- nichttragende nicht maßhaltige Holzbauteile
- nichttragende maßhaltige Holzkonstruktionen

13.3.1 Holzschutzmaßnahmen

Holz und Holzwerkstoffe können durch geeignete vorbeugende Maßnahmen wirkungsvoll vor Zerstörung durch Pilze, Insekten und Feuer geschützt werden.

- **Bauliche, konstruktive Maßnahmen**
  Sie haben zum Ziel, Feuchtigkeit vom Holz fern zu halten, um so Holz zerstörenden Pilzen den Nährboden zu entziehen.
- **Holzbeschichtungen**
  Sie halten das Holz trocken, verhindern das Auswittern und die Rissbildung und schützen so gegen Holz zerstörende Pilze und Insekten.
- **Chemische Holzschutzmittel**
  Sie verringern die Brennbarkeit und erhöhen so den Feuerwiderstand. Durch ihre abtötende Wirkung bekämpfen sie Pilz- und Insektenbefall und beugen diesen vor.

Holzschutzmittel sind meist sehr giftig und schädigen dauerhaft die Gesundheit!
Daher dürfen Holzschutzmittel nur unter bestimmten Voraussetzungen angewendet werden. Beim Verarbeiten müssen Haut und Augen gegen Berührung geschützt werden.
Schutzbrille und Schutzhandschuhe tragen!

13.3.2 Baulicher Holzschutz

Hierbei gelten folgende Grundregeln:

- Holz muss genügend Abstand zum Erdreich besitzen.
- An den Anschlüssen darf kein Wasser in das Holz eindringen.
- Auf Holzkonstruktionen darf Wasser nicht stehen bleiben.
- Holz muss arbeiten können.

Tragende, aussteifende Holzbauteile wie Dachkonstruktionen und Fachwerk sichern die Standfestigkeit des Bauwerks. Sie müssen so geschützt sein, dass die Funktionen dauerhaft erhalten bleiben.
Nichttragende nicht maßhaltige Bauteile, wie Verbretterungen, Dachuntersichten, Zäune usw., sind vor zerstörenden Einwirkungen und zur Erhaltung ihres Aussehens zu schützen. Die Maßbeständigkeit ist hierbei weniger wichtig.
Maßhaltige nichttragende Holzbauteile wie Fenster und Türen sind außen und innen großen Beanspruchungen ausgesetzt. Auf den kleinen Holzquerschnitt wirken von außen Regen, Eis und Schnee sowie die Wärme- und UV-Strahlen der Sonne. Infolge von Temperaturunterschieden belastet innen Kondenswasser das Holz. Reinigungsmittel setzen innen und außen einer Holz schützenden Beschichtung zu. Hinzu kommen ständige mechanische Beanspruchungen beim Öffnen und Schließen.
Damit die Holzbauteile dauerhaft geschützt ihre Funktionsfähigkeit behalten, müssen trockenes, fehlerfreies Holz zur Herstellung verwendet und die entsprechenden konstruktiven Voraussetzungen erfüllt werden.

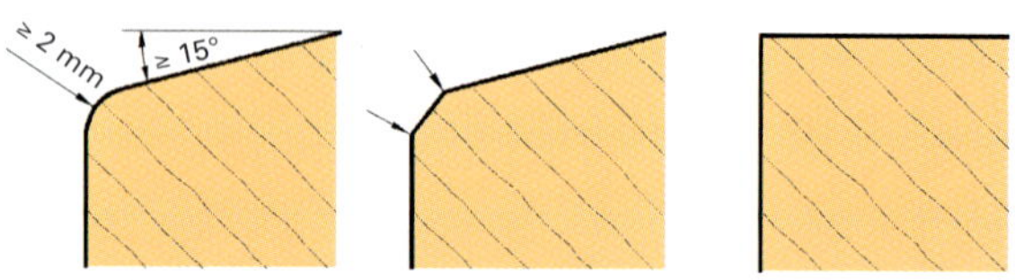

richtig gerundete Ablaufschräge — ungeeignete Ablaufschräge — **falsch**, keine Ablaufschräge

Holzkante an maßhaltigen Bauteilen

Hierzu gehören eine wasserabweisende und wasserabführende Bauweise, mit einer Abschrägung im Winkel von mindestens 15° und gerundeten Kanten mit einem Radius von mindestens 2 mm. Dies allein genügt jedoch nicht!

Maßhaltige Bauteile benötigen zu ihrem Schutz Beschichtungen, die das Holz trocken halten und das Eindringen von Wasser verhindern, damit das Holz nicht quellen kann. Die Beschichtungen müssen gleichzeitig das Holz vor Pilzbefall, Fäulnis und UV-Strahlen schützen.

13.3.3 Chemischer Holzschutz

Holzschutzmittel enthalten biozide[1] Wirkstoffe zum Schutz des Holzes gegen tierische und pflanzliche Schädlinge. Sie sind nach DIN 68 800-3 nur dort zu verwenden, wo dies der Schutz des Holzes erfordert. Zur Beurteilung werden die Holzbauteile in Gefährdungsklassen eingeteilt.

Gefährdungsklasse	Beanspruchung	Gefährdung durch			
		Insekten	Pilze	Auswaschung	Moderfäule
0	innen verbautes Holz	nein	nein	nein	nein
1	ständig trocken	ja	nein	nein	nein
2	Holz, das weder Erdkontakt noch direkter Witterung oder Auswaschung ausgesetzt ist, vorübergehende Befeuchtung möglich	ja	ja	nein	nein
3	Holz der Witterung oder Kondensation ausgesetzt, aber nicht in Erdkontakt	ja	ja	ja	nein
4	Holz in dauerhaftem Erdkontakt oder ständig starker Befeuchtung	ja	ja	ja	ja

13.3.4 Kennzeichnung der Holzschutzmittel

Gefährdungsklasse	Anforderung an das Holzschutzmittel	erforderliche Prüfprädikate für tragende Bauteile
0	keine Holzschutzmittel erforderlich	
1	insektenvorbeugend	Iv
2	insektenvorbeugend pilzwidrig	Iv P (Fäulnisschutz)
3	insektenvorbeugend pilzwidrig witterungsbeständig	Iv P W
4	insektenvorbeugend pilzwidrig witterungsbeständig moderfäulewidrig	Iv P W E (ständiger Wasser-/Erdkontakt)

Regeln für den Einsatz von Holzschutzmitteln

1. Ohne Wissen des Auftraggebers darf kein Holzschutzmittel eingesetzt werden.
2. Gesundheitliche und umweltbezogene Gesichtspunkte sind gegenüber der Gefährdung und Bedeutung der Holzteile zu gewichten.
3. Es dürfen nur Holzschutzmittel benutzt werden, deren Wirksamkeit geprüft und die bei bestimmungsgemäßer Verwendung unbedenklich sind.

[1] biozid = zur Bekämpfung lebender Organismen

13.3.5 Prüfzeichen für Holzschutzmittel

Es dürfen nur Holzschutzmittel benutzt werden, die folgende Prüfzeichen tragen und von einer amtlichen Prüfanstalt geprüft wurden:

Anwendung an tragenden oder aussteifenden Bauteilen

Amtliches Prüfzeichen für Holzschutzmittel

Anwendung an nichttragenden oder aussteifenden Bauteilen Holzfeuchte > 20 %

RAL-Gütezeichen GZ 830

Für den Schutz nicht maßhaltiger und nichttragender Holzbauteile, z. B. Holzverschalungen, dürfen nur noch biozidfreie Beschichtungsstoffe verwendet werden.

13.3.6 Holzschutzbeschichtungen

Holzschutzsalze

Holzschutzsalze werden zur Vorbeugung gegen Fäulnis und Pilzbefall bei tragenden Bauteilen eingesetzt. Innen sind Dachgebälke und außen Palisaden typische Anwendungsbereiche. Die Holzbauteile werden in der Regel bei der Herstellung imprägniert bzw. druckimprägniert.
Holzschutzsalze wirken nicht gegen eindringende Feuchtigkeit. Das Holz quillt und schwindet so, als wäre kein Schutz vorhanden.

Holzschutzsalze eignen sich nicht als Holzschutzmittel für maßhaltige Holzbauteile.

Teeröle und Karbolineum

Teeröle aus Steinkohle und Karbolineum aus gelösten Phenolharzen werden zum Imprägnieren von Holz für untergeordnete Zwecke im Außenbereich, z. B für Gartenzäune oder Holzschuppen, benutzt. Sie lösen sich beim Überstreichen und bluten aus. Außerdem sind sie gesundheitsschädlich.

Holzschutzimprägnierungen

Sie werden im Außenbereich zur Bekämpfung von Bläuepilz und zum vorbeugenden Insektenschutz als Grundier- und Imprägniermittel eingesetzt. Sie bestehen aus unpigmentierten dünnflüssigen Ölen und Kunstharzen mit entsprechenden bioziden Wirkstoffen.

Holzschutzlasuren

Im Gegensatz zu den Holzschutzgrundierungen sind Holzschutzlasuren pigmentiert. Durch die Pigmente wird ein besserer UV-Schutz erreicht. Die Pigmente sind so fein abgerieben, dass die Maserung des Holzes sichtbar bleibt.

Drei Arten von Holzschutzlasuren

1. **Dünnschichtlasuren** bestehen aus sehr dünnen, offenen Anstrichfilmen mit hoher Wasserdampfdurchlässigkeit. Sie können auf Holz mit hohem Feuchtigkeitsgehalt aufgetragen werden, ohne abzuplatzen. Durch den hohen Feuchtigkeitsaustausch sind sie nicht für maßhaltige Bauteile geeignet.
2. **Dickschichtlasuren** besitzen einen höheren Festkörpergehalt und bilden dadurch dickere Filmschichten. Sie wittern nicht so schnell wie die Dünnschichtlasuren ab und sind für maßhaltige Bauteile geeignet. Allerdings dringen sie nicht so tief in das Holz wie Dünnschichtlasuren ein und können daher zum Abplatzen neigen.
3. **High-Solid-Lasuren** werden heute häufig anstelle von Dickschichtlasuren eingesetzt. Sie besitzen einen Festkörpergehalt von 68 % und enthalten dadurch weniger Lösemittel.

Beschichtungen sind der wichtigste Holzschutz! Sie blockieren, dass UV-Strahlen die natürlichen Holzinhaltsstoffe, wie Lignin und Farbstoffe, an der Oberfläche zerstören und diese vom Regen ausgewaschen werden. Dadurch kann das Holz nicht vergrauen.
Beschichtungen lassen Regen und Feuchtigkeit nicht in das Holz eindringen und verhindern so ständiges Quellen und Schrumpfen. Risse, die als Brutstätte für Holz zerstörende Insekten dienen, können dadurch vermieden werden.
Beschichtungen bewirken, dass Holzoberflächen nicht verwittern. Auf ihnen setzen sich Staub, Schmutz und Algenbewuchs nicht fest.
Beschichtungen schützen Holzuntergründe vor Pilz- und Insektenbefall.

Aufgaben

1. *Warum ist die Bildung von Bläuepilz auf der Holzoberfläche zu vermeiden?*
2. *Warum ist der Hausschwamm gefährlich?*
3. *Wie ist es möglich, dass Insekten Holz zerstören können?*
4. *Erklären Sie, was man unter baulichem Holzschutz versteht.*
5. *Welche Vorsichtsmaßnahmen sind beim chemischen Holzschutz zu beachten?*

13.4 Einfluss der Holzfeuchte

13.4.1 Bestimmung der Holzfeuchte

Frisch geschlagenes Holz enthält meist mehr als 50 % Wasser. Aber auch scheinbar trockenes Holz weist noch bis zu 20 % Restfeuchtigkeit auf.
Die Holzfeuchte errechnet sich aus der Wassermasse bezogen auf die Darrmasse. Anhand der Darrprobe – Trocknung bis 0 % Holzfeuchte – erhält man die Darrmasse.

$$\text{Holzfeuchte in Prozent} = \frac{(\text{Nassmasse} - \text{Darrmasse}) \cdot 100\,\%}{\text{Darrmasse}}$$

Ist der Feuchtigkeitsgehalt zu hoch, sind die Holzporen mit Wasser angereichert und verhindern so eine gute Verankerung der Beschichtung. Würde das Holz dennoch beschichtet, könnte die große Menge Wasserdampf, die sich bei einer Erwärmung entwickelt, die Beschichtung aufreißen und abblättern lassen.

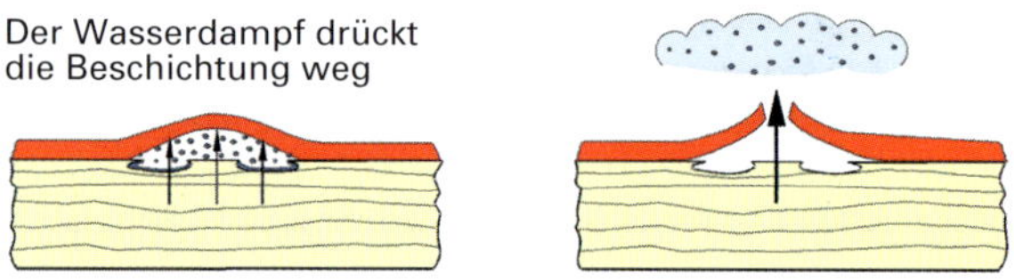

Die Beschichtung platzt bei hoher Holzfeuchte ab

Um Anstrichschäden zu vermeiden, muss die Holzfeuchte gemessen werden.

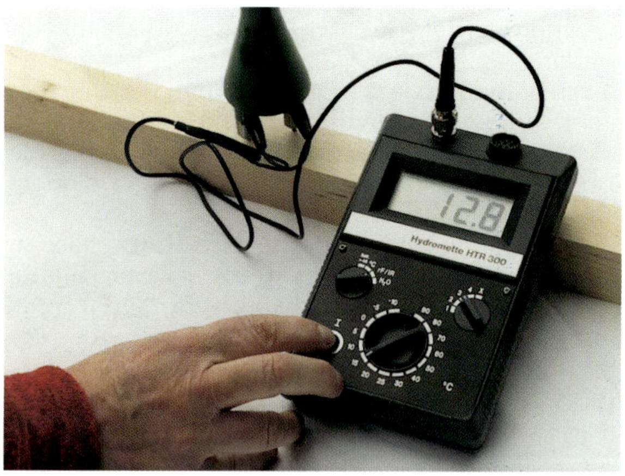

Messung der Holzfeuchte mit dem Feuchtigkeitsmesser
Die beiden Nadeln der Rammelektrode werden in Faserrichtung auf Messtiefe eingeschlagen. Die Holzfeuchte wird in Prozent angezeigt.

Feuchtigkeitsmesser messen den elektrischen Widerstand bzw. die elektrische Kapazität zwischen den Elektroden. Nasses Holz leitet elektrischen Strom gut, der Widerstand ist daher gering bzw. die Kapazität hoch. Bei trockenem Holz ist der Widerstand groß und die Kapazität gering.

Übersicht

Beschichtungen abhängig von der Holzfeuchte	maximale Holzfeuchte bei Normaltemperatur	Messbereich
offene Film bildende Beschichtungen	27–28 %	in 5 mm Tiefe
ventilierende Beschichtungen	18 %	in 5 mm Tiefe
geschlossene Film bildende Beschichtungen		
auf Nadelhölzern	15 %	in 5 mm Tiefe
auf Laubhölzern	12 %	in 5 mm Tiefe
auf tropischen Hölzern	15 %	in der Mitte der Holzdicke

Beschichtungen sind unterschiedlich wasserdampfdurchlässig. Dies hängt von der Schichtdicke und der Art der Filmbildung ab.

Die Auswahl der Beschichtung ist von der im Holz vorhandenen Holzfeuchte abhängig.

13.4.2 Offene Film bildende Beschichtungen

Offene Film bildende Beschichtungen lassen Wasser abperlen und ermöglichen durch die geringe Schichtdicke von maximal 20 µm einen nahezu ungehinderten Feuchtigkeitsaustausch mit der Umgebung. Sie können deshalb auf feuchtes oder halbtrockenes Holz aufgetragen werden. Je nach Bewitterung muss der Anstrich alle 2 bis 3 Jahre erneuert werden.
Typische offene Film bildende Beschichtungen sind Dünnschichtlasuren, Imprägnier- und Grundierlasuren sowie Holzschutzlasuren mit fungiziden[1] und insektiziden[2] Bestandteilen. Lösemittelhaltige Alkydharze oder wasserverdünnbare Acryl- bzw. Alkydharze mit geringem Festkörpergehalt (unter 30 %) dienen als Bindemittel.
Auf maßhaltigen Holzbauteilen werden Dünnschichtlasuren als Imprägnier- bzw. Grundiermittel eingesetzt. Sie ziehen tief ein und bilden für nachfolgende Anstriche eine gute Verankerung. Sie dürfen nicht verdünnt werden, weil sonst die Holz schützende Wirkung verringert wird.
Die Schutzwirkung von Lasuranstrichen ist zeitlich begrenzt. Je nach Witterungsbeanspruchung muss das Holz alle 2–3 Jahre einen Überholungsanstrich erhalten.

Für maßhaltige Holzbauteile eignen sich offene Film bildende Beschichtungen nicht als Deckanstrich.

[1] fungizid = gegen Pilzbefall
[2] insektizid = gegen Insektenbefall

13.4.3 Ventilierende Beschichtungen

Maßhaltige Holzbauteile wie Fenster und Türen erhalten zum Schutz gegen eindringende Feuchte häufig deckende Film bildende Anstriche. Hierfür muss das Holz ausreichend trocken sein. Die vorhandene Holzfeuchte ist durch Witterung und umgebende Luft meist zu hoch. Wasserdampf aus dem Untergrund kann Blasen verursachen und die Beschichtung ablösen.

Ventilierende Beschichtungen sind wasserdampfdurchlässig und schützen den Untergrund gegen erneute Wasseraufnahme. Sie tragen so zum Trocknen und zur Maßhaltigkeit der Holzteile bei.

Als Bindemittel dienen spezielle lösemittelhaltige Alkydharze, die ein aufeinander abgestimmtes Anstrichsystem aus Ventilationsgrund, Zwischen- und Decklack bilden.

Ventilierende Beschichtungen besitzen matte bis seidenglänzende Oberflächen.

Wasserverdünnbare Acryldispersionslacke sind ebenfalls sehr wasserdampfdurchlässig. Sie werden deshalb besonders für deckende Holzbeschichtungen im Außenbereich eingesetzt.

Ventilierende Beschichtungen eignen sich gut für maßhaltige Holzbauteile mit einem erhöhten Feuchtigkeitsgehalt bis ca. 18 %.

13.4.4 Geschlossene Film bildende Beschichtungen

Geschlossene Beschichtungsfilme schützen den Untergrund gegen eindringende Feuchtigkeit. Die Durchlässigkeit von Wasserdampf ist gering. Dies setzt besonders trockene Untergründe voraus. Deshalb muss vor der Beschichtung die Holzfeuchte gemessen werden. Sie sollte bei Laubholz 12 %, bei Nadelholz und tropischen Hölzern 15 % nicht übersteigen.

Im Außenbereich bestehen geschlossene Beschichtungen meist aus Holzschutz, Grundierung, Spachtelung, Zwischen- und Deckbeschichtung auf Alkyd- oder Acrylharzbasis.

Im Innenbereich werden geschlossene Beschichtungssysteme überwiegend zum Lackieren von Holzbauteilen und Möbeln sowie zum Versiegeln von Holzfußböden eingesetzt. Neben Alkyd- und Acrylharzlacken werden Ein- und Zweikomponentenlacke auf Polyurethanharzbasis sowie säurehärtende Lacke verwendet. Ihr Aufbau besteht meist aus Grundierung, Spachtelung, Zwischen- und Deckbeschichtung.

Geschlossene Film bildende Beschichtungen bewahren die Maßhaltigkeit von Holzbauteilen besonders gut: Sie besitzen eine hohe Oberflächengüte, sind abriebfest und schützen das Holz vor eindringender Feuchtigkeit.

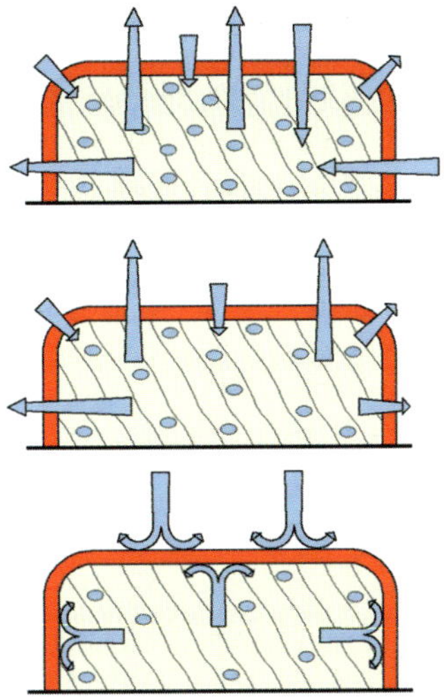

Beschichtungsarten – Einfluss der Holzfeuchte

Aufgaben

1. *Welchen Einfluss hat die Holzfeuchte auf die Beschichtung von Holzuntergründen?*
2. *Wie kann die Holzfeuchte gemessen werden?*
3. *Beurteilen Sie, welche Beschichtung bei einer Holzfeuchte von 20 % möglich ist.*
4. *Erklären Sie die Eigenschaften einer offenen, Film bildenden Beschichtung.*
5. *Warum eignen sich offene Film bildende Beschichtungen nicht als Deckanstrich für maßhaltige Bauteile?*
6. *Wozu werden ventilierende Beschichtungen eingesetzt?*
7. *Worauf ist bei der Verwendung geschlossener Film bildender Beschichtungen zu achten?*
8. *Welche Eigenschaften besitzen geschlossener Film bildende Beschichtungen?*

13.5 Beschichtungssysteme auf Holz

13.5.1 Prüfung des Untergrundes

Holzuntergründe sind häufig mit Mängeln behaftet. Löcher, Risse, Äste und Harzgallen beeinträchtigen das Aussehen. Harze, Wachse, Gerbsäuren u. a. Holzinhaltsstoffe können die Trocknung der Beschichtung verzögern. Neben den Holzmängeln sind abblätternde oder nicht mehr tragfähige Altbeschichtungen häufig die Ursache für eine mangelhafte Beschichtung. Damit diese fachgerecht behoben werden können, muss der Untergrund genau in Augenschein genommen werden. Weitere übliche Prüfmethoden sind:
Feuchtigkeitsmessung, Gitterschnitt, Kratzprobe und Klebebandtest.

Häufige Holzmängel und ihre Beseitigung

Untergrundmangel	Beseitigung bzw. Maßnahmen
Abgewitterte, vergraute Holzoberfläche	Entfernen durch Abschleifen
Holzrisse, Abrisse	Durch Anstriche nicht zu beseitigen! Mit 2K-Füllmasse oder elastischer Fugenmasse schließen; ggf. Holzteile auswechseln.
Gerissene, lose oder faule Äste	Lose oder faule Äste entfernen oder ausdübeln lassen. Feine Risse mit 2K-Füllmasse schließen.
Ausgedübelte Äste und Kettendübelungen	Bei unzulässigen Abweichungen: Bedenken mitteilen!
Harzgallen, Harzausscheidungen	Sind anstrichtechnisch meist nicht zu beseitigen. Bedenken mitteilen und ggf. holztechnisch beheben lassen.
Holzinhaltsstoffe, die Erhärtung, Haftung und Glanz vermindern	Holz vor der Beschichtung mit speziellen Beschichtungsstoffen absperren.
Zu hohe gemessene Holzfeuchte; nasse Flecken	Holz trocknen lassen, bis zulässige Holzfeuchte erreicht ist, ggf. offenes Beschichtungssystem anwenden. Ursache der Feuchte möglichst beseitigen.
Fäulnis durch Holz zerstörende Pilze	Faule und befallene Holzteile entfernen, ggf. gesamtes Holzbauteil auswechseln.

Prüfung der vorhandenen Beschichtung

Beschichtungsmangel	Beseitigung bzw. Maßnahmen
Geringe Tragfähigkeit bzw. Haftung der vorhandenen Beschichtung *Prüfmethoden:* Klebebandtest; Gitterschnitt, abblättern bzw. absplittern sowie Ausbrüche an den Schnittpunkten feststellen	Entfernen der nichttragfähigen Beschichtungen.
Kreidung bzw. abfärbende Pigmente *Prüfmethoden:* Augenschein, Abwischen mit kontrastfarbenem Tuch	Entfernen durch Abwaschen oder durch Schleifen.
Verschmutzungen *Prüfmethoden:* Augenschein, Benetzprobe bei wachs-, öl- oder silikonbehaftetem Untergrund	Reinigen durch Abwaschen, Abbürsten oder Abschleifen. Entfernen mit Silikonentferner oder anderen Chemikalien. Beratung einholen.
Beschichtungsrisse *Prüfmethode:* Augenschein	Entfernen der gerissenen Beschichtung.

13.5.2 Vorarbeiten

Unbehandelte Holzuntergründe:

- Schleifen, scharfe Kanten brechen
- Staub beseitigen
- Ast- und Harzstellen absperren
- Harzhaltige Hölzer (besonders tropische) mit Nitroverdünnung abwaschen, Holzinhaltsstoffe der obersten Holzschicht entfernen

Beschichtete Holzuntergründe:

- Tragfähigkeit und Überstreichbarkeit prüfen. Die Altbeschichtung muss genügend haften, elastisch sein und darf keine zu große Schichtdicke besitzen.
- Schleifen, Staub beseitigen
- Spachteln außen:
  Holzrisse und Löcher mit dauerelastischer Masse schließen, wenn sonst Wasser in das Holz eindringt. Wegen der Abplatzgefahr soll auf flächiges Spachteln möglichst verzichtet werden.
- Spachteln innen:
  Unebenheiten können flächig oder durch Fleckspachtelung ausgeglichen werden. Die Holzfeuchte soll dabei 8 bis 12 % nicht übersteigen.
- Nichttragfähige Beschichtungen können u. a. durch Schleifen, Ablaugen, Abbeizen oder Abbrennen entfernt werden.
- Vergraute oder durch Laugen dunkel verfärbte Hölzer können mithilfe von Wasserstoffperoxid oder oxalsäurehaltigen Mitteln aufgehellt bzw. gebleicht werden.

Gesundheitsschutz

Säuren und Laugen wirken ätzend! Beim Ablaugen, Abbeizen und Bleichen **Schutzbrille und Schutzhandschuhe tragen!**

13.5.3 Farblose Innenbeschichtungen

UV-Strahlen durchdringen unpigmentierte Beschichtungen und führen an der Holzoberfläche zum Ligninabbau. Das Holz vergraut. Dabei verringert sich die Haftfestigkeit der Beschichtung mit der Gefahr des Ablösens.

Für Holz im Außenbereich bieten farblose oder geringfügig pigmentierte Beschichtungen nicht genügend Schutz. Farblose Beschichtungen sind deshalb nur für innen geeignet.

Für farblose Beschichtungen im Innenbereich werden Klarlacke, Ölanstriche und Wachse eingesetzt.

13.5.4 Klarlackierungen

Durch die Lackierung mit einem Klarlack wirkt die Holzstruktur kontrastreich. Sie hebt die natürliche Schönheit der Holzoberfläche hervor, außerdem schützt sie gegen eindringende Feuchtigkeit, gegen Chemikalien, Schmutz, Abrieb und Stoßbelastungen. Vor dem Lackieren muss die Holzoberfläche *geschliffen*, entharzt und bei hochwertigen Klarlackierungen *gewässert* werden.

Das Holz wird stets in Richtung des Faserverlaufs von Hand oder maschinell geschliffen.

Körnung		Verwendung
grob:	30; 36; 40; 60; 80	Entfernung von Lackschichten und grober Vorschliff bei Vollholz
mittel: fein:	100; 120; 150 180; 220	Feinschliff bei Vollholz, furnierten Flächen und nach dem Wässern
sehr fein:	240; 280; 320; 360; 400	Schleifen von gebeizten Flächen, Grundierungen und Lackflächen

Körnung bei Schleifpapieren und ihre Verwendung

Harzhaltige Hölzer müssen vor dem Lackauftrag entharzt werden.

Die Harzsubstanz wird mit einem Entharzungsmittel angelöst und aus den Holzporen herausgeschwemmt. Hierfür verwendet man:

- Laugen aus Kern-, Schmier- und Holzseife
- Testbenzin, Aceton oder Nitroverdünnung

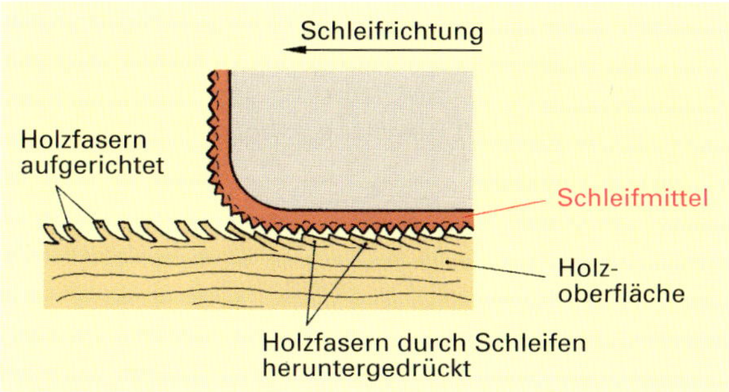

Holzoberfläche während des Schleifvorganges

Beim Schleifen werden nicht alle Holzfasern abgeschnitten, vielmehr wird ein Teil von ihnen nur heruntergedrückt. Beim Beizen oder Lackieren quellen die Fasern, richten sich auf und werden erst nach der Beschichtung sichtbar. Deshalb empfiehlt es sich, die Holzoberfläche vor der Lackierung zu wässern.

Durch Wässern öffnen sich die Holzporen und richten sich die Holzfasern auf.

Gewässert wird mit sauberem, warmem Wasser, das mit einem Schwamm aufgetragen wird. Nach dem Wässern müssen die Oberflächen gleichmäßig und langsam trocknen, damit keine Risse oder Verwerfungen entstehen. Danach können die stehenden Fasern in einem Feinschliff abgeschnitten werden. Die Holzoberfläche ist nun sehr glatt und aufnahmebereit für die nachfolgende Beschichtung.

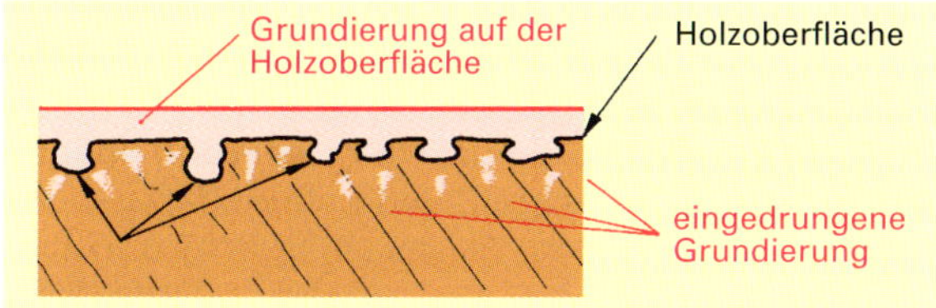

Grundierte Holzoberfläche

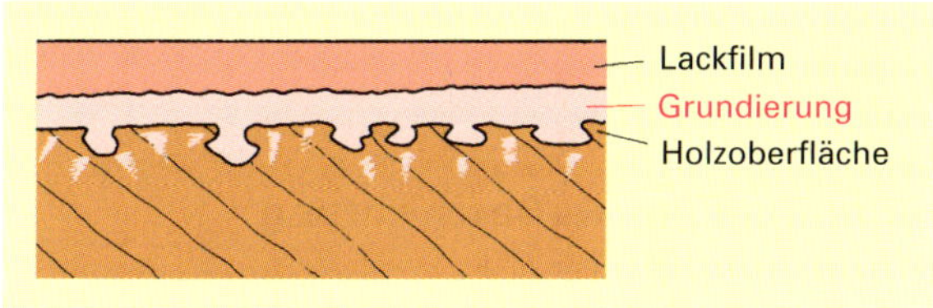

Lackierte Holzoberfläche

Das Grundiermittel muss auf den Decklack abgestimmt sein.

Im Innenbereich werden häufig Grundiermittel auf Cellulosenitratbasis verwendet. Diese trocknen schnell und lassen sich leicht verarbeiten. Sie dienen als Einlass- oder Schnellschliffgrund.

Die Auswahl des Decklackes hängt von der Holzart und der Beanspruchung der Beschichtung ab.

So eignen sich beispielsweise Cellulosenitratlacke für trockene Holzuntergründe mit geringem Abrieb. Öl- und Alkydharzlacke sind Feuchtigkeit abweisend und besitzen eine höhere Abriebfestigkeit. Zweikomponenten-Polyurethanlacke, wasserverdünnbare Polyurethan-Acryl-Dispersionen oder säurehärtende Lacke eignen sich besonders für abriebfeste, feuchtigkeits- und chemikalienbeständige Holzbodenversiegelungen.

13.5.5 Ölanstriche

Pflanzliche Öle, wie Lein- oder Sojaöl, werden als nachwachsende und biozidfreie Anstrichmittel aus ökologischen Gründen zur Holzbehandlung eingesetzt. Ölanstriche bilden keine Anstrichfilme. Sie dringen in das Holz ein, sättigen es mit Öl, und reduzieren das Schwinden bzw. Quellen. Die Maßhaltigkeit wird so verbessert. Die Holzporen bleiben frei und wasserdampfdurchlässig. Ölanstriche sind Schmutz abweisend, eignen sich für Holzpanele, Holzböden und, wegen der unbedenklichen Rohstoffe, auch für Kinderspielzeug.

13.5.6 Wachsbehandlung

Wachse dienen als Oberflächenschutz von Holz im Innenbereich. Sie werden durch Verkochen von Standöl mit Wachsen oder aus Emulsionen von natürlichem Dammar- oder Lärchenharz und Bienen- oder Karnaubawachs (Wachs von der Karnauberpalme) hergestellt. Als Lösemittel dienen u. a. Zitrus- und Pineöl. Das Wachs wird mit dem Lappen oder einem weichen Pinsel aufgetragen und mit einer Bürste in Richtung der Holzmaserung poliert. Um die Wachsschichten widerstandsfähiger zu machen, sollte vor dem Wachs ein Sperrgrund aufgetragen werden.

Gewachste Flächen verändern die Eigenfarbe des Holzes kaum. Sie schützen das Holz gegen Verschmutzung und lassen Wasser abperlen.

13.5.7 Lasuren als Beschichtung

Lasuren lassen den Untergrund durchscheinen. Ihre farbig-transparente Beschichtung betont die Maserung des Holzes, was als Feuer bezeichnet wird. Im Vergleich zu Klarlacken besitzen sie eine höhere Wasserdampfdurchlässigkeit und schützen gegen UV-Strahlen und Pilzbefall.
Diese Holz schützende Wirkung ist vor allem im Außenbereich erforderlich. Aufgrund der bioziden Wirkstoffe müssen beim Einsatz die Vorschriften der DIN 68 800 und der Hersteller genau beachtet werden. Wir unterscheiden deshalb zwischen Holzschutzlasuren und biozidfreien Holzlasuren, die vor allem innen angewendet werden.
In Kapitel 13.3 ff. wurden die Eigenschaften der Holzschutzlasuren bereits ausführlich beschrieben, sodass wir uns hier auf den Beschichtungsaufbau beschränken können.

Beschichtungsaufbau von Lasuren

außen:
1. Holzschutz-Grundbeschichtung
   Holzschutzimprägnierlasur, 1 bis 2 Anstriche
2. Zwischen- und Deckbeschichtung
   a) 2 bis 3 Dünnschichtlasuranstriche für nicht maßhaltige Bauteile
   b) 2 Dickschichtlasuranstriche oder
   c) 2 High-Solid-Lasuranstriche für maßhaltige Bauteile

innen:
1. Grundbeschichtung
   Dünnschichtlasur, farblos, 1 Anstrich
2. Zwischenbeschichtung
   a) Dünnschichtlasur im gewünschten Farbton, 1 bis 2 Anstriche, oder
   b) ein High-Solid-Lasuranstrich im gewünschten Farbton
3. Deckbeschichtung
   a) Dünnschichtlasur, farblos, 1 bis 2 Anstriche oder
   b) ein High-Solid-Lasuranstrich im gewünschten Farbton bzw. farblos

Holzlasuren werden meist durch Streichen aufgetragen. Hierfür werden spezielle Lasurpinsel, Modler, Vertreiber und Schläger verwendet. Sie lassen sich aber auch gut durch Spritzen oder Tauchen (Imprägnierlasuren) verarbeiten.

Lasuranstrich

13.5.8 Beizen

Durch Beizen wird der natürliche Farbton des Holzes verändert. Struktur und Maserung bleiben erhalten.

Beim positiven Beizbild sind die Jahresringe dunkler als das weiche Holz.
Beim negativen Beizbild tritt das weiche Holz dunkler hervor.

Wir unterscheiden chemische Beizen, bei denen die Farbtonänderung beispielsweise durch eine Lauge erzeugt wird, sowie wasser- und lösemittelhaltige Farbstoffbeizen, bei denen der lösliche Farbstoff in das Holz eindringt. Damit eine gleichmäßige Färbung erzielt wird, muss die Holzoberfläche entharzt und gewässert werden.

Aufgaben

1. *Warum eignen sich farblose Beschichtungen nicht auf Holz im Außenbereich?*
2. *Wie können Hölzer entharzt werden?*
3. *Warum empfiehlt es sich, vor hochwertigen Klarlackierungen das Holz zu wässern?*
4. *Worauf muss man beim Schleifen von Holzoberflächen achten?*
5. *Nennen Sie vier Gründe, warum Holzuntergründe mit Klarlack lackiert werden.*
6. *Nennen Sie vier Klarlacke, die für unterschiedliche Beanspruchungen geeignet sind.*
7. *Wodurch unterscheiden sich Klarlacke von Lasuren?*
8. *Worin unterscheiden sich die Lasuren in ihrem Aufbau?*
9. *Wodurch lässt sich eine gebeizte Holzoberfläche von einer lasierten unterscheiden?*

13.5.9 Beschichtungssysteme für Holz im Außenbereich

Holz, das der Witterung ausgesetzt ist, stellt an eine Beschichtung höhere Anforderungen als eine witterungsgeschützte, trockene Dachuntersicht. Maßhaltige Bauteile, wie Fenster oder Türen, müssen vor eindringender Feuchtigkeit stärker geschützt werden als nicht maßhaltige Bauteile, wie Schindelfassaden, Verbrettungen oder Holzzäune. Letztere erfordern dagegen eine sehr elastische und wasserdampfdurchlässige Beschichtung. Die Haltbarkeit der Beschichtung kann ein ausführender Betrieb nur garantieren, wenn die Eignung der verarbeiteten Produkte durch international anerkannte Standards nachgewiesen wird. Für einen verbesserten Verbraucherschutz und zur Qualitätssicherung wurde deshalb ein Eignungsnachweis eingeführt.
Beschichtungsstoffe, für die eine Zertifizierung durch den Lacklieferanten oder ein unabhängiges Prüfinstitut vorliegt, erhalten nach DIN EN 927-2 eine Kennzeichnung.

Deckende Außenlackierungen müssen auf die Anforderungen der unterschiedlichen Holzbauteile abgestimmt sein.

Ihre Bindemittel bestehen größtenteils aus Alkydharzen, Polyacrylaten und Mischpolymerisaten. Sie ergeben sehr elastische, schnell trocknende und wetterbeständige Lacke mit Feuchtigkeit regulierenden Eigenschaften. Für besonders hochwertige vergilbungsarme Decklacke mit seidenglänzender, gleichmäßiger und strapazierfähiger Oberfläche setzt man Urethan-Alkydharz als Bindemittel ein.
Außerdem werden die vielfältigen Eigenschaften der deckenden Beschichtungen durch Pigmente, Pigment-Volumen-Konzentration, Festkörpergehalt und Additive (Zusatzmittel) erzielt.

Alkydharzlacke enthalten Lösemittel. Je nach Verarbeitung durch Spritzen, Rollen oder Streichen müssen sie mit Lösemittel verdünnt werden.
Die lange Offenzeit ermöglicht einen guten Verlauf und eine ansatzfreie glatte Oberfläche.

Acrylatdispersionslacke sind wasserverdünnbar und deshalb umweltschonend. Sie trocknen rasch und sind nur kurz offen. Ansätze und eine streifige Oberfläche können die Folge sein.

Blauer Engel

Entsorgung

Gebinde mit Alkydharzresten können bei der Sammelstelle für Altlacke abgegeben werden. Die Altlacke werden nicht ausgehärtet entsorgt. Gebinde mit Acrylatdispersionslackresten lässt man aushärten. Danach können sie mit dem Baustellenabfall entsorgt werden.

Beschichtungsaufbau auf Alkydharzbasis

a) Erstbeschichtung – Holz außen

1. Imprägnierung
   Holzschutzimprägnierung nach DIN 68800-3 nur bei Nadelholz
2. Grundbeschichtung
   Mit lösemittelhaltigem, fungizidfreiem Grundiermittel für außen und innen auf Alkydharzbasis
3. Zwischenbeschichtung
   Mit Vorlack bzw. Decklack ca. 15 % verdünnt
4. Schlussbeschichtung
   Entsprechender Alkydharzlack

b) Renovierungsbeschichtung

1. Ausbesserungsarbeiten
   Offene Gehrungen, Risse und Löcher mit Leimkitt nachverleimen, abdichten und ggf. fleckspachteln, wenn sinnvoll größere Holzschäden mit 2-K-Holzreparaturmasse ausbessern
2. Bei intakter Altbeschichtung
   Untergrundvorbereitung
   Abwaschen mit zehnprozentigem Ammoniakwasser, mit klarem Wasser gut nachwaschen, lose Altbeschichtung entfernen und anschleifen
   Grundbeschichtung
   Mit lösemittelhaltigem, fungizidfreiem Grundiermittel, bei Nadelholz 30 % Holzschutzimprägnierung zusetzen
   Zwischen- und Schlussbeschichtung
   Siehe oben Punkt 3 und 4
3. Bei nichtintakter Altbeschichtung
   Untergrundvorbereitung
   Altbeschichtung restlos abbrennen, abbeizen oder abschleifen
   Grundbeschichtung
   Mit lösemittelhaltigem, fungizidfreiem Grundiermittel, bei Nadelholz 30 % Holzschutzimprägnierung zusetzen
   Zwischen- und Schlussbeschichtung
   Siehe oben Punkt 3 und 4
   Vorlack bzw. Decklack ca. 15 % verdünnt

Beschichtungsaufbau auf Acrylatbasis

a) Erstbeschichtung – Holz außen

1. Imprägnierung
   Mit wasserverdünnbarer Holzschutzimprägnierung nach DIN 68800-3 gegen Fäulnis und Bläue
2. Grund- und Zwischenbeschichtung
   Mit wasserverdünnbarer Grund- und Zwischenbeschichtung
3. Schlussbeschichtung
   Mit wasserverdünnbarem Acrylatdispersionslack

b) Renovierungsbeschichtung

1. Ausbesserungsarbeiten
   Wie beim Aufbau einer Alkydharzbeschichtung
2. Bei intakter Altbeschichtung
   Untergrundvorbereitung
   Wie beim Aufbau einer Alkydharzbeschichtung
   Grund-, Zwischen- und Schlussbeschichtung
   Wie bei einer Erstbeschichtung auf Acrylatbasis
3. Bei nichtintakter Altbeschichtung
   Altbeschichtung entfernen, sonst wie oben

13.6 Das Kälte-Wärme-Spiel im Holz

Holz leitet Wärme schlecht. Es dehnt sich unter Wärme nur geringfügig aus und ermöglicht so, maßhaltige Bauteile wie Fenster und Türen aus Holz zu fertigen. Die isolierende Wirkung gegen Wärme und Kälte erlaubt, Holzbauteile mit geringen Querschnitten herzustellen.

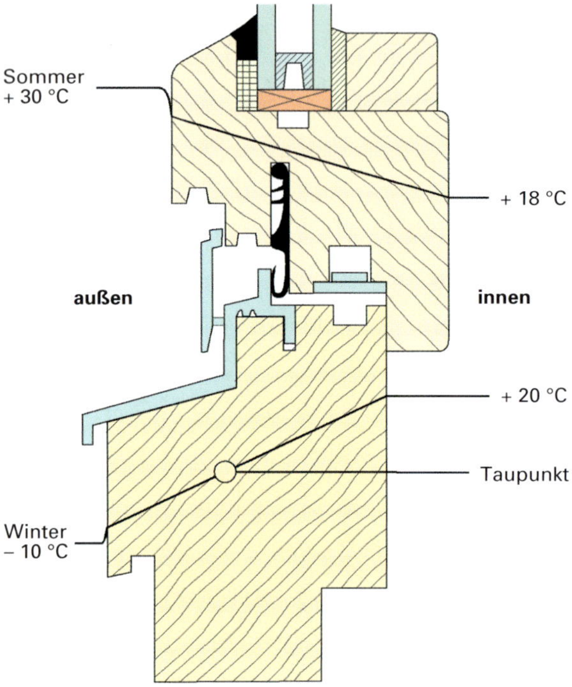

Temperaturverlauf in einem Fenster

Je nach Witterungslage enthält Luft mehr oder weniger Luftfeuchte in Form von Wasserdampf. Dieser dringt in das Holz ein und ist so auch in den Holzporen vorhanden. Unterhalb des Taupunktes kondensiert der Wasserdampf. Sinkt die Temperatur weiter ab, kann das Wasser im Holz gefrieren. Wasser und Eis bewirken Spannungen und Ausdehnungen im Holz, die mit dem Begriff „Arbeiten des Holzes" (vgl. Kapitel 13.1.4) umschrieben werden. Bei steigenden Temperaturen bildet sich aus dem Wasseranteil wieder Wasserdampf, das Holz schwindet.
Der Temperaturverlauf im Holz ändert sich nicht nur im jahreszeitlichen Wechsel, sondern auch im Laufe eines Tages, meist sogar in nur kurzen Zeitabständen.

Die ständigen Temperaturwechsel bezeichnet man als Kälte-Wärme-Spiel.

Das Kälte-Wärme-Spiel verursacht im Holz ständig Spannungen. Durch die anfallende Feuchtigkeit können Pilzbefall und Fäulnis entstehen.

13.7 Beschichtung von Holzfenstern

Holzfenster sind durch ihre geringen Querschnitte dem Kälte-Wärme-Spiel und den Belastungen der Witterung besonders ausgesetzt. Deshalb müssen an Konstruktion, Herstellung und Beschichtung hohe Anforderungen gestellt werden, wie der nebenstehende Querschnitt durch ein modernes Holzfenster zeigt.
Ältere Holzfenster haben häufig Mängel, die Holzfäule und Pilzbefall auslösen oder eine Beschichtung nur schlecht haften lassen.

Altes Holzfenster vor der Renovierung

13.7.1 Vorarbeiten

- Entfernen alter Beschichtungen bzw. nicht mehr tragfähiger Beschichtungsteile bis auf das tragfähige Holz
- Scharfe oder gefaste Kanten durch Schleifen abrunden
- Lose, gerissene Kitt- oder Dichtstoffteile entfernen
- Anlaugen bzw. Anschleifen tragfähiger Altanstriche
- Rostende Befestigungen gründlich entrosten, mit Korrosionsschutz grundieren
- Entfernte Kitt- und Dichtstoffteile angleichen
- Entfernte Dichtprofile erneuern

13.7.2 Beschichtungen

Üblich sind lasierende oder deckende Anstriche. Deckende Fensterlacke bestehen aus einem aufeinander abgestimmten Beschichtungssystem aus Grund-, Zwischen- und Decklack mit Holzfeuchte regulierenden Eigenschaften.
Erstbeschichtungen müssen vor dem Grundieren mit Holzschutzlasur imprägniert werden (siehe Kapitel 13.5.7).

13.8 Holzfachwerk

Holzfachwerkbauten genießen heute eine besondere Wertschätzung. Sie prägen das Stadtbild und beleben ganze Straßenzüge. Die Fachwerke unterscheiden sich regional. Dadurch sind sie ein Kennzeichen ihre Landschaft. Sie verbinden heutige Lebensweise mit der Vergangenheit. Auf ihre Erhaltung und Restaurierung wird daher großer Wert gelegt.

Ein freigelegtes Fachwerk

An dem stark sanierungsbedürftigen Fachwerk kann man erkennen, dass dieses früher einmal verputzt war. Legt man bei der Restaurierung das Fachwerk frei, verliert es seinen bisherigen Schutz gegen Nässe und Feuchtigkeit. Zwischen Holz und Gefach entsteht eine Fuge, in die Wasser eindringen kann. Bei ungenügenden Dach- und Geschossvorsprüngen durchnässt vor allem Schlagregen das Fachwerk. Wasser kann sich in den Zapfenlöchern der Balken sammeln und dort Holzfäule hervorrufen. Feuchtigkeit im Fachwerk kann aber auch auf das geänderte Heizverhalten zurückgeführt werden. Wurde früher meist nur ein Raum im Gebäude beheizt, stehen heute in jeden Raum Heizkörper zur Verfügung. Die höhere Luftfeuchte beheizter Räume schlägt sich durch das Temperaturgefälle zwischen innen und außen als Wasser im Fachwerk nieder. Um Schäden durch Freilegen und Instandsetzen von Fachwerk zu vermeiden, müssen u. a. folgende Grundregeln beachtet werden:

- Sichtfachwerk gegen Schlagregen schützen
- Durchfeuchtung der Außenwände vermeiden
- Bildung von Tauwasser in der Außenwand durch eine geeignete Wärmedämmung auf der Innenseite verhindern

Beschichtung von Holzfachwerk

Vor der Beschichtung müssen die vorhandenen Holzschäden durch den Zimmermann beseitigt werden. Hierzu gehören u. a. das Ersetzen von morschen Holzbalken, das Anschuhen, Aufdoppeln und Ausspänen von Rissen über 8–10 mm mit artgleichem, vorgetrocknetem Holz, das später aufquillt und sich in Fuge oder Riss einpresst.
Alte, nicht mehr tragfähige Beschichtung entfernt man am besten durch Schleifen. Durch Abbeizen oder Abstrahlen mit dem Hochdruckreiniger gelangt zu viel Wasser in das Fachwerk.
Wurde das Gefach entfernt, sollten auch die Gefachseiten mit Holzschutz imprägniert werden.
Da Spachtelmassen sich nur unzureichend verankern lassen und Fugendichtmassen häufig abreißen, sollte man darauf verzichten. Mangelhafte Fugendichtungen bilden Kapillaren, durch die das Wasser stärker eindringen kann als durch breite Fugen oder Risse.

Renoviertes Fachwerk im Sauerland

Für die Grund-, Zwischen- und Deckbeschichtung von Holzfachwerken eignen sich u. a. Beschichtungsstoffe auf Acrylat- und Alkydharzbasis. Sie müssen folgende Anforderungen erfüllen:

- gute Haftung auf Holz
- hohe Wasserdampfdurchlässigkeit
- Holzstruktur erhalten
- Seidenglanz
- hohe Elastizität und Lebensdauer

13.9 Brandschutzbeschichtungen

13.9.1 Brandschutz

Bauliche Anlagen müssen so beschaffen sein, dass der Entstehung eines Brandes und der Ausbreitung von Feuer und Rauch vorgebeugt wird. Dabei müssen Gefahren für das Leben und die Gesundheit von Menschen, Tieren und Umwelt abgewendet sowie Löscharbeiten ermöglicht werden. Die notwendigen Brandschutzanforderungen sind gesetzlich in den Landesbauordnungen vorgeschrieben.

13.9.2 Vorbeugender baulicher Brandschutz

Der vorbeugende Brandschutz soll u.a. das Ausbrechen eines Brandes durch die entsprechende Auswahl von Baustoffen verhindern.

Baustoffklassen nach DIN 4102-1		
Baustoff-klasse	**Benennung**	**Beispiele**
A	**nicht brennbare Baustoffe**	
A1	... ohne brennbare Bestandteile	Beton, Mörtel, Stahl, Steinwolle
A2	... mit brennbaren Bestandteilen	Gipskarton-platten
B	**brennbare Baustoffe**	
B1	schwer entflammbare Baustoffe	Leichtbauplatten
B2	normal entflammbare Baustoffe	Holz
B3	leicht entflammbare Baustoffe	Papier

Darüber hinaus werden z. B. Wände, Decken, Stützen und Treppen in fünf **Feuerwiderstandsklassen** F30, F60, F90, F120 oder F180 eingeteilt. Sie geben in Minuten an, wie lange ein Bauteil den Flammen mindestens standhalten muss.
Für Bauteile, die die vorgeschriebene Feuerwiderstandsklasse nicht erreichen, stellen Brandschutzbeschichtungen eine Abhilfe dar.

Durch die Brandschutzbeschichtung muss eine bestimmte Feuerschutzklasse garantiert werden.

Vorgeschrieben sind häufig F30. Die Bauteile müssen also mindestens 30 Minuten dem Feuer trotzen. Für die sorgsam aufgetragene Brandschutzbeschichtung kann deshalb nur geschultes Fachpersonal die Gewährleistung übernehmen.

13.9.3 Zweck der Brandschutzbeschichtungen

Brandschutzbeschichtungen sollen gegen Entflammen, Verbrennen und Formänderung bei starker Erwärmung schützen.
Gegen Verbrennen müssen vor allem Bauteile oder Baustoffe aus Holz, Papier, Textilen und Kunststoffen geschützt werden.
Nichtbrennbare Stahlkonstruktionen verlieren bei Temperaturen von 500 bis 600 °C ihre Tragfähigkeit. Bei Leichtmetallen liegt diese Temperatur noch niedriger.
In einem brennenden Raum können bereits nach wenigen Minuten Temperaturen über 1000 °C vorherrschen. Um eine Formänderung oder gar ein Zusammenstürzen von Stahl- und Leichtmetallkonstruktionen zu verhindern, müssen Brandschutzbeschichtungen eine stark wärmedämmende Wirkung entfalten.

13.9.4 Brennvorgang im Holz

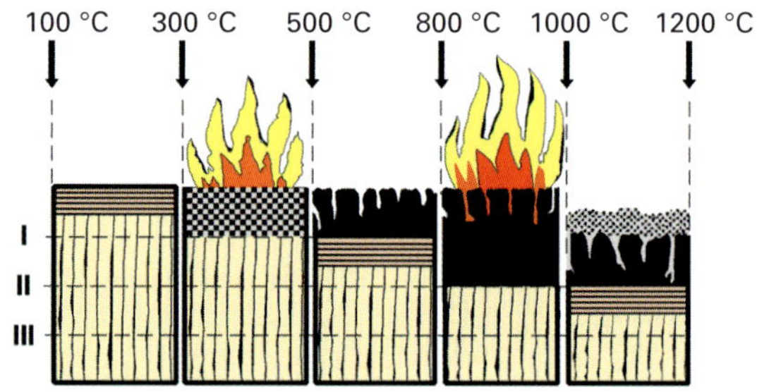

Verlauf des Brennvorgangs von Holz

Bei Temperaturen über 200 °C werden im Holz brennbare Holzgase frei. Durch den Brennvorgang steigt die Temperatur weiter an und fördert so die Gasbildung und Verbrennung. Gleichzeitig bildet sich Holzkohle. Diese schützt durch ihre geringe Wärmeleitfähigkeit das darunter liegende Holz zunächst vor dem Verbrennen. Bei weiterem Temperaturanstieg setzt sich die Verbrennung auch in tieferen Schichten fort.

13.9.5 Wirkung der Brandschutzbeschichtung

Brandversuch

Das abgebildete Holzhäuschen wurde zur Hälfte mit Brandschutzmittel beschichtet. Die Brandprobe zeigt, wie die unbehandelte Seite verbrennt und das Brandschutzmittel wirkt.

13.9.6 Brandschutzmittel

In der Regel werden zwei Arten von Brandschutzmitteln eingesetzt:

1. Dämmschicht bildende Beschichtungen

Der Anstrich entwickelt bei Feuer und hohen Temperaturen eine 2 bis 3 cm dicke, nicht brennbare

Schaumschicht, die als Wärmedämmung dient und die Zersetzung von Holz und anderen brennbaren Stoffen bzw. die Formänderung von Metallbauteilen verhindert.

2. Imprägnierende Brandschutzsalze für Holz

Brandschutzsalze beschleunigen bei einem Brand die Verkohlung des Holzes und vermindern so den Heizwert der entstehenden Gase. Hierdurch wird die weitere Zersetzung im Inneren des Holzes verhindert und die Ausbreitung des Feuers verzögert.

Bei den imprägnierenden Brandschutzsalzen kommt es darauf an, dass die Salzlösung tief in das Holz eindringt. Daher eignen sich industrielle Kesseldruckverfahren besonders gut. Das Holz wird dabei vor dem Imprägnieren fertig zugeschnitten.

Später entstehende Schnittstellen müssen mit konzentrierter Salzlösung nachbehandelt werden.

Imprägniertes Holz muss vor Regen, Feuchtigkeit und Wasser geschützt werden, um ein Auswaschen des Brandschutzsalzes zu verhindern.

13.9.7 Beschichtungsaufbau

Brandschutzbeschichtungen benötigen trockene, von Staub, Schmutz, Fett und Wachs freie Untergründe. Alte Anstriche müssen restlos entfernt sein.

Transparente und deckende Brandschutzbeschichtungen werden wie folgt aufgebaut:

- Brandschutzgrundierung
- mehrere Schichten Brandschutzfarbe, bis die vorgeschriebene Auftragsmenge erreicht ist
- Schutzlack

Brandschutzbeschichtungen müssen möglichst allseitig aufgetragen werden. Die vom Hersteller vorgeschriebenen Auftragsmengen sind genau einzuhalten.

- Brandschutzbeschichtung 300 bis 450 ml/m^2
- Schutzlack ca. 100 ml/m^2

Brandschutzbeschichtungen dürfen nicht in Räumen angewendet werden, in denen lang anhaltend eine Luftfeuchte von über 70 % vorherrscht. Sie eignen sich nicht für Bauteile, wie Türen und Treppenstufen, die mechanisch stark beansprucht sind.

Brandschutzbeschichtungen können mit Pinsel, Bürste, Rolle oder im Airlessspritzverfahren aufgetragen werden.

Beim Auftragen der Beschichtung ist darauf zu achten, dass die Temperatur des Untergrundes mindestens + 5°C beträgt.

Aufgaben

1. *Nennen Sie vier Anforderungen, die deckende Außenlackierungen auf Holz erfüllen müssen.*
2. *Wodurch unterscheiden sich Decklacke für außen?*
3. *Wie entsorgen Sie Decklacke fachgerecht?*
4. *Beschreiben Sie einen Beschichtungsaufbau auf Alkydharzbasis für Holz im Außenbereich.*
5. *Wie wirkt sich das Kälte-Wärme-Spiel in einem Holzfenster aus?*
6. *Welche Vorarbeiten sind bei der Renovierung alter Holzfenster durchzuführen?*
7. *Warum werden für Fensterlackierungen Beschichtungssysteme bevorzugt?*
8. *Welche Probleme sind mit der Freilegung von Holzfachwerk verbunden?*
9. *Warum werden Fugen, Risse und Löcher bei der Renovierung von Holzfachwerk nicht abgedichtet oder ausgespachtelt?*
10. *Erklären Sie die Begriffe Baustoff- und Feuerwiderstandsklasse im Hinblick auf den Brandschutz.*
11. *Warum ist für eine Brandschutzbeschichtung geschultes Fachpersonal erforderlich?*
12. *Wozu setzt man Brandschutzbeschichtungen ein?*
13. *Erklären Sie die Wirkungsweise von Brandschutzbeschichtungen.*
14. *Warum soll brandschutzimprägniertes Holz nicht dem Regen ausgesetzt werden?*
15. *Worauf muss beim Aufbau einer dämmschichtbildenden Brandschutzbeschichtung geachtet werden?*

Projekte

1. *Ein Kunde will fachkundig über den Einsatz von Holzschutzmitteln beraten werden.*
   a) *Notieren Sie die Argumente, die für bzw. gegen den Einsatz von Holzschutzmitteln sprechen.*
   b) *Erarbeiten Sie die Ziele der Beratung.*
   c) *Beschreiben Sie, wie Sie sich das Gespräch mit dem Kunden vorstellen.*
2. *Sie erhalten den Auftrag, die Holzfenster eines Gebäudes zu renovieren.*
   a) *Erarbeiten Sie eine Checkliste, wie Sie die Arbeiten abwickeln wollen.*
   b) *Notieren Sie evtl. anfallende Vorarbeiten.*
   c) *Begründen Sie, warum Sie ein Fensterlacksystem einsetzen wollen.*

14 Kunststoffbeschichtung

14.1 Entwicklung der Kunststoffe

14.1.1 Art der Werkstoffe

Ursprünglich wurden Kunststoffe aus chemisch abgewandelten Naturstoffen gewonnen. Hierzu dienten Cellulose, Kautschuk, Naturharze und Casein als Grundlage. Vulkanfiber (VF) und Celluloid (CN) waren die ersten Kunststoffe dieser Art. Das Ziel war, neue Werkstoffe mit besseren und veränderten Eigenschaften herzustellen.
Mit der Entwicklung vollsynthetischer Kunststoffe begann der Durchbruch in der Kunststoffindustrie. Bereits 1906 war es dem belgischen Chemiker Baekeland gelungen, Phenolharz aus Phenol und Formaldehyd herzustellen, das unter dem Handelsnamen Bakelit bekannt wurde. Die eigentliche Grundlage der synthetischen Kunststoffe schuf der deutsche Chemiker Staudinger, der 1922 die Herstellung von Kunststoffen durch die Bildung von Makromolekülen erklärte. Diese lassen sich aus Einzelmolekülen durch Polymerisation, Polykondensation und Polyaddition zu Molekülketten chemisch verbinden (siehe Kapitel 3.3.18).

14.1.2 Einsatzgebiete

Im Maler- und Lackiererhandwerk werden heute zunehmend Werkstoffe und Arbeitsmaterialien aus Kunststoffen eingesetzt. Die folgende Übersicht soll dies verdeutlichen:

- **Bindemittel**: Dispersionen, Kunstharzputze, Spachtelmassen, Lacke, Kleber, Schaum- und Dichtstoffe
- **Folien**: Dampfsperren, Abdeck-, Wetter- und Verpackungsfolien, Bänder
- **Fasern**: Gewebe, Textilien, Teppichböden, Wandbeläge, Seile
- **Bauteile für Gebäude**: Leitungen, Rohre, Dachrinnen, Verschalungen, Isoliermaterial für Wände und Dächer, Fensterrahmen; Möbel-, Tür-, Wand- und Bodenbeläge
- **Werkzeug- und Maschinenteile**: Gehäuse, Griffe, Kabel, Behälter
- **Fahrzeugbau**: Karosserieteile, Verkleidungen, Sitze, Verzierungen, Leitungen, Dichtungen

Kunststoffe besitzen besondere Eigenschaften durch ihre Formbarkeit, Festigkeit, Elastizität, ihre Wärmedämmung und isolierende Wirkung gegen elektrischen Strom sowie ihr geringes Gewicht. Sie eignen sich besonders für Beschichtungen, Bauteile, Werkzeuge, Geräte und Maschinen.

Die Oberflächen von Kunststoffbauteilen müssen gegen Witterung geschützt oder zur Farbanpassung beschichtet werden.

14.2 Warum beschichtet man Kunststoffe?

14.2.1 Schutz der Kunststoffoberfläche

Kunststoffteile besitzen von Natur aus glatte und verhältnismäßig widerstandsfähige Oberflächen, die häufig unlackiert eingesetzt werden. Je nach Kunststoff und Farbton vermindert sich der Glanz der Oberfläche bereits nach wenigen Jahren. Der Farbton verändert sich. Flecken, feine Haarrisse und Versprödungen weisen auf einen witterungsbedingten Alterungsprozess hin, der durch UV-Strahlen, Umwelteinflüsse, chemische und mechanische Belastungen hervorgerufen wird. Durch Beschichtungen werden Kunststoffe haltbarer und strapazierfähiger. Ältere Kunststoffoberflächen lassen sich mit einer Beschichtung wieder in Ordnung bringen.

14.2.2 Farbgebung

Farbige Kunststoffe erhalten ihren Farbton durch Pigmente, die bei der Herstellung beigemengt werden. Die Anzahl der Farben ist dadurch begrenzt. Wird eine breite Farbtonpalette oder ein spezieller Glanzgrad gewünscht, ist eine entsprechende Beschichtung unumgänglich. Das gleiche gilt, wenn Sondereffekte wie Metallic-, Perlglanz- oder Hammerschlageffekte sowie Oberflächen mit speziellem Design gefordert werden.

Beschichtung einer Dachrinne und eines Regenfallrohres aus Kunststoff

Bei der Farbgestaltung wirkt die Eigenfarbe der Kunststoffe häufig störend. Außerdem lassen sich bei der Kunststoffherstellung nur eine begrenzte Menge Pigmente zufügen, sodass die Farbe milchig trüb ausfällt.

Durch Beschichten kann man die Oberflächenqualität der Kunststoffe verbessern, eine optimale Farbtonabstimmung erzielen und den Kunststoffteilen jeden nur denkbaren Farbton und Oberflächeneffekt verleihen.

14.3 Kunststoffarten

Die vielseitigen Einsatzgebiete von Kunststoffen erfordern die unterschiedlichsten Werkstoffeigenschaften. Sie müssen beispielsweise hohe Festigkeit besitzen, chemikalienbeständig oder dauerelastisch sein.

Vielseitige Verwendung von Kunststoffen

Die gewünschten verschiedenen Eigenschaften erfordern eine Vielzahl unterschiedlich zusammengesetzter Kunststoffe.

14.3.1 Übersicht (Auswahl)

Kurzzeichen	Chemische Bezeichnung der Kunststoffe
ABS	Acrylnitril-Butadien-Styrol
AK	Alkydharz
AMMA	Acrylnitril-Methylmethacrylat
AY	Acrylharz
B	Bitumen
BR	Butadien-Kautschuk
CA	Celluloseacetat
CN	Cellulosenitrat
CP	Cellulosepropionat
CR	Chloropren-Kautschuk (Polychloropren)
CSM	chlorsulfoniertes Polyethylen
EP	Epoxidharz
EPE	Epoxidharzester
EPS	expandiertes Polystyrol
EP-T	Epoxidharz-Teer-Kombination
GF-EP	glasfaserverstärktes Epoxidharz
GFK	glasfaserverstärkter Kunststoff
GF-UP	glasfaserverstärkter Polyester
HDPE	Polyethylen hoher Dichte
LDPE	Polyethylen niederer Dichte
MF	Melamin-Formaldehydharz
PA	Polyamid
PC	Polycarbonat
PE	Polyethylen (hart/weich)
PF	Phenol-Formaldeydharz
PMMA	Polymethylmethacrylat (Acrylglas)
POM	Polymoxyrnethylen (Polyacetal)
PP	Polypropylen
PPC	chloriertes Polypropylen
PS	Polystyrol
PUR	Polyurethan
PUR-T	Polyurethan-Teer-Kombination
PVAC	Polyvinylacelat
PVB	Polyvinylbutyral
PVC	Polyvinylchlorid (hart/weich)
RUC	Chlorkautschuk
RUI	Cyclokautschuk
SB	Styrol-Budatien
SI	Silikon
SP	gesättigter Polyester
SR	Polysulfid-Kautschuk
T	Teer
UF	Harnstoff-Formaldehydharz
UP	ungesättigter Polyester

Bei der Vielzahl der Kunststoffe ist es nicht möglich, diese bestimmten Bauteilen zuzuordnen.

Unterteilen wir die Kunststoffe in
- Plastomere (Thermoplaste),
- Duromere (Duroplaste)
- und Elastomere,

können wir aus der Herstellung wichtige Rückschlüsse auf bestimmte Eigenschaften ziehen.

14.3.2 Herstellung – Eigenschaften

Plastomere erweichen oder verfließen beim Erwärmen und erhärten beim Abkühlen wieder zu festen Massen. Zur Herstellung von Formteilen verwendet man Granulate aus unvernetztem vollständig polymerisierten Materialien, die bereits Hilfsmittel wie Antistatika, Füllstoffe, Stabilisatoren und Weichmacher enthalten. Beim Verarbeiten wird das Granulat erhitzt und flüssig in Formen gespritzt oder gepresst. Nach dem Erstarren kann das fertige Formteil entnommen werden.

Plastomere lassen sich unter Wärme verformen und schweißen. In entsprechenden Lösemitteln sind sie quellbar, löslich oder anlösbar.

Folgende Kunststoffe sind Plastomere:

- ABS
- CA
- PA
- PC
- PE
- PMMA
- PP
- PS
- PTFE
- PVAC
- PVC
- SB

Duromere werden aus flüssigen bzw. pulverförmigen Bestandteilen hergestellt. Sie härten in der Form unter Hitze und Druck, wobei ihre Makromoleküle vernetzen. Nach dem Aushärten halten sie starkem Druck stand, ohne zu verfließen oder zu zerbrechen. Kurzzeitiges Erhitzen bis 200 °C überstehen sie, ohne sich zu verändern.

Duromere sind hart, wärmebeständig, nicht schmelzbar, nur geringfügig quellbar und nicht löslich.

Folgende Kunststoffe sind Duromere:
- EP
- PF
- UF
- MF
- PUR
- UP

Elastomere bestehen aus schwach vernetzten Makromolekülen. Sie sind formstabil. Unter Krafteinwirkung lassen sie sich reversibel elastisch verformen. In höheren Temperaturbereichen werden sie thermoplastisch und verfließen.

Elastomere besitzen bei Normaltemperatur eine gummiartige Elastizität, sind nicht schmelzbar, nicht löslich, jedoch in bestimmten Lösemitteln quellbar.

Folgende Kunststoffe sind Elastomere:
- PS
- PUR
- SI

14.3.3 Zuordnung von Bauteilen

Art	Kunststoff	Bauteile
Plastomere	PVC-hart PE, ABS, PP	Fassadenelemente, Fensterprofile, Rollläden, Dachrinnen, Regenfallrohre, Pfosten, Balkonbrüstungen, Gartenmöbel, Abwasserrohre u.a. Rohre
	PVC-weich	Handläufe, Vinyl-Wandbekleidungen, Schaumtapeten, beschichtete Planen, Fugenabdeckprofile
	PMMA, ABS, PS	Werbetafeln, Schilder, Überdachungen, Balkonverkleidungen, Treppenbrüstungen
	PS, PVC, PMMA	Zierprofile, Wärmedämmstoffe, Möbelteile, Heizkörperverkleidungen
Duromere	PF, MF, UP, UF	Tischplatten, Küchenmöbel, Türen, Fensterbänke, Schaltkästen
	PF-Pressholz, MF GF-UP	Fensterbänke, Balkonprofile, Gewächshäuser, Boote, Wohnwagen
	PUR	Möbelteile, Schulmöbel, Dämmplatten
Elastomere	SI, PUR	Fugendichtungen, dauerelastische Massen
	PUR-Schaum PS-Schaum	Deckenbekleidungen, Schaumstoff, Dämmstoff

14.3.4 Erkennen von Kunststoffen

Kunststoffe verhalten sich gegenüber Beschichtungen unterschiedlich. So kann beispielsweise die Beschichtung schlecht haften oder das darin enthaltene Lösemittel den Kunststoff anlösen, aufquellen oder zerstören.

Für die Auswahl des geeigneten Beschichtungssystems muss die Art des Kunststoffs bekannt sein.

Durch die Vielzahl der verwendeten Kunststoffe ist es mit baustellenüblichen Mitteln nicht möglich, Kunststoffe sicher zu erkennen. Ist das Bauteil nicht mit dem Kurzzeichen des Kunststoffs gekennzeichnet, sollte beim Auftraggeber, der Montage- oder Herstellerfirma nachgefragt werden. Im Zweifelsfall kann der Beschichtungsstoffhersteller hinzugezogen werden, der durch eine Laborprüfung die Art des Kunststoffs feststellt und das dafür geeignete Beschichtungssystem vorschlägt. Ist die Haltbarkeit der Beschichtung nicht gesichert, sollte man die Gewährleistung vor der Auftragsannahme schriftlich ausschließen.

Als Hilfsmittel für die Erkennung des Kunststoffs können folgende Tests dienen:

1. **Augenschein**
   Dadurch kann die allgemeine Beschaffenheit wie Aussehen, Griff und Einsatzgebiet geprüft werden.
   Rohre aus Polyethylen haben beispielsweise wachsartige, mit dem Fingernagel anritzbare Oberflächen. Rohre aus PVC oder PP sind dagegen glatt und hart.
2. **Lösemitteltest**
   Mit dem Lösemittel des Beschichtungsstoffes betupft man den Kunststoff an einer geeigneten Stelle und prüft die Verträglichkeit.
3. **Brennprobe**
   Von dem zu prüfenden Kunststoff entnimmt man einen feinen Span und führt eine Brennprobe durch. Brennverhalten, Flammfärbung, Rußbildung und der Geruch lassen Rückschlüsse auf den Kunststoff zu.
   PVC brennt mit grünlicher Flamme, rußt, riecht stechend und erlischt außerhalb der Brennerflamme.
   PE brennt leuchtend, tropft, riecht nach Paraffinkerzen.
   PMMA brennt hell leuchtend, knisternd, riecht fruchtartig.
   PUR brennt bläulich, tropft blasig und fadenziehend, riecht nach verbranntem Horn.
   UP brennt leuchtend, rußt, verkohlt, riecht süßlich wie Styrol.

14.4 Beschichtung von Kunststoffen

14.4.1 Haftprobleme

Bei der Herstellung der Kunststoffe werden vielfach Trenn- und Glättungsmittel eingesetzt, die sich zum Teil in die Kunststoffoberfläche einlagern bzw. mit ihr verpresst werden. Die Verankerung der Beschichtung wird dadurch vermindert.
Die Anhaftung von Beschichtungen kann auch durch zeitlich bedingte Temperaturänderungen beeinträchtigt werden.
Haftprobleme ergeben sich u.a. durch:

- glatte Oberflächen bei PVC-Bauteilen
- Trenn- und Glättungsmittel, die sich nur schwer entfernen lassen
- Siliconverbindungen, die aus Dichtprofilen und Dichtstoffen auswandern und sich auf dem Kunststoff niederschlagen
- Reinigungs- und Pflegemittel, die Silicon oder Wachse enthalten
- Abbauprodukte bei der Alterung (Flucht der Weichmacher)
- falsche Beschichtungssysteme

Vorbereitungsarbeiten

14.4.2 Oberflächenvorbereitung

Schmutz und Formtrennmittel müssen gründlich entfernt werden, damit sich die Beschichtung gut verankern kann. Hierfür hat sich eine Ammoniak-Netzmittelwäsche bewährt. Auf 10 l Wasser kommen ca. 0,5 l einer 25-prozentigen Ammoniaklösung und zwei Kronenkorken Netzmittel. Gereinigt und angeschliffen wird mit einem Korund-Kunststoffvlies. Danach muss gründlich mit klarem Wasser nachgewaschen werden.

Zum Schutz der Haut wird die Schleifarbeit mit Gummihandschuhen ausgeführt. Bei Innenarbeiten ist für gute Belüftung zu sorgen.

Beim Schleifen mit Schleifpapier oder Stahlwolle kann es zur elektrostatischen Aufladung des Bauteils kommen. Damit sich der Staub nicht nachteilig auf die Beschichtung auswirkt, entfernt man ihn mit einem Lappen, der mit netzmittelhaltigem Wasser oder Spiritus getränkt ist.
Die Reinigung mit Lösemitteln ist problematisch, da viele Kunststoffe gegenüber Lösemitteln empfindlich reagieren. So kann z. B. Nitroverdünnung ein starkes Anquellen der Oberfläche, Runzelbildung und Spannungsrisse hervorrufen. Um solche Mängel zu vermeiden, sollte zuvor ein Lösemitteltest durchgeführt oder ein mildes Lösemittel wie Spiritus eingesetzt werden.

14.4.3 Haftgrundierung

Vor der Beschichtung ist festzustellen, ob für das ausgewählte Beschichtungssystem eine Haftgrundierung vorgeschrieben ist. Je nach Art des Kunststoffs und der Beschichtung kann eventuell darauf verzichtet werden. Häufig wird jedoch ein Kunststoffprimer empfohlen.

Der Kunststoffprimer bildet eine sichere Haftbrücke zwischen Kunststoff und Beschichtung.

Vor einer Beschichtung mit Dispersionslackfarben ist eine Haftgrundierung besonders notwendig.
Bei Kunststoffteilen in einer Fahrzeugkarosserie muss in jedem Fall ein Kunststoffhaftprimer eingesetzt werden. Je nach Lackhersteller werden Ein- und Zweikomponenten-Haftprimer eingesetzt. Sie werden in 1–3 Spritzgängen aufgetragen.

14.4.4 Auswahl des Beschichtungssystems

Die Auswahl des Beschichtungssystems richtet sich nach der Art des Kunststoffs und der zu erwartenden Beanspruchung. Dabei müssen die Herstellerrichtlinien beachtet werden.
Bei der Auswahl des Farbtones ist zu beachten, dass dunkle Farben bei Sonneneinstrahlung stark aufheizen. In den Kunststoffbauteilen können dadurch Verformungen und Spannungen auftreten.

Im Außenbereich dürfen weiße maßhaltige Bauteile wie Fenster und Türen aus Kunststoff nicht dunkel beschichtet werden.

Beanspruchung – Beschichtungen

- Alkydharz-Kombinationsfarben: für normale Wetterbelastung
- Polymerisatharzfarben: für normale Wetterbelastung, bedingt chemikalienbeständig
- Polyurethanlackfarben: für hohe mechanische Belastung, chemikalien-, wetter- und dauerwasserbeständig
- Epoxidharzlackfarben: für hohe mechanische und chemikalische Belastung, dauerwasserbeständig, neigt bei Bewitterung zum Kreiden

- 2K-Polyacrylatfarben: sehr wetterfest, dauerwasser- und chemikalienbeständig
- Dispersionslackfarben und Dispersionsfarben: für normale Wetterbelastung

Übersicht über Beschichtungssysteme

Beschichtungssysteme für Kunststoffe	Alkydharzgrund	Alkydspezialgrund	2K-PUR	2K-EP	PVC-MP-Farbe	Polyacrylatfarbe	Dispersionsfarbe
Harz-PVC	0	+	+	+	0	+	+
Polyamid	0	+	+	+	+	+	–
Phenol-/Harnstoff-Melaminharze	–	+	+	+	–	0	+
Epoxidharze	+	+	+	+	–	0	+
PUR-Hartschaum	–	0	+	–	–	+	+
Polystyrol	0	+	–	–	+	–	+
Polymethylmethacrylat	+	+	+	+	0	+	+
Polycarbonate	+	+	+	+	+	+	+
Polyacetate	–	0	0	0	0	+	+
+ = geeignet 0 = bedingt geeignet – = nicht geeignet							

14.4.5 Beschichtungsaufbau

a) Erstlackierung von Kunststoffen

1. **Prüfung des Untergrundes**
   z. B. Kunststoff feststellen und prüfen Brennprobe, Lösemitteltest
2. **Vorbereitung**
   z. B. reinigen mit Spiritus oder Nitroverdünnung, anschließend schleifen mit Kunststoff-Schleifvlies
3. **Grundbeschichtung**
   z. B. mit Spezialhaftgrund für Kunststoffe oder Zweikomponenten-PUR-Haftprimer
4. **Zwischenbeschichtung**
   z. B. mit Spezialhaftgrund für Kunststoffe bzw. Vorlackfarbe für Kunststoff
5. **Schlussbeschichtung**
   z. B. mit Acryldispersionslackfarbe

b) Lackierung alter Kunststoffuntergründe

1. **Prüfung des Untergrundes**
   z. B. Kunststoff feststellen und prüfen Brennprobe, Lösemitteltest
2. **Vorbereitung**
   z. B. schleifen bzw. reinigen mit Ammoniak-Netzmittellösung und Kunststoff-Schleifvlies anschließend nachwaschen mit klarem Wasser
3. **Grundbeschichtung**
   z. B. mit Einkomponenten-Spezialhaftgrund für Kunststoffe
4. **Zwischenbeschichtung**
   z. B. mit Spezialhaftgrund für Kunststoffe bzw. Vorlackfarbe für Kunststoff
5. **Schlussbeschichtung**
   z. B. mit Acryldispersionslackfarbe

14.4.6 Beschichtungsauftrag

Auf glatten Kunststoffoberflächen erzielt man am besten durch Spritzen einen gleichmäßigen Farbauftrag. Die Applikation mit Pinsel und Rolle soll zügig erfolgen.

Dichtprofile an Fenstern und Türen sowie Dichtstoffe, Dehn- und Lüftungsfugen dürfen nicht überstrichen werden.

Die darin enthaltenen Weichmacher dringen mit der Zeit nach außen und führen zum Erweichen und Verkleben der Beschichtung. Durch Zweikomponenten-Beschichtungsstoffe kann dies verhindert werden.
Die Überlappung der Beschichtung auf dem Dichtstoff soll auf ca. 1 mm begrenzt bleiben.

Aufgaben

1. *Nennen Sie vier Gründe, warum Kunststoffe vermehrt verwendet werden.*
2. *Warum müssen Kunststoffe immer öfter durch Beschichtungen geschützt werden?*
3. *Worin unterscheiden sich Plastomere, Duromere und Elastomere?*
4. *Nennen Sie je zwei Bauteile, die aus Plastomeren, Duromeren und Elastomeren hergestellt sind.*
5. *Warum sollte man vor dem Beschichten die Art des Kunststoffs feststellen?*
6. *Nennen Sie Hilfsmittel, die das Erkennen der Kunststoffe erleichtern.*
7. *Warum kann es beim Beschichten von Kunststoffen zu Haftproblemen kommen?*
8. *Beschreiben Sie die Oberflächenvorbereitung vor einer Kunststoffbeschichtung.*
9. *Wodurch lässt sich die Haftung der Beschichtung verbessern?*
10. *Erklären Sie den Beschichtungsaufbau einer Erstlackierung auf Kunststoff.*
11. *Warum dürfen Dichtprofile und Dichtstoffe nicht überstrichen werden?*

Projekte

1. *Beurteilen Sie das Verhalten verschiedener Kunststoffe mithilfe von Brennproben und stellen Sie fest, um welche Kunststoffe es sich handelt.*
2. *Beschichten Sie eine Kunststoffoberfläche aus PVC mit und ohne Haftprimer. Beurteilen Sie nach dem Erhärten die Haftung der beiden Anstriche mithilfe eines Gitterschnitts.*

15 Glas – Verglasungsarbeiten

15.1 Herstellung von Glas

15.1.1 Art des Werkstoffes

Glas besteht aus geschmolzenen Gemischen von Quarzsand mit anderen Oxiden. Als fester Stoff bildet Glas keinen kristallinen Zustand, wie z. B. Metalle, sondern bleibt amorph, d. h. ohne einheitliche Struktur. Im Prinzip handelt es sich bei Glas um eine unterkühlte Schmelze, die durch die hohe Abkühlgeschwindigkeit im Glaszustand erstarrt.

Glas ist ein aus der Schmelze erstarrtes Gemisch von Oxiden.

15.1.2 Rohstoffe

Der Hauptbestandteil von herkömmlichem Glas ist Siliciumoxid, das als Quarzsand bekannt ist und in allen Gegenden unserer Erde vorkommt.
Mehr als die Hälfte jeder Glasmischung besteht aus Quarzsand, bei manchen Glasarten beträgt der Anteil sogar mehr als drei Viertel des Gemenges.
Die verschiedenen Glasarten bestehen aus einem Gemisch von **sauren Oxiden** wie Siliciumdioxid und **basischen Oxiden** wie Natrium-, Kalium- und Calciumoxid.

Das Gemenge für Fensterglas besteht aus:

73 % Quarzsand
12,5 % Soda
10 % Kalk
3,5 % Sulfat
1 % Tonerde

Es wird bei etwa 1400 °C in Wannenöfen geschmolzen, aus der die Glaserzeugung ohne Unterbrechung erfolgt.
Aus **reinem Quarz**, dem Bergkristall, kann man ein sehr gutes Glas herstellen. Durch die hohe Schmelz- und Formtemperatur von ca. 1800 °C ist dieser Aufwand für Gebrauchsgläser unwirtschaftlich. Nur für Spezialzwecke, wie chemische Apparate, wird reines Quarzglas hergestellt.

15.1.3 Flachglas

Flachglas wird durch unterschiedliche Verfahren hergestellt.
Ornament-, Kathedral- und Drahtglas entsteht im **Gieß-Walz-Verfahren**.
Hierbei wird das Glasband ohne Unterbrechung vom Wannenüberlauf über ein Walzensystem durch den Kühltunnel bis zum Schneidetisch geführt.

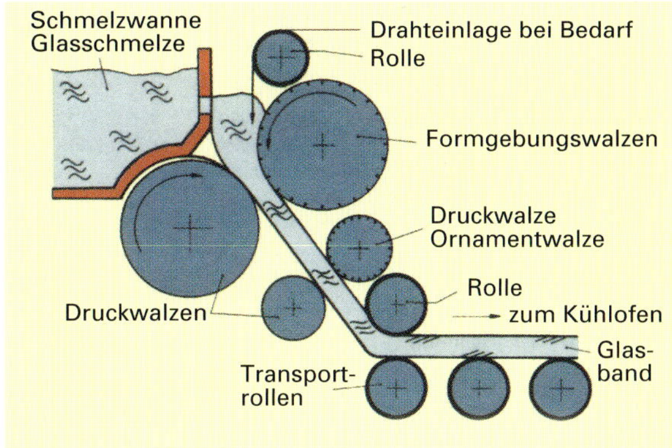

Gieß-Walz-Verfahren

Im **Ziehverfahren** wird klarsichtiges und planebenes Glas hergestellt.
Hierbei wird die Schmelze als breites endloses Band mit einem Fangstück aus der mit flüssigem Glas gefüllten Wanne gezogen und über Führungsrollen und Transportwalzen in den Kühlschacht geführt.

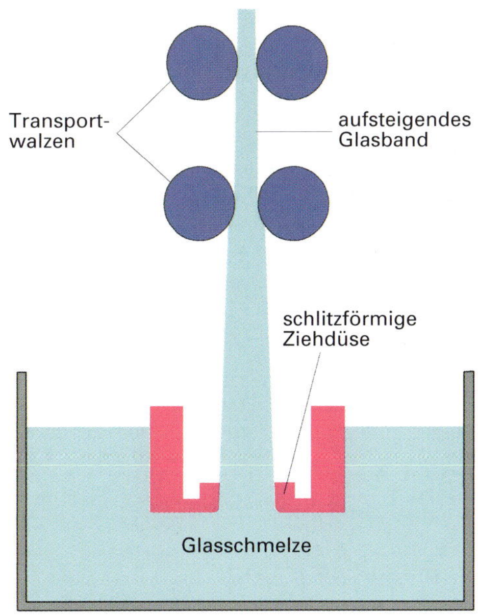

Flachglasherstellung im Ziehverfahren

Die Glasdicken von 0,6 bis 30 mm werden durch die Ziehgeschwindigkeit erreicht.

Beim **Floaten** oder *Schwimmverfahren* wird spiegelglattes Glas mit planparalleler Oberfläche und verzerrungsfreier Durchsicht hergestellt, wie es früher nur durch Schleifen und Polieren von Ziehglas erreicht wurde.

Die Besonderheit des Floatverfahrens besteht darin, dass die Glasschmelze auf einem flüssigen Zinnbad schwimmt. Sie passt sich der spiegelglatten Metalloberfläche an und erstarrt zu einem Glasband, da der Erstarrungspunkt von Glas über der des flüssigen Zinns liegt.
Gefloatetes Glas wird als Isolierglas, Verbundsicherheitsglas und Mehrscheibenverbundglas verwendet.

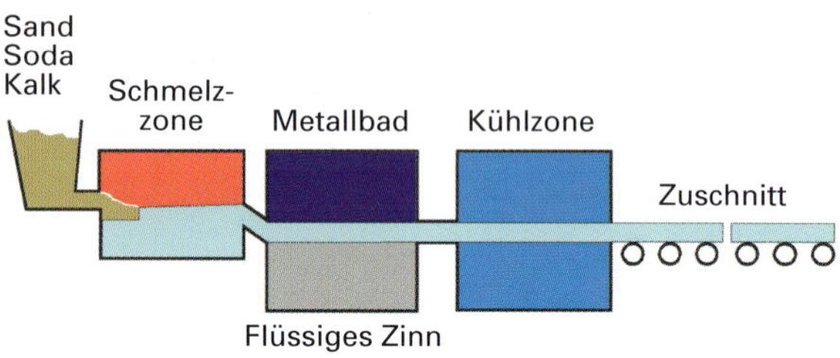

Flachglasherstellung im Floatverfahren

15.2 Eigenschaften von Glas

Glas ist spröde und zerbrechlich. Es zerspringt bei ungleichmäßiger Erwärmung, bei Druck- oder Zugbelastung. Seine Dichte beträgt 2,5 kg/dm³. Dies bedeutet, dass 1 m² Glas mit einer Stärke von 1 mm die Masse von 2,5 kg hat.

15.2.1 Härte

Glas ist ein sehr hartes Material. Es kann nur mit hochwertigem Stahl *(Hartmetall)*, Diamant, Korund oder Siliziumcarbid bearbeitet werden.

Härteskala nach Mohs (Auszug)			
Härte von Mineralien		Vergleichswerte für Werkstoffe	
Gips	2	Stahlstifte	5–6
Kalkspat	3	Glas	6–7,5
Feldspat	6	Feile	7–8
Quarz	7	Hartmetall	9,5
Korund	9	Siliciumcarbid	9,8
Diamant	10	Edelsteine	8–10

15.2.2 Schalldämmung

Glas leitet Schall gut. Als Schalldämmung stellt es innerhalb einer Wand einen Schwachpunkt dar.

Schalldämmwerte von Verglasungen (in dB)[1]		
Fensterglas	3 mm	26 (dB)
Fensterglas	4 mm	29 (dB)
Fensterglas	10 mm	31 (dB)
Isolierglas	2 × 4 mm	29 (dB)
Isolierglas	2 × 5 mm	30 (dB)
Doppelfenster		34 (dB)
Zum Vergleich: 20 cm dicker Beton		48 (dB)

Bei einer Isolierverglasung schwingt das ganze Glas-Luftpolster-Glas-System gleichmäßig und wirkt so schallübertragend. Deshalb haben Isolierverglasungen den gleichen Schalldämmwert wie Einfachverglasungen.

Bei **Schallschutzfenstern** wird die Schalldämmung durch ungleich dicke Einzelscheiben und einen großen Scheibenzwischenabstand, der mit Schwergas *(z. B. Freanon)* gefüllt ist, erreicht. Die Scheiben sind miteinander durch Gießharz verbunden.

Der Schalldämmwert wird bei Verwendung von unterschiedlich dicken Gläsern und mehr als zwei Scheiben erheblich verbessert.

15.2.3 Wärmeleitfähigkeit

Glas besitzt, verglichen mit Metallen, eine geringe Wärmeleitfähigkeit. Die Dämmung gegen Wärme und Kälte ist gut.
Da die wärmenden Sonnenstrahlen das transparente Glas leicht durchdringen können, kommt es in einem Raum zu einer Wärmezunahme. Es entsteht ein so genannter Treibhauseffekt.

15.3 Glasbearbeitung

Unvorsichtiger Umgang mit Glas kann schwere Schnittverletzungen zur Folge haben!

15.3.1 Schneiden

Glas zu schneiden ist kein Trennen im üblichen Sinne. Durch das **Anritzen mit Hartmetall** oder Diamant entsteht in der Oberflächenspannung des Glases eine einseitige Schwächung. Durch **sofortiges Kanten** des Schnittverlaufs wird die geschwächte Oberfläche auf Biegezug beansprucht und das Glas gebrochen.
Durch die Verwendung von Testbenzin oder Petroleum beim Ritzen wird die Trennbarkeit des Glases wesentlich verbessert und das Schneidwerkzeug erheblich geschont.
Es darf nie an der gleichen Stelle zweimal geritzt werden, weil sonst der Glasschneider beschädigt wird.

Wichtig!
Das Glas sollte gleich nach dem Schneiden gebrochen werden (warmer Schnitt), da sich sonst die im Schneidebereich erzeugte Spannung wieder verliert. Bei einem erst später durchgeführten Bruch (kalter Schnitt), entsteht eine wesentlich schlechtere Bruchkante.

15.3.2 Bohren

Beim Bohren von Glas werden keine Späne abgehoben, die Glasmasse wird herausgeschliffen. Hierzu verwendet man **Dreikantbohrer** mit Hartmetallspitzen oder **Rohrbohrer** mit Diamantbohrkranz.
Das Bohrloch muss mit Wasser gekühlt werden, weil es sonst zu einseitiger Erwärmung und dadurch zum Bruch des Glases kommt.

15.3.3 Schleifen

Um Schnittverletzungen zu verhüten, werden beispielsweise Glaskanten geschliffen. Durch Schleifen lassen sich bei Glas und Spiegeln Ziereffekte erzielen, die häufig auch als Werbeträger genutzt werden.
Geschliffen wird mit **wasserfestem Schleifpapier** und Wasser, beginnend mit sehr grober Körnung (P100), steigernd bis zur Körnung (P1200) für polierte Kanten, oder aber mit Schleifsteinen (Korundstein) und Wasser. Beim maschinellen Schleifen werden Schleifscheiben verwendet.

15.4 Glasbeschichtung

Glas ist gegen Witterungseinflüsse beständig.
Nur durch Flusssäure und Wasserglas oder lange einwirkende Säuren oder Laugen wird Glas angegriffen.

Warum beschichtet man Glas?
Glas wird nur aus optischen Gründen beschichtet.
- **Transparente Beschichtung:** um Glas undurchsichtig zu machen, die Lichtdurchlässigkeit aber zu erhalten.
- **Deckende Beschichtung:** wenn weder Lichteinfall noch Durchsichtigkeit erwünscht ist.
- **Gestaltungs- und Schmuckapplikationen:** Aufbringen von Beschriftungen, Dekorationen auf oder hinter Glas.

15.4.1 Beschichtungsstoffe für Glas

Für **transparente Beschichtungen** auf Glas werden Öl- oder Öllackfarben durch feines Verwalzen oder Stupfen aufgetragen.

Für **deckende Aufträge** eignen sich auch Silikatfarben. Sie verbinden sich chemisch mit dem verwandten Glas.

Für **Beschriftungen** auf oder hinter Glas eignen sich computergeschnittene Folien zum Aufkleben besonders gut.

15.4.2 Hinterglasvergoldung

Eine Hinterglasvergoldung kann als Glanz- oder Mattvergoldung ausgeführt werden.

Glanzvergoldung

Bei einer Glanzvergoldung wird in destilliertem Wasser gelöste Gelatine satt auf die zu vergoldende Fläche aufgetragen und das Blattgold eingeschossen. Überschüssige Gelatine saugt man mit Löschpapier auf. Nach dem Trocknen werden die vergoldeten Teile mit gelber Öllackfarbe übermalt. Häufig wird auch gelbe Folie auf die Vergoldung geklebt. Bei Beschriftungen muss die Folie spiegelverkehrt geschnitten werden. Nach dem Trocknen der Öllackfarbe oder dem Aufbringen der Folie wird das überschüssige Gold mit einem feuchten Wattebausch entfernt.

Mattvergoldung

Bei einer Mattvergoldung wird farbloses Mixtion oder Goldklebemittel auf Acrylbasis hauchdünn auf die zu vergoldenden Flächen aufgetragen. Nach dem Trocknen wird das Blattgold eingelegt. Die weiteren Arbeitsgänge sind die gleichen wie bei einer Glanzvergoldung.

Jede Beschichtung auf Glas setzt voraus, dass das Glas zuvor gründlich von Schmutz und Fett gereinigt wird.

Reinigung

Zur Reinigung verwendet man Spiritus und fein geriebene Kreide.
- Spiritus besteht aus nahezu reinem Alkohol, der Fett hervorragend löst.
- Kreide dient als weiches Scheuermittel, das auf Glas keine Kratzer hinterlässt.

Aufgaben

1. *Warum ist Glas ein amorpher Stoff?*
2. *Aus welchen Ausgangsstoffen wird Glas hergestellt?*
3. *Nennen Sie drei Herstellungsverfahren für Flachglas.*
4. *Warum dämmen Isolierverglasungen den Schall nicht besser als Einfachverglasungen?*
5. *Erläutern Sie die Begriffe „warmer und kalter Schnitt" beim Glasschneiden.*
6. *Nennen Sie drei Gründe für eine Beschichtung von Glas.*
7. *Beschreiben Sie die Arbeitsgänge für eine Glanzvergoldung hinter Glas.*
8. *Mit welchen Mitteln wird Glas vor einer Beschichtung gereinigt?*
9. *Von welchen Stoffen wird Glas angegriffen?*

15.5 Glasmalerei

Im Rahmen dieses Fachbuches ist es nicht möglich, die Glasmalerei umfassend darzustellen. Wir müssen uns deshalb auf den folgenden Überblick beschränken.

Die **klassische Glasmalerei** wird industriell oder handwerklich vom Glasmaler, einem eigenständigen Beruf, ausgeführt.

Zum Malen verwendet der Glasmaler **Schmelzfarben**, die zum Teil erst beim Einbrennen, bei ca. 600 °C, ihre endgültige Farbe erhalten. Die Schmelzfarben benötigen kein Bindemittel, sie verschmelzen mit dem Glas beim Brennen.

Bei der **bunten Glasmalerei** legt man auf der Innenseite des Glases die Konturen in Schwarz an, auf der Außenseite wird die Farbe aufgetragen.

Die **Schwarzlotmalerei** führt man ausschließlich mit Eisen- bzw. Kupferoxidfarben aus, dem so genannten Schwarzlot.

Bei der **Glaskaltmalerei** trägt man Wasserglasfarben als Hintergrundmalerei auf. Wasserglas ätzt das Glas an und sorgt so für die notwendige Haftung der Farben. Diese Malerei findet hauptsächlich bei der Herstellung von Leuchtschildern ihre Anwendung.

Glasfenster mit bunter Malerei

15.6 Fenstersysteme

15.6.1 Verglasungsarten

- **Einfachfenster (EV) mit Einscheibenglas:** Hierbei sind die Flügelprofile einteilig und nur mit einer Scheibe verglast.
- **Einfachfenster (IV) mit Mehrscheiben-Isolierglas:** Der einteilige Flügel liegt in einem Doppelfalz mit einem zusätzlichen Dichtprofil und ist mit einer Isolierglasscheibe verglast.
- **Verbundfenster (DV) mit Einscheiben- und/oder Mehrscheiben-Isolierglas:**
  Sie werden meist als Doppelfenster bezeichnet und haben zwei Flügelrahmenprofile. Diese sind entweder in beiden Flügeln mit einer Einfachverglasung versehen oder aber in einem Flügel mit einer Einfach- und im anderen mit einer Isolierverglasung. Das Luftpolster zwischen den Flügeln bewirkt eine zusätzliche Wärmedämmung.

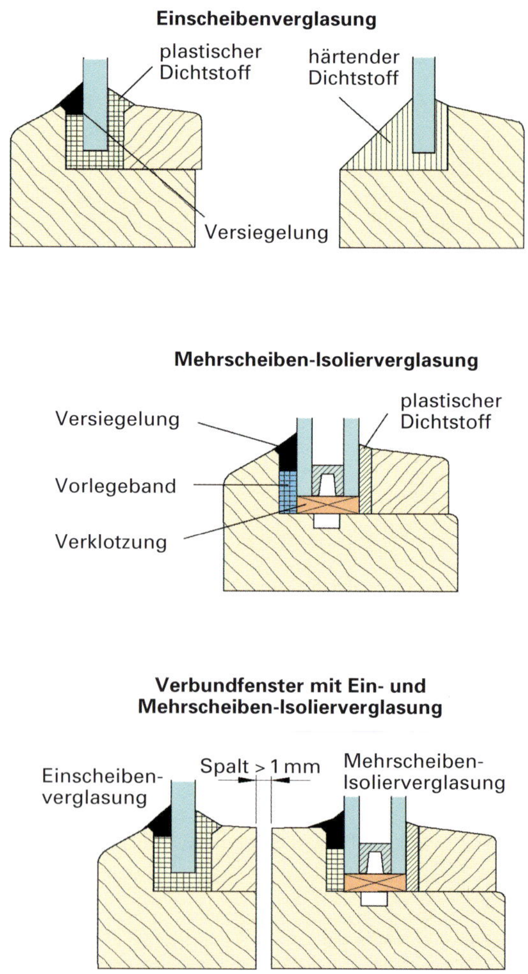

Verglasungssysteme

15.6.2 Verklotzung von Glasscheiben

Damit in der eingebauten Glasscheibe und im Fensterrahmen keine Spannungen entstehen, die zum Glasbruch führen oder die Gängigkeit des Flügels einschränken, werden die Scheiben auf Kunststoffklötzen aus Polyamid gelagert.

Als Verklotzung bezeichnet man die Lagerung der Scheiben auf Trag- und Distanzklötzen.

Tragklötze nehmen die Druckkräfte der Scheibe im Flügelrahmen auf. Sie müssen etwa 2 mm breiter als die Dicke der Scheibe sein. Sie sind ca. 5 mm dick und zwischen 60 mm und 150 mm lang. In der Regel werden sie 50 mm bis 100 mm von der Falzecke entfernt in den Falz geklebt.

Distanzklötze dienen dem gleichmäßigen Abstand zwischen Glasscheibe und Rahmen. Sie sind zwischen 0,5 mm und 1 mm dünner als die entsprechenden Tragklötze.

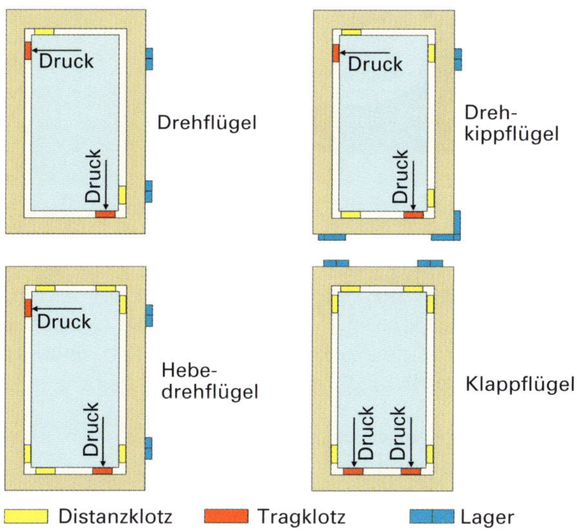

Verklotzung unterschiedlicher Flügelarten

15.6.3 Vorbereitung der Glasfalze

Vor der Verglasung müssen die Glasfalze nach den Vorschriften des Dichtstoffherstellers vorbereitet werden. In jedem Falle müssen sie trocken und sauber sein. Die Holzfeuchtigkeit darf den vorgeschriebenen Maximalwert für das entsprechende Anstrichsystem nicht überschreiten.

Glasfalze und Glashalteleisten müssen vor dem Verglasen grundiert und vorgestrichen sein. Der Anstrich muss den Richtlinien des Merkblattes „Anstrichsysteme für Holzfenster, Anforderungen an lasierende und deckende Beschichtungen für maßhaltige Bauteile" entsprechen.

Bei **Kunststofffenstern** muss der Glasfalz mit einem Haftvermittler gestrichen werden, um die Haftung des Dichtstoffes zu ermöglichen oder zu verbessern.

Auch **Aluminiumfenster** müssen im Glasfalz mit einem Haftvermittler gestrichen werden.

15.6.4 Dichtstoffe für Verglasungen

Die Dichtstoffe für Verglasungen werden wie folgt unterschieden:

- **Erhärtende Dichtstoffe**
  Sie sind als Ölkitt oder Glaserkitt bekannt, die aus pflanzlichen und synthetischen Ölen hergestellt werden. Diese erhärten oxidativ und müssen überstrichen werden, weil die Oberfläche nicht witterungsbeständig ist.
- **Elastische Dichtstoffe**
  Sie bestehen aus dauerelastischen Kunststoffen wie Siliconkautschuk, Dispersionsacrylat, Polyurethan und Polysulfid. Je nach Art des Kunststoffes werden sie als Ein- oder Zweikomponenten-Werkstoff geliefert. Entsprechend trocknen und erhärten sie durch Verdunsten der Lösemittel, durch Reaktion mit der Luftfeuchtigkeit oder Reaktion der beiden Komponenten.

Dichtstoffe müssen grundsätzlich überstreichbar sein. Sie werden in fünf Dichtstoffgruppen von A bis E eingeteilt. Ihre Eignung für verschiedene Verglasungssysteme ist in DIN 18 545-2 bzw. 18 545-3 festgelegt.

Aufgaben

1. *Worin unterscheiden sich die verschiedenen Arten der Glasmalerei?*
2. *Nennen Sie drei unterschiedliche Fenstersysteme und Verglasungsarten.*
3. *Welchen Zweck erfüllt die Verklotzung der Fensterscheiben?*
4. *Worauf muss bei der Vorbereitung der Glasfalze geachtet werden?*

Projekt

Beurteilen Sie die Sauberkeit der Bruchkanten beim Glasschneiden. Schneiden Sie dazu mehrmals Proben aus Fensterglas:

a) nur mit dem Glasschneider,
b) mit dem Glasschneider, nachdem Sie entlang des Schnittes eine Petroleumspur gezogen haben,
c) indem Sie den Bruch erst Stunden nach dem Schnitt ausführen.

16 Tapeten, Wand-, Decken- und Bodenbeläge

16.1 Tapeten

Tapeten bestehen aus bedruckten, beschichteten oder strukturierten Rollen oder Bahnen, die ganz aus Papier hergestellt werden. Zu den Tapeten gehören auch natürliche oder synthetische Stoffe, die auf Papier geklebt (*kaschiert*[1]) sind.

Tapeten dienen als Wandbekleidung für Decken und Wände.

RAL-Gütezeichen

Qualitätstapeten tragen das RAL-Gütezeichen.

(RAL = Deutsches Institut für Gütesicherung und Kennzeichnung e.V.)

Durch das Gütezeichen wird die gesundheitliche Unbedenklichkeit des Produktes garantiert.

Vergoldetes oder bemaltes Leder, gewirkte Wandbehänge, wie beispielsweise Gobelins[2], Stoffbespannungen aus Seide und Brokat sowie Papierrollen, die aus Bögen zusammengeklebt, bemalt oder mit oft mehr als 100 Modeln handbedruckt wurden, sind Vorläufer der Tapeten.
Die industrielle Fertigung von Tapeten begann in der zweiten Hälfte des 19. Jahrhunderts, nachdem Erfindungen, wie Maschinen zur Herstellung von Endlospapierbahnen und Rotationsdruckmaschinen, zur Verfügung standen.

16.1.1 Einteilung der Tapeten

Die Tapeten lassen sich grob nach folgenden Gesichtspunkten unterscheiden:

- Die **Tapetenstärke** bemisst sich nach dem Papiergewicht.

Leichte Tapeten	70–100 g/m²
Mittlere Tapeten	110–170 g/m²
Schwere Tapeten	180–220 g/m²

- Die **Oberfläche**, glatt oder strukturiert, hängt vom Druckverfahren ab.
  Die Qualität der Druckfarbe zeigt, ob sie z. B. lichtecht, wisch- oder waschfest ist.
  Das Material der Oberfläche kann z. B. aus Vinyl, Textil, Metall oder Naturwerkstoffen bestehen.
- Die **Zusammensetzung** des Papiers kann ein- oder mehrschichtig sein, wie z. B. bei Präge- oder spaltbar abziehbaren Tapeten.

[1] kaschieren von frz. cacher = verbergen, verstecken.
[2] frz. Gobelin = Bildteppich

16.1.2 Herstellung – Druckverfahren

Tapeten werden hauptsächlich im Flexodruck-, Tiefdruck- oder Siebdruckverfahren hergestellt.

Flexodruckverfahren

Der Druck erfolgt über die hoch stehenden Teile einer Walze, deren Oberfläche aus flexiblem Material besteht. Es ist ein Hochdruckverfahren und wird so genannt, weil die hoch stehenden Teile der Walze drucken.

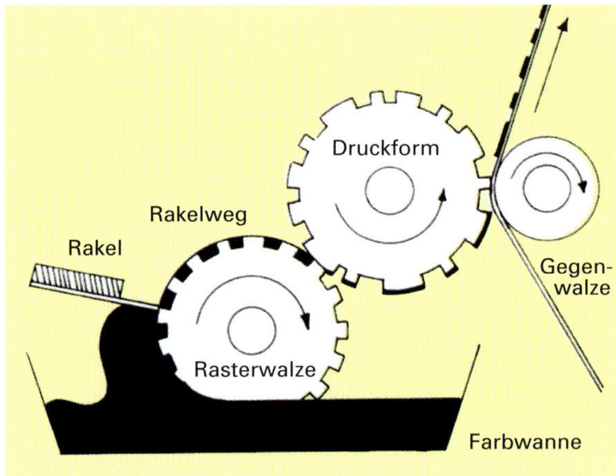

Flexodruck

Tiefdruckverfahren

Hier drucken nur die vertieften Teile der Druckwalze. Sie bilden winzige Farbnäpfchen, aus denen die angedrückte Papierbahn die Farbe ansaugt bzw. aufnimmt.

Der Tiefdruck ermöglicht sehr feine Raster und Farbverläufe in hoher Qualität und Auflage.

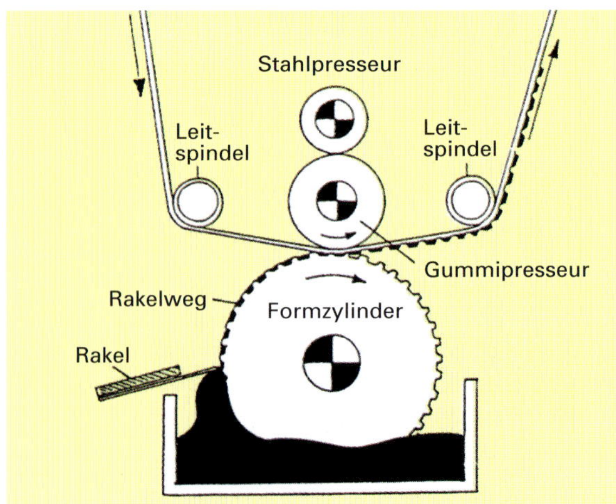

Tiefdruck

Siebdruckverfahren

Beim Siebdruck wird mit einem Rundsieb gedruckt. Eine Rakel drückt die pastöse Farbe von innen durch die Schablone auf die Papierbahn.

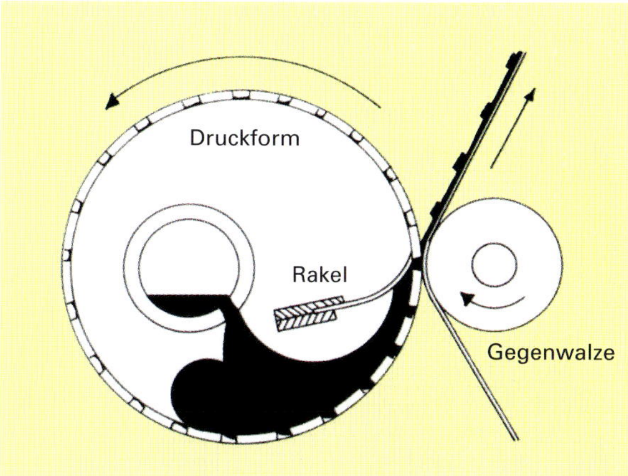

Siebdruck

Tapeten werden im Rotationsdruckverfahren hergestellt.

Es ermöglicht einen schnellen Durchlauf und, je nach Muster, auch Kombinationen verschiedener Druckverfahren. So können die Vorstellungen der Designer perfekt umgesetzt werden.
Prägungen entstehen, indem zwischen einer Negativ- und Positivwalze unter hohem Druck das Muster reliefartig in die Tapete gedrückt wird. Bei hochwertigen standfesten Prägungen wird hierfür **Duplex-Papier** verwendet. Es besteht aus zwei aufeinander kaschierten Papierbahnen.

Die meisten Papiertapeten erhalten eine leichte, waffelartige Prägung ohne eigentlichen Musterbezug, die Gaufrage[1].

16.1.3 Tapetenarten

Profiltapeten erhalten ihre Struktur durch reliefartig aufgedruckte aufschäumbare Farbpasten.

Papiertapeten bilden die größte Gruppe aller Tapetenarten. Sie sind auf der Vorderseite meist in mehreren Farbdurchläufen bedruckt.

Fondtapeten erhalten vor dem Musteraufdruck einen durchgehenden Farbauftrag, der ein Vergilben des Papiers verhindert.

[1] frz. Gaufrage = Waffelmuster

Bei **Naturelltapeten** bleibt das Rohpapier als Teil des Musters unbedruckt.

Textiltapeten erhalten ihre Oberfläche durch Aufkaschieren von Kettfäden, Gewirken oder Geweben auf Papierträger. Textilien aus Wolle, Jute, Baumwolle, Seide, Leinen und Kunstfasern werden hierfür eingesetzt. Je nach Dichte der Oberfläche kann der Untergrund oder die Oberfläche zusätzlich bedruckt werden.

Kunststofftapeten werden auf der Basis von PVC als Vinyltapeten, Kunststoffschaumtapeten und Kunststoffstepptapeten hergestellt. Vinyltapeten sind mit einem hauchdünnen PVC-Film beschichtet, der wasserabweisend und abwaschbar ist. Sie sind deshalb für stark beanspruchte Wände und Nassräume wie Küche oder Bad geeignet.

Metalltapeten bestehen aus auf Papier kaschierter Metallfolie, meist Aluminium, die bedruckt, geätzt, oxidiert oder handkoloriert ist. Ähnliche Effekte werden auch durch aufgedruckte Bronzen erzeugt. Diese Metalleffekttapeten sind wesentlich billiger und leichter zu verarbeiten als Metalltapeten.

Naturwerkstofftapeten werden mit Naturstoffen wie Gras, Bast, Kork, Blätter, Sand, Holzfurnier auf zum Teil eingefärbtes Papier kaschiert.

Velourstapeten haben eine meist gemusterte, samtartige Oberfläche, die durch elektrostatisch eingestäubte Textilschnittfasern erzeugt wird.

Bildtapeten sind bedruckte Bögen oder Bahnen, die verklebt ein Gesamtbild ergeben.

Raufasertapeten bestehen aus zwei aufeinander kaschierten Papierbahnen, zwischen die Holzspäne unterschiedlichster Form gestreut werden. Nach dem Verkleben und Trocknen werden sie überstrichen und farblich individuell gestaltet. Das Überstreichen kann mehrmals erfolgen, was das Renovieren sehr vereinfacht.

16.1.4 Qualität der Tapete

Die Qualität der Tapeten wird vom Verarbeiter und Kunden sehr unterschiedlich beurteilt:
Für den Verarbeiter sind Materialeigenschaften wie Nassfestigkeit, Weichzeit, Maßhaltigkeit bei Tapeten mit Rapport, Reißfestigkeit und ein möglichst nahtloser, nicht sichtbarer Übergang beim Zusammenfügen der Tapetenbahnen ausschlaggebend.
Für den Kunden sind Oberflächeneigenschaften wie Aussehen, Art der Oberfläche, Reinigungsmöglichkeit, Strapazierfähigkeit und, im Hinblick auf eine spätere Renovierung, die Entfernbarkeit von Bedeutung.

16.1.5 Tapetenabmessungen

Zur Ermittlung des Tapetenbedarfs werden die Abmessungen der Tapetenrollen benötigt.
Die meisten Hersteller verwenden als Format die **Europarolle** in den Maßen 0,53 × 10,05 m.
Raufaser wird in den Maßen 0,56 × 33,50 m als Normalrolle und 0,75 × 125 m als Großrolle geliefert.

Außer diesen Normmaßen gibt es von verschiedenen Herstellern Rollen und Bahnen in den unterschiedlichsten Abmessungen.

16.1.6 Prüfmaßnahmen vor dem Verarbeiten der Tapeten

Die **Verarbeitung** von Tapeten ist in der Vergabe- und Vertragsordnung für Tapezierarbeiten VOB, Teil C, DIN 18 366 festgelegt.
Zur Beratung der Kunden und zur eigenen Information müssen die Hinweise des Herstellers über Qualität und Verarbeitung beachtet werden.
Informationen können im Musterbuch der Rückseite des jeweiligen Tapetenmusters oder der Rückseite der zu verarbeitenden Tapetenrolle sowie in Piktogrammform dem Beipackzettel entnommen werden. Die abgebildeten Piktogramme gelten europaweit.
Um mögliche Fehler und Reklamationen auszuschließen, müssen Tapeten am Anfang der Rolle oder auf dem Beipackzettel eine Anfertigungsnummer tragen. Sie gibt Auskunft, ob alle Rollen einer Lieferung aus derselben Produktion stammen, sodass Farbunterschiede weitgehend ausgeschlossen werden können.

Tapeten mit unterschiedlichen Anfertigungsnummern müssen an verschiedenen Wänden geklebt werden.

Die Anfertigungsnummer und das Muster muss ohne Öffnen der Klarsichtverpackung deutlich zu sehen sein.
Tapeten, die eine besondere Verarbeitung erfordern, müssen mit einem entsprechenden Hinweis versehen sein.
Der Tapetenfachhändler soll bei einer Bestellung nur Tapeten derselben Anfertigungsnummer liefern. Ist dies nicht der Fall, müssen diese getrennt verpackt und besonders gekennzeichnet sein.

Der Verarbeiter muss die Anfertigungsnummern, die ausreichende Anzahl und die Richtigkeit des Musters vor Beginn der Verarbeitung prüfen.

Weitere Prüfungen vor der Verarbeitung sind:
- Bei Uni-Tapeten, d. h. einfarbig wirkenden Tapeten, wird ein Seitenvergleich durchgeführt, indem eine Bahn beidseitig mit dem Muster nach oben zur Mitte hin gefaltet wird. Mögliche Farbtonabweichungen innerhalb einer Bahn können so festgestellt werden.

- Durch die **Fächerprobe** können Farbtonabweichungen der einzelnen Rollen festgestellt werden. Dafür werden mehrere Tapetenrollen ca. 1,50 m aufgerollt, fächerförmig übereinander gelegt und der Farbton verglichen.

- Die **Brennprobe** wird angewendet, wenn bei Tapeten nicht durch Augenschein festgestellt werden kann, ob es sich um eine Metall- oder um eine Metalleffekttapete handelt. Hierzu wird ein kleines Stück Tapete angebrannt. Bei Metalltapeten verbrennt das Papier und die Metallfolie bleibt, bei Metalleffekttapeten verbrennt alles.

- Das **Ausschattieren** wird bei Naturwerkstofftapeten eingesetzt, um zu große Farbunterschiede zwischen den aneinander stoßenden Bahnen zu vermeiden. Dabei legt man die zugerichteten Bahnen nebeneinander und bestimmt die richtige Reihenfolge.

Aufgaben

1. *Welche Wandbelagstoffe werden als Tapeten bezeichnet?*
2. *Nennen Sie drei Gesichtspunkte, nach denen Tapeten grob eingeteilt werden können.*
3. *Worin unterscheiden sich die Druckverfahren, die zur Herstellung von Tapeten hauptsächlich eingesetzt werden?*
4. *Welche Maße besitzt eine Europarolle?*
5. *Warum eigenen sich Vinyltapeten gut für stark beanspruchte Wände?*
6. *Nennen Sie den Unterschied zwischen einer Musterprägung und einer Gaufrage.*
7. *Welche Bedeutung hat die Anfertigungsnummer bei einer Tapete?*
8. *Nach welchen Kriterien beurteilen Sie als Verarbeiter die Qualität einer Tapete?*
9. *Nennen Sie drei Prüfmaßnahmen, die Sie vor dem Verarbeiten der Tapeten durchführen müssen.*
10. *Bei welchen Tapetenarten empfiehlt sich das Ausschattieren und wozu wird es durchgeführt?*
11. *Wie und zu welchem Zweck führt man eine Fächerprobe durch?*

16.1.7 Tapetenkennzeichen nach DIN EN 233

Wasserbeständigkeit	Waschbarkeit			
1	2	3	4	5

wasserbeständig zum Zeitpunkt der Verarbeitung	waschbeständig	hoch waschbeständig	scheuerbeständig	hoch scheuerbeständig

Waschbeständigkeit

1) **wasserbeständig:** Frische Kleisterflecken können mit einem feuchten Schwamm abgetupft werden.
2) **waschbeständig:** Leichte Verschmutzungen können mit einem feuchten Schwamm beseitigt werden.
3) **hoch waschbeständig:** Verschmutzungen außer Ölen und Fetten können mit leichter Seifenlauge und Schwamm entfernt werden.
4) **scheuerbeständig:** Verschmutzungen, die wasserlöslich sind, können mit dem Schwamm oder einer weichen Bürste mit schwacher Seifenlauge oder mildem Scheuermittel gereinigt werden.
5) **hoch scheuerbeständig:** Starke Verschmutzungen können mit Reinigungs- und Scheuermitteln beseitigt werden.

Farbbeständigkeit gegen Licht				
6	7	8	9	10
		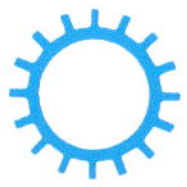		
ausreichend	befriedigend	gut	sehr gut	ausgezeichnet

Lichtbeständigkeit

6) **ausreichend lichtbeständig:** Das Vergilben der Druckfarben und des Papiers ist weitgehend herabgesetzt.
7) **befriedigend lichtbeständig:** Die Druckfarben vergilben mit der Zeit.
8) **gut lichtbeständig:** Die Druckfarben vergilben unwesentlich.
9) **sehr gut lichtbeständig:** Die Druckfarben vergilben nicht.
10) **ausgezeichnet lichtbeständig:** Die Farben vergilben absolut nicht.

Ansatz des Musters				
11	12		13	14
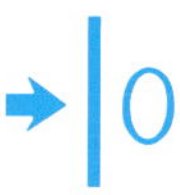		* (Rapport in cm einfügen, z. B. 50) ** (Rapport und Versatz in cm einfügen, z. B. 50/25)	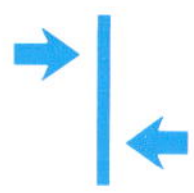	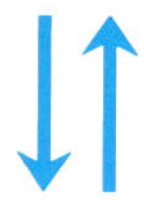
ansatzfrei	gerader Ansatz*		versetzter Ansatz**	gestürztes Kleben

Ansatz des Musters

11) **ansatzfrei:** Das Muster braucht beim Kleben nicht beachtet zu werden.
12) **gerader Ansatz:** Das Muster wiederholt sich bei jeder Bahn in gleicher Höhe. Die angefügte Zahl gibt die Länge des Rapports in cm an.

> Als Rapport bezeichnet man den Abstand, in dem sich das Muster wiederholt.

13) **versetzter Ansatz:** Das Muster auf der nächsten Bahn jeweils um die Hälfte verschieben. Die obere Zahl ist die Länge des Rapports, die untere Zahl gibt die Länge der Verschiebung an.
14) **gestürztes Kleben:** Bei jeder zweiten Bahn wird oben und unten vertauscht. Hierdurch wird bei Uni-Tapeten ein möglicher sichtbarer Farbtonunterschied zwischen der linken und der rechten Bahnseite, meist verursacht durch die Gaufrage, optisch beseitigt.

> Die Kenntnis der Rapportlänge und die Art des Ansatzes ist für die Ermittlung der notwendigen Tapetenrollen wichtig. Bei Tapeten mit versetztem Ansatz ist der Verschnitt im Normalfall geringer.

Verarbeitung			**Verschiedenes**	
15  Der Klebstoff ist auf die Wandbekleidung aufzutragen.	16 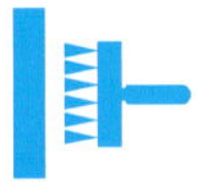 Der Klebstoff ist auf den zu tapezierenden Untergrund aufzutragen.	17  vorgekleisterte Wandbekleidung	21  duplierte Prägewandbekleidung	22 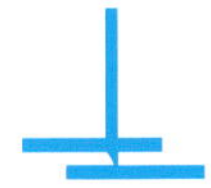 Überlappung und Doppelschnitt
Verfahren für das Entfernen				
18  restlos abziehbar	19  spaltbar	20  nass zu entfernen		23  Stoßfestigkeit

Verarbeitungshinweise

15) **Tapete einkleistern.**
16) **Wand einkleistern:** Nicht die Tapete, sondern der Untergrund wird mit Kleister oder Kleber eingestrichen.
17) **vorgekleistert:** Die Tapetenrückseite ist mit Kleister vorbeschichtet, der durch kurzes Wässern aktiv wird.
18) **restlos trocken abziehbar:** Die Tapete lässt sich beim Renovieren ohne Rückstand trocken abziehen.
19) **spaltbar trocken abziehbar:** Die Oberschicht der Tapete lässt sich trocken abziehen. Wurde die Tapete einwandfrei verklebt, kann die Unterschicht als Makulatur an der Wand bleiben.
20) **nass zu entfernen:** Die Tapete wird mit Wasser gründlich eingesprüht bzw. nass gemacht und mithilfe einer Spachtel entfernt.
21) **dupliert:** Hochwertige Prägetapete aus zwei aufeinander kaschierten Tapetenschichten. Bei fachmännischer Verklebung bleibt die Prägung erhalten.
22) **Überlappung und Doppelnahtschnitt:** Wird bei ansatzfreien schweren Spezialbelägen durchgeführt. Jede neue Bahn überlappt die vorherige um ca. 5–8 cm. Im Bereich der Überlappung werden beide Bahnen mit dem Gleitfußmesser auf dem Untergrund geschnitten.
23) **stoßfest:** Bezeichnung für besonders widerstandsfähige Spezialbeläge mit hart-elastischer Oberfläche.

16.2 Kleister und Kleber

Zum Verkleben von Tapeten verwendet man **Methylcellulose-Kleister**. Er wird aus Zellstoff gewonnen und ist im pulverförmigen Zustand bei trockener Lagerung unbegrenzt haltbar.

Spezialkleister besteht aus Methylcellulose und Kunstharzdispersion. Seine Anfangshaftung und Klebekraft ist größer als bei normalem Kleister. Er wird für schwere Tapeten verwendet.
Die richtige Wahl des Kleisters und das vorgeschriebene Ansatzverhältnis sind entscheidend für die einwandfreie Verklebung von Tapeten.

Grundsätzlich gilt: Je schwerer die Tapete und je größer ihre Saugfähigkeit ist, desto dicker muss der Kleister angesetzt werden. **Dicken Kleister dünn aufzutragen, ist besser als umgekehrt!**

Tapetenkleister für Kleistergeräte besteht aus Methylcellulose und Kunstharzdispersion, wobei die Viskosität auf Kleistergeräte eingestellt ist.

Zum **Ansetzen** des Kleisters wird kaltes Wasser in der für die entsprechende Tapete auf der Packung angegebenen Menge in einen sauberen Eimer gefüllt. Das Kleisterpulver wird unter ständigem Rühren zügig eingestreut. Nach einer Quellzeit von ca. 20 Minuten und kräftigem Umrühren ist der Kleister gebrauchsfertig.

Kunstharz-Dispersionskleber verwendet man zum Verkleben schwerer Tapeten und Wandbeläge. In aller Regel wird er mit dem Farbroller oder der Zahnspachtel auf die Wand aufgetragen. In seltenen Fällen wird er anteilig dem Kleister zugesetzt.

Vinyltapetenkleber dienen zum Verkleben von Überlappungen bei Kunststofftapeten. Dieser wird in kleinen Tuben mit aufgesetzter Zahnspachtel geliefert. Auf der glatten Oberfläche dieser Tapetenart haftet Kleister nicht. Die Überlappungen platzen nach dem Trocknen auf, wenn sie nicht besonders verklebt werden.

16.3 Tapetenunterlagsstoffe

16.3.1 Aufgaben

Tapetenunterlagsstoffe verbessern den Untergrund für das Tapezieren und erleichtern das Verkleben der Tapeten.

Sie haben folgende Aufgaben:
- Glatte, einheitliche und schwach saugende Untergründe zu bilden
- Gleichmäßig helle Untergründe zu schaffen
- Leichte, nicht mehr arbeitende Risse zu überbrücken
- Bessere Wärme- und Schalldämmung zu erzielen
- Die Abziehbarkeit von Tapeten zu erleichtern
- In Feuchträumen als Dampfsperre zu dienen und das Durchschlagen von Laugen oder Salzen in den Untergrund zu verhindern

16.3.2 Arten

Flüssiger Tapetenwechselgrund ermöglicht bei der Renovierung das trockene und mühelose Abziehen der Tapete.

Wechselgrund aus Papier besitzt entweder eine Kunststoffbeschichtung an der Oberfläche und ermöglicht so das trockene Abziehen der Tapete *(Strip-Effekt)* oder er besteht aus zweischichtiger Rollenmakulatur, die sich später beim Abziehen der Tapete spaltet.

Rollenmakulatur besteht aus unbedrucktem Tapetenrohpapier zur Schaffung eines gleichmäßig saugenden und einheitlich hellen Untergrundes. Außerdem verhindert sie das Aufspringen der Stöße beim Verkleben schwerer Tapeten. Zum Kleben verwendet man den Kleister oder Kleber, der für den folgenden Wandbelag notwendig ist.

Metallfolien werden gegen durchschlagende Feuchtigkeit und Salzausblühungen aus dem Mauerwerk oder als großflächige Dampfsperren eingesetzt. Außerdem dienen sie hinter Heizkörpern als Wärmereflektoren. Für das Kleben wird Dispersionskleber verwendet.

Dampfsperren sind mehrschichtige Unterlagen aus Spezialpapier, Kunststoff- und Aluminiumfolien. Sie verhindern, dass Feuchtigkeit aus Feuchträumen in das Mauerwerk eindringt. Zum Verkleben werden Spezialkleber eingesetzt.

Wollfilzpappe besitzt an der Unterseite Noppen, die als Abstandshalter an der Wand dienen, eine gute Luftzirkulation ermöglichen und gleichzeitig wärme- und schalldämmend wirken. Sie wird punktweise befestigt und bildet so eine gute Rissüberbrückung.

Polystyrol-Hartschaum gibt es in drei unterschiedlichen Arten:
1. Maßgenaue, unkaschierte Bahnen bis 5 mm Dicke. Sie sind sehr druckempfindlich und eignen sich daher nur für leicht beanspruchte Flächen.
2. Druckunempfindliche Bahnen, die mit Filzpappe kaschiert sind.
3. Exdrudierter Hartschaum in Plattenform, der weitgehend druckunempfindlich und meist mit einer Haftbrücke ausgestattet ist.

Polystyrol-Hartschaum wird gegen Feuchtigkeit, die sich durch kondensierende Luftfeuchtigkeit in Wänden und Decken niederschlägt, und zur Isolierung gegen Wärme und Kälte eingesetzt. Vorhandene Kältebrücken sollen dadurch überdeckt, Risse überbrückt und die Bildung von Schimmelpilz verhindert werden. Aufwendige Spachtelarbeiten lassen sich vermindern. Zum Verkleben benötigt man speziell für diesen Zweck geeignete Dispersionskleber.

Es ist problematisch, Metallfolien oder Polystyrol-Hartschaum zu Isolierzwecken einzusetzen, da der wirkliche Mangel nicht beseitigt, sondern nur überdeckt wird. Der Taupunkt wird tiefer in das Mauerwerk verlagert und kann so eine mögliche Durchfeuchtung verursachen.

Nessel, Molton- oder Kunststoffgewebe und Vlies werden zur Rissüberbrückung als Streifen oder vollflächig bei Putz- oder Holzflächen verwendet. Geklebt wird mit Spezialkleister unter Zusatz von Dispersionskleber.

Aufgaben
1. *Nennen Sie die vier Gruppen der waschbaren Tapeten und unterteilen Sie diese nach ihrer Qualität.*
2. *Wodurch unterscheiden sich die trocken abziehbaren Tapeten?*
3. *Erklären Sie die Begriffe Rapport und Musterversatz.*
4. *Nennen Sie drei Kleisterarten und deren Verwendung.*
5. *Wofür werden Tapetenunterlagsstoffe eingesetzt?*
6. *Welche Vorteile verbinden Sie mit dem Verkleben von Rollenmakulatur?*
7. *Wozu dient eine Dampfsperre und aus welchen Materialien kann sie bestehen?*
8. *Warum ist der Einsatz von Metallfolien oder Polystyrol-Hartschaum zu Isolierzwecken sehr problematisch?*

16.4 Tapezierarbeiten

16.4.1 Vorbereitung des Untergrundes

Nur auf tragfähigen, glatten und gleichmäßig saugenden Untergründen kann eine einwandfreie Tapezierung erfolgen. Außerdem muss der Untergrund sauber, trocken und frei von Schimmelpilzen sein. Alkalische Putze oder Nachputzstellen können auf der Tapete Flecken verursachen.

Zum Tapezieren muss der Untergrund eine ausreichende Haftfestigkeit besitzen. Er muss glatt, sauber, trocken und neutral sein.

Hierzu sind folgende Vorarbeiten notwendig:
- Alte Tapeten, Beläge, Spannstoffe, schadhafte Unterlagsstoffe, schlecht haftende Beschichtungen restlos entfernen
- Leimfarbenanstriche vollkommen abwaschen
- Untergrund von Fett und Schmutz befreien
- Sandende, mürbe Putze durch Grundieren festigen
- Öl- und Lackfarbenbeschichtungen aufrauen
- Alkalische Untergründe bzw. die Putzstellen durch Fluatieren neutralisieren
- Risse ausbessern bzw. mit geeigneten Armierungen überbrücken
- Unebenheiten mit Spachtelmassen glätten

16.4.2 Zuschneiden – Einkleistern – Weichen

Vor dem Zuschneiden werden die Tapetenrollen auf Richtigkeit und ausreichende Liefermenge geprüft, die Anfertigungsnummern verglichen und die Verarbeitungshinweise auf dem Beipackzettel gelesen.
Die **benötigten Tapetenbahnen** ermittelt man, indem der Raumumfang durch die Tapetenbreite geteilt wird. Mögliche Abzüge ergeben sich durch die Öffnungen.
Zum **Zuschneiden** der Bahnen rollt man die Tapetenrolle auf dem Tapeziertisch aus. Bei der Länge der Bahnen muss der **Rapport und die Art des Ansatzes** sowie eine Verschnitt von 5 bis 10 cm berücksichtigt werden. Außer beim gestürzten Verkleben werden die Tapetenbahnen stets in der gleichen Richtung abgerollt.
Beim Zuschneiden muss auf Druck-, Farb- und Papierfehler geachtet und je nach Tapetenart müssen weitere Prüfungen, wie Ausschattieren, Fächerprobe, Seitenvergleich oder Brennprobe, durchgeführt werden. Zum **Einkleistern** legt man die Bahnen mit der Musterseite nach unten auf den Tisch. Der Kleister wird von der Bahnmitte aus gleichmäßig nach außen hin eingestrichen bzw. aufgetragen. Der Tapeziertisch muss unbedingt kleisterfrei bleiben, da sonst nachfolgende Bahnen verschmutzt oder beschädigt werden.

Kleistergeräte ermöglichen einen schnellen und gleichmäßigen Kleisterauftrag.

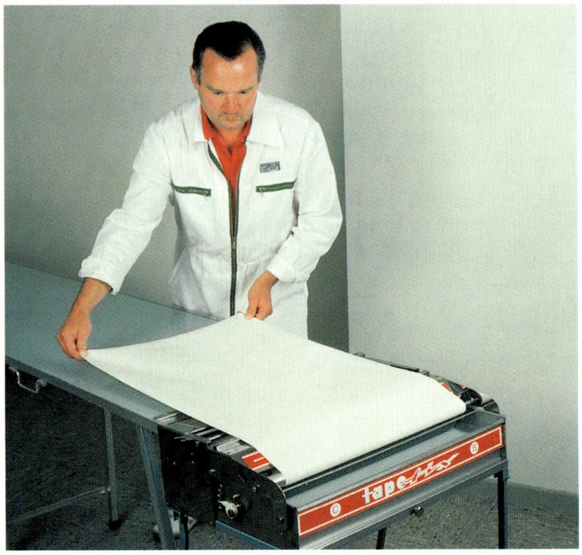

Das Einkleistern mit dem Kleistergerät

Die eingekleisterte Bahn wird beidseitig zum Weichen zusammengelegt. Der obere längere Teil wird im Verhältnis 2:1 zum unteren Teil eingeschlagen. Dabei dürfen keine Knicke entstehen.

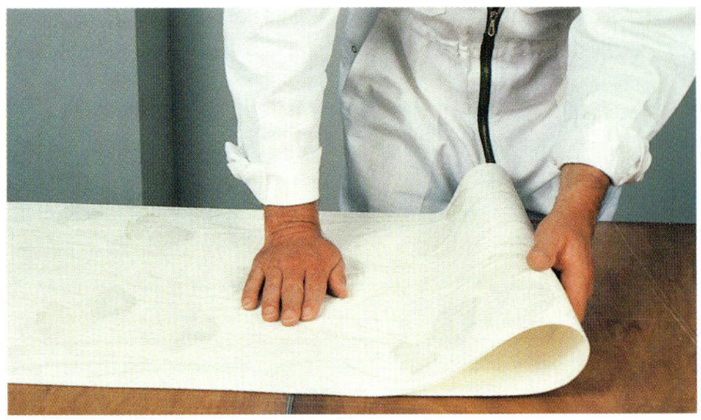

Zusammenlegen der eingekleisterten Bahn

Die **Weichzeit** ist je nach Qualität, Papierstärke und Saugvermögen des Papiers verschieden. Daher sind die Verarbeitungshinweise zu beachten. Nach dem Weichen dehnt sich die Tapete aus und lässt sich weich und geschmeidig verarbeiten. Ist die Tapete verklebt, kann sie sich beim Trocknen nicht mehr zusammenziehen und erhält so eine natürliche Spannung.

Bei zu kurzer Weichzeit bilden sich an der Wand Runzeln und Blasen. Unterschiedliche Weichzeiten führen zu verschiedenen Längen der einzelnen Bahnen und damit zu Ansatzfehlern.

16.4.3 Tapezieren

Beim Tapezieren beginnt man an einer Fensterseite. Das einfallende Licht wirft so bei geringen Überlappungen der Bahnen keine störenden Schatten.
Die erste Bahn wird so eingelotet, dass sie die Tiefe der Fensternische abdeckt und eine ausreichende Zugabe für das Einpassen zur Verfügung steht.

Beim Tapezieren geht man vom Lichteinfall aus.

Wände sind in den Ecken meist nicht genau senkrecht und gerade. Über Eck tapeziert, käme die Tapetenbahn an der neuen Wand aus dem Lot, außerdem können sich Runzeln und Falten bilden. Deshalb wird an einer Ecke die Tapetenbahn so geteilt, dass sie ca. 1 cm in die andere Wand hineinreicht. An der neuen Wand muss darauf geachtet werden, dass der abgeschnittene Teil der Bahn neu gelotet und ein Musterversatz vermieden wird. Der Überstand an der Ecke wird überlappend geklebt.

Bei Kunststofftapeten müssen Überlappungen mit Vinyltapetenkleber verklebt werden, da Kleister auf dem Kunststoff nicht haftet.

Zum Andrücken verwendet man je nach Tapetenart Moosgummirollen, Tapezierbürsten, Tapezierwischer oder Andrückspachteln aus Kunststoff. Für die Nähte benutzt man konische Nahtroller.
Moosgummirolle und **Nahtroller** dürfen zum Andrücken von Prägetapeten nicht benutzt werden, weil die Prägung damit weggedrückt wird.
Tapezierbürste und **Tapezierwischer** können zum Verkleben von aufgeschäumten Profiltapeten und Textiltapeten nicht benutzt werden, weil dadurch die Oberfläche verletzt werden kann.

Aufgaben

1. *Wie muss der Untergrund vor dem Tapezieren vorbereitet sein? Nennen Sie vier Vorarbeiten.*
2. *Worauf muss beim Zuschneiden der Tapetenbahnen geachtet werden?*
3. *Wieso muss die Weichzeit beachtet werden?*
4. *Warum richtet man sich beim Tapezieren nach dem Lichteinfall?*

Projekt

Untersuchen Sie, wie sich das Weichen auf eine Tapete mit Papieroberfläche und Muster auswirkt. Schneiden Sie aus einer nicht mehr benötigten Rolle ein Probestück von ca. 1 m Länge ab.

1. *Stellen Sie die Längen- und Breitenänderung nach acht Minuten Weichzeit fest.*
2. *Beurteilen Sie, wie sich unterschiedliche Weichzeiten auf die Übereinstimmung des Musters auswirken.*

16.5 Wandbeläge

16.5.1 Art der Werkstoffe

Hierbei handelt es sich um Wand- und Deckenbekleidungen, die im Unterschied zu Tapeten keinen Papierträger besitzen oder aber wesentlich dicker als Tapeten sind. Sie werden in Rollen, Bahnen und als Wandplatten geliefert.

Hierzu gehören:
- textile Beläge, Spannstoffe und Fotoleinen
- Glasfasergewebe
- kunststoffbeschichtete Träger, Schaumbeläge und Folien
- Platten aus Kork oder Kunststoff
- Keramikfliesen

Textile Beläge werden aus Tierhaaren, Pflanzen- oder Kunststofffasern hergestellt.
Gewebe entstehen aus sich kreuzenden Längs- und Querfäden. Die Längsfäden werden in der Fachsprache als *Schussfäden*, die Querfäden als *Kettfäden* bezeichnet. Verschiedene Muster entstehen, indem eine festgelegte Anzahl von Schussfäden die Kettfäden in bestimmter Reihenfolge unterläuft.

Gewebeart	Aussehen
Velours	samtartige Oberfläche durch aufrecht stehende Fasern
Rips	ausgeprägte Quer- und Längsrippen
Satin	besonders glatte und glänzende Oberfläche
Chintz	dichtgewebter, vielfarbig bedruckter, glänzender Baumwollstoff
Molton	an der Oberfläche aufgeraühtes Gewebe
Rupfen	leinwandartiges Gewebe aus Jute

Gewirkte Stoffe werden durch Verschlingen von parallel laufenden Fäden hergestellt.
Filz entsteht, indem unterschiedliche Fasern durch Stoßen und Stampfen zu einer kompakten Schicht verfilzt werden.
Glasfasergewebe besteht ausschließlich aus Glasfasern und ist deshalb verrottungsfest. Es ist nicht brennbar *(Brandschutzklasse A2)* und je nach Beschichtung schwer entflammbar *(Brandschutzklasse B1)*.

Glasfasergewebe bieten vielfache Gestaltungsmöglichkeiten:
1. Verkleben auf farbig gestaltetem Untergrund
2. Überstreichen des verklebten Gewebes mit deckenden, lasierenden oder transparenten Beschichtungen
3. Abrakeln noch flüssiger Farbe vom verklebten Gewebe

Glasfasergewebe mit Rakeltechnik

Kunststoffwandbeläge

- **Kunststofffolien** sind mit dem Unterlagsstoff durch Steppen oder Verschweißen fest verbunden.
- **Kunststoff-Reliefbeläge** bestehen aus mehreren Schichten, z. B. aus einem Papierträger, einer elastischen Zwischenschicht und einer PVC-Nutzschicht.
- **Kunststoffbeschichtete Träger** basieren auf Geweben, Gewirken, Vlies- oder Schaumstoffen, die im Rakelverfahren mit Kunststoff beschichtet werden.
- **Kunststoff-Schaumbeläge** sind meist sehr dicke Beläge aus geschäumtem Kunststoff mit oder ohne Trägergewebe.

Fotoleinen werden aus Geweben hergestellt, die mit Fotoemulsion beschichtet sind und fotografisch belichtet wurden. Die Bahnen sind in einer Größe bis zu 1,25 m x 4,00 m erhältlich.

Korkwandplatten aus Naturkork gibt es in unterschiedlichen Dekors, naturbelassen oder beschichtet. Sie besitzen schall- und wärmedämmende Eigenschaften.

Keramikfliesen bestehen in der Hauptsache aus Ton und Quarz, außerdem aus Zuschlagstoffen wie Kreide, Feldspat, Kaolin und Magnesit.

Aufgaben

1. *Zählen Sie fünf Gewebearten auf und beschreiben Sie ihre Oberfläche.*
2. *Erläutern Sie den Unterschied zwischen Kett- und Schussfäden.*
3. *Wie lassen sich mit Glasfasergeweben verschiedene Gestaltungseffekte erzielen?*

16.5.2 Verarbeitung der Wandbeläge

Die Verarbeitung und Verklebung von Wandbelägen ist auf Grund ihrer Beschaffenheit sehr unterschiedlich. Deshalb sind die Anweisungen des Herstellers genau zu beachten und einzuhalten.

Textile Beläge können als Wandbespannungen dienen oder mit geeigneten Dispersionsklebern auf dem Untergrund befestigt werden.
Glasfasergewebe und **Kunststoffwandbeläge** werden ebenfalls mit speziellen Dispersionsklebern auf dem Untergrund verankert.
Korkplatten können mit Dispersionskleber oder mit lösemittelhaltigem Kontaktkleber befestigt werden. Der Dispersionskleber wird auf den Untergrund aufgetragen und die Korkplatten eingebettet. Dabei lassen sich die Platten in die richtige Position verschieben, solange der Kleber noch nicht angezogen hat. Im Unterschied dazu trägt man den Kontaktkleber auf Korkplatte und Untergrund auf. Nach dem Ablüften des Klebers muss die Platte passgenau in der richtigen Position angedrückt werden. Ein Verschieben ist nicht mehr möglich. Die Korkoberfläche kann mit wasserverdünnbarem Acryllack versiegelt werden.
Keramikfliesen werden mit Fliesenkleber verlegt, der pulverförmig zum Anrühren oder pastös in Eimern geliefert wird. Der Kleber wird mit einer Zahnspachtel aufgetragen. Die Feinheit und Zahnform und hängt von der Art der Fliesen ab.
Mit Fugenkreuzen zwischen den einzelnen Platten lassen sich einheitliche Fugenbreiten erzielen. Das Ausfugen erfolgt nach der Trocknung des Klebers mit zementhaltiger Fugenmasse.

16.5.3 Sichtplatten

Kunststoffplatten aus Polystyrol-Hartschaum und Hart-PVC sind sehr leicht, außerordentlich gut schall- und wärmedämmend und in vielen Dekors, von glatt bis stark strukturiert, erhältlich. Zum Verkleben trägt man den Dispersionskleber mit der Zahnspachtel auf die Rückseite der Platte auf. Mit einer weichen Rolle lassen sich die Platten auf den Untergrund andrücken.
Holzfaser-Sichtplatten sind in verschiedenen Abmessungen und Stärken erhältlich. Die Oberfläche kann glatt, gelocht oder geschlitzt sein. Verklebt werden sie mit Kontaktkleber, der auf die Rückseite der Platte und auf den Untergrund mit einer feinen Zahnspachtel aufgetragen wird. Nach dem Ablüften werden die Platten angedrückt. Sie sind nicht mehr verrückbar.

Kontaktkleber sind feuergefährlich! Während der Arbeit für gute Belüftung sorgen! Rauchen und Gebrauch von offenem Feuer ist verboten!

16.5.4 Zierprofile

Zierprofile, Zierornamente, Flachprofile und Rosetten geben Räumen ein stilvolles Aussehen. Sie werden aus Stuckgips, hochverdichtetem Polyurethan-Schaum oder Polystyrol-Hartschaum gefertigt und mit Dispersionskleber befestigt.

Mit Zierprofilen und Rosetten gestalteter Raum

16.6 Bodenbeläge

16.6.1 Teppichböden

Teppichböden stellen bei der Raumgestaltung ein wichtiges Element dar. Durch die Vielzahl der verwendeten Materialien, Oberflächenstrukturen, Design- und Farbvariationen steht eine nahezu unbegrenzte Palette an Einsatzmöglichkeiten zur Verfügung, Räume zu verschönern und ihre Raumwirkung zu verbessern.
Die zur unterschiedlichen Nutzung erforderlichen Eigenschaften, wie Abriebfestigkeit, Feuchtigkeitsaufnahme, Schmutzanfälligkeit und Reinigungsfähigkeit, hängen entscheidend vom verwendeten Fasermaterial des Teppichbodens ab.

Teppichböden werden aus tierischen, pflanzlichen und synthetischen Fasern hergestellt.

Als tierische Fasern setzt man hauptsächlich Schafwolle sowie Seide, Ziegen- und Rindshaare ein. Schafwolle schützt gegen Kälte, ist knickbruchsicher, hat ein ausgezeichnetes Wiederaufrichtungsvermögen und kann bis zu 30 Prozent ihres Eigengewichts an Wasser aufnehmen, ohne sich feucht anzufühlen.

Als **pflanzliche Fasern** verwendet man vor allem Baumwolle, Flachs, Hanf, Jute, Sisal und Kokos.

Die **synthetischen Fasern** ermöglichen die heutige Vielfalt der angebotenen Teppichböden. Sie verfügen über Eigenschaften, die Naturfasern nicht besitzen oder erst durch zusätzliche und aufwendige Behandlung erhalten.

Polyamid (PA) gehört zu den Nylonfasern und wird mit einer Spezialkräuselung hergestellt, die der Faser ein sehr gutes Wiederaufrichtverhalten verleiht und den Teppichflor lange bauschig erhält.

Polyester (PE) ist sehr abriebfest und besitzt ein gutes Wiedererholungsvermögen. Polyesterfasern sind für weiche Velours besonders geeignet.

Polyacryl (PC) ist die wollähnlichste Faser, aber abriebfester und leichter als Wolle.

Polypropylen (PP) ist verschleißfest, maßbeständig und wird hauptsächlich als Trägermaterial eingesetzt.
Das Fasermaterial von Teppichböden stellt häufig eine Mischung aus verschiedenen Fasern dar.

Fasermischungen verbessern die Eigenschaften und ermöglichen weitere Musterungseffekte.

Für die Qualität des Teppichbodens ist neben der Oberflächenstruktur und dem Fasermaterial vor allem die **Herstellungsart** entscheidend.

Bei **Webteppichen** entstehen das Grundgewebe und der Teppichflor in einem Arbeitsgang.

Bei **Tuftingteppichen** wird das Garn für den Flor in ein fertiges Grundgewebe eingebunden.

Bei **Klebepolteppichen** wird der Flor als Faserbündel aus Fäden oder Schnüren auf einen Träger geklebt.

Nadelfilz entsteht, indem lose liegende, gekräuselte Fasern unterschiedlicher Art mit einem Grundgewebe verfilzt werden. Hierzu verwendet man Nadeln mit Widerhaken.

Beim **Nadelvlies** werden nur die Fasern ohne Grundgewebe miteinander verfilzt.

Die unterschiedliche **Oberflächenstruktur** wird durch die Pol- oder Nutzschicht bzw. den Flor gebildet. Wir unterscheiden folgende Arten:

glatt = Leinwandbindung, gewebeartige Oberfläche
Velours = aufgeschnittene Schlingen, samtartiger Charakter
Bouclé = geschlossene Schlingen, noppenartige Oberfläche
Relief = Hoch-Tief-Struktur
Filz = harter Belag mit textil- bzw. faserähnlichem Charakter

Das **Grundgewebe** von Teppichböden besteht hauptsächlich aus Jute, Polyester oder Polypropylen. Anstelle von Geweben können aber auch Spinnvliese als Trägermaterial verwendet werden. Ein Teppichrücken stabilisiert den Teppichboden, verbessert den Gehkomfort und die Trittschalldämmung. Tuftingteppiche besitzen entweder Rücken aus Latex- oder Polyurethanschaum oder textile Rücken, die mit dem Teppichgewebe verklebt sind. Hochwertige Teppichböden sind häufig mit einem Textilrücken ausgestattet.

Flor und Rücken lassen erste Rückschlüsse auf die Teppichqualität zu. Eine genauere Auskunft geben Teppichsiegel und Symbole der Europäischen Teppichgemeinschaft e.V.

Teppichsiegel

Die Sterne werden für bestimmte Qualitätsmerkmale vergeben. Die obere Reihe kennzeichnet den *Komfort*, die untere Reihe stellt die *Beanspruchungsklasse* nach Zertifikatsvorgaben dar.
Daneben ist die *Kontrollnummer* der Europäischen Teppichgemeinschaft eingetragen. Neben den Symbolen der Zusatzeignungen ist die *Materialbeschaffenheit der Nutzschicht* angegeben.

Teppichsymbole für Zusatzeignungen

Für Stuhlrollen geeignet
z. B. für Möbel mit Rollen

Zum Belegen von Treppen geeignet
Widersteht den besonderen Belastungen an den Treppenkanten

Für Fußbodenheizung geeignet
Der Teppich ermöglicht den Wärmedurchgang vom Fußboden zum Raum. Dabei muss der Wärmedurchgangswiderstand des Teppichs mindestens 0,17 m2 K/W betragen.

Antistatische Ausrüstung
Das Grundgewebe und die Polschicht laden sich elektrostatisch nicht auf und können leitfähig sein. Größere Flächen müssen mit Kupferbändern geerdet werden.
(Die Erdung darf nur durch den Elektrofachmann erfolgen).

Antistatische oder Teppichböden für Fußbodenheizungen haben immer einen Textilrücken.

Nach DIN 18 365 sind die Anforderungen für Bodenbeläge festgelegt: „Bodenbeläge müssen so beschaffen sein, dass sie einen gut begehbaren Belag ergeben, es dürfen keine unzumutbaren Belastungen auftreten und die Farbtonabweichungen gegenüber dem Muster müssen gering sein."

Aufgaben

1. *Aus welchen Fasern sind Teppichböden hergestellt?*
2. *Woran können Sie Web- und Tuftingteppiche unterscheiden?*
3. *Nennen Sie drei Arten von Teppichrücken.*
4. *Woran können Sie erkennen, ob ein Teppichboden den Anforderungen genügt?*
5. *Worüber informiert das Teppichsiegel?*

16.6.2 Elastische Bodenbeläge

Kork wird als Bodenbelag meistens in Plattenform 20 cm x 40 cm und in der Stärke von 3 mm bis 6 mm verlegt. Die Korkplatten bestehen aus gepresstem Naturkork. Sie werden in vielen verschiedenen Mustern, naturbelassen oder versiegelt angeboten. Korkbeläge besitzen eine gute Wärme- und Trittschalldämmung.

Linoleum besteht aus einem Gemisch aus Leinöl, Kork, Holzmehl, Pigmenten und Füllstoffen, das auf Jutegewebe gepresst und als Bahnen verlegt wird. Linoleum ist wärme- und schalldämmend, keimtötend, einfach zu reinigen und leicht zu pflegen.

Kunststoffbeläge werden größtenteils aus PVC hergestellt. Aus gesundheitlichen und ökologischen Gründen ist PVC problematisch. So entstehen bei einem Brand hochgiftige Dioxine, Chlorgase und aggressive Salzsäure.

Die Kunststoffbeläge unterscheidet man in:

- **Homogene Einschichtbeläge**, wie Weich-PVC, bestehen durchgehend aus dem gleichen Material. Kunststoff, Pigmente und Füllstoffe werden vermischt und zu Bahnen gepresst.
- **Homogene Mehrschichtbeläge** werden aus mehreren Folien des gleichen Materials in abwechselndem Walz- und Pressvorgang unter Wärmeeinfluss miteinander verschweißt.
- **Verbundbeläge** bestehen aus einer PVC-Oberschicht und einem Trägermaterial aus Gewebe oder Filz.
- **CV[1]-Strukturschaumbeläge** sind weiche PVC Beläge, die eine strukturierte, reliefartige Oberfläche besitzen.

Die einzelnen Bahnen oder Fliesen aus PVC lassen sich nach dem Verlegen verschweißen. Dazu werden die Fugen ausgefräst, falls sie nicht bereits vorhanden sind. Beim Schweißen verbindet sich der flüssige PVC-Schweißdraht mit den Belagskanten und füllt die Fugen aus. Die überstehenden Unebenheiten werden danach abgestoßen.

Kautschukbeläge bestehen aus abriebfestem, synthetischem Kautschuk. Sie sind schwer entflammbar, elastisch, rutschfest und weitgehend unempfindlich gegen Chemikalien, Lösemittel und Fette. Wegen ihrer Trittsicherheit und guten Reinigungsfähigkeit werden sie oft in Sporthallen, Gängen und Vorplätzen in genoppter Form verlegt.

[1] CV = gepolstertes PVC (engl. Cushioned Vinyls)

16.6.3 Parkettböden

Parkett ist ein Fußbodenbelag aus Vollholz, vorwiegend in den Holzarten Eiche, Buche, Esche, Ahorn, Kiefer und außereuropäischen Hölzern.
Die 22 mm dicken Stäbe, Riemen oder Platten besitzen umlaufend eine Nut zur Aufnahme der Federverbindungen. Beim Verlegen werden jeweils an einer Längs- und Hirnkante die Federn gesetzt und durch Klopfen zum entsprechenden Muster verbunden.
Parkett wird entweder auf einen Blindboden aus Brettern oder Verlegeplatten verdeckt genagelt oder aber auf Estrich geklebt. Es muss nach dem Verlegen geschliffen und oberflächenbehandelt werden.

Fertigparkett oder **Parkettdielen** sind vorgefertigte Teile mit mehrschichtigem Aufbau. Dabei ist die meist 4 mm dicke Nutzschicht auf quer verleimte Weichholzriemen aufgeleimt. Die Oberfläche ist entweder schon fertig versiegelt oder für individuelle Oberflächenbehandlung naturbelassen.
Die Dielen werden schwimmend verlegt, d. h. zwischen Parkett und Wänden muss ein vorgeschriebener Zwischenraum frei bleiben. Die Dielen werden nur in Nut und Feder verleimt. Das Verlegen ist auf allen trockenen und ebenen Untergründen möglich. Zur Trittschalldämmung werden zwischen Unterboden und Parkett dünne Korkbahnen, PU-Schaumfolie oder Filzmatten mitverlegt.

Der Aufbau:

1. Verschleißfeste Oberschicht (Overlay)
2. Harzgetränkte Designschicht
3. Wasserfest verleimte HDF-Trägerplatte (HDF = hochverdichtete Faserplatte)
4. Harzgetränkte Unterschicht

Aufbau von Laminat-Verlegeplatten

16.6.4 Laminatböden

Laminate sind 6 mm bis 8 mm dicke mehrschichtig aufgebaute Verlegeplatten mit einer Größe von ca. 0,20 × 2,00 m. Sie sehen Holz täuschend ähnlich oder besitzen besonders gestaltete Oberflächen.
Die Oberfläche besteht aus einer hoch abriebfesten Melaminharzschicht. Darunter befindet sich die harzgetränkte Designschicht, die beispielsweise eine Holzoberfläche nachahmt und fest mit der Tragschicht verbunden ist. Als Tragschicht werden häufig wasserfest verleimte HDF-Platten (hochverdichtete Holzfaserplatten) verwendet. Das Laminat wird wie Fertigparkett schwimmend auf einer Trittschalldämmung verlegt. Dabei werden die einzelnen Platten in der Nut verleimt oder bei Fabrikaten mit einem speziell gefrästem Nut- und Federstecksystem nur zusammengesteckt.

Zum Verlegen von Fertigparkett oder Laminat benötigt man spezielle Schienen für Übergänge oder als Endschiene, wenn nicht mit Parkettleisten abgedeckt werden kann. Die Schienen bestehen meist aus eloxiertem Aluminium. Als Abschluss an den Wänden werden extra breite Parkett- oder Laminatleisten benötigt. Fertigparkett- und Laminatböden reagieren auf schwankende Luftfeuchtigkeit durch starke Ausdehnung oder Schwund, weshalb die Dehnungsfugen zwischen Wand und Belag genügend groß sein müssen.

Aufgaben

1. *Aus welchen Rohstoffen wird Linoleum hergestellt?*
2. *Nennen Sie fünf Eigenschaften von Linoleum.*
3. *Wodurch unterscheiden sich homogene PVC-Einschicht- von homogenen PVC-Mehrschichtbelägen?*
4. *Erläutern Sie den Schichtaufbau von Fertigparkett.*
5. *Erklären Sie, was man unter schwimmender Verlegung versteht.*

16.6.5 Untergrundprüfungen

Die VOB für Bodenbelagarbeiten DIN 18 365 schreibt vor, dass die Oberfläche des Untergrundes bei Belagarbeiten zu prüfen ist und dass Bedenken schriftlich geltend gemacht werden sollen.
Die Prüfung erstreckt sich auf handwerkerübliche Verfahren, wie die Oberfläche in Augenschein zu nehmen, oder auf einfache mechanische Prüfungen mit üblichen Mitteln und Geräten.

Prüfungen bei Belagarbeiten

Prüfung	Prüfmethode
Feuchtigkeit	Augenschein Feuchtigkeitsmessgerät
Festigkeit **Tragfähigkeit**	Klebebandtest Abrieb-, Nagel-, Kratz- und Klopfprobe
Risse	Benetzungsprobe Augenschein

Risse werden unterschieden in:

- Fein- oder Haarrisse bis zu einer Breite von 0,3 mm. Sie bleiben unbeachtet, da sie die Estrichqualität nicht beeinträchtigen.
- Risse über 0,3 mm müssen kraftschlüssig verschlossen werden, da sie meist durch die gesamte Estrichschicht führen.

Der Untergrund muss bei Klebe- und Verlegungsarbeiten sauber, fest, trocken, eben und rissfrei sein.

16.6.6 Untergründe für Bodenbelagarbeiten

Im Altbau sind Unterböden aus Spanplatten, Holzdielen, Holzriemen und Parkett sowie Beläge aus Keramik, Stein und Linoleum anzutreffen, die häufig mit Mängeln behaftet sind.
Unebene Dielenböden belegt man vollflächig mit Flachpressplatten (V100) und verschraubt diese fest mit dem Dielenboden.
Unebenheiten in Estrichböden beseitigt man durch:

- **Spachtelmassen** bei geringen Unebenheiten,
- **Ausgleichmasse**, wenn Aufträge über 3 mm notwendig sind,
- **Nivellierschichten** zum Ausgleichen großer Unebenheiten oder Löchern.

Spachtelmassen und Ausgleichschichten müssen auf dem Untergrund gut haften, eine porenarme Oberfläche bilden und für die Verklebung von Belägen mit handelsüblichem Kleber geeignet sein.
Estriche werden nach ihrer Zusammensetzung unterschieden in:

- **Zementgebundene Estriche** bestehen aus Zement, feinem Kies, Wasser und Zuschlagstoffen, die die Festigkeit, Schall- und Wärmedämmung verbessern.
- **Anhydrit-Estriche** setzen sich aus wasserfreiem Gipsstein und Quarzsand zusammen.
- **Magnesia-Estriche** werden aus Magnesit und Füllstoffen wie Sägespänen, Korkschrot oder Torfmull hergestellt.
- **Gussasphalt-Estriche** sind aus Bitumen und gemischtkörnigem Sand zusammengesetzt.

16.6.7 Verlegetechniken

Bodenbeläge sollten möglichst so verlegt werden, dass die Nähte zur Lichtquelle (Hauptfensterwand) verlaufen.

Zum **Spannen** verwendet man Nagelleisten oder Leisten mit Widerhaken, die am Boden befestigt werden. In diesen befestigt man den vorgespannten Teppichboden. Zuvor müssen die einzelnen Bahnen so zusammengefügt werden, dass der Teppichboden aus einem Stück besteht. Für diese Verlegetechnik eignen sich nur Teppichböden mit Textilrücken. Sie lassen sich nachspannen, leicht entfernen und erhalten durch das Spannen die bestmöglichen Gebrauchseigenschaften und lange Haltbarkeit.

Das **Zusammenfügen** textiler Bodenbelagbahnen erfolgt durch:

- Zusammennähen
- Unterkleben eines Vlies- oder Webbandes
- Zusammenkleben mit einem Konfektions- bzw. Heißklebeband

Vollflächiges Verkleben setzt man bei Teppichböden mit Latex- oder Schaumrücken ein. Hierzu werden Teppichfixierungen oder Dispersionskleber verwendet, die eine Wiederaufnahme bzw. die Entfernung des Teppichbodens erleichtern.

Bei einer **losen Verlegung** fixiert man den Teppichboden mit doppelseitigem Klebeband oder Haftgitter. Dieses Verfahren ist nur für kleine Räume bis ca. 20 m² gedacht, in denen keine Sitzmöbel mit Stuhlrollen benutzt werden. Diese würden bereits nach kurzer Zeit im Teppich Wellenbildungen hervorrufen.

PVC-Beläge können mit Kunstharz-Dispersionskleber einseitig, oder doppelseitig mit Neopren-Kontaktkleber, der auf den Untergrund und die Belagrückseite aufgetragen wird, verklebt werden. Fliesen oder Bahnen lassen sich mit PVC-Schweißgeräten fest verbinden.

PVC-Fliesen können parallel oder diagonal verlegt werden.
Bei der **Parallelverlegung** werden die Fliesen parallel zu den Wänden verklebt. Dabei beginnt man in der Raummitte entlang einer parallel zur Wand verlaufenden Schnurschlaglinie.

Bei der **Diagonalverlegung** stellt man zunächst mit Schlagschnurlinien über Eck die Raummitte fest. Die ersten vier Platten werden so verlegt, dass sie den Diagonalen folgen und genau in der Raummitte zusammenstoßen. Daran anschließend können die weiteren Platten folgen. Diese Verlegeart ist sehr zeitaufwendig und führt zu viel Verschnitt, weil alle Randfliesen diagonal geteilt werden müssen.

Kautschukbeläge lassen sich mit Zweikomponenten-Epoxydharzkleber oder Polyurethankleber mit Härterzusatz sicher mit dem Untergrund verbinden.

Vorsicht, lösemittelhaltige Kleber sind feuer- und explosionsgefährlich! Rauchen, offenes Feuer und die Benutzung von Heizstrahlern sind verboten!

Linoleum wird mit lösemittelhaltigem Kunstharzkleber oder Kunstharz-Dispersionskleber verklebt. Linoleum- und Kunststoffbeläge müssen mit schweren Walzen (bis 70 kg) angedrückt werden. Anschlussfugen beschwert man mit Sandsäcken, solange der Kleber abbindet.

Oben: Heißluftschweißgerät mit Schnellschweißdüse

Heißluftschweißautomat

Aufgaben

1. *Welche Untergrundprüfungen müssen vor Verlegearbeiten durchgeführt werden?*
2. *Wie lässt sich ein unebener Dielenboden für Verlegearbeiten vorbereiten?*
3. *Nennen Sie vier Estricharten.*
4. *Auf welche Weise können Teppichböden verlegt werden?*
5. *Durch welche Verfahren lassen sich textile Bodenbelagbahnen vor dem Verspannen zusammenfügen?*
6. *Warum ist das lose Verlegen von Teppichböden nur beschränkt möglich?*

Projekt

Erstellen Sie für einen Raum in Ihrer Wohnung einen Verlegeplan im Maßstab 1:10
a) für Parallelverlegung,
b) für Diagonalverlegung.

Es sollen quadratische PVC-Fliesen, Kantenlänge 50 cm, verwendet werden. Ermitteln Sie durch Zählen der benötigten Fliesen den jeweiligen Verbrauch.

17 Die Grundlagen der Gestaltung

17.1 Wahrnehmung und Farbempfindung

17.1.1 Farbreize

Das Licht bringt eine Welt von Farben hervor und wir umgeben uns gerne mit Farben. Wir wählen die Farben unserer Kleidung und gestalten unsere Umgebung mit Farben. Wir nutzen die Farben als Ausdrucksmittel, als Signal- und Mitteilungsmöglichkeit. Wir werden durch Farben angeregt und wollen durch Farben anregen. Wir sind beeindruckt von der Stimmung eines Sonnenuntergangs, der Farbenpracht einer Blumenwiese im Frühsommer und der Farbharmonie fallender Blätter im Herbst. Wir gestalten Gebäude, Straßenzüge und Wohnungen, sie sollen einladend wirken und Wohlgefühle verbreiten. Wir wählen die Farben unserer Autos nach Farbgefühl und Lieblingsfarbe, nach Ausdruck und gefühlsmäßiger Bindung.
Wir fühlen uns wohl in einer Farblandschaft, wir lassen uns anregen und leiten durch Farben. Farben können aber auch abstoßend wirken, erschrecken und Aggressionen hervorrufen. Farben strahlen Wärme und Kälte aus, sie können anregen und beruhigen, Freude und Trauer ausdrücken. Der durch das reflektierte Licht einer Farbe ausgelöste Farbreiz beeinflusst unser Denken und Handeln und bestimmt unsere Empfindungen und Gefühle.

Als Farbreiz bezeichnen wir das von unseren Augen wahrgenommene reflektierte Licht einer Farbe. (physikalischer Vorgang)

Farbreize werden in unserem Gehirn zu einem Farbeindruck verarbeitet und lösen abhängig von unserer Gefühlslage entsprechende Farbempfindungen aus.

Farbempfindungen sind das Ergebnis von Farbeindrücken, die vom seelischen Zustand beeinflusst werden oder diesen beeinflussen. (psychologischer Vorgang)

17.1.2 Stimmung und Farbe

Abgesehen von krankheitsbedingter Fehlsichtigkeit hängt das Farbempfinden von vielen Faktoren ab. Ein ganz entscheidender Faktor ist dabei die Stimmung, in der wir uns im Augenblick befinden. Bei Trauer oder Freude, bei Stress oder Erholung, am Arbeitsplatz oder im Urlaub, stets werden wir von anderen Stimmungen geleitet, die uns die Umgebung in einem anderen Licht erscheinen lassen. Auch das Lebensalter spielt dabei eine große Rolle. Was von einem Jugendlichen als anregende Farbe empfunden wird, kann für einen alten Menschen schreiend und abstoßend sein.

17.1.3 Farbharmonie

Jeder Mensch empfindet Farbtöne anders und ihre Kombination als mehr oder weniger geschmackvoll. Was der eine schön findet, kann ein anderer als langweilig oder schrecklich beurteilen. Eine Farbharmonie, die den Geschmack jedes Einzelnen trifft, ist unter dieser Sicht kaum möglich. Deshalb müssen wir zunächst bestimmen, was wir unter einer Farbharmonie verstehen wollen. Aus dem Bereich der Musik kennen wir Harmonien als Tonfolgen bestimmter Regeln, die einen Gleichklang erzeugen. Unter Harmonien verstehen wir also Gleichklänge. Auch aus Farbtönen lassen sich Farbreihen bestimmter Gleichklänge technisch herstellen.

Als harmonische Farbreihen gelten:
- Farben gleicher Helligkeit
- Farben gleicher Sättigung
- Farben gleicher Ausmischung

Damit haben wir eine Festlegung gefunden, die unabhängig ist von Stimmung und Geschmack jedes Einzelnen.
Farben gleicher Helligkeit haben einen gleichen Hellbezugswert. Der Hellbezugswert einer bunten Farbe lässt sich im Vergleich mit einer Graureihe ermitteln. Soll beispielsweise ein dunkler Blauton den gleichen Hellbezugswert wie ein helles Gelb erhalten, müssen wir den Blauton so lange mit Weiß aufhellen, bis beide Farbtöne die gleiche Helligkeit erreicht haben. Dabei stimmt für beide Farbtöne der vergleichbare Grauton einer Graureihe überein.
Auf diese Weise erzeugen Farbtöne beliebiger Ausgangsfarben eine Farbharmonie.
Farben gleicher Helligkeit eignen sich beispielsweise für harmonische Farbgebungen von Flächengliederungen oder nebeneinander liegenden Fassadenflächen innerhalb eines Straßenzuges.

Farben gleicher Helligkeit wirken gedämpft, ruhig und ausgeglichen.

Farben gleicher Sättigung bestehen aus gleich reinen Farbtönen. Ein reiner Farbton besitzt volle Sättigung. Durch Mischung unbunter Farben (Weiß, Schwarz, Grau) oder mit anderen bunten Farben nimmt die Sättigung ab.
Farben gleicher Sättigung sind mit anderen Farbtönen so gemischt, dass die Farben gleiche Reinheit bzw. Unreinheit besitzen. Ihre Helligkeit kann dabei sehr unterschiedlich sein, wie es sich am Beispiel eines gleich gesättigten Blau und Gelb zeigen lässt.

Farben gleicher Sättigung wirken frisch, lebendig, kraftvoll und weisen Spannungen auf.

Farbharmonie – Farben gleicher Ausmischung

Farben gleicher Ausmischung lassen sich auf einfache Weise herstellen. Dabei geht man von einem Grundton aus und mischt einen beliebigen Farbton hinzu. Der neue Farbton bildet mit dem Grundton einen Gleichklang, da er aus diesem hervorgegangen ist. Durch Hinzumischen weiterer Farbtöne lassen sich so harmonische Farbtöne herstellen. Das Ergebnis sind ansprechende, aufeinander abgestimmte Farbtöne, die verbindende Wirkung erzeugen.

17.1.4 Symbolische Bedeutung der Farben

Jeder hat sich schon einmal grün und blau geärgert oder ist mit einem blauen Auge davon gekommen. Von Verliebten behauptet man, sie sähen alles durch eine rosarote Brille, und in der Werbung fahren wir rosigen Zeiten entgegen. Bei einem Vertragsabschluss sind wir erst zufrieden, wenn wir das Ergebnis schwarz auf weiß vorliegen haben. Und schon mancher hat sein blaues Wunder erlebt oder vor lauter Ärger rot gesehen.

Die Beispiele zeigen, dass Farben zu unserer sprachlichen Ausdrucksfähigkeit gehören. Durch sie erhalten Redewendungen symbolische Bedeutung. Sachverhalte und Stimmungen lassen sich so kurz umschreiben.

Auch in der Farbgebung ordnen wir den Farben symbolische Bedeutung zu.

- Weiß gilt als Verkörperung des Reinen und Unschuldigen.
- Schwarz steht für Tod, Trauer, Gefühlskälte, und Zurückgezogenheit, in Kombination mit Weiß für besondere Festlichkeit.
- Gelb stimmt als reine Farbe heiter, optimistisch und lebensfroh. Wir verbinden mit ihr die Farbe des Sommers und der Sonne. Gelbe Decken geben Räumen einen warmen, freundlichen Charakter. In ihrer Leuchtkraft dient Gelb zur Kennzeichnung.
- Rot symbolisiert Aggressivität, Kampf, Blut, Feuer und Aktivität. Rot strahlt Wärme aus. Im Verkehr signalisiert das Rot der Verkehrsampel „Stopp!“ und bildet den Grundton von Verbotsschildern. Rot dient der Abwehr von Gefahren.
- Blau wirkt kühl, transparent, öffnet den Raum, symbolisiert Geist, Vernunft, Phantasie und Utopie. Blau gilt auch als Schutz- und Abwehrfarbe. So wird die Mutter Gottes häufig im blauen Kleid dargestellt oder Gebotsschilder sind in blauem Grundton gehalten.
- Grün steht für Natur, Leben, Freiheit, Jugend und Frische.

17.2 Farbdreieck nach Goethe

Das neunteilige Farbdreieck nach Goethe baut auf den Grundfarben Gelb, Rot und Blau, den so genannten Primärfarben, auf; die Mischungen jeweils zweier Grundfarben ergeben die Sekundärfarben und die Mischung von je zwei Sekundärfarben die Tertiärfarben mit ihrem erdigen Charakter.

Farbdreieck nach Goethe

Die Farben sind so angeordnet, dass sie bestimmte Farbstimmungen ausdrücken.

- freundliche Stimmung: Gelb, Grün, Orange, und Grau
- festliche Stimmung: Rot, Violett, Blau und Grau
- ruhige Stimmung: Grün, Blau, Violett und Grau

17.3 Farbwirkung – Kontraste

Durch die Kombination von Farben lassen sich bestimmte Farbwirkungen erzielen. Kontraste sind Farbwirkungen, die bestimmte Gegensätze zum Ausdruck bringen. Nach Itten[1] unterscheiden wir sieben Kontraste:

- Komplementärkontrast
- Simultankontrast
- Hell-Dunkel-Kontrast
- Farb-an-sich-Kontrast
- Kalt-Warm-Kontrast
- Qualitätskontrast
- Quantitätskontrast

[1] Itten, Johannes, *Kunst der Farbe*, Ravensburg, 1983

17.3.1 Komplementärkontrast

Im Farbkreis oder im Farbdreieck nach Goethe enthalten die einander gegenüberliegenden Farben alle drei Grundfarben, wie die folgenden Beispiele zeigen:

gelb	–	violett	(rot + blau)
rot	–	grün	(blau + gelb)
blau	–	orange	(rot + gelb)

Bei ihrer Mischung ergänzen sie sich zu schwarz bzw. grau. Sie werden daher als Komplementärfarben[2] bezeichnet. Komplementäre Farbenpaare stehen in größtmöglichem Kontrast zueinander.

gelb – violett rot – grün blau – orange

Komplementärkontrast

Ein Komplementärkontrast ist eine Komposition aus komplementären Farbtönen. In ihrem Gegensatz steigern sich die Farben zu höchster Leuchtkraft.

Dabei zeigt sich, dass Gelb gegenüber Violett und Orange gegenüber Blau größere Leuchtkraft besitzen, wobei Gelb und Violett sich besonders stark in ihrer Leuchtkraft unterscheiden.
Grün und Rot dagegen unterscheiden sich in ihrer Leuchtkraft nicht.

17.3.2 Simultankontrast

Simultankontrast

Betrachten wir das weiße Quadrat auf schwarzem Grund und blicken dann weg, erscheint im Auge ein schwarzes Nachbild. Ein schwarzes Quadrat auf weißem Grund führt zu einem weißen Nachbild. Das weiße Quadrat überstrahlt den schwarzen Grund und erscheint daher größer. Beim schwarzen Quadrat ist es gerade umgekehrt.

[2] komplementär = ergänzen (lat. complere = anfüllen)

Wirken zwei Farbtöne zusammen, versucht jeder Farbton, den anderen in sein komplementäres Nachbild zu drängen. Die Farbtöne erscheinen verändert. Beispielsweise erscheint ein mittleres Grau gegenüber Schwarz hell und gegenüber Weiß dunkel.

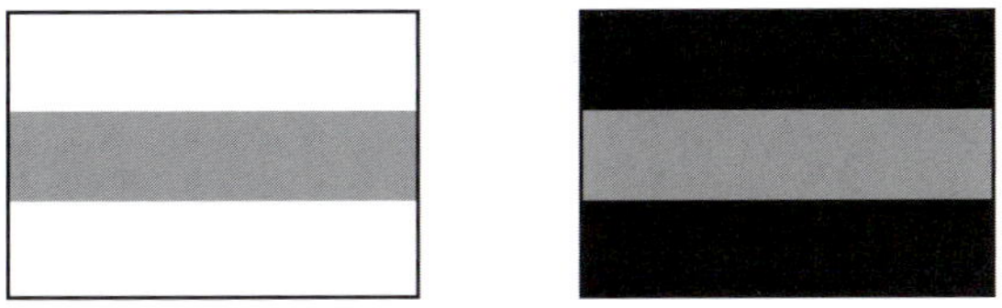

Scheinbare Änderung des Farbtons

Als Simultankontrast bezeichnen wir die Erscheinung, dass unser Auge zu einer gegebenen Farbe immer gleichzeitig, d. h. simultan, ein komplementäres Nachbild erzeugt.

So erzeugt beispielsweise ein reines Rot ein grünes Nachbild oder ein reines Gelb ein violettes Nachbild. Dem entsprechend erscheinen uns die Farben verändert.

Grün auf blauem Grund
Grün – hell, warm, feurig

Grün auf orangem Grund
Grün – dunkel, kalt, stumpf

Änderung der Farbwirkung

Die Änderung der Farbwirkung lässt sich mit bunten wie unbunten Farbkombinationen zeigen.
So erscheint ein grauer Streifen auf violettem Grund mit hellgrünem Schimmer, ein gleich grauer Streifen auf hellgrünem Grund mit violettem Schimmer.
Ein rotvioletter Streifen auf Blau wirkt heller, rötlicher, das gleiche Rotviolett auf Orange dagegen dunkel und blaustichig.
Kombinieren wir Rot und Grün in voller Sättigung, so entsteht ein unangenehmer Flimmereffekt.
Es scheint, als ob die Unruhe, das Flimmern und Vibrieren, auf einen Machtkampf zwischen den Farben zurückzuführen sei.

Flimmereffekt

Der Flimmereffekt zwischen Rot und Grün entsteht durch ihre Leuchtkraft und gleiche Helligkeit.

17.3.3 Hell-Dunkel-Kontrast

Hell-Dunkel-Kontrast

Tag und Nacht, Hell und Dunkel, Vordergrund und Hintergrund, Höhen und Tiefen symbolisieren scharfe Gegensätze. Licht und Schatten geben dem Raum Tiefe und Körpern eine räumliche Wirkung. Tragende Bauteile gestalten wir dunkel und heben sie gegenüber ihrer hellen Umgebung hervor. Wir symbolisieren so beispielsweise die Stabilität und Tragfähigkeit eines Fachwerks, dessen Holzkonstruktion dunkel, der füllende Putz oder das Mauerwerk hell dargestellt wird. Schwarze Schrift auf weißem Papier ermöglicht beste Lesbarkeit.

Mit einen Hell-Dunkel-Kontrast lassen sich Gegensätze verdeutlichen, klare Abgrenzungen treffen und räumliche Wirkungen erzielen.

Im unbunten wie im bunten Bereich gehört der Hell-Dunkel-Kontrast zu den stärksten Ausdrucksmitteln.

17.3.4 Farb-an-sich-Kontrast

Farb-an-sich-Kontrast

Farben in ihrer ungetrübten Frische bringen die Symbolkraft der Farben zum Leuchten. Lebendigkeit, Jugendlichkeit, Freude und Trauer, Vielfalt, Natur, Kraft und Bewegung, lassen sich ausdrucksvoll hervorheben.

Im Farb-an-sich-Kontrast können die Farben ungetrübt in ihrer stärksten Leuchtkraft nebeneinander verwendet werden. Ihre Ausdruckskraft und symbolische Bedeutung wird voll zur Geltung gebracht.

17.3.5 Kalt-Warm-Kontrast

Farben können als kalt oder warm empfunden werden. Je nach Kombination der Farben wird dies jedoch sehr unterschiedlich wahrgenommen. Generell werden Gelb, Gelborange, Orange, Rotorange, Rot und Rotviolett als warme, Gelbgrün, Grün, Blaugrün, Blau, Blauviolett und Violett als kalte Farbtöne bezeichnet. Als kälteste Farbe gilt Blaugrün, als wärmste Rotorange.

Der abgebildete Mehrzweckraum des Stuttgarter Planetariums erhält durch die „Regenbogenwand" aus farbig lackierten Tafeln eine besondere optische Wirkung. Damit verbindet der Architekt Wilfried Beck-Erlang die sichtbare Technik mit dem Nutzungskonzept des Raumes.

Kalt-Warm-Kontrast

Die Wandgestaltung im oben abgebildeten Mehrzweckraum des Stuttgarter Planetariums zeigt einen Kontrast zwischen warmen und kalten Farbtönen. Die ausstrahlenden warmen Farbtöne in der Mitte werden zu den raumöffnenden kalten Randflächen hin abgestuft.

Durch einen Kalt-Warm-Kontrast lassen sich u. a. Empfindungen wie fern und nah, leicht und schwer, beruhigend und erregend, schattig und sonnig vermitteln. Rotorange und Blaugrün sind die Pole des Kalt-Warm-Kontrastes.

17.3.6 Qualitätskontrast

In der Farbgestaltung wird die Farbqualität nach dem Reinheits- und Sättigungsgrad beurteilt. Reine, gesättigte Farben wirken leuchtend, ungesättigte dagegen trüb und stumpf.

Beim Qualitätskontrast werden reine, gesättigte Farbtöne ungesättigten Farbtönen gegenübergestellt.

Durch einen Qualitätskontrast wird den gesättigten Farben ihre Schärfe genommen. Sie verlieren ihre Leuchtkraft, gewinnen aber an Tiefe. Sie wirken zurückhaltend, so als würden sie ein inneres Licht ausstrahlen.

Drei leuchtende Farben gleicher Helligkeit gemischt mit neutralen Grautönen

17.3.7 Quantitätskontrast

Beim Quantitätskontrast stellt man kleine Farbflächen großen gegenüber.

Dabei beeinflussen die Leuchtkraft der einzelnen Farbe und die Größe der Farbfläche die Farbwirkung.

Aufgaben

1. *Wodurch unterscheiden sich Farbreize von Farbempfindungen?*
2. *Erklären Sie, warum Farbempfindungen von der persönlichen Stimmung abhängig sind.*
3. *Wie stellt man durch Farben gleicher Ausmischung eine Farbharmonie her?*
4. *Welche symbolische Bedeutung haben Gelb, Rot und Blau?*
5. *Nennen Sie die Farbkontraste nach Itten.*
6. *Welche Auswirkung hat ein Simultankontrast?*
7. *Wie entsteht ein Flimmereffekt?*
8. *Welche Farben stehen sich beim Kalt-Warm-Kontrast gegenüber?*

Projekt

1. *Stellen Sie zwei Flächengliederungen mit gleicher Flächeneinteilung her und gestalten Sie die eine mit Farben gleicher Helligkeit, die andere mit Farben gleicher Sättigung.*
   Beurteilen Sie die Farben der Farbharmonien und überlegen Sie, wo Sie diese in der Farbgestaltung einsetzen können.
2. *Untersuchen Sie Gemälde verschiedener Zeitepochen, z. B. anhand von Kunstmappen, nach vorhandenen Farbkontrasten. Überlegen Sie, warum der Künstler den entsprechenden Farbkontrast gewählt hat.*

17.4 Gewichtung der Farben

Will man reine Farbtöne in einem ausgewogenen Verhältnis einander gegenüberstellen, hat Goethe für die komplementären Farbenpaare einfache Lichtwerte herausgearbeitet, die sehr brauchbare Flächenverhältnisse ergeben.

Gelb	:	Violett	=	1 : 3
Orange	:	Blau	=	1 : 2
Rot	:	Grün	=	1 : 1

Durch ihre Ausgewogenheit bezeichnen wir diese Flächenaufteilung als harmonisch.

Harmonische Flächen

17.5 Farbgestaltung

17.5.1 Gliederung von Farbgestaltungen

Betrachten wir Farbgestaltungen von Gebäuden oder Innenräumen kritisch, stellen wir fest, dass diese uns mehr oder weniger gut gefallen bzw. mehr oder weniger gut gelungen sind. Meist urteilen wir gefühlsmäßig, ohne genau ausdrücken zu können, warum uns die eine Farbgestaltung gefällt, eine andere dagegen negativ bewertet wird. Wollen wir eine Farbgestaltung fachgerecht beurteilen, müssen wir uns von der gefühlsmäßigen Beurteilung lösen. Ein wichtiges Hilfsmittel für eine fachgerechte Beurteilung ist die Gliederung einer Farbgebung. Wir fragen uns, welcher Farbton bildet die Ausgangsfarbe, welche Farben beziehen sich auf diese Basis und welche Farbtöne dienen als schmückendes Beiwerk.

Durch diese Fragestellung können wir eine Farbgestaltung in drei Bereiche gliedern. Sie werden durch folgende Fachbegriffe beschrieben:

- Dominante
- Subdominante
- Akzente

Als **Dominante** wird der bestimmende (dominierende) Grundton einer Farbgestaltung bezeichnet.

Als **Subdominante** gelten die untergeordneten Farbtöne einer Farbgestaltung. Sie sind von dem dominierenden Farbton abhängig.

Als **Akzente** dienen Schmuckelemente und Hervorhebungen.

17.5.2 Mängel bei der Farbgestaltung

Sind mehrere gleichgewichtige Grundtöne vorhanden, erscheint eine Farbgestaltung langweilig und ohne klare Struktur. Die vom Grundton abhängigen Farbtöne lassen sich nur schwer zuordnen, sodass die Farbgestaltung einer bunten Vielfalt gleicht, deren Ordnung nicht zu erkennen ist.
Beziehen sich die untergeordneten Farbtöne nicht auf den Grundton, entstehen ungewollt Brüche und Spannungen innerhalb der Farbgebung, die den Farbzusammenhang stören oder aufheben.
Verzichtet man auf schmückende Elemente, wirkt eine Farbgestaltung einfallslos, einförmig und fade.
Werden viele Akzente gleichzeitig verwendet, wirkt die Farbgestaltung überladen, geschmacklos, ohne Stil und Feingefühl.

Je klarer eine Gliederung bei einer Farbgestaltung erkennbar wird, umso augenfälliger ist ihre Wirkung auf den Betrachter, und umso anschaulicher wird die beabsichtigte Zielsetzung.

Am Beispiel einer Fassadengestaltung lässt sich eine klare Gliederung aufzeigen:

- **Dominante:** Fassadengrundton
- **Subdominante:** Sockelfläche, Vorbauten, Nischen, Balkone, Türen, Fenster, Läden usw.
- **Akzente:** Ornamente, Strichbänder, Verzierungen

Moderne Fassadengestaltung

Bei den architektonisch einförmigen Betonblöcken unterstreicht der dunkelgraue Grundton den monotonen, tristen Wohnblockcharakter der dargestellten Wohnsiedlung. Die hellgrauen Balkonbrüstungen und die weißen Fensterrahmen verstärken als untergeordnete Flächen diesen Eindruck. Durchbrochen wird diese Langeweile nur durch die Farbgebung der Aufzugstürme. Mit nahezu gesättigten Farbtönen werden Akzente gesetzt. Die Komplementärfarben Orange und Blau sowie Gelb und Violett, unterbrochen durch weiße Flächen, wirken belebend und schaffen die notwendige Unruhe in der sonst vorherrschenden Eintönigkeit.

Aufgaben

1. *Überlegen Sie, wie die langweilig wirkende Farbgestaltung verbessert werden könnte.*
2. *Erarbeiten Sie einen Farbvorschlag und gliedern Sie diesen nach Dominanten, Subdominanten und Akzenten.*

17.5.3 Grundregeln der Farbgestaltung

Wenn wir beispielsweise die Farbgestaltung eines Gebäudes betrachten, beziehen wir die Umgebung mit in unsere Überlegungen ein. Nimmt eine Farbgestaltung auf ihre Umgebung keine Rücksicht, empfinden wir sie als Fremdkörper, sie erzeugt Spannung und wirkt störend. Fügt sich dagegen eine Farbgestaltung in ihre Umgebung ein, empfinden wir diese als Bereicherung, als ausgewogen und harmonisch. Dies gilt nicht nur für außen, sondern auch für den Innenbereich.

- Eine Farbgebung steht nie für sich allein, stets ist die Umgebung mit zu berücksichtigen.

Ein Gebäude in der freien Natur ist auch freier in der Farbgestaltung, als eines, das in einen Straßenzug eingebunden ist. Ein Gebäude, das von Bäumen umgeben ist, muss anders gestaltet werden, als eines, das vom Grau einer verkehrsreichen Straße geprägt ist.

Auch im Innern eines Gebäudes spielt die Umgebung eine große Rolle. Ein hoher weiter Raum ist anders zu gestalten, als einer mit geringer Höhe und drückender Enge. Ein Wohnzimmer mit großen Fenstern, Vorhängen, schmückenden Möbeln, Bildern, Bodenteppichen usw. benötigt eine zurückhaltende Farbgebung, um nicht überladen zu wirken. Dagegen wirkt in einem Kinderzimmer eine frische, farbenfrohe Gestaltung anregend und belebend.

Neben der Umgebung, dem Charakter des Ortes und der Landschaft der traditionell gepflegten Malerei und Farbwahl, spielt die architektonische Gliederung eine große Rolle. Dabei zeigt sich, dass die Farbgebung eine dienende Funktion einzunehmen hat. Versucht die Farbgebung die architektonischen Merkmale zu überbieten, wirkt die Gestaltung überladen, billig und geschmacklos.

- Die Farbgebung unterstreicht die architektonische Gestaltung.

Je ausgeprägter die Gestaltung ist, desto zurückhaltender sollte die Farbgebung sein. Je weniger Gestaltungsmerkmale vorhanden sind, umso ausgeprägter muss die Farbgestaltung sein.

Ein weiteres Gestaltungsmerkmal sind der Baustil und das Alter eines Bauwerks.

Jede Epoche hat andere Baustile und Farbempfindungen hervorgebracht. Diese müssen bei der Erneuerung berücksichtigt werden, um keinen Stilbruch zu begehen. Auch hier hat die Farbgebung eine dienende Funktion.

- Baustil und Alter eines Gebäudes bestimmen die Wahl der Werkstoffe und der Farben bei der fachgerechten Renovierung.

Die Funktion und Art eines Gebäudes haben ebenfalls eine entscheidende Bedeutung für die Farbgebung.
Eine Kirche ist anders zu gestalten als ein Kindergarten, ein monotones Hochhaus anders als eine Jugendstilfassade, ein fensterloses Lagerhaus anders als eine Gaststätte, eine Diskothek anders als ein Rathaus.

- Die Farbgebung ist von der Funktion und Art eines Bauwerks oder Raumes abhängig.

Historische Fassade

Beim dargestellten Gebäude werden die architektonischen Merkmale, wie Erker, Eckturm, Portal und Fenster, durch die unbunte helle Fassade unterstrichen. Der gesättigte Farbton der Fensterläden setzt allein den notwendigen Akzent.
Die Größe und Form einer Farbfläche bestimmt, in welcher Helligkeit und Sättigung die Farbwahl getroffen werden kann. Hierfür lassen sich einprägsame Grundregeln formulieren:

Je kleiner die Farbfläche ist, umso reiner kann der Farbton gewählt werden. Je größer die Farbfläche ist, umso heller und ungesättigter sollte die Farbwahl sein. Je komplizierter und ausgeprägter die Form einer Farbfläche ist, desto heller und ungesättigter sollte die Farbwahl sein.

17.5.4 Matte und glänzende Flächen

Hochglänzend

Bei einer glänzenden Fläche werden die auftreffenden Lichtstrahlen gleichgerichtet zurückgestrahlt. Es zeigt sich ein klares, abgegrenztes Abbild der Fläche.

Hochglänzende, dunkle Oberflächen betonen die Körperformen eines Gegenstandes durch Reflexionen und Abbildungen der Schatten. Sie wirken glatt, hart und kalt.

Bei einer matten Fläche werden durch die unebene Oberfläche die Lichtstrahlen diffus, d. h. unbestimmt oder nicht gleichgerichtet zurückgestrahlt. Es entsteht eine unscharfe, matt aussehende Oberfläche.

Matte Oberflächen erscheinen zurückhaltender und weicher. Sie lassen z. B. Unebenheiten von Wänden und Decken nicht sichtbar werden. Sie wirken rauher, weicher und wärmer.

Matt

Aufgaben

1. *Warum muss man bei einer Farbgestaltung die Umgebung stets in die Überlegung mit einbeziehen?*
2. *Welchen Einfluss hat die architektonische Gestaltung auf die Farbgebung?*
3. *Warum müssen wir den Baustil oder das Alter eines Bauwerks bei der Farbgebung berücksichtigen?*
4. *Aus welchen Gründen gestalten wir Oberflächen matt oder glänzend?*

17.6 Farbgestaltung in der Wohnung

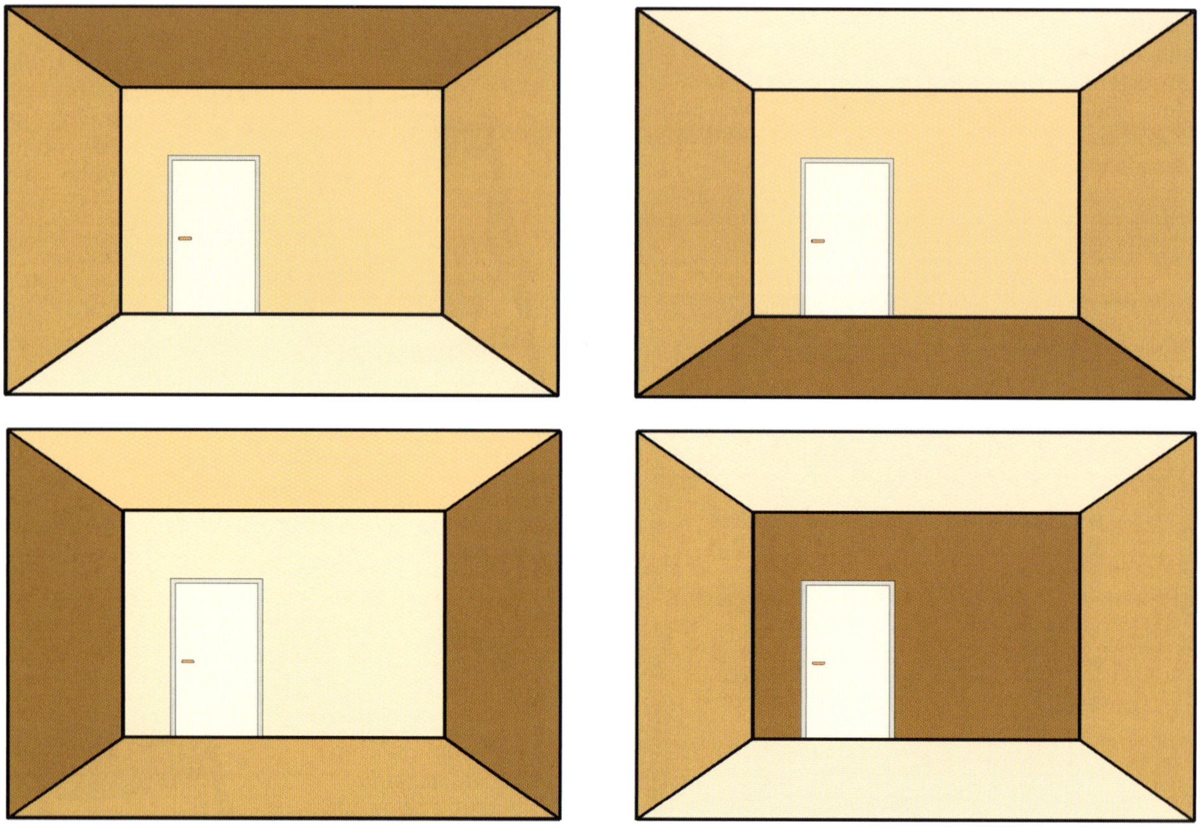

Veränderung der Raumwirkung durch Farbgestaltung

In Räumen will sich der Mensch wohl fühlen. Hier sind aufregende, spannungsgeladene Farbtöne zu vermeiden. Farben, Beleuchtung, Möbel, architektonische Gestaltungselemente usw. müssen aufeinander abgestimmt sein. Warme Farben beeinflussen zwar nicht das tatsächliche Raumklima, wohl aber die psychologische Empfindung der ausstrahlenden Wärme. Kalte Farbtöne vermitteln den Eindruck distanzierter kalter Sachlichkeit. Je nach dem Eindruck, der vermittelt werden soll, werden eher warme oder kalte Farbtöne in der Farbgestaltung gewählt.

17.6.1 Größenwirkung eines Raumes

Die Farbgestaltung kann die Größenwirkung eines Raumes beeinflussen. Die obigen Abbildungen verdeutlichen diesen Zusammenhang. Damit können wir optische Korrekturen in Innenräumen vornehmen, bei denen die Abmessungen in einem ungünstigen Verhältnis zueinander stehen.

Helle Decken und senkrecht gemusterte Wände lassen einen Raum höher erscheinen.
Dunkel abgetönte Decken drücken einen Raum.

Wir empfinden den Raum bei dunklen Decken optisch niedriger. Dieser Eindruck wird noch verstärkt, wenn der Deckenanstrich als Fries in die Wände herabgezogen wird.
Dunkle Farbtöne kommen auf uns zu, verengen den Raum und machen ihn optisch kleiner bzw. niedriger. Helle Farben hingegen weiten einen Raum. Horizontal gemusterte Wände ziehen einen Raum in die Breite, darum wirkt er auch niedriger. Durch entsprechende Farben im Fußbodenbelag kann die Wirkung der Decken- und Wandfarben noch unterstützt werden.

Aufgaben

1. *Wie können hohe, schmale Räume optisch niedriger gestaltet werden?*
2. *Wodurch können Sie die Tiefe eines Raumes optisch vergrößern?*

17.6.2 Beispiele für Farbgestaltungen

1

2

3

Farbige Gestaltung von Innenräumen

Abb. 1 Fabrikationshalle

Abb. 2 Korrosionsschutz und Farbgestaltung in einem Kraftwerk

Abb 3 Arbeitszimmer und Wohnraum

Abb. 4 Wohnzimmer
Die rotbraunen Wände strahlen Wärme aus und regen zu Gesprächen an.

Abb. 5 Die blaugrünen Wände wirken kühl und vermitteln Ruhe.

4

5

17.7 Formgebung

17.7.1 Gestaltungskräfte

Bisher haben wir die Farb- und Materialauswahl als wichtiges Gestaltungselement kennen gelernt. In der Gestaltung spielt aber auch die Form der einzelnen Gestaltungselemente, ihre innere Beziehung und Anordnung eine große Rolle. Wir unterscheiden drei Gestaltungskräfte:

- Kontrast
- Dynamik
- Rhythmus

Kontrast

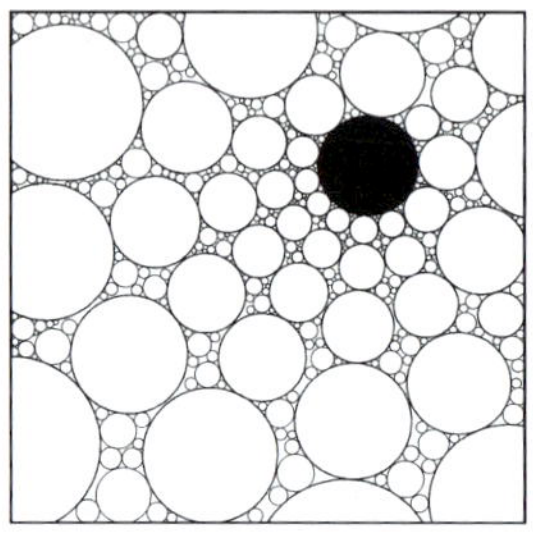

Dynamik

Rhythmus

17.7.2 Strukturen

Ordnen wir die Elemente einer Form nach einer bestimmten Grundidee, entsteht eine Struktur der Formgebung.

Die innere Gliederung, der Aufbau und die Anordnung der Formen bezeichnen wir als Struktur.

Jede Form kann man auf Punkt-, Linien- und Flächenstrukturen zurückführen.

Punktstrukturen dienen in der Drucktechnik u. a. zur Herstellung von Rastern. Dadurch lassen sich die Farbtöne abgrenzen und feine Farbtonabstufungen erzielen.
Als einfachste geometrische Grundform werden Punktstrukturen häufig bei der Gestaltung von Tapeten und Stoffen, als Stilelement in der Werbung und als Grundform bei Flächengestaltungen angewendet.

Punktstrukturen lassen sich sehr vielseitig anordnen:

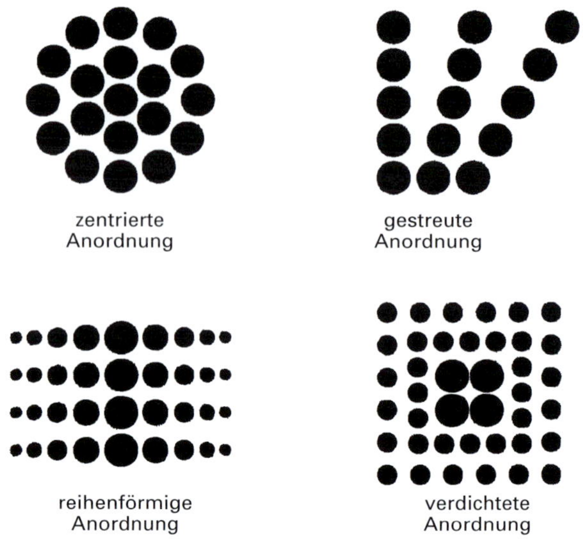

Punktstrukturen

Linien sind Grundelemente im zeichnerischen Gestalten, z. B. im technischen Zeichnen, bei Skizzen, Aufrissen oder bei kunsthandwerklichen Radierungen.

Im zeichnerischen Gestalten unterscheiden wir:

- Linien unterschiedlicher Dicke
- Linien verschiedener Abstände
- punktierte Linien
- gestrichelte Linien
- strichpunktierte Linien
- Freihandlinien

17.7.3 Linienarten nach DIN EN ISO 128

———	0,7	sichtbare Kanten
—— - ——	0,7	Schnittverlauf im Körper
— — —	0,5	verdeckte Kanten
———	0,35	Maßlinien, Schraffuren
—·—·—	0,35	Mittellinien
~~	0,35	Freihandlinien

Mit Linien lassen sich viele Gestaltungselemente entwickeln. Dabei unterscheiden wir folgende Gestaltungselemente:
- Schraffuren
- Gitter
- Netze
- Bänder
- Bündelungen
- Überlagerungen
- Strukturen
- Flächen

Die folgenden Abbildungen zeigen einfache Beispiele für eine Bündelung, Überlagerung und die Entwicklung eines Bandes.

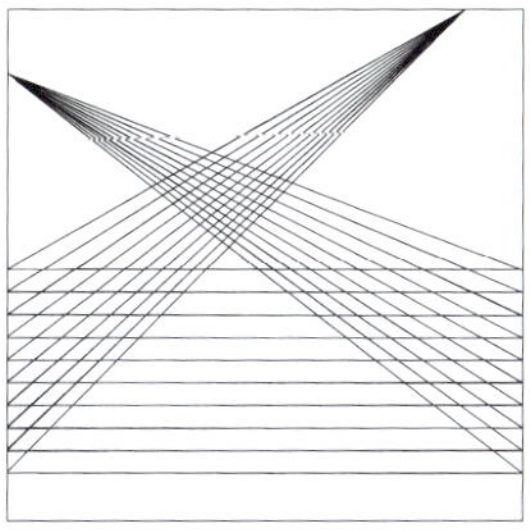

Bündelung

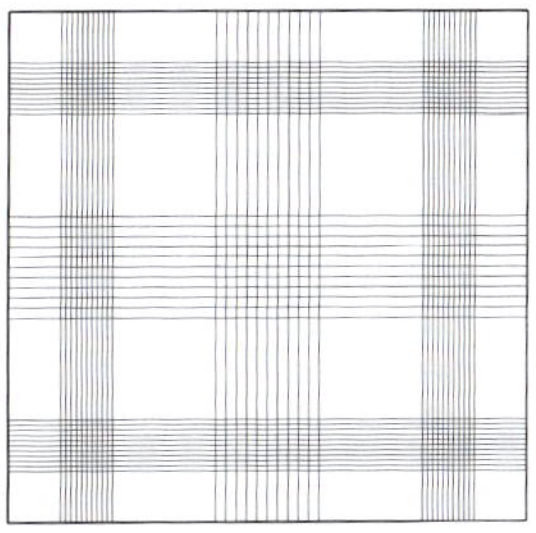

Überlagerung

Bei einer Bündelung werden die Linien an bestimmten Punkten zusammengeführt bzw. gebündelt.
Bei einer Überlagerung überschneiden sich die verschiedenen Linien und kommen unterschiedlich stark zur Geltung.
In unserem Beispiel kreuzen sich waagrechte und senkrechte Linien und bilden an den Überlagerungsstellen mehr oder weniger feine Gitterstrukturen. Durch ihre symmetrische Anordnung ist es leicht vorstellbar, diese Gliederung nach allen Seiten wiederholt fortzusetzen, sodass eine entsprechende Linienstruktur entsteht.

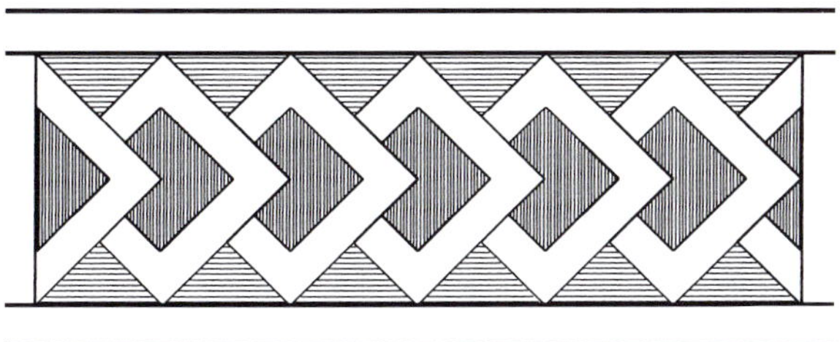

Entwicklung einer Randverzierung

Die dargestellte Randverzierung lässt sich als Band fortsetzen. Sie enthält Linienschraffuren und überlagerte Flächen als Gestaltungselemente.

Linien- und Flächenstrukturen sind Anordnungen von gleichen oder verschiedenen Gestaltungselementen aus Linien bzw. Flächen, die sich nach bestimmten Regeln über die gesamte Fläche fortsetzen bzw. wiederholen.

Flächenstrukturen lassen sich in geometrische, natürliche, abstrakte und symbolhafte Strukturen einteilen.

17.7.4 Ornamente

Ornamente sind Schmuckelemente. Sie sind reines Zierwerk für beliebige Träger und Untergründe.

Ornamente sind aneinander gereihte, sich ständig wiederholende Formen oder Strukturen.

Historische Ornamentformen

Aufgaben
1. *Nennen Sie einen Kontrast in der Formgebung.*
2. *Wodurch ist eine Struktur in der Formgebung gekennzeichnet?*
3. *Nennen Sie vier verschiedene Punktstrukturen.*
4. *Nennen Sie die Linienarten nach DIN EN ISO 128 und geben Sie die jeweilige Strichstärke an.*
5. *Aus welchen Gestaltungselementen lassen sich Linien und Flächenstrukturen herstellen?*
6. *Wozu werden Ornamente eingesetzt?*

18 Stil- und Schriftkunde

18.1 Ausprägung von Baustilen

18.1.1 Spiegelbild menschlicher Entwicklung

Höhlenmalerei von Altamira (Spanien) 15000 v. Chr.

Seit Menschen unsere Erde bevölkern, prägen immer neue Ausdrucksformen beim Bauen, Wohnen und Gestalten das menschliche Leben.
Die Gründe, die diese Veränderungen auslösen oder sie im Laufe der menschlichen Entwicklung verursacht haben, sind vielseitig und überlagert von vielen Einflüssen. Dabei spielt die Sicherung der Grundbedürfnisse wie Essen, Kleidung und Wohnung eine ebenso gewichtige Rolle wie die Einflüsse der Religionen. Fragen der Arbeitsteilung, der Entwicklung der Sprache und Schriftzeichen, des Rechts, der Ausgestaltung von Herrschaftsformen und Machtansprüche prägen die menschlichen Lebensformen ebenso wie die Bedürfnisse nach Kultur und Wohlstand.
Kriegerische Konflikte, Unterdrückung, soziale Not fordern Befreiung und drängen auf Veränderung der bestehenden Gesellschafts- und Herrschaftsverhältnisse.
Ein Spiegel dieser Zeitepochen sind die jeweiligen kulturellen Leistungen der Architektur, der bildenden Kunst, der Malerei, der Musik, der Literatur, der Produkte und ihrer Produktionsweisen, die für die Machthaber oder bestimmte gesellschaftliche Schichten erbracht werden. Sie öffnen den Blick zurück auf die Geschichte der Menschheit und lassen uns derzeitige Entwicklungen aufmerksam betrachten.

New York City
UN-Hauptquartier

Markante Ausprägungen einer Epoche bezeichnet man als Stil dieser Zeit.

Die folgende Darstellung soll einen Überblick über die verschiedenen Stile vermitteln. Für eine genaue Beurteilung von Gestaltungsmerkmalen sowie der Beschichtungstechnik und Werkstoffauswahl bei der Restauration historischer Gebäude, muss auf die weiterführende Fachliteratur verwiesen werden.

18.1.2 Überblick über die Stilepochen

Antike	Griechischer Stil	12.–2. Jh. v. Chr.
	Römischer Stil	7. Jh. v. Chr.–5. Jh.
Mittelalter	Romanik	8.–13. Jh.
	Gotik	12.–16. Jh.
beginnende	Renaissance	14.–17. Jh.
Neuzeit	Barock	1600–1750
	Rokoko	1720–1770
Neuzeit	Klassizismus	1750–1880
	Biedermeier	1850–1914
	Historismus/Gründerzeit	1870–1900
	Jugendstil	1890–1910
	Moderne	1919–1933
	Kunst in der NS-Diktatur	1933–1945
	Fortsetzung der Moderne	nach 1945
	Postmoderne	nach 1977

18.2 Antike

Die erste europäische Hochkultur entwickelte sich in Troja, der Insel Kreta, den ägäischen Inseln und dem griechischen Festland, beeinflusst durch die bereits bestehenden Reiche in Mesopotamien und Ägypten, während der Bronzezeit von 2600 bis 1150 Jahre vor Chr. Der Palast von Knossos auf Kreta ist ein beeindruckendes Zeugnis dieser Epoche. Während der Eisenzeit gewannen die Etrusker von 900 bis 200 Jahre vor Chr. in Italien zunehmend an Macht und Einfluss.
Die beiden Hauptmächte der Antike, Griechen und Römer, sind die Erben dieser ersten Hochkulturen.

18.2.1 Griechischer Baustil

Die typische Gebäudeform mit Giebeldreieck, Gebälk, Säulenvorbau oder Säulenkranz kennzeichnen den griechischen Baustil. Zunächst erhielt nur die Frontansicht eine Säulenreihe, erst später umgab man die Gebäude mit einem Säulenkranz. Einfache Gebäude erbaute man aus Holz oder Ziegel-Mörtel-Mauerwerk. Zum Bau von Palästen oder Tempeln verwendete man behauenen Stein.

Dorischer Concordia-Tempel bei Agrigento, Sizilien (um 500 v. Chr.)

18.2.2 Griechische Säulenformen

Die Maßverhältnisse innerhalb eines Gebäudes und die Formen der Ornamente, Kapitelle und Säulen wurden in Ordnungen festgelegt. Dadurch lassen sich diese bestimmten Stilrichtungen und Zeitepochen zuordnen. Die älteste Säule ist die *dorische*. Sie steht mit dem Säulenschaft direkt auf dem festen Unterbau und besitzt ein einfaches Blockkapitell. Die *ionische* Säule steht bereits auf einer ausgeprägten Basis und schließt mit einem Volutenkapitell ab. In der klassischen Epoche des 5. und 4. Jh. v. Chr. vermischen sich die Stile. Die *korinthische* Säule ist schlanker. Die Kapitelle werden von Akanthusmotiven bestimmt. Volutten und Palmetten treten dabei in den Hintergrund.

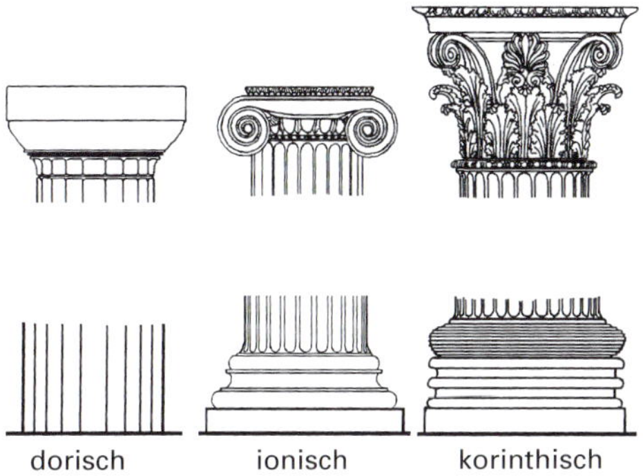

Griechische Säulenformen

Die Proportionen von Säulen, Gebälk und Giebeldreieck verleihen den Bauwerken eine ausgewogene Harmonie, die späteren Epochen häufig als Vorbild diente. Besondere künstlerische Bedeutung kommt dem Skulpturenrelief im Giebelfeld zu. Als weitere Schmuckelemente für Gebäude, Kunst- und Gebrauchsgegenstände dienten bestimmte Ornamente.

Griechische Vasenmalerei

18.2.3 Griechische Ornamente

Griechische Ornamente verschiedener Zeitepochen

Bekannte griechische Bauwerke sind:
- Akropolis von Athen mit Parthenontempel
- Altar von Pergamon
- Markttor von Milet
- Theater von Epidaurus

18.2.4 Römischer Baustil

Die Kultur des Mittelmeerraumes war zur Zeit des griechischen und römischen Weltreiches eng verbunden. Damit erklärt sich, dass die Römer Stilmerkmale der Griechen übernahmen und zum Teil weiterentwickelten.
Durch die konsequente Nutzung von Rundbogen und Gewölbe war es den Römern möglich, Bauwerke mit kolossalen Ausmaßen zu errichten.

Kolosseum, Rom 80 n. Chr., größtes Amphitheater

Das Kolosseum mit einem Umfang von 527 m und über 50 m Höhe bot mehr als 50 000 Zuschauern Platz. Zum Schutz gegen starke Sonneneinstrahlung konnte über das Amphitheater ein Dach aus Segeltuch gespannt werden.
Vor allem in der römischen Kaiserzeit von Oktavian (Augustus 27 v. Chr.) bis Konstantin (330 n. Chr.) überboten sich die Herrscher bei der Ausgestaltung ihrer Paläste, Foren und Thermen.

18.2.5 Gewölbe und Kuppeln

Bereits die Etrusker nutzten das Gewölbe bei ihren Bauwerken. Durch die Aneinanderreihung von Bögen entstand ein Tonnengewölbe, das oben mit einem keilförmigen Schlussstein abschloss. Das Kreuzgewölbe bildete sich aus zwei rechtwinklig zueinander stehenden Tonnenbögen. Auch den Kuppelbau beherrschten die Römer. Die Kuppel des Pantheon (118 n. Chr.) besitzt einen Durchmesser von 43,30 m.

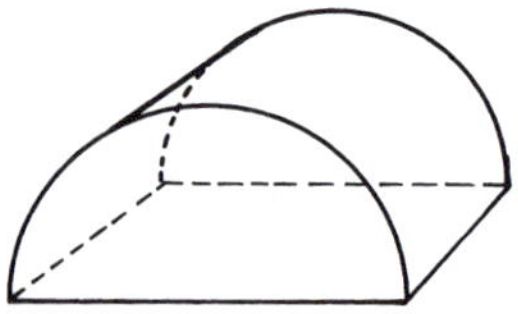

Tonnengewölbe

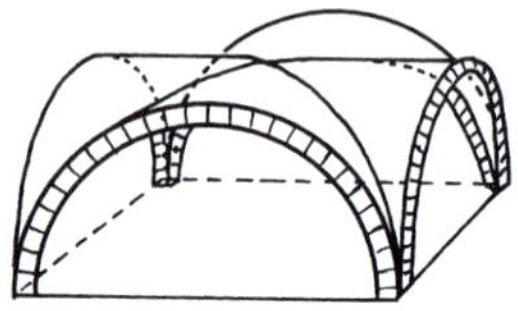

Kreuzgewölbe

18.2.6 Säulen

Durch die Einführung des Gewölbes hatte die griechische Säule bei Großbauten ihre Funktion als Stütze weitgehend eingebüßt. Bei Pfeilern und Stützen diente sie nur noch als Zierde oder wurde in Verbindung mit einem Rundbogen verwendet. Das ionische und korinthische Kapitell verbinden die Römern zum so genannten *Kompositkapitell.*

Kompositkapitell

18.2.7 Gestaltung der Innenräume

Die Häuser reicher Bürger waren außen meist schlicht, innen dafür oft umso prunkvoller. Die Wände waren mit farbenprächtigen Fresken (Kalkmalerei) oder *Enkaustik* (Wachsmalerei) geschmückt. Figürliche Darstellungen gehörten ebenso zu den Gestaltungselementen wie phantasievolle Laub- und Fruchtgirlanden. Mit eingefärbtem Gips imitierte man die reichen Verzierungen der hellenistischen Häuser des östlichen Mittelmeeres, deren Wände mit Marmorplatten bedeckt waren. Besonders gut erhaltene Wandmalereien fand man bei Ausgrabungen in Herkulaneum und Pompeji. Mosaikeinlagen zierten die Fußböden. Fließendes Wasser, das über weite Strecken und Aquädukte in die Stadt gelangte, gehörte für den reicheren Römer zum Wohnkomfort.

Wandmalerei aus Rom (Forum Romanum)

18.2.8 Sprache und Schrift

Die lateinische Sprache prägte wie keine andere die Kultur Europas. Sie diente bis ins ausgehende Mittelalter als länderübergreifendes Verständigungsmittel. Die Fachbegriffe der Medizin werden noch heute in Latein ausgedrückt. Viele unserer gebräuchlichen Wörter entstammen dem Latein.
Auch ist die von den Römern entwickelte Schrift das Vorbild und die Ausgangsform der europäischen Schriften. Da sie nur aus Großbuchstaben besteht, wird sie *Capitalis* genannt. In ihrer Klarheit und Formvollendung ist sie bis heute unübertroffen.

RÖMISCHE KAPITALSCHRIFT

Capitalis Quatrata

Bekannte römische Bauwerke sind:

- Porta Nigra in Trier
- römische Aquädukte, z.B. Pont du Gard
- Limes – Saalburg bei Frankfurt a. M.
- Triumphbogen des Titus – Forum Romanum
- Basilika des Maxentius – Forum Romanum

Viele Städte in Deutschland lassen sich auf römische Gründungen zurückführen, z. B. Augsburg, Baden-Baden, Köln, Ladenburg, Trier und Rottweil.

18.3 Mittelalter

18.3.1 Romanik

Mit der Verlagerung des Machtzentrums nach Byzanz (Konstantinopel), Plünderungen und Zerstörungen während der Völkerwanderung und letztlich aufgrund der Teilung in Ost- und Westrom zerbrach das Römische Reich. Das christianisierte Reich der Franken und anderer germanischer Stämme traten an die Stelle Roms. Die Einheit von christlicher Kirche und Staat bildete den Mittel-

punkt der neuen Reichsidee. So verwundert es nicht, dass der Kirchenbau im Zentrum der Architektur stand.
Der Einfluss der erhaltenen Bauwerke aus römischer Zeit ist bei den mönchischen Baumeistern der frühchristlichen Kirchen deutlich zu erkennen. Der romanische Baustil lässt sich in Frühromanik (vor 1100), Hochromanik (1100–1200) und Spätromanik (bis 1250) unterteilen. Die erste frühromanische Kirche in Deutschland befindet sich auf der Insel Reichenau im Bodensee.

Hochromanik
Klosterkirche Maria Laach in der Eifel (1093–1156)

Romanische Kirchen sind in Längs- und Querschiff, Vierung, Chor und Apsis klar gegliedert. Neben dem hohen Mittelschiff können niedrigere Seitenschiffe angeordnet sein, die mit einem Satteldach abgeschlossen sind.

Als Vierung bezeichnet man den quadratischen Raum, in dem sich Längs- und Querschiff kreuzen. Nach ihrer Größe richten sich die Maße der Kirche.

Mit ihrem wuchtig, dicken Mauerwerk und den schwer und gedrungen wirkenden Türmen strahlen romanische Bauwerke eine in sich ruhende Kraft aus.
Charakteristisch für diese Bauweise war ihre einfache Gliederung in Quadrat, Kreis und Halbkreis.

Der Rundbogen beherrscht Gewölbe, Portale, Tür- und Fensteröffnungen. Er dient als belebendes Schmuckelement in der Wandgestaltung.

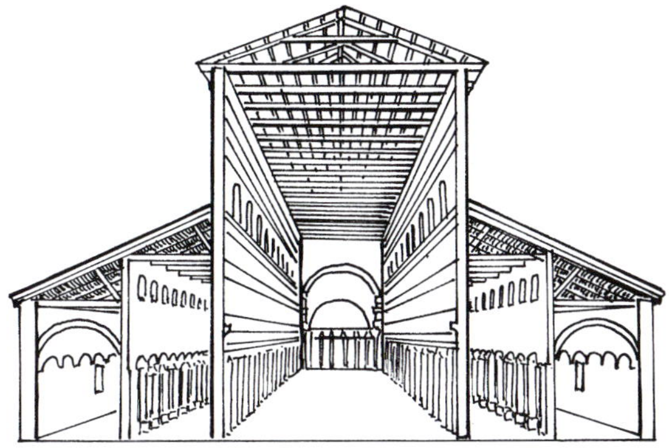

Schnitt durch eine romanische Basilika

In der Hochromanik lösten überwölbte Bauten die Flachdecken ab. Tonnengewölbe, Rundkuppeln, Kreuzgrat- und Kreuzrippengewölbe erweiterten die Gestaltungsformen. Außen wurden die Kirchen mit Türmen bereichert. Beispiele hierfür sind der Chor- und Vierungsturm. Die Türme erhielten entweder Pyramiden- oder Kegeldächer, die in der Spätromanik durch Zelt-, Rauten- und Faltformen variiert wurden.

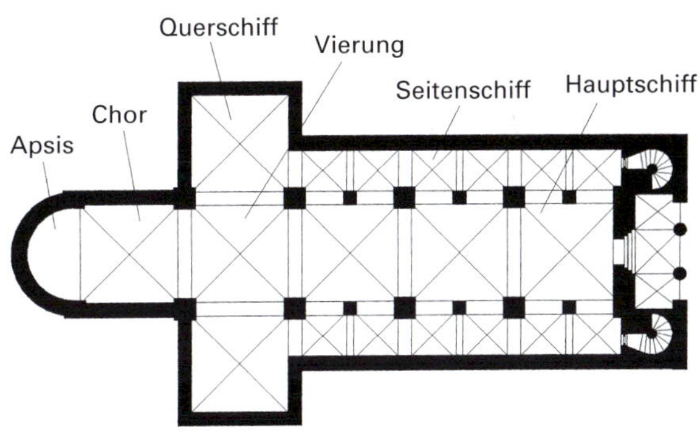

Grundriss einer romanischen Kirche

Romanischer Stützenwechsel: Säule – Pfeiler

18.3.2 Romanische Kapitelle

Die häufigste Kapitellform war das bereits in frühchristlicher Zeit verwendete Würfelkapitell. Dieses wurde auch mit halbrunden Scheiben, Palmetten und Figuren verziert sowie als Kelchblock- oder Faltenkapitell ausgebildet. Ziegelsteinkapitelle sind typische Schmuckelemente der norddeutschen Backsteinromanik.

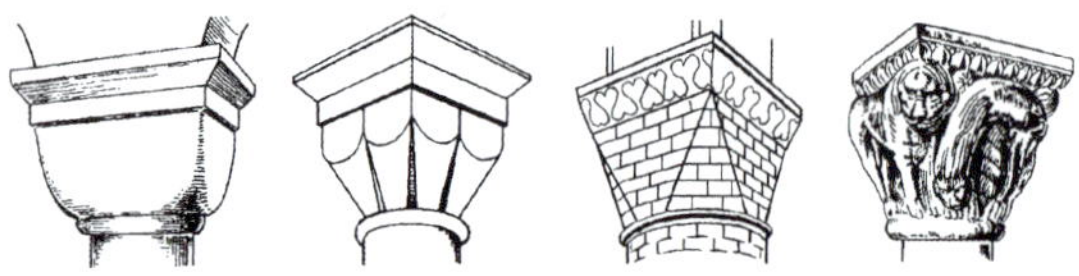

Romanische Kapitelle

18.3.3 Der Innenraum in der Romanik

Die Wandflächen, Gewölbe und die flachen Holzdecken wurden teilweise oder vollständig bemalt. Vereinzelt trifft man schon auf Tafelbilder und Glasmalerei. Auf Putz bediente man sich der Freskenmalerei. Die Bilder mit Motiven aus dem Alten oder Neuen Testament sowie aus Heiligenlegenden wurden häufig zu ganzen Zyklen aneinander gereiht.

Romanische Freskomalerei

Fresko[1] ist eine Maltechnik, bei der kalk- und lichtechte Pigmente auf den frischen Kalkputz aufgetragen werden.

Der Untergrund wird mit einem groben Putz vorbereitet. Darauf wird ein dünner, feiner Putz als eigentlicher Malgrund aufgetragen. Bei der Kalksteinbildung umschließt eine Sinterhaut die Pigmente dauerhaft. Dieser Vorgang erfordert, dass in den frischen Putz gemalt wird. Deshalb darf nur so viel Putz aufgetragen werden, wie an einem Tag vollständig bemalt werden kann.

[1] fresko (italienisch = frisch)

18.3.4 Romanische Schriften

Frühchristliche Schriften, wie die *Unziale* und *Halbunziale,* verbreiteten sich durch die Ausdehnung des Christentums im ganzen Abendland. Sie haben bis heute Bestand.

Im 8. Jh. entstand unter Karl dem Großen die wahrscheinlich von Alcuino von York geschaffene *karolingische Minuskel*[2]. Durch die gerundeten Formen ist sie schnell und bequem zu schreiben. Die Ober- und Unterlängen der einzelnen Buchstaben stehen in einem ausgewogenen Verhältnis zueinander und verbessern so die Lesbarkeit. Gleichzeitig wurde die Silben- und Worttrennung durchgeführt.

Romanische Schriften

Die Buchmalerei widmete sich vor allem der christlichen Literatur und der des Altertums.

Bücher waren kostbar. Sie wurden von Hand in den Schreibstuben der Klöster abgeschrieben. Dabei wurden die Initialen (Anfangsbuchstaben) kunstvoll verziert und mit handgemalten Miniaturen (kleinen Bildern) ergänzt. Die Einbände aus Leder, Edelstein und Goldschmiedearbeiten wurden prunkvoll gestaltet.

Romanische Buchmalerei
(Der Evangelist Lukas, Schutzpatron der Maler)

[2] Minuskel = Kleinbuchstaben

18.3.5 Symbolik in der romanischen Kunst

Die romanische Kunst fällt durch ihre Einfachheit und Strenge auf. In der Malerei und Plastik steht nicht die genaue Abbildung im Vordergrund, sondern deren symbolischer Charakter. Meist sollen Glaubensinhalte oder Ideale ausgedrückt und böse Mächte ferngehalten werden.

Bekannte romanische Bauwerke sind:
- Kaiserdome in Mainz, Speyer, Worms
- Dome in Trier, Bamberg und Quedlinburg
- Klöster Alpirsbach, Hirsau, Maulbronn
- St. Remi Reims, Frankreich
- Kloster Cluny, Frankreich
- St. Marco, Venedig

Aufgaben

1. *Wodurch werden Stilrichtungen geprägt?*
2. *Welche Gründe können Stiländerungen bewirken? Nennen Sie hierzu Beispiele.*
3. *Welche Schlüsse lassen sich aus den verschiedenen Säulenformen griechischer Tempel ziehen?*
4. *Nennen Sie vier griechische Bauwerke.*
5. *Welche Stilmerkmale kennzeichnen römische Bauwerke?*
6. *Woran ist der römische Einfluss auf die europäische Kultur bis heute erkennbar?*
7. *Warum befassten sich romanische Baumeister vor allem mit dem Bau von Kirchen?*
8. *Welche Rolle spielt die Vierung im romanischen Kirchenbau?*
9. *Wie wurden Fresken hergestellt?*
10. *Warum waren frühchristliche Schriften und die karolingische Minuskel weit verbreitet?*
11. *Nennen Sie vier romanische Bauwerke und erklären Sie die Merkmale dieses Baustils.*

18.3.6 Gotik

Die Gotik war eine Zeit der Umbrüche und gesellschaftlichen Veränderungen, begleitet von einem starken Bevölkerungswachstum im 12. und 13. Jahrhundert. Im ländlichen Raum stand die Kultivierung und Gewinnung von Neuland im Vordergrund. Eine verstärkte Abhängigkeit von Grund- und Lehnsherren führte großteils zur Leibeigenschaft der bäuerlichen Bevölkerung.
Gleichzeitig entwickelten sich vor allem an den Handelsstraßen und Seehäfen Städte mit einer freien Bürgerschaft, die durch Zünfte und Gilden geprägt waren und es zum Teil zu bedeutendem Wohlstand brachten.
Die Auseinandersetzungen zwischen Papst und Kaiser um die weltliche Macht ließen die Städte erstarken.

18.3.7 Gotische Kathedrale

Die großen gotischen Kathedralen stehen im Zentrum der Stadt.

Kathedrale Notre-Dame Paris (1245)

Als eigenständige Stilepoche begann die Gotik in Frankreich mit dem Bau der Abteikirche St. Denis um 1130. Von Frankreich aus verbreitete sich die Gotik fast in ganz Europa.

Die Architektur der Gotik ist durch Spitzbögen, hoch aufragende Türme, reiche Fassadengestaltung und große, mit Maßwerk gegliederte Fenster beherrscht.

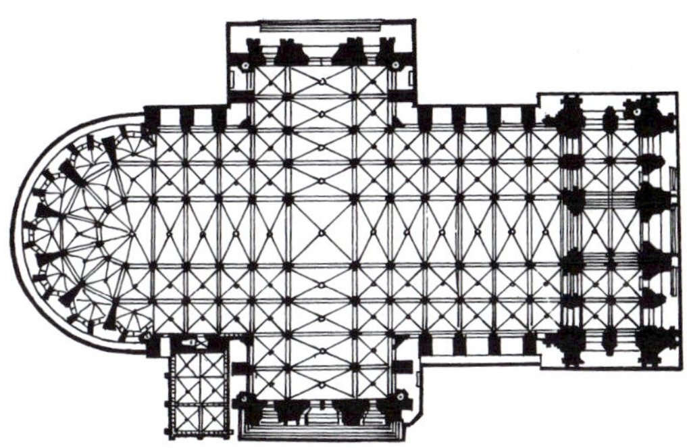

Grundriss des Kölner Doms

Bei der Gestaltung des Innenraumes stand die ganzheitliche Wirkung im Vordergrund und nicht mehr die strenge Gliederung der Romanik. Dabei wich man von der quadratischen Wiederholung der Vierung ab und überspannte auch rechteckige und dreieckige Grundflächen mit hohen Gewölben. Um einen einheitlichen Raumeindruck zu erzielen, wurden die Querschiffe verkürzt und die Seitenschiffe erhöht. Dadurch entstand der gleichmäßig lichtdurchflutete Raum einer *Hallenkirche*, wie sie vor allem in Norddeutschland zu finden ist.

Die neue Gestaltung der Innenräume und der Aufbruch der Fassade durch große Rosen- und Spitzbogenfenster wurde durch den Einsatz von Maßwerk und Kreuzrippengewölbe möglich. Die Strebepfeiler mit ihren Strebebögen stützen das Kreuzrippengewölbe statisch ab. Die Wände verloren ihre tragende Bedeutung und konnten feingliedriger mit Maßwerkornamenten verziert werden. Während die Frühgotik noch kein außen liegendes Strebwerk kennt, wurde dies, vor allem in der französischen Hochgotik, ein wichtiges Stilelement.

Schema des Stütz- und Strebesystems der gotischen Kirchen

Portal mit Wimperg Erfurter Dom (1320)

Fialen (Spitztürmchen) und *Wimperge* (Blendmaßwerk) dienten zur Verzierung der Bauwerke. Wimperge schmückten Portale, Fenster und Wände. Portale wurden häufig mit plastischen Figuren ausgestaltet. Giebel und Türme wurde mit *Krabben* (stilisiertem Blattwerk) verziert, ihre Spitze schloss meist mit einer Kreuzblume ab.

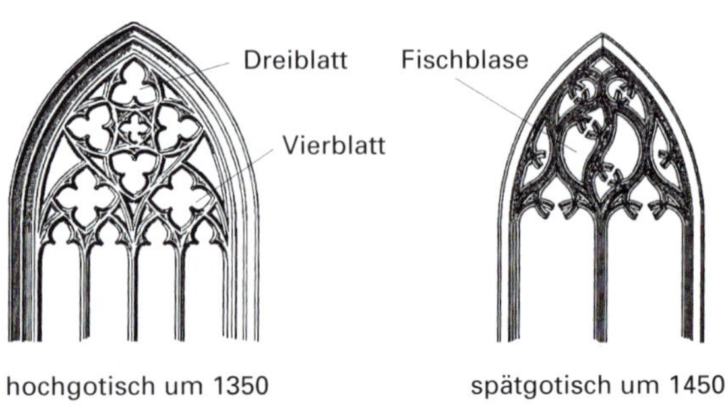

Gotisches Maßwerk

18.3.8 Maßwerk

Für die Gotik typisch ist die mit dem Zirkel „gemessene" genaue Steinmetzarbeit, die als *Maßwerk* bezeichnet wird. Mit dem *Stabwerk* verbunden schmückt es Fenster, Fensterrosen, Brüstungen, Turmdächer und Wimperge. Auch für Ornamente und Möbel nutzte man diese Form der Verzierung. Als Grundform gilt der Drei- bis Sechspass, Blatt- und Fischblasenformen folgten später.

Kapitelle und Schlusssteine der Gewölbe wurden ebenfalls mit hoher Kunstfertigkeit verziert. Angeregt durch Motive aus der Natur entstanden Knospen-, Blatt-, Weinlaub- und Kelchkapitelle.

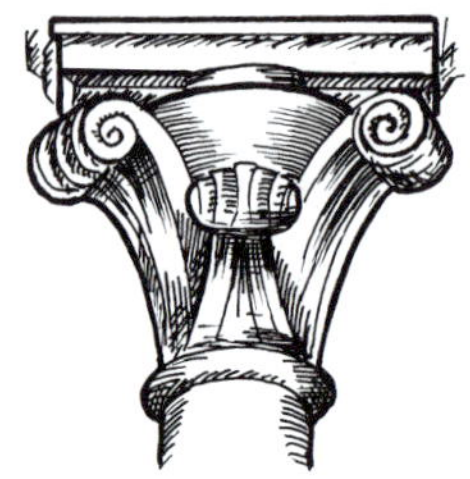

Knospenkapitell

Der gotische Baustil umfasst sakrale (kirchliche) und profane (weltliche) Bauwerke.

Als weltliche Bauwerke wurden vor allem Rathäuser und Markthallen im gotischen Stil errichtet.

18.3.9 Gotisches Fachwerkhaus

Seit dem frühen 13. bis ins späte 17. Jahrhundert prägte der Fachwerkbau das Bild der Städte. Rathäuser, Kaufhallen, Bürgerhäuser usw. wurden in Fachwerk ausgeführt. Seine Blütezeit liegt im 16. Jahrhundert. Durch ihre unterschiedliche Gestaltung lassen sich Fachwerke bestimmten Regionen zuordnen.

Fachwerkhaus

18.3.10 Gotische Kunst

Die Buntheit und Kunstfertigkeit der Glasmalerei beherrschte den Innenraum, sowohl in Kirchen als auch in weltlichen Gebäuden. Das vom Sonnenlicht durchstrahlte Glasfenster erzeugte eine bisher nicht gekannte Leuchtkraft.

Glasmalerei der gotischen Zeit (Münster in Bern)

An die Stelle der Wandmalerei traten zunehmend Tafelbilder. Die Wandmalerei beschränkte sich meist auf die farbige Gestaltung der Pfeilerbündel, Gewölbekappen und Schlusssteine.

Gotische Tafelmalerei

Die gotische Plastik zeichnet sich durch die Feinheit der Figuren in Körperhaltung und Bewegung aus. Gefühl und Ausdruck werden betont.
Beispiele sind der *Bamberger Reiter* und *Flügelaltäre*. Bedeutende Bildhauer waren: Veit Stoß, Tilman Riemenschneider, Michael Pacher u.a.

18.3.11 Gotische Schriften

Textura
Schwabacher
Fraktur

Gebrochene Schriften

Die karolingische Minuskel wird durch den Stilwandel von der Romanik zur Gotik ebenfalls verändert. Alle geraden und gerundeten Formen werden steil aufgerichtet und gebrochen.

Bekannte gotische Bauwerke sind:
- Kathedralen in Chartres und Reims
- Dome in Köln, Magdeburg und Mailand
- Westminster Abbey
- Münster in Freiburg, Straßburg und Ulm
- Rathäuser in Münster, Lübeck, Frankfurt a. O.

Aufgaben

1. *Welche Umbrüche begleiteten den Wechsel vom romanischen zum gotischen Stil?*
2. *Nennen Sie wichtige Stilmerkmale der gotischen Bauweise.*
3. *Wodurch entsteht in gotischen Kathedralen ein einheitlicher Gesamteindruck?*
4. *Welche Bedeutung haben Strebwerk und Kreuzrippengewölbe in gotischen Kirchen?*
5. *Nennen Sie Schmuckelemente, mit denen gotische Bauwerke verziert wurden.*
6. *Erklären Sie den Begriff Maßwerk.*
7. *Woran lässt sich gotische Kunst erkennen?*
8. *Warum bezeichnet man die gotischen Schriften als gebrochene Schriften?*

18.4 Beginnende Neuzeit

18.4.1 Renaissance

Der neue Stil hatte seinen Ursprung im Florenz des ausgehenden 14. Jahrhunderts. Die Denkweise des Mittelalters wurde zunehmend als „barbarisch“ bzw. gotisch empfunden. Aus dieser wenig schmeichelhaften Rückschau erhielt die Gotik ihren Namen. In der Rückbesinnung auf antike Vorbilder wollte man die geistige Enge verlassen und an die vom Humanismus geprägte Kultur und Wissenschaft des klassischen Altertums anknüpfen, um diese weiterzuentwickeln.

Mit dem französischen Begriff Renaissance, d. h. Wiedergeburt, wird die Wiederbelebung antiker Traditionen in Kunst und Wissenschaft bezeichnet.

Die Renaissance war zunächst ein geistiger Aufbruch, der rasch das Denken in Europa erfasste. Neue Erkenntnisse führten zu den Gesetzmäßigkeiten der Natur, die Kopernikus, Galilei, Kepler u.a. entdeckten. Die Vorstellung der Erde als Kugel reizte, die Welt zu umsegeln. So fand Kolumbus den Weg nach Amerika. Die Erfindung des Buchdrucks durch Johannes Gutenberg revolutionierte den Austausch von Informationen.

Mit der Renaissance beginnt die Neuzeit, die uns bis heute in unserem Denken prägt.

18.4.2 Baustil der Renaissance

Der Rückgriff auf antike Vorbilder ist den Gebäuden deutlich anzusehen. So finden sich die Stilelemente des klassischen Altertums, wie Giebeldreieck, Rundbogen, Säulen- und Kapitellformen, als *Dekoration* für die Fassade in den Gebäuden wieder, ergänzt durch eine strenge *Symmetrie* und eine klare *Gliederung*.

Innenhof des Palazzo Pitti in Florenz (1460)

Der von Filipo Brunelleschi entworfene Palast wurde für den reichen Kaufmann Pitti erbaut und gelangte später in den Besitz der Familie Medici.

In der italienischen Renaissance ist der Palast Ausdruck der vornehmen Lebensart eines durch Handel wohlhabend gewordenen Bürgertums.

Die Kenntnis der genauen Proportionen und die natürliche Wiedergabe war ein Anliegen der Bildhauerei.
In der Skulptur wurden Geist und Schönheit des Menschen verherrlicht. Der vollkommene menschliche Körper wurde zum Ideal der humanistischen Denkweise.

Skulptur zwischen Rundbogen und Renaissancesäulen

Kirche Santo Spirito Florenz von Brunelleschi

Ein weiteres Stilmerkmal ist die Perspektive. Die horizontalen Linien treffen sich im Fluchtpunkt. Das Gesamtbauwerk stellt eine architektonische Einheit dar. Nichts kann hinzugefügt oder weggenommen werden, ohne den Gesamteindruck zu stören. In Kirchen wird das Mittelschiff häufig mit einer Kassettendecke abgeschlossen. Eine zentrale Kuppel im Kreuzungspunkt von Haupt- und Seitenschiff verbindet diese mit dem Chor.

Augsburger Rathaus

Während die Renaissance in Italien streng antiken Vorbildern folgte, entwickelte sie im nördlichen Europa einen eigenen Charakter. Die Verbindung mit spätgotischen Stilelementen sind vielerorts unverkennbar. So zeigt beispielsweise das Knochenhauer Amtshaus in Hildesheim noch die Züge eines gotischen Fachwerks. Das nach griechisch-römischen Gesichtspunkten klar waagrecht gegliederte Augsburger Rathaus besitzt Türme mit Hauben, die an den spätgotischen Kielbogen erinnern.

18.4.3 Bauelemente der Renaissance

Fassadenausschnitt

Als *Pilaster* bezeichnet man Halbsäulen, die eine Basis und Kapitelle besitzen und zur Gliederung fest in die Fassadenfläche eingebunden sind. *Segmentbogen-* oder *Dreiecksgiebel* überspannen häufig Portale, Türen, Fenster und Nischen.

Balustrade

Balustraden ruhen meist auf gedrungenen, stark profilierten Säulen. Sie dienen als Brüstungen oder Geländer für Balkone, Treppenhäuser und Dächer.

Kassetten

Als beliebtes Ornament zieren Kassetten nicht nur Tonnengewölbe, sondern auch Flachdecken, Türfüllungen und Möbel.

18.4.4 Malerei in der Renaissance

Das Gemälde stellt ein eigenständiges Kunstwerk dar, das sich nicht mehr dem architektonischen Rahmen unterordnet. Die Kunst der vollendeten räumlichen Darstellung, verbunden mit einer ausdrucksstarken, wirklichkeitsnahen Plastizität und Körperlichkeit, wird meisterhaft beherrscht.
Neben dem Fresko kam, von den Niederlanden ausgehend, die Ölfarbe und die Verwendung von Leinwand als Malgrund in Gebrauch.

Die vier Apostel, Gemälde von Albrecht Dürer

Die Porträtmalerei brachte die Eigenart und individuelle Persönlichkeit zu Geltung. Die Maler verzichteten oft auf die Herausarbeitung des Hintergrundes und hoben so den Körper vor dem einfarbig dunklen Hintergrund hervor. Die Ölmalerei ermöglichte sanfte Übergänge. Im Spiel von Licht und Schatten wurde eine bisher nicht gekannte plastische Wirkung erzielt.
Die Renaissance wurde geprägt durch eine Vielzahl genialer Maler. Hier nur wenige Beispiele: Botticelli, Mantenga, Leonardo da Vinci, Tizian, Michelangelo, Raffael, v. Eyck, Dürer, Cranach, Holbein.

18.4.5 Schrift der Renaissance

Humanistische Schrift

In der Antiqua werden die Versalien[1] der römischen Capitalis durch Minuskeln ergänzt. Die Fraktur wird zeitgemäß angepasst.

Bekannte Bauwerke der Renaissance sind:
- Dom in Florenz
- Palazzo Farnese in Rom
- Kuppel von St. Peter in Rom
- Gewandhaus in Braunschweig

[1] Versalien = Großbuchstaben

18.4.6 Barock

Die Wurzeln des Barock liegen im päpstlichen Rom des 17. Jahrhunderts. Von dort aus erfasste der neue Stil das übrige Europa und die europäischen Kolonien in Amerika und Indien. Die Auseinandersetzung mit dem Protestantismus hatten das Papsttum gestärkt. In der Macht- und Prachtentfaltung barocker Bauwerke sollte die Majestät des christlichen Glaubens zum Ausdruck gebracht und erneuert werden. Verbreitet durch die Bewegung der Gegenreformation, prägte der Barock den Bau von Kirchen und Klöstern vor allem im Donauraum.
Während im Dreißigjährigen Krieg Deutschland verwüstet und politisch geschwächt wurde, erreichte der Absolutismus unter Ludwig XIV. von Frankreich seine Blütezeit. Die auf das Gottesgnadentum gestützte Herrschaft fand im Barock das geeignete Ausdrucksmittel.
Ausgehend vom Schloss mit Garten und Park, wird die Stadtplanung als Gesamtwerk begriffen. Versailles wird zum Vorbild für die Herrscher im übrigen Europa.

Schloss Schönbrunn in Wien

18.4.7 Baustil des Barock

Im Gegensatz zur klar gegliederten und ausgewogenen Renaissance verkörpert der Barock eine innere Spannung und Bewegung.

Bei der Renaissance steht die Vernunft im Mittelpunkt. Der Barock[1] wendet sich dagegen an das Gefühl und die Phantasie.

Der überschwängliche Stil, mit seiner komplizierten Formgebung und ungezügelten Bewegung, drückt sich besonders bei der Innenraumgestaltung aus.

Eine Überfülle an Formen und Prunk beherrscht die Räume.

[1] Barock (port. barrocco = unregelmäßig geformte Perle, was zunächst als Schmähwort für den verworrenen Stil galt)

Wieskirche – UNESCO Weltkulturgut (1746–1754) Spätbarock bzw. Rokoko, erbaut von J. B. Zimmermann

Stuck, Marmor und Gold umschließen farbenprächtige Deckengemälde. Gewundene Säulen, Kreise und Ellipsen dominieren die Raumgestaltung.

Wallfahrtskirche Vierzehnheiligen, erbaut von Balthasar Neumann 1746

Die Außenfassaden sind durch geschwungene Formen wie *Voluten* und vorgezogene Gebäudeteile *(Risalite)* in Bereich der Portale aufgelockert. Türme zieren *Zwiebelhauben*, Kuppeln schließen mit *Laternen* ab.

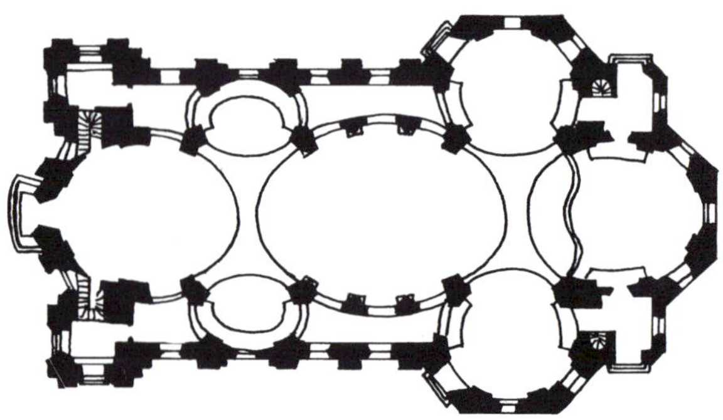

Grundriss der Wallfahrtskirche Vierzehnheiligen

Im Barock sind die Giebelformen über Portalen, Nischen und Fenstern häufig *gesprengt* oder *verkröpft*.

Gesprengter Dreiecksgiebel Gesprengter Segmentgiebel Gekröpfter Dreiecksgiebel

Giebelformen des Barock

Plastische Ornamente, Medaillons, Muscheln und Putten aus Stuck verzieren die Wände.

Im Barock verschmelzen Stuckplastik, Architektur und Malerei zu einer Einheit.

Barock-Kapitell

18.4.8 Malerei im Barock

Im Barock entwickelt die Malerei eine bisher nicht gekannte Vielfalt. Unabhängig von der Architektur schufen die niederländischen Meister wie Hals, Rembrandt, Rubens und Vermeer unvergängliche Werke der Ölmalerei. Im Porträt, Stillleben und Landschaftsbild sowie in Szenen aus dem Alltagsleben, dem so genannten Genrebild, fanden sie ihre Motive. In enger Verbindung zur Architektur dagegen stehen Deckengemälde in Kirchen und Palästen. Durch meisterhafte Perspektive entsteht die Illusion von unendlicher Raumtiefe. Die Kalk-Kasein-Technik ermöglicht Gemälde mit leuchtender Farbenpracht.

Deckengemälde der Barockzeit
Perspektivische Illusionsmalerei

18.4.9 Rokoko

Die spätbarocke Phase etwa von 1720–1770 wird aufgrund ihrer anmutigen, verspielten Art als Rokoko[1] bezeichnet.

Schloss Solitude

Die Stilmerkmale des Rokoko werden in der Innenarchitektur besonders deutlich.

Die Dekoration bestimmt die Raumgestaltung. Das vergoldete Zierwerk bildet mit den fein gearbeiteten Möbeln und der Kleidung eine höfische Kunstwelt.

Palmenzimmer in Schloss Solitude

Feingliedrige Stuckarbeiten wie die abgebildeten Palmwedel mit plastischen Rosengirlanden spielen im Rokoko eine bedeutende Rolle. Ein beliebtes Motiv war die Rocaille.

Die Rocaille (Muschel)

In den Stuckarbeiten verbanden sich Natur- und Kunstformen zu einer Einheit.

Mit Stuck stellte man plastische Ornamente wie Muscheln, Blüten, Blätter, Früchte, Köpfe und Figuren her.

[1] Rokoko (franz. rocaille = Muschelwerk – Dekorationsform)

18.4.10 Zierformen in Barock und Rokoko

Rokoko-Tür

Die Zierformen der Architektur werden im Barock und Rokoko auf die Bauteile, Möbel und Geräte übertragen. Schränke und Truhen erhielten Einlegearbeiten aus edlen Furnieren, Elfenbein oder Zinn. Die aufkommende Technik des Polierens verlieh den prunkvollen Möbeln eine glänzende Oberfläche.

Barock-Tapete

Rokoko-Tapete

Von besonderer Kunstfertigkeit und handwerklichem Können zeugen im Barock Schmiedearbeiten mit dekorativen, feingliedrigen Ornamenten.

Spätbarocke Schmiedearbeit

Nachdem Johann Friedrich Böttger am sächsischen Hof in Dresden 1708 beim Versuch, Gold herzustellen, die Rezeptur für das weiße europäische Hartporzellan (weißes Gold) fand, wurde in Meißen die berühmte Porzellanmanufaktur (1710) gegründet. Das Porzellan eignete sich besonders, die kunstvollen Formen und Figuren des Rokoko auszudrücken.

Porzellankleinplastik „Schäferin"

18.4.11 Schriften im Barock

Passend zum Stil des Barock und Rokoko entstand die Kursivschrift. Die zum Teil stark verschnörkelten Auf- und Abschwünge der Großbuchstaben wurden von der Schreibschrift aufgenommen. Die Fraktur wurde dem Geschmack der Zeit entsprechend angepasst.

Barocke Schriften

Bekannte Bauwerke des Barock und Rokoko sind:

- Schlösser: Versailles, Karlsruhe, Sanssouci
- Klöster: Ettal, Melk, Weingarten, Neresheim
- Kirchen: Frauenkirche Dresden, Wieskirche
- Plätze: Zwinger Dresden, Piazza Navona und Petersplatz mit Kollonaden in Rom

Aufgaben

1. *Wie und wo entstand die Renaissance?*
2. *Auf welche Vorbilder griff die Renaissance zurück?*
3. *Woran können Bauwerke der Renaissance erkannt werden?*
4. *Nennen Sie vier beliebte Bauelemente der Renaissance.*
5. *Welche Bedeutung hatte die Malerei in der Renaissance?*
6. *Wie erklärt es sich, dass der Barock der erste weltweite Stil war?*
7. *Wodurch unterscheiden sich Bauwerke des Barock von denen der Renaissance?*
8. *Beschreiben die Stilmerkmale des Barock und Rokoko.*

18.5 Neuzeit

18.5.1 Klassizismus

Mit der von England ausgehenden industriellen Revolution, dem Erfindergeist und wissenschaftlichen Forscherdrang setzten sich die Ideen der Aufklärung im 18. Jh. immer stärker durch.
Die Forderung nach demokratischer Mitwirkung und persönlicher Freiheit führten 1776 zur amerikanischen Unabhängigkeitserklärung und letztlich 1789 zur Französischen Revolution.
Mit den Grundgedanken von *Freiheit, Gleichheit, Brüderlichkeit* ließ sich die Denkweise des Barock nicht mehr in Einklang bringen.
In der Wende zum *Einfachen, Klaren* und *Wahren* suchte man erneut die Orientierung am griechischen und römischen Vorbild. Hiervon leitet sich auch der Name des Klassizismus ab, der sich von 1770 bis 1860 erstreckte.
Der Klassizismus war der Welt zugewandt, strebte nach Vorherrschaft und Sicherung der Weltmärkte. Das britische Empire wurde Vorbild und für Napoleon gleichzeitig Gegner im Kampf um die Weltmacht.

18.5.2 Klassizistischer Baustil

Nach dem Vorbild römischer Kaiser ließ Napoleon 1806 zur Erinnerung an die Schlachten der Großen Armee den Triumphbogen in Paris errichten.

Arc de Triomphe

Während man in Frankreich das römische Vorbild stärker bevorzugte, was der Arc de Triomphe verdeutlicht, hielten sich die Deutschen mit Vorliebe an ein idealisiertes Griechentum. Beim Brandenburger Tor, Schauspielhaus am Gendarmenmarkt und der Neuen Wache in Berlin steht allein die griechische Tempelbauweise im Vordergrund.

Neue Wache Berlin

Schloss Wörlitz – Frühklassizismus erbaut von F.W. Erdmannsdorff 1733

Die strenge Ordnung, in der nur Geraden und Kreise ihre Berechtigung hatten, führte bald zu einer Erstarrung des klassizistischen Baustils. Als Schmuckelement war das Palmblatt wegen seiner regelmäßigen Form und Symmetrie besonders beliebt.

Klassizistisches Girlandenornament (= Feston)

Giebelfelder schmückte man häufig mit Skulpturen nach griechischem Vorbild. Palmettenfriese, Mäanderbänder, Blattkränze und Girlanden waren beliebte Schmuckelemente.

Antenkapitell

18.5.3 Plastik und Malerei im Klassizismus

Die Steinbildhauerei und die Bronzeplastik orientieren sich streng am antiken Vorbild.

Die drei Grazien, Marmorrelief von Thorvaldsen, 1821

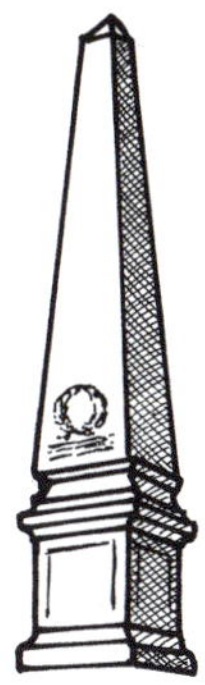

Obelisk

Auch in der Malerei finden sich zunächst die Motive der griechischen Mythologie wieder. Doch die Übergänge zur Romantik und zum Historismus und Realismus sind fließend.

Medea, Gemälde von Anselm Feuerbach 1870

18.5.4 Historismus – Gründerjahre

Die industrielle Entwicklung des 19. Jahrhunderts empfanden viele als einen Verlust an Werten. In Deutschland beklagte man zudem die fehlende nationale Einheit. Im rückwärts gewandten Blick erschienen frühere Epochen vorbildhaft und bestärkten einen gefühlsbetonten nationalen Erweckungsgeist, der mit verhängnisvollem Pathos überlagert wurde. Das zur Reichsgründung 1871 errichtete Niederwalddenkmal bei Rüdesheim und das Völkerschlachtdenkmal bei Leipzig 1913 sind hierfür Beispiele.
Die Stilmerkmale der Romanik bis zum Barock wurden einfach übernommen und nachgebaut. Besonders beliebt war die Gotik, sie wurde geradezu neu entdeckt. Vor allem öffentliche, aber auch private Gebäude wurden im neogotischen Stil errichtet.

Im Historismus wurden vor allem die Stilarten der Vergangenheit nachgeahmt.

Hamburger Rathaus

Die vom Historismus ausgehende Kraft fand in der Entstehung des Deutschen Reiches 1871 ihre scheinbare Bestätigung. Das Reichstagsgebäude in Berlin verbindet die Stilelemente der Vergangenheit zu einem Gesamteindruck.

Reichstagsgebäude Berlin

Unvollendete gotische Bauwerke, wie der Kölner Dom und das Ulmer Münster, wurden im alten Stil fertig gestellt.
Auch in anderen Ländern war der Historismus beliebt. So wurden beispielsweise das englische und ungarische Parlament im neogotischen Stil erbaut.
Als Ausdruck einer kleinbürgerlichen Welt prägte das *Biedermeier* den privaten häuslichen Bereich. Die zweckmäßig schlichte Wohnungseinrichtung strahlte eine behagliche Enge aus, die den Rückzug ins private Glück trotz wirtschaftlicher Not erlaubte.
Aufgrund der zunehmenden Industrialisierung bezeichnet man die Zeit des ausgehenden 19. und beginnenden 20. Jahrhunderts auch als *Gründerjahre*. Stahlkonstruktionen gewannen als Baumaterial von Hallen, Brücken und Türmen zunehmende Bedeutung. Der Eiffelturm, zur ersten Weltausstellung von 1889 gebaut, ist ein Wahrzeichen dieser Zeit.

Stahlkonstruktion Hauptbahnhof Hamburg (1908)

18.5.5 Die Malerei im 19. Jahrhundert

Die Romantik vermittelt eine gefühlsbetonte, verklärte Stimmung. Sie kommen in Landschaftsbildern von Caspar David Friedrich und William Turner besonders zum Ausdruck.

Abtei im Eichwald, Caspar David Friedrich 1810
(Schloss Charlottenburg Berlin)

Der Realismus stellt die Dinge dar, wie sie sind. Die harte Arbeit im „Eisenwalzwerk" von Adolph von Menzel verdeutlicht dies eindrücklich.

Eisenwalzwerk, Adolph von Menzel 1875
(Nationalgalerie Berlin)

Auch die Impressionisten wollten eine völlig objektive Welt wiedergeben. Sie versuchten, das natürliche Licht einzufangen, indem sie die Farben in kleinen Farbflecken auftrugen, wobei sich diese in einem bestimmten Abstand optisch vermischten. Bekannte Impressionisten sind Monet, Renoir, Cézanne und Degas.

Mohnblumen, Claude Monet 1873
(Musée d'Orsay Paris)

Tapeten im Vergleich

Klassizistische Tapete

Biedermeier-Tapete

18.5.6 Jugendstil

Der Jugendstil wollte dem Leben Schönheit und Stil verleihen. Er wandte sich deshalb gegen eine sinnentleerte Massenproduktion und gegen die bloße Nachahmung eines erstarrten Historismus. Der neue Stil umfasste von der Architektur über die Malerei, Glaskunst, Plastik und Literatur alle Bereiche der Kunst. Der romantische Jugendstil wurde nach dem I. Weltkrieg vom sachlichen Art déco und dem Funktionalismus abgelöst.

Der Jugendstil wollte die Kunst im Alltag erlebbar machen. Seine Bezeichnung stammte von der in München 1896 gegründeten Zeitschrift Jugend.

Ausschnitt einer Jugendstilfassade

Bewegung, Schwung, Dynamik charakterisieren den Aufbruch der neuen Kunst und verdeutlichen die Trennung von der bisherigen Kunstrichtung. Die neuen Formen und Ornamente werden der Pflanzenwelt entlehnt. Entsprechend wird der Jugendstil auch als *floraler Stil, Art nouveau, Modern style* oder als *Sezession*[1] *(Wien)* bezeichnet.

Jugendstilornament

Flache Reliefornamente mit stilisierten Ranken-, Blatt- und Blütenmotiven waren im Jugendstil vorherrschend.

Sie wurden an Möbeln und Fassaden angewendet.

Jugendstilornament

Jugendstil-Stuhl

Jugendstil-Tapete

Illustration Peter Behrens 1897

18.5.7 Schriften im 19. Jahrhundert

Aus England kommen mit der *Egyptienne* und der *Grotesk* zwei neue Schriften. Beide entstammen der Linear-Antiqua, wobei die Egyptienne *serifenbetont*, die Grotesk dagegen *serifenlos* ist. Die Schriften des Jugendstils sind dagegen völlige Neuschöpfungen.

ANTIQUA
EGYPTIENNE

Schriften des Klassizismus

GROTESK
Jugendstil

Schriften zur Zeit des Jugendstils

Bekannte Bauwerke des Jugendstils sind:
- Secessionsgebäude Wien
- Kirche Sagrada Familia Barcelona von Gaudi
- Stadtbahnstation Karlsplatz Wien
- Hochzeitsturm Darmstadt

Aufgaben

1. *Worin unterscheiden sich Klassizismus und Historismus?*
2. *An welchen Stilmerkmalen ist das Biedermeier zu erkennen?*
3. *Warum nennt man die Zeit des Historismus auch Gründerzeit?*
4. *In welche Stilrichtungen lässt sich die Malerei im 19. Jh. einteilen?*
5. *Woran können Bauwerke des Jugendstils erkannt werden?*

[1] Sezession = Abspaltung bzw. Trennung

18.6 Moderne

18.6.1 Das Bauhaus

Die Verbindung von Kunst und Handwerk führte Mitte des 19. Jh. in England zu Kunstgewerbeschulen, die den Stil der Gewerbeproduktion prägten und ihren weltweiten Erfolg begründeten. Nach diesem Vorbild wurden die preußischen Kunstgewerbeschulen um Werkstätten erweitert und moderne Künstler berufen, die sich auch dem Bedarf der Industrie stellten. Nationale, kulturelle und wirtschaftliche Überlegungen führten 1907 zum *Deutschen Werkbund*, mit dem Ziel *höchster Qualitätsarbeit*. Ein einheitliches Erscheinungsbild von Produktion, Architektur und Design wurde propagiert. Für die AEG entwarf der Künstler und Architekt Peter Behrens ein Gesamtkonzept, zu dem der als *Kathedrale der Arbeit* bezeichnete erste moderne Industriebau gehörte.

AEG Turbinenfabrik Berlin, Peter Behrens 1907

Im Verzicht auf jegliche Ornamentik beherrscht allein die *Funktion* das Gebäude. Das freitragende Stahlskelett und der von großen Glasflächen lichtdurchflutete Raum werden zum Vorbild der modernen Architektur.

Das 1919 von Walter Gropius in Weimar gegründete *Bauhaus* setzte sich zum Ziel, den neuen Bau der Zukunft zu schaffen, der alles in einer Gestalt ist: Architektur, Plastik und Malerei.

Bauhaus Dessau, Walter Gropius 1925

Funktion, Gebäude, Raum und Einrichtung bilden dabei ein Einheitskunstwerk.

Die Ideen des Bauhauses hatten maßgebenden Einfluss auf den Expressionismus und die moderne Kunst unserer Zeit.
Große Architekten, Maler und Gebrauchsgrafiker sind eng mit dem Bauhaus verbunden. Zu ihnen zählen Walter Gropius, Adolf Maier, Mies van der Rohe, Le Corbusier, Paul Klee, Johannes Itten, Lyonel Feininger, Oskar Schlemmer, Wassily Kandinsky, Marcel Breuer, Gerrit Rietveld u.v.a.
Führende Architekten der Moderne wurden durch das Bauhaus geprägt und mit Brasilia eine ganze Hauptstadt in diesem Stil geschaffen. Der hierfür verantwortliche Architekt Oskar Niemeyer schuf u. a. auch das in Kapitel 18.1.1 abgebildete UN-Gebäude in New York.

Die Architektur des Bauhauses wird durch Stahl, Beton und Glas beherrscht. Die Form wird von der Funktion und dem Zweck bestimmt.

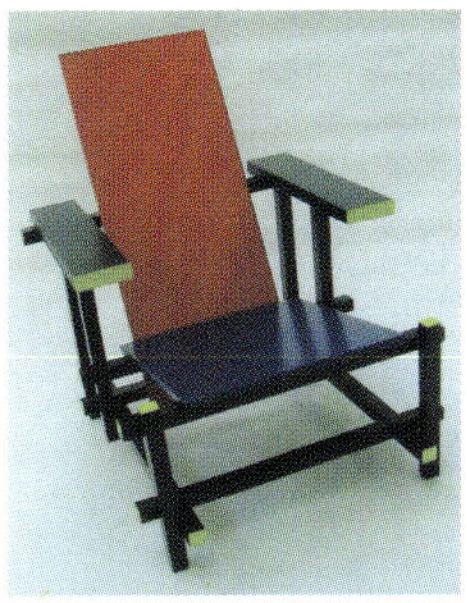

Rot-Blau-Stuhl (Nachbau), Gerrit Rietveld 1917 (De Stijl am Bauhaus)

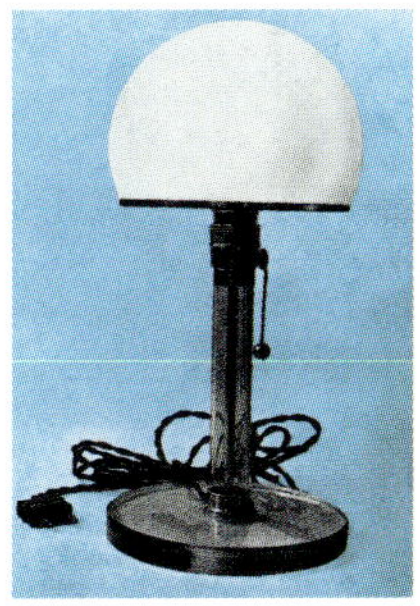

Tischlampe aus Glas, Bauhaus 1923/24

Wie modern die Gebrauchsdesigner am Bauhaus dachten, zeigt die abgebildete Tischlampe, die für ihre gute Form noch 1982 prämiert wurde.

Fröhlicher Aufstieg, Wassily Kandinsky (Meistermappe am Bauhaus 1923)

Zusammen mit Klee, Kandinsky und Jawlensky gründete Feininger die Gruppe „Blaue Vier".

Das Bild zeigt das experimentelle, abstrakte Gestalten am Bauhaus.

Es zählt zur konstruktivistischen Phase (mit Zirkel und Lineal konstruiert) von Kandinsky.

18.6.2 NS-Architektur

Noch vor der Machtübernahme in Deutschland wurde das Bauhaus bereits 1932 auf Betreiben der nationalsozialistischen Mehrheit im Stadtrat von Dessau aufgelöst. Die richtungweisende Kunst des Bauhauses galt nunmehr als *entartet* und *bolschewistisch*. Die Künstler und Architekten waren gezwungen, Deutschland zu verlassen. Viele wanderten in die USA oder ins benachbarte Ausland aus.
Kunst und Architektur hatten sich der Ideologie unterzuordnen. Die *Bauten des Führers* dienten in München, Nürnberg und Berlin als Kulissen für Massenaufmärsche, wie die riesige Tribüne auf dem Zeppelinsfeld in Nürnberg, oder zur Machtdemonstration, wie die Reichskanzlei in Berlin. Wie maßlos die NS-Pläne waren, zeigt das Vorhaben, in Berlin Platz für die neue Reichshauptstadt *Germania* zu schaffen, in deren Mitte eine gigantische Kuppelhalle stehen sollte.

Modell der geplanten Kuppelhalle im Zentrum der neuen Reichshauptstadt. Zum Vergleich im Vordergrund das Brandenburger Tor

Für den Bereich des Wohnungsbaus wurde der *Heimatschutzstil* entwickelt, der kriegswichtige Baustoffe, wie Stahl und Beton, schonte.
Der Ausbau des Autobahnnetzes zählt ebenso zu den NS-Bauwerken wie die Konzentrationslager.

18.6.3 Nachkriegszeit

Bedingt durch die großen Zerstörungen, die der II. Weltkrieg hinterlassen hatte, prägte eine möglichst einfache und Kosten sparende Bauweise den Wiederaufbau der Städte bis in die sechziger Jahre. Neubauten in Innenstädten und große Wohnbauprojekte errichtete man in einer funktionalen Stahlbetonarchitektur. Ihre Bauweise wurde zunehmend als uniform und stumpfsinnig kritisiert, die den Menschen jede Identifikation nehme.

18.6.4 Moderne Gebäude der Gegenwart

Notre Dame du Haut, Ronchamp, erbaut von Le Corbusier 1955

Philharmonie Berlin, Hans Scharoun 1963

Staatsgalerie Stuttgart, J. Stirling 1982

Die *postmoderne* Architektur wendet sich gegen das rein modernistische Formenspiel aus Glas, Beton und Stahl, indem Elemente der klassischen Antike wieder aufgegriffen und in einen gegenwartsbezogenen Zusammenhang gestellt werden.
Die Fassaden, Säulen und runden Innenhöfe sind in Naturstein ausgeführt und nehmen die Formensprache der Antike zum Teil wieder auf.
Postmoderne Architektur bedeutet jedoch nicht bloße Nachahmung oder einen Rückfall in vergangene Zeiten. Sie verbindet im abgebildeten Gebäude die klassische Museumsarchitektur mit der Gegenwart.

Dass sich die Formensprache der Architektur und Kunst in Verbindung oder im Gegensatz zu ihrer Zeit immer wieder anpasst oder verändert, zeigt das folgende Beispiel.
Die als *dekonstruktivistisch* bezeichnete Architektur geht vom Zweck des Gebäudes aus. Die fortdauernde, innovative Forschungsarbeit bestimmt den Charakter des Gebäudes. Die Architektur erscheint als experimentelle Versuchsanordnung, die die Arbeitsweise innerhalb des Gebäudes in den Mittelpunkt ihrer Überlegungen stellt. Damit öffnet sie den Blick für eine zukünftige Welt.

Hysolar-Forschungsinstitut der Universität Stuttgart, Behnisch & Partner 1987

18.6.5 Die Malerei im 20. Jahrhundert

Die Vielzahl von Strömungen und Stilunterscheidungen lässt sich an dieser Stelle nur in einer unvollständigen Übersicht stichwortartig darstellen. Wer darüber hinaus Fachkenntnisse erwerben will, kann sich diese in Ausstellungen, Museen, weiterführender Fachliteratur oder mithilfe des Internets aneignen.

Übersicht über verschiedene Stilrichtungen

- **Expressionismus** **(1900–1920)**
- **Kubismus** **(1905–1925)**
- **Futurismus** **(1910–1915)**
- **Dadaismus** **(1916–1925)**
- **Konstruktivismus** **(1913–1933)**
- **Realismus** **(1921–heute)**
- **Surrealismus** **(1924–heute)**
- **Blut- und Boden- bzw. NS-Kunst** **(1933–1945)**
- **Informel** **(1945–1960)**
- **Pop Art** **(1958–1975)**
- **Op Art** **(1960–1975)**
- **Konzeptkunst** **(1966–1980)**
- **Neoexpressionismus** **(1980–heute)**

Moderne Plastik mit abgestimmter Tapete

18.6.6 Moderne Schriften

Die heutigen Schriften stellen meist variationsreiche Abwandlungen der Antiqua-, Egyptienne-, Grotesk- und von Schreibschriftformen dar.

Moderne Schriften

Aufgaben

1. *Woran lassen sich moderne Stilrichtungen erkennen?*
2. *Warum hat das Bauhaus für die Moderne eine überragende Bedeutung?*
3. *Welche Stilrichtungen bestimmen die heutige Architektur?*
4. *Erklären Sie, was man unter postmoderner Architektur versteht.*
5. *Welche Schriften sind heute aktuell?*

Literaturverzeichnis

Fachbücher

Bablick, Michael u. a.: *Das Fachwissen für den Maler und Lackierer.* Köln 1997

Bablick, Michael u. a.: *Fachkunde für Maler und Lackierer.* Köln 1995

Beermann, Werner u. a.: *Technologie Maler und Lackierer.* Bad Homburg 1999

Betz, Gerd: *Wie erkenne ich Jugendstil Kunst?* Stuttgart/Zürich 1991

Bläsi, Walter: *Bauphysik.* Haan-Gruiten 1997

Bleckwenn, Ruth u. a.: *Gestaltungslehre.* Hamburg 1995

Brandt, Paul: *Sehen und Erkennen.* Stuttgart 1952

Brasholz, Anton: Handbuch der Anstrich- und Beschichtungstechnik. Wiesbaden/Berlin 1989

Christen, Hans R. u. a.: *Chemie.* Frankfurt 1997

Conti, Flavio u. a.: *Wie erkenne ich Romanische Kunst?* Stuttgart/Zürich 1991

Conti, Flavio: *Wie erkenne ich Barock Kunst?* Stuttgart/Zürich 1991

Conti, Flavio: *Wie erkenne ich Renaissance Kunst?* Stuttgart/Zürich 1991

Conti, Flavio: *Wie erkenne ich Rokoko Kunst?* Stuttgart/Zürich 1991

Droste, Magdalena: *Bauhaus 1919–1933.* Berlin 1993

Ebendt,Volker u. a.: *Fachkunde für Farbtechnik und Raumgestaltung.* Köln 1996

Gage, John: *Kulturgeschichte der Farbe.* Ravensburg 1997

Gerstenberg, Kurt: *Tilman Riemenschneider.* München 1950

Glinski, Willi u. a.: *Grundwissen Holztechnik.* Hamburg 1996

Goldschmidt, Artur u. a.: *Lackiertechnik – BASF-Handbuch,* Hannover 2002

Gössel, Peter u. a.: *Architektur des 20. Jahrhunderts.* Köln 1990

Hickethier, Alfred: *EIN-MAL-EINS DER FARBE.* Ravensburg 1978

Hoffmann, Ot: *Der Deutsche Werkbund.* Frankfurt a. M. 1987

Honour, Hugh u. a.: *Weltgeschichte der Kunst.* München 1992

Ilschmann: *Das große Lexikon der Malerei.* Braunschweig 1982

Itten, Johannes: *Kunst der Farbe.* Ravensburg 1983

Jakubowski, Emil u. a.: *Malerfachkunde.* Stuttgart 1999

Klein, Klaus: *Grundlagen der Gestaltung.* Hannover 1997

Koch, Wilfried: *Baustilkunde.* München 1994

Kohaupt, Burchard: *Kunststoffe.* Darmstadt 1977

Küppers, Harald: *Die Logik der Farbe,* München,1973

Küppers, Harald: *Farbe.* München 1973

Kurzrock, Ruprecht: *Farbe.* Berlin 1983

Marx, Ellen, *Die Farbkontraste.* Ravensburg 1973

Müller, Werner u. a.: *Atlas zur Baukunst Bd.1 u. 2.* München 1984

Nusch, Wolfgang u. a.: *Holztechnik.* Haan-Gruiten 1997

Palm, Klaus u. a.: *Wulf Farbwarenkunde.* Stuttgart 1999

Pawlik, Johannes: *Goethe Farbenlehre.* Köln 1980

Probst, Hartmut u. a.: *Walter Gropius – Ausgewählte Schriften.* Berlin 1987

Reul, Horst: *Handbuch Bautenschutz Bausanierung, Leitfaden für die Sanierungsbranche.* Köln 1994

Richter, Konrad J.: *Das Malerfachbuch.* Neusäß 1999

Sponsel, Kurt u. a.: Lexikon der Anstrichtechnik 1 und 2. München 1994

Winzer, Fritz, Dr.: *Kulturgeschichte Europas.* Köln/Braunschweig

Zwiener, Gerd: *Ökologisches Baustofflexikon.* Heidelberg 1994

Fachzeitschriften

Das Deutsche Malerblatt. Stuttgart

Lackiererblatt. Stuttgart

Der Maler- und Lackierermeister. Mindelheim

Die Mappe. München

Vorschriften

Unfallverhütungsvorschriften der Berufsgenossenschaften, z. B.:

BGV D15 Arbeiten mit Flüssigkeitsstrahlern

BGV D36 Leitern und Tritte

BGI 521 Leitern sicher benutzen

BGI 663 Handlungsanleitung für den Umgang mit Arbeits- und Schutzgerüsten

Gesetze und Verordnungen, z. B.:

BimSchG	Bundesimmissionsschutzgesetz
WHG	Wasserhaushaltsgesetz
AbwAG	Abwasserabgabengesetz
AbfG	Abfallgesetz
GefStoffV	Gefahrenstoffverordnung

Technische Richtlinien

Sie werden vom Bundesausschuss Farbe und Sachwertschutz (BFS) in Zusammenarbeit mit dem Hauptverband Farbe, Gestaltung, Bautenschutz und anderen Institutionen herausgegeben. Bisher sind folgende Merkblätter erschienen:

Nr. 1 Schutz und Instandsetzung von Betonaußenflächen im Hochbau
Nr. 2 Beschichtungen und Imprägnierungen auf Kalksandstein-Sichtmauerwerk
Nr. 3 Nr. 3 entfällt; ist mit Merkblatt 18 zusammengefasst
Nr. 4 Zinkstaubbeschichtungen
Nr. 5 Beschichtungen auf Zink und verzinktem Stahl
Nr. 6 Beschichtungen auf Bauteilen aus Aluminium
Nr. 7 Prüfrichtlinien für Wandbekleidungen vor der Verarbeitung
Nr. 8 Innenbeschichtungen, Tapezier- und Klebearbeiten auf Betonflächen mit geschlossenem Gefüge
Nr. 9 Beschichtungen auf Außenputz
Nr. 10 Beschichtungen, Tapezier- und Klebearbeiten auf Innenputz
Nr. 11 Beschichtungen, Tapezier- und Klebearbeiten auf Porenbeton
Nr. 12 Verarbeitung und Oberflächenbehandlung von Gipskartonplatten (gesamt)
Nr. 12.1 Verarbeiten von Gipskartonplatten Teil 1
Nr. 12.2 Oberflächenbehandlung von Gipskartonplatten Teil 2
Nr. 13 Beschichtungen auf Ziegel-Sichtmauerwerk
Nr. 14 Beschichtung von Platten aus Faserzement und Asbestzement
Nr. 15 Brandschutzbeschichtungen auf Holzbaustoffen und Stahlbauteilen
Nr. 16 Technische Richtlinien für Tapezier- und Klebearbeiten
Nr. 17 Beschichtungen, Tapezier- und Klebearbeiten auf Wänden aus „Wandbauplatten aus Gips"
Nr. 18 Beschichtungen auf Holz und Holzwerkstoffen im Außenbereich
Nr. 19 Risse in Außenputzen Beschichtung und Armierung
Nr. 19.1 Risse in unverputztem und verputztem Mauerwerk, in Gipskartonplatten und ähnlichen Stoffen auf Unterkonstruktionen; Ursachen und Bearbeitungsmöglichkeiten
Nr. 20 Beurteilung des Untergrundes für Beschichtungs- und Tapezierarbeitungen, Maßnahmen zur Beseitigung von Schäden
Nr. 20.1 Beurteilung des Untergrundes für Putzarbeiten, Maßnahmen zur Beseitigung von Schäden
Nr. 21 Technische Richtlinien für die Planung und Verarbeitung von Wärmedämmverbundsystemen
Nr. 22 Beschichtungen auf Kunststoff im Hochbau
Nr. 23 Technische Richtlinien für das Abdichten von Fugen im Hochbau und Verglasungen
Nr. 24 Beschichtungen auf pulverlackierten Bauteilen
Nr. 25 Richtlinien zur Beurteilung von Farbübereinstimmungen und Farbabweichungen

Verwendete DIN-Normen

DIN 18366: 2006-10 VOB Vergabe- und Vertragsordnung für Bauleistungen – Teil C: Allgemeine Technische Vertragsbedingungen für Bauleistungen (ATV) – Tapezierarbeiten 252
DIN 18540: 2006-12 Abdichten von Außenwandfugen im Hochbau mit Fugendichtstoffen 150
DIN 18545-2: 2001-02 Abdichten von Verglasungen mit Dichtstoffen – Teil 2: Dichtstoffe 249
DIN 18545-3: 1992-02 Abdichten von Verglasungen mit Dichtstoffen; Verglasungssysteme 249
DIN V 18550: 2005-04 Putz und Putzsysteme 164, 165
DIN 18558: 1985-01 Kunstharzputze; Begriffe, Anforderungen, Ausführung 72, 164, 174
DIN 30710: 1990-03 Sicherheitskennzeichnung von Fahrzeugen und Geräten 35
DIN 52460: 2000-02 Fugen- und Glasabdichtungen – Begriffe 150
DIN 53150: 2002-09 Beschichtungsstoffe – Bestimmung des Trockengrades von Beschichtungen 61, 62
DIN 55900-1: 2002-05 Beschichtungen für Raumheizkörper – Teil 1: Begriffe, Anforderungen und Prüfung für Grundbeschichtungsstoffe industriell hergestellte Grundbeschichtungen 189, 190
DIN 55943: 2001-10 Farbmittel – Begriffe 61, 92
DIN 55945: 2007-03 Beschichtungsstoffe und Beschichtungen – Ergänzende Begriffe zu DIN EN ISO 4618 61, 90
DIN 68800-3:1990-04 Holzschutz; Vorbeugender chemischer Holzschutz 148, 228, 235
DIN EN 131-1: 1993-04 Leitern; Benennungen, Bauarten, Funktionsmaße 19
DIN EN 131-2: 1993-04 Leitern; Anforderungen, Prüfung, Kennzeichnung 19
DIN EN 197-1: 2004-08 Zement – Teil 1: Zusammensetzung, Anforderungen und Konformitätskriterien von Normalzement; 65
DIN EN 206-1: 2001-07 Beton – Teil 1: Festlegung, Eigenschaften, Herstellung und Konformität 158
DIN EN 233: 1999-08 Wandbekleidungen in Rollen – Festlegungen für fertige Papier-, Vinyl- und Kunststoffwandbekleidungen 253
DIN EN 459-1: 2002-02 Baukalk – Teil 1: Definitionen, Anforderungen und Konformitätskriterien 64
DIN EN 520: 2005-03 Gipsplatten – Begriffe, Anforderungen und Prüfverfahren 176
DIN EN 927 Lacke und Anstrichstoffe – Beschichtungsstoffe und Beschichtungssysteme für Holz im Außenbereich 235
DIN EN 998-1: 2003-09 Festlegungen für Mörtel im Mauerwerksbau – Teil 1: Putzmörtel 165
DIN EN 1004: 2005-03 Fahrbare Arbeitsbühnen aus vorgefertigten Bauteilen – Werkstoffe, Maße, Lastannahmen und sicherheitstechnische Anforderungen 21
DIN EN 1062-1: 2004-08 Beschichtungsstoffe – Beschichtungsstoffe und Beschichtungssysteme für mineralische Substrate und Beton im Außenbereich – Teil 1: Einteilung 71
DIN EN 12810-1: 2004-03 Fassadengerüste aus vorgefertigten Bauteilen – Teil 1: Produktfestlegungen 22
DIN EN 12810-2: 2004-03 Fassadengerüste aus vorgefertigten Bauteilen – Teil 2: Besondere Bemessungsverfahren und Nachweise 22
DIN EN 12811-1: 2004-03 Temporäre Konstruktionen für Bauwerke – Teil 1: Arbeitsgerüste – Leistungsanforderungen, Entwurf, Konstruktion und Bemessung 22
DIN EN 12811-2: 2004-04 Temporäre Konstruktionen für Bauwerke – Teil 2: Arbeitsgerüste – Informationen zu Werkstoffen 22
DIN EN 12811-3: 2003-02 Temporäre Konstruktionen für Bauwerke – Teil 3: Arbeitsgerüste – Versuche zum Tragverhalten 22
DIN EN 12812: 2004-09 Traggerüste – Anforderungen, Bemessung und Entwurf 22
DIN EN 13300: 2002-11 Beschichtungsstoffe – Wasserhaltige Beschichtungsstoffe und Beschichtungssysteme für Wände und Decken im Innenbereich – Einteilung 71
DIN EN 13499: 2003-12 Wärmedämmstoffe für Gebäude – Außenseitige Wärmedämm-Verbundsysteme (WDVS) aus expandiertem Polystyrol – Spezifikation 179
DIN EN 13500: 2003-12 Wärmedämmstoffe für Gebäude – Außenseitige Wärmedämm-Verbundsysteme (WDVS) aus Mineralwolle – Spezifikation 179
DIN EN 60446: 1999-10 Grund- und Sicherheitsregeln für die Mensch-Maschine-Schnittstelle – Kennzeichnung von Leitern durch Farben und numerische Zeichen 35
DIN EN ISO 128-20: 2002-12 Technische Zeichnungen – Allgemeine Grundlagen der Darstellung – Teil 20: Linien, Grundregeln 274, 275
DIN EN ISO 1519: 2003-10 Beschichtungsstoffe – Dornbiegeversuch (zylindrischer Dorn) 44, 155
DIN EN ISO 1522: 2000-09 Beschichtungsstoffe – Pendeldämpfungsprüfung 155
DIN EN ISO 2409: 1994-10 Lacke und Anstrichstoffe – Gitterschnittprüfung 154
DIN EN ISO 2431: 1996-05 Lacke und Anstrichstoffe – Bestimmung der Auslaufzeit mit Auslaufbechern 41, 42
DIN EN ISO 2815: 2003-10 Beschichtungsstoffe – Eindruckversuch nach Buchholz 155
DIN EN ISO 4618: 2007-03 Beschichtungsstoffe – Begriffe 75
DIN EN ISO 4628-3: 2004-01 Beschichtungsstoffe – Beurteilung von Beschichtungsschäden – Teil 3: Bewertung des Rostgrades 183
DIN EN ISO 6272-1: 2004-08 Beschichtungsstoffe – Schlagprüfung durch fallendes Gewichtsstück 155
DIN EN ISO 8044: 1999-11 Korrosion von Metallen und Legierungen – Grundbegriffe und Definitionen 181
DIN EN ISO 8501-1: 2002-03 Vorbereitung von Stahloberflächen vor dem Auftragen von Beschichtungsstoffen – Visuelle Beurteilung der Oberflächenreinheit – Teil 1: Rostgrade und Oberflächenvorbereitungsgrade von unbeschichteten Stahloberflächen und Stahloberflächen nach ganzflächigem Entfernen vorhandener Beschichtungen 183
DIN EN ISO 11341: 2004-12 Beschichtungsstoffe – Künstliches Bewittern und künstliches Bestrahlen – Beanspruchung durch gefilterte Xenonbogenstrahlung 93
DIN EN ISO 12944-4: 1998-07 Beschichtungsstoffe – Korrosionsschutz von Stahlbauten durch Beschichtungssysteme – Teil 4: Arten von Oberflächen und Oberflächenvorbereitung 160, 184
DIN ISO 6344-1: 2000-04 Schleifmittel auf Unterlagen – Korngrößenanalyse – Teil 1: Prüfung der Korngrößenverteilung 136

Sachwortverzeichnis